新編諸子集成續編

淮南子校釋

四

張雙棣 撰

中華書局

淮南子校釋卷第十三

氾論訓〔一〕

古者有鍪而綣領以王天下者矣〔二〕，其德生而不（辱）〔殺〕〔三〕，予而不奪〔四〕，天下不非其服，同懷其德〔五〕。當此之時，陰陽和平，風雨時節，萬物蕃息〔六〕，烏鵲之巢可俯而探也〔七〕，禽獸可羈而從也〔八〕，豈必褒衣博帶句襟委章甫哉〔九〕！

古者民澤處復穴〔一〇〕，冬日則不勝霜雪霧露〔一一〕，夏日則不勝暑熱蚉蝱〔一二〕。聖人乃作〔一三〕爲之築土構木，以爲宫室〔一四〕，上棟下宇，以蔽風雨〔一五〕，以避寒暑，而百姓安之〔一六〕。伯余之初作衣也〔一七〕，緂麻索縷，手經指挂，其成猶網羅〔一八〕。後世爲之機杼勝複以便其用〔一九〕，而民得以揜形御寒〔二〇〕。

古者剡耜而耕，摩蜃而耨〔二一〕，木鉤而樵，抱甀而汲〔二二〕，民勞而利薄。後世爲之耒耜耰鉏，斧柯而樵，桔皋而汲〔二三〕，民逸而利多焉。

古者大川名谷，衝絶道路〔二四〕，不通往來也，乃爲窬木方版以爲舟航〔二五〕，故地勢有無得相委輸〔二六〕。乃爲鞀蹻而超千里肩負儋之勤也〔二七〕，而作爲之楺輪建輿，駕馬服牛〔二八〕，民以致遠而不勞〔二九〕。爲鷙禽猛獸之害傷人而無以禁御也，而作爲之鑄金鍛鐵以爲兵刃，猛獸不能爲害〔三〇〕。故民迫其難則求其便，困其患則造其備〔三一〕。人各以其所知去其所害、就其所利〔三二〕。常故不可循，器械不可因也〔三三〕，則先王之法度有移易者矣。

校釋

〔一〕【高注】博説世間、古今得失，以道爲化，大歸於一，故曰「氾論」，因以題篇。

〔二〕【高注】古者，蓋三皇以前也。鍪，頭著兜鍪帽，言未知制冠也。綣領，皮衣屈而紩之，如今胡家韋襲反褶以爲領也。一説鍪，放髮也。綣，繞頸而已，皆無飾。

【版本】藏本注「褶」誤作「槢」，各本皆作「褶」，今據改。

【箋釋】劉績云：文子作「古者被髮而無卷領以王天下」。○朱駿聲云：「鍪」假借爲「冃」，鍪之言蒙也，冒也，所以冒首。○于鬯云：文子上禮篇作「古者被髮而無綣領」，此「綣領」上蓋亦當有「無」字，而高注本已脱。○劉文典云：初學記帝王部引，鍪下有「頭」字。又引注，「紩」作「綊」，「胡家」作「朝」，「褶」作「攝」。○楊樹達云：荀子哀公篇云：「古之王者有務而拘領者矣。」尚書大傳略説云：「古之人有冒皮而拘領者。」鄭注云：「古之人，三皇時也。冒，覆項也。

句領，繞頸也，禮正服方領也。」尋鍪、務、冒古音並同。句、拘字同，皆謂曲。然則「綣」似當讀爲「卷」，訓爲曲。説文云：「卷，厀曲也。」高一説訓綣爲繞頸，與鄭説同。○于大成云：荀子、尚書大傳、晏子春秋諫下、韓詩外傳三並無「無」字，文子「無」字是衍文。○何寧云：文選魏都賦注引鍪作瞀，與道應篇合，當是許作「瞀」，而高作「鍪」。高注「鍪，頭著兜鍪帽」，兜鍪，古謂之冑。説文「冑，兜鍪」，又「兜，兜鍪，首鎧也」。乃戰時禦兵刃之冠也，與下「王天下」義不相屬，且兜鍪即冠也，何言未知制冠也？一説「鍪，放髮也」，此乃許説。道應篇注「瞀，被髮也」。許以瞀、鍪爲「髳」之借字。説文「髳，髮至眉也」。文子上禮篇襲此文作「古者被髮而無卷領，以王天下」，正用許義，庶幾近之。此「鍪」字與道應篇「瞀」字當是一義，彼自作兜鍪可也。説文「冃，小兒及蠻夷頭衣也」，段注引此文云：「按高注兜鍪二字，蓋淺人所加。務與鍪皆讀爲冃。冃即今之帽字也。」段説是也。

〔三〕【高注】刑措不用也。

【版本】藏本無「其」字，除葉本同藏本外，各本皆有，今據補。藏本「殺」作「辱」，據王念孫校改，各本同藏本。藏本注「措」作「楷」，王溥本、朱本、茅本、汪本、張本、黄本、莊本、集解本作「措」，今據改，餘本同藏本。

【箋釋】王念孫云：「不辱」本作「不殺」，故高注云「刑措不用」。今作「辱」者，後人妄改之也。殺與生相對，奪與予相對，若改「殺」爲「辱」，則非其指矣。且「殺」與「奪」爲韻，若作「辱」，則非其韻矣。太平御覽皇王部二引此已誤作「辱」。張載魏都賦注及舊本北堂書鈔衣冠部三引此並作「殺」，文子上禮篇同。晏子春秋諫篇「古者嘗有紩衣攣領而王天下者，其義好生而惡殺」，荀子哀公篇「古之王者有務而拘領者矣，其政好生而惡殺」，此皆淮南所本。○鄭良樹云：「德」上當有「其」字，晏子、荀子正有「其」字。○于大成云：選注、書鈔、御覽引此文，並有「其」字。

【用韻】「殺、奪」月部。

〔四〕【高注】予，予無財也。不奪，無所徵求於民也。

【版本】茅本、汪本、莊本、集解本注上「無」字作「民」，景宋本、王溥本、朱本、葉本同藏本。

〔五〕【高注】非，猶譏呵也。懷，歸也。

【版本】王溥本注「呵」作「訶」。

【用韻】「服、德」職部。

〔六〕【高注】政不虐，生無夭折。

【箋釋】王叔岷云：御覽七七引此，以「風雨時節」爲「陰陽和平」之注。文子上禮篇正無「風雨時節」四字。○何寧與王説同。

【用韻】「時、息」之職通韻。

〔七〕【箋釋】雙棣按：「烏鵲之巢可俯而探」於理不合，疑「俯」字有誤。莊子馬蹄篇作「可攀援而闚」，莊子「攀援」與上句「係羈」相對，此文下句是單字「羈」，此句亦當是單字，是「攀」是「援」未敢輒定。荀子哀公篇亦誤作「俯」。

〔八〕【高注】從，猶牽也。

【箋釋】雙棣按：莊子馬蹄篇「是故禽獸可係羈而遊，烏鵲之巢可攀援而闚」，爲淮南所本。注恐有誤，疑當爲「羈，猶牽也」。高氏呂氏春秋誣徒、決勝注並云：「羈，牽也。」此「從」字當訓爲「隨」。

〔九〕【高注】褒衣，謂方與之衣，如今吏人之左衣也。博帶，大帶，詩云：「垂帶若厲。」句襟，今之曲領；曲領，褒衣也。委，委貌冠。章甫，亦冠之名也。

【版本】王溥本注「方與」作「方輿」。茅本、汪本、張本、黄本、莊本、集解本注「曲領」不重，餘本同藏本。

【箋釋】劉文典云：御覽七十七引，「委」下有「貌」字。○雙棣按：説文：「褒，衣博裾。」漢書雋不疑傳「褒衣博帶」，顔師古云：「褒，大裾也。言著褒大之衣，廣博之帶也。而説者乃以爲朝服垂褒之衣，非也。」朱博傳云：「敕功曹：官屬多褒衣大袑，不中節度，自今掾史衣皆令去地三寸。」此知「褒衣」即寬大之衣也。又按：御覽引「委」下有「貌」字，是。委貌，爲冠名，禮士冠禮云：「委貌，周道也。章甫，殷道也。」鄭玄注云：「委，猶安也，言所以安正容貌。」釋名釋首飾云：「委貌，冠形委曲之貌，上小下大也。」亦有單言「委」者，國語周語上：「晉侯端委以入。」韋昭注引舊説云：「衣玄端，冠委皃。」然此「褒衣、博帶、句襟、章甫」均二字，恐「委貌」亦不當單言。

〔一〇〕【高注】處，居也。復穴，重窟。一説：穴，毀隄防崖岸之中以爲窟室也。

【版本】藏本注「崖」作「岸」，景宋本、王溥本、茅本、汪本、莊本、集解本作「崖」，今據改，朱本、葉本同藏本。

【箋釋】莊逵吉云：「復穴」之「復」應作「𥤶」。○劉文典云：御覽百七十四引注，作「鑿崖岸之腹以爲密室」，與高注後説略同。高注之一説，多即許注，則御覽所引，殆許注也。○劉家立云：説文：「𥤶，地室也。從穴，復聲。詩曰：『陶𥤶陶穴。』」禮月令鄭注：「古者複穴。」正義：「複穴者，謂窟居也。」鹽鐵論輕重篇：「夏不失複，冬不離窟。」「𥤶、複、復」三字古通用。○王叔岷云：御覽引「毀」作「鑿」，是也。「毀」即「鑿」之誤。説林篇「毀瀆而止水」，意林引「毀」亦作「鑿」，與此同例。○于大成云：「鑿」字是也。詩大雅緜「陶復陶穴」，箋「鑿地曰穴」，此注所本也。劉説御覽是許注，當是。唯御覽「密室」當作「窟室」，説文「𥤶，地窟」；禮月令鄭注「古者複穴」，疏「謂窟居也」。高此注前一説亦云「重窟」。高注一説，既用許注，此云「以爲窟室」，即是許義，並可證「密」是「窟」字之誤。又許注云「鑿崖岸之腹」，則所據本「復」作「腹」字，御覽引正作「腹」。

〔一一〕【版本】藏本無「霧露」二字，除朱本、葉本同藏本外，各本均有，今據補。

〔一二〕【高注】蝱，讀詩云「言采其莔」之「莔」也。

【版本】莊本「熱」誤作「蟄」，餘本同藏本。藏本「蝱」作「昏」，除茅本、葉本同藏本外，各本均作「蝱」，今據改。藏本注「采」作「來」，景宋本、王溥本、莊本、集解本作「采」，今據改，朱本、葉本同藏本。景宋本注「苘」作「蕄」，集解本作「莔」。

【箋釋】于省吾云：今詩載馳作「言采其蝱」。高習魯詩，知魯詩作「苘」也。○雙棣按：詩鄘風載馳毛傳：「蝱，貝母也。」釋文：「蝱音盲，藥名也。」爾雅釋草：「苘，貝母。」說文：「苘，貝母也。從艸，朙省聲。」蓋魯詩用本字，毛詩用借字。

【用韻】「露、蝱」鐸陽通韻。

〔一三〕【高注】作，起也。

【版本】莊本、集解本此注在下文「爲之」下，景宋本、王溥本、葉本同藏本。

【箋釋】王念孫云：高說非也。「作爲之」三字連讀。下文曰「而作爲之揉輪建輿，駕馬服牛」，又曰「而作爲之鑄金鍛鐵，以爲兵刃」，皆其證也。○楊樹達云：詩駉毛傳：「作，始也。」○雙棣按：楊說是。廣雅釋詁云：「作，始也。」王念孫疏證云：「魯頌駉篇『思馬斯作』，毛傳云：『作，始也。』作之言乍也，乍亦始也。益稷『烝民乃粒，萬邦作乂』，作與乃相對成文，言烝民乃粒，萬邦始乂也。禹貢『萊夷作牧』，言萊夷水退始放牧也。『沱潛既道，雲夢土作乂』，作與既相對成文，言沱潛之水既道，雲夢之土始乂也。夏本紀皆以爲字代之，於文義稍疏矣。」又呂氏春秋大樂篇云：「瞽叟乃拌五弦之瑟，作以爲十五弦之瑟。」許維遹、陳奇猷皆謂「作」字衍，非是，彼

「作」字與此同，皆當訓爲「始」。

〔一四〕【高注】構，架也，謂材木相乘架也。

【箋釋】王念孫云：「以爲宮室」本作「以爲室屋」，淺學人多聞宮室，寡聞室屋，故以意改之也。案：月令曰：「毋發室屋。」管子八觀篇曰：「宮營大而室屋寡。」荀子禮論篇曰：「壙壟，其貌象室屋也。」呂氏春秋懷寵篇曰：「不焚室屋。」史記周本紀曰：「營築城郭室屋。」（俗本亦有改「室屋」爲「宮室」者。）天官書曰：「城郭室屋門户之潤澤。」則室屋固古人常語。且此二句以「木、屋」爲韻，下三句以「宇、雨、暑」爲韻，若作「宮室」，則失其韻矣。太平御覽居處部二引此正作「室屋」。

〔一五〕【高注】棟，屋檼也。宇，屋之垂。

【版本】藏本注「檼」作「穩」，景宋本、莊本、集解本作「檼」，今據改。餘本同藏本。

〔一六〕【高注】安，樂也。

【用韻】「宇、雨、暑」魚部。

〔一七〕【高注】伯余，黄帝臣也。世本曰：「伯余制衣裳。」一曰：伯余，黄帝。

〔一八〕【高注】緂，鋭。索，功也。緂讀恬然不動之恬。

【箋釋】王念孫云：高訓緂爲鋭，則與麻字義不相屬。今案：緂者續也，緝而續之也。方言：「繝，續也。（廣雅同。）秦晉續折木謂之繝。」郭璞音剡。人間篇曰：「婦人不得剡麻考縷。」繝、剡並與緂通。索如「宵爾索綯」之「索」，謂切撚之也。高云「索，功也」，「功」即「切」字之誤。顏師古注急就篇曰：「索謂切撚之令緊者也。」廣雅曰：「紉，索也。」紉與切通。○雙棣按：高訓緂爲鋭，不誤。緂與剡通。説文：「剡，鋭利也。」下文「剡耜而耕」，注：「剡，利也。」廣雅釋詁：「剡，鋭也。」鋭、利同義。人間篇作「剡麻」，用正字，此用借字。所謂「剡(緂)麻」，即搓麻使細。又：王説注「功」爲「切」之誤，是。

〔一九〕

【版本】王溥本「複」作「復」。

【箋釋】段玉裁云：勝者，縢之假借字。戴勝之鳥，首有横文似縢，故鄭云織紝之鳥。小雅云：「杼軸其空。」縢即軸。又云：「複」即「椱」之假借字。○李哲明云：「勝」讀爲「縢」，字亦作「榺」，又作「栚」，同音假借也。説文：「縢，持經也。」「栚，槌之横者也。」其實栚縢一字。方言：「槌，其横，關西曰榺。」郭注：「槌，縣蠶薄柱是也。」「複」假爲「椱」，説文：「椱，機持繒者。」王逸機賦：「勝複迴轉。」與此同爲假借字。○陳昌齊、錢繹、朱駿聲與段、李説同。○于省吾云：「勝」應讀作「乘」，「勝、乘」古互爲音訓，故得相借。詩正月「靡人弗勝」傳：「勝，乘也。」書西伯勘黎序「周人乘黎」傳：「乘，勝也。」吕氏春秋權勳「天下兵乘之」注：「乘猶勝也。」均其例證。下云「彊弱相乘」，注：「乘，加也。」漢書王莽傳「前後相乘」注：「乘，積也。」算術之乘法，亦即加積之義。加積與「複」義相因。此云「緂麻索縷，手經指挂，其成猶網羅」，言其疏也。此言「後世爲之機杼勝複以便其用，而民得以揜形御寒」，言其麻縷用機杼織之，乘複密緻，故曰「揜形御寒」也。○于大成云：于説非是。「機杼勝複」皆織具也。説文「機，主發謂之機。」縢，機持經者。杼，機持緯者。複，機持會者」，（會字从段校。）以機縢杼複四篆連文，即采淮南文，則此「勝複」當叚爲「縢複」。○雙棣按：段、陳、錢、朱、李説是，于説非也。

〔二〇〕【高注】揜，蔽。御，止。

【版本】景宋本正文及注「揜」作「掩」。王溥本（並注）、王鎣本、吴本「御」作「禦」。

【用韻】「羅、寒」歌元通韻。

〔二一〕【高注】剡，利也。耜，臿屬也。蜃，大蛤，摩令利，用之耨。耨，除苗穢也。

【箋釋】劉台拱云：説文「相，臿也」，或作「梩」。即此「剡耜而耕」高解爲臿屬者是也。又曰「枱，耒耑也」，或作「鈶」，籀文作「辝」。即下文「爲之耒耜」者是也。本是二字，後人並轉寫作「耜」，二物混同無別矣。「剡耜」之「耜」，當從木作「相」，與耒耜字不同。此二字顧野王已不能分別，至徐鉉、丁度等益淆亂，當以淮南正之。説文「耒」字解「垂作耒相」，當是「枱」字之譌。○雙棣按：劉説上下文之「耜」當非一字，是也。關於耒耜，可參考徐中舒耒耜考、孫常敘耒耜的起源與發展。

〔二二〕【高注】鉤，鎌也。鉤讀濟陰句陽之句。樵，薪蒸。甀，武，今兗州曰小武爲甀，幽州曰瓦也。

【版本】景宋本、朱本、茅本、張本、汪本、莊本、集解本注「鎌」作「鐮」，王溥本、王鎣本、葉本同藏本。

【箋釋】梁玉繩云：集韻「甒」亦作「𤭛」，此「武」或省文。禮器曰：「君尊瓦甒。」故幽州曰瓦也。○李哲明云：說文：「䍃，小口罌。」與「甁」同字。廣雅釋器：「甁、甒，瓶也。」武即甒字，方言注：「今江東呼甖爲甒子。」字亦作甒。士喪禮「甒二」鄭注：「甒，瓦器。」古文「甒、甒」皆作「廡」，然則「甒、甒」正字，「廡」省文，「武」聲假字也。○劉文典云：御覽七百五十八引，「甁」作「缾」。○于省吾與李説同。○吕傳元云：「木鉤」當作「鉤木」，此與「剡耜」、「摩蜃」、「抱甁」對言，寫者誤倒，文不一例矣。○于大成云：「木鉤」者，以木爲鉤也。

〔二三〕【高注】耰，讀曰優，椓塊椎也，三輔謂之櫌，所以覆種也。

【版本】莊本、集解本「鋤」作「鉏」。王鎣本、朱本、葉本「臯」作「槔」。

〔二四〕【箋釋】于省吾云：「衝絶」不詞，「衝」當爲「衡」字之誤。「衡、横」古字通，載籍習見。山海經大荒西經「横道而處」注：「言斷道也。」按：「横道」猶此言横絶路也。史記留侯世家云「羽翮已就，横絶四海。横絶四海，當可奈何？」是「横絶」乃漢人成語。○楊樹達與于説同。

〔二五〕【高注】窬，空也。方，並也。舟相連爲航也。

【版本】景宋本「版」作「板」。

【箋釋】雙棣按：説文：「俞，空中木爲舟也。」又：「窬，穿木户也。一曰空中也。」段玉裁曰：「窬同俞，空中木者，舟之始；並板者，航之始，如椎輪爲大路之始。其始見本空之木用爲舟，其後因刳木以爲舟。」

〔二六〕【高注】運所有，輸所無。

【箋釋】雙棣按：「委輸」爲漢代常語。史記平準書：「置平準于京師，都受天下委輸。」留侯世家：「諸侯安定，河渭漕輓天下，西給京師，諸侯有變，順流而下，足以委輸。」漢書食貨志上：「募發天下囚徒丁男甲卒轉委輸兵器，自負海江淮而至北邊。」後漢書張純傳：「使將潁川突騎安集荊、徐、揚部，督委輸，監諸將營。」委、輸爲同義，禮月令疏引皇氏：「委猶輸也。」委輸爲運送、轉運之義。後漢書張純傳注：「委輸，轉運也。」又有單言委，單言輸者，左傳僖公十三年：「秦於是乎輸粟於晉。」後漢書千乘貞王伉傳：「梁太后下詔，以樂安國土卑溼，租委鮮薄，改封鴻渤海王。」注：「委謂委輸也。」

〔二七〕【高注】䩨蹻，䩨鞁也。勤，勞也。

【版本】張本、黄本、莊本、集解本「肩」下有「荷」字，餘本同藏本。

【箋釋】王念孫云：「䩨」皆當爲「靻」，字從旦不從且。説文：「靻，柔革也。」（玉篇多達、之列二切。）「屩，履也。」「鞁，小兒履也。」釋名云：「鞁，韋履深頭者之名也。」今正文言靻蹻（與屩同），注文言靻鞁，皆是韋履之名，則字當從旦。廣韻：「䩨，則古切。䩨勒名。」字從且，兩字聲義判然。茅一桂不知䩨爲靻之誤，輒加「音祖」二字，其失甚矣。下文「蘇秦䩨蹻嬴蓋」，「䩨」亦「靻」字之誤。又案：「爲䩨蹻」之「爲」，音于僞反。「爲䩨蹻而超千里肩負儋之勤也」，乃起下之詞，非承上之詞，「爲」上不當有「乃」字。此因上文「乃爲窬木方版」而誤衍也。下文云「爲鷙禽猛獸之害傷人而無以禁御也，而作爲之鑄金鍛鐵以爲兵刃」，「爲」上無「乃」字，是其證。「肩負儋之勤」，道藏本、劉本及諸本並同，漢魏叢書本於「負儋」上加「荷」字，而莊本從之，斯爲謬矣。○陳昌齊、劉台拱亦謂「爲鞀蹻」上之「乃」字爲衍文。○易順鼎云：一切經音義九十一引許注：「屩，草履之名也。」九十七引許注：「屩，履也。」按：此篇乃高注本，故與許異。高本作「蹻」，許本作「屩」。説文：「屩，屐也」。足部：「蹻，舉步行高也。」是「屩」乃正字。釋名：「屩，草履也。」「屩，蹻也。」正同許義。屩訓爲蹻，故高本即以「蹻」爲之。

〔二八〕【版本】王溥本、王鎣本、葉本、汪本、吴本「楺」作「揉」，餘本同藏本。

【箋釋】劉台拱云：「楺」當作「揉」。○雙棣按：説文無「揉、楺」二字，當爲後起字，本字均當作「柔」。説文：「柔，木曲直也。」段注：「凡木曲者可直、直者可曲曰柔。」説文另有「煣」字，許釋爲「屈申木也」，段注：「謂曲直之也，今繫辭傳、考工記皆作揉，蓋非古也。手部無揉字。漢書食貨志：『煣以爲耒。』」徐灝曰：「柔，疑古揉字，因爲剛柔字所專，又增手作揉，增火作煣耳。」「楺」字古籍罕見，玉篇：「楺，屈木。易曰：『楺木爲耒。』」今本易繫辭作「揉」。

〔二九〕【高注】代負儋，故不勞也。

〔三〇〕【高注】以兵刃備之，故不得爲人害也。

〔三一〕【版本】王溥本、王鎣本、吴本「造」作「操」，餘本同藏本。

〔三二〕【箋釋】王念孫云：人各以其所知，當作「人各以其知」，知與智同。言各用其智，以去害而就利也。今本「知」上有「所」字者，涉下兩「所」字而衍。文子上禮篇正作「各以其智，去其所害，就其所利」。

〔三〕【高注】循，隨也。當時之可改則改之，故曰不可也。

【箋釋】盧文弨云：注「不可」下當有「因」字。○雙棣按：常、故，皆舊也。因，亦循也。

【用韻】「循、因」文真合韻。

古之制，婚禮不稱主人〔一〕，舜不告而娶，非禮也〔二〕。立子以長，文王舍伯邑考而用武王，非制也〔三〕。禮三十而娶〔四〕，文王十五而生武王，非法也〔五〕。夏后氏殯於阼階之上〔六〕，殷人殯於兩楹之間〔七〕，周人殯於西階之上〔八〕，此禮之不同者也。有虞氏用瓦棺〔九〕，夏后氏堲周〔一〇〕，殷人用槨〔一一〕，周人牆置翣，此葬之不同者也〔一二〕。夏后氏祭於闇〔一三〕，殷人祭於陽〔一四〕，周人祭於日出以朝〔一五〕，此祭之不同者也。堯大章〔一六〕，舜九韶〔一七〕，禹大夏〔一八〕，湯大濩〔一九〕，周武象〔二〇〕，此樂之不同者也。故五帝異道而德覆天下，三王殊事而名施後世，此皆因時變而制禮樂者，譬猶師曠之施瑟柱也，所推移上下者無寸尺之度，而靡不中音〔二一〕，故通於禮樂之情者能作〔二二〕。音有本主於中，而以知榘彠之所周者也〔二三〕。魯昭公有慈母而愛之，死爲之練冠，故有慈母之服〔二四〕。陽侯殺蓼侯而竊其夫人，故大饗廢夫人之禮〔二五〕。先王之制，不宜則廢之；末世之事，善則著之〔二六〕。是故禮樂未始有常也〔二七〕。故聖人制禮樂而不制於禮樂〔二八〕。

治國有常，而利民爲本〔二九〕；政教有經，而令行爲上〔三〇〕。苟利於民，不必法古；苟周於事，不必循舊〔三一〕。夫夏商之衰也，不變法而亡〔三二〕；三代之起也，不相襲而王〔三三〕。故聖人法與時變，禮與俗化〔三四〕。衣服器械各便其用，法度制令各因其宜〔三五〕，故變古未可非，而循俗未足多也〔三六〕。

校釋

〔一〕【高注】當婚者之身，不稱其名也，稱諸父兄師友。

【箋釋】陶方琦云：意林引許注：「必稱父母兄弟。」按：二注略異。意林引已并入正文。○楊樹達云：文本隱公二年及桓公八年公羊傳。高注云「稱諸父兄師友」，說亦本隱公二年傳。

〔二〕【高注】堯知舜賢，以二女妻舜。不告父。父頑，常欲殺舜，舜知告則不得娶也。不孝莫大於無後，故孟子曰：「舜不告猶告耳。」

【版本】王溥本、葉本注「耳」作「也」，莊本、集解本作「爾」。

【箋釋】劉文典云：意林引，「不告」下有「瞽瞍」二字。○于大成云：孟子離婁「舜不告而娶」，又萬章「舜之不告而娶」，列子楊朱謂舜「行年三十，不告而娶」，皆無「瞽叟」二字。意林隨意增入，不足據。○雙棣按：注「不告父」上，疑當有「舜」字，蓋重文脱誤。注引孟子曰，見孟子離婁下：「舜不告而娶，爲無後也，君子以爲猶告也。」

〔三〕【高注】伯邑考，武王兄。廢長立聖，以庶代嫡，聖人之權耳。

【版本】藏本此注在「三十而娶」注之後，今依王溥本、茅本、汪本、張本、黄本、莊本、集解本注移此，餘本同藏本。茅本、黄本、莊本、集解本注「武王」下有「之」字。茅本、汪本、張本、黄本注「耳」作「也」，莊本、集解本作「爾」。

〔四〕【高注】三十而娶者，陰陽未分時，俱生於子，男從子數，左行三十年立於巳。女從子數，右行二十年亦立於巳，合夫婦。故聖人因是制禮，使男三十而娶，女二十而嫁也。男子自巳數，左行十得寅，故人十月而生於寅，故男子數從寅起。女自巳數，右行得申，亦十月而生於申，故女子數從申起也。

【版本】藏本注「嫁」下「也」字作「共」，朱本作「也」，今據改，王溥本、張本、黄本、莊本、集解本作「其」，屬下讀，餘本同藏本。茅本、汪本、張本、黄本、莊本、集解本此注在下文「非法也」下，餘本同藏本。

【箋釋】莊逵吉云：甲，寅，庚，申也。甲者陽正，寅亦陽正也。庚者陰正，申亦陰正也。義並詳王逸楚詞注、説文解字中。又難經曰：「男立于寅，寅爲木陽。女立于申，申爲金陰。」亦是。○于大成云：周禮地官媒氏「令男三十而娶」，尚書大傳引孔子曰「男三十而娶」，皆此文所本也。○何寧云：高注「女自巳數，右行得申」，於文未備，「右行」下奪「十」字。蓋自巳數男子左行十得寅，女子右行十正得申也。說文「包」字段注引此文亦作「右行十」。五行起運之說，高與許同。

〔五〕【高注】歲星十二歲而周天，天道十二而備，故國君十二歲而冠，冠而娶。十五生子，重國嗣也，不從故制也。上句言之宜伯邑考娶也。

【版本】茅本、汪本、張本、黄本注「不從故制也」作「故不從制」，餘本同藏本。茅本、汪本、張本、黄本、莊本、集解本注無「上句言之宜伯邑考娶也」十字，餘本同藏本。

【箋釋】劉文典云：北堂書鈔八十四引注，「周天」下有「爲一紀」三字，「冠而」下有「後」字。○雙棣按：注「上句言之宜伯邑考娶也」十字於義無取，當删。

〔六〕【高注】禮：飯于牖下，小斂於户内，大斂於阼階。在牀曰尸，在棺曰柩。殯於賓位，祖於庭，葬於墓也。於阼階猶在主位，未忍以賓道遠之。

【箋釋】雙棣按：注引禮見今禮記檀弓上及曲禮下。「在牀曰尸，在棺曰柩」，見曲禮下，餘見檀弓上。

〔七〕【高注】楹，柱也。記曰：「殷殯之於堂上兩柱之間，賓主共。」

〔八〕【高注】蓋以賓道遺之。

【版本】莊本、集解本注「遺」作「遠」，餘本同藏本。

【箋釋】于大成云：禮記檀弓「夏后氏殯於東階之上，則猶在阼也；殷人殯於兩楹之間，則與賓主夾之；周人殯於西階之上，則猶賓之也」。

〔九〕【高注】有虞氏，舜世也。瓦棺，陶瓦也。

〔一〇〕【高注】夏后氏，禹世，無棺槨，以瓦廣二尺，長四尺，側身累之，以蔽土，曰堲周也。

【版本】藏本正文「堲」誤作「聖」，景宋本、茅本、葉本、汪本、張本、吳本、黄本、莊本、集解本作「堲」，今據改，王溥本、王鎣本、朱本作「塈」。

【箋釋】雙棣按：禮檀弓上云：「有虞氏瓦棺，夏后氏堲周，殷人棺槨，周人牆置翣。」字亦作「堲周」。

〔一一〕【高注】用栢爲槨，厚之宜，以棺爲制也。

【版本】莊本、集解本注「槨」作「椁」。

〔一二〕【高注】周人兼用棺槨，故牆設翣，狀如今要扇，畫文，插置棺車箱以爲飾，多少之差，各從其爵命之數也。

【版本】藏本注「翣」作「翼」，景宋本、茅本、汪本、張本、黄本、莊本、集解本作「翣」，今據改，餘本同藏本。王溥本、朱本注「要」作「翣」，餘本同藏本。

〔一三〕【高注】於室中，中夜祭之也。

〔一四〕【高注】於堂上，日平旦祭也。

【版本】藏本注「旦」作「且」，除葉本同藏本外，各本均作「旦」，今據改。

〔一五〕【高注】於日出時，祭於庭中。朝者，庭也。

【箋釋】俞樾云：高注首句曰「於室中，中夜祭之也」，二句曰「於堂上，日平旦祭也」，三句曰「於日出時，祭於庭中。朝，庭也」。所説皆未得其義，此文本禮記祭義，其文曰：「郊之祭，大報天而主日，配以月。夏后氏祭於闇，殷人祭於陽，周人祭日，以朝及闇。」鄭注曰：「闇，昏時也。陽，讀爲『曰雨曰暘』之暘，謂日中時也。朝，日出時也。夏后氏大事以昏，殷人大事以日中，周人大事以日出，亦謂此郊祭也。以朝及闇，謂終日有事。」正義曰：「此郊之祭一經，止明郊祭之禮。郊之祭者，謂正郊天。」然則此文所説，本屬郊祭，郊祭必爲壇，初非廟祭，有何堂中、堂上、庭中之分乎？祭於闇者，於中夜時祭也。祭於陽者，於日中時祭也。祭於日出，即是祭以朝，朝者，日出也。因周人尚文，郊祭終日有事，日出而祭，及闇而畢，故曰「以朝及闇」。淮南引此文，不連「及闇」二字者，意在明三代之祭不同，若言闇，則疑與夏同。且周人初非有取於闇，直以禮繁，不得不及闇耳。檀弓篇止言大事以日出，其無取於闇，明矣，故淮南省此二字也。高氏誤以「朝」爲「庭中」，遂并上文亦以室中、堂上言之，與祭義不合，不可從也。○金其源云：尚書大傳洪範五行傳「星辰莫同」注：「將晨爲朝。」説文：「晨，早昧爽也。」書太甲上：「先王昧爽丕顯坐以待旦。」公羊哀公十三年傳「見於旦」注：「旦，日方出時。」漢書劉向傳「一二條其所以」注：「以，由也。」是日出爲旦，昧爽爲未旦，朝則早於昧爽。「祭於日出以朝」者，猶曰祭由早於昧爽以至旦，即禮祭義所謂「以朝及闇」也，不當作「庭中」解。◯向承周云：俞説未是。古記佚脱，此未必用祭義也。祭義云：「周人祭日以朝及闇。」朝不言日出，故可以日出解朝字。此云「祭於日出以朝」，若仍用鄭注，是祭於日出以日出也，不亦複乎？且祭義此文承郊之祭言，此文謂凡祭，故曰「此祭之不同」也，不得以廟祭駁之。至檀弓所云「夏后氏大事以昏」云云，亦不必如鄭説專主郊祭。國之大事，在祀與戎，宗廟之祭，未嘗非大事也。高氏受經於植，非不讀禮記者，故余又疑鄭、高之異，即盧、鄭之異也。

〔一六〕【高注】堯樂也。【箋釋】雙棣按：吕氏春秋古樂云：「帝堯立，乃命質爲樂。命之曰大章，以祭上帝。」

〔一七〕【高注】舜樂也。書曰：「簫韶九成。」是也。【箋釋】雙棣按：吕氏春秋古樂云：「帝舜乃令質修九招、六列、六英，以明帝德。」九招即九韶。周禮春官大司樂作「大磬」，鄭玄注：「大磬，舜樂也。言其德能紹堯之道也。」又按：注引書見益稷篇。

〔一八〕【高注】禹樂也。【箋釋】雙棣按：吕氏春秋古樂云：「於是命皋陶作爲夏籥九成，以昭其功。」夏籥即大夏。周禮大司樂鄭注：「大夏，禹樂也。」與高此注同。

〔一九〕【高注】湯樂也。

【箋釋】雙棣按：呂氏春秋古樂云：「湯乃命伊尹作爲大護，以見其善。」大護即大濩。周禮大司樂鄭注：「大濩，湯樂也。」

〔一〇〕【高注】武王樂也。

【箋釋】雙棣按：呂氏春秋古樂云：「乃命周公爲作大武。」又云：「周公遂以師逐之，至於江南，乃爲三象。」此云武象，蓋即指大武、三象。周禮大司樂鄭注：「大武，武王樂也。」

〔一一〕【版本】葉本、吴本「寸尺」作「尺寸」。

【箋釋】雙棣按：莊子養生主云：「莫不中音。」中音謂合樂之節奏。

〔一二〕【箋釋】于大成云：禮記樂記「知禮樂之情者能作」，亦見漢禮樂志。

【用韻】「度、作」鐸部。

〔一三〕【高注】榘，方也。彠，度法也。

【版本】王溥本、王鎣本、朱本、葉本「周」作「用」，餘本同藏本。

【箋釋】王念孫云：「音」當爲「言」，此承上句而釋其義也。今作「音」者，涉上文「中音」而誤。

〔一四〕【高注】慈母者，父所命養己者。此大夫之妾，士之妻，謂之女母。禮爲之緦麻三月，昭公獨練。言其記禮之所由興也。

【版本】莊本、集解本注「謂」作「爲」，景宋本、王溥本、朱本、茅本、葉本、汪本同藏本。藏本注「緦麻」上無「之」字，景宋本有，今據補，餘本同藏本。

【箋釋】孫詒讓云：此本禮記曾子問。注「女母」當作「如母」，儀禮喪服云「慈母如母」是也。但以禮經考之，注文必有舛譌。蓋注云「慈母者，父所命養己者也」，此喪服之「慈母」也。其服，父卒則爲之齊衰三年。注又云「此大夫之妾，士之妻」，此據內則云「國君世子生，卜士之妻，大夫之妾，使食子」，則喪服之乳母。（內則又云：「大夫之子有食母。」鄭注云：「喪服所謂乳母也。」案：諸侯所使食子者，亦即食母也。）下又云「禮爲之緦麻三月」，即據喪服乳母之服也。揆之禮，服慈母、乳母，輕重懸殊，不可爲一談。高氏既根據經、記，不宜踳駮至此。竊謂此注當云：「慈母者，父所命養己者也，爲之如母。（此先舉禮經慈母之正名正服也。）此大夫之妾、士之妻，禮爲之緦麻三月。（此明魯昭公之慈母，實即禮經之乳母，非父命養己者，其服不得如母也。）」今本傳寫錯互，移「爲之如母」四字著「此大夫之妾、士之妻」下，遂錯互不可通矣。但曾子問：「孔子曰：『古者男子外有傅，內有慈母，君命所使教子也，何服之有？』」則非乳母甚明。故鄭釋之云：「大夫士之子爲庶母慈己者服小功。」蓋謂即喪服小功章所云「君子子爲庶母慈己者」。高義與記文顯迕。又喪服慈母及庶母、慈己三者之服，並據大夫以下言之，諸侯則咸不服，而高猶援乳母緦麻三月之服以爲釋，壹若昭公於乳母宜服緦者，亦與禮經不相應，皆不足據耳。○何寧云：曾子問鄭注云：「昭公年三十，乃喪齊歸，猶無戚容，是不少，又安能不忍於慈母？此非昭公明矣。未知何公也。」孔疏云：「按家語云：『孝公有慈母良。』鄭云未知何公者，鄭不見家語故也。」據孔疏則此昭公當是孝公。

〔二五〕【高注】陽侯，陽陵國侯也。蓼侯，皐陶之後，偃姓之國侯也，今在廬江。古者大饗飲酒，君執爵，夫人執豆。陽侯見蓼侯夫人美豔，因殺蓼侯而娶夫人。由是廢致夫人之禮。記所由廢也。

【版本】藏本注上「陽侯」作「陽伐」，除葉本同藏本外，各本皆作「陽侯」，今據改。張本、黄本、莊本、集解本注無「致」字，餘本同藏本。

【箋釋】劉台拱云：蓼，注以爲國名，音了。左氏釋文云：「字或作鄝。」坊記音穆者異。○吴承仕云：禮坊記「蓼」字作「繆」，鄭注云：「同姓也，其國未聞。」正義曰：「鄭云其國未聞者，陽侯、繆侯，是兩君之謚，未聞何國君，故曰未聞。」周書史記篇有陽氏之君。春秋閔二年：「齊人遷陽。」杜注：「陽，國名。」正義曰：「世本無有陽國，不知何姓。」本書覽冥篇稱陽侯之波，皆爲古諸侯之稱，與此之陽侯，是一是二，既難質言，亦不審其封地所在，故鄭云未聞也。坊記字從繆，故孔疏以爲謚號。本文字從蓼，故高注以爲在今廬江。（續郡國志蓼縣屬揚州廬江郡。）要皆以意説之，不必别有文證也。以是相校，則注文陽陵國侯一語，當云陽國侯，「陵」字蓋爲衍文。陽陵縣，前志屬左馮翊，續志屬京兆尹，不聞古有陽陵之國，一也。注謂蓼在今廬江，不言陽陵今地所在，二也。以陽爲地名者，多矣，此注獨以陽爲陽陵，别無事證可説，三也。以此證知注文誤衍「陵」字矣。覽冥篇陽侯之波，今本注云陽陵國侯也，亦誤衍陵字，其比正與此同。已説在覽冥篇。○劉文典云：禮坊記「陽侯猶殺繆侯以竊其夫人」注：「同姓也，其國未聞。」釋文：「繆音穆。」案：記注、元朗音並誤。當以淮南此文及注爲是。左文五年傳「楚子燮滅蓼」杜

注：「蓼國，今安豐蓼縣。」與此注「今在廬江」之説正合。潛夫論志氏姓篇「及梁、葛、江、黄、徐、莒、蓼、六、英皆皋陶之後也」，亦與此注「蓼侯，皋陶之後」説同。

〔二六〕【用韻】「制、廢」月部，「事、著」之魚合韻。

〔二七〕【箋釋】劉台拱云：「是故」二字衍。

〔二八〕【高注】聖人能作禮樂，不爲禮樂所制。

〔二九〕【高注】本，要。

〔三〇〕【高注】經，常也。上，最也。

【版本】葉本「上」作「尚」。

【箋釋】于大成云：國策趙策二「夫制國有常，而利民爲本；從政有經，而令行爲上」，亦見趙世家。

【用韻】「常、經、上」陽耕合韻。

〔三一〕【高注】舊，常也。傳曰：「舊不必良。」舊或作咎也。

【箋釋】于大成云：商君書更法篇「是以聖人苟可以彊國，不法其故；苟可以利民，不循其禮」，國策趙策「是故聖人苟可以利其民，不一其用；果可以便乎事，不同其禮」，均與此文意同。○雙棣按：注所引傳見左傳成公十六年。

【用韻】「事、舊」之部。

〔三二〕【高注】亡，謂桀、紂。

〔三三〕【高注】三代，禹、湯、武也。襲，因也。

【箋釋】于大成云：商君書「湯武之王也，不脩古而興；殷夏之滅也，不易禮而亡」，（新序「脩」作「循」。）國策「聖人之興也，不相襲而王；夏殷之衰也，不易禮而滅」。

【用韻】「亡、王」陽部。

〔三四〕【高注】化，易。

【箋釋】于大成云：國策云「故勢與俗化，而禮與變俱，聖人之道也」，淮南本之。

〔三五〕【版本】茅本、汪本、張本脱「便其用法度制令各」八字，餘本同藏本。

【箋釋】于大成云：國策「法度制令，各順其宜；衣服器械，各便其用」，爲此文所本。

〔三六〕【高注】循，隨也。俗，常也。

【箋釋】劉文典云：意林引，「未足」作「不足」。○蔣禮鴻云：正文及注「俗」字均當作「咎」，字之誤也。「咎」與「舊」通。咎犯即舅犯。道應篇「屈宜若」，「若」爲「咎」字之誤，屈宜咎即屈宜臼。舅舊皆從臼聲，故「咎」與「舅」通，又與「舊」通矣。變古未可非，而循舊未足多，正承上文「苟利於民，不必法古；苟周於事，不必循舊」而言。彼文注曰：「舊，常也。傳曰：『舊不必良。』舊或作咎。」此注云：「咎，常也。」亦正相應。○雙棣按：商君書更法云：「湯武之王也，不循古而興；殷夏之滅也，不易禮而亡。然則反古者未必可非，循禮者未足多也。」蓋爲淮南此文所本。

【用韻】「化、宜、多」歌部。

百川異源而皆歸於海〔一〕，百家殊業而皆務於治〔二〕。王道缺而詩作〔三〕，周室廢，禮義壞而春秋作〔四〕。詩、春秋，學之美者也〔五〕，皆衰世之造也，儒者循之，以教導於世，豈若三代之盛哉！以詩、春秋爲古之道而貴之，又有未作詩、春秋之時〔六〕。夫道之缺也，不若道其全也〔七〕。誦先王之詩、書，不若聞得其言；聞得其言，不若得其所以言〔八〕。得其所以言者，言弗能言也〔九〕。故道可道者，非常道也〔一〇〕。

周公事文王也，行無專制〔一一〕，事無由己〔一二〕，身若不勝衣，言若不出口〔一三〕，有奉持於文王，洞洞屬屬，如將不能，恐失之〔一四〕，可謂能子矣。武王崩，成王幼少，周公繼文王之業，履天子之籍，聽天下之政〔一五〕，平夷狄之亂〔一六〕，誅管蔡之罪〔一七〕，負扆而朝諸侯〔一八〕，誅賞制斷，無所顧問〔一九〕，威動天地，聲懾海内〔二〇〕，可謂能武矣。成王既壯，周公屬籍致政，北面委質而臣事之〔二一〕，請而後爲，復而後行〔二二〕，無擅恣之志，無伐矜之色〔二三〕，可謂能臣矣。故一人之身而三變者，所以應時矣。何況乎君數易世，國數易君！人以其位達其好憎〔二四〕，以其威勢供嗜欲〔二五〕，而欲以一行之禮、一定之法應時偶變，其不能中權亦明矣〔二六〕。

故聖人所由曰道，所爲曰事〔二七〕。道猶金石，一調不更〔二八〕；事猶琴瑟，每終改調〔二九〕。

故法制禮義者，治人之具也，而非所以爲治也〔三〇〕。故仁以爲經，義以爲紀，此萬世不更者也。若乃人考其才而時省其用，雖日變可也〔三一〕。天下豈有常法哉〔三二〕！當於世事，得於人理，順於天地，祥於鬼神，則可以正治矣〔三三〕。

校釋

〔一〕【高注】以海爲宗。

〔二〕【高注】業，事也。以治爲要也。

【箋釋】劉文典云：意林引，「殊」作「異」。

【用韻】「海、治」之部。

〔三〕【高注】詩所以刺王道。

〔四〕【高注】春秋所以貶絶不由禮義也。

【版本】藏本注無「貶」字，景宋本、集解本有，今據補，王溥本、葉本、莊本同藏本。

【箋釋】馬宗霍云：說文广部云：「廢，屋頓也。」本文「周室廢」，正用「廢」之本義。室猶屋也。頓從屯聲。爾雅釋訓：「訰訰，亂也。」頓與訰聲同，故頓亦有亂義。廣雅釋詁三云：「頓，亂也。」是其證。然則「周室廢」猶言周室亂。禮記少儀篇「廢則埽而更之」鄭玄注云：「廢，政教壞亂，無可因也。」周室亂亦正謂其政教壞亂耳。

〔五〕【箋釋】蔣禮鴻云：「美」當作「缺」，字之誤也。下文曰：「以詩、春秋爲古之道而貴之，又有未作詩、春秋之時。夫道其缺，不若道其全也。」正承此而言。○雙棣按：「美」字不誤。此就學而言，故曰美也。下文「儒者循之」，正承此而言。若作「缺」，則文義不屬。詩、春秋，非學之缺也，乃王道、禮義之缺。

〔六〕【箋釋】劉家立云：「以詩、春秋爲古之道而貴之，又有未作詩、春秋之時」，繹此二句詞意，與上下文語氣不接。此言王道缺而作詩，作春秋，其學之美，儒者循之以教導於世，雖用以爲教，終不若三代之隆，故曰「豈若三代之盛哉？道其缺也，不若道其全也」。則「三代之盛」句下不應有此二句。疑即此處之注，而寫者誤入正文也。蓋此言詩、春秋雖可貴，而三代未有詩、春秋之時更可貴也。此二句正釋三代之盛之義，若入正文中則成贅詞。此由後人未曾細心尋繹，使注文羼入正文而不知，亦讀書之過也。

〔七〕【版本】藏本「夫」作「失」，除景宋本同藏本外，各本皆作「夫」，今據改。王溥本、王鎣本、朱本、葉本、汪本、張本、吴本、黄本、莊本、集解本「之」作「其」，景宋本、茅本同藏本。

【箋釋】雙棣按：「之」是否相當於「其」，學界多有論辯。道藏本「道之缺」與「道其全」相對，「之」似與「其」同。劉績改「之」爲「其」，各本從之。今姑依舊本，以待詳考。

〔八〕【高注】聞聖人之言，不如得其未言時本意。

【版本】莊本、集解本注「時」下有「之」字。

【箋釋】王念孫云：「誦先王之詩、書」，「詩」字因上文詩、春秋而衍。先王之書泛指六藝而言，非詩、書之書也。「不若聞得其言」，「聞得其言」，兩「得」字皆因下句「得」字而衍。高注云：「聞聖人之言，不如得其未言時之本意。」則「聞」下無「得」字明矣。文子上義篇正作「誦先王之書，不若聞其言；聞其言，不若得其所以言」。○雙棣按：「誦先王之詩、書」不誤。淮南書中多詩、書並舉以代六藝而言。如：俶真篇云：「緣飾詩、書，以買名譽於天下。」精神篇云：「藏詩、書，脩文學而不知至論之旨。」説山篇云：「蹲踞而誦詩、書。」脩務篇云：「誦詩、書者期於通道略物。」泰族篇云：「以弋獵博弈之日誦詩讀書。」此不必依文子而謂「詩」爲衍文。王謂兩「得」字爲衍文，是。

〔九〕【高注】聖人所言微妙，凡人雖得之，口不能以言。

【版本】藏本注「微」作「不」，景宋本、茅本、汪本、莊本、集解本作「微」，（藏本下文注亦作「微妙」。）今據改，王溥本、朱本作「至」。莊本、集解本注「能」作「耐」。

【箋釋】劉績云：「言弗能言」，謂妙自不能措諸辭，所謂上達必心悟也。○陶鴻慶云：依高注，正文「言弗能言」，本作「口弗能言」。

〔一〇〕【高注】常道，深隱幽冥，不可道也。猶聖人之言，微妙不可言。

【版本】莊本、集解本注「深」上有「言」字。

【箋釋】陶鴻慶云：「道可道，非常道」，乃道德經文，「故」下當有「曰」字。「者」字不當有，涉上句而衍。

〔二〕【高注】專，獨。制，斷。

〔三〕【高注】請以後行。

【版本】景宋本、朱本、茅本、汪本、莊本、集解本注「以」作「而」，葉本作「已」，王溥本同藏本。

〔三〕【箋釋】雙棣按：身若不勝衣，言若不出口，蓋爲秦漢時成語，韓非子外儲説左下作「立如不勝衣，言如不出口」。

〔四〕【高注】洞洞屬屬，婉順貌也。而將不能勝之，恐失之，慎之至也。洞讀挺挏之挏，屬讀犁欘之欘也。

【版本】莊本、集解本「如」作「而」，餘本同藏本。王鎣本、朱本、汪本、吳本「能」作「勝」，餘本同藏本。藏本注「慎」下無「之」字，茅本、莊本、集解本有，今據補，景宋本、王溥本、朱本、葉本、汪本同藏本。藏本注「挏」作「桐」，莊本、集解本作「挏」，今據改，景宋本、王溥本、朱本、葉本同藏本。藏本注「欘」作「钃」，王溥本作「欘」，今據改，景宋本、朱本、葉本、莊本、集解本同藏本。

【箋釋】俞樾云：「而將不能，恐失之」，義不可通。高注曰：「而將不能勝之，恐失之，慎之至也。」疑本文作「而將不能勝之」。而與如古通用，謂如將不能勝之也。「恐失之」三字，高氏自解「如不能勝」之義，此三字誤入正文，而轉脱去「勝之」二字，於是文不成義矣。○劉文典云：御覽六百二十一引，作「有所奉持於前，洞洞屬屬，如不能，如將失之」，俞説近塙。○馬宗霍云：上文云「身若不勝衣，言若不出口」，本文「而將不能」，「而」猶若也。「能」有勝義。史記田敬仲完世家「寡人弗能拔」，司馬貞索隱曰：「能猶勝也。」是其證。然則「而將不能」者，猶言若將不勝奉持也。注文「而將不能勝之」，蓋即以「勝之」二字足成「能」字之義。夫言若將不勝，已有戒慎之意，而又言「恐失之」，故注云「慎之至也」。正文注文皆甚明白，無可疑者。俞說惟謂「而」與「如」通則是，如亦若也。餘説皆非。太平御覽治道部二引本文雖略有竄易，而「不能」下無「勝之」二字，次句有「失之」二字，益足見俞説之不可信。劉文典乃引御覽以證俞説之近塙，殊未審。○何寧云：有奉持於文王，御覽引作「有奉持於前」，疑「前」字是。此承上文「周公之事文王也」言之，不當又重「文王」二字。○雙棣按：俶真篇云「撢掞挺挏世之風俗」，又云「挺挏萬物」，爲高此注「讀挺挏之挏」所本，藏本桐字當作「挏」。又按：「犂欘」皆爲農具，説文：「欘，斫也。齊謂之鎡錤。」藏本「擉」字無義，當爲「欘」字之誤。（擉見於集韻，云：「博雅：『執也。』」按：今本廣雅無「擉」字。）

〔一五〕【高注】籍，圖籍也。政，治也。籍或作阼也。

【版本】莊本注無下「籍」字。

【箋釋】王念孫云：籍，猶位也，言周公履天子之位也。若圖籍，則不可言履矣。下文云「成王既壯，周公屬籍致政」，亦謂屬位於成王也。荀子儒效篇曰：「周公履天子之籍，（今本「天子」誤作「天下」，據宋本改。楊倞注以籍爲圖籍，誤與高注同。）聽天下之斷。」又曰：「周公歸周，反籍於成王。」此皆淮南所本。彊國篇曰：「夫桀、紂，聖王之後子孫也，有天下者之世也，埶籍之所存，天下之宗室也。」埶籍即埶位，是籍與位同義也。韓詩外傳作「履天子之位，聽天下之政」，尤爲明證矣。○劉文典云：御覽六百二十一引，「籍」作「國」。○于大成云：御覽六百二十一引「文王」作「文武」，是也。○雙棣按：王訓「籍」爲位，當是。朱駿聲謂「籍」借爲「阼」，説文「阼，主階也。」引申而爲主位。高注云「籍或作阼」，蓋高本用借字，或本用本字。

〔一六〕【高注】夷狄滑夏，平除之也。

【版本】王溥本、莊本、集解本注「滑」作「猾」，景宋本、葉本同藏本。

〔一七〕【高注】蔡叔，周公兄也。管叔，周公弟也。二叔監殷而導紂子禄父爲流言，欲以亂周，周公誅之，爲國故也。傳曰「大義滅親」也。

【版本】王溥本、莊本、集解本注「蔡」、「管」二字互易，景宋本、朱本、葉本同藏本。

【箋釋】雙棣按：劉績改注「蔡叔」爲「管叔」，又改「管叔」爲「蔡叔」，不合高氏本意。高誘吕氏春秋察微篇注云：「管叔，周公弟也。蔡叔，周公兄也。」開春篇注云：「管叔，周公弟。蔡叔，其兄也。」並與此注相合。管、蔡與周公之長幼，歷來諸書説法不一。史記謂管居周公上，蔡居周公下。本書齊俗篇曰：「周公放兄誅弟。」又曰：「放蔡叔，誅管叔。」是則淮南亦謂蔡叔爲周公之兄，管叔爲周公之弟。高誘吕覽、淮南注，本之淮南説。不可依史記改之，而使其自相舛互。又按：注引傳文，見左傳隱公四年。

〔一八〕【高注】負，背也。扆，户牖之間也。言南面也。

〔一九〕【高注】決之於心。

〔二〇〕【高注】懾，服也，服四海之内。

【版本】黄本、莊本、集解本「海内」作「四海」，餘本同藏本。

〔二一〕【高注】以圖籍付屬成王。致，猶歸。北面委玉帛之質，執臣之禮也。

〔二二〕【高注】每事必請。復，白。

〔二三〕【高注】不自伐其功勞也，不自矜大其善也。

【版本】葉本、吴本「伐矜」二字互倒。

【用韻】「志、色」之職通韻。

〔二四〕【高注】人人以其寵位，行其所好，憎其所憎也。

【箋釋】楊樹達云：「君數易世」，「世」字無義，字當作「法」，字之誤也。詮言篇云：「又況君數易法，國數易君，人以其位通其好憎。」與此三句文同，字正作「法」，是其證矣。○何寧云：楊説非也。此承上文「法與時變，禮與俗化」言。「君數易世」二句蓋言時變，下文「而欲以一行之禮，一定之法，應時耦變，其不能中權亦明矣」，始言禮法當變。此「世」字不當依詮言改「法」。

〔二五〕【箋釋】王念孫云：「供嗜欲」當作「供其嗜欲」，與「達其好憎」相對。○陶鴻慶與王説同，又云：「位」上當有「寵」字，「以其寵位」與「以其威勢」亦相對。高注云：「人人以其寵位行（此爲「好」

字之誤）其所好，憎其所憎也。」是其證。

〔二六〕【高注】一行之禮，非隨時禮也。一定之法，非隨時法也。故曰不能中權。權則因事制宜，不失中道也。

【版本】葉本、莊本、集解本注「事」作「時」，景宋本、王溥本、朱本同藏本。

〔二七〕【用韻】「道、事」幽之合韻。

〔二八〕【用韻】「石、更」鐸陽通韻。

〔二九〕【高注】金石，鐘磬也，故曰調而不更。琴瑟，絃有數急，柱有前却，故調，事亦如之也。

【版本】藏本「終」作「絃」，景宋本作「終」，今據改，餘本同藏本。藏本注「磬」作「聲」，莊本、集解本作「磬」，今據改，餘本同藏本。藏本注「柱」作「往」，王溥本、茅本、汪本、張本、黄本、莊本、集解本作「柱」，今據改，餘本同藏本。

【箋釋】雙棣按：「每絃改調」，「絃」爲「終」字之誤。終謂樂曲一篇或一章。吕氏春秋音初篇云：「二女作歌一終，曰『燕燕往飛』。」禮鄉飲酒義：「工入，升歌三終。」孔疏：「工入升歌三終者，謂升堂歌鹿鳴、四牡、皇皇者華，每一篇而一終也。」書益稷「簫韶九成」正義：「鄭云『成猶終也』。每曲一終，必變更奏。」此「每終改調」即「每曲一終，必變更奏」，而改調琴瑟之弦也。若作「每絃改調」，則文不成義。又按：「金石」與「琴瑟」爲對文，注「鐘聲」當爲「鐘磬」之誤，本篇「諭寡人以義者擊鐘」，注：「鐘，金也。」又「語寡人以憂者擊磬」，注：「磬，石也。」此「金石」亦當注爲「鐘磬」，「聲」爲「磬」字之誤明矣。又按：注「調而不更」疑當作「一調不更」，「故調」似當作「故曰改調」。

〔三〇〕【高注】言法制禮義，可以爲治之基耳，非所以爲治，治在其人之德。猶弓矢，射之具也，非能必中也，中在其人之巧也。

【版本】景宋本注「所以爲治」脱「所」字。莊本、集解本注「能」作「耐」。藏本注「巧」作「功」，王溥本、朱本、汪本作「巧」，今據改，景宋本、茅本、葉本、莊本、集解本同藏本。

【箋釋】王念孫云：「人」字後人所加。高注云「言法制禮義，可以爲治之基耳，非所以爲治」，則無「人」字明矣。文子上義篇無「人」字。泰族篇曰：「故法者，治之具也，而非所以治也。」亦無「人」字。○吳承仕云：朱本注「功」作「巧」是也。○王叔岷云：王校是也。莊子天道篇：「驟而語形名賞罰，此有知治之具，非知治之道者也。」可爲旁證。齊俗篇：「若夫規矩鉤繩者，此巧之具也，而非所以爲巧也。」又云：「故絃，悲之具也，而非所以爲悲也。」並與此句法同。○于大成云：吳校是也。喻林九十六引注亦作「中在其人之巧」。○何寧云：王説是也。史記酷吏傳「法令者，治之具，而非制治清濁之源也」，漢書酷吏傳同，「治」下亦無「人」字。

〔三一〕【高注】言人能考度其才，時省其行，擇其善者而崇用之，不必循常，故曰「雖日變可也」。唯仁義不可改耳，故萬世不更矣。

【版本】藏本「才」上有「身」字，王溥本、王鎣本、汪本、張本、吳本、黄本、莊本、集解本無，今據删，餘本同藏本。

【箋釋】雙棣按：「身」字當衍。高注云「人能考度其才，時省其行，擇其善者而崇用之」，無「身」字明矣。又按：注下「故」下當有「曰」字。

〔三二〕【高注】隨其時，於其宜。

〔三三〕【高注】當，合也。祥，順也。

【箋釋】馬宗霍云：祥於鬼神，高訓「祥」爲「順」，但上句云「順於天地」，兩「順」字意複。案爾雅釋詁云：「祥，善也。」吕氏春秋貴公篇：「夷吾善鮑叔牙。」高氏彼注云：「善猶和也。」本文「祥」字似當取和善之義，謂和於鬼神也。尚書舜典曰：「神人以和。」是鬼神言和，又語之有徵於古者也。

【用韻】「事、理、治」之部。

古者人醇工龐，商樸女重〔一〕，是以政教易化，風俗易移也〔二〕。今世德益衰，民俗益薄〔三〕，欲以樸重之法，治既弊之民，是猶無鏑銜橜策錣而御馯馬也〔四〕。昔者神農無制令而民從〔五〕，唐虞有制令而無刑罰〔六〕，夏后氏不負言〔七〕，殷人誓〔八〕，周人盟〔九〕。逮至當今之世〔一〇〕，忍訽而輕辱，貪得而寡羞，欲以神農之道治之，則其亂必矣〔一一〕。伯成子高辭爲諸侯而耕，天下高之〔一二〕。今之時人，辭官而隱處，爲鄉邑之下，豈可同哉〔一三〕？

古之兵，弓劍而已矣，槽柔無擊，脩戟無刺〔一四〕。晚世之兵，隆衝以攻，渠幨以守〔一五〕，連弩以射，銷車以鬬〔一六〕。古之伐國，不殺黃口，不獲二毛〔一七〕。於古爲義，於今爲笑〔一八〕。古之所以爲榮者〔一九〕，今之所以爲辱也〔二〇〕；古之所以爲治者，今之所以爲亂也。夫神農、伏羲不施賞罰而民不爲非，然而立政者不能廢法而治民〔二一〕。舜執干戚而服有苗〔二二〕，然而征伐者不能釋甲兵而制彊暴〔二三〕。由此觀之，法度者，所以論民俗而節緩急也；器械者，因時變而制宜適也〔二四〕。

夫聖人作法而萬物制焉〔二五〕，賢者立禮而不肖者拘焉〔二六〕。制法之民，不可與遠舉；拘禮之人，不可使應變〔二七〕。耳不知清濁之分者，不可令調音〔二八〕；心不知治亂之源者，不可令制法。必有獨聞之聽〔二九〕，獨見之明，然後能擅道而行矣〔三〇〕。夫殷變夏，周變殷，春秋變周〔三一〕，三代之禮不同，何古之從〔三二〕？大人作而弟子循〔三三〕，知法治所由生，則應時而變；不知法治之源，雖循古終亂〔三四〕。今世之法籍與時變，禮義與俗易〔三五〕；爲學者循先襲業，據籍守舊教〔三六〕，以爲非此不治，是猶持方枘而周員鑿也，欲得宜適致固焉，則難矣〔三七〕。

今儒墨者稱三代、文武而弗行，是言其所不行也〔三八〕；非今時之世而弗改，是行其所非也。稱其所是，行其所非，是以盡日極慮而無益於治〔三九〕，勞形竭智而無補於主也〔四〇〕。今夫圖工好畫鬼魅而憎圖狗馬者，何也？鬼魅不世出，而狗馬可日見也〔四一〕。夫存危治亂，非智不能；道而先稱古，雖愚有餘〔四二〕。故不用之法，聖王弗行；不驗之言，聖王弗聽〔四三〕。

校釋

〔一〕【高注】醇，厚，不虛華也。工龐，氣堅緻也。商樸，不爲詐也。女重，貞正無邪也。

【版本】景宋本「人」作「民」，餘本同藏本。景宋本正文及注「龐」作「厖」，餘本同藏本。藏本正文及注「樸」作「撲」，王溥本、朱本、汪本、張本、黃本、莊本、集解本作「樸」，今據改，餘本同藏本。汪本、張本、黃本、莊本、集解本注「氣」作「器」，餘本同藏本。

【箋釋】陳昌齊云：「龐」當作「厖」。○洪頤煊云：大戴禮王言篇：「民敦工璞，商慤女憧。」重即童字，童、憧古通用，謂憧愿無知之貌。○俞樾與洪説同。○雙棣按：朱駿聲云：「氣假借爲器，禮記樂記：『然後樂氣從之。』王氏引之曰：『即上文金石絲竹樂之器也。』」呂氏春秋季夏紀「其氣圜以揜」，元至正本、畢本作「氣」，李翰等改作「器」。淮南此文與彼同，不必改爲正字。

【用韻】「龐、重」東部。

〔二〕【用韻】「化、移」歌部。

〔三〕【箋釋】劉家立云：此二句相對爲文，今本「俗」上有「民」字，涉下文「既弊之民」而衍也。○雙棣按：「民」字非衍。民俗與世德相對，無「民」字反不對矣。

〔四〕【高注】鏑銜，口中央鐵，大如雞子中黃，所以制馬口也。錣，揣頭箴也。馯馬，突馬也。

【版本】藏本注「所」下無「以」字，王溥本有「以」字，今據補，餘本同藏本。王溥本、朱本注「揣」作「捶」，景宋本作「惴」（字殘缺），餘本同藏本。藏本注「突」作「窔」，王溥本、朱本、莊本、集解本作「突」，今據改，餘本同藏本。

【箋釋】莊逵吉云：殷敬順列子釋文引許慎注云：「錣，馬策端有利鋒，所以刺不前也。」與此義解同。○王念孫云：「銜」下本無「橜」字。高注曰：「鏑銜，口中央鐵。」言鏑銜而不言橜，則無「橜」字明矣。「鏑銜」下有「橜」字，則文不成義。此後人熟於「銜橜」之語，而妄加之耳。○楊樹達云：馯，說文作騂，云：「馬突也。」○雙棣按：說文：「揣，量也。」「椯，箠也。」注中之「揣」，段氏說文注「椯」字下引此文作「椯」，曰：「箠、策、椯，一物也。」此當依段作「椯」。景宋本當是椯或揣之殘。淮南書手旁、木旁多有錯互，劉績不知而改作「捶」，捶亦當借作箠。又按：王謂「橜」爲衍文，是。又按：韓非子五蠹篇云：「如欲以寬緩之政，治急世之民，猶無轡策而御馯馬。」蓋爲淮南所本。

〔五〕【高注】無制令，結繩以治之。

【版本】茅本、汪本、張本、莊本、集解本注「之」作「也」。

〔六〕【高注】有制令，涣乎其有文章也。其政常仁義，民無犯法干誅，故曰無刑也。

【版本】王溥本注「常」作「尚」，景宋本、朱本、茅本、葉本、汪本、莊本、集解本同藏本。

【箋釋】吴承仕云：「其政常仁義」，「常」當作「尚」，形近而誤。此書「常、尚」多互錯。（說已見前。）又案：「故曰無刑也」，「刑」下誤奪「罰」字。○雙棣按：常讀爲尚，非誤字也。墨子非命下「上帝不常」，孫詒讓云：「常當讀爲尚，右也。」

〔七〕【高注】言而信也。

【版本】藏本注「而」誤作「面」，各本均作「而」，今據改。

〔八〕【高注】以言語要誓，亦不違。

〔九〕【高注】有事而會，不協而盟。盟者，殺牲歃血以爲信也。

【箋釋】楊樹達云：禮記檀弓篇云：「殷人作誓而民始畔，周人作會而民始疑。」鹽鐵論詔聖篇云：「夏后氏不倍言，（倍今本誤爲信。）殷誓周盟，德信彌衰。」負、倍古音同。

〔一〇〕【高注】謂淮南王作此書時。

〔一一〕【高注】訽，讀夏后之后也。

【版本】藏本此注在下文「天下高之」注之後，莊本、集解本在此，今據移，景宋本、王溥本、朱本、葉本同藏本。

【箋釋】莊逵吉云：説文解字詬或作訽，此用或字，故讀如后。

〔一二〕【高注】伯成子高，蓋堯時人也。

【箋釋】楊樹達云：事見莊子天地篇。○雙棣按：伯成子高事又見呂氏春秋長利篇。莊子、呂覽爲淮南及高注所本。

〔一三〕【版本】景宋本、集解本「今之時人」作「今時之人」，餘本同藏本。

【箋釋】馬宗霍云：上文云：「伯成子高辭爲諸侯而耕，天下高之。」言爲天下所高也。則本文「爲鄉邑之下」，「之」猶「所」也，言爲鄉邑所下也。「下」與「高」相對。「所下」者，卑視之意。上文句首無「爲」字，故曰「高之」。彼「之」字爲指事之詞。本句首有「爲」字，故變言「之下」。則「之」字爲語助詞。「之」爲詞之「所」，例見劉淇助字辨略。

【用韻】「處、下」魚部。

〔一四〕【高注】槽柔，木矛也。無擊，無鐵刃也。刺，鋒也。槽，讀「領如螬蠐」之螬也。

【版本】王鎣本、張本、黄本、莊本、集解本「柔」作「矛」，餘本同藏本。藏本「刺」作「别」，王溥本、朱本、葉本、莊本、集解本作「刺」，今據改，餘本同藏本。

【箋釋】王念孫云：莊依漢魏叢書本改「柔」爲「矛」。案：各本皆作「柔」。太平御覽兵部二引亦作柔。説苑説叢篇：「言人之惡，痛於柔戟。」字亦如此。蓋矛、柔聲相近，故古書有借「柔」爲「矛」者，不宜輒改也。○陳昌齊云：「槽柔」猶「酋矛」。○楊樹達云：王説是矣，而於「槽」字無説。今按：「槽」當讀爲「酋」，槽柔即酋矛也。考工記廬人云：「酋矛常有四尺。」説文云：「矛，酋矛也。」古音曹酋同，故曹聲、酋聲字多通作。詩衛風碩人云：「領如蝤蠐。」蔡邕青衣賦及高此注並作「領如螬蠐」，是其證也。○馬宗霍云：今莊本注文亦作「槽柔」，是正文改而注文未改也。然説文矛部「矛」之古文從戈作「𢧆」，疑「柔」即古文矛之傳寫誤移戈旁於下者。戈與木形相近。本文作「⿱矛戈」，遂又誤作「柔」，非必借柔爲矛也。又案：「槽矛」之名不見於經傳。「蝤」與「蝤」通，方言十一云：「蠀螬，自關而東謂之蝤蠀。」亦其證。槽矛即酋矛，考工記廬人有酋矛、夷矛，云：「酋矛常有四尺，夷矛三尋。」鄭玄注云：「八尺爲尋，倍尋曰常。酋、夷，長短名。酋之言遒也。酋近，夷長也。」據此，則酋矛爲矛中之較短者。下文云「脩戟無刺」，脩，長也。長戟短矛，義正相對。

【用韻】「擊、刺」錫部。

〔一五〕【高注】隆，高也。衝，所以臨敵城，衝突壞之。渠，壍也。一曰：渠，甲名也。國語曰「奉文渠之甲」是也。幨，幰，所以禦矢也。

【版本】藏本注「壍」作「漸」，景宋本、王溥本、朱本、莊本、集解本作「壍」，今據改，餘本同藏本。

【箋釋】楊樹達云：說文：「䡴，陷陳車也。」經傳多作「衝」。○雙棣按：注釋「渠」爲「壍」，一曰甲名，非是。參兵略篇二〇七七頁注〔三七〕。注引國語，今本吳語作「奉文犀之渠」。

〔一六〕【高注】連車弩，通一絃，以牛挽之，以刃著左右，爲機關發之，曰銷車。銷，讀紺綃之綃也。

【版本】藏本注「關」作「開」，景宋本、集解本作「關」，今據改，餘本同藏本。

【箋釋】劉文典云：御覽二百七十一引注，「連車弩」作「連弓弩」，「機關」作「機開」。○吳承仕云：「絙」應作「紺」，形近之譌也。原道訓「上游於霄雿之野」，高注云：「霄讀紺綃。」是其證。○雙棣按：高氏此注恐有錯譌。墨子備高臨云：「備臨以連弩之車。」此銷車疑即連弩之車。

其形制蓋車上裝有連弩，連弩以機關發射。車以牛挽之，車之左右著刀刃，可陷陣鬬敵。高氏脩務篇「羊頭之銷」注：「白羊子刀。」以「刀」注「銷」，故此「銷車」以「刃著左右」注之。

【用韻】「守、鬬」幽侯合韻。

〔一七〕【高注】黄口，幼也。二毛，有白髮。

【版本】茅本、汪本、張本、黄本、莊本、集解本注「髮」下有「者」字，餘本同藏本。

【箋釋】雙棣按：左傳僖公二十二年及穀梁傳僖公十一年有「不禽二毛」之語，杜預注：「頭白有二色。」

〔一八〕【用韻】「毛、笑」宵部。

〔一九〕【高注】伯成子高。

〔二〇〕【高注】爲鄉邑之下也。

〔二一〕【高注】不能及神農、伏羲。

【箋釋】劉文典云：御覽二百七十一引，「立」作「蒞」。○雙棣按：古立、蒞、莅通。史記范睢蔡澤列傳「臣聞明主立政」索隱：「戰國策立作莅也。」莅，臨也。參本篇一九〇三頁注〔二四〕馬宗霍説。

【用韻】「非、民」微真合韻。

〔二二〕【高注】舜之初，有苗叛，舜執干戚而舞於兩階之間，有苗服從之。以德化懷來也。

【版本】藏本無「執」字，景宋本、茅本、汪本、張本、黄本、莊本、集解本有，今據補，餘本同藏本。

茅本、汪本、莊本、集解本注「之初」作「時」，景宋本、王溥本、朱本、葉本同藏本。茅本、汪本、莊本注無「之以德化懷來也」七字（張本、黄本全注無）。

【箋釋】雙棣按：高注「舜執干戚而舞於兩階之間」，有「執」字，正文亦當有「執」字。

〔二三〕【高注】不能及舜。

【版本】藏本「彊」誤作「彊」，莊本、集解本作「彊」，今據改。景宋本、吴本作「疆」，王溥本、王鎣本、朱本、茅本、汪本、張本、黄本同藏本。莊本、集解本注「能」作「耐」。

【用韻】「苗、暴」宵藥通韻。

〔二四〕【版本】藏本「適」下無「也」字，王鎣本、朱本（挖補）、茅本、葉本、汪本、張本、吴本、黄本、莊本、集解本有，今據補，餘本同藏本。

【箋釋】雙棣按：楊樹達謂此「論」及下文「象見其牙而大小可論」之「論」乃「諭」字之誤，非是。「論」當訓「知」。説山篇「以近論遠」高誘注：「論，知也。」吕氏春秋直諫「所以不可不論也」高誘注：「論，猶知也。」

【用韻】「度、急、械、適」鐸緝職錫合韻。

〔二五〕【高注】制，猶從也。

【箋釋】劉文典云：「物」當爲「民」，字之誤也。此以人民而言，非以物言也。下文「制法之民不可與遠舉，拘禮之人不可使應變」，即承此而言。若作「萬物」，則與下文不合矣。羣書治要引此文正作「萬民制焉」。○楊樹達云：「物」字無義，劉校改作「民」，是矣。「萬」當作「愚」，「愚」字上半與「萬」字下半同，故「愚」誤爲「萬」。下文云：「賢者立禮，而不肖者拘焉。」以賢與不肖對文，此句則以聖與愚爲對文也。商君書更法篇云：「智者作法，而愚者制焉；賢者更禮，而不肖者拘焉。」此淮南文所本，史記商君傳文亦與商君書同，是其證也。○于大成云：楊説是也。國策趙策二「知者作教，而愚者制焉；賢者議俗，不肖者拘焉」，新序善謀上「知者作法，而愚者制焉；賢者更禮，不肖者拘焉」，亦並作「愚者」，可證此文之當作「愚民」矣。

〔二六〕【高注】拘，猶檢也。

〔二七〕【版本】景宋本「遠舉」作「達辱」。

【箋釋】劉文典云：羣書治要引，「使」作「以」。○于大成云：商君書「拘禮之人不足與言事，制法之人不足與論變」，淮南文所本也。國策「夫制於服之民不足與論心，拘於俗之衆不足與致意」，（「服」當作「教」。）文義亦同。

〔二八〕【用韻】「分、音」文侵合韻。

〔二九〕【版本】藏本「聰」作「耳」，王溥本、王鎣本、朱本、葉本、吴本作「聰」，今據改，餘本同藏本。

【箋釋】王念孫云：劉本「耳」作「聰」，是也。文子上義篇正作「獨聞之聰」。○陶鴻慶云：「耳」當從文子上義篇作「聰」。聰、明、行以爲韻。○劉文典云：劉本是也。「聰」與「明」爲對文，作「耳」則失其指矣。羣書治要作「獨聞之聽」，「聽」與「聰」形近而誤，若字本作「耳」，無緣誤爲

「聽」也。韓非子外儲説右上篇：「獨視者謂明，獨聽者謂聰。」與此文義略同，亦以聰、明對文。

〔三〇〕【箋釋】劉文典云：羣書治要「矣」作「也」。○雙棣按：説文云：「擅，專也。」擅道，謂專於正道也。

【用韻】「聽、明、行」東陽合韻。

〔三一〕【高注】變，改。

〔三二〕【用韻】「同、從」東部。

〔三三〕【高注】循，隨。

【版本】景宋本注「隨」作「道」，茅本、汪本、張本、黄本、莊本、集解本作「遵也」，餘本同藏本。

〔三四〕【用韻】「變、源、亂」元部。

〔三五〕【箋釋】楊樹達云：義，古儀字。禮義即禮儀也。

〔三六〕【箋釋】于鬯云：文子上義篇作「握篇籍」，此「籍」上蓋亦當有「篇」字，與下文「守舊教」各三字句爲對。○楊樹達云：「教」字疑衍。

〔三七〕【版本】葉本「治」作「足」，「周」作「内」。

【箋釋】楊樹達云：周，合也。上文「苟周於世，不必循舊」，謂苟合於世也。集證改作「内」，未知所本。○馬宗霍云：周，合也。致爲精致，爲密致，與「緻」通。詩小雅斯干篇鄭箋「其堅致則鳥鼠之所去」，都人士篇鄭箋「其性情密致」，禮記聘義篇鄭注「縝致也」，陸德明釋文並云：

「致，本亦作緻。」說文新附有「緻」字，注云「密也」。淮南本文「周員鑿」之「周」，當取義於合。「致固」之「致」，當取義於密。言以方枘合員鑿，難得宜適密固也。離騷云：「何方圜之能周兮。」王注云：「言何所有圜鑿受方枘而能合者。」以解本文尤切。

〔三八〕【高注】不能行，但言之而已。

【版本】莊本、集解本注「能」作「耐」。

【箋釋】陶方琦云：羣書治要引許注：「儒墨之所言，今皆不行也。」按：二注正異。氾論訓乃高注本，故治要只引二則，便均異。

〔三九〕【用韻】「慮、治」魚之合韻。

〔四〇〕【箋釋】劉文典云：羣書治要引，「智」作「精」。◯劉家立云：今本「無補於主」，文不成義，上句作「無益於治」，則此句應作「無補於時」，且「治」與「時」爲韻，若作「主」，則失其韻矣。

【用韻】「智、主」支侯合韻。

〔四一〕【箋釋】劉文典云：羣書治要引此文「鬼魅不世出，而狗馬可日見也」，作「鬼魅無信驗，而狗馬切於前也」，疑別依一本。韓非子外儲說左上篇：「客有爲齊王畫者，齊王問曰：『畫孰最難者？』曰：『犬馬最難。』『孰易者？』曰：『鬼魅最易。』夫犬馬，人所知也，旦暮罄於前，不可類之，故難。鬼魅，無形者，不罄於前，故易之也。」即淮南此文所本。羣書治要引之「切於前」，即韓非子「罄於前」也。今本淮南「不世出」、「可日見」相對爲文，則「可日見」亦非誤字，知羣書治要引文爲別據一本矣。○劉家立云：古無謂畫工爲圖工者，疑當作「畫工好圖鬼魅而憎圖狗馬」，蓋傳寫之誤倒也。後漢書張衡傳諫習讖疏云：「譬猶畫工，惡圖犬馬而好作鬼魅，誠以實事難形而虛僞不窮也。」○雙棣按：説文云：「世，三十年爲一世。」

【用韻】「能、古、餘」之魚合韻。

〔四二〕【箋釋】王念孫云：「道」字當在「而」字下。「道先稱古」與「存危治亂」相對。羣書治要引此，正作「道先稱古」。○陳昌齊與王説同。○王叔岷云：王校是也。文子上義篇亦作「道先稱古」。

〔四三〕【高注】聽，受。

【版本】景宋本「弗聽」作「不聽」，餘本同藏本。

【箋釋】劉文典云：兩「聖王」於詞爲複，下「聖王」當爲「明主」。羣書治要引，正作「明主弗聽」，是其證。此疑「主」始譌爲「王」，後人又依上句改「明」爲「聖」耳。○何寧云：「聖王弗行」，疑當作「聖人弗行」。本篇「聖人」凡二十二見，唯「則天下無聖王賢相矣」，以聖王、賢相對舉爲句，此外無稱聖王者，則此亦當作「聖人」，與上下一律矣。蜀藏本正作「聖人」。下句「聖王弗聽」，從劉説。文子上義篇作「不用之法，聖人弗行也；不驗之言，明主不聽也」，又其證。

【用韻】「行、聽」陽耕合韻。

天地之氣，莫大於和〔一〕。和者，陰陽調，日夜分，而生物〔二〕。春分而生，秋分而成〔三〕，生之與成，必得和之精〔四〕。故聖人之道，寬而栗，嚴而温，柔而直，猛而仁〔五〕。太剛則折，太柔則卷〔六〕，聖人正在剛柔之間，乃得道之本〔七〕。積陰則沉，積陽則飛，陰陽相接，乃能成和〔八〕。夫繩之爲度也，可卷而懷也，引而伸之，可直而晞〔九〕。故聖人以身體之〔一〇〕。夫脩而不横，短而不窮，直而不剛，久而不忘者，其唯繩乎〔一一〕？

故恩推則懦，懦則不威〔一二〕；嚴推則猛，猛則不和〔一三〕；愛推則縱，縱則不令〔一四〕；刑推則虐，虐則無親〔一五〕。昔者齊簡公釋其國家之柄，而專任其大臣〔一六〕，將相攝威擅勢，私門成黨，而公道不行〔一七〕，故使陳成田常、鴟夷子皮得成其難〔一八〕。使吕氏絶祀〔一九〕，而陳氏有國者，此柔懦所生也。鄭子陽剛毅而好罰〔二〇〕，其於罰也，執而無赦。舍人有折弓者，畏罪而恐誅，則因猘狗之驚以殺子陽〔二一〕，此剛猛之所致也。

今不知道者，見柔懦者侵，則矜爲剛毅；見剛毅者亡，則矜於爲柔懦〔二二〕。此本無主於中而見聞舛馳於外者也〔二三〕，故終身而無所定趨〔二四〕。譬猶不知音者之歌也，濁之則鬱而無轉〔二五〕，清之則燋而不謳〔二六〕，及至韓娥、秦青、薛談之謳〔二七〕，侯同、曼聲之歌〔二八〕，憤於志，積於内，盈而發，音則莫不比於律而和於人心，何則？中有本主以定清濁〔二九〕，不受於外而自爲儀表也。

今夫盲者行於道，人謂之左則左，謂之右則右，遇君子則易道〔三〇〕，遇小人則陷溝釁〔三一〕，何則？目無以接物也〔三二〕。故魏兩用樓翟、吴起而亡西河〔三三〕，湣王專用淖齒而死于東廟〔三四〕，無術以御之也。文王兩用吕望、召公奭而王〔三五〕，楚莊王專任孫叔敖而霸，有術以御之也〔三六〕。

校釋

〔一〕【高注】和，故能生萬物。

〔二〕【用韻】「分、物」文物通韻。

〔三〕【箋釋】俞樾云：下言「春分而生」，上言「日夜分而生物」，文義重複。且春分、秋分皆日夜分也，日夜分而生物，於秋分而成，義亦不合。文子上仁篇作「和者，陰陽調，日夜分。故萬物春分而生，秋分而成」。然則此亦當同。上「而生」二字乃「故萬」之誤。

〔四〕【高注】精，氣。【用韻】「生、成、成、精」耕部。

〔五〕【高注】言剛柔寬猛相濟也。【箋釋】雙棣按：書堯典：「命汝典樂，教胄子，直而温，寬而栗，剛而無虐，簡而無傲。」爲淮南所本。【用韻】「温、仁」文真合韻。

〔六〕【箋釋】馬宗霍云：說文：「卷，𩾼曲也。」引申爲凡曲之稱。詩大雅卷阿「有卷者阿」，毛傳：「卷，曲也。」本文「太柔則卷」，言太柔則曲也。下文「夫繩之爲度也，可卷而伸也」，「卷」字義同。

〔七〕【高注】本，源也。

【版本】景宋本、莊本、集解本注「源」作「原」。

【用韻】「折、卷、間」月元通韻。

〔八〕【用韻】「飛、和」微歌合韻。

〔九〕【高注】晞，望。

【版本】藏本「懷」作「伸」，王溥本、王鎣本、葉本作「懷」，今據改，餘本同藏本。藏本正文及注「晞」作「睎」，莊本、集解本作「晞」，今據改，餘本同藏本。

【箋釋】王念孫云：「可卷而伸」，劉本作「可卷而懷」，是也。此言繩之爲物，可曲可直，故先言卷而懷，後言引而伸。且「懷」與「晞」爲韻，若作「伸」，則失其韻矣。文子上仁篇正作「可卷而懷」。○雙棣按：說文：「晞，乾也。」「睎，望也。」藏本「睎」字爲「晞」字之誤。

【用韻】「懷、晞」微部。

〔一〇〕【高注】體，行。

〔一一〕【箋釋】雙棣按：「脩而不橫」乃長而不亂、長而有序之義。周禮野廬氏：「禁野之橫行徑踰者。」

鄭注云：「橫行，妄由田中。」所謂「妄由」，即隨意亂行。孟子滕文公上：「洪水橫流。」所謂「橫流」，即不循水道而亂流。故橫有亂義。

【用韻】「橫、窮、剛、忘、繩」陽冬蒸合韻。

〔一二〕【高注】推，猶移也。

〔一三〕【用韻】「威、和」微歌合韻。

〔一四〕【高注】縱，放。

【箋釋】馬宗霍云：廣雅釋詁三：「令，禁也。」禮記月令「命相布德和令」，鄭玄注云：「令謂時禁也。」本文「縱則不令」，高注訓「縱」爲放，「令」與「縱」相對，則「令」當訓禁，謂放則不禁也。

〔一五〕【高注】虐，害也。喜害人，人無親之。

【用韻】「令、親」耕真合韻。

〔一六〕【高注】簡公，悼公陽生之子任也。一德不解曰簡。大臣，陳成子也。

【版本】集解本「大臣」上無「其」字，餘本同藏本。莊本、集解本注「德」作「往」，景宋本、王溥本、朱本、茅本、葉本、汪本同藏本。

【箋釋】吴承仕云：作「德」是也。周書謚法解：「壹德不解曰簡。」（邵説同。）

〔一七〕【高注】黨，羣。

【箋釋】王引之云：「大臣將相」四字當連讀，將相即大臣也。釋其國家之柄，專任大臣將相，皆以六字爲句。攝威擅勢，私門成黨，公道不行，皆以四字爲句。若以「將相」屬下讀，則句法參差不齊矣。且「柄、相、黨、行」四字爲韻，（柄，古讀若方。行，古讀若杭。並見唐韻正。）讀「大臣」絶句，則失其韻矣。○楊樹達云：高讀是也。若如王讀，不惟大臣將相語病複累，而攝威擅勢者果爲何人乎？强就韻文而使文義不明，非善術也。○雙棣按：楊説是。王氏謂淮南原文云：「各本『任』下衍『其』字，莊本從之，非是。今從道藏本。」按：道藏本亦有「其」字，王所據蓋道藏輯要本，該本脱「其」字。

【用韻】「柄、黨、行」陽部。

〔一八〕【高注】難，殺簡公之難。

【箋釋】錢大昕云：淮南以鴟夷子皮爲田常之黨，他書所未見。按：田常弑君之年，越未滅吴，范蠡何由入齊？此淮南之誤也。○王引之云：陳成田常本作陳成常，陳其氏也，成其謚也，常其字也，恒其名也。人間篇正作陳成常，吕氏春秋慎勢篇同。吴越春秋夫差内傳作陳成恒，韓子外儲説右篇作田成恒。田與陳古字通，言陳則不言田矣。後人又加「田」字，謬甚。又説山篇「陳成子恒之劫子淵捷也」，「子」字亦後人所加。○王紹蘭云：「田」衍文，「常」即「恒」，是其名也。漢人諱恒，故經典或稱常，或稱恒耳。左氏作「恒」，公羊作「常」，哀六年傳：「諸大夫皆在朝，陳乞曰：『常之母有魚菽之祭。』」何休解詁曰：「常，陳乞子，重難言其妻，故云爾。」常之母，猶曰恒之母，若「常」是字，陳乞與大夫言，不當字其子於朝。曲禮疏引五經異義：「公羊説，臣子先死，君父猶名之，子云『鯉也死』，是已死而稱名。左氏說，既没稱字而不名，穀梁同左氏說。」然則從公羊之説，父於子死猶名，則生名可知，從左氏、穀梁之説，没稱字，則生名亦可知也。成子生存，而僖子呼之曰常，明常是名，非字也。◎劉文典云：説苑臣術篇：「陳成子謂鴟夷子皮曰：『何與常也？』對曰：『君死吾不死，君亡吾不亡。』陳成子曰：『然子何以與常？』對曰：『未死去死，未亡去亡。』」韓非子説林篇亦云「鴟夷子皮事田成子」，墨子非儒篇「乃樹鴟夷子皮於田常之門」，錢氏云未見他書，實爲失考。◎雙棣按：鴟夷子皮爲陳成子之黨，尚見於説苑指武篇：「田成子常與宰我争，宰我夜伏卒將攻田成子，鴟夷子皮聞之，告田成子。」見於韓非子之文爲：「鴟夷子皮事田成子。田成子去齊，走而之燕。鴟夷子皮負傳而從。至望邑，子皮曰：『子獨不聞涸澤之蛇乎？澤涸，蛇將徙。有小蛇謂大蛇曰：「子行而我隨之，人以爲蛇之行者耳，必有殺子。不如相銜負我以行，人以我爲神君也。」乃相銜負以越公道，人皆避之，曰：「神君也。」今子美而我惡，以子爲我上客，千乘之君也；以子爲我使者，萬乘之卿也。子不如爲我舍人。』田成子因負傳而隨之。」錢氏之誤，在於謂鴟夷子皮必是范蠡。清人有此誤者不止錢氏一人，蘇時學云：「據史記，范蠡亡吴後，乃變姓易名適齊爲鴟夷子皮，然亡吴之歲乃孔子卒後六年，景公卒後十七年，又安知蠡之適齊而樹之田氏之門乎？此與莊周所言孔子見盜跖無異，真齊東野人之語也。」徐鼒云：「劉向所謂鴟夷子皮者，范蠡也。田常之亂，在周敬王三十九年，是時范蠡方在越，與句踐謀伐吴，後八年滅吴，蠡始浮江湖，變易名姓，適齊爲鴟夷子皮。

國語及左傳可考其妄。」若鴟夷子皮必是范蠡，則清儒之考是，陳常之亂，范蠡在越，豈可助其弑簡公？然鴟夷子皮非一人，見於先秦漢代之書者有三：一爲見於墨子、韓非子、淮南及説苑之鴟夷子皮，乃陳常之黨。一爲見於史記之鴟夷子皮，即所謂范蠡者。一爲見於説苑之楚大夫鴟夷子皮。陳常之黨之鴟夷子皮究爲何人？左傳哀公十四年載：「陳豹欲爲子我臣，使公孫言己。已有喪而止。既，而言之曰：『有陳豹者，長而上僂，望視，事君子必得志，欲爲子臣。吾憚其爲人也，故緩以告。』子我曰：『何害，是其在我也。』使爲臣。他日，與之言政，遂有寵。謂之曰：『我盡逐陳氏而立女，若何？』對曰：『我遠於陳氏矣，且其違者不過數人，何盡逐焉？』遂告陳氏。」楊伯峻曰：「陳豹之事子我，蓋爲陳恒内諜。陳氏既得陳豹所告消息，因此謀議。」謀除子我殺簡公，可知陳豹乃陳常之黨。以此與韓非子、説苑對照，多有吻合。左傳謂陳豹「長而上僂，望視」，與韓非子之「今子美而我惡」相應。左傳之「遂告陳氏」，與説苑之「鴟夷子皮聞之，告田成子」亦相合。且宋程公説春秋分紀世譜二云：「陳豹字子皮，文子之孫。」因字子皮，遂自號或被呼爲鴟夷。鴟夷爲皮所制，可與子皮相聯繫，且鴟夷爲鄙名，陳豹貌醜，正可以鴟夷稱之。至此，陳常之黨之鴟夷子皮乃陳氏同宗陳豹已明矣。淮南非誤記。

〔一九〕【高注】太公姓吕，簡公其後也。絶祀，陳氏代之。

【版本】茅本、汪本、張本、黄本、莊本、集解本此注在下文「有國者」下。

〔二〇〕【高注】子陽，鄭君也。一曰鄭相。

【箋釋】梁玉繩云：子陽，鄭相，乃駟氏之後，史記稱駟子陽，非鄭君也。◎馬敘倫云：鄭世家「繻公二十五年殺駟子陽」，高氏謂鄭相者據此。韓非子説疑篇曰：「鄭王孫申之爲臣也，思小利忘法義，進則揜蔽賢良以陰闇其主，退則擾亂百官而爲禍難，有臣如此，身死國亡，爲天下笑，故鄭子陽身殺，國分爲三。」高氏謂鄭君者疑據此。然史無鄭君名子陽者。◎陳奇猷云：據韓非子説疑「鄭子陽身殺，國分爲三」，則子陽確係有國之君。余疑子陽所立爲附庸之國，如齊之田嬰、田文，既封於薛爲附庸，亦相齊君之比。以其封於駟則爲駟子陽，以其爲鄭相則曰鄭子陽，如田文稱薛公亦稱齊田文亦相比。◎雙棣按：高誘吕氏春秋適威篇注與此同，首時篇、觀世篇注則曰：「子陽，鄭相也，一曰鄭君。」子陽爲鄭相、鄭君，高誘已不能確定。

〔二〕【高注】舍人，家臣也。國人逐猘狗以亂擾，舍人因之以殺子陽，畏其嚴也。

【箋釋】楊樹達云：説文：「狾，狂犬也。」「猘」乃「狾」之一作。古「制、折」二字音同相通，故「折中」亦作「制中」。◎雙棣按：吕氏春秋適威篇高誘以「狡狗」釋「猘狗」，段玉裁謂「狡」引申之爲狂也，蓋猘狗即狂犬也。

〔三〕【版本】景宋本上「矜」下有「於」字，餘本同藏本。茅本、葉本、張本、吴本、黄本、莊本、集解本下「矜」字下無「於」字，餘本同藏本。

【箋釋】王念孫云：「矜」皆當爲「務」。（務、矜二字，隸書往往譌溷。管子小稱篇「務爲不久」，韓子難篇作「矜僞不長」；吕氏春秋勿躬篇「務服性命之情」，務誤作矜。）言不知道者，中無定見，故見柔懦者侵，則務爲剛毅；見剛毅者亡，則務爲柔懦也。主術篇：「爲智者務爲巧詐，（道藏本、劉本、茅本並同。朱本改「爲」作「於」，非，莊本同。）爲勇者務於鬬争。」是其證也。又案：此文本作「見柔懦者侵，則務爲剛毅；見剛毅者亡，則務於柔懦」，「於」下本無「爲」字，於亦爲也，爲亦於也。務爲剛毅，務於剛毅也；務於柔懦，務爲柔懦也。僖二十年穀梁傳曰：「謂之新宫，則近爲禰宫。」言近於禰宫也。秦策曰：「魏爲逢澤之遇，朝爲天子。」言朝於天子也。是「爲」與「於」同義。郊特牲曰：「郊之祭也，掃地而祭，於其質也。」言爲其質，不爲其文也。又曰：「祭天，掃地而祭焉，於其質而已矣。」大戴禮曾子本孝篇曰：「故孝子之於親也，生則有義以輔之，死則哀以莅焉，祭祀則莅之以敬，如此而成於孝子也。」言如此而後成爲孝子也。晉語曰：「祁奚辭於軍尉。」言辭爲軍尉也。文六年穀梁傳曰：「閏月者，附月之餘日也，積分而成於月者也。」言積分而成爲月也。是「於」與「爲」亦同義。爲、於同義，故二字可以互用。晉語曰：「稱爲前世，（韋注曰：「言見稱譽於前世。」）義於諸侯。」韓詩外傳曰：「民不親不愛，而求於己用，爲己死，不可得也。」皆以爲、於互用。此云「見柔懦者侵，則務爲剛毅；見剛毅者亡，則務於柔懦」，亦以爲、於互用。主術篇曰：「爲智者務爲巧詐，爲勇者務於鬬争。」即其明證也。又史記孟嘗君傳「君不如令弊邑深合於秦」，西周策「於」作「爲」。張儀傳「韓、梁稱爲東藩之臣」，趙策「爲」作「於」。蓋爲、於聲近而義同，故字亦相通也。然則「務於柔懦」即「務爲柔懦」。道藏本「於」下復有「爲」字者，後人不知爲、於之同義，故又加「爲」字耳。（劉本、朱本同。）茅本不删

「爲」字而删「於」字，斯爲謬矣。（莊本同。）

〔一三〕【高注】舛，乖。

【版本】景宋本「見聞」作「聞見」，餘本同藏本。茅本、汪本、莊本、集解本此注在下文「定趨」下，景宋本、王溥本、葉本同藏本。

【箋釋】陳昌齊云：本無主，據下文「中有本主」句，當作「無本主」。

〔一四〕【高注】定，安也。趨，歸也。

【版本】藏本注「定安」倒，景宋本、葉本、莊本、集解本不倒，今據乙。

〔一五〕【高注】鬱，湮也。轉，讀傳譯之傳也。

【箋釋】雙棣按：脩務篇高注：「轉，音聲也。」湮鬱至極則無聲。

〔一六〕【高注】燋，悴也。謳，和也。

【版本】藏本注「燋」作「憔」，各本皆作「燋」，今據改。

【箋釋】陳昌齊云：據注義，「謳」當作「調」。○雙棣按：燋，朱駿聲謂假借爲「醮」。説文：「醮，面焦枯小也。」廣雅釋詁一：「醮，憂也。」字亦作「憔、嫶、癄」。高注「憔」字本無不可，然與正文不一，故改作「燋」，以與正文合。高注曰「悴也」，悴亦憂也。説文：「悴，憂也。」即憂思、憂悲之義。清音爲憂悲之音，韓非子十過：「平公曰：『清商固最悲乎？』師曠曰：『不如清徵。』」反坐而問曰：『音莫悲於清徵乎？』師曠曰：『不如清角。』」文選南都賦注引許慎淮南子注云：「清角紘急，其聲悲也。」呂氏春秋適音篇：「太清則志危，以危聽清則耳谿極，谿極則不鑒，不鑒則竭。」高注云：「太清無和，耳不能察，則竭病之。」此云不知音者之歌，無定之準繩，爲之則過，歌濁則鬱而無聲，歌清則憂而不和。陳謂「謳」當作「調」是，適音篇高注亦可爲證。

〔二七〕【用韻】「懦、趨、謳」侯部。

【高注】三人皆善謳。

【版本】葉本「青」作「清」。茅本、汪本、張本、黄本、莊本、集解本注「謳」下有「者」字，餘本同藏本。

〔二八〕【高注】二人善歌。一曰：曼，長。

【箋釋】陶方琦云：通典一百四十五引許注曰：「曼聲，長聲也。」高注「一曰：曼，長」，乃許義，與通典所引正同。列子湯問：「韓娥因曼聲哀哭。」許注本此。高作二人解，與許亦異。○雙棣按：覽冥篇「曼聲呑炭内閉而不歌」，高注：「曼聲，善歌者。」與此注同。覽冥篇「曼聲」與「美人」相對，當爲名詞，又「呑炭内閉」者亦當謂人。

〔二九〕【用韻】「主、濁」侯屋通韻。

〔三〇〕【箋釋】劉文典云：「易道」上當有「得」字，「得易道」與「陷溝壑」相對爲文，今敚「得」字，文既不對矣，義亦不可通矣。意林引此文，作「遇君子則得其平易」，文雖小異，尚未敚「得」字。御覽七百四十引已敚。○雙棣按：劉説當有「得」字是。又按：易，平也。呂氏春秋長攻篇：「接土鄰境，道易人通。」本書兵略篇：「易則用車，險則用騎。」許注：「易，平地也。」

〔二二〕【箋釋】劉文典云：御覽七百四十引作「蹈於溝壑」。○王叔岷云：意林引「陷」下有「於」字。

〔二三〕【高注】接，見。

【版本】藏本注「見」上敚「接」字，下衍「髮」字，景宋本、茅本、汪本、張本、黄本、莊本、集解本有「接」字無「髮」字，今據改，王溥本、朱本「髮」作「物」，葉本同藏本。

【箋釋】雙棣按：吕氏春秋知接篇云：「瞑者，目無由接也。」高注：「接，見。」與此注同。可知藏本注文有脱誤。説文：「接，交也。」目無由接，即目無由與物接觸，亦即見也。故高訓爲「見」。

〔二四〕【高注】魏文侯任樓翟、吴起，不用他賢，秦伐，喪其西河之地。

【箋釋】顧廣圻云：正文「吴起」二字疑衍。韓非子難一云：「魏兩用樓翟而亡西河，楚兩用昭景而亡鄢郢。」淮南此文所本也。樓翟二人，與景昭二人對文，所謂兩用也，不得更有「吴起」甚明。樓、翟二人者，以戰國策考之，樓爲樓廩，翟爲翟强。魏策云：「魏王之所用者，樓廩、翟强也。」又云：「翟强欲合齊秦，外楚以輕樓廩。樓廩欲合秦楚，外齊以輕翟强。」又云：「鼻之與强，（鼻、廩同字。）猶晉人之與楚人也。」故韓非子謂之争事而外市。（韓非子舊注云：「樓緩、翟璜也。」臆説，甚誤。）正兩用而亡西河之證矣。其事蓋在襄王時，注魏文侯云云，疑皆非高誘元文也。解魏爲魏文侯，其誤一；解樓翟爲一人姓名，其誤二；解兩用爲不用他賢，其誤三；皆不可通，蓋後人妄改，而高注云何，已不可復知矣。（唯吕氏春秋長見、觀表二篇，皆載吴起守西河之外，王錯譖之於魏武侯，吴起果去魏入楚，有間，西河畢入秦。然仍於兩用樓翟争事外市，全不相當，非韓非子及此之證也。）○陶方琦云：史記集解八十七、文選七發注引許注：「樓季，魏文侯之弟也。」按：史記李斯列傳：「是故城高五丈而樓季不輕犯也。」（鹽鐵論「是猶跛夫之欲及樓季也」，舊注亦引許慎注。）高作樓翟，顧千里曰：「樓、翟乃二人。（樓爲樓廩，翟爲翟强。）韓非子難一云：『魏兩用樓、翟而亡西河。』即此所本，『吴起』二字爲衍文。」或許本作樓季、吴起，亦爲二人。○雙棣按：兩用即同時並用，與下文專用即獨用爲對文。

〔三四〕【高注】湣，讀汶水之汶。湣王，田常之後，代吕氏爲齊侯也，春秋之後僭號稱王。淖齒，楚將，奔齊爲臣。湣王無道，淖齒殺之，擢其筋，懸廟門之梁，三日死。見戰國策也。

【版本】朱本、吴本「于」作「於」。藏本注「臣」誤作「巨」，其下「湣」字誤作「泯」，各本均不誤，今據改。茅本、汪本、張本、黄本、莊本、集解本注「日」下有「而」字，餘本同藏本。

【箋釋】雙棣按：注云戰國策者，見今齊策六。

【用韻】「河、廟」歌宵合韻。

〔三五〕【高注】吕望，太公吕尚也，善用兵謀。奭，召康公，善理民物。有甘棠之歌也。

【版本】莊本、集解本注「善理」之「善」作「用」，景宋本、王溥本、朱本、葉本同藏本。景宋本注「棠」作「堂」。

【箋釋】吴承仕云：作「善」是也。上言太公善用兵謀，此言召公善理民物，文正相對。

〔三六〕【高注】孫叔敖，楚大夫薳賈伯盈子。或曰：童子也。任其賢，故致於霸也。

【版本】葉本正文及注「霸」作「伯」，莊本、集解本注作「伯」。莊本、集解本注「薳」作「蔿」。莊本、集解本此注在上文「而霸」下，景宋本、王溥本、朱本、葉本同藏本。

【箋釋】吴承仕云：注「或曰童子也」，「童」當作「章」。潛夫論志姓氏云：「令尹孫叔敖者，蔿章之子也。」與此注或説同。吕氏春秋情欲、異寶、知分篇注，並作「賈子」。此又引或説者，蓋古有是説，而注家采之以博異聞，非許、高之別説也。○雙棣按：薳賈，左傳僖公二十七年作「蔿賈」，杜注：「蔿賈，伯嬴，孫叔敖之父。」「薳、蔿」古通用。襄公十八年之「蔿子馮」，即二十五年之「薳子馮」。

【用韻】「王、霸、御」陽鐸魚通韻。

夫弦歌鼓舞以爲樂，盤旋揖讓以修禮，厚葬久喪以送死〔一〕，孔子之所立也，而墨子非之〔二〕。兼愛、上賢、右鬼、非命，墨子之所立也，而楊子非之〔三〕。全性保真，不以物累形〔四〕，楊子之所立也，而孟子非之〔五〕。趨舍人異，各有曉心〔六〕。故是非有處，得其處則無非，失其處則無是。丹穴、太蒙、反踵、空同、大夏、北户、奇肱、脩股之民，是非各異，習俗相反〔七〕，君臣、上下、夫婦、父子有以相使也。此之是，非彼之是也；此之非，非彼之非也〔八〕；譬若斤斧椎鑿之各有所施也〔九〕。

禹之時，以五音聽治〔一〇〕，懸鐘鼓磬鐸，置鞀，以待四方之士，爲號曰〔一一〕：「教寡人以道者擊鼓〔一二〕，諭寡人以義者擊鐘〔一三〕，告寡人以事者振鐸〔一四〕，語寡人以憂者擊磬〔一五〕，有獄訟者摇鞀〔一六〕。」當此之時，一饋而十起，一沐而三捉髮〔一七〕，以勞天下之民〔一八〕，此而不能達善效忠者，則才不足也〔一九〕。

秦之時，高爲臺榭，大爲苑囿，遠爲馳道，鑄金人〔二〇〕，發適戍，入芻稾〔二一〕，頭會箕賦，輸於少府〔二二〕，丁壯丈夫，西至臨洮、狄道〔二三〕，東至會稽、浮石〔二四〕，南至豫章、桂林〔二五〕，北至飛狐、陽原〔二六〕，道路死人以溝量〔二七〕。當此之時，忠諫者謂之不祥，而道仁義者謂之狂〔二八〕。

逮至高皇帝，存亡繼絶〔二九〕，舉天下之大義，身自奮袂執鋭〔三〇〕，以爲百姓請命于皇天〔三一〕。當此之時，天下雄雋豪英，暴露于野澤〔三二〕，前蒙矢石，而後墮谿壑〔三三〕，出百死而給一生，以争天下之權〔三四〕，奮武厲誠〔三五〕，以決一旦之命〔三六〕。當此之時，豐衣博帶而道儒墨者以爲不肖〔三七〕。逮至暴亂已勝〔三八〕，海内大定，繼文之業，立武之功〔三九〕，履天子之圖籍，造劉氏之貌冠〔四〇〕，總鄒魯之儒墨，通先聖之遺教，戴天子之旗，乘大路，建九斿，撞大鐘，擊鳴鼓，奏咸池，揚干戚〔四一〕。當此之時，有立武者見疑〔四二〕。一世之間，而文武代爲雌雄，有時而用也。今世之爲武者則非文也，爲文者則非武也，文武更相非，而不知時世之用也。此見隅曲之一指，而不知八極之廣大也〔四三〕。故東面而望，不見西牆；南面而視，不覩北方〔四四〕。唯無所嚮者，則無所不通〔四五〕。

校釋

〔一〕【用韻】「禮、死」脂部。

〔二〕【高注】非，猶譏也。

〔三〕【高注】兼三老五更，是以兼愛。選士大射，是以上賢。宗祀嚴父，是以右鬼。右，猶尊也。順四時而行，是以非命。皆楊子所不貴，故非也。

【版本】張本、黄本、莊本、集解本「上」作「尚」，餘本同藏本。莊本、集解本注「大」下有「夫」字，景宋本、王溥本、朱本、茅本、葉本、汪本同藏本。朱本、茅本、汪本注「嚴」作「肖」。

【箋釋】吴承仕云：兼三老五更，「兼」當作「養」。藝文志曰：「養三老五更，是以兼愛。」注並用彼文。各本涉兼愛字而誤。○劉文典與吴説同。○雙棣按：莊本注衍「夫」字不辭，「大射」乃擇士之禮，中間不得插入「夫」字，因「士大夫」常連言，故而致衍，集解本襲其誤。

〔四〕【用韻】「真、形」真耕合韻。

〔五〕【高注】全性保真，謂不拔骭毛以利天下弗爲，不以物累己身形也。孟子受業於子思之門，成唐、虞、三代之德，敘詩、書、孔子之意，塞楊、墨淫辭，故非之也。

【版本】莊本、集解本注「辭」作「詞」。

【箋釋】吴承仕云：孟子盡心篇：「楊子取爲我，拔一毛而利天下不爲也。」此注用孟子語，當云：「拔骭毛以利天下弗爲。」今本「謂」下衍「不」字，應據删。又案：孟荀列傳云：「天下方務於合從連衡，以攻伐爲賢，而孟軻乃述唐、虞、三代之德，是以所如者不合。退而與萬章之徒序詩、書，述仲尼之意，作孟子七篇。」此注云「成唐、虞、三代之德」，「成」字無義，疑亦當爲「述」。然形體不近，莫能輒定。○馬宗霍亦謂「成」當作「述」。○雙棣按：吴説注衍「不」字，是。然「成」字疑爲「承」字聲近之借。成、承禪母雙聲，耕蒸旁轉，故可通用。承乃宗承之意，正與高注合。

〔六〕【箋釋】雙棣按：方言一：「曉，知也。」注：「楚謂之黨，或曰曉。」各有曉心，謂對事物各有明瞭之心。此用説明各家學説之不同。

〔七〕【高注】丹穴，南方當日下之地。太蒙，西方日所入處也。反踵，國名，其人南行，武迹北面。空同，戴勝極下之地。大夏，在西方。北户，在南方。奇肱，脩股之民，在西南方。凡此八者，皆九州之外，八寅之域者也。

【版本】藏本注「西方」之「西」誤作「四」，各本皆作「西」，今據改。景宋本、茅本、汪本、莊本、集解本注「面」作「向」，王溥本、朱本、葉本同藏本。藏本注「北户」之「北」誤作「其」，各本皆作「北」，今據改。王溥本注「寅」作「夤」，朱本作「殥」。

【箋釋】馬宗霍云：注文「八寅」之「寅」，本書地形篇作「殥」，彼注云：「殥猶遠也，殥讀允嗣之允。」説文無「殥」字，即「夤」之譌。惟後漢書明帝紀「恢弘大道，被之八極」，李賢注引淮南子作「八寅」，與本注字同。初學記地理部上引淮南「殥」又作「埏」。漢書司馬相如傳「上暢九垓，下泝八埏」，顔師古注云：「八埏，地之八際也。」若作「埏」字，則小顔之注可以相參。然高注就「殥」字作音，則作「埏」或許慎本。○于大成云：吕氏春秋古樂篇注「大夏，西方之山」，與此注合。地形篇述八殥「西北方曰大夏，曰海澤」，吕氏本味注「大夏，澤名，或曰山名，在西北」，即本淮南地形篇。吕氏爲欲篇又云「北至大夏」，則又與淮南不合，與高氏諸注亦不合。周書王會篇「正北，空同、大夏」，或爲吕氏爲欲所本。

〔八〕【高注】此，近論諸華也。彼，遠論八寅也。於諸華之所是，八寅之所非而廢也；於諸華所非，八寅所是而行也。

【版本】王溥本注「寅」作「夤」。莊本、集解本注二「諸華」之「華」作「夏」，「於」作「于」。

【箋釋】雙棣按：此但言是非各異，習俗相反，並非有是此非彼之義，高注不妥。

〔九〕【高注】施，宜。

〔一〇〕【高注】禹，顓頊後五世鯀之子也，名文命。受禪成功曰禹。五音，宫、商、角、徵、羽也。

【箋釋】劉文典云：「聽治」，初學記樂部下、白帖六十二、御覽五百七十六引，並作「聽政」。○鄭良樹云：記纂淵海七八引此文二次，「聽治」並作「聽政」。蓋承唐人避高宗諱改。

〔一一〕【箋釋】劉文典云：「爲號曰」，白帖引作「爲銘於簨簴曰」，與鬻子文同，疑是别本。

〔二〕【高注】道和陰陽，鼓一聲以調五音，故擊之。

〔三〕【高注】鐘，金也。義者斷割，故擊鐘也。

【版本】藏本脱「以義者擊鐘」及注，今據景宋本、茅本、汪本、張本、黄本、吴本（無注）、莊本、集解本補，王溥本、王鎣本、朱本同藏本。（景宋本、王溥本、朱本「鐘」作「鍾」。）

〔四〕【高注】鐸，鈴，金口木舌，合爲音聲。事者非一品，故振之。

【版本】藏本脱「告寡人」三字，今據景宋本、茅本、汪本、張本、吴本、黄本、莊本、集解本補，王溥本、王鎣本同藏本，朱本無「寡人」二字，下文「語」下亦無「寡人」二字。

〔五〕【高注】磬，石也，聲急。憂亦急務，故擊磬。

【版本】茅本、汪本、張本、黄本、莊本、集解本注下「磬」字作「之」，餘本同藏本。

〔六〕【高注】獄亦訟，訟一辯於事，故取小鞀摇。

【版本】景宋本注「辯」作「辨」，餘本同藏本。

【箋釋】劉文典云：初學記樂部下引作「有獄訟告寡人者摇鞀」。○王叔岷云：此文疑作「告寡人以獄訟者摇鞀」，與上文句法一律。鬻子禹政篇作「語寡人以獄訟者揮鞀」。可證今本此文之脱誤。初學記所引亦非其舊，惟「告寡人」三字尚未脱耳。

〔七〕【高注】饋者，食也。

【版本】王鎣本、葉本「捉」作「握」，餘本同藏本。張本、黄本注無「者」字。

【箋釋】孫志祖云：呂氏春秋謹聽篇：「昔者，禹一沐而三捉髮，一食而三起。」○雙棣按：說文：「捉，搤也，一曰握也。」捉髮與握髮同。左傳僖公二十八年云：「叔武將沐，聞君至，喜，捉髮走出。」韓詩外傳三云：「一沐三握髮，一飯三吐哺，猶恐失天下之士。」

〔一八〕【高注】勞，猶憂也。勞讀勞來之勞也。

【版本】莊本、集解本注「來」作「勑」。

〔一九〕【高注】當此之時，不能達其善，效致其忠，自爲無有其才也。

【版本】莊本、集解本注「能」作「耐」，「自」作「是」，「才」作「材」，景宋本、王溥本、朱本、葉本同藏本。

〔二〇〕【高注】秦皇帝二十六年，初兼天下，有長人見於臨洮，其高五丈，足迹六尺。放寫其形，鑄金人以象之，翁仲、君何是也。

【箋釋】劉文典云：御覽八十六引作「造馳道數千里」，三百二十七引注「秦皇帝」作「秦始皇」。○于大成云：御覽八十六此條所引，下文與今本頗異；其三百二十七引文注與今本同，知八十六所引必許本也。

〔二一〕【高注】戍，守長城也。入芻稾之稅，以供國用也。

【版本】莊本、集解本正文及注「稾」作「稾」，吳本作「藁」，餘本同藏本。景宋本注「長」作「其」。藏本注「供」誤作「俳」，各本皆作「供」，今據改。

【箋釋】劉文典云：適戍，御覽八十六引作「邊戍」，三百二十七引作「謫戍」。○雙棣按：説文：「稾，枯也。」「稾，草也。」朱駿聲云：「稾假借爲稾。後漢書馬援傳『稾葬而已』注：『草也。』」藏本用借字，莊本則改爲正字。

〔二〕【高注】頭會，隨民口數，人責其稅。箕賦，似箕然斂民財，多取意也。少府，官名，如今司農。

【版本】藏本注「責」誤作「青」，各本皆作「責」，今據改。茅本、葉本、汪本、張本、黄本注「今」下有「之」字。

【箋釋】楊樹達云：漢世所謂口錢是也。今歐洲人有人頭稅，與頭會語意正同。○雙棣按：史記張耳陳餘列傳云：「秦爲亂政虐刑以殘天下，……外内騷動，百姓罷敝，頭會箕斂，以供軍費，財匱力竭，民不聊生。」集解引漢書音義曰：「家家人頭數出穀，以箕斂之。」史記之「頭會箕斂」亦即此之「頭會箕賦」。「頭會箕賦」之法乃秦時收取民財之苛政也，非爲漢時之法。

〔三〕【高注】臨洮，壟西之縣，洮水出北。狄道，漢陽之縣是也。

【版本】茅本、汪本、張本、黄本、莊本、集解本注無「是也」二字，餘本同藏本。

【箋釋】吴承仕云：地理志狄道、臨洮二縣，並屬隴西郡。漢陽屬犍爲郡。續郡國志同。地理志「臨洮」下自注云：「洮水出西羌中，北至枹罕，東入河。」據此，則注文當云：「臨洮，隴西之縣，洮水出其北。狄道，隴西之縣。」乃與志合。今本譌亂不可讀，未聞其審。（文選江文通詣建平王上書注引高注曰：「臨洮，隴西之縣，洮水出北狄道漢陽之臨洮也。」語不可解，難以據校。）

〔二四〕【高注】會稽，山名也。浮石，隨水高下，言不没。皆在遼西界。一説：會稽山在太山下，「封于太山，禪於會稽」是也。會稽或作滄海。

【箋釋】孫詒讓云：高謂會稽、浮石在遼西界，今無考。竊謂會稽即揚州鎮山。周禮職方氏及吕氏春秋有始覽並云「東南曰揚州」，則會稽於方位自得爲東。莊子外物篇云：「蹲乎會稽，投竿東海。」明今浙東之海爲東海，不必别求之遼西及太山下也。楚辭九思傷時云：「超五嶺兮嵯峨，觀浮石兮崔嵬。」王注云：「東海有浮石之山。」然則浮石在五嶺之東，准之地望，其不在遼西，明矣。

〔二五〕【高注】豫章，豫章郡。桂林，鬱林郡也。

【箋釋】劉文典云：豫章，御覽八十六引作象郡，三百二十七引與今本同，或即許、高之異也。

〔二六〕【高注】飛狐，蓋在代郡南飛狐山也。陽原，蓋在太原。或曰：代郡廣昌東五阮門是也。

【版本】莊本、集解本注「門」作「關」，餘本同藏本。

〔二七〕【高注】言滿溝也。

【箋釋】楊樹達云：古人言物之多，往往云以某爲量。莊子人間世云：「死者以國量乎澤若焦。」吕氏春秋期賢篇云：「無罪之民，其死者量於澤矣。」此以澤量者也。史記貨殖傳云：「畜至用谷量馬牛。」此以谷量者也。桓公八年公羊傳疏引春秋説云：「龍門之戰，民死傷者滿溝。」與此文皆以溝爲量者也。

〔二八〕【用韻】「量、祥、狂」陽部。

〔二九〕【高注】漢高祖劉季也。

【版本】藏本「逮」誤作「建」，各本皆作「逮」，（蔣刊道藏輯要本亦作「逮」。）今據改。

【箋釋】劉文典云：高氏，漢人，不當言劉季。「劉季」二字，後人所加也。御覽三百二十七引注，無此二字。○吴承仕云：漢人諱「邦」之字曰「國」，不聞諱「季」也。御覽引注，自有删削耳。古人諱名不諱字，劉氏謂高誘不當言「季」，愚所不解。（如以晚世之例測之，高注合稱本朝，亦不得言漢也。）

〔三〇〕【用韻】「絶、鋭」月部。

〔三一〕【高注】執利兵伐無道，以求百姓之命，祈之於皇天也。

【版本】莊本注「求」作「捄」，景宋本、王溥本、朱本、茅本、葉本、汪本、集解本同藏本。

〔三二〕【高注】才過千人爲雋，百人爲豪，萬人爲英也。

【版本】景宋本正文及注「雋」作「儁」，餘本作「儁」。

【箋釋】陶方琦云：大藏音義八十八、一百引許注曰：「才過千人曰儁。」按：此皆本之本書泰族訓。然亦許注之羼入者，故同。○易順鼎云：今注即許注，或高用許義。「儁」爲「俊」之借字，説文人部：「俊，材千人也。」與此正同。春秋繁露亦云「千人者曰俊」。○雙棣按：吕氏春秋孟夏高注：「千人爲俊。」孟秋高注：「材過千人曰儁。」功名篇高注：「才過百人曰豪。」制樂、誠廉篇注同。知分篇高注：「萬人爲英。」高氏吕覽注與此同，蓋高、許二家並本之泰族篇，不得謂此注爲許注之羼入者。又按：説文：「儁，肥肉也。」朱駿聲云：「儁假借爲俊。左宣十五年傳：『酆、舒有三儁才。』注：『絶異也。』」藏本用借字，各本用正字。（雋爲儁之或體。）

〔三三〕【用韻】「澤、石、壑」鐸部。

〔三四〕【高注】墮，入也。給，至也。給，讀仍代之代也。

【箋釋】朱駿聲云：「給」假借爲「貸」。淮南氾論：「出百死而給一生。」按：猶借也。注「給，至也」，謂借爲隸，失之。○吴承仕云：讀給爲「仍代之代」者，即訓「給」爲「代」。代，更也；出百死而給一生，猶言以百死易一生也。注訓「給」爲「至」，義無所施，疑傳寫失之。○楊樹達云：高訓「給」爲「至」，於義難通。又讀爲仍代之代，説亦不了。愚疑「給」當讀爲「貣」。説文云：「貣，從人求物也。」引申訓爲求。出百死而給一生，言出百死而求一生也。○馬宗霍云：高讀給爲代，疑即以聲借爲「代」字。給從台聲，代從弋聲，古音同在之部。説文云：「代，更也。」引申之，凡以此易彼謂之代。漢書食貨志上「歲代處故曰代田」，顔師古注曰：「代，易也。」本文「出百死而給一生」，猶言出百死而易一生也。次弟相易謂之遞代，故「代」又通於「遞」。漢書地理志下：「姜嬴荊芊實與諸姬代相干也。」顔師古注曰：「代，遞也。」遞從辵，辵者乍行乍止也，故高又訓給爲至矣。然就本文言，似以訓易爲長。

〔三五〕【箋釋】莊逵吉云：太平御覽引「誠」作「威」。○雙棣按：御覽兵部五十八引作「奮武勵威」，「勵」即「厲」之激勵義之後起字。

〔三六〕【用韻】「生、誠、命」耕部。

〔三七〕【高注】言尚武也。

【箋釋】雙棣按：豐衣博帶，謂儒者之服飾。此云「豐衣博帶而道儒墨者」，「儒墨」只取「儒」義而已，「墨」蓋連類而及，墨者尚儉，無有豐衣博帶者。下文「總鄒魯之儒墨」，亦但謂「儒」也，墨翟乃宋人，不得言鄒魯也。此種連類而及之現象，古者所在多有。

〔三八〕【高注】勝暴亂也。

【箋釋】劉文典云：御覽三百二十七引，「已」作「以」。「已、以」古通用。○馬宗霍云：爾雅釋詁云：「勝，克也。」言暴亂已克也。書序「武王勝殷」，漢書律曆志作「武王克殷」，又勝、克二字通用之證。

〔三九〕【高注】繼文王受命之業，武王誅無道之功。

〔四〇〕【高注】高祖於新豐所作竹皮冠也。一曰委貌冠。

【版本】藏本注「所」作「下」，景宋本、茅本、汪本、莊本、集解本作「所」，今據改，王溥本、朱本、葉本同藏本。藏本注「一」作「之」，景宋本、茅本、汪本、莊本、集解本作「一」，今據改，王溥本作「是」，葉本同藏本。朱本注「一曰」作「貌冠」。

【箋釋】莊逵吉云：錢別駕云：竹皮冠，應劭以爲即鵲尾冠，以始生竹皮爲之，即劉氏冠也。○王念孫云：本作「履天子之籍，造劉氏之冠」。史記高祖紀曰：「高祖爲亭長，以竹皮爲冠。及貴，常冠。」所謂劉氏冠乃是也，故曰造劉氏之冠。（漢書高祖紀：「詔曰：爵非公乘以上，毋得冠劉氏冠。」蔡邕獨斷：「高祖冠，以竹皮爲之，謂之劉氏冠。」）今本作履天子之圖籍，造劉氏之貌冠者，「貌」字涉高注「委貌冠」而衍，後人又誤以籍爲圖籍，遂於「籍」上加「圖」字，以與「貌冠」相對，而不知「貌」爲衍文，且「圖」不可以言履也。

〔四一〕【高注】周禮「天子五路」。大路，上路也。王者功成作樂，故撞鐘擊鼓。咸池，黄帝樂也。干，楯也。戚，斧也。春夏舞者所執。

【箋釋】劉文典云：御覽三百十七引，「戴」作「載」，「大路」作「泰輅」。○雙棣按：戴與載通。路、輅古今字。高引周禮今本春官巾車作「王之五路」。

〔四二〕【高注】疑，怪也。

【用韻】「時、疑」之部。

〔四三〕【高注】隅曲，室中之區隅，言狹小。八極，八方之極，言廣大也。

〔四四〕【箋釋】楊樹達云：語本呂氏春秋去尤篇。

〔四五〕【高注】無所向，則可以見四方，故曰無所不通。

【版本】王溥本注「向」作「嚮」。

【箋釋】劉文典云：意林引，「通」下有「也」字。

【用韻】「望、牆、方、嚮、通」陽東合韻。

國之所以存者，道德也〔一〕；家之所以亡者，理塞也〔二〕。堯無百户之郭，舜無置錐之地〔三〕，以有天下〔四〕；禹無十人之衆，湯無七里之分，以王諸侯〔五〕；文王處岐周之間也，地方不過百里，而立爲天子者，有王道也〔六〕。夏桀、殷紂之盛也，人跡所至，舟車所通，莫不爲郡縣，然而身死人手而爲天下笑者，有亡形也〔七〕。故聖人見化以觀其徵〔八〕。德有盛衰，風先萌焉〔九〕。故得王道者，雖小必大〔一〇〕；有亡形者，雖成必敗〔一一〕。夫夏之將亡，太史令終古先奔於商，三年而桀乃亡〔一二〕。殷之將敗也，太史令向藝先歸文王，朞年而紂乃亡〔一三〕。故聖人之見存亡之迹，成敗之際也，非乃鳴條之野，甲子之日也〔一四〕。

今謂彊者勝則度地計衆，富者利則量粟稱金，若此則千乘之君無不霸王者，而萬乘之國無不破亡者矣〔一五〕。存亡之迹，若此其易知也〔一六〕，愚夫惷婦皆能論之〔一七〕。趙襄子以晉陽之城霸，智伯以三晉之地擒〔一八〕；湣王以大齊亡〔一九〕，田單以即墨有功〔二〇〕。故國之亡也，雖大不足恃〔二一〕；道之行也，雖小不可輕〔二二〕。由此觀之，存在得道而不在於大也〔二三〕，亡在失道而不在於小也〔二四〕。詩云：「乃眷西顧，此惟與宅〔二五〕。」言去殷而遷于周也〔二六〕。

故亂國之君，務廣其地而不務仁義，務高其位而不務道德，是釋其所以存，而造其所以亡也〔二七〕。故桀囚於焦門而不能自非其所行〔二八〕，而悔不殺湯於夏臺〔二九〕；紂拘於宣室而不反其過〔三〇〕，而悔不誅文王於羑里〔三一〕。二君處彊大勢位，脩仁義之道，湯武救罪之不給，何謀之敢當〔三二〕？若上亂三光之明，下失萬民之心〔三三〕，雖微湯武，孰弗能奪也〔三四〕？今不審其在己者，而反備之于人〔三五〕，天下非一湯武也，殺一人則必有繼之者也〔三六〕。且湯武之所以處小弱而能以王者，以其有道也；桀紂之所以處彊大而見奪者，以其無道也〔三七〕。今不行人之所以王者，而反益己之所以奪，是趨亡之道也。武王剋殷，欲築宮於五行之山〔三八〕，周公曰：「不可。夫五行之山，固塞險阻之地也。使我德能覆之，則天下納其貢職者迴也〔三九〕；使我有暴亂之行，則天下之伐我難矣〔四〇〕。」此所以三十六世而不奪也〔四一〕。周公可謂能持滿矣〔四二〕。

校釋

〔一〕【高注】道德施行，民説其化，故國存也。

【版本】莊本、集解本注「説」作「悦」，景宋本、王溥本、葉本同藏本。

【箋釋】劉績云：文子作「得」。○俞樾云：「德」當爲「得」，字之誤也。文子上仁篇正作「得」。

「國之所以存者，道得也」，與下句「家之所以亡者，理塞也」，正同一律。高注曰「理，道也」，然則道、理一也，得則存，塞則亡矣。高注此句曰「道德施行，民悦其化，故國存也」，蓋以「道德」本屬恒言，故加德字以足句，非正文本作道德也。下文曰：「存在得道而不在於大，亡在失道而不在於小也。」正與此文相應。疑此「塞」字亦即「失」字之誤，故高氏無注矣。○于鬯云：俞平議謂德當爲得，是也。德、得古多通用，此當讀「德」爲「得」，與理塞字義相偶。俞又據下文「存在得道而不在於大也，亡在失道而不在於小也」，疑此「塞」字亦「失」字之誤，則非也。德、塞韻叶也，若作「失」，則戾其韻矣。又案：此文二句不過反覆言之，國與家、道與理，皆互文。○楊樹達與于説同。

〔二〕【高注】理，道。

【箋釋】劉績云：文子無「家」字。

【用韻】「德、塞」職部。

〔三〕【版本】景宋本「置」作「植」，餘本同藏本。

【箋釋】莊逵吉云：御覽引，「置」作「植」，蓋古字通用。○雙棣按：置、植字通。詩商頌那「置鞀鼓」，鄭箋：「置讀曰植。」孔疏：「古者置植字同。」

〔四〕【箋釋】馬宗霍云：「以」猶「而」也，言「而有天下」也，下文「以王諸侯」義同。

〔五〕【用韻】「下、侯」魚侯合韻。

〔六〕【高注】堯、舜、禹、湯、文王，皆王有天下。孟子曰：「以德行仁者王，王不待大。」是也。

【版本】藏本注引孟子曰中上「王」字作「身」，莊本、集解本作「王」，今據改，景宋本、王溥本同藏本，（黄焯刊本作「王」。）藏本注「大」作「亦」，王溥本、莊本、集解本作「大」，今據改，景宋本同藏本。

【箋釋】雙棣按：注引孟子曰，見孟子公孫丑上。今本孟子「身」亦作「王」，「亦」亦作「大」。

【用韻】「里、子」之部。

〔七〕【高注】孟子曰：「惡死亡，樂不仁。」不仁必死亡，故曰「有亡形」也。

【版本】景宋本無「手」下「而」字，餘本同藏本。

【箋釋】雙棣按：注引孟子曰，見孟子離婁上，今本「亡」下有「而」字。

〔八〕【高注】徵，成。

【箋釋】雙棣按：説文：「徵，召也。從微省，從壬。」朱駿聲云：「壬微者，自微而知著。當以明信應驗爲本義。徵召、徵求爲轉注。」事物應驗即成也，故注爲「成」。

〔九〕【高注】風，氣也。萌，見也。有盛德者，謂文王也。伯夷、太公先見之。有衰德者，謂桀、紂也。太史令終古及向藝先去之也。

【版本】景宋本「盛」作「昌」，餘本同藏本。藏本注無「紂也」二字，王溥本、莊本、集解本有，今據補，景宋本、朱本、葉本同藏本。

【箋釋】王叔岷云：宋本「盛」作「昌」，文子上仁篇同。○于大成云：高注云「有盛德者」，與下「有衰德者」相對，正釋正文「盛、衰」二字，則高本自作「盛」，今本不誤。文子作「昌」，疑作「昌」者是許本。景宋本作「昌」，後人依許本改高本也。

〔一〇〕【高注】湯、武是也。

【版本】王溥本、王鎣本、吴本「王」作「生」，餘本同藏本。

〔一一〕【高注】桀、紂是也。

【用韻】「大、敗」月部。

〔一二〕【高注】湯滅之也。

〔一三〕【高注】武王滅之。

【版本】茅本、汪本、張本、黄本注無「武王滅之」四字，而有「終古向藝二賢人名」八字，莊本、集解本注「武王滅之」下有「終古向藝二賢人名」。

【箋釋】于鬯云：高注云「武王滅之」，然則向藝歸時，尚是文王，朞年而武王滅紂，去文王之没當不遠耳。此與父死未葬爰及干戈之説，却正合。（齊俗訓：「武王伐紂，載尸而行。」）○楊樹達云：文本吕氏春秋先識覽。○雙棣按：向藝，當作向摯，吕氏春秋先識篇作「向摯」，處方篇亦作「向摯」。高彼注曰：「向摯，紂之太史令也。紂不從其言而犇周，朞年而滅紂。」高注正本於此。蓋高氏所見本作「向摯」，「藝」乃傳寫之誤。竹書紀年及漢書古今人表均作「向摯」。

【用韻】「亡、商、亡、王、亡」陽部。

〔一四〕【高注】湯伐桀，禽於鳴條。武王誅紂，以甲子尅之。

【版本】王鎣本、朱本、汪本、張本、吳本、黄本、莊本、集解本「乃」作「待」，餘本同藏本。

【箋釋】王念孫云：「乃」當作「及」。言夏殷之亡，聖人早已知之，非及鳴條之野、甲子之日而後知之也。道藏本、宋本並作「乃」，朱本改「乃」爲「待」，而莊本從之，義則是而文則非矣。○楊樹達云：「乃」字不誤。乃者始也。上言聖人見夏殷之亡，不始於鳴條之野、甲子之日也。莊公十年穀梁傳云：「乃深其怨於齊，又退侵宋以衆其敵。」謂始深其怨於齊也。大戴禮記保傅篇云：「古之王者，太子乃生，固舉之禮。」謂太子始生也。乃，賈子作「初」，是其證矣。漢書梅福傳云：「方今布衣迺窺國家之隙，見間而起者，蜀郡是也。」謂始窺國家之隙也。○雙棣按：嘉靖間王鎣刻本已爲「待」字，王謂朱改爲「待」，恐失檢。

〔一五〕【版本】藏本「彊」作「疆」，朱本、莊本、集解本作「彊」，今據改，景宋本、王鎣本、茅本、張本、黄本同藏本，王溥本作「殭」，葉本作「强」。

【箋釋】王念孫云：「無不霸王」、「無不破亡」，兩「不」字皆後人所加。此言千乘小而萬乘大，若彊者必勝，富者必利，則是千乘之君必無霸王者，萬乘之國必無破亡者矣。而不知國之興亡，在得道與失道，不在大與小也。故下文曰：「存在得道而不在於大，亡在失道而不在於小。」後人不曉文義，而妄加兩「不」字，其失甚矣。○劉文典云：王謂「無不破亡」之「不」爲後人所加，是也。然上「無不霸王」之「不」，則非衍文。蓋上句言千乘之君之必興，下句則言萬乘之國之不敗。下「不」字乃涉上「不」字而衍耳。羣書治要引此文，有上「不」字，無下「不」字，是其證。○劉殿爵云：王謂千乘指小國，萬乘指大國，則是也。謂兩「不」字後人所加，則非也。此文千、萬二字，當係傳鈔誤易，原作「若此則萬乘之君無不霸王者，而千乘之國無不破亡者矣」，正謂大國之君無不霸王而小國無不破亡也。○于大成云：王説是也。二劉説並非。鶡冠子武靈王篇云：「今世之言兵也，皆强大者必勝，小弱者必滅，是則小國之君無霸王者，而萬乘之主無破亡者矣。」○何寧云：王説是也。兵略訓曰：「故千乘之國，行文德者王；萬乘之國，好用兵者亡。」人間訓曰：「故千乘之國，行文德者王，湯武是也；萬乘之國，好廣地者亡，智伯是也。」皆以千乘小萬乘大相對爲文，義與此同。且此下列舉趙襄子、智伯、湣王、田單、桀、紂、湯、武以明「大不足恃，小不可輕」，皆承千乘、萬乘言之。曰「趙襄子以晉陽之城霸，智伯以三晉之地擒」，三晉、晉陽對比；曰「湣王以大齊亡，田單以即墨有功」，大齊、即墨對比；曰「且湯武所以處小弱而能以王者，以其有道也；桀紂之所以處彊大而見奪者，以其無道也」，彊大、小弱對比。是千乘、萬乘之爲小大對比，前後文義甚明。若依劉氏説，以千乘、萬乘皆言其大，則襄子之霸，湯武之王，皆非就其以千乘之下言之，是豈淮南意乎？劉氏據治要之誤文以非王氏之説，亦不審矣。

【用韻】「王、亡」陽部。

〔一六〕【用韻】「迹、知」錫支通韻。

〔一七〕【高注】惷亦愚，無智之貌也。

【版本】藏本正文及注「惷」作「惷」，朱本、集解本作「惷」，今據改，餘本同藏本（茅本、汪本、張本、黄本無注）。莊本、集解本注「智」作「知」，景宋本、王溥本、朱本、葉本同藏本。

【箋釋】馬宗霍云：「皆能論之」，「論」猶「辯」也。言愚夫惷婦皆能辨別之也。呂氏春秋應言篇「不可不熟論也」，高氏彼注云：「論，辯也。」是其證。

〔一八〕【高注】智伯，智繇。襄子，無恤也。三晉，智氏兼有韓、魏。智伯帥韓、魏之君圍趙襄子於晉陽，趙襄子使張孟談與韓、魏通謀，韓、魏反而擊之，大破智伯之軍，獲其首，以爲飲器，故曰「以三晉之地擒」也。

【版本】莊本正文及注「擒」作「禽」，各本同藏本。莊本、集解本注「智伯智瑶」四字在「無恤也」下，上「韓魏」二字作「范中行氏」，景宋本、王溥本、朱本、葉本同藏本。莊本、集解本注「繇」作「瑶」，景宋本、王溥本、朱本、葉本同藏本。

【箋釋】雙棣按：左傳、國語、呂氏春秋、韓非子諸書載有智襄子名者皆作「瑶」，藏本「繇」字當爲同音借字。又按：觀高氏注意，此三晉謂圍晉陽之智伯及所帥之韓、魏，非謂智氏兼有范、中行氏，史記晉世家云：「智伯與趙、韓、魏共分范、中行地以爲邑。」非智伯一家獨有。莊本改韓、魏爲范、中行氏，非高氏原意。

〔一九〕【高注】爲淖齒所殺也。

〔二〇〕【高注】燕伐齊而滅之，得七十城，唯即墨未下，田單以市吏率即墨市民以擊燕師，破之，故曰有功也。

【版本】藏本注「滅」作「伐」，景宋本、汪本、張本、黄本、莊本、集解本作「滅」，今據改，朱本、茅本、葉本同藏本，王溥本作「勝」。藏本注「曰」作「能」，莊本、集解本作「曰」，今據改，景宋本、王溥本、朱本、葉本同藏本。

【箋釋】于大成云：吕氏春秋行論篇「湣王以大齊驕而殘，田單以即墨而立功」，淮南之文本之。

【用韻】「亡、功」陽東合韻。

〔二一〕【高注】大猶亡，智伯是。

〔二二〕【高注】湯以七十里，文王以百里，皆有天下，故雖小不可輕也。

【用韻】「亡、行、輕」陽耕合韻。

〔二三〕【高注】得道之君，雖小，爲善而能王天下，故曰不在於大也。

【版本】景宋本「存」作「有」。王溥本注「爲」作「而」。莊本、集解本注「能」作「耐」。

〔二四〕【高注】無道之君，雖小，以爲惡無傷而弗革，積必亡，故曰不在於小也。

【版本】莊本、集解本注無「雖小」二字，景宋本、王溥本、葉本同藏本。

【箋釋】雙棣按：注「雖小」當作「雖大」，上句言國雖小，爲善而能王天下，故王天下不在於國大；此句言國雖大，爲惡弗革而必滅亡，故滅亡不在於國小。莊本删「雖小」二字，則使語義不完。

〔二五〕【用韻】「顧、宅」魚鐸通韻。

〔二六〕【高注】紂治朝歌，在東。文王國於岐周，在西。天乃眷然顧西土，此唯居周，言我宅也。故曰「去殷而遷于周也」。

〔二七〕【箋釋】劉文典云：羣書治要引，「造」作「就」。○于大成云：吕氏春秋先識覽：「是棄其所以存，而造其所以亡也。」淮南所本也。治要引作「就」，疑誤。

〔二八〕【高注】不自非行之惡。

【箋釋】于省吾云：主術篇「擒之焦門」注：「焦或作巢。」是焦、巢以音近字通。○何寧云：注「行」上據正文當沾「所」字。

〔二九〕【高注】悔，恨也。臺或作宫。

【版本】藏本注「悔恨也」三字在下文「羑里」注内，今據莊本、集解本移此，景宋本、王溥本、朱本、葉本同藏本。

〔三〇〕【高注】反，悔。

【版本】汪本、張本、黄本、莊本、集解本「拘」作「居」，餘本同藏本。

【箋釋】劉文典云：羣書治要引，「居」作「拘」。○雙棣按：上文言「桀囚於焦門」，此云「紂拘於宣室」，因、拘正相對爲文。作「居」者乃俗本所妄改。

〔三一〕【高注】羑里，今河内湯陰是也。羑，古牖字。

【箋釋】劉文典云：羣書治要引，「羑」作「牖」。○馬宗霍云：本文分言桀紂，句中各有兩而字，皆上「而」字爲轉語，下「而」字爲語助。轉語本字，語助之「而」猶「乃」也。言桀乃不能自非其行，而悔不殺湯；紂乃不反省其過，而悔不誅文王也。

【用韻】「臺、里」之部。

〔三二〕【高注】二君，桀、紂也。當其君也，彊大之勢，不能自知所行之非也，假令能修仁義之道，則湯、武不敢生誅之謀也。

【版本】藏本正文及注「彊」作「疆」，吴本、莊本、集解本作「彊」，今據改，景宋本、王溥本、朱本、茅本作「疆」，葉本作「强」。

【箋釋】王念孫云：處彊大勢位，本作「處彊大之勢」，與「脩仁義之道」相對爲文，今本脱「之」字，衍「位」字，（「位」字因上文「務高其位」而衍。）則與下句不對。高注云：「當其居彊大之勢，（各本「居」誤作「君」，「君」下又衍「也」字。）不能自知所行之非。」則「勢」下無「位」字明矣。羣書治要引此，正作「處强大之勢」。又案：何謀之敢當，「當」字義不可通。羣書治要引作「何謀之敢慮」是也。慮字隸書或作「𢡱」，因誤而爲「當」。○俞樾云：「當」字無義。羣書治要作「慮」，然謀即慮也。何謀之敢慮，義亦難通。「當」疑「蓄」字之誤。言救罪且不給，不暇更蓄他謀也。

○于省吾云：王、俞二説並非。「當」應讀作「嘗」。二字並諧尚聲，故相通借。荀子性惡：「今當試去君上之埶。」「今當試」即「今嘗試」。君子「先祖當賢」注：「當或爲嘗也。」此例古籍習見。嘗謂嘗試。上言「湯武救罪之不給」，此言「何謀之敢嘗試」，言湯武不敢以謀嘗試桀紂也。○馬宗霍云：高氏解此句爲「不敢生誅之謀」，以「生」字釋之，則「當」與「畜」形最相近，傳寫亂之。詩小雅蓼莪篇「拊我畜我」，鄭箋云：「畜，起也。」莊子外物篇「跈則衆害生」，郭象注云：「生，起也。」生、畜同訓，則畜猶生矣。是則由高注生字證本文，「當」爲「畜」誤無疑。又案：説文田部畜之重文「蓄」下云：「魯郊禮，畜從田從茲。茲，益也。」茲益本主艸木言。生象艸木生出土上。高以生訓畜，正是古義。王氏依羣書治要作「慮」，未必是。俞氏疑是「蓄」字，義取蓄積，亦未合於高注也。○蔣禮鴻與于説同。○向承周云：史記弟子傳載子貢語，亦有「何謀之敢慮」。（越絕書陳成恒篇、吴越春秋夫差内傳並同。）鹽鐵論險固篇「使吴王用申胥修德，無恃極其衆，則句踐不免爲藩臣海崖，何謀之敢慮也」，文尤與此相近。○雙棣按：處彊大勢位，「勢位」不誤，乃淮南常語。精神篇：「勢位爵禄何足以槩志也。」繆稱篇：「天下有至貴而非勢位也。」兵略篇：「勢位至賤，而器械甚不利。」泰族篇：「所謂有天下者，非謂其履勢位，受傳籍，稱尊號也。」

〔三〕【高注】三光，日、月、星辰也。失萬民心，施民所惡也。

【箋釋】莊逵吉云：文選注引作「三光，日月星也」，無「辰」字，以爲許慎注。○于大成云：文選班孟堅兩都賦、靈臺詩注，枚叔上書諫吴王注，袁彦伯三國明臣序贊注引高注「三光，日月星也」，又潘仁安西征賦注，司馬紹統贈山濤詩注引許慎注「三光，日月星也」，二注全同，蓋皆因於賈逵國語注故也。其後章懷注後漢書，於朱浮、丁鴻、班彪、劉陶諸傳，並有此訓，皆無「辰」字，然則此注「辰」字衍文也。選注自枚叔上書止引高誘注文外，餘兩引許慎，兩引高誘，皆連引原道篇正文，（陶方琦、葉德輝輯許注並收入。）甚爲明白，莊氏乃疑爲此處許君注文，可爲不見輿薪者也。

〔三四〕【高注】言遭人能奪之，不必湯武也。

【箋釋】雙棣按：説文：「遭，遇也。」「遇，逢也。」「遭人能奪之」，即逢人能奪之。

〔三五〕【高注】言不慎行己之德，而乃反備天下之人來誅也。

【版本】王溥本、王鎣本、吴本「于」作「於」。

【箋釋】劉文典云：羣書治要引，「之于」作「諸乎」。○胡懷琛云：今本「之于」二字切作「諸」字，（于音烏。）是羣書治要「諸」字即「之于」也，其下不當再有「乎」字。○馬宗霍云：説文云：「備，慎也。」引申之義爲戒備。大戴禮記小辨篇「事戒不虞曰知備」，是其證。慧苑華嚴經音義卷四引顧野王曰：「備謂預早爲之也。」案：預早爲之，亦所以戒不虞也。廣韻六至又云：「備，防也。」防猶戒也。淮南本文斥桀紂而言，則「備」字正取戒備、防備之義。「不審其在己者」，猶言於己則不加省察，即上文所謂「不能自非其所行」，「不反其過」也。「而反備之於人」，猶言於人反戒備之。即上文所謂「悔不殺湯於夏臺」、「悔不誅文王於羑里」也。高注殊未了。其解備字以爲「備天下之人來誅」，尤失之。下文明言「天下非一湯武也，殺一人則必有繼之者也」，是本文「備」字指戒備湯武審矣。上文言湯文，下文變言湯武者，蓋武王即纘文王之業者也。

〔三六〕【箋釋】劉文典云：羣書治要引，作「殺一人，即必或繼之者矣」。○胡懷琛云：「則、即」可通。「必有」肯定詞，「或」爲未定詞，既言「必」，不當復言「或」，羣書治要不可從。○雙棣按：即與則通，或與有通，本書及古籍習見，胡謂「或」爲未定詞，非是。

〔三七〕【箋釋】劉文典云：羣書治要引，「見奪」上有「終」字。○呂傳元云：有「終」字是也。上文「而能以王者，以其有道也」，此作「而終見奪者，以其無道也」，文便一例。

〔三八〕【高注】五行山，今太行山也。在河内野王縣北上党關也。

【箋釋】劉文典云：御覽八十四引注，「關」作「閒」。○于大成云：漢地理志上黨郡有上黨關，水經注引淮南亦作上黨關，御覽引「閒」字是誤文。

〔三九〕【高注】迴，迂難也。迴或作固，固，必也。

【箋釋】楊樹達云：「迴」疑「迥」之誤，説文：「迥，遠也。」○呂傳元云：後漢書杜篤傳注引此文正作「固」，與高云或本合，知唐時尚有作「固」字之一本也。

〔四〇〕【高注】周公言我有暴亂之行，則天下當來伐我，無爲於五行之山，使天下來伐我者難也。言其依德不恃險也。

【箋釋】劉績云：此言險阻之地，若後世有道，則貢職者遠，固不可；若無道，則伐之者難，子孫恃險而不脩德矣。注非。○馬宗霍云：高注謂周公依德不恃險，是也。其解「難」字似太迂曲。上文言五行山爲固塞險阻之地，則雖易守而亦難出。此文蓋言若天下伐我，難以遷徙避敵耳。其難在我而不在敵。「難矣」二字自爲一句，猶「殆矣」之意。易稱「王公設險以守其國」，傳稱「古者天子守在四夷」。宮城之險，亦不足以難天下之來伐也。○雙棣按：「伐我」下當有「者」字，上文「天下納貢職者迴也」，與此句相應，上句有「者」字，此句亦當有。高注曰「使天下來伐我者難也」，有「者」字，是其證。又按：此句高注是而馬説非。此以德言，倘我無德，天下當來伐我，若於五行之山固塞險阻之地築宮室，則使伐我者難矣。吕氏春秋長利篇：「君獨不聞成王之定成周之説乎？其辭曰：『惟余一人，營居於成周，惟余一人，有善易得而見也，有不善易得而誅也。』」高彼注：「言恃德不恃險也。」吕覽之文與此文正相應。

【用韻】「行、難」陽元合韻。

〔四一〕【箋釋】劉台拱云：「三十六世」當如道應訓作「三十四世」。○雙棣按：史記周本紀自成王至赧王共三十六君。

〔四二〕【高注】滿，滿而不溢也。故曰能持滿也。

【版本】茅本、汪本、張本、莊本、集解本注無上「滿」字及「故曰能持滿也」七字，景宋本、王溥本、朱本、葉本同藏本。

【箋釋】吴承仕云：文當作「滿而不溢，故曰能持滿也」。莊本誤奪一句，朱本誤衍滿字，並非。

【用韻】「奪、滿」月元通韻。

昔者，周書有言曰〔一〕：「上言者，下用也；下言者，上用也〔二〕。上言者，常也〔三〕；下言者，權也。」此存亡之術也〔四〕。唯聖人爲能知權。言而必信，期而必當，天下之高行也〔五〕。直躬，其父攘羊而子證之〔六〕，尾生與婦人期而死之〔七〕。直而證父，信而溺死，雖有直信，孰能貴之〔八〕！夫三軍矯命，過之大者也。秦穆公興兵襲鄭，過周而東〔九〕，鄭賈人弦高將西販牛，道遇秦師於周鄭之間，乃矯鄭伯之命犒以十二牛，賓秦師而却之〔一〇〕，以存鄭國〔一一〕。故事有所至，信反爲過，誕反爲功〔一二〕。何謂失禮而有大功〔一三〕？昔楚恭王戰於陰陵〔一四〕，潘尫、養由基、黄衰微、公孫丙相與篡之〔一五〕。恭王懼而失體〔一六〕，黄衰微舉足蹵其體，恭王乃覺，怒其失禮，奮體而起〔一七〕。四大夫載而行〔一八〕。昔蒼吾繞娶妻而美，以讓兄，此所謂忠愛而不可行者也〔一九〕。

是故聖人論事之局曲直，與之屈伸偃仰，無常儀表〔二〇〕。時屈時伸，卑弱柔如蒲葦，非攝奪也〔二一〕；剛强猛毅，志厲青雲，非本矜也〔二二〕；以乘時應變也〔二三〕。夫君臣之接，屈膝卑拜以相尊，禮也；至其迫於患也，則舉足蹵其體，天下莫能非也。是故忠之所在，禮不足以難之也。孝子之事親，和顔卑體，奉帶運履〔二四〕，至其溺也，則捽其髮而拯〔二五〕，非敢驕侮，以救其死也。故溺則捽父，祝則名君〔二六〕，勢不得不然也。此權之所設也。

故孔子曰：可以共學矣，而未可以適道也〔二七〕；可與適道，未可以立也〔二八〕；可以立，未可與權〔二九〕。權者，聖人之所獨見也〔三〇〕。故忤而後合者謂之知權〔三一〕，合而後舛者謂之不知權〔三二〕。不知權者，善反醜矣。故禮者，實之華而僞之文也〔三三〕，方於卒迫窮遽之中也，則無所用矣〔三四〕。是故聖人以文交於世而以實從事於宜，不結於一迹之塗，凝滯而不化，是故敗事少而成事多，號令行于天下而莫之能非矣〔三五〕。

校釋

〔一〕【高注】周史之書。

【版本】莊本無此注。

〔二〕【高注】可否相濟。

【版本】茅本、汪本、張本、黄本、莊本注「可」上有「用」字，「濟」下有「也」字，餘本同藏本。

【箋釋】于大成云：韓子説林下「此周書所謂下言而上用者」，孫詒讓以爲逸周書遺文。

〔三〕【高注】爲君常也。

〔四〕【高注】權，謀也。謀度事宜，不失其道也。

【箋釋】雙棣按：説文：「權，一曰反常。」此處權與常相對爲文，正用反常義，亦即權變也。孟子離婁上：「嫂溺援之以手，權也。」趙岐注：「權者，反經而善也。」下文所舉直躬、尾生則不知權，而弦高、楚四大夫乃知權也。「溺則捽父，祝則名君，勢不得不然也。此權之所設也。」正釋權爲權變之義。高注釋爲謀，非是。

〔五〕【箋釋】雙棣按：「當」義謂「如期」。吕氏春秋至忠：「將往而不當者三。」高注云：「三不如期也。」此「必當」謂「必如期」也。

【用韻】「當、行」陽部。

〔六〕【高注】直躬，楚葉縣人也。葉公子高謂孔子曰：「吾黨有直躬者，其父攘羊而子證之。」孔子曰：「吾黨之直者異於是，父爲子隱，子爲父隱，直在其中矣。」凡六畜自來而取之曰攘也。

【版本】藏本注末「也」字作「之」，景宋本、莊本、集解本作「也」，今據改，王溥本、朱本、葉本同藏本。

【箋釋】楊樹達云：説文云：「證，告也。」事具論語子路篇。○何寧云：高注以「直躬」爲人名。論語釋文云：「孔云：躬，身也。鄭本作弓，云直者名弓。」據孔子答葉公之言，則「直」字固非名也。吕氏春秋云：「直躬者請代之。」則亦訓躬爲身，與孔合。○雙棣按：此文「直躬」與莊子「庖丁」「盜跖」類同，「庖丁」者，名丁之庖者也。「盜跖」者，名跖之盜也。「直躬」者，亦名躬之直者也。以「直躬」稱之，可也。論語釋文云：「鄭本作弓，云直者名弓。」俞樾云：「鄭説是也。

躬，弓通用耳。」

〔七〕【高注】尾生，魯人，與婦人期於梁下，水至溺死也。

【箋釋】劉文典云：文選琴賦注引高注，「水至溺死」作「不至而水溺死」。

〔八〕【箋釋】王念孫云：「信而溺死」，本作「信而死女」，言信而爲女死，則信不足貴也。今本「死女」作「溺死」者，涉上注「水至溺死」而誤。直而證父，信而死女，相對爲文。且女與父爲韻，若作「溺死」，則文既不對，而韻又不諧矣。文子道德篇正作「信而死女」。〇王叔岷云：王説非也。莊子盜跖篇：「直躬證父，尾生溺死。」即淮南所本。則「溺死」必非誤字。上注「水至溺死」，即本此「溺死」而言。古人行文，不必拘於相對，且上下文皆無韻，此二句亦不必有韻。文子之作「信而死女」，必作僞者所改。

【用韻】「死、貴」脂物合韻。

〔九〕【高注】以兵伐國，不擊鼓密聲曰襲。周者，王城也。公羊傳曰：「王城者何？西周也。」今河南縣也。

【版本】藏本注「何」作「河」，王溥本、莊本、集解本作「何」，今據改，景宋本、朱本、葉本同藏本。莊本、集解本注無「今河南縣也」五字，景宋本、王溥本、朱本、葉本同藏本。

【箋釋】吴承仕云：朱本、景宋本「西周也」下並有「今河南縣也」五字，案：有者是也。續郡國志：「河南，周公時所城雒邑也。春秋時謂之王城。」〇楊樹達云：「密聲」即「默聲」，古「密、默」

通用。莊子達生篇「公密而不應」是也。○陳奇猷云：楊説是也。孟子萬章上：「四海遏密八音。」趙岐注：「密，無聲也。」亦假「密」爲「默」可證。○雙棣按：「今河南縣也」五字當有。吕氏春秋悔過篇高注云：「周，今河南城，所謂王城也。」亦有「今河南城」字。又按：注引公羊傳見昭公二十二年。

〔一〇〕【高注】非君命也而稱君命曰矯。酒肉曰犒，牛羊曰犒。共其枯槁也。秦師曰：「行千里而襲人，遠主有備而師無繼，不如還。」遂還師而去也。故曰却之。

【版本】王溥本注「犒」作「餉」，莊本、集解本作「享」，景宋本、朱本、茅本、葉本、汪本同藏本。藏本「共其枯槁」作「芬其指犒」，莊本、集解本作「共其枯槁」，今據改，王溥本作「賓指犒」，景宋本、朱本、茅本、葉本同藏本。汪本、莊本、集解本注「曰」作「日」，景宋本、王溥本、朱本、茅本、葉本同藏本。藏本注「人」作「之」，王溥本作「人」，今據改，景宋本、朱本、茅本、葉本、汪本、莊本、集解本同藏本。茅本、汪本、莊本、集解本此注在下文「存鄭國」下。

【箋釋】劉家立云：秦師日行千里而襲之，應作「秦帥曰行千里而襲人」，觀下文「遠主有備而師無繼，不如還」，乃述秦帥之言。今傳寫錯誤，則不合語氣矣。○吴承仕云：共其枯槁，「共」字義不可通，朱本、景宋本並作「芬」，亦非也，當作「勞其枯槁」，左氏僖二十六年傳：「公使展禽犒師。」正義曰：「服虔云：『以師枯槁，故饋之飲食勞苦之謂之勞也。』」唐卷子本玉篇引國語賈逵注云：「犒，勞也。」犒、犒字同。據此，則勞其枯槁謂之犒，乃漢人舊義，亦聲訓之例也。「勞」

字俗書作「劳」，故一誤而爲「芬」，再誤爲「共」，而蹤跡幾不可尋矣。○楊樹達云：事具僖公三十三年左氏、公羊二傳，此云犒十二牛，則本之左氏也。○馬宗霍云：此處正文注文皆無誤。注以「共其枯槁」釋「犒」，「共」與「供」同。勞師遠涉，必有枯槁之容。以牛羊供之故曰犒。「犒、槁」同從高聲，即以聲爲訓也。説文無「犒」字，張參五經文字謂「周禮借槁字爲之」，又古「槁、犒」通用之證。左氏僖公二十六年傳「公使展禽犒師」，孔穎達疏引服虔云：「以師枯槁，故饋之飲食勞苦之，謂之勞也。」公羊僖公三十三年傳何休注亦云「犒，勞也。」犒、勞疊韻字，與高氏此注可以互參。高所謂「共」，又猶服氏所謂「饋」也。「賓」者，謂犒之猶以賓客之禮待之。劉家立淮南集證改正文之「秦師」爲「秦帥」，改注文之「秦師日行千里而襲之」爲「秦帥曰行千里而襲人」，又改「枯槁」爲「指犒」，皆妄。吴承仕淮南舊注校理謂共其枯槁，共字義不可通，當作「勞其枯槁」，亦非也。○雙棣按：藏本注「嚮」字，當是「饗」字形近之誤，或與「饗」字音近相通。又按：藏本注「芬其指犒」當是「共其枯槁」之誤。周禮地官序官稾人賈公彦疏云：「以在朝之人不得歸家，亦枯槁，以須犒勞之。故名其官爲稾人。」地官牛人「軍事，共其槁牛」，鄭司農云：「槁師之牛。」賈疏：「謂將帥在軍枯槁之，賜牛謂之槁牛也。」又按：吕氏春秋悔過篇云：「三帥乃懼而謀曰：『我行數千里，數絶諸侯之地以襲人，未至而人已先知之矣，此其備必已盛矣。』還師去之。」此爲高注後半所本，故「曰」不當爲「日」。

〔二二〕【用韻】「牛、牛、國」之職通韻。

〔二〕【高注】信爲過者，尾生是；誕爲功者，弦高是也。

【箋釋】陶方琦云：大藏音義引許注曰：「誕，慢也。」慢即謾字。説文：「謾，欺也。」與「信反爲過」之「信」鍼對。方言：「譠、謾，欺謾之語也。」

〔三〕【箋釋】陶鴻慶云：失禮而有大功，不見上文，「何謂」二字，文無所承。此句當在「四大夫載而行」之下。其文云：「此所謂失禮而有大功者也。」與下文「此所謂忠愛而不可行者也」，兩事相比成文。失禮而有大功者，所謂忤而後合，謂之知權也。忠愛而不可行者，所謂合而後舛，謂之不知權也。傳寫於「四大夫載而行」下脱此句，校者誤補於此，又稍易其文耳。

〔四〕【高注】恭王與晉厲戰於陰陵，呂錡射於恭王，中厥目，因而擒之。過而能改，故曰恭也。

【版本】茅本、張本、黄本、莊本、集解本注無下「於」字，汪本此「於」作「楚」，餘本同藏本。藏本注無「目」字，王溥本有，今據補，景宋本、朱本、茅本、葉本、汪本同藏本，張本、黄本、莊本、集解本「厥」作「目」。莊本、集解本注「擒」作「禽」。

【箋釋】莊逵吉云：古聲陰、鄢同，故以鄢陵爲陰陵，非九江之陰陵也。○吴承仕云：莊説非也。陰、鄢聲紐雖近，而韻部自殊，古無相假之例。鄢，字林亦作「隱」，（見左傳釋文引。）故形譌爲「陰」。文注陰陵者，並應改從隱。○向承周云：吴説是也。事見春秋成十六年傳。三傳並作「鄢」，諸子亦無作「陰」者。

〔五〕【高注】四子，楚大夫，篡晉取恭王。衰讀繩之維，微讀拉滅之拉也。

【版本】茅本注「取」作「救」。藏本注兩「抆」字作「救」，莊本、集解本作「抆」，今據改，景宋本作「枚」，王溥本、朱本、葉本同藏本。

【箋釋】劉台拱云：「繩之維」當作「維繩之維」，傳寫誤脱。説見原道訓。○俞樾云：高解「相與簒之」句曰：「四子，楚大夫，簒晉取恭王。」夫上文並無恭王見禽於晉之事，即云「相與簒之」，於文不備。據「戰於陰陵」下有高注曰：「恭王與晉厲戰於陰陵，吕錡射恭王，中目，因而禽之。」疑此二十字是正文，本在「昔楚」二字之下，因此二十字誤作注文，後人遂於「昔楚」下補「恭王戰於陰陵」六字耳。○吴承仕云：注「衰，讀繩之維」，「繩」上奪一「維」字。原道訓「雪霜滾灖」，注云：「滾，讀維繩之維。灖，讀抆滅之抆。」與此正同。説文：「縒，維絲筦也。」維繩與維絲同意。○楊樹達云：説文云：「簒，逆而取曰簒。」此謂恭王爲晉所禽，四子欲奪取恭王歸耳。高注簒者，文義未明。○何寧云：俞謂二十字乃正文誤入注文，是也。二十字「晉厲」下當有「公」字。

〔一六〕【高注】威儀不如常，坐不能起也。

【箋釋】于鬯云：失體當謂踣地而不醒。

〔一七〕【用韻】「禮、起」脂之合韻。

〔一八〕【高注】失禮，謂舉足蹵君也。

【版本】張本、黄本、莊本無此注。

【箋釋】于鬯云：此下當有「此所謂失禮而有大功者也」十一字，與上文「何謂失禮而有大功」相應，與下文「此所謂忠愛而不可行者也」相比。失此十一字，則上言「何謂失禮而有大功」，下言「此所謂忠愛而不可行者也」，安有此文法？◎雙棣按：于説此有十一字，是，然上文「何謂失禮而有大功」當删，如陶鴻慶説爲是。（見前文注〔十三〕。）否則，此有上下相應，而「此所謂忠愛而不可行者也」，則與何言相應？萬無鄰近之句如此不齊者。

〔一九〕【高注】蒼吾繞，孔子時人。以妻美好，推與其兄，於兄則愛矣，而違親迎曲顧之義，故曰不可行也。

【版本】莊本、集解本注無「兄」字上「於」字，景宋本、王溥本、朱本、葉本同藏本。藏本注「迎」作「近」，莊本、集解本作「迎」，今據改，景宋本、王溥本、朱本、葉本同藏本。莊本、集解本注「義」作「誼」。

【箋釋】吴承仕云：「於兄則愛矣」，各本並奪「於」字，文意不具。◎雙棣按：吴云各本並奪「於」字，失考。道藏本、景宋本等皆有「於」字，只莊本奪「於」字，集解本仍之。

【用韻】「兄、行」陽部。

〔二〇〕【箋釋】王念孫云：此言屈伸偃仰，皆因乎事之曲直。「曲直」上不當有「局」字，蓋衍文也。文子道德篇無「局」字。

〔二一〕【版本】藏本「葦」作「韋」，汪本、張本、黄本、莊本作「葦」，今據改，餘本同藏本。

【箋釋】王念孫云：蒲、韋皆柔弱之物，故曰「時屈時伸，弱柔如蒲韋」，「弱柔」上不當有「卑」字，此涉下文「屈膝卑拜」而誤衍也。荀子不苟篇云：「言己之光美，擬於舜禹，參於天地，非誇誕也；與時屈伸，柔從若蒲葦，非懾怯也；剛彊猛毅，靡所不信，非驕暴也。」語意略與此同，「柔從若蒲葦」之上，亦無「卑」字。○劉家立云：王氏刪去「卑」字，是也。按：弱字亦應刪去。與下文「剛强猛毅，志厲青雲」，皆四字爲句，即以荀子爲證，彼文亦無「弱」字。○楊樹達云：蒲爲水草，韋爲柔革，爲文不類。集證本作「葦」，是也。荀子不苟篇云「與時屈伸，柔從若蒲葦，非懾怯也」，字正作葦，其明證也。「攝」當讀爲「懾」，荀子作「懾」，用本字。○雙棣按：楊説「韋」當作「葦」，是。荀子楊注云：「蒲葦，所以爲席可卷者也。」正謂葦爲水草蒲葦之類，且黄本即作「葦」。又按：攝奪猶怯懦，與「誇矜」義相對。

〔二二〕【箋釋】王念孫云：「本」當爲「夸」，夸矜與攝奪相對爲文。「夸」字或書作「夲」，形與「本」相似，因誤爲「本」。文選甘泉賦注引此，正作「夸」。

〔二三〕【用韻】「雲、矜」文真合韻，「奪、變」月元通韻。

〔二四〕【高注】運，正迴也。

【箋釋】李哲明云：「運履」當作「進履」，進與奉詞義相類，漢書張良傳有進履之文云，蓋形似而誤也。高注「運，正迴也」，就譌本釋之，雖强爲之詞，究未易憭。

〔二五〕【高注】拯，升也。出溺曰拯也。

【箋釋】劉文典云：「捽」意林、御覽三百九十六引並作「攬」。○楊樹達云：説文云：「捽，持頭髮也。」許君説字往往本之淮南，則淮南作「捽」字明矣，類書引改作「攬」字，不足據。○王叔岷云：劉子新論明權篇「捽」亦作「攬」。又「拯」下當有「之」字，文意乃完。意林、御覽引此並有「之」字，劉子新論同。

〔二六〕【高注】孟子曰：「嫂溺而不拯，是豺狼也。」而況父兄乎？故溺則捽之。祝則名君，周人以諱事神，敬之至也。

【版本】藏本注「捽」作「拯」，景宋本作「捽」，今據改，王溥本、朱本、茅本、葉本、汪本、莊本、集解本同藏本。藏本注「敬」下無「之」字，茅本、汪本、莊本、集解本有，今據補，景宋本、王溥本、朱本、葉本同藏本。

【箋釋】雙棣按：注「捽」誤作「拯」，因「嫂溺而不拯」致誤。正文作「溺則捽父」，此當與正文一致，不得作「拯」。又按：注引孟子語見孟子離婁上。

〔二七〕【高注】適，之。道，仁義之善道。

【版本】吴本上「以」字作「與」。景宋本下「以」字作「與」。餘本同藏本。

〔二八〕【高注】立德，立功，立言。

〔二九〕【版本】吴本「以」作「與」，「與」上有「以」字，「權」下有「也」字。

〔三〇〕【用韻】「權、見」元部。

〔三一〕【高注】忤，逆，不合也。權，因事制宜，權量輕重，無常形勢。能令醜反善，合於宜適，故聖人獨見之也。

【版本】藏本注「令」作「合」，景宋本、莊本、集解本作「令」，今據改，王溥本、朱本、葉本、汪本同藏本。

【箋釋】陶鴻慶云：此二句下，當有「知權者，醜反善矣」一句，與下文「合而後舛者，謂之不知權。不知權者，善反醜矣」，反復相明。高注云：「能令醜反善，合於宜適，故聖人獨見之也。」是其所見本未誤。今本奪去，則文義不備。

〔三二〕【箋釋】吕傳元云：「合而後舛」當作「合而後忤」，此承「忤而後合者」而言也，不當作「舛」字。文子道德篇正作「合而後迕」。何寧與吕説同，云：「舛」疑「忤」之形譌，故高注釋「忤」不釋「舛」。人間篇「聖人先忤而後合，衆人先合而後忤」，忤、合對舉，文與此同。

〔三三〕【箋釋】雙棣按：廣雅釋詁三：「僞，爲也。」此「僞之文」即「行爲之文飾」。

〔三四〕【高注】無所用於禮也。

〔三五〕【高注】結，猶聚也。

【版本】吴本「塗」作「途」。藏本注「聚」作「衆」，王溥本作「聚」，今據改，景宋本、朱本、葉本、莊本、集解本同藏本。

【箋釋】吴承仕云：「結」無「衆」義，「衆」疑當作「聚」，字之誤也。○雙棣按：吴説是，王溥本正作「聚」。

【用韻】「宜、化、多、非」歌微合韻。

猩猩知往而不知來〔一〕，乾鵠知來而不知往〔二〕，此脩短之分也。昔者，萇弘，周室之執數者也〔三〕，天地之氣，日月之行，風雨之變，律曆之數，無所不通，然而不能自知，車裂而死〔四〕。蘇秦，匹夫徒步之人也，靻蹻嬴蓋，經營萬乘之主，服諾諸侯，然不自免於車裂之患〔五〕。徐偃王被服慈惠，身行仁義，陸地之朝者三十二國，然而身死國亡，子孫無類〔六〕。大夫種輔翼越王句踐，而爲之報怨雪恥〔七〕，擒夫差之身，開地數千里，然而身伏屬鏤而死〔八〕。此皆達於治亂之機〔九〕，而未知全性之具者。故萇弘知天道而不知人事，蘇秦知權謀而不知禍福，徐偃王知仁義而不知時，大夫種知忠而不知謀〔一〇〕。

聖人則不然，論世而爲之事，權事而爲之謀，是以舒之天下而不窕，内之尋常而不塞〔一一〕。使天下荒亂，禮義絶，綱紀廢〔一二〕，彊弱相乘，力征相攘，臣主無差，貴賤無序，甲胄生蟣虱〔一三〕，燕雀處帷幄〔一四〕，而兵不休息，而乃始服屬臾之貌〔一五〕，恭儉之禮，則必滅抑而不能興矣〔一六〕。天下安寧，政教和平，百姓肅睦，上下相親，而乃始立氣矜〔一七〕，奮勇力，則必不免於有司之法矣。是故聖人者能陰能陽，能弱能彊〔一八〕，隨時而動静，因資而立功〔一九〕，物動而知其反，事萌而察其變〔二〇〕，化則爲之象，運則爲之應〔二一〕，是以終身行而無所困。

校釋

〔一〕【高注】猩猩，北方獸名，人面獸身，黄色。禮記曰：猩猩能言，不離走獸，見人往走，則知人姓字。此知往也。又嗜酒，人以酒搏之，飲而不能息，不知當醉以擒其身，故曰不知來也。

【版本】莊本、集解本注「往」作「狂」，「能」作「耐」，「擒」作「禽」，景宋本、王溥本、朱本、茅本、葉本、汪本同藏本。藏本注「故曰不知來也」「不」下有「能」字，莊本、集解本無，今據删，景宋本、王溥本、朱本、葉本同藏本。

【箋釋】徐鼒云：今禮記作「禽獸」。陸德明禮記釋文云：「禽，盧本作走。」高所引與盧植本同。○雙棣按：山海經海内南經云：「狌狌知人名，其爲獸如豕而人面。」此蓋高注猩猩知人姓字所本。後漢書西南夷傳「哀牢出猩猩」，李賢注引南中志云：「猩猩在山谷中，行無常路，百數爲羣。土人以酒若糟，設於路。又喜屩子，土人織草爲屩，數十量相連結。猩猩在山谷，見酒及屩，知其設張者，即知張者先祖名字。乃呼其名而罵云：『奴欲張我！』捨之而去。去而又還，相呼試共嘗酒。初嘗少許，又取屩子著之，若進兩三升，便大醉。人出收之，屩子相連不得去，執還内牢中。」此或可與高注相參。依山海經、南中志，注「北」似當爲「南」。

〔二〕【高注】乾鵠，鵲也，人將有來事憂喜之徵，則鳴。此知來也。知歲多風，多巢於木枝，人皆探其卵，故曰不知往也。乾讀乾燥之乾，鵠讀告退之告。

【版本】王溥本注「巢」上「多」字作「卑」，景宋本、朱本、茅本、葉本、汪本、莊本、集解本同藏本。

【箋釋】吴承仕云：御覽九百二十一引注云：「見人有吉事之徵，則脩脩然；凶事之徵則鳴啼。是知來。歲多風，則巢於下枝，而童子乃探其卵。」今注作「巢於木枝」者，「木」即「下」字之譌。其餘異同，不關宏旨。說並詳繆稱篇。○楊樹達云：來謂將來，往謂已往，憂喜先鳴，固知來之事，畏風巢下，獨非知來乎？高以巢下枝人探其卵爲不知往，未知其審。○向承周云：周禮司裘疏、儀禮大射注作「鳱鵠」，說文隹部：「雗，雗鷽也。」鳥部：「鷽，山鵲，知來事也。」爾雅亦云：「鷽，山鵲。」是乾鵠即雗鷽，即山鵲也。廣雅：「鳱鵠，鵲也。」廣韻：「鳱鵲，鳥名，知未來事，噪則行人至。鵲字或作鵠。」玉篇鳥部：「鳱，鳱鵲也，亦作雃。」案雃雗亦與鳱鵠同。論衡是虛篇、抱朴子對俗篇、金樓子識怪篇皆作「乾鵠知來」，與高本同。西京雜記：「陸賈曰：乾鵲噪而行人至。」即廣韻所本，即喜鵲也。人間篇：「烏鵲先識歲之多風也，去高木而巢扶枝，大人過之則探鷇，嬰兒過之則挑其卵。」即高注所本。

〔三〕【高注】萇弘，周景王之大夫也。數，曆術。

【版本】莊本正文及注「弘」作「宏」，餘本同藏本。莊本、集解本注「景」作「宣」，景宋本、王溥本、朱本、茅本、葉本、汪本同藏本。

【箋釋】吴承仕云：朱本、景宋本「宣王」並作「景王」。案：萇弘始見於左傳昭十一年，死於哀三年，歷事景、敬二王。主術篇及吕氏春秋必已篇注並云「敬王臣」，是也。宣王下距景王且三百年，其謬甚明。尋御覽六百四十五引此文云：「昔者，萇弘，周宣之執數者也。」本誤周室爲周宣，故注亦沿譌而爲宣王矣。

〔四〕【高注】晉范、中行氏之難，以畔其君也。周劉氏與晉范氏世爲婚姻，萇弘事劉文公，故周人助范氏。至敬王二十八年，晉人讓周，周爲殺萇弘以釋之。故曰「而不能自知，車裂而死」也。

【版本】莊本、集解本注「畔」作「叛」，「故曰」下無「而」字，景宋本、王溥本、朱本、葉本同藏本。

【箋釋】王念孫云：太平御覽刑法部十一引此同。案：左傳、國語皆言周殺萇弘，而不言車裂，他書亦無車裂事。案莊子胠篋篇「萇弘胣」，釋文：「崔云：『胣，裂也。』淮南子曰：『萇弘鈹裂而死。』」據此，則古本本作「鈹裂」。今本「車裂」者，涉下文蘇秦車裂而誤也。注内「車裂」同。

○蔣超伯與王説同。

【用韻】「知、死」支脂合韻。

〔五〕【高注】蘇秦，洛陽人也。嬴，籯囊也。蓋，步蓋也。蘇秦相趙，趙封之爲武安君。初，帶籯囊，擔步蓋，歷説萬乘之君，合東山之從，利病之勢，無所不下，使諸侯服從，無有不服諸者，故曰「服諸諸侯，不自免於車裂之患」。説在詮言之篇。

【版本】景宋本「不」下有「能」字，餘本同藏本。藏本注「擔」作「擔」，景宋本作「擔」，今據改，王溥本、朱本、茅本、葉本、汪本、莊本、集解本同藏本。

【箋釋】于大成云：「東山」二字當乙。國策趙策「六國從親以擯秦，秦必不敢出函谷關以害山東矣」，即此「山東」。日知録三十一「古所謂山東者，華山以東，蓋自函谷關以東，總謂之山東」。○雙棣按：徒步，乃布衣、平民之義。此詞産生於戰國末而常用於漢。吕氏春秋有度：「夫以外勝内，匹夫徒步不能行，又況乎人主？」戰國策齊策：「士之高者乃稱匹夫徒布而處農畝。」漢書公孫弘傳：「弘起徒步，數年至宰相封侯。」杜欽傳：「范睢起徒步，開一朝之説，而穰侯就封。」又按：説文：「儋，何也。」段玉裁曰：「儋俗作擔。」國語齊語韋昭注：「背曰負，肩曰儋。」景宋本作擔，即儋字。藏本等作「襜」，誤。古無以襜爲儋者。又按：高注謂説在詮言之篇，今本詮言篇爲許注本，故無高説。

【用韻】「秦、人」真部，「主、侯」侯部，「蓋、患」月元通韻。

〔六〕【高注】偃王於衰亂之世，脩行仁義，不設武備，楚文王滅之，故身死國亡也。七諫篇曰「荆文悮而徐亡」是也。

【版本】藏本注「楚」下無「文」字，景宋本注有，今據補，餘本同藏本。莊本、集解本注「悮」作「誤」，景宋本、王溥本、朱本、葉本同藏本。

【箋釋】吴承仕云：七諫沈江云：「荆文寤而徐亡。」王逸注云：「偃王脩仁義，楚文王見諸侯朝徐者衆，心中覺悟，恐爲所并，因擊滅之。」此注莊本作「誤」，朱本作「悮」，並非也。字本爲覺悟之「悟」，初譌「悮」，再譌作「誤」，遂不可通。○雙棣按：「被服」一詞，乃漢代産生之新詞語，初指衾被衣服之類，史記貨殖列傳：「謡俗、被服、飲食，奉生送死之具也。」因被衾衣服之類爲隨身之物不可離，故引申出居處其中之義。新語無爲：「漸漬於道德，被服於中和。」漢書河間獻王傳：「脩禮樂，被服儒術。」顔師古注：「被服，言常居處其中也。」

〔七〕【箋釋】朱駿聲云：「雪」假借爲「㕞」。廣雅釋詁三：「雪，除也。」吕覽不苟：「雪殽之恥。」觀表：「吴起雪泣。」淮南説山：「流言雪汙。」又家語子路初見篇：「黍者所以雪桃。」列子力命：「景公雪涕而顧晏子。」○雙棣按：桂馥、馬敘倫與朱説同。吕氏春秋觀表篇高誘注：「雪，拭也。」説文：「㕞，拭也。」雪㕞月部疊韻，心山準雙聲，故可通用。

〔八〕【高注】種佐句踐奮計報怨於吴王夫差，獲千里之地，而越王終已疑之，賜其屬鏤以死也。屬鏤，利劍也。一曰：長劍㔉施鹿盧，鋒曳地，屬録而行之也。

【版本】藏本注「句踐」上無「種佐」二字，茅本、汪本、張本、黄本、莊本、集解本有，今據補，景宋本、朱本、葉本同藏本。王溥本注「句踐」上有「越王」二字。茅本、汪本、張本、黄本、莊本、集解本注無「奮計」二字，王溥本「奮」字作「有種」，景宋本、朱本、葉本同藏本。王溥本注上「而」字上有「已」，下無「越王終已」四字，「死」上有「自」字。王溥本、張本、莊本、集解本注「賜」下無「其」字。

【箋釋】蔣超伯云：韓非子云：「子胥忠直夫差而誅於屬鏤。」則王賜之屬鏤以死乃子胥，非大夫種也。○楊樹達云：史記伍子胥傳記賜屬鏤死，此與蘇秦車裂，主術篇屬之張儀者誤同。○雙棣按：蔣、楊説非，淮南不誤。鹽鐵論非鞅：「大夫種輔翼越王，爲之深謀，卒擒强吴，據有東夷，終賜屬鏤而死。」亦云賜屬鏤而死。屬鏤乃利劍，史記越王句踐世家：「越王乃賜種劍，種遂自殺。」論衡骨相：「大夫種不能去，稱病不朝，賜劍而死。」皆云賜劍而死。

〔九〕【高注】機，要也。

〔一〇〕【高注】不自知爲身謀。

【版本】茅本、汪本、張本、黄本、莊本、集解本注「不」下無「自」字，餘本同藏本。景宋本「自」在「知」字下。

〔一一〕【用韻】「事、福、時、謀」之職通韻。

【高注】不窕，在大能大也。八尺曰尋，倍尋曰常。在小能小，不塞急也。

【版本】景宋本「是以」作「是故」。

【箋釋】段玉裁云：「窕」與「窘」爲反對之辭，釋言曰：「窕，肆也。」大戴禮王言：「七者布諸天下而不窕，内諸尋常之室而不塞。」淮南俶真訓：「處小隘而不塞，横扃天地之間而不窕。」要略訓：「置之尋常而不塞，布之天下而不窕。」氾論訓：「舒之天下而不窕，内之尋常而不塞。」齊俗訓：「大則塞而不入，小則窕而不周。」兵略訓：「入小而不偪，處大而不窕。」墨子尚賢中：「此道也，大用之天下則不窕，小用之則不困。」尚同下：「大用之治天下不窕，小用之治一國一家而不横。」荀子曰：「充盈大宇而不窕，入郤穴而不偪。」管子宙合曰：「夫成軸之多也，其處大也不窕，其入小也不塞。」司馬法曰：「凡戰之道，位欲嚴，政欲栗，力欲窕，氣欲閑。」又曰：「擊其勞倦，避其閑窕。」凡此皆可證窕之訓寬肆，凡言在小不塞，在大不窕者，謂置之小處，而小處不見充塞無餘也；置之大處，而大處不見空曠多餘也。○雙棣按：依文例，注「在小能小」上當有「不塞」二字，「在小能小，不塞急也」正釋「不塞」之辭。又：高注「八尺曰尋，倍尋曰常」，當是許注混入高注中，參看原道篇六三頁注〔一九〕。

【用韻】「事、謀、塞」之職通韻。

〔一二〕【用韻】「絶、廢」月部。

〔一三〕【高注】乘，加也。攘，平除。生蟣虱，不離體也。

【箋釋】劉績云：攘，奪也。

〔一四〕【高注】幄，幕也。處，猶巢也。

【版本】茅本、汪本、張本、黄本、莊本、集解本此注在下文「休息」下。

【箋釋】雙棣按：韓非子喻老：「天下無道，攻擊不休，相守數年不已，甲胄生蟣虱，燕雀處帷幄，而兵不歸。」爲淮南此文所本。

〔一五〕【高注】謹也。

【箋釋】李哲明云：屬臾即從容之音轉，屬與從，臾與容，皆雙聲，如隨屬猶言隨從，服屬猶言服從是也。漢書衡山王傳：「日夜縱臾王謀反。」史記「縱臾」作「從容」，尤爲確證。

〔一六〕【箋釋】雙棣按：本經篇「民之滅抑夭隱」高注：「抑，没也。」滅抑即滅没，亦即湮没之義。

〔一七〕【高注】矜，自大也。

【版本】藏本「姓」誤作「娃」，各本皆作「姓」，今據改。

【箋釋】何寧云：矜當訓勇，高注失之。矜又作憐，古同聲通用。列子説符篇「無以立憐於天下」，張湛注：「憐，勇也。」本書人間篇「無以立務於天下」，高注：「務，勢也。」王引之云：「務當爲矜，勢與勇亦同義。」此矜當訓勇之證。

【用韻】「寧、平、親、矜」耕真合韻。

〔一八〕【用韻】「陽、彊」陽部。

〔一九〕【用韻】「静、功」耕東合韻。

〔二〇〕【用韻】「反、變」元部。

〔二一〕【用韻】「象、應」陽蒸合韻。

故事有可行而不可言者，有可言而不可行者〔一〕，有易爲而難成者，有難成而易敗者〔二〕。所謂可行而不可言者，趨舍也。可言而不可行者，僞詐也〔三〕。易爲而難成者，事也。難成而易敗者，名也〔四〕。此四策者，聖人之所獨見而留意也。

詘寸而伸尺，聖人爲之〔五〕；小枉而大直，君子行之〔六〕。周公有殺弟之累〔七〕，齊桓有爭國之名〔八〕，然而周公以義補缺〔九〕，桓公以功滅醜〔一〇〕，而皆爲賢。今以人之小過揜其大美，則天下無聖王賢相矣〔一一〕。故目中有疵，不害於視，不可灼也〔一二〕；喉中有病，無害於息，不可鑿也〔一三〕。河上之丘冢不可勝數，猶之爲易也〔一四〕。水激興波，高下相臨，差以尋常，猶之爲平〔一五〕。昔者，曹子爲魯將兵，三戰不勝，亡地千里〔一六〕，使曹子計不顧後，足不旋踵，刎頸於陳中，則終身爲破軍擒將矣〔一七〕。然而曹子不羞其敗，恥死而無功〔一八〕。柯之盟，揄三尺之刃〔一九〕，造桓公之胷，三戰所亡，一朝而反之，勇聞于天下，功立於魯國〔二〇〕。管仲輔公子糾而不能遂〔二一〕，不可謂智；遁逃奔走，不死其難〔二二〕，不可謂勇；束縛桎梏，不諱其恥，不可謂貞。當此三行者，布衣弗友，人君弗臣〔二三〕，然而管仲免於累紲之中，立齊國之政，九合諸侯，一匡天下〔二四〕。使管仲出死捐軀，不顧後圖〔二五〕，豈有此霸功哉？

今人君論其臣也，不計其大功，總其略行，而求小善，則失賢之數也〔二六〕。故人有厚德，無問其小節；而有大譽，無疵其小故〔二七〕。夫牛蹏之涔，不能生鱣鮪〔二八〕；而蜂房不容鵠卵〔二九〕，小形不足以包大體也〔三〇〕。

校　釋

〔一〕【版本】藏本「可言」之「言」作「戰」，各本皆作「言」，今據改。

〔二〕【箋釋】劉文典云：羣書治要引作「或易爲而難成者，或難成而易敗者」。○雙棣按：「或、有」

古通。

【用韻】「行、成」陽耕合韻，「言、敗」元月通韻。

〔三〕【用韻】「舍、詐」魚鐸通韻。

〔四〕【箋釋】劉文典云：羣書治要引，「名」作「治」。○于大成云：文子微明篇作「名」，與淮南同。治要作「治」，恐是誤字。大戴禮武王踐阼亦曰「夫名，難得而易失」，可與此互證。

〔五〕【高注】寸小，尺大。

〔六〕【版本】王鎣本、吴本「詘」作「屈」。

【高注】枉，曲也。直，直其道也。

【箋釋】楊樹達云：太平御覽八百三十引尸子云：「孔子曰：『詘寸而信尺，小枉而大直，吾爲之也。』」

〔七〕【高注】誅管、蔡也。

〔八〕【高注】自莒先入，殺子糾也。

【版本】莊本、集解本「糺」作「糾」。

【箋釋】雙棣按：廣韻黝韻：「糾，俗作糺。」集韻曰「或作糺」。楚辭招隱士「樹輪相糾兮」，王逸注曰：「糾，一作糺。」似漢時已有糺字。

〔九〕【高注】謂翼成王以致太平，七年歸政，北面爲臣。故曰以義補缺也。

〔一〇〕【高注】立九合一匡之功，以滅争國之惡。

〔一一〕【版本】王溥本、王鎣本、吴本「王」作「主」。

〔一二〕【高注】疵，贅。灼，燃。

〔一三〕【高注】鑿，穿。

【用韻】「灼、鑿」藥部。

〔一四〕【高注】言河上本非丘壟之處，雖有丘壟，平易之地猶多，以大言之也，以諭萬事多覆於少。

【版本】藏本注「雖有丘壟，平易之地猶多」作「有易之地猶多」，今據王溥本改，朱本、茅本、葉本、莊本、集解本同藏本（朱本「有」作「平」）。

【箋釋】吴承仕云：朱本「有易之地」作「平易之地」。案：平易是也。

〔一五〕【高注】雖有激波，猶以爲平，平者多也。猶橘柚冬生，人曰冬死，死者衆也。薺麥夏死，人曰夏生，生者多也。

【版本】王鎣本「平」下有「也」字。藏本注「死」字、「生」字不重，王溥本、莊本、集解本重，今據補，景宋本、茅本、葉本、汪本同藏本，朱本「死」字不重，「生」字重。

【箋釋】于鬯云：「河」當讀爲「阿」，同聲通借。草書字形「阿、河」無别，誤「阿」爲「河」，亦未可知。穆天子傳郭注云：「阿，山坡也。」蓋山則累石嵯峨，故山上丘冢雖多，猶以爲易；水波高下相臨，動至數仞，故尋常之差猶以爲平。高注似多未慝。○雙棣按：「猶之爲易」，「猶之爲平」，二「之」字皆當訓爲「以」。高注「猶以爲平」，即以「以」字釋「之」，是。于説「河」當讀爲「阿」，非。「河上」猶言「河邊」，「河邊」多爲平地，雖有丘冢，但平地總爲多數，若是山阿，豈有若多平地乎！水波之説謂水面時而激起尋常之波，然平静時總爲多數，故曰猶以爲平。高注是而于説非。又按：高注「橘柚」以下，本於脩務篇，彼文「死、生」均重，此蓋傳寫中誤將重文號脱落。

【用韻】「常、平」陽耕合韻。

〔一六〕【用韻】「勝、里」蒸之通韻。

〔一七〕【版本】藏本「頸」作「剄」，景宋本、朱本、茅本、汪本、張本、黄本、莊本、集解本作「頸」，（蔣刊道藏輯要本亦作「頸」。）今據改，餘本同藏本。

〔一八〕【箋釋】雙棣按：「恥」用作動詞，其賓語爲「死而無功」。

【用韻】「踵、將、功」東陽合韻。

〔一九〕【版本】景宋本、朱本、茅本、吴本「揄」作「揄」。

【箋釋】楊樹達云：説文手部云：「揄，引也。」

〔二〇〕【高注】復汶陽之田也。

【版本】王溥本、王鎣本、吴本「于」作「於」，朱本「於」作「于」，餘本同藏本。

【箋釋】于大成云：上文見齊策六，亦見鶡冠子世兵篇。柯之盟，在春秋莊十三年。公羊傳但云曹子，史記遂以曹沫入刺客傳。

〔二一〕【高注】遂，成。

〔二二〕【高注】不死子糺之難也。

【版本】王溥本、王鎣本、吴本「智」作「知」。

〔二三〕【高注】布衣之士不以爲益友也，人君不以爲義臣也。

【版本】莊本、集解本注兩「以」字上均有「可」字，景宋本、王溥本、朱本、茅本、葉本、汪本同藏本。

〔二四〕【版本】王溥本、王鎣本、吴本無「管仲」二字。景宋本「累紲」作「束縛」，朱本作「縲絏」，餘本同藏本。

【箋釋】馬宗霍云：「立」古通作「涖」。周禮地官鄉師「及窆執斧以涖匠師」，司市「市師涖焉」，鄭玄注並云：「故書涖作立。」鄭司農鄉師注云：「立讀爲涖。」司市注云：「立當爲涖。」是其證。本文「立齊國之政」，「立」亦與「涖」同。禮記曲禮上：「涖官行法。」涖政猶涖官也。鄭君曲禮注：「涖，臨也。」謂臨視。涖、臨雙聲字。此蓋言管仲免於累紲而臨視齊國之政事也。又案左氏昭公六年傳「涖之以彊」，杜預注云：「施之於事爲涖。」此解足以申成臨視之義。涖又通作「蒞」，公羊僖公三年傳「公子友如齊蒞盟」何休注，國策秦策「蒞政有頃」高誘注，國語周語上「考中度衷以蒞之」、周語中「官正蒞事」韋昭注並云：「蒞，臨也。」是也。「涖、蒞」二字皆説文所無，古蓋假「立」爲之耳。

〔二五〕【用韻】「侯、下、軀、圖」侯魚合韻。

〔二六〕【高注】略，大也。小善，忠也。數，術也。

【版本】王溥本、王鎣本、汪本、張本、吳本、黃本、莊本、集解本「求」下有「其」字，餘本同藏本。王溥本、朱本（挖補）注「大」下有「略」字，餘本同藏本。

〔二七〕【版本】王溥本、王鎣本、吳本「而」作「人」。

【箋釋】王念孫云：「問」當爲「間」。方言曰：「間，非也。」（襄十五年左傳「且不敢間」，論語先進篇「人不間於其父母昆弟之言」，孟子離婁篇「政不足間也」，趙岐、陳羣、孔穎達諸儒皆訓間爲非。）「疵」，讀爲「訾」。（莊子山木篇「無譽無訾」，呂氏春秋必己篇作「疵」，荀子不苟篇：「正義直指，舉人之過，非毀疵也。」）無間與無訾同義。故廣雅曰：「間、訾，諻也。」（諻與毀同。）今本「間」誤作「問」，則非其指矣。文子上義篇正作「無間其小節」。〇何寧云：「問」字不誤，參看道應篇寧戚干齊桓公事。文子上義篇景宋本、纘義本皆作「問」，不作「間」也。〇雙棣按：呂氏春秋首時高誘注：「故，事。」此「故」亦當訓「事」。

〔二八〕【用韻】「德、節」職質合韻，「譽、故」魚部。

【高注】涔，雨水也。滿牛蹏跡中，言其小也，故不能生鱣鮪也。鱣，大魚，長丈餘，細鱗，黃首，白身，短頭，口在腹下。鮪，大魚，亦長丈餘，仲春二月從河西上，得過龍門，便爲龍。先師説云也。

【版本】茅本、汪本、莊本、集解本注「河西」作「西河」，景宋本、王溥本、朱本、葉本同藏本。

【箋釋】陶方琦云：大藏音義八十九引文作「牛蹏之窪」，又引許注：「窪謂小水也。」按：二注文異，正文亦不同。説文：「窪，窊也。」劉子新論觀量篇：「蹏窪之内，不生蛟龍。」又忘瑕篇：「牛躅之窪，不生魴鱮。」即用許注本。○吳承仕云：詩正義引陸疏及爾雅郭注並云：「口在頷下。」「腹」字乃「頷」字之誤。

〔二九〕【高注】房，巢。

【箋釋】劉文典云：御覽九百十六引，「鵠」作「鴻」。

〔三〇〕【箋釋】雙棣按：牛蹏之涔不生鱣鮪，蜂房不容鵠卵，謂人君論其臣，不計大功，總略行而求小善，猶如小形不足以包大體。

夫人之情，莫不有所短。誠其大略是也，雖有小過，不足以爲累〔一〕。若其大略非也，雖有閭里之行，未足大舉〔二〕。夫顔喙聚，梁父之大盜也〔三〕，而爲齊忠臣〔四〕。段干木，晉國之大駔也，而爲文侯師〔五〕。孟卯妻其嫂，有五子焉，然而相魏，寧其危，解其患〔六〕。景陽淫酒，被髮而御於婦人，威服諸侯〔七〕。此四人者，皆有所短，然而功名不滅者，其略得也〔八〕。季襄、陳仲子立節抗行，不入洿君之朝，不食亂世之食，遂餓而死〔九〕。不能存亡接絶者何？小節伸而大略屈〔一〇〕。

故小謹者無成功，訾行者不容於衆〔一一〕。體大者節疏，蹠距者舉遠〔一二〕。自古及今，五帝三王未有能全其行者也。故易曰：「小過，亨，利貞。」言人莫不有過，而不欲其大也〔一三〕。夫堯舜湯武，世主之隆也〔一四〕；齊桓晉文，五霸之豪英也〔一五〕。然堯有不慈之名〔一六〕，舜有卑父之謗〔一七〕，湯武有放弑之事〔一八〕，五伯有暴亂之謀〔一九〕。是故君子不責備於一人。方正而不以割，廉直而不以切，博通而不以訾，文武而不以責〔二〇〕。求於人則任以人力〔二一〕，自脩則以道德〔二二〕。責人以人力，易償也；自脩以道德，難爲也。難爲則行高矣，易償則求贍矣〔二三〕。夫夏后氏之璜不能無考〔二四〕，明月之珠不能無纇〔二五〕，然而天下寶之者何也？其小惡不足以妨大美也〔二六〕。今志人之所短，而忘人之所脩〔二七〕，而求得其賢乎天下，則難矣〔二八〕。

夫百里奚之飯牛〔二九〕，伊尹之負鼎〔三〇〕，太公之鼓刀〔三一〕，甯戚之商歌〔三二〕，其美有存焉者矣。衆人見其位之卑賤，事之洿辱，而不知其大略，以爲不肖，及其爲天子三公，而立爲諸侯賢相，乃始信於異衆也〔三三〕。夫發于鼎俎之間〔三四〕，出于屠酤之肆〔三五〕，解于累紲之中〔三六〕，興于牛頷之下〔三七〕，洗之以湯沐，祓之以爟火，立之于本朝之上，倚之于三公之位〔三八〕，内不慙於國家，外不愧於諸侯〔三九〕，符勢有以内合〔四〇〕。故未有功而知其賢者，堯之知舜也〔四一〕；功成事立而知其賢者，市人之知舜也〔四二〕。爲是釋度數而求之於朝肆草莽之中，其失人也必多矣〔四三〕。何則？能效其求而不知其所以取人也。

校釋

〔一〕【高注】誠，其實；略，其行。

【版本】王溥本注作「誠，實也」。

【箋釋】吴承仕云：注文不可通。當作「誠，實；略，行」。二「其」字並衍文也。說林篇「其鄉之誠也」注云：「誠，實。」主術篇「是故有大略者」注云：「略，行道也。」重言曰行道，單言之，則或曰行，或曰道。此注以實訓誠，以行訓略，合在「誠其大略是也」句下。今本誤植後，又有衍文，故文不成義。

〔二〕【高注】舉，用。

〔三〕【高注】梁父，齊邑，今屬太山。

【箋釋】王念孫云：「喙」當作「啄」，字之誤也。顏啄聚，左傳哀二十七年、吕氏春秋尊師篇、韓子十過篇並作顏涿聚，韓詩外傳作顏斲聚，説苑正諫篇作顏燭趨，漢書古今人表作顏燭雛，晏子春秋外篇作顏燭鄒，並字異而義同。「啄」與「涿、斲、燭」，聲並相近，喙則遠矣。「啄、喙」二字，書傳往往相亂。○王叔岷云：王校是也。劉子新論妄瑕篇作顏燭鄒。○鄭良樹云：記纂淵海五七引此書正作顏啄聚，可證王説。○于大成云：韓非外儲説左下、羣書治要引尸子勸學篇、禮記月令孟冬鄭注、左傳哀公二十三年杜注作顏涿聚，御覽四百三十七引尸子作顏歜聚，史記孔子世家作顔濁鄒，説苑又作顔燭雛，並音近。

〔四〕【箋釋】雙棣按：左傳哀公二十三年：「夏六月，晉荀瑶伐，……戰于犁丘，齊師敗績。知伯親擒顔庚。」杜預注：「犁丘，隰也。顔庚，齊大夫顔涿聚。」哀公二十七年：「齊師將興，陳成子屬孤子，……召顔涿聚之子晉曰：『隰之役，而父死焉。』」杜注：「隰役在二十三年。」顔涿聚即顔庚，爲齊戰死，故曰爲齊忠臣。

〔五〕【高注】駔，驕怚。一曰：駔，市儈也。言魏國之大儈也。

【版本】景宋本注「大儈」之「儈」作「會」。

【箋釋】劉績云：駔，在古、子朗二切，會兩家之買賣者。○陶方琦云：御覽八百二十八、白帖八十三引許注：「駔，市儈。」按：二家文義並異，所謂一曰，即是許説。如俶真訓「敦圄」注例也。後漢郭太傳注引説文：「駔，會也。謂合兩家之賣買，如今之度市也。」索隱二一八引淮南注曰：「干木，度市之魁也。」亦疑是許注。類篇引説文：「駔，一曰市會。」市會即市儈，與淮南訓正同。○雙棣按：淮南此文本之吕氏春秋尊師篇。高氏彼注云：「駔，儈人也。」畢沅云：「注儈疑與儈通。」畢説是。高氏淮南注「一曰」多與吕覽注同，蓋高先注淮南，後注吕覽之故。所謂「一曰」，蓋當時之另一説法，非必許注也。又按：吕氏春秋舉難：「文侯師子夏，友田子方，敬段干木。」察賢：「魏文侯師卜子夏，友田子方，禮段干木。」下賢謂「魏文侯過段干木之閭而軾之」，「文侯可謂好禮士也」。淮南此文蓋引而申之。

〔六〕【高注】孟卯，齊人也，及爲魏臣，能安其危，國類其勳也。戰國策曰芒卯也。

【版本】藏本注無「臣」字，景宋本、茅本、汪本、張本、黄本、莊本、集解本有，今據補，王溥本、朱本注「臣」作「相」。茅本、汪本、莊本、集解本注「國類其勳」作「解其患」，王溥本注「類其」作「有」，朱本注「類」作「建」。

【箋釋】莊逵吉云：古孟、芒同聲，故通用。○吴承仕云：道藏輯要本作「賴」，近之。「類」即「賴」之譌。○何寧與吴説同。

【用韻】「危、患」歌元通韻。

〔七〕【高注】景陽，楚將。

【箋釋】雙棣按：依上三句例，「而」字似當在「人」字下。「而」字前爲「所短」，「而」字後爲「功名」，「而」字表轉折。

【用韻】「酒、侯」幽侯合韻。

〔八〕【高注】略，猶道也。

【箋釋】劉績云：略，大略也。

〔九〕【高注】季襄，魯人，孔子弟子。陳仲子，齊人，孟子弟子，居於陵也。

【箋釋】王念孫云：孔子弟子無季襄，「襄」皆當爲「哀」，字之誤也。史記仲尼弟子列傳「公皙哀，字季次」。（索隱引家語作公皙克，克亦哀之誤。）此言季哀，即季次也，故高注云然。弟子傳載孔子之言曰：「天下無行，多爲家臣，仕於都，唯季次未嘗仕。」游俠傳曰：「季次、原憲，懷獨行君子之德，義不苟合當世，終身空室蓬户，褐衣疏食不厭。」此云「立節抗行，不入洿君之朝，不食亂世之食」，説與史記略同。○洪頤煊與王説同。○何寧云：孟子滕文公篇曾論及陳仲子，高以爲孟子弟子，誤。

〔一〇〕【高注】伸，用。屈，廢。

【版本】王溥本注「用」作「明」。

〔一一〕【高注】好揜人之善，揚人之短，呰毁人行，自獨卑藏，衆人所疾而不容之也。一説：呰，毁也。行有毁缺者，不爲衆人所容。

【版本】朱本注「藏」作「臧」，餘本同藏本。莊本、集解本注「一説」作「一曰」。

【箋釋】梁玉繩云：臧、藏通用。○李哲明云：詩桑柔篇云：「自獨俾臧。」此注「卑藏」即「俾臧」之誤。吕覽知度篇「人主自智而愚人」高注云：「自智謂人愚，自巧謂人拙。詩云：『惟彼不順，自獨俾臧，自有肺腸，俾民卒狂。』愚拙者，此之謂也。」即引此詩，亦可以爲斯注之義。

【用韻】「功、衆」東冬合韻。

〔一二〕【高注】疏，長也。蹠，足也。距，大也。

【箋釋】雙棣按：距與巨通，故高訓爲大。

〔一三〕【版本】藏本「易」上脱「故」字，各本均不脱，今據補。

〔一四〕【用韻】「過、大」歌月通韻。

〔一五〕【高注】隆，盛。

【用韻】「隆、英」冬陽合韻。

〔一六〕【高注】謂不以天下予子丹朱也。

【版本】藏本注「不以」在「天下」之下，王溥本在「天下」之上，今據乙，景宋本、朱本、茅本、汪本、莊本、集解本同藏本。王溥本注「予」作「與」。

〔一七〕【高注】謂瞽叟降在庶人也。

【版本】莊本、集解本注「叟」作「瞍」。

【用韻】「名、謗」耕陽合韻。

〔一八〕【高注】殷湯放桀南巢，周武弒紂宣室也。

【版本】王溥本、王鎣本、葉本、吴本「弒」作「殺」，餘本同藏本。

〔一九〕【高注】齊桓、晉文、宋襄、楚莊、秦穆德未能純，皆有争奪之驗，故曰有暴亂之謀也。

【箋釋】楊樹達云：文本吕氏春秋當務篇。

【用韻】「事、謀」之部。

〔二〇〕【高注】文武以備具，而不責備於人。

【版本】茅本、汪本、張本、黄本、莊本、集解本注無「以」字，餘本同藏本。

【用韻】「割、切」月質合韻，「訾、責」支錫通韻。

〔二一〕【高注】任其力所能任也。

【版本】藏本「於」下有「一」字，王溥本、王鎣本、汪本、吴本無，今據删，餘本同藏本。

【箋釋】王念孫云：「求於一人」，劉本無「一」字，是也。道藏本有「一」字者，因上文「責備於一人」而誤。「求於人」與「自脩」相對爲文，人上不當有「一」字。下文「責人以人力」，「自脩以道德」，即其證。文子上義篇作「於人以力，自脩以道」。

〔二二〕【用韻】「力、德」職部。

〔二三〕【版本】莊本、集解本「贍」作「澹」。

〔二四〕【高注】半璧曰璜，夏后氏之珍玉也。考，瑕釁也。

【版本】藏本注「半璧曰璜」作「半圭曰章」，莊本、集解本作「半璧曰璜」，今據改，王溥本、茅本、汪本、張本、黄本作「半圭曰璜」，餘本同藏本。

【箋釋】洪頤煊云：「考」當作「耇」，説文：「耇，老人面如點也。從老省，占聲。」與玷字通用，譌脱作「考」。○陶鴻慶云：「考」讀爲「朽」，本作「㱙」，説文：「㱙，朽玉。」説林訓「白璧有考」，義同。○楊樹達云：洪校改「考」爲「耇」，其説非也。説林訓云：「白璧有考，不得爲寶。」文以考、寶爲韻，知此考决非誤字。近人陶鴻慶讀「考」爲「朽」，是也。○于大成云：廣韻皓韻考字下注「瑕釁，淮南子云：『夏后氏之璜，不能無考。』是也」，知此「考」决非誤字。文選劉孝標辯命論「或曰：明月之珠不能無纇，夏后之璜不能無考」，即用淮南文，字亦作「考」，善注引淮南同。藝文類聚八十三、御覽八百二、玉海八十七引並同。朱駿聲亦以此「考」字借爲「朽」，實爲「玽」，朽、玽一聲之轉。○雙棣按：藏本注「半圭曰章」，本之說文。說文云：「半圭爲璋。」然正文無「章」字，無從訓起。莊本依說文「璜，半璧也」改作「半璧曰璜」，今從之。王溥本作「半圭曰璜」尤誤。

〔二五〕【高注】夜光之珠，有似月光，故曰明月。纇，磐，若絲之結纇也。

【箋釋】陶方琦云：文選班固兩都賦注、李蕭遠運命論注引許注：「夜光之珠，有似明月，故曰明月也。」按：此許注羼入高注本者，故同。文選兩都賦李善注：「高誘以隨侯爲明月，許慎以明月爲夜光。」是許、高注本異，此注定爲許義無疑。又云：唐本玉篇絲部引許注：「纇，絲纇也。」按：二注文異，說文亦云：「纇，絲結也。」○劉文典云：文選辯命論注引高注：「考，不平也。」「纇，瑕也。」與此注文迥異，陶謂此爲許注，是也。

〔二六〕【版本】藏本「足」下無「以」字，王溥本、王鎣本、葉本、吳本有，今據補，餘本同藏本。

【箋釋】雙棣按：藝文類聚寶玉部上引淮南「足」下亦有「以」字。

〔二七〕【版本】藏本「忘」誤作「志」，各本皆作「忘」，今據改。

【箋釋】雙棣按：「志人之所短」，與「忘人之所脩」相對爲文，藏本下「志」字涉上「志」字而誤。段玉裁云：「周禮保章氏注：『志，古文識。』蓋古文有志無識，小篆乃有識字。保章注曰：『志，古文識。識，記也。』」

〔二八〕【版本】王溥本、王鎣本、茅本、汪本、吴本、張本、黄本、莊本「乎」作「於」，餘本同藏本。

【箋釋】王念孫云：「得其賢乎天下」，衍「其」字。藝文類聚寶玉部上引此，無「其」字。○劉台拱與王説同。

〔二九〕【高注】百里奚，虞人也。自鬻爲秦養飯牛，得五羖羊皮，號爲五羖大夫也。

【版本】藏本無此注，今據景宋本補，餘本同藏本。

【箋釋】雙棣按：下文伊尹、太公、寧戚均有注，此亦當有注，藏本傳寫誤脱。注「養」字疑有誤。

〔三〇〕【高注】伊尹負鼎俎，調五味，以干湯，卒爲賢相。

【箋釋】雙棣按：伊尹負鼎干湯之説，亦見於史記孟子荀卿列傳，與吕氏春秋本味篇、史記殷本紀「媵女」説異。

〔三一〕【高注】太公，河内汲人。有屠，鈎之困，卒爲文王佐，翼武王伐紂也。

【版本】景宋本、王溥本、茅本、汪本、莊本、集解本注「鈎」作「釣」，朱本、葉本同藏本。王溥本注「武王」下有「以」字。

【箋釋】雙棣按：楚辭離騷云：「吕望之鼓刀兮，遭周文而得舉。」王逸注云：「吕望，太公，未遇之時，鼓刀屠於朝歌也。」天問云：「師望在肆，昌何識？鼓刀揚聲，后何喜？」王逸注云：「吕望鼓刀在列肆，文王親往問之。對曰：下屠屠牛，上屠屠國。」戰國策秦策五云：「太公望，齊之逐夫，朝歌之廢屠。」高誘注：「太公呂尚望，爲老婦所逐，賣肉於朝歌，肉上生臭不售，故曰廢屠。」韓詩外傳八、抱朴子逸民篇亦載此事。

〔三二〕【高注】寗戚，衛人也，商旅於齊，宿郭門外，疾世商歌，以干桓公。桓公夜出迎客，聞之，舉以爲大田。其歌曲在道應説也。

【版本】藏本注「桓公」不重，王溥本、莊本、集解本重，今據補，景宋本、朱本、葉本同藏本。王溥本注「疾」下無「世」字。莊本、集解本注「其歌曲」作「事」，「説」作「訓」，景宋本、王溥本、朱本、葉本同藏本。

【箋釋】吴承仕云：事在道應訓也，朱本作「其歌曲在道應説也」。案：朱本是也。許、高二家，僅舉篇題，不加訓字。本作道應訓者，明是後人輒改。又案：御覽五百七十二引道應本文，有歌曰：「南山粲，白石爛，短褐單裳長止骭。生不逢堯與舜禪，終日飼牛至夜半，長夜漫漫何時旦。」計三十四字。與鄒陽傳集解引應劭説同。與書鈔、類聚引三秦記中所載歌辭，則稍有出入。疑御覽所引三十四字，當是道應篇許慎注，非淮南本文也。使淮南自有明文，則高誘注呂氏春秋舉難篇必不以碩鼠之詩爲商歌之曲矣。此注言歌曲在道應説者，高誘謂前注道應時，已舉其歌曲，此注即不再出。至高誘所稱歌曲，其辭云何，今未可得詳。○雙棣按：高注本之呂氏春秋舉難篇。彼篇及直諫篇高注「商旅」上均有「爲」字，「疾」下均無「世」字，似較此爲長。

〔三三〕【高注】信，知。

【箋釋】劉台拱云：「而立爲」三字衍。○馬宗霍云：本文「天子三公」與「諸侯賢相」，分承上文百里奚、伊尹、太公、寧戚而言，當相屬爲一句，同領於句首「及其爲」三字之下。句中「而立爲」三字疑爲衍文，蓋諸侯之相亦不得謂之立也。下句「乃始信於異衆」，高訓「信」爲「知」。余案「於」猶「其」也，言乃始知其異衆也。劉淇助字辨略引書金縢「于後公乃爲詩以貽王，名之曰鴟鴞」，庾信哀江南賦「於時朝野歡娛，池臺鍾鼓」，謂于後猶云其後，於時猶云其時。亦「於」通作「其」之旁證。惟劉氏所舉者「於」字在句首，本文「於」字在句中，爲詞例之小異耳。

【用韻】「公、相、衆」東陽冬合韻。

〔三四〕【高注】伊尹。

【版本】王溥本、王鎣本、吴本「于」作「於」，下三句「于」亦作「於」。

〔三五〕【高注】肆，列也。謂太公吕尚也。

〔三六〕【高注】累紲，所以束縛人，謂管仲。

【版本】王溥本、王鎣本、吴本正文及注「累紲」作「縲絏」，注「人」上有「罪」字。

〔三七〕【高注】興，起也。謂百里奚也。頷，讀合索之合。

【版本】景宋本注「合索」作「合集」，餘本同藏本。

【箋釋】雙棣按：依説文頷當作頜。説文：「頜，面黄也。」「頜，顄也。」「顄，頤也。」「𦣝，顄也。」𦣝是古文頤。高注：「頷，讀合索之合。」頷合同音，皆匣母緝部。方言十云：「頷、頤，頜也。南楚謂之頷，秦晉謂之頜，頤其通語也。」段玉裁云：「依方言則緩言曰頷，急言曰頜。」又云：「方言作頜，於說文爲假借字。」

〔三八〕【高注】爟火，取火於日之官也。周禮司爟掌行火之正令。火，所以祓除不祥也。立，置也。本朝，國朝也。

【版本】茅本、汪本、張本、莊本、集解本注「正」作「政」，景宋本、王溥本、朱本、葉本同藏本。藏本注「祥」上無「不」字，景宋本、王溥本、茅本、汪本、張本、莊本、集解本有，今據補，朱本、葉本同藏本。

【箋釋】馬宗霍云：倚與立對文，倚亦立也。易說卦傳「參天兩地而倚數」，李鼎祚周易集解引虞翻注、陸德明經典釋文引王肅注並云：「倚，立也。」是倚得訓立之證。○于大成云：周禮「取明火於日」是司烜氏，屬秋官；司爟掌行火之政令者，乃夏官之屬。注合而一之，誤也。○何寧云：注「爟火」之「火」涉正文而衍。高以爟爲司爟，有「火」字則義不可通。周禮夏官「司爟，掌行火之政令」，鄭注：「鄭司農說以鄹子曰：春取榆柳之火，夏取棗杏之火，季夏取桑柘之火，秋取柞楢之火，冬取槐檀之火。」據鄭注則高注不當云取火於日。說文：「爟，取火於日官名。周禮曰：『司爟掌行火之政令。』从火雚聲。或从亘。」以爟、烜爲一字。案周禮秋官「司烜氏掌以夫遂取明火於日，以鑒取明水於月」，說文謂「取火於日官名」，即秋官司烜，謂「掌行火之政令」，即夏官司爟。許君既以二字爲一字，故又合二官爲一官。若謂高從許說，則注云「取火於日之官」是也。若謂高從鄭注，則「日」字當是「木」字，蓋後人據説文所改。考呂氏春秋本味篇「爝以爟火」，高注：「周禮：司爟掌行火之政令。」又贊能篇「祓以爟火」，注同。皆不及秋官司烜氏，疑是高從鄭注。○雙棣按：説文：「政，正也。」書大傳「諸侯之有不率正者」注：「正，政也。」古「正、政」通用。荀子非相：「起於上所以道於下，正令是也。」楊注：「正或爲政。」周禮都司馬：「以國法掌其正學。」釋文：「正本作政。」馬王堆帛書有五正篇，正即政。

〔三九〕【用韻】「家、侯」魚侯合韻。

〔四〇〕【高注】内合於君。

【箋釋】劉台拱云：「内合」下脱「也」字。

〔四一〕【版本】藏本「舜」下無「也」字，王鎣本有，今據補，餘本同藏本。

【箋釋】劉台拱云：「舜」下脱「也」字。○劉文典云：羣書治要引，「舜」下有「也」字。○王叔岷、鄭良樹、于大成説同。○雙棣按：劉説是。王鎣本有「也」字，呂氏春秋審應篇、論衡知實篇亦有「也」字，今補。

〔四二〕【箋釋】雙棣按：此本之呂氏春秋審應篇。

〔四三〕【高注】爲上自任耳目聰明以得賢人之故，不復用度量之術取人，而亟求賢於朝肆之列，草莽之中，失賢人必多矣。何言求賢？

【版本】茅本、汪本注「言」上有「可」字。莊本、集解本注「言」作「可」。茅本、張本、莊本、集解本注末有「也」字。

夫物之相類者，世主之所亂惑也〔一〕。嫌疑肖象者，衆人之所眩耀也〔二〕。故狠者類知而非知〔三〕，愚者類仁而非仁〔四〕，戇者類勇而非勇〔五〕。使人之相去也，若玉之與石，美之與惡，則論人易矣〔六〕。夫亂人者，芎藭之與藁本也〔七〕，蛇牀之與麋蕪也，此皆相似〔八〕。故劍工或劍之似莫邪者，唯歐冶能名其種〔九〕；玉工眩玉之似碧盧者，唯猗頓不失其情〔一〇〕；闇主亂于姦臣小人之疑君子者，唯聖人能見微以知明〔一一〕。故蛇舉首尺，而脩短可知也〔一二〕；象見其牙，而大小可論也〔一三〕；薛燭庸子，見若狐甲於劍而利鈍識矣〔一四〕；臾兒、易牙，淄、澠之水合者，嘗一哈水如甘苦知矣〔一五〕。故聖人之論賢也〔一六〕，見其一行而賢不肖分矣。孔子辭廩丘，終不盜刀鉤〔一七〕；許由讓天子，終不利封侯〔一八〕。故未嘗灼而不敢握火者，見其有所燒也；未嘗傷而不敢握刃者，見其有所害也。由此觀之，見者可以論未發也，而觀小節足以知大體矣〔一九〕。

故論人之道，貴則觀其所舉，富則觀其所施，窮則觀其所不受，賤則觀其所不爲，貧則觀其所不取〔二〇〕。視其更難，以知其勇〔二一〕；動以喜樂，以觀其守〔二二〕；委以財貨，以論其人〔二三〕；振以恐懼，以知其節〔二四〕；則人情備矣。

校釋

〔一〕【箋釋】陶鴻慶云：「世主」當作「世俗」，與「衆人」義同，今本涉下文「闇主亂於姦臣小人之疑君子者」而誤也。後文云：「同異嫌疑者，世俗之所眩惑也。」語意與此同。○于大成云：爾雅釋草疏引「世主」作「世人」，陶説義是而文非。

【用韻】「類、惑」物職合韻。

〔二〕【高注】肖象，似也。嫌疑謂白骨之肖象牙也，碧盧似玉，蛇牀似麋蕪也。

【版本】藏本「耀」下無「也」字，王鎣本、朱本、汪本、張本、黄本有，今據補，餘本同藏本。藏本注「肖象似也」作「牀似象也」，今據茅本、莊本、集解本改，景宋本、葉本同藏本，王溥本作「味似象也」。

【箋釋】王叔岷云：治要引「眩耀」下有「也」字，與上文句法一律。○于大成云：爾雅釋草疏、喻林六十六引「眩耀」下亦有「也」字。

〔三〕【高注】狠者自用，像有知，非真知。

【版本】景宋本正文及注「狠」皆作「很」，餘本同藏本。

【箋釋】陶方琦云：羣書治要引許注：「狠，慢也。」按：正、注文異。説文作「狠，盭也」，義亦同。

〔四〕【高注】愚者不能斷割，有似於仁，非真仁也。

【箋釋】劉文典云：羣書治要引，兩「仁」字皆作「君子」。○王叔岷云：治要引「非知」下、「非君子」下、「非勇」下並有「也」字。○于大成云：爾雅釋草疏引亦作「故狠者類知而非知也，愚者類君子而非君子也，戇者類勇而非勇也」，與治要同。當許本如此也。今高注云「愚者不能斷割，有似於仁，非真仁也」，則高本自作「仁」，「仁」非誤字。

〔五〕【高注】戇者不知畏危難，有似於勇，非真勇。

〔六〕【版本】景宋本「非勇」下有「也」字，餘本同藏本。

【版本】王鎣本、吴本兩「與」字作「於」，餘本同藏本。

【箋釋】王念孫云：「美之與惡」，本作「葵之與莧」。葵與莧不相似，故易辨，此言物之不相似者。下言物之相似者，皆各舉二物以明之。若云「美之與惡」，則不知爲何物矣。蓋俗書「美」字作「美」，「葵」字作「葵」，「葵」之上半與「美」相似，因誤而爲「美」，後人不解其故，遂改爲「美之與惡」耳。羣書治要及爾雅疏、埤雅、續博物志引此，並作「葵之與莧」，是其證。○王叔岷云：治要引「玉之與石」下、「葵之與莧」下並有「也」字，與下文句法一律。○于大成云：爾雅疏、埤雅引亦有二「也」字。

【用韻】「石、惡」鐸部。

〔七〕【箋釋】王念孫云：「芎藭」上各本脱「若」字。上文「若玉之與石」，有「若」字，羣書治要、史記索隱、爾雅疏、本草圖經、埤雅、續博物志引皆有「若」字。○于省吾云：芎藭即營藭。說文：「营藭，香草也。芎，司馬相如説，营或從弓。」史記司馬相如傳：「穹窮昌蒲。」索隱引郭璞：「今歷陽呼爲江離。」山海經西山經「其草多藥虈芎藭」，注：「芎藭，一名江離。」

〔八〕【高注】言其相類，但其芳臭不同，猶小人類君子，但其仁與不仁異也。

【版本】景宋本、茅本、汪本、張本、黄本、莊本、集解本「似」下有「者」字，餘本同藏本。

【箋釋】王念孫云：上既言「亂人」，則下不必更言「相似」。且正文既言「相似」，則注不必更言「言其相類」矣。爾雅疏引許注云：「此四者，藥草臭味之相似。」然則「此皆相似」四字，蓋後人約記許注於正文之旁，而寫者因誤合之也。（茅本又於「相似」下加「者」字，而莊本從之，謬矣。）史記司馬相如傳索隱、爾雅疏、本草圖經、埤雅、續博物志所引皆無此四字。○陶方琦云：爾雅釋草正義引許注「此四者藥草，臭味之相似，惟治病則不同力」。按：二家注文異，足徵許、高之别。北宋時尚有許注殘本，故引文尚異。

〔九〕【高注】歐冶，良工。

【版本】王溥本、王鎣本、朱本、茅本、汪本、葉本、張本、吴本、黄本、莊本、集解本「或」作「惑」，景宋本同藏本。

【箋釋】雙棣按：「或、惑」古今字，段玉裁云：「又加心爲惑，以爲疑惑當别於或，此孳乳寖多之理也。」

〔一〇〕【高注】碧盧，或云碔砆。猗頓，魯之富人，能知玉理，不失其情也。

【版本】王鎣本、朱本、吴本「猗」作「倚」。

【箋釋】俞樾云：上云「劍工惑劍之似莫邪者」，莫邪是良劍之名，則碧盧亦必是美玉之名。地形篇「碧樹瑶樹在其北」，高注曰：「碧，青玉也。」是其義也。下文云「闇主亂於姦臣小人之疑君子者」，然則莫邪、碧盧是喻君子，非喻小人。高注曰：「碧盧，或云碔砆。」失之。○向承周云：俞説大謬。金樓子立言上篇「碧盧似玉，猗頓别之；白骨似牙，離婁别之」，亦以碧盧爲似玉者。吕氏疑似篇「玉人之所患，患石之似玉者；相劍者之所患，患劍之似吴干者」，即淮南所本。修務篇「唐碧堅忍之類」，注亦云「唐碧，石似玉」。○于大成云：御覽三百四十四引此注作「碧盧或作武夫」。

〔一一〕【箋釋】于省吾云：「疑」應讀作「儗」，漢書食貨志下「疑於南夷」注：「疑讀曰儗。」儗猶比也，禮記曲禮下「儗人必於其倫」注：「儗，猶比也。」○馬宗霍云：本文之「亂」，猶上文之「惑」與「眩」也。本文之「疑」，當讀如禮記檀弓上「使西河之民疑女於夫子」之「疑」，義猶儗也。説文人部云：「儗，僭也。一曰相疑。」姦臣小人巧於逢君，往往小廉小謹，貌爲君子，使人信其真與君子相似，是之謂疑，實則僭也。而闇主不能辨，遂爲所瞀亂矣。此自「闇主」以下至「者」字，連十三字爲一句。與上文「故劍工惑劍之似莫邪者，玉工眩玉之似碧盧者」，句法一律。上文爲兩喻，此則正意之所在也。

【用韻】「種、情、明」東耕陽合韻。

〔一二〕【箋釋】馬宗霍云：説文尺部：「尺，十寸也。人手却十分動脈爲寸口，十寸爲尺，尺所以指尺規榘事也。」段玉裁曰：「用規榘之事，非尺不足以爲程度。尺居中，下可晐寸分，上可包丈引也。」據此，則尺義引申之可爲長度之通稱。本文「尺」字蓋亦泛謂尺度，不限於十寸。言舉蛇首之長度而全身之長短可知也。下文所謂觀小節可以知大體，此其一例耳。○雙棣按：馬説迂曲難通。下文「象見其牙，而大小可論也」，則此與之相對，似亦當作「蛇舉其首，而脩短可知也」。「其」字誤爲「尺」，「尺首」不成義，於是乙而成「首尺」，似是而實非。

〔一三〕【箋釋】雙棣按：此文「論」與上文「知」相對，論亦知也。呂氏春秋直諫篇「所以不可不論也」，高注：「論，猶知也。」本書説山篇「以近論遠」，高注：「論，知也。」

〔一四〕【高注】薛，齊邑也。燭庸氏子，通利劍。

【版本】藏本正文及注「薛」誤作「薜」，各本皆作「薛」，今據改。

【箋釋】俞樾云：「狐甲」之義不可曉，「狐」疑「爪」字之誤。荀子大略篇「争利如蚤甲而喪其掌」，楊注云：「蚤與爪同。」此爪甲連文之證。「若爪甲」者，言其小也。言燭庸子之於劍，止見若爪甲者，而已識其利鈍矣。下文曰：「臾兒、易牙，淄、澠之水合者，嘗一哈水而甘苦知矣。」「一哈」言其少也，與此文正一律。○于省吾云：俞説是也。然尚未知古「狐」字本省作「瓜」，因而致譌也。孚子壺：「命瓜君孚子作鑄尊壺。」「命、令」古文同用，「命瓜」即「令狐」，是其證。○于大成云：高注誤也。吴越春秋闔閭内傳「風湖子曰：臣聞越王元常使歐冶子造劍五枚，以示薛燭」，越絶書越絶外傳記寶劍「客有能相劍者，名薛燭」，文選張景陽七命「形震薛燭，光駭風湖」，皆以薛燭爲人名，不以薛爲齊邑也。下句「臾兒、易牙，淄、澠之水合者，嘗一哈水，如甘苦知矣」，臾兒、易牙爲二人名，以彼例此，庸子亦當爲人名矣。

〔一五〕【高注】臾兒、易牙，皆齊之知味者也。哈，口也。

【版本】王溥本、王鎣本、朱本、葉本、吴本、莊本、集解本「如」作「而」，餘本同藏本。

【箋釋】劉台拱云：而與如通。○陶方琦云：莊子音義引許注：「俞兒，黄帝時人。狄牙，即易牙，齊桓公時識味人也。」按：二注文異。莊子音義又引淮南一本作臾兒；注云：「臾兒，亦齊人。」即今高注。知與許注本異也。俞跗，楊雄解嘲作臾柎，「俞、臾」古通。簡狄，詩緯作簡易，「狄、易」亦古通。大戴禮「桓公任狄牙」，楊子法言「狄牙能喊」，皆作狄牙。文選琴賦「狄牙喪味」，注引淮南「淄、澠之水合，狄牙嘗而知之」，是即許本作狄牙之證。今道應篇作易牙，亦當改正。○雙棣按：哈，説文無。玉篇口部：「哈，所洽切，以口歃飲。」集韻謂「歃」之或體。此處用作名量，蓋江淮之方言耶？

〔一六〕【箋釋】劉台拱云：「故」字衍。

〔一七〕【高注】廩丘，齊邑，今屬濟陰。齊景公養孔子，以言未見從，道未得行，不欲虚禄，辭而不受，故不復利人刀鉤也。

【版本】藏本「終」作「中」，各本皆作「終」，今據改。藏本注「邑」作「已」，景宋本、王溥本、茅本、汪本、張本、黄本、莊本、集解本作「邑」，今據改，朱本作「地」，葉本同藏本。王溥本注「得」作「見」。

【箋釋】雙棣按：「孔子辭廩丘」高注本之吕氏春秋高義篇。

〔一八〕【高注】許由，隱者，陽成人，堯欲以天下與之，洗耳而不就，故曰不利於封侯也。

【版本】王溥本、張本、黄本、莊本、集解本注「成」作「城」，餘本同藏本。

【箋釋】劉績云：論衡：「許由讓天下，不嫌貪封侯。伯夷委國餓死，不嫌貪刀鉤。廉讓之行，大可以況小。」語意與此正相似。○于鬯云：孔子既廩丘而辭之，則區區刀鉤，必無盜之之理；許由既天子而讓之，則區區封侯，必無利之之理。高注未得。○于大成云：「堯欲以天下與之」，則正文「天子」亦當作「天下」。論衡書虚篇襲此文，正作「許由讓天下」，道應篇亦云「許由讓天下而弗受」。○雙棣按：許由讓天子事見莊子逍遥遊、吕氏春秋求人篇。逍遥遊亦作「堯讓天下於許由」，求人作「請屬天下於夫子」。于説是，「天子」當作「天下」。

【用韻】「丘、子」之部，「鉤、侯」侯部。

〔一九〕【版本】王溥本、王鎣本、汪本、張本、吴本、黄本、莊本、集解本「足」作「可」，餘本同藏本。

【箋釋】顧廣圻云：「見」下當有脱文。

〔二〇〕【箋釋】楊樹達云：此李克語，見史記魏世家、韓詩外傳三。

【用韻】「施、爲」歌部，「舉、受、取」魚幽侯合韻。

〔二〕【箋釋】何寧云：「視其更難」，義不可通。「更」當作「處」，「處」字俗書作「雺」，以下部缺壞而誤也。文子上義篇作「視其所處難」，是其證。◯雙棣按：玉篇：「更，歷也。」更難，即歷難。

〔三〕【用韻】「勇、守」東幽合韻。

〔三〕【版本】王溥本、王鎣本、朱本、葉本、汪本、張本、黄本、吴本、莊本、集解本「人」作「仁」，餘本同藏本。

【箋釋】雙棣按：「人、仁」古通，易繫辭：「何以守位曰人。」釋文：「人，王肅本作仁。」吕氏春秋論人：「哀之以驗其人。」俞樾云：「人當讀爲仁。」蔣維喬曰：「人與仁古本相通。」

〔四〕【箋釋】楊樹達云：吕氏春秋論人篇有所謂八觀六驗，實爲此文所本。此高氏無注，而彼或有注焉，可參看。

【用韻】「人、節」真質通韻。

古之善賞者，費少而勸衆〔一〕；善罰者，刑省而姦禁〔二〕；善予者，用約而爲德〔三〕；善取者，入多而無怨〔四〕。趙襄子圍於晉陽，罷圍而賞有功者五人，高赫爲賞首〔五〕。左右曰：「晉陽之難，赫無大功，今爲賞首，何也〔六〕？」襄子曰：「晉陽之圍，寡人社稷危，國家殆，羣臣無不有驕侮之心，唯赫不失君臣之禮。」故賞一人而天下爲忠之臣者，莫不終忠於其君〔七〕。此賞少而勸善者衆也〔八〕。

齊威王設大鼎於庭中，而數無鹽令曰：「子之譽，日聞吾耳。察子之事，田野蕪，倉廩虚〔九〕，囹圄實。子以姦事我者也。」乃烹之。齊以此三十二歲道路不拾遺。此刑省姦禁者也〔一〇〕。

秦穆公出遊而車敗，右服失馬〔一一〕，野人得之。穆公追而及之岐山之陽，野人方屠而食之〔一二〕。穆公曰：「夫食駿馬之肉，而不還飲酒者傷人〔一三〕。吾恐其傷汝等。」徧飲而去之。處一年，與晉惠公爲韓之戰〔一四〕，晉師圍穆公之車，梁由靡扣穆公之驂，獲之〔一五〕。食馬肉者三百餘人，皆出死爲穆公戰於車下，遂克晉，虜惠公以歸。此用約而爲得者也〔一六〕。

齊桓公將欲征伐，甲兵不足，令有重罪者出犀甲一戟〔一七〕，有輕罪者贖以金分〔一八〕，訟而不勝者出一束箭〔一九〕。百姓皆説，乃矯箭爲矢〔二〇〕，鑄金而爲刃〔二一〕，以伐不義而征無道，遂霸天下。此入多而無怨者也。

故聖人因民之所喜而勸善，因民之所惡以禁姦〔二二〕，故賞一人而天下譽之，罰一人而天下畏之〔二三〕。故至賞不費〔二四〕，至刑不濫〔二五〕。孔子誅少正卯而魯國之邪塞〔二六〕，子産誅鄧析而鄭國之姦禁〔二七〕，以近諭遠，以小知大也〔二八〕。故聖人守約而治廣者，此之謂也〔二九〕。

校釋

〔一〕【高注】趙襄子行之是。

〔二〕【高注】齊威王行之是也。【版本】藏本注「威」作「成」，王溥本、莊本、集解本作「威」，今據改，景宋本、葉本同藏本。

〔三〕【高注】秦穆公行之是。【版本】王溥本、王鎣本、吴本「予」作「與」。莊本、集解本注「穆」作「繆」。

〔四〕【高注】齊桓公行之是也。【版本】藏本注無「是」字，王溥本有，今據補，景宋本、葉本、莊本、集解本同藏本。【用韻】「禁、怨」侵元合韻。

〔五〕【箋釋】楊樹達云：事本韓非子難一篇及吕氏春秋義賞篇，又見史記趙世家及説苑復恩篇。

〔六〕【高注】智伯求地於趙襄子，不與；智伯率韓、魏以圍之。三月不尅，趙氏之臣張孟談潛與韓、魏通謀，反智伯而殺之。張孟談之力也，故曰高赫無大功也。【箋釋】楊樹達云：據韓非、吕覽、史記、説苑言此者即張孟談。

〔七〕【版本】茅本、汪本、張本、吴本、黄本、莊本「終」作「願」，餘本同藏本。【箋釋】王念孫云：「天下爲忠之臣者」，當作「天下之爲臣者」。吕氏春秋義賞篇引孔子曰：「賞一人，而天下之爲人臣者莫敢失禮。」即淮南所本也。今本「之爲」二字誤倒，又衍一「忠」字。又：終，盡也。言莫不盡忠於其君也。茅一桂不曉「終」字之義，遂改「終忠」爲「願忠」，而莊本從之，謬矣。道藏本、劉本、朱本並作「終忠」。○劉文典云：「天下爲忠之臣者」，當作「天下之爲人臣者」。韓非子難一篇：「賞一人而天下爲人臣者莫敢失禮矣。」說苑復恩篇：「賞一人而天下之臣莫敢失君臣之禮矣。」呂氏春秋義賞篇亦作「天下之爲人臣者」。王氏謂「之爲」二字誤倒，又衍「忠」字，是也。惟未知「臣」上敚「人」字耳。

【用韻】「臣、君」真文合韻。

〔八〕【箋釋】王念孫云：「此賞少而勸善者衆也」，當作「此賞少而勸衆者也」。上文云「古之善賞者，費少而勸衆」，正與此句相應。下文曰「此刑省而姦禁者也」，「此用約而爲德者也」，「此入多而無怨者也」，句法並與此同。今本「衆者」二字誤倒，又衍一「善」字。（善字涉下文「勸善」而衍。）○顧廣圻云：賞，當依上文作「費」。○于大成云：王說似矣，而未盡是。此當作「此費少而勸衆者也」，迺與上文相應。「賞」字涉上而誤。此下三段結語並與總目相應。

〔九〕【用韻】「譽、耳、事、蕪、虛」魚之合韻。

〔一〇〕【箋釋】陳昌齊云：「刑省」下一本有「而」字。○雙棣按：陳說是。前文總目及下文分論之結語，「費少而勸衆」、「用約而爲德」、「入多而無怨」皆相應，中間均有「而」字，「刑省而姦禁」，前文總目亦有「而」字，此疑誤脫，當據文例補。

〔一〕【高注】服，中馬也。

【版本】藏本注「中」下有「失」字，「馬」下無「也」字，葉本無「失」字，有「也」字，今據删補，景宋本、王溥本、朱本、茅本、汪本、莊本、集解本同藏本。

【箋釋】王念孫云：「右服失馬」，「馬」字因注文而衍。服爲中央馬，則不須更言馬矣。吕氏春秋愛士篇正作「右服失」。（失與佚同。）○雙棣按：王説「馬」字衍，是。藏本注「失」字則因正文而衍也。本書泰族篇「服欲步」注：「服，車中馬。」吕氏春秋愛士篇高注：「四馬車，兩馬在中爲服。」執一篇高注：「在中曰服。」戰國策衛策高注：「轅中曰服。」

〔二〕【用韻】「得、食」職部。

〔三〕【箋釋】范耕研云：廣雅：「還，疾也。」其本字應作「趯」，説文：「趯，疾也。」今多以旋爲之。漢書董仲舒傳注：「旋，疾也。」史記天官書索隱同。此文「還飲酒」者，猶言疾飲酒也。

〔四〕【高注】處一年者，謂飲食肉人酒之明年也。晉惠公夷吾倍秦納己之賂，秦興兵伐晉，戰於晉地韓原也。

【版本】王溥本注「謂飲食肉人酒之明年也」，作「謂飲酒食肉之明年也」，景宋本、茅本、葉本、汪本、莊本、集解本同藏本，朱本無「人酒」二字。張本、黄本、莊本注「倍」作「背」。

【箋釋】雙棣按：吕氏春秋愛士篇「處一年」注與此同。「飲」讀於禁切，去聲。「食肉人」與「酒」作「飲」之雙賓語。劉績不知此文法而妄改。

〔一五〕【高注】梁由靡，晉大夫。扣，猶牽也。將獲穆公。

【版本】王溥本、王鎣本「師」作「氏」。王溥本、王鎣本、吴本「驂」作「駿」。

【箋釋】王念孫云：高注云「將獲穆公」，則正文「獲」上有「將」字也。將獲未獲，故人得而救之。若已爲晉所獲，則不能救矣。○雙棣按：説文：「扣，牽馬也。」此注正與説文合。吕氏春秋愛士篇高注爲「扣，持」，與此注不同。

【用韻】「車、獲」魚鐸通韻。

〔一六〕【版本】王溥本、王鎣本、朱本、汪本、葉本、吴本、張本、黄本、莊本、集解本「得」作「德」，餘本同藏本。

【箋釋】雙棣按：「得」讀爲「德」。

〔一七〕【高注】犀甲，取其堅也。戟，車戟也，長丈六尺。犀或作三，直出三甲也。

【箋釋】楊樹達云：國語齊語云：「制重罪贖以犀甲一戟，輕罪贖以鞼盾一戟。」則「犀或作三」者非也。○何寧云：楊説是也。管子中匡篇「死罪以犀甲一戟」，小匡篇「制重罪入以兵甲犀脅二戟」，文雖小異，字亦作「犀」不作「三」。

〔一八〕【高注】輕，小。以金分，出金隨罪輕重有分兩。

【箋釋】何寧云：正文言「贖以金分」，注「出金」下當有「贖」字。御覽三百三十九引注「出金」下有「匱」字，「匱」即「贖」之譌。

〔一九〕【高注】不勝，猶不直也。箭十二爲束也。

【箋釋】雙棣按：箭謂箭竹，即可爲箭杆之竹。廣韻線韻：「箭，箭竹，高一丈，節間三尺，可爲矢。」段玉裁改説文「箭，矢也」爲「箭，矢竹也」，並云：「矢竹者，所以爲矢之竹也。」段説是。或説文脱誤，或許慎以當時之義釋之。箭爲箭竹，故下文有「矯箭爲矢」之文。因可矯箭爲矢，故矢亦稱箭。方言九：「箭，自關而東謂之矢，江淮之間謂之鏃，關西曰箭。」

〔二〇〕【高注】治箭之笄好者也。

【箋釋】莊逵吉云：太平御覽引，「笄」作「竿」，是。○劉文典云：御覽引注，「治」作「矢」，「笄」作「竿」。○楊樹達云：説文云：「箭，矢竹也。」高説未詳，蓋有脱誤。

〔二一〕【高注】刃，五刃也，刀、劍、矛、戟、矢也。

〔二二〕【版本】王溥本、汪本、張本、黄本、莊本、集解本「以」作「而」，餘本同藏本。

【箋釋】劉文典云：御覽六百三十六引「所喜」作「所善」，「而禁」作「以禁」。○于大成云：檢御覽仍作「所喜」，不作「所善」。○雙棣按：御覽引「善」當爲「喜」字之誤，下文有「觀善」，此不當更有「善」字。引「以禁」正與藏本同。

【用韻】「善、姦」元部。

〔二三〕【用韻】「譽、畏」魚微合韻。

〔二四〕【高注】賞當賞，不虛費。

〔二五〕【高注】刑當刑，不傷善。濫，讀收斂之斂也。

〔二六〕【高注】少正，官；卯，其名也。魯之諂人。孔子相魯七日，誅之於東觀之下。刑不濫也。

【箋釋】楊樹達云：高注「東觀」，與鹽鐵論詔聖篇、説苑指武篇合，他書皆作「兩觀」。

〔二七〕【高注】鄧析，詭辯姦人之雄也。子産誅之，故姦止也。傳曰：「鄭駟歂殺鄧析而用其竹刑。」鄧析制刑，書之於竹，鄭國用之，不以人廢言也。

【版本】茅本、汪本、張本、黄本、莊本、集解本注「止」作「禁」。藏本注「鄭國用」下無「之」字，王溥本、集解本有，今據補，景宋本、朱本、葉本同藏本。

【箋釋】雙棣按：注引傳，見左傳定公九年。

【用韻】「塞、禁」職侵合韻。

〔二八〕【版本】景宋本「諭」作「論」。

【箋釋】王叔岷云：宋本「諭」作「論」，「論、知」互文。説山篇亦云：「以近論遠。」注：「論，知也。」

〔二九〕【版本】藏本無「也」字，王溥本、王鎣本、朱本（挖補）、茅本、汪本、張本、吴本、黄本、莊本、集解本有，今據補，餘本同藏本。

天下莫易於爲善，而莫難於爲不善也〔一〕。所謂爲善者，静而無爲也；所謂爲不善者，躁而多欲也。適情辭餘，無所誘或〔二〕；循性保真，無變於己〔三〕，故曰爲善易。越城郭，踰險塞，姦符節，盗管金，篡弑矯誣，非人之性也〔四〕，故曰爲不善難。

今人所以犯囹圄之罪，而陷於刑戮之患者，由嗜慾無厭，不循度量之故也。何以知其然？天下縣官法曰：「發墓者誅，竊盗者刑。」此執政之所司也。夫法令者罔其姦邪，勒率隨其蹤跡〔五〕，無愚夫惷婦，皆知爲姦之無脱也，犯禁之不得免也〔六〕。然而不材子不勝其欲，蒙死亡之罪，而被刑戮之羞〔七〕。然而立秋之後〔八〕，司寇之徒繼踵於門，而死市之人血流於路，何則？惑於財利之得〔九〕，而蔽於死亡之患也〔一〇〕。夫今陳卒設兵，兩軍相當〔一一〕，將施令曰：「斬首拜爵，而屈撓者要斬〔一二〕。」然而隊階之卒皆不能前遂斬首之功〔一三〕，而後被要斬之罪，是去恐死而就必死也。故利害之反，禍福之接，不可不審也。事或欲之，適足以失之；或避之，適足以就之〔一四〕。楚人有乘船而遇大風者，波至而自投於水〔一五〕，非不貪生而畏死也，或於恐死而反忘生也〔一六〕。故人之嗜慾，亦猶此也〔一七〕。齊人有盗金者，當市繁之時，至掇而走。勒問其故曰：「而盗金於市中，何也〔一八〕？」對曰：「吾不見人，徒見金耳。」志所欲則忘其爲矣〔一九〕。

是故聖人審動静之變，而適受與之度，理好憎之情，和喜怒之節。夫動静得，則患弗遇也〔二〇〕；受與適，則罪弗累也〔二一〕；好憎理，則憂弗近也；喜怒節，則怨弗犯也〔二二〕。故達道之人，不苟得，不讓福〔二三〕，其有弗棄，非其有弗索，常滿而不溢，恒虛而易足〔二四〕。今夫霤水足以溢壺榼，而江河不能實漏卮〔二五〕，故人心猶是也〔二六〕。自當以道術度量，食充虛，衣御寒，則足以養七尺之形矣〔二七〕。若無道術度量而以自儉約，則萬乘之勢不足以爲尊，天下之富不足以爲樂矣〔二八〕。

校釋

〔一〕【高注】爲善，静身無欲，信仁而已，慎其天性，故易。爲不善，貪欲無厭，毁人自成，戾其天性，故難也。

〔二〕【版本】景宋本、茅本、汪本注「静」作「浄」。茅本、汪本、張本、莊本、集解本注「慎」作「順」，景宋本、王溥本、朱本、葉本同藏本。景宋本注「毁」作「殺」。藏本注下「故」字作「欲」，王溥本、朱本、茅本、汪本、張本、莊本、集解本作「故」，今據改，景宋本、葉本同藏本。

〔三〕【版本】藏本脱「餘」字，除景宋本同藏本外，各本皆不脱，今據補。王溥本、王鎣本、朱本、茅本、葉本、汪本、張本、吴本、黄本、莊本、集解本「或」作「惑」，景宋本同藏本。

〔四〕【用韻】「或、己」之部。

〔五〕【高注】姦，私，亦盜也。符節成信也，而盜取之。管，牡籥也。金，印封，亦所以爲信也，固閉藏也。篡弑，下謀上也。矯，擅作君命。誣，以惡覆人也。皆非人本所受天之善性也。

【版本】藏本注「牡」作「壯」，朱本作「牡」，今據改，景宋本、王溥本、茅本、葉本、汪本、莊本、集解本同藏本。莊本注「藏」作「臧」，「擅」作「善」。茅本、汪本、莊本、集解本此注在下文「爲不善難」下。

【箋釋】王念孫云：如高注，則「金」字當爲「璽」字之誤。然「金」與「璽」字不相似，「璽」字無緣誤爲「金」。蓋俗書「璽」字或作「坌」，因誤爲「金」矣。五音集韻云：「璽，俗作坌。」〇劉文典云：羣書治要引，「弑」作「殺」。〇吴承仕云：「壯」當作「牡」。凡鏁器，入者謂之牡，受者謂之牝。説林篇「可以黏牡」注云：「牡，門户籥牡。」是也。字譌作「壯」，義不可通。（金當爲璽，王念孫已校正。）〇雙棣按：左傳文公十八年云：「竊賄爲盗，盗器爲姦。」廣雅釋詁四：「姦，盗也。」又按：吴説「壯」當作「牡」是。本書地形篇「牡土」亦誤作「壯土」。「牡、壯」形似而誤，今正。

〔五〕【高注】勒，主問吏。率，大任也。

【版本】王溥本、王鎣本、茅本、汪本、吴本、張本、黄本、莊本、集解本「罔」作「網」，餘本同藏本。藏本「勒」作「勤」，王溥本、王鎣本、朱本、茅本、汪本、張本、吴本、黄本、莊本、集解本作「勒」，今據改，餘本同藏本。藏本注「主」作「者」，汪本、張本、黄本、莊本、集解本作「主」，今據改，餘本同藏本。

【箋釋】王念孫云：「法令」下衍「者」字。法令罔其姦邪，勒率隨其蹤跡，相對爲文。〇洪頤煊云：漢書主問吏無名爲勒者，「勒」當是「鞫」字之譌。張湯傳「訊鞫論報」，師古曰：「鞫，問也。」

「鞫」字譌脱作「勒」。○吴承仕云：「大任」之訓，義不可通。疑當作「火伯」。古今注曰：「伍伯，一伍之伯也。一曰户伯，二曰火伯。」此云勒率，蓋嗇夫、游徼之流，火伯亦其類也。今作「大任」，並形近之譌。○馬宗霍云：「勒率」與「法令」相對爲文。説文革部云：「勒，馬頭絡銜也。」引申之，與羈同義。率部云：「率，捕鳥畢也。」引申之，捕亦謂之率。「勒率隨其蹤跡」，猶言羈紲逮捕隨踵而至也。高釋「勒」爲「主問吏」者，蓋亦謂羈紲而問之，與本義亦相因。疑相承有此訓。洪氏以「勒」爲「鞫」誤，未必是。高氏又釋率爲大任，未審。○何寧云：馬説是也。下文「齊人有盜金者，勒問其故」，吕氏春秋去宥篇作「吏搏而束縛之，問曰」。淮南文本去宥，是勒問正羈紲而問之之義。彼「勒」字高注亦云「主問吏」，知此「勒」字不誤也。○雙棣按：王、馬説是。法令與勒率對文，不當有「者」字。

〔六〕【版本】藏本「惷」作「惷」，莊本、集解本作「惷」，今據改，餘本同藏本。

【用韻】「脱、免」月元通韻。

〔七〕【高注】蒙，冒。

〔八〕【箋釋】王念孫云：下「然而」二字，因上「然而」而衍。「立秋之後」五句，即承上「死亡之罪」、「刑戮之羞」言之，不當更有「然而」二字。

〔九〕【用韻】「惑、得」職部。

〔一〇〕【用韻】「蔽、患」月元通韻。

〔一一〕【用韻】「兵、當」陽部。

〔一二〕【箋釋】王念孫云：「夫今」當爲「今夫」。「斬首」下脱「者」字。斬首者拜爵，屈撓者要斬，相對爲文。羣書治要引此有「者」字。○王叔岷云：治要引「夫今」正作「今夫」，「撓」作「橈」，當以作「橈」爲正。

〔一三〕【高注】遂，成。

【箋釋】王念孫云：「隊階」二字，義不可通，當從羣書治要所引作「隊伯」，字之誤也。（左畔作阝，因隊字而誤；右畔作皆，則因下文「皆」字而誤。）逸周書武順篇曰：「五五二十五曰元卒，四卒成衛曰伯。」是百人爲伯也。通典兵一引司馬穰苴曰：「五人爲伍，十伍曰隊。」是隊爲伯之半，故曰「隊伯之卒」。

〔一四〕【箋釋】陶鴻慶云：此文蓋錯簡也。以義求之，當在上文「惑於財利之得，而蔽於死亡之患也」之下。「故利害之反」以下三句，乃總結上節之意。「事或欲之」以下四句，則或下二節之文也。下二節自「今夫（今本作夫今，據王氏雜志改。）陳卒設兵」以下，至「是去恐死而就必死也」一節，即此所謂「避之適足以就之」也。自「楚人有乘船而遇大風者」以下，至「惑於恐死而反忘生也」一節，即此所謂「欲之適足以失之」也。今本以此七句錯入於二節之間，則文義隔絶矣。○雙棣按：陶説是。然未徹底。如陶説則上先言「事或欲之，適足以失之」，而下文舉例反在後，後言「或避之，適足以就之」，而舉例反在先。不若謂上文自「今夫陳卒設兵」至「是去恐死而就必死也」當在「惑於恐死而反忘生也」下，今本錯簡置前矣。

【用韻】「欲、失、避、就」屋質錫覺合韻。

〔一五〕【箋釋】王念孫云：「波至而」下當有「恐」字。下文「惑於恐死而反忘生也」即承此句言之。羣書治要、意林、藝文類聚舟車部、白帖六十三、太平御覽地部三十六、舟部二引此，皆作「波至而恐」。○劉文典云：羣書治要引，無「楚」字，「人有」作「有人」。○王叔岷云：御覽舟部二引此無「波至而恐」四字，王氏失檢。意林引此作「波至而恐死，自投于水中」。治要引「水」下亦有「中」字。

〔一六〕【版本】王溥本、王鎣本、朱本、茅本、葉本、汪本、張本、吴本、黄本、莊本、集解本「或」作「惑」，景宋本同藏本。

〔一七〕【箋釋】劉文典云：意林、白帖六十三引，「亦猶此也」並作「亦復如此」。

〔一八〕【高注】繁，衆也。勒，主問吏。故，猶意也。而，汝也。

【箋釋】雙棣按：吕氏春秋去宥篇、列子説符篇有「搏而束縛之」、「捕得之」之類羈捕之詞。此「至掇而走」下亦當如彼，若是，或「勒」字當如馬宗霍所謂羈捕之義耶？

〔一九〕【箋釋】王叔岷云：此當作「志有所欲，則忘其所爲矣」。「志」下脱「有」字，「爲」上脱「所」字，則文意不完。文子正作「志有所欲，即忘其所爲」，説林篇：「意有所在，則忘其所守。」與此句法同。○何寧説同。

〔二〇〕【版本】藏本「遇」作「過」，王溥本、王鎣本、朱本、吴本作「遇」，今據改，餘本同藏本。

【箋釋】王念孫云：過，當從劉本、朱本作「遇」，字之誤也。○雙棣按：王説是。過、遇形近，常互譌。莊子漁父「今者丘得過也」，釋文：「過，本作遇。」列子天瑞「過東郭先生問焉」，釋文：「過，一作遇。」戰國策秦策二「臣不得復過矣」，金正煒云：「過，疑當爲遇。」今據王溥本等改。

〔二一〕【用韻】「遇、累」侯微合韻。

〔二二〕【用韻】「近、犯」文談合韻。

〔二三〕【箋釋】俞樾云：讓，當爲「攘」，詮言篇「不能使福必來，信己之不攘也」，高注曰：「攘，却也。」此云不攘福，義與彼同。○何寧云：俞校「讓」爲「攘」，猶有未盡。此「福」字當作「禍」。上句「不苟得」，即謂不求福也，與下句「不攘禍」，福禍對舉。若作不攘福，則是俱言福而不言禍，與上文「患弗過也」、「罪弗累也」、「憂弗近也」、「怨弗犯也」上下不相應。文子下德篇正作「體道之人，不苟得，不讓禍」。○雙棣按：俞謂「讓」當爲「攘」。「讓、攘」同義，不必必爲「攘」也。楚辭懷沙「知死不可讓」注：「讓，辭也。」管子君臣下「治斧鉞者不敢讓刑」注：「讓，拒也」。又按：「福」字不誤，下文「其有弗棄」正是「不讓福」之義。（「非其有弗索」乃「不苟得」之義。）故「達道之人，不苟得，不讓福，其有弗棄，非其有弗索，常滿而不溢，恒虚而易足」爲一句，並不與上相應，何説非是。

【用韻】「得、福」職部。詮言篇「聖人不求得，不辭福，從天之則」，與此義同，字亦作「福」，是其證。

〔二四〕【高注】虚，無欲也。

【版本】藏本注「虚」誤作「庶」，景宋本、茅本、汪本、張本、黄本、莊本、集解本作「虚」，今據改，餘本同藏本。

【箋釋】劉家立云：「不」字衍文，此言滿則恒溢，不若虚而常足，衍一「不」字則文義不明，且與上兩句不對也。文子下德篇正作「恒滿而溢，常虚而易足」。○雙棣按：「不」字非衍。此二句乃並列句，非選擇句，中間無「不若」之關係。上二句「不苟得，不讓福，其有弗棄，非其有弗索」，亦皆爲並列句，文子脱「不」字，當據此補。

【用韻】「棄、索、溢、足」質鐸錫屋合韻。

〔二五〕【箋釋】劉文典云：「霤」羣書治要引作「溜」。「實」意林引作「滿」。○王叔岷云：意林引亦作「溜」，當以作「霤」爲正。

〔二六〕【箋釋】劉文典云：羣書治要引「是」作「此」。

〔二七〕【版本】朱本、汪本、張本、黄本、吴本、莊本、集解本「御」作「禦」，餘本同藏本。

〔二八〕【高注】諭若桀與紂，無道術度量，不得爲匹夫，何尊樂之有乎？

【箋釋】楊樹達云：此言無道術以自節，則雖有萬乘之勢，天下之富，猶不自以爲足而他有所求，如秦皇漢武之求仙是也。高注未得其義。○向承周云：「而以自儉約」五字，羣書治要無。「儉」當爲「檢」，「而」字衍文。謂不以道術度量檢束其身心，則雖爲天子，猶不知足也。注説未得文意。

【用韻】「約、樂」藥部。

孫叔敖三去令尹而無憂色，爵禄不能累也〔一〕；荊佽非兩蛟夾繞其船而志不動，怪物不能驚也〔二〕。聖人心平志易，精神内守，物莫足以惑之〔三〕。夫醉者俛入城門，以爲七尺之閨也〔四〕；超江淮，以爲尋常之溝也；酒濁其神也〔五〕。怯者夜見立表，以爲鬼也〔六〕；見寢石，以爲虎也〔七〕；懼揜其氣也〔八〕。又況無天地之怪物乎〔九〕？

夫雌雄相接，陰陽相薄，羽者爲雛鷇，毛者爲駒犢，柔者爲皮肉，堅者爲齒角〔一〇〕，人弗怪也。水生蠬蜄〔一一〕，山生金玉〔一二〕，人弗怪也。老槐生火，久血爲燐，人弗怪也〔一三〕。山出嘄陽〔一四〕，水生罔象〔一五〕，木生畢方〔一六〕，井生墳羊〔一七〕，人怪之，聞見鮮而識物淺也〔一八〕。天下之怪物，聖人之所獨見也；利害之反覆，知者之所獨明達也〔一九〕；同異嫌疑者，世俗之所眩惑也〔二〇〕。

夫見不可布於海内，聞不可明於百姓〔二一〕，是故因鬼神禨祥而爲之立禁〔二二〕，總形推類而爲之變象〔二三〕。何以知其然也？世俗言曰：「饗大高者，而彘爲上牲〔二四〕；葬死人者，裘不可以藏〔二五〕；相戲以刃者，太祖軵其肘〔二六〕；枕户橉而卧者，鬼神蹠其首〔二七〕。」此皆不著於法令，而聖人之所不口傳也〔二八〕。夫饗大高而彘爲上牲者，非彘能賢於野獸麋鹿也，而神明獨饗之，何也？以爲彘者，家人所常畜而易得之物也，故因其便以尊之。裘不可以藏者，非裘不能具綈綿曼帛温煖於身也，世以爲裘者，難得貴賈之物也〔二九〕，而可傳於後世；無益於死者，而足以養生，故因其資以讋之〔三〇〕。相戲以刃太祖軵其肘者，夫以刃相戲，必爲過失，過失相傷，其患必大，無涉血之仇爭忿鬭，而以小事自内於刑戮，愚者所不知忌也，故因太祖以累其心〔三一〕。枕户橉而卧鬼神履其首者，使鬼神能玄化，則不待户牖之行〔三二〕，若循虛而出入，則亦無能履也〔三三〕。夫户牖者，風氣之所從往來，而風氣者，陰陽粗捔者也〔三四〕，離者必病〔三五〕，故託鬼神以伸誡之也。凡此之屬，皆不可勝著於書策竹帛，而藏於宫府者也〔三六〕，故以機祥明之。爲愚者之不知其害，乃借鬼神之威以聲其教，所由來者遠矣〔三七〕。而愚者以爲機祥，而狠者以爲非，唯有道者能通其志〔三八〕。

今世之祭井、竈、門、户、箕、箒、臼、杵者，非以其神爲能饗之也，恃賴其德，煩苦之無已也〔三九〕。是故以時見其德，所以不忘其功也。觸石而出，膚寸而合，不崇朝而雨天下者，唯太山〔四〇〕。赤地三年而不絶流，澤及百里而潤草木者，唯江河也〔四一〕。是以天子秩而祭之。故馬免人於難者，其死也葬之。牛其死也，葬以大車爲薦〔四二〕。牛馬有功，猶不可忘，又況人乎？此聖人所以重仁襲恩〔四三〕。故炎帝於火，死而爲竈〔四四〕；禹勞天下，死而爲社〔四五〕；后稷作稼穡，死而爲稷〔四六〕；羿除天下之害，死而爲宗布。此鬼神之所以立〔四七〕。

校釋

〔一〕【高注】不以爵禄累其身也。

〔二〕【高注】勇而不惑。

【箋釋】楊樹達云：事詳道應篇。

【用韻】「動、驚」東耕合韻。

〔三〕【箋釋】馬宗霍云：「心平志易」，「易」與「平」爲對文，義猶「和」也。禮記郊特牲「示易以敬之」，鄭玄注云：「易，和易也。」是其證。

〔四〕【箋釋】雙棣按：爾雅釋宫：「闈，宫中之門謂之闈，其小者謂之閨。」荀子解蔽：「俯而出城門，以爲小之閨也。」楊倞注：「閨，小門也。」

〔五〕【箋釋】雙棣按：濁爲清之反，亦即混也，亂也。戰國策秦策一：「書策稠濁，百姓不足。」高誘注：「濁，亂也。」吕氏春秋振亂：「當今之世，濁甚矣。」高注：「濁，亂也。」荀子解蔽篇正作「酒亂其神也」。

〔六〕【用韻】「表、鬼」宵微合韻。

〔七〕【用韻】「石、虎」鐸魚通韻。

〔八〕【高注】揜，奪。

【版本】藏本注「揜」作「掩」，各本皆作「揜」，今據改。

【箋釋】蔣超伯云：此一節悉本之荀子解蔽篇。○雙棣按：吕氏春秋慎小篇：「夜日置表於南門之外。」高注：「表，柱也。」本書本經篇：「可以矩表識也。」高注：「表，影表。」又：藏本正文「揜」字，注作「掩」，今改作「揜」。

〔九〕【版本】景宋本「無」作「无」，餘本同藏本。

【箋釋】陶鴻慶云：「無」字不當有，蓋「天」字誤衍爲「无」，又誤爲「無」耳。「天地」當爲「天下」，下文云「天下之怪物，聖人之所獨見」，是其證。○向承周云：「無」當作「夫」。

〔一〇〕【用韻】「氣、物」物部。

【用韻】「轂、犢、角」屋部。

〔一一〕【版本】藏本「蚘」作「蠬」，景宋本作「蚘」，今據改，餘本同藏本。

【箋釋】劉績云：「蠬」當作「蚘」，同蚌。○劉台拱云：「蠬」當作「蚘」，同蚌，音棒。説山訓：「明月之珠出於蚘蜄。」説林訓注：「蚘，大蛤。」（此作蠬者，寫者之誤也。）○于省吾云：劉説是也。地形篇「蚘魚在其南」注：「蚘，讀如蚌也。」亦其證。○雙棣按：諸説皆是。天文篇：「月死而嬴蚘膲。」脩務篇：「食嬴蚘之肉。」亦均作「蚘」。藏本「蠬」字，乃傳寫之誤。茅本注直音「籠」，大謬。又按：「蜄」即「蜃」之俗字，見正韻。

〔二〕【箋釋】陳昌齊云：金玉，御覽引作「金石」。

〔三〕【高注】血精在地，暴露百日則爲燐。遥望，炯炯若燃火也。

【箋釋】陶方琦云：詩東山正義引許注：「兵死之血爲鬼火。」按：二注文異。説文「粦」下云：「兵死及牛馬之血爲粦。粦，鬼火也。」與注淮南説同。論衡論死篇：「人之兵死也，世言其血爲燐。」張華博物志雜説篇云：「鬬戰死亡之地，其人馬血積年化爲燐。」並與許義合。○劉文典云：御覽八百六十九引注，「遥望，炯炯若燃火也」作「遠望若野火也」。○王叔岷云：草堂詩箋十一亦引許注云：「兵死之血爲鬼火。燐者，鬼火之名。」粦、燐正俗字。○于大成云：萬卷精華十四亦引注同御覽。御覽、萬卷精華引仍作「遥望」，非作「遠望」也。又事類賦注八引莊子逸文與此文同，則淮南所本也。

〔四〕【高注】嘄陽，山精也。人形，長大，面黑色，身有毛，若反踵，見人而笑。

【版本】莊本、集解本正文及注「嘄」作「梟」，餘本同藏本。王溥本、莊本、集解本注「若」作「足」，餘本同藏本。

【箋釋】莊逵吉云：梟陽見爾雅，程敦云：「説文解字作梟羊。「陽」與「羊」古字通也。嚴忌哀時命又作梟楊，山海經謂之贛巨人。」○劉文典云：文選上林賦注引高注，作「梟羊，山精也，似遽類」。○雙棣按：嘄陽一名𦏧𦏧，説文「𦏧」字云：「周成王時，州靡國獻𦏧，人身反踵，自笑，笑即上脣掩其目，食人，北方謂之土螻。爾雅曰：『𦏧𦏧如人，被髮。』讀若費。一名梟陽。」今本爾雅作狒狒，同音相借也。郭璞注云：「梟羊也。山海經曰：『其狀如人，面長，脣黑，身有毛，反踵，見人則笑。』交廣及南康郡山中亦有此物，大者長丈許，俗呼之曰山都。」噱陽，又作梟陽、梟羊，皆同音通用。

〔一五〕【高注】水之精也。國語曰「龍罔象」也。

【版本】王溥本注「水之精也」上有「罔象」二字。莊本、集解本注「罔」作「网」。

【箋釋】陶方琦云：說文虫部「蛧」字下引淮南王說：「蛧蜽，狀如三歲小兒。赤黑色，赤目，長耳，美髮。」按：說文所引淮南王說，當是後人記許君注淮南說於旁，與上芸艸條例同。魯語曰：「木石之怪曰夔蛧蜽，水之精曰龍网象。」高作「网象」，故引國語，許作「蛧蜽」，正與高異。其實网象、网兩，古訓亦不甚分。法苑珠林引夏鼎志：「网象，如三歲兒，赤目，黑色，大耳，長臂，赤爪，索縛則可得食。」訓與許說蛧蜽同，知許說必有本也。一切經音義二引淮南說：「狀如三歲小兒，赤黑色，赤目，赤爪，長耳，美髮。」知今說文敓「赤爪」二字，應補。說文：「蛧蜽，山川之精物。」又道應訓「网兩問於景曰」，許注：「网兩，水之精物也。」（玉篇作「魍魎，水神，如三歲小兒，赤黑色」。左氏音義亦云：「网兩，水神。」）此實許本水生蛧蜽之證。

〔一六〕【高注】木之精也。狀如鳥，青色，赤腳，一足，不食五穀也。

【版本】張本、莊本、集解本注「鳥」作「烏」，餘本同藏本。

【箋釋】袁珂云：「畢方」當是「熚炥」一詞之音轉，神異經西荒經云：「人嘗以竹著火中，爆炥而出，膘（山猱）皆驚憚。」「爆烞」即「煇烞」也。或又作「烞煇」，蓋無非竹木燃燒時嘈雜作聲也。音轉而爲「畢方」，故淮南子云：「木生畢方。」廣雅云：「木神謂之畢方。」駢雅云：「畢方兆火鳥也。」則「畢方」者，生於竹木之火，猶今之火老鴉也。神話化遂爲神鳥畢方。○于大成云：御覽九百五十二引尸子曰「木之精氣爲畢方」，此文所本也。廣雅釋天亦云「木神謂之畢方」。山海經西次三經「章莪之山，有鳥焉，其狀如鶴，一足，赤文青質而白喙，名曰畢方。其鳴自叫也，見則其邑有譌火」，高注所本也。海外南經謂之畢方鳥。薛綜注東京賦云「畢方，老父神，如鳥，一足兩翼，常銜火在人家作怪災」，所謂常銜火，亦本西山經也，謂之老父神，則與淮南異。○雙棣按：山海經海外南經：「畢方鳥，……其爲鳥，人面，一腳。」字亦作「鳥」不作「鳥」，作「鳥」者蓋傳寫之誤。

〔一七〕【高注】土之精也。魯季子穿井，獲土缶，其中有羊也。

【版本】茅本、汪本、張本、黄本、莊本、集解本注「羊」下有「是」字，餘本同藏本。

【箋釋】劉文典云：文選思玄賦注引，「墳」作「羵」。○雙棣按：國語魯語下云：「季桓子穿井，獲土缶，其中有羊焉。使問之仲尼曰：『吾穿井而獲狗，何也？』對曰：『以丘之所聞，羊也。丘聞之……土之怪曰羵羊。』」此高注所本。

【用韻】「陽、象、方、羊」陽部。

〔一八〕【用韻】「鮮、淺」元部。

〔一九〕【版本】藏本「獨見」下無「也」字，王鎣本、朱本有，今據補，餘本同藏本。王鎣本、朱本「明」下無「達」字，餘本同藏本。

【箋釋】陶鴻慶云：「聖人之所獨見」，當作「聖人之所獨聞見」，承上「聞見鮮而識物淺也」而言，與下二句相對爲文。本篇上文云：「必有獨聞之聰，獨見之明，然後能擅道而行矣。」亦以「聞見」並舉，其明證也。

【用韻】「見、達」元月通韻。

〔二〇〕【用韻】「疑、惑」之職通韻。

〔二一〕【箋釋】陶鴻慶云：「見、聞」上皆當有「獨」字，惟其獨見，故不可布於海内；惟其獨聞，故不可明於百姓，即承上「天下之怪物，聖人之所獨聞見」而言。蓋「獨見、獨聞」之理微而難知，非世俗所能徧喻，故必託於禨祥而爲之教誡也。下文皆本此義而申説之。今本奪兩「獨」字，則文義不明。

〔二二〕【高注】機祥，吉凶。禁，戒。

【版本】景宋本、汪本、莊本、集解本正文及注「機」作「禨」，餘本同藏本。茅本、張本、莊本、集解本注「吉凶」下、「戒」下有「也」字。

〔二三〕【用韻】「姓、象」耕陽合韻。

〔二四〕【高注】大高，祖。一曰上帝。

【版本】茅本、張本、莊本、集解本注「祖」下有「也」字。

〔二五〕【用韻】「牲、藏」耕陽合韻。

〔二六〕【高注】軵，擠也，讀近茸，急察言之。

【箋釋】劉台拱云：覽冥訓「軵車奉饟」注：「軵，推也。軵讀楫拊之拊也。」説林訓「倚者易軵也」注：「軵讀軵濟之軵。」説文：「軵，反推車，令有所付也。從車從付，讀若茸。」而隴反，集韻亦作「䡆、軏」。○于省吾云：「急察」本應作「急氣」，説林篇「不發户轔」注：「轔讀似隣，急氣言乃得之也。」是其證。○何寧云：劉引覽冥篇「楫拊之拊」當作「揖付之揖」，引説林篇「軵濟之軵」當作「軵擠之軵」。

〔二七〕【箋釋】于省吾云：説林篇「不發户轔」注：「轔，户限也，楚人謂之轔。」此篇作「橉」，是「橉、轔」字通。○楊樹達云：廣益玉篇木部云：「楚人呼門限曰橉。」説林篇云：「劙靡弗釋，牛馬絶轔。」高注云：「楚人謂門切爲轔。」轔與橉同。○雙棣按：主術篇「一人蹠耒而耕」，高注：「蹠，蹈。」此蹠，義亦爲蹈。

【用韻】「肘、首」幽部。

〔二八〕【箋釋】陶鴻慶云：「不口傳」，「不」字涉上句而衍。言此皆不著於法令，聖人但口傳之也。下文云「凡此之屬，皆不可勝著於書策竹帛而藏於官府者也，故以禨祥明之」云云，即申言此義，今衍「不」字，則非其旨矣。

〔二九〕【高注】曼帛，細帛也。裘，狐之屬也，故曰貴賈之物。

【版本】藏本「非」下無「裘不」二字，王鎣本、朱本有，今據補，餘本同藏本。藏本「具」作「其」，景宋本、王鎣本、朱本、汪本、張本、黄本、莊本、集解本作「具」，今據改，餘本同藏本。

【箋釋】劉文典云：「藏」即「葬」字之或體，説文「葬」篆説解「臧也」。臧當爲藏，禮記檀弓：「葬也者，藏也。」列子楊朱篇：「及其死也，無瘞埋之資，一國之人受其施者，相與賦而藏之。」○楊樹達云：「綿」疑當作「錦」，「曼」假爲「縵」。説文云：「縵，繒無文也。」○于大成云：「裘不可以藏」上當有「葬死人」三字，與上文「葬死人者，裘不可以藏」相應。上文「世俗言曰」云云，其總目也，四事皆承上文總目，餘三句前後同，此句不當獨異。○雙棣按：葬、藏（臧）同源，「葬」源於藏（臧）。吕氏春秋節喪篇：「葬也者，藏也。」埋葬即藏匿尸體。説文無「藏」字，（新附有之，云：「藏，匿也。」）段玉裁云：「以从艸之藏爲臧匿字，始於漢末，改易經典，不可從也。」漢書禮樂志顔注：「古書懷藏之字皆作臧，漢書例爲臧耳。」古無藏字，藏匿字均作臧，劉説説文「臧」當爲「藏」，非是。又葬、藏（臧）同源義近，但非同字之異體，劉説「藏」即「葬」之或體，亦非。又按：藏本「非」下脱「裘不」二字，文義不明。此與上句「非堯能賢於野獸麋鹿也」，句法相近。今據補。

〔三〇〕【高注】資，用也。讋，忌恐。

【版本】王溥本、王鎣本、茅本、汪本、張本、吴本、黄本、莊本、集解本上「而」下有「不」字，餘本同藏本。朱本、茅本、汪本、張本、黄本、莊本、集解本注「恐」作「也」，餘本同藏本。

【箋釋】王念孫云：裘無益於死者，而足以養生，故曰「可傳於後世」。劉本作「不可傳於後世」，「不」字因上文「不可以藏」而衍。諸本與劉本同，唯道藏本無「不」字。

〔三一〕【高注】累，恐。

〔三二〕【箋釋】莊逵吉云：太平御覽引，作「不待户牖而行」，是。○王念孫與莊説同。（王謂御覽引在居處部十二。）○于大成云：上文云「枕户橉而臥者，鬼神蹠其首」，則此「履」字亦當作「蹠」。

〔三三〕【高注】虚，孔竅也。

〔三四〕【版本】王鎣本、朱本、汪本、張本、吴本、黄本、莊本、集解本「粗」作「相」，餘本同藏本。王鎣本、朱本「捔」作「通」。

【箋釋】陳昌齊云：「粗捔」當作「麤觕」。○劉台拱云：「相捔」當作「粗觕」，粗觕猶麤觕。何休注公羊傳云：「取其麤觕。」又云：「用意尚猶麤觕。」○楊樹達云：景宋本作「粗觕」，劉校似近之。然陰陽粗觕，文不成義，景宋本誤也。愚謂「相」字不誤，「捔」當作「⿱角牛」，⿱角牛即觸字。本書齊俗篇云：「獸窮則⿱角牛。」是也。「⿱角牛」書作「觕」，又誤作「捔」耳。○馬宗霍云：「捔」即「角」後起之專字。陰陽相捔，猶言陰陽相角。白虎通禮樂篇云：「角者，躍也。陽氣動躍。」又五行篇云：「角者，氣動躍也。」陰陽本主氣言，莊子齊物論：「大塊噫氣，其名爲風。」風即二氣迴薄動盪之所起也。故淮南謂風氣爲陰陽相捔也。劉台拱淮南校補謂「相捔」當作「粗觕」，猶麤觕，非是。

〔三五〕【高注】離，遭。

〔三六〕【版本】莊本、集解本「宫」作「官」，餘本同藏本。

〔三七〕【版本】王溥本、王鎣本、朱本、葉本「聲」作「申」，餘本同藏本。

〔三八〕【箋釋】何寧云：易觀彖曰：「聖人以神道設教而天下服矣。」本節即申其義。

〔三九〕【用韻】「德、已」職之通韻。

〔四〇〕【高注】崇，終也。日旦至食時爲終朝也。

〔四一〕【箋釋】雙棣按：説文：「志，意也。」此謂設機祥之本意。

〔四二〕【箋釋】雙棣按：公羊傳僖公三十一年云：「觸石而出，膚寸而合，不崇朝而徧雨乎天下者，唯太山爾。」何休注曰：「側手爲膚，案指爲寸。言其觸石理而出，無有膚寸而不合。」此謂雲氣觸石而出相聚合無膚寸之隙。膚、寸爲古長度單位，一指爲寸，四指爲膚。膚又作扶。禮記投壺「室中五扶，堂上七扶」，鄭玄注：「鋪四指曰扶，一指案寸。」孔穎達疏：「扶廣四寸。」

〔四一〕【用韻】「山、河」元歌通韻。

〔四二〕【箋釋】王念孫云：藝文類聚獸部上，太平御覽禮儀部三十四、獸部八引此，並作「故馬免人於難者，其死也葬之，以帷爲衾；牛有德於人者，其死也葬之，以大車之箱爲薦」。今本「葬之」下脱去「以帷爲衾」四字，「牛」下脱去「有德於人者」五字，「葬」下脱去「之」字，「大車」下脱去「之箱」二字，當補入。○劉文典云：意林引此文，作「馬免人於難者，死葬之以大車」。○于大成云：王校是也。禮檀弓下引孔子曰：「敝帷不棄，爲埋馬也。」漢陳湯傳曰：「夫犬馬有勞於人，尚加帷蓋之報。」並可證「葬之」下有奪文。

〔四三〕【高注】襲，亦重累。

【用韻】「人、恩」真部。

〔四四〕【高注】炎帝，神農。以火德王天下，死託祀於竈神。

【版本】王溥本、王鎣本、茅本、汪本、葉本、張本、吴本、黄本、莊本「死而」作「而死」，景宋本、朱本、集解本同藏本。

【箋釋】王念孫云：「炎帝於火」，本作「炎帝作火」。「於」字或書作「扵」，形與「作」相似而誤。太平御覽火部二引此作「於」，亦後人依誤本改之，其居處部十四引此，正作「作」。史記孝武紀索隱、藝文類聚火部、廣韻竈字注引此，並作「作」。○王瀣云：韻會引淮南子作「炎帝作火，而死爲竈神」，黄在軒所見，必古本也。○于大成云：御覽一百八十六引此作「黄帝作竈，死爲竈神」。（天中記十五引同。）事物紀原八、野客叢書二十引作「炎帝王於火，死而爲竈」。考續事始云：「竈，黄帝置。」則御覽百八十六引作「黄帝作竈」者不誤。今高注云「炎帝以火德王天下」，不言作「火」。且兵略篇云：「炎帝爲火災，故黄帝擒之。」更不得以作火託祀於竈神也。且鑽木取火，始燧人氏，見於含文嘉，高氏不容不知，今乃唫口不言，知其所據本不作「作火」也。

疑此文許、高二本文異。高本當如事物紀原、野客叢書引，作「炎帝王於火」。左氏昭十七年郯子稱「炎帝氏以火紀，故爲火師而火名」是也。史記索隱引作「炎帝作火官」，「作火官」與「王於火」亦相因。御覽百八十六引作「黄帝作竈」者，則許本矣。至藝文類聚、廣韻、韻會引作「炎帝作火」，乃二本相亂所致。御覽八百六十九（火部二。）引作「炎帝於火」，（廣博物志十四、萬卷精華十四引同。）「於」上奪「王」字。王氏於許、高之異大不憭，所校未是。

〔四五〕【高注】勞力天下，謂治水之功也。託祀於后土之神。

【版本】藏本「死」下脱「而」字，集解本不脱，今據補，王溥本、王鎣本、朱本、茅本、葉本、汪本、張本、吴本、黄本、莊本「而」在「死」字上，景宋本同藏本。藏本注「天下」在「謂」字下，茅本、汪本、莊本、集解本在「謂」字上，今據乙正，景宋本、王溥本、朱本、葉本同藏本。茅本、莊本注無「力」字。

【箋釋】王念孫云：「禹勞天下」，「勞」下本有「力」字，故高注曰：「勞力天下，謂治水之功也。」（道藏本、劉本皆如是，各本無「力」字者，據已脱之正文，删未脱之注文耳，莊刻從各本删「力」字，非是。高注脩務篇亦云「禹勞力天下，不避風雨」。）今本無「力」字者，後人誤以爲衍文而删之耳。古者謂勤爲力，（大雅烝民箋「力，猶勤也」。）勞力天下，猶言勤勞天下。泰族篇曰「夙興夜寐而勞力之」是也。倒言之則曰「力勞」，主術篇曰「民貧苦而忿争，事力勞而無功」是也。藝文類聚禮部中引此無「力」字，亦後人依誤本删之。太平御覽禮儀部十一引正文注文，並作「勞力」。論衡祭意「或曰炎帝作火，死而爲竈；禹勞力天下，死而爲社」，所引即淮南之文。○雙棣按：注「託」上當有「死」字。

【用韻】「下、社」魚部。

〔四六〕【高注】稷，周弃也。

【版本】藏本「死而」作「而死」，集解本作「死而」，今據改，各本同藏本。

【箋釋】王念孫云：后稷作稼穡，「后稷」本作「周棄」，此亦後人以意改之也。昭二十八年左傳曰：「周棄亦爲稷，自商以來祀之。」魯語曰：「夏之興也，周棄繼之，故祀以爲稷。」此皆淮南所本。藝文類聚禮部中、太平御覽禮儀部十一引此，並作「周棄」。高注當云：「周棄，后稷也。」今本云「稷，周棄也」，此亦後人所改。○于大成云：御覽引無「稷，周弃也」之注，引注作「種曰稼，歛曰穡，死託於祀稷官之神」，「於祀」二字誤倒。依王氏校，高此注當云：「周棄，后稷也。種曰稼，歛曰穡。死託祀於稷官之神。」

【用韻】「穡、稷」職部。

〔四七〕【高注】羿，古之諸侯，河伯溺殺人，羿射其左目。風伯壞人屋室，羿射中其膝。又誅九嬰、窫窳之屬，有功於天下，故死託祀於宗布。祭田爲宗布，謂出也。一曰今人室中所祀之宗布是也。或曰司命傍布也。此堯時羿，非有窮后羿。

【版本】王溥本、王鎣本、茅本、汪本、葉本、張本、吳本、黄本、莊本「死而」作「而死」，景宋本、朱本、集解本同藏本。藏本注「託」下脱「祀」字，景宋本、莊本、集解本不脱，今據補，茅本、汪本、張本、黄本「祀」在「於」字下，餘本同藏本。

【箋釋】孫詒讓云：此注譌挩不可通。以意求之，「祭田爲宗布，謂出也」，當作「祭星爲布，宗布謂此也」。爾雅釋天云：「祭星曰布。」即高所本。（今本「星」譌「田」，「此」譌「出」，又挩一「布」字。）但高釋宗布三義，並肊説，難信。竊疑即周禮黨正之「祭禜」，族師之「祭酺」。鄭注云：「禜，謂雩禜，水旱之神。」「酺者，爲人物烖害之神也。」（禜、宗，酺、布，聲近字通。禮記祭法「雩禜」，禜亦作宗。）禜、酺並禳除烖害之祭，羿能除害，故託祀於彼，義亦正相應也。

北楚有任俠者，其子孫數諫而止之，不聽也。縣有賊，大搜其廬，事果發覺〔一〕，夜驚而走，追，道及之。其所施德者皆爲之戰，得免而遂反〔二〕，語其子曰：「汝數止吾爲俠，今有難，果賴而免身。而諫我，不可用也〔三〕。」知所以免於難〔四〕，而不知所以無難，論事如此，豈不惑哉〔五〕！

宋人有嫁子者〔六〕，告其子曰：「嫁未必成也〔七〕，有如出，不可不私藏〔八〕。私藏而富，其於以復嫁易。」其子聽父之計，竊而藏之。君公知其盜也，逐而去之〔九〕。其父不自非也，而反得其計。知爲出藏財，而不知藏財所以出也。爲論如此，豈不勃哉〔一〇〕！

今夫僦載者，救一車之任〔一一〕，極一牛之力，爲軸之折也，有加轅軸其上以爲造，不知軸轅之趣軸折也〔一二〕。楚王之佩玦而逐菟，爲走而破其玦也，因佩兩玦以爲之豫，兩玦相觸，破乃逾疾〔一三〕。亂國之治，有似於此〔一四〕。

夫鴟目大而眎不若鼠〔一五〕，蚈足衆而走不若蛇〔一六〕，物固有大不若小，衆不若少者〔一七〕。及至夫彊之弱，弱之彊，危之安，存之亡也，非聖人，孰能觀之〔一八〕！大小尊卑，未足以論也，唯道之在者爲貴。何以明之？天子處於郊亭，則九卿趨，大夫走，坐者伏，倚者齊。當此之時，明堂太廟，縣冠解劍，緩帶而寢〔一九〕，非郊亭大而廟堂狹小也，至尊居之也。天道之貴也〔二〇〕，非特天子之爲尊也，所在而衆仰之。夫蟄蟲鵲巢，皆嚮天一者，至和在焉爾〔二一〕。帝者誠能包稟道，合至和，則禽獸草木莫不被其澤矣，而況兆民乎！

校釋

〔一〕【箋釋】雙棣按：「發覺」一詞，蓋漢代産生之新詞，先秦古籍中所無有。史記高祖本紀：「趙相貫高等事發覺，夷三族。」漢書五行志：「淮南王長謀反發覺，遷，道死。」發覺，即被察覺、敗露。

〔二〕【用韻】「戰、反」元部。

〔三〕【箋釋】雙棣按：而，汝也。藝文類聚人部十七引作「汝」。

〔四〕【版本】藏本「所以」在「知」字上，景宋本、王溥本、茅本、汪本、張本、吴本、黄本、莊本、集解本在「知」字下，今據乙正，餘本同藏本。

〔五〕【版本】景宋本「惑」作「或」。

〔六〕【箋釋】劉文典云：韓非子説林篇「宋」作「衛」。○雙棣按：事又見呂氏春秋遇合篇。

〔七〕【箋釋】雙棣按：韓非子説林上：「爲人婦而出，常也；其成居，幸也。」王先慎曰：「書益稷鄭注：『成，猶終也。』國語周語：『成，德之終也。』終與同室未可必也。」陳奇猷云：「淮南説山訓云：『因媒而嫁，而不因媒而成。』謂不因嫁而終老。此成有終義之證。」王、陳説是，此「成」亦終也。

〔八〕【用韻】「成、藏」耕陽合韻。

〔九〕【版本】王鎣本、汪本、張本、吴本、黄本、莊本、集解本「君公」作「若公」，餘本同藏本。藏本「知」作「之」，各本皆作「知」，今據改。

【箋釋】雙棣按：爾雅釋親云：「婦稱夫之父曰舅，稱夫之母曰姑，姑舅在，則曰君舅、君姑。」釋名釋親屬云：「俗或謂舅曰章，又曰伀。」段玉裁説文「伀」字注曰：「與公同義，其音當同。」字又作「妐」。呂氏春秋遇合作「姑妐」。爾雅釋親釋文云：「妐音鍾，一本作公。」則公、伀、妐同。此「君公」即婦呼夫之父之稱。作「若公」者非是，「若」即「君」字形近之誤。

〔一〇〕【用韻】「出、勃」物部。

〔一一〕【箋釋】劉台拱云：「救」當作「致」。○馬宗霍云：「救一車之任」，劉台拱謂「救」當作「致」，余謂「救」與「逑」通。説文辵部云：「逑，斂聚也。虞書曰：『旁逑孱功。』」人部「僝」下引虞書又作「旁救僝功」，即「救」通「捄」之證。敦煌唐寫本尚書釋文殘卷堯典篇亦作「救」，云：「音鳩，聚也。」然則「救一車之任」，猶言斂聚一車所能任載之物也。劉校未可從。○雙棣按：廣雅釋言：「僦，賃也。」説文新附：「僦，賃也。」漢書王莽傳中「皆輕則僦載煩費」，顏師古注：「一曰賃也。」又鄭當時傳顏師古注曰：「僦謂受顧賃而載運也。」僦爲賃，則救字當與下文「極一牛之力」之「極」字爲同義對文，劉説當作「致」，則「致」亦極盡之義。禮記文王世子「合德音之致」，孔穎達疏：「致謂至極也。」劉説當是。

〔二三〕【版本】藏本「加」作「如」，王鎣本、汪本、張本、吳本、黄本作「加」，今據改，餘本同藏本。

【箋釋】劉台拱云：「造」讀曰「簉」，副也。左昭十一年「薳氏之簉」，釋文作「⿱艹造」。初又反，附正義者作「造」。○于鬯云：「有」讀爲「又」。○吳汝綸云：「如」疑當爲「加」。○馬宗霍云：「有如轅軸其上以爲造」，「如」字義不可説。漢魏叢書本、崇文局本「如」並作「加」。二字形近，作「加」是也。「有」字當讀爲「又」。「造」字劉台拱所謂「附正義者作造」，指左傳注疏本所附釋文而言。要可爲「造」通作「簉」之證。文選張衡西京賦「屬車之簉」，薛綜注云：「簉，副也。」彼正説車，尤可以證本文。説文無「簉」，艸部有「⿱艹造」，訓艸皃，亦非此義。古蓋假「造」爲之耳。此蓋言僦載者恐車軸之折，又加一轅軸於車上以爲副貳，欲以備之，而不知反增其重適以趣軸之折也。下文云：「楚王之佩玦而逐菟，爲走而破其玦也，因佩兩玦以爲之豫。」本文「造」字與下文「豫」字相對爲義。○楊樹達與上諸説同。○蔣禮鴻云：此有誤衍。原文當云：「爲軸之折也，有加轅軸上以爲造，不知轅之趣軸折也。」「有」讀曰「又」，「造」讀曰「簉」，輔貳之意。○于大成云：「轅軸」、「軸轅」，兩「軸」字並衍文。爲軸之折也，又加轅其上以爲之副，而不知轅之趣軸折也，文義如此，集證本删去兩「軸」字是也。

〔一三〕【用韻】「折、玦」月部，「菟、豫」魚部，「觸、疾」屋質合韻。

〔一四〕【用韻】「治、此」之脂合韻。

〔一五〕【版本】藏本「眎」作「睡」，王鎣本、朱本、汪本、張本、吴本、黄本、莊本、集解本作「眎」，今據改，餘本同藏本。

【箋釋】雙棣按：説文云：「眎，古文視。」藏本「睡」字乃「眎」字形近之誤。

〔一六〕【用韻】「鼠、蛇」魚歌合韻。

〔一七〕【用韻】「小、少」宵部。

〔一八〕【用韻】「彊、亡」陽部，「人、觀」真元合韻。

〔一九〕【用韻】「劍、寢」談侵合韻。

〔二〇〕【箋釋】陶鴻慶云：「天道之貴也」，「天」當爲「夫」字之誤。上文云：「大小尊卑，未足以論也，唯道之在者爲貴。」此文即與相承。今本作「天道」，涉上下文而誤。

〔二一〕【箋釋】劉家立云：「蟄蟲」當作「蟄户」，天一方位向陽，故蟄鵲皆向陽坯户架巢也。作「蟄蟲」則義不可通矣。此傳寫之誤。○楊樹達云：「天一」疑當作「太一」。○于大成云：天文篇云「太陰所建，蟄蟲首穴而處，鵲巢鄉而爲户」，與此文義同，安見作「蟄蟲」則義不可通耶！

淮南子校釋卷第十四

詮言訓〔一〕

洞同天地，渾沌爲樸，未造而成物，謂之太一〔二〕。同出於一，所爲各異，有鳥有魚有獸，謂之分物〔三〕。方以類別，物以羣分，性命不同，皆形於有。隔而不通，分而爲萬物，莫能及宗〔四〕。故動而爲之生，死而謂之窮〔五〕。皆爲物矣，非不物而物物者也〔六〕，物物者亡乎萬物之中〔七〕。

稽古太初，人生於無〔八〕，形於有，有形而制於物〔九〕。能反其所生，若未有形，謂之真人〔一〇〕。真人者，未始分於太一者也〔一一〕。聖人不以名尸〔一二〕，不爲謀府，不爲事任，不爲智主〔一三〕。藏無形，行無迹，遊無朕〔一四〕。不爲福先，不爲禍始。保於虛無，動於不得已〔一五〕。欲福者或爲禍，欲利者或離害〔一六〕，故無爲而寧者，失其所以寧則危；無事而治者，失其所以治則亂〔一七〕。星列於天而明，故人指之；義列於德而見，故人視之〔一八〕。人之所指，動則有章；人之所視，行則有迹。動有章則詞，行有迹則議〔一九〕，故聖人揜明於不形，藏迹於無爲〔二〇〕。

王子慶忌死於劍〔二一〕，羿死於桃棓〔二二〕，子路葅於衛，蘇秦死於口〔二三〕。人莫不貴其所有而賤其所短〔二四〕，然而皆溺其所貴而極其所賤〔二五〕。所貴者有形，所賤者無朕也。故虎豹之彊來射，蝯狖之捷來措〔二六〕。人能貴其所賤，賤其所貴，可與言至論矣〔二七〕。

校釋

〔一〕【許注】詮，就也。就萬物之指以言其徵，事之所謂，道之所依也。

【版本】茅本、汪本、莊本、集解本注「依也」下有「故曰詮言」四字，餘本同藏本。

【箋釋】于省吾云：玄應一切經音義十引淮南子云：「詮言者，所以譬類人事，與相解喻也。」較訓詮爲就，於義爲長。當是許、高二注之異。○于大成云：要略篇述立篇之恉云「詮言者，所以譬類人事之指，解喻治亂之體也。差擇微言之眇，詮以至理之文，而補縫過失之闕者也」，玄應所引，即是此文。于氏疑爲高注，非。一切經音義二十三亦引之，（相上無與字。）並引說文「詮，具也」，下文引申之曰「具說事理曰詮」，亦較訓「詮」爲「就」，於義爲長。依淮南王自序，此「詮」字乃詮釋之義。

〔二〕【許注】太一，元神總萬物者。

【箋釋】于大成云：禮記禮運曰「夫禮必本於太一，分而爲天地，轉而爲陰陽，變而爲四時，列而爲鬼神」，正義「太一者，謂天地未分，混沌之元氣也。極大曰太，未分曰一，其氣既極大而未分，故曰太一也」。許氏注淮南此文云「太一，原神總萬物者也」，未若孔氏之義顯白。○雙棣按：「洞同」與「洞洞」同。天文篇「洞洞灟灟」，高注：「洞灟，無形之貌。」此洞同亦無形之貌。又「太一」者，吕氏春秋大樂篇云：「道也者，至精也，不可爲形，不可爲名，彊爲之，謂之太一。」「萬物所出，造於太一，化於陰陽。」「太一出兩儀，兩儀出陰陽。」據此，則「太一」者，萬物造化之始，亦即淮南所謂「一」或「道」也。

【用韻】「物、一」物質合韻。

〔三〕【箋釋】劉家立云：有鳥、有魚、有獸，謂之分物，獨無「有蟲」二字，乃脱文也。蟲、魚、鳥、獸，皆爲方物，無此二字，則備物不全；且蟲、魚、鳥、獸，固文中所常用，而無單言魚、鳥、獸也。謂之分物，「分」乃「方」字之誤。下文「方以類聚，物以羣分」，則爲「方」字明矣。作「分」者，乃涉下文而誤也。

【用韻】「一、異、物」質職物合韻。

〔四〕【許注】謂及己之性宗，同於洞同。

【箋釋】王念孫云：正文及注，「及」皆當爲「反」，字之誤也。宗者，本也。言莫能反其本也。下文云「能反其所生」，即反宗之謂，故高注曰「反己之性宗」也。説山篇曰「吾將反吾宗矣」，又曰

「牆之壞，愈其立也；冰之泮，愈其凝也，以其反宗」，高注並云：「宗，本也。」是其證。「分而爲萬物」，文選演連珠注引，作「分爲萬殊」。案：上文既云「物以羣分」，此無庸復言分爲萬物，疑作「萬殊」者是也。今本「殊」作「物」，蓋涉下文「萬物」而誤。○陳昌齊謂「及」當作「反」，與王説同。○馬宗霍云：「分而爲萬物」，疑本作「分而爲萬」，與上句「隔而不通」相對，皆四字爲句。「物」字蓋涉下文誤衍。演連珠注引作「分爲萬殊」者，陸機原文爲「不觀萬殊之妙」，李善因釋彼「萬殊」，故改易此文以就之耳。李注引書多此例。此文「物」爲衍字，未必是「殊」字之誤也。

〔五〕【版本】王溥本、王鎣本、朱本、汪本、張本、吴本、黄本、莊本、集解本「爲」作「謂」，餘本同藏本。景宋本、茅本「謂」作「爲」，餘本同藏本。

【箋釋】雙棣按：「爲、謂」字通。

〔六〕【許注】不物之物，恍惚虛無。

【版本】茅本、汪本、張本、黄本、莊本、集解本此注在下文「萬物之中」下，餘本同藏本。

〔七〕【許注】物物者，造萬物者也。此不在萬物之中也。

【箋釋】王念孫云：莊本改「亡」爲「存」，正與此義相反。○楊樹達云：今莊本作「亡」，不作「存」。豈王氏偶誤邪！抑後莊氏改訂邪？○何寧云：尋此文之義，蓋謂動而謂之生，死而謂之窮，皆萬物自身規律使然，非有不物者而物物也。注以爲恍惚虛無則可，謂此不在萬物之中，恐非本文「亡」字之義。亡，謂其在萬物之中而非萬物也。作「存」字亦可通，自身規律故曰

「存」，義無逆反，竊謂存字於義爲長。

〔八〕【用韻】「宗、窮、中」冬部。

【箋釋】莊逵吉云：太平御覽此下有注云：「當太初天地之始，人生於無形。無形生有形也。」

〔九〕【用韻】「初、無」魚部。

【箋釋】莊逵吉云：太平御覽此下有注云：「爲物所制。」○于大成云：御覽一引「形於有」作「成形於有」。

〔一〇〕【用韻】「生、形、人」耕真合韻。

〔一一〕【用韻】「人、一」真質通韻。

〔一二〕【許注】尸，主。

【版本】王溥本、王鎣本、朱本、張本、黄本、集解本「以」作「爲」，餘本同藏本。

【箋釋】何寧云：玉篇「以，爲也」，今本作「爲」，蓋莊伯鴻據莊子所改。○雙棣按：「爲」字，明王溥本已然，非莊氏所改，何氏未見乎？

〔一三〕【用韻】「府、主」侯部。

〔一四〕【許注】朕，兆。

【箋釋】陶方琦云：唐本玉篇引許注：「朕，兆也。」與今注正同。○何寧云：莊子應帝王篇：「无爲名尸，无爲謀府，无爲事任，无爲知主。體盡无窮，而遊无朕。」此淮南所本。又唐本玉篇舟部引「行無迹，遊無朕。」許注：「朕，兆也」，與此合。

〔一五〕【用韻】「始、已」之部。

〔一六〕【箋釋】于大成云：「離」讀爲「罹」，遭也。

【用韻】「禍、害」歌月通韻。

〔一七〕【箋釋】何寧云：無爲而寧者，無爲而治者，衍兩「無」字。此承上文「欲福者或爲禍，欲利者或離害」言之。欲福者，爲以求寧，欲利者，事以求治，皆有所待者也。故曰「失其所以寧則危」，「失其所以治則亂」也。若作「無爲而寧」，「無事而治」，則無所待，惡得而云「失其所以寧」、「失其所以治」乎？文子符言篇纘義本作「故求爲寧者，失其所寧即危；求爲治者，失其所治則亂」，是其明證。

【用韻】「危、亂」歌元通韻。

〔一八〕【用韻】「指、視」脂部。

〔一九〕【箋釋】王引之云：「訶」當爲「訶」。凡隸書可字之在旁者，或作可。故「訶」字或作「訶」，形與「詞」形似，因誤爲「詞」。訶謂相譏訶也。動有章則人訶之，行有迹則人議之也。説林篇曰：「有爲則議，多事固苛。」高注曰：「蘇秦爲多事之人，故見議見苛也。」「苛」與「訶」同。議字古讀若俄。（小雅北山篇「或出入風議」，與爲爲韻，爲讀若譌。淮南俶真篇「立而不議」，與和爲韻。史記太史公自序「王人是議」，與禾爲韻。）故此及説林篇皆以「訶、議」爲韻，若作「詞」，則失其韻矣。○陳昌齊與王説同。

〔二〇〕【版本】藏本「形」作「刑」，除葉本同藏本外，各本均作「形」，今據改。

【用韻】「議、爲」歌部。

〔二一〕【許注】王子慶忌者，吴王僚之弟子。闔閭弑僚，慶忌勇健，亡在鄭。闔閭畏之，使要離刺慶忌也。

【箋釋】雙棣按：吕氏春秋忠廉篇載要離刺慶忌事，然未言慶忌之死，僅記慶忌三捽要離，投之於江。又忠廉篇高誘注云：「慶忌者，僚之子也。」本書説林篇高注亦云：「慶忌，吴王僚之子也。」此注謂「吴王僚之弟子」，「弟」字恐爲衍文。

〔二二〕【許注】棓，大杖，以桃木爲之，以擊殺羿。猶是已來，鬼畏桃也。

【版本】茅本、汪本、莊本、集解本注「猶」作「由」，「已」作「以」，景宋本、王溥本、朱本、葉本同藏本。

【箋釋】陶方琦云：御覽三百五十七引許注：「棓，大杖，以桃木爲之，擊殺羿。是以鬼畏桃也。」按：御覽引許注與今注正同。説文：「棓，棁也。」謂大杖也。依玄應引補入。通俗文：「大杖曰棓。」開元占經中官占引石氏曰：「天棓五星，天之武備。棓者，大杖，所以打賊也。」説山訓「羿死桃部不給射」，高注：「桃部，地名。」與許説正異。（顧氏日知録謂「淮南於詮言訓作大杖解，於説山訓作地名解，一人注書而前後若此」。琦按：此正許注八篇，高注十三篇之分，顧氏蓋未之知也。)又：大藏音義四十一、八十四、九十七引許注：「棓，大杖也。」○于鬯云：羿善射，故死於射，與上文言「王子慶忌死於劍」，下文云「蘇秦死於口」，同義例。然則桃棓當是弓名。高注「棓，大杖」，似未確。考工輪人記「部廣」，鄭注引司農云：「部，蓋斗也。」賈釋云：「蓋之斗，四面鑿孔内蓋弓者，於上部高隆穹然，謂之爲部。」朱駿聲説文通訓云：「部，假借爲棓。蓋弓象五指棓物之形，故謂之棓。」案：棓、部、棓皆諧音聲，據朱所釋，部不但是蓋斗之名，實兼蓋弓而言。弓之號桃棓，儻亦如蓋弓之號部與？説山訓「羿死桃部」，彼注又以桃部爲地名，則以下句「子路菹於衛」比例，却較比大杖之説爲可備。或云：彼高注，此許注也。

〔三〕【許注】蘇秦好説，爲齊所殺。

【箋釋】楊樹達云：上文云「王子慶忌死於劍，羿死於桃棓」，皆舉所以死之器爲言，此云「子路菹於衛，蘇秦死於口」，一言其死之所在，一言其致死之因，爲文不類。疑「口」爲「齊」之誤也。下文云「蘇秦善説而亡身」，注云：「蘇秦死於齊也。」蓋許於此用彼文爲釋，而彼文則用此文爲釋也。○何寧云：楊謂「口」當爲「齊」，非是。此言「聖人揜明於無形，藏迹於無爲」，「虎豹之彊來射，蝯狖之捷來措」。曰「死於劍」、「死於桃棓」、「菹於衛」、「死於口」，皆明其不得其死，以反承「揜明於不形，藏迹於無爲」。若作「死於齊」，以死之所在與上句衛字爲類，則不足以明蘇秦不得其死，與上三句皆不類，亦文不相承矣。且注云「蘇秦好説」，正釋「口」字。下文云「蘇秦善説而亡身」，亦謂死於口，文義正同。彼注云「蘇秦死於齊也」，猶此注「爲齊所殺」，非此「口」當爲「齊」，而用此文爲釋也。

【用韻】「棓、口」侯部。

〔二四〕【箋釋】王念孫云：貴與賤相反，長與短相反，若「有」與「短」，則非相反之名。「有」當爲「脩」，字之誤也。（隸書「脩」字或作「㣌」，因殘缺而爲「有」字。）脩，長也。言人皆貴其所長，而賤其所短也。淮南王避父諱，故不言長而言脩。

〔二五〕【用韻】「短、賤」元部。

〔二六〕【箋釋】雙棣按：繆稱篇、説林篇「虎豹之彊來射」並作「虎豹之文來射」。繆稱篇許注：「措，刺也。」

【用韻】「射、措」鐸部。

〔二七〕【用韻】「賤、論」元文合韻。

自信者不可以誹譽遷也，知足者不可以勢利誘也。故通性之情者，不務性之所無以爲〔一〕；通命之情者，不憂命之所無柰何；通於道者，物莫不足滑其調〔二〕。詹何曰：「未嘗聞身治而國亂者也；未嘗聞身亂而國治者也。」矩不正，不可以爲方；規不正，不可以爲員〔三〕。身者，事之規矩也。未聞枉己而能正人者也。

原天命，治心術，理好憎，適情性〔四〕，則治道通矣。原天命則不惑禍福，治心術則不妄喜怒〔五〕，理好憎則不貪無用，適情性則欲不過節。不惑禍福則動静循理〔六〕，不妄喜怒則賞罰不阿〔七〕，不貪無用則不以欲害性〔八〕，欲不過節則養性知足〔九〕。凡此四者，弗求於外，弗假於人，反己而得矣。

天下不可以智爲也，不可以慧識也，不可以事治也，不可以仁附也，不可以强勝也〔一〇〕。五者皆人才也，德不盛，不能成一焉。德立則五無殆，五見則德無位矣〔一一〕。故得道則愚者有餘，失道則智者不足。度水而無游數，雖强必沉；有游數，雖羸必遂〔一二〕。又況託於舟航之上乎？

校釋

〔一〕【許注】人性之無以爲者，不務也。

〔二〕【箋釋】王念孫云：「物莫不足滑其調」，當作「物莫足滑其和」。滑，亂也。（見原道、俶真、精神三篇注，及周語、晉語注。）言通於道者，物莫能亂其天和也。今本「莫」下衍「不」字，（因上文兩「不」字而衍。）「和」字又誤作「調」。原道篇曰「不以欲滑和」，俶真篇曰「不足以滑其和」，精神篇曰「何足以滑和」，莊子德充符篇曰「不足以滑和」，諸書皆言「滑和」，無言「滑調」者。且「和」與「爲、何」爲韻，（爲古讀若譌，説見唐韻正。）若作「調」，則失其韻矣。兵略篇、泰族篇亦有數「和」字誤作「調」，詳各篇。○雙棣按：王説是。用韻依王説。

【用韻】「爲、何、和」歌部。

〔三〕【版本】王溥本、王鎣本、吴本「員」作「圓」，餘本同藏本。

〔四〕【用韻】「命、憎、性」耕蒸合韻。

〔五〕【用韻】「福、怒」職魚合韻。

〔六〕【用韻】「福、理」職之通韻。

〔七〕【用韻】「怒、阿」魚歌合韻。

〔八〕【版本】藏本「欲」下有「用」字，王溥本、王鎣本無「用」字，今據删，朱本「用」作「而」，餘本同藏本。

【箋釋】王念孫云：劉本無下「用」字，是也。此因上「用」字而衍。○俞樾云：下「用」字衍文。文子符言篇作「不貪無用即不以欲害性」，是其證。

【用韻】「用、性」東耕合韻。

〔九〕【版本】王溥本、王鎣本、朱本「性」作「生」，餘本同藏本。

【用韻】「節、足」質屋合韻。

〔一〇〕【用韻】「識、治、勝」職之蒸通韻。

〔一一〕【許注】五事皆見，而德無所立位。

〔一二〕【版本】王溥本、王鎣本、朱本、葉本、汪本、張本、吴本、黄本、莊本、集解本「度」作「渡」，景宋本、茅本同藏本。

【箋釋】馬宗霍云：廣雅釋言：「數，術也。」莊子天道篇「有數存焉」陸德明釋文引李頤注，又荀子勸學篇「其數則始乎誦經」楊倞注，又呂氏春秋決勝篇「知先後遠近縱舍之數」高誘注，並云：「數，術也。」其在本書，原道篇「貴其周於數」注，主術篇「必不可之數也」注，氾論篇「則失賢之數也」注，亦皆訓數爲術。由術義廣之則又爲「技」，孟子告子篇上「今夫弈之爲數」，趙岐注云：「數，技也。」是也。本文游數之數，亦謂技術。「渡水而無游數」者，言渡水而無游泳之技術也。列子黄帝篇「善游者數能」，殷敬順釋文曰：「數，色據反，術也。」彼文正可以證此。

爲治之本，務在於安民；安民之本，在於足用；足用之本，在於勿奪時；勿奪時之本，在於省事；省事之本，在於節欲；節欲之本，在於反性；反性之本，在於去載〔一〕。去載則虛，虛則平〔二〕。平者，道之素也；虛者，道之舍也〔三〕。

能有天下者，必不失其國；能有其國者，必不喪其家〔四〕；能治其家者，必不遺其身；能修其身者，必不忘其心；能原其心者，必不虧其性；能全其性者，必不惑於道。故廣成子曰：「慎守而內，周閉而外〔五〕，多知爲敗〔六〕。毋視毋聽，抱神以靜，形將自正〔七〕。」不得之己而能知彼者，未之有也。故易曰：「括囊，無咎無譽〔八〕。」

能成霸王者，必得勝者也；能勝敵者，必强者也；能强者，必用人力者也；能用人力者，必得人心也〔九〕；能得人心者，必自得者也；能自得者，必柔弱也〔一〇〕。强勝不若己者，至於與同則格〔一一〕。柔勝出於己者，其力不可度〔一二〕。故能以衆不勝成大勝者，唯聖人能之〔一三〕。

校釋

〔一〕【許注】去浮華載於亡者也。

【箋釋】李哲明云：去載者，去飾也。兵略篇「載以銀錫」，注：「載，飾也。」義同。〇吴汝綸云：爾雅：「載，僞也。」〇馬宗霍云：周禮春官大宗伯「大賓客則攝而載果」，鄭注：「載，爲也。」本文「去載」之「載」，疑當取義於「爲」，言反性之本在於去爲也。爲即作爲，無所作爲，任其自然斯虚矣。故下文又承之曰「去載則虚」也。許注「去浮華載於亡」，「亡」字義不可通。「亡」與「心」形近，疑爲「心」字傳寫之譌。許君蓋以「載」爲任載之義。心無所載則虚，與下文亦相應。原心所以反性，又與下文「能原其心者必不虧其性」互照。

〔二〕【用韻】「時、事、載」之部。

〔三〕【用韻】「性、平」耕部。

〔四〕【用韻】「素、舍」魚部。

〔五〕【用韻】「下、國、國、家」魚職合韻。

〔五〕【許注】廣成子，黄帝時人也。

【箋釋】馬宗霍云：兩「而」字指事代詞，與「爾汝」之「爾」同。○陳直云：西漢方士好言廣成子，如新疆發現王莽時絲帛，上繡有「新神靈廣成子壽萬年」是也。

〔六〕【用韻】「内、外、敗」物月合韻。

〔七〕【箋釋】于大成云：此莊子在宥篇載廣成子答黄帝問治身之言，故許注云「廣成子，黄帝時人也」。神仙傳亦載之。

【用韻】「聽、静、正」耕部。

〔八〕【箋釋】雙棣按：此引易見坤卦。

【用韻】「囊、譽」陽魚通韻。

〔九〕【箋釋】楊樹達云：劉家立集證本「心」下有「者」字，與下文例合，是也。○雙棣按：文子符言篇亦有「者」字。泰族篇「能用人力者，必得人心者也」，亦有「者」字。

〔一〇〕【箋釋】劉家立云：上文「能勝敵者必强者也」，此亦應作「能自得者必柔者也」，方爲一律。今作「柔弱」者，蓋後人習見「柔弱」字，因而致誤也。下文「强勝不若己者，柔勝出於己者」，無「弱」字，亦其證。

〔一一〕【許注】言人力能與己力一也，己以强加之，則戰格也。

【版本】景宋本、茅本、汪本、張本、黄本、莊本、集解本注「一」作「同」，餘本同藏本。

〔一二〕【用韻】「格、度」鐸部。

〔一三〕【箋釋】雙棣按：此本於莊子秋水篇。

【用韻】「勝、能」蒸之通韻。

善游者不學刺舟而便用之，勁筋者不學騎馬而便居之，輕天下者，身不累於物，故能處之〔一〕。泰王亶父處邠，狄人攻之，事之以皮幣珠玉而不聽，乃謝耆老而徙岐周，百姓携幼扶老而從之〔二〕，遂成國焉。推此意，四世而有天下，不亦宜乎〔三〕！無以天下爲者，必能治天下者。

霜雪雨露，生殺萬物，天無爲焉，猶之貴天也〔四〕。厭文搔法〔五〕，治官理民者，有司也，君無事焉，猶尊君也〔六〕。辟地墾草者，后稷也；決河濬江者，禹也〔七〕；聽獄制中者，皋陶也〔八〕；有聖名者，堯也〔九〕。故得道以御者，身雖無能，必使能者爲己用。不得其道，伎藝雖多，未有益也〔一〇〕。方船濟乎江，有虛船從一方來〔一一〕，觸而覆之，雖有忮心，必無怨色〔一二〕。有一人在其中，一謂張之，一謂歙之〔一三〕，再三呼而不應，必以醜聲隨其後。嚮不怒而今怒，嚮虛而今實也〔一四〕。人能虛己以遊於世，孰能訾之？

校釋

〔一〕【用韻】「居、處」魚部。

〔二〕【用韻】「攻、聽、從」東耕合韻。

〔三〕【許注】四世，太王、王季、文王、武王。

〔四〕【箋釋】雙棣按：「之」字疑衍。下文「君無事焉，猶尊君也」，與此相類，亦無「之」字。或謂韓詩外傳「尊君」上亦有「之」字，與「猶之貴天也」同一例。

〔五〕【許注】厭，持也。搔，勞也。

【箋釋】李哲明云：厭即壓，與搔對文。説文：「壓，一指按也。」按同案，據也。據謂杖持，故此注徑云持也。説文：「搔，括也。」括有總括之義，勞而後理，故訓搔爲勞。言有司案據文書，挈括法度，以勤其事也。○楊樹達云：李説厭爲案據，是也。搔，許釋爲勞，勞法文義難通。李釋搔爲括，説亦牽强。愚謂「搔」當讀爲「操」。説文云：「操，把持也。」廣雅釋詁云：「操，持也。」搔法即操法。韓詩外傳作執法，執亦持也。蓋「搔、操」二字音近，故多通作。禮記雜記篇云：「緦冠繰纓」，「繰纓」，荀子正論篇作「慅嬰」。淮南之假搔爲操，猶荀子之以慅爲繰矣。又按左傳鄢陵，氾論篇作陰陵，假覃部字爲寒部字，疑此文亦假添部之「厭」字爲寒部之「按」字也。○于省吾亦謂「搔」通「操」，持也。又云：注訓厭爲持者，儀禮鄉射禮「賓厭衆賓」注：「引手曰厭。」是其證。○馬宗霍云：注文本當作「厭，勞也，搔，持也」。傳寫互易，遂不可通。案説文厂部「厭從猒聲」，古通作猒。説文甘部「猒，飽也」，段玉裁謂「飽足則人意倦矣，故引申爲猒倦。」説文人部「倦，罷也」，罷通作疲。説文疒部「疲，勞也」，故本注訓厭爲勞矣。文謂文書，即官中案牘。厭文者，猶言勞於牘也。説文手部「搔，括也」，「括，絜也」。括之訓絜，蓋爲挈之借字。禮記大學篇「是以君子有絜矩之道也」，鄭注云：「絜猶挈也。」周禮夏官序官「挈壺氏」鄭注云：「挈讀如絜髮之絜。」皆其證。搔既訓括，而括義爲挈，挈義爲持，故注訓搔爲持矣。法謂法度，搔法者，猶言挈持法度也。勞於案牘，所以治官。挈持法度，所以理民。二者皆有司之事也。○何寧云：注「勞」當爲「扴」，今本乃後人妄改。説文：「搔，刮也。」「扴，刮也。」（段注：刮，小徐作括，大徐不誤。王念孫云：「刮、括古通用。」見廣雅釋詁疏證。）是搔、扴同義。大藏音義八十八引許注淮南子云「搔，扴也」，（今本「扴」誤「抓」。）與説文合，即此處注文。廣雅釋詁「抓，搔也」，「抓」亦當爲「扴」，二形相似，疏證未詳其譌。李釋「搔」爲「括」，云「挈括法度」，其義是也，惟不知「勞」乃「扴」之誤字，又强爲牽合耳。

〔六〕【用韻】「天、君」真文合韻。

〔七〕【用韻】「稷、禹」之魚合韻。

〔八〕【箋釋】楊樹達云：「制中」通言「折中」，古「制、折」通用。○王叔岷云：「制中」即「折中」，論語顔淵篇「片言可以折獄者」，鄭注：「魯讀折爲制。」廣雅釋詁：「制，折也。」並其證。尸子仁意篇正作「折中」。

〔九〕【用韻】「陶、堯」幽宵合韻。

〔一〇〕【箋釋】于大成云：韓詩外傳二「夫霜雪雨露，殺生萬物者也，天無事焉，猶之貴天也。執法厭文，治官治民者，有司也，君無事焉，猶之尊君也。夫闢土殖穀者，后稷也；決江疏河者，禹也；聽獄折中者，皋陶也；然而聖后者，堯也。故有道以御之，身雖無能也，必使能者爲已用也；無道以御之，彼雖多能，猶將無益於存亡矣」，文義與此同。

〔一一〕【版本】王溥本、王鎣本、朱本、汪本、張本、吴本、黄本「虚船」作「虚舟」，餘本同藏本。

〔一二〕【用韻】「來、色」之職通韻。

〔一三〕【許注】持舟檝者，謂近岸爲歙，遠岸爲張也。

【版本】藏本注「謂」作「爲」，王溥本、汪本、莊本、集解本作「謂」，（蔣刊道藏輯要本作「謂」。）今據改，餘本同藏本。

【箋釋】陶方琦云：唐本玉篇欠部引許注：「持舟楫者，謂近岸爲欱，遠岸爲張也。」與今注正同。唯「欱」應作「歙」，老子「將欲歙之必故張之」。○劉文典云：莊子山木篇作「有一人在其上，則呼張歙之。」司馬注：「張，開也。歙，斂也。」

〔一四〕【版本】王溥本、王鎣本、茅本、汪本、張本、吴本、黄本、莊本、集解本兩「嚮」字作「向」，餘本同藏本。

釋道而任智者必危，棄數而用才者必困。有以欲多而亡者，未有以無欲而危者也。有以欲治而亂者，未有以守常而失者也。故智不足免患，愚不足以至於失寧〔一〕。守其分，循其理，失之不憂，得之不喜〔二〕，故成者非所爲也，得者非所求也〔三〕。入者有受而無取，出者有授而無予，因春而生，因秋而殺，所生者弗德，所殺者非怨〔四〕，則幾於道也〔五〕。

聖人不爲可非之行，不憎人之非己也。修足譽之德，不求人之譽己也〔六〕。不能使禍不至，信己之不迎也；不能使福必來，信己之不攘也〔七〕。禍之至也，非其求所生，故窮而不憂；福之至也〔八〕，非其求所成，故通而弗矜〔九〕。知禍福之制不在於己也，故閑居而樂〔一〇〕，無爲而治。聖人守其所以有〔一一〕，不求其所未得〔一二〕。求其所無，則所有者亡矣〔一三〕；修其所有，則所欲者至矣〔一四〕。

故用兵者先爲不可勝，以待敵之可勝也；治國者先爲不可奪，以待敵之可奪也。舜脩之歷山而海内從化，文王脩之岐周而天下移風。使舜趨天下之利，而忘脩己之道，身猶弗能保，何尺地之有〔一五〕！故治未固於不亂〔一六〕，而事爲治者，必危；行未固於無非，而急求名者，必剉也〔一七〕。福莫大無禍，利莫美不喪〔一八〕。動之爲物，不損則益〔一九〕，不成則毀，不利則病，皆險也〔二〇〕，道之者危〔二一〕。故秦勝乎戎而敗乎殽〔二二〕，楚勝乎諸夏而敗乎柏莒〔二三〕。故道不可以勸而就利者，而可以寧避害者〔二四〕。故常無禍，不常有福；常無罪，不常有功〔二五〕。

校釋

〔一〕【箋釋】劉文典云：「智不足免患」與下「愚不足以至於失」不一律，「足」下當有「以」字。羣書治要引，正作「智不足以免患」。○楊樹達云：文當於寧字讀斷，失寧與免患爲對文。上文云「失其所以寧則危」，是其證也。○馬宗霍云：劉謂「足下當有以字」是也，其讀下句至「失」字絶之，非也。「失」字當與「寧」字連讀。

〔二〕【用韻】「理、喜」之部。

〔三〕【用韻】「爲、求」歌幽合韻。

〔四〕【版本】莊本「德」作「得」，餘本同藏本。

【箋釋】陶鴻慶云：「得」讀爲「德」，「非怨」亦當作「弗怨」。今本涉上下文而誤。

【用韻】「取、予」侯魚合韻，「殺、怨」月元通韻。

〔五〕【箋釋】劉文典云：羣書治要引，「幾」作「近」。○雙棣按：幾即近義，然字當作幾。淮南書「幾於道」五見，原道：「知大己而小天下，則幾於道矣。」本篇：「故重爲善若重爲非，而幾於道矣。」人間：「有知徐之爲疾、遲之爲速者，則幾於道矣。」同篇：「人能由昭昭於冥冥，則幾於道矣。」而無一處用「近」字者，故而知之。

〔六〕【用韻】「德、己」職之通韻。

〔七〕【許注】攘，却。

【版本】茅本、張本、黄本、汪本、莊本、集解本注「却」下有「也」字。

【用韻】「迎、攘」陽部。

〔八〕【版本】藏本「至」下無「也」字，王鎣本、朱本、茅本、葉本、汪本、張本、莊本、集解本有，今據補，餘本同藏本。

〔九〕【許注】矜，自伐其功也。

【用韻】「生、成」耕部，「至、矜」質真通韻。

〔一〇〕【版本】張本、黄本、莊本、集解本「閑」作「閒」，餘本同藏本。

【箋釋】何寧云：「制」當爲「至」，承上「禍之至也」、「福之至也」二「至」字言之。下文云：「君子爲善，不能使福必來；不爲非，而不能使禍無至。福之至也，非其所求，故不伐其功；禍之來也，非其所生，故不悔其行。内脩極而横禍至者，皆天也，非人也。」文與此小異而大同。彼言「内脩極而横禍至者，皆天也，非人也」，即此言「知禍福之至不在於己也」，是「制」字蓋聲近而誤。蜀藏本正作「至」。

〔一一〕【箋釋】王念孫云：以，與「已」同。○吴汝綸與王説同。

〔一二〕【用韻】「己、治、有、得」之職通韻。

〔一三〕【用韻】「無、亡」魚陽通韻。

〔一四〕【版本】藏本「至」下無「矣」字，王鎣本、朱本、葉本、吳本有「矣」字，今據補，餘本同藏本。

【箋釋】王念孫云：「求其所無」，本作「求其所未得」；「脩其所有」，本作「脩其所已有」，此皆承上文而申言之，不當有異文。今本作求其所無，脩其所有，皆後人以意改之也。羣書治要引此，正作「求其所未得，脩其所已有」，文子符言篇同。下文亦云「不知道者釋其所已有，而求其所未得」。○劉台拱云：「至」下當有「矣」字。○劉文典云：羣書治要引，「至」下有「矣」字，與上句「則所有者亡矣」一律。

〔一五〕【箋釋】劉文典云：羣書治要引，「有」下有「乎」字。

〔一六〕【用韻】「道、保、有」幽之合韻。

【許注】治不亂之道尚未牢固也。

【箋釋】金其源云：國策齊策「固不求生」注：「固，必也。」此言脩己以安百姓，未必有治而無亂，但以治爲事者，必至危亡也。

〔一七〕【箋釋】俞樾云：襄二十七年公羊傳：「我即死，女能固納公乎？」秦策：「王固不能行也。」何休、高誘注並曰：「固，必也。」「治未固於不亂」，「行未固於無非」，言爲治未必不亂，爲行未必無非也。下文曰：「爲義之不能相固，威之不能相必也。」是可知固、必同義。高此注以「尚未牢固」説之，其義轉迂。○呂傳元云：俞説非也。「治未固於不亂」，高訓「尚未牢固」，是也。下文「行未固於無非」，文子符言篇作「行未免於無非」。此作「固」者，後人因上「固」字而誤也。未能免去無非，與治未牢固於不亂，語正相因。且高注「尚未牢固也」於上「固」之下，足證下「固」字爲後人所改易矣。○楊樹達云：許説固誤，俞説亦失之。如俞説，則文言「未固不亂，未固無非」可矣。何乃言「未固於不亂，未固於無非」乎！今按，固謂堅固，未固猶言莫固。此謂不亂爲最固之治，無非爲最固之行也。下文云：「福莫大無禍，利莫美不喪。」文例與此正同。特彼文用「莫」字，此文用「未」字，爲異耳。○雙棣按：楊説是。

【用韻】「危、剉」歌部。

〔一八〕【箋釋】吕傳元云：「美」當作「大」，「大」與「美」形近，後人遂妄作「美」矣。「利莫大不喪」，與「福莫大無禍」對言也。文子符言篇正作「大」。（周易繫辭上「莫大乎筮龜」，釋文「大」作「善」，云：「本亦作莫大。」「大」與「善」訛，與此「美」與「大」訛，正一例。）

〔一九〕【許注】動，有爲也。

【箋釋】陶方琦云：羣書治要引許注，與今注同。○陶鴻慶云：「不損則益」，當作「不益則損」，與下文「不成則毁，不利則病」文義一律，故下文云「皆險也，道之者危」。今本「益、損」二字誤倒，則非其旨。○楊樹達、馬宗霍與陶説同。

〔二〇〕【許注】險，言危難，險不可行。

【版本】茅本、汪本、莊本、集解本注無下「險」字，景宋本、王溥本、朱本同藏本。

【箋釋】陶方琦云：羣書治要引許注：「險，言危難。」按：治要引敓「不可行」三字。説文「險，阻難也」，説正同。

〔二一〕【箋釋】劉家立云：「道之者危」，當作「道之危者也」。言損益，成毁，利病，皆道之危險者也。今作「道之者危」，則非其指矣。此由寫者誤倒，又脱去「也」字。○楊樹達云：劉氏妄改，謬也。道者，由也，行也。之指險而言，謂行險者必危也。果如劉説，不與上句「皆險也」語意重複乎？○馬宗霍云：道之者危，道猶蹈也。劉熙釋名釋道篇「道，蹈也，言人所踐蹈也」。列子黄帝篇「向吾見子道之」，張湛注云：「道當爲蹈。」皆「道」可通「蹈」之證。本句承上文「皆險也」來。險則難行，故曰蹈之者危也。劉家立集證本改作「道之危者也」，而謂「此由寫者誤倒，又脱去也字」，大謬。

〔二二〕【許注】秦穆公勝西戎，爲晉所敗於殽。

〔二三〕【許注】楚昭王服諸夏，而吴敗之栢莒。

【箋釋】莊逵吉云：「栢莒」即「栢舉」，古字通用也。○于大成云：吕氏春秋義賞篇「秦勝於戎而敗乎殽，楚勝於諸夏而敗乎柏舉」，淮南本之。

〔二四〕【箋釋】王念孫云：勸下「而」字，因下句「而」衍，文子符言篇無「而」字。○陶鴻慶云：「勸」字無義，當爲「動」字之誤。動與寧義正相對。上文云：「動之爲物，不益則損，不成則毁，不利則病。」此文即承上而言也，兩「者」字皆衍文，「寧」下當脱「而」字。其文云：「故道不可以動而就利，而可以寧而避害。」下文云：「故道術不可以進而求名，而可以退而脩身；不可以得利，而可以離害。」語意並與此同。

【用韻】「利、害」質月合韻。

〔二五〕【箋釋】俞樾云：「常」與「尚」通。史記衛綰傳「劍尚盛」，漢書「尚」作「常」。漢書賈誼傳「尚憚以危爲安」，賈子宗首篇「尚」作「常」。並其證。

聖人無思慮，無設儲〔一〕，來者弗迎，去者弗將〔二〕。人雖東西南北，獨立中央〔三〕。故處衆枉之中，不失其直；天下皆流，獨不離其壇域〔四〕。故不爲善，不避醜，遵天之道〔五〕；不爲始，不專己，循天之理〔六〕；不豫謀，不棄時，與天爲期〔七〕；不求得，不辭福，從天之則〔八〕。不求所無，不失所得，内無旁禍，外無旁福〔九〕。禍福不生，安有人賊〔一〇〕！爲善則觀〔一一〕，爲不善則議，觀則生貴，議則生患〔一二〕。故道術不可以進而求名，而可以退而修身〔一三〕；不可以得利，而可以離害〔一四〕。故聖人不以行求名，不以智見譽，法修自然，己無所與〔一五〕。慮不勝數，行不勝德，事不勝道。爲者有不成，求者有不得。人有窮，而道無不通，與道爭則凶〔一六〕。故詩曰：「弗識弗知，順帝之則〔一七〕。」有智而無爲，與無智者同道〔一八〕；有能而無事，與無能者同德〔一九〕。其智也，告之者至，然後覺其動也；使之者至，然後覺其爲也〔二〇〕。有智若無智，有能若無能，道理爲正也。故功蓋天下，不施其美；澤及後世，不有其名；道理通而人僞滅也〔二〕。

校釋

〔一〕【用韻】「慮、儲」魚部。

〔二〕【許注】將，送。

【版本】茅本、汪本、張本、莊本、集解本注「送」下有「也」字。

〔三〕【用韻】「迎、將、央」陽部。

〔四〕【版本】藏本「域」作「城」，除景宋本同藏本外，各本均作「域」，今據改。

【箋釋】劉績云：文子作「與天下並流，不離其域」。○于鬯云：「與」字似宜據文子符言篇補，無「與」字不成義也。○于大成云：上文云「人雖東西南北，獨立中央，故處衆枉之中，不失其直」，此云「天下皆流」，即上所謂「人東西南北」、「衆枉」也，此云「不離其壇域」，即上文所謂「獨立中央」、「不失其直」也。文子改作「與天下並流」，義與此異，未可據彼補此矣。

【用韻】「直、域」職部。

〔五〕【箋釋】王念孫云：「善」當爲「好」。「不爲好，不避醜，遵天之道」，猶洪範言「無有作好，遵王之道」也。今作「不爲善」者，後人據文子符言篇改之耳。「好、醜、道」爲韻，下文「始、已、理」爲韻，「謀、時、期」爲韻，「得、福、則」爲韻，若作「善」則失其韻矣。○陳昌齊與王説同。

【用韻】「醜、道」幽部。

〔六〕【版本】藏本「循」作「脩」，景宋本、王溥本、王鎣本、朱本、茅本、汪本、張本、吴本、黄本、莊本、集解本作「循」，今據改，葉本同藏本。

【箋釋】雙棣按：馬王堆帛書稱篇云：「耶（聖）人不爲始，不剸（專）己，不豫謀，不爲得，不辭福，因天之則。」

【用韻】「始、己、理」之部。

〔七〕【用韻】「謀、時、期」之部。

〔八〕【用韻】「得、福、則」職部。

〔九〕【箋釋】王念孫云：「旁」字義不可通，文子符言篇作奇禍、奇福，是也。俗書「奇」字作「竒」，「旁」字作「旁」，二形相似而誤。

〔一〇〕【用韻】「得、福、賊」職部。

〔一一〕【許注】衆人之所觀也。

〔一二〕【箋釋】王引之云：「貴」當爲「責」，字之誤也。此言爲善則觀之者多，觀之者多則責之者必備。下文曰「責多功鮮，無以塞之」，正謂此也。文子符言篇作「爲善即勸，勸即生責」。○吕傳元云：「觀」皆當爲「勸」，字之誤也。言爲善者則衆人相勸勉也。若作「觀」，便義不可通。文子符言篇正作「勸」。○于大成云：此文不誤。此謂爲善則爲衆人所注目，爲不善者則爲人所訾必是「觀」字。

議耳。僞託文子者不得其義，改「觀」爲「勸」，則失其恉矣。許注云「衆人之所觀也」，知所據本

〔一二〕【用韻】「觀、議、患」元歌通韻。

〔一三〕【版本】莊本下「而」字作「不」，餘本同藏本。

〔一四〕【用韻】「名、身」耕真合韻。

〔一五〕【箋釋】王念孫云：「修」當爲「循」。謂循其自然而已不與也。文子符言篇「治隨自然」，「隨」亦「循」也。○吕傳元云：「法修自然」當作「治隨自然」，「法修」與「治隨」形近而誤。上文「無以天下爲者，必能治天下」，又「治國者，先爲不可奪，以待敵之可奪也」，又「故治未固於不亂，而事爲治者必危」，合上文觀之，知此當作「治」，不作「法」也。文子符言篇正作「治隨自然」。○于大成云：吕説「法」當作「治」，是也；「修」當作「隨」，非也。「修」當爲「循」，王氏念孫已言之矣。

〔一六〕【用韻】「譽、與」魚部。

〔一七〕【用韻】「窮、通、凶」冬東合韻。

〔一八〕【箋釋】雙棣按：引詩見大雅皇矣。今本「弗」作「不」。

〔一九〕【用韻】「爲、道」歌幽合韻。

〔二〇〕【用韻】「事、德」之職通韻。

〔二〇〕【箋釋】俞樾云：「使之者至」上當有「其能也」三字。上文之「有智而無爲，與無智者同道；有能而無事，與無能者同德」，下文云「有智若無智，有能若無能」，皆以智能對舉，故知此亦當然。

〔二一〕【版本】景宋本、王溥本、王鎣本「僞」作「爲」，餘本同藏本。

名與道不兩明，人受名則道不用，道勝人則名息矣〔一〕。道與人競長。章人者，息道者也〔二〕。人章道息，則危不遠矣〔三〕。故世有盛名，則衰之日至矣〔四〕。欲尸名者必爲善，欲爲善者必生事，事生則釋公而就私，背數而任己〔五〕。欲見譽於爲善，而立名於爲質，則治不脩故，而事不須時〔六〕。治不脩故則多責，事不須時則無功。責多功鮮，無以塞之，則妄發而邀當，妄爲而要中〔七〕。功之成也，不足更責〔八〕；事之敗也，不足以弊身〔九〕。故重爲善若重爲非，而幾於道矣。

天下非無信士也，臨貨分財必探籌而定分〔一〇〕，以爲有心者之於平，不若無心者也〔一一〕。天下非無廉士也，然而守重寶者，必關戶而全封〔一二〕，以爲有欲者之於廉，不若無欲者也〔一三〕。人舉其疵則怨人〔一四〕，鑑見其醜則善鑑〔一五〕。人能接物而不與己焉，則免於累矣〔一六〕。公孫龍粲於辭而貿名〔一七〕，鄧析巧辯而亂法〔一八〕，蘇秦善説而亡國〔一九〕。由其道則善無章，脩其理則巧無名〔二〇〕。故以巧鬬力者，始於陽，常卒於陰〔二一〕；以慧治國者，始於治，常卒於亂〔二二〕。

使水流下，孰弗能治；激而上之，非巧不能〔二三〕。故文勝則質揜，邪巧則正塞之也〔二四〕。

德可以自修，而不可以使人暴；道可以自治，而不可以使人亂。雖有賢聖之寶〔二五〕，不遇暴亂之世，可以全身，而未可以霸王也〔二六〕。湯武之王也，遇桀紂之暴也。桀紂非以湯武之賢而暴也，湯武遭桀紂之暴而王也〔二七〕。故雖賢，王必待遇。遇者，能遭於時而得之也，非知能所求而成也〔二八〕。君子脩行而使善無名，布施而使仁無章〔二九〕，故士行善而不知善之所由來，民贍利而不知利之所由出，故無爲而自治〔三〇〕。善有章則士争名，利有本則民争功〔三一〕，二争者生，雖有賢者弗能治。故聖人揜跡於爲善，而息名於爲仁也〔三二〕。

外交而爲援，事大而爲安〔三三〕，不若内治而待時。凡事人者，非以寶幣，必以卑辭〔三四〕。事以玉帛，則貨殫而欲不饜；卑體婉辭，則諭説而交不結；約束誓盟，則約定而反無日〔三五〕。雖割國之錙錘以事人〔三六〕，而無自恃之道，不足以爲全〔三七〕。若誠外釋交之策，而慎修其境内之事〔三八〕，盡其地力以多其積，厲其民死以牢其城〔三九〕，上下一心，君臣同志，與之守社稷，斅死而民弗離〔四〇〕，則爲名者不伐無罪〔四一〕，而爲利者不攻難勝，此必全之道也。

校釋

〔一〕【箋釋】王念孫云：「受」當爲「愛」，字之誤也。愛名則不愛道，故道不用也。文子符言篇正作

「愛」。

〔二〕【許注】章，明也。息，止也。

〔三〕【箋釋】馬宗霍云：上文云「名與道不兩明，人愛名則道不用，道勝人則名息矣」，皆名、道對舉。則此文疑當作「道與名競長。章名者息道者也。名章道息，則危不遠矣」。三「人」字蓋「名」傳寫之誤，下文：「故世有盛名則衰之日至矣」，即承「名章道息則危不遠」而申言之。文子符言篇「道息而名章即危亡」，亦就「名章道息則危不遠」一語而稍變者也。

〔四〕【版本】藏本「盛」作「聖」，王鎣本、朱本、汪本、張本、黄本、莊本、集解本作「盛」，今據改，餘本同藏本。

〔五〕【版本】藏本「背」作「貨」，莊本（浙局本）作「背」，今據改，餘本同藏本。

【箋釋】王引之云：「貨」當爲「背」，字之誤也。背數而任己，謂背自然之數而任一己之私，與上句「釋公而就私」同意。文子符言篇作「倍道而任己」，倍與背同。下文又云：「君好智則倍時而任己，棄數而用慮。」

【用韻】「事、己」之部。

〔六〕【箋釋】王念孫云：「質」當爲「賢」，「賢、質」草書相似，故「賢」誤爲「質」。（逸周書官人篇「有隱於仁賢者」，大戴禮「賢」誤作「質」。）爲賢與爲善，義正相承。文子作「見譽而爲善，立名而爲賢」，是其證。又「修」當爲「循」，「須」當爲「順」，皆字之誤也。文子作「治不順理，而事不順時」。○雙棣按：「須」字不誤，須，待也。吕氏春秋首時篇舊校「一作胥時」，王念孫云：「胥者是也，篇内三言『待時』，待即胥也。」須、胥同，此須時即彼胥時也，亦即待時也。文子符言篇「治不順理而事不順時」，下「順」字因上「順」字而誤。

〔七〕【箋釋】馬宗霍云：「要中」與「邀當」義相承，要猶邀也。中猶當也。荀子儒效篇「行禮要節而安之」，楊倞注云：「要，邀也。」是「要」得訓「邀」之證。史記孔子世家「言六藝者折中於夫子」，司馬貞索隱引宋均云：「中，當也。」是「中」得訓「當」之證。「要」讀平聲，「中」讀去聲。

【用韻】「當、中」陽冬合韻。

〔八〕【許注】更，償。

【版本】王溥本、王鎣本、茅本、汪本、張本、黄本、莊本、集解本「足」下有「以」字，餘本同藏本。

〔九〕【版本】王鎣本、汪本、張本、黄本、莊本「弊」作「敝」，景宋本、朱本、集解本作「獘」，王溥本、茅本、葉本同藏本。

【箋釋】王念孫云：「不足以獘身」，「不」字涉上文而衍。此言功成則不足以償其責，事敗則適足以獘其身也。文子符言篇作「事敗足以滅身」，是其證。○于省吾云：王説未允。「獘」應讀作「蔽」，蔽謂覆蓋，不足以覆蓋其身，亦即滅身之義。文子改「獘」爲「滅」，故删「不」字，不應據彼以改此也。○雙棣按：王説是。「功之成也，不足更責；事之敗也，足以獘身」，正相對爲文，劉績不知下句「足」上「不」字爲衍文，乃於上句「足」下加「以」字以補齊，誤矣。

〔一〇〕【許注】探籌，捉籌。

【版本】藏本注無「探籌」二字，茅本、汪本、莊本、集解本有，今據補，景宋本、王溥本、朱本、葉本同藏本。

〔一一〕【版本】藏本「者」下無「也」字，王鎣本、茅本、汪本、張本、吴本、黄本、莊本、集解本有「也」字，今據補，餘本同藏本。

【用韻】「分、心」文侵合韻。

〔一二〕【箋釋】俞樾云：「全」字無義，乃「璽」字之誤。國語魯語「追而予之璽書」，韋昭注：「璽書，璽封書也。」此璽封二字之證。時則篇「固封璽」，封璽與璽封同。五音集韻曰：「璽，俗作玺。」與「全」字形相似，故誤爲「全」矣。氾論篇「盜管金」，高注曰：「金，印封，所以爲信。」「金」亦「璽」字之誤。彼「璽」誤爲「金」，此「璽」誤爲「全」，其誤正同。○何寧云：文子符言篇作「全封」，劉子去情篇用此文亦作「全」，玉篇：「全，具也，完也。」全封，謂完具其封緘也。莊子曰「攝緘縢，固扃鐍」，彼曰攝，曰固，此曰全，其義同。全封與關户對文，疑非誤字。

〔一三〕【用韻】「封、欲」東屋通韻。

〔一四〕【許注】舉説己之疵，則怨之。

〔一五〕【許注】鑑，鏡也。鏡見人之好醜，以爲善鏡也。

【版本】莊本、集解本注「善」作「美」，景宋本、王溥本、朱本、葉本、汪本同藏本。

〔一六〕【許注】而不與己，若鏡人形而不有好憎也。

【箋釋】吴承仕云：注「若鏡人形」，「鏡」下疑奪一「見」字。上文注云「鏡見人之好醜」，此注言鏡見人形，蓋以事合喻，不得以鏡爲動詞，明矣。

〔一七〕【許注】公孫龍以白馬非馬，冰不寒，炭不熱爲論，故曰貿也。

【版本】藏本注無「爲論」二字，茅本、汪本、張本、黄本、莊本、集解本有，今據補，餘本同藏本。

【箋釋】馬宗霍云：説文「貿，易財也」，小徐繫傳通釋云：「貿猶亂也，交互之義。」本文「貿名」與下文「亂法」爲對，貿亦當訓亂，謂公孫龍詭辭而亂名也。

〔一八〕【許注】鄧析教鄭人以訟，訟不俱回，子産誅之也。

【箋釋】李哲明云：吕覽離謂篇云：「鄭之富人有溺者，人得其死者，（死與尸同。）富人請贖之，其人求金甚多，以告鄧析，鄧析曰：『安之，人必莫之賣也。』得死者患之，以告鄧析，鄧析又答之曰：『安之，此必無所更買矣。』」此訟不俱曲之事也。蓋言析之巧辯，兩造來訟，皆不曲之。皆不得曲，斯無得直者矣。故子産卒殺之。

〔一九〕【許注】蘇秦死於齊也。

【版本】藏本注在「亡」字下，王溥本在「國」字下，今據改，景宋本、朱本、葉本、莊本、集解本同藏本。

【箋釋】王念孫云：「亡國」當作「亡身」，故高注云「蘇秦死於齊也」。今本「身」作「國」者，涉下文

「治國」而誤。又案：高注本在「蘇秦善説而亡身」之下，今本在「亡」字之下，「國」字之上，則是以「亡」字絶句，而以「國」字下屬爲句，大謬。（此句與上二句，相對爲文。若讀蘇秦善説而亡」爲句，則與上二句不對，下文「由其道則善無章，循其理則巧無名」，亦相對爲文，若讀「國由其道」爲句，則文不成義。）

〔二〇〕【箋釋】王念孫云：「脩」當爲「循」，循其理即由其道也。

【用韻】「章、名」陽耕合韻。

〔二一〕【許注】言知巧之所施，始之於陽善，終於陰惡也。

【版本】王溥本、莊本、集解本注「知」作「智」。

〔二二〕【箋釋】楊樹達云：莊子人間世篇云：「且以巧鬬力者，始乎陽常卒乎陰，大至則多奇巧；以禮飲酒者，始乎治常卒乎亂，大至則多奇樂。」

〔二三〕【用韻】「治、能」之部。

〔二四〕【箋釋】陶鴻慶云：「巧」當爲「行」，行字草書與巧相似，又涉上文「非巧不能」而誤。下文云「君子行正義，小人行邪氣」，是其證也。正塞與邪行對文，「之」字當衍。○楊樹達云：「之」字當衍，劉家立集證本無「之」字，是也。

〔二五〕【版本】「賢聖」，景宋本、葉本同藏本，餘本作「聖賢」。

【箋釋】俞樾云：「竇」字無義，疑當作「資」。荀子性惡篇「離其資」，楊注曰：「資，材也。」謂雖有聖賢之材也。「資」與「寶」形似而誤。○于鬯云：「寶」字疑「實」字之誤。○于省吾云：俞説非是。論語陽貨「懷其寶而迷其邦」，皇疏：「寶猶道也。」廣雅釋詁：「寶，道也。」王氏疏證云：「寶與道同義，故書傳多並舉之。禮運云：『天不愛其道，地不愛其寶。』吕氏春秋知度篇云：『以不知爲道，以奈何爲寶。』太玄玄衝：『晬，君道也。馴，臣保也。』保與寶同。」王説是也。可證俞改「寶」爲「資」之誤。○馬宗霍與于省吾説同。○王叔岷云：「寶」當爲「實」，字之誤也。兵略篇「國之寶也」，今本「寶」誤「實」，亦本書「實、寶」二字相亂之例。

〔二六〕【版本】藏本「而未」誤倒爲「未而」，各本均不倒，今據乙正。

〔二七〕【版本】藏本「湯武之賢」下無「而」字，王溥本、王鎣本、朱本、吴本有「而」字，今據補，餘本同藏本。

【箋釋】楊樹達云：文本吕氏春秋長攻篇。

〔二八〕【版本】王溥本、王鎣本、茅本、汪本、張本、吴本、黄本、莊本、集解本「知」作「智」，餘本同藏本。

【箋釋】楊樹達云：能與耐古同字，乃與耐古音同，故「能」字古書恒作「乃」字用。詳見王氏經傳釋詞及余著詞詮。能遭於時而得之，即乃遭於時而得之也。

〔二九〕【用韻】「名、章」耕陽合韻。

〔三〇〕【用韻】「來、治」之部。

〔三一〕【用韻】「名、功」耕東合韻。

〔三二〕【用韻】「善、仁」元真合韻。

〔三三〕【箋釋】雙棣按：兩「而」字，皆猶「以」也。

【用韻】「援、安」元部。

〔三四〕【用韻】「時、辭」之部。

〔三五〕【許注】反，背叛也。

【版本】藏本注「背」作「皆」，王溥本、朱本、汪本、張本、黄本、莊本、集解本作「背」，今據改，餘本同藏本。

【用韻】「結、日」質部。

〔三六〕【許注】六兩曰錙，倍錙曰錘。

【版本】王鎣本、朱本（並注）「錘」作「銖」，餘本同藏本。

【箋釋】雙棣按：此蓋非許注，説文云：「錙，六銖也。」「錘，八銖也。」與此迥異。段玉裁云：「鄭注禮記儒行曰：『八兩爲錙。』高注詮言訓曰：『六兩曰錙，倍錙曰錘。』風俗通義曰：『銖六則錘，二錘則錙。』廣韵曰：『八銖爲錙。』其説皆乖異，不與許合。惟高注説山訓曰『六銖曰錙，八銖曰錘』，與許説合，與詮言注乖異。疑説山之注乃許注之僅存者也。」段説是也。高注諸篇中有許注羼入，許注各篇中亦有非許注者。

〔三七〕【箋釋】于大成云：荀子富國篇「事之以貨寶，則貨寶單而交不結；約信盟誓，則約定而畔無日：割國之錙銖以賂之，則割定而欲無猒」，此淮南所本。

〔三八〕【用韻】「人、全」真元合韻。

〔三九〕【箋釋】陳昌齊云：「外釋交之策」，當爲「釋外交之策」，上文「外交而爲援」，是其證。

〔四〇〕【箋釋】馬宗霍云：厲猶獎也，勉也。牢猶堅也。謂獎勉其民以死守，則其城自堅固也。周書和寤篇「王乃厲翼于尹氏八士」，孔晁注云：「厲，獎厲也。」後漢書杜詩傳「則將帥自厲」，李賢注云：「厲，勉也。」漢書師丹傳「復曾不能牢讓爵位」，顔師古注云：「牢，堅也。」是其證。

〔四一〕【箋釋】楊樹達云：孟子梁惠王下篇云：「與民守之，效死而民弗去。」「斆」與「效」音同通假。

〔四二〕【版本】藏本「名」作「民」，景宋本、茅本、汪本、張本、黄本、吴本、莊本、集解本作「名」，今據改，餘本同藏本。

【箋釋】劉績云：「民」當作「名」。〇于大成云：作「名」字是。荀子富國篇「若是則爲名者不攻也，爲利者不攻也」，吕氏春秋召類篇亦云「治則爲利者不攻矣，爲名者不伐矣」，皆作「名」字。

民有道所同道，有法所同守〔一〕，爲義之不能相固，威之不能相必也，故立君以一民。君執一則治，無常則亂〔二〕。君道者，非所以爲也，所以無爲也。何謂無爲？智者不以位爲事，勇者不以位爲暴，仁者不以位爲惠，可謂無爲矣〔三〕。夫無爲則得於一也。一也者，萬物之本也，無敵之道也。凡人之性，少則猖狂〔四〕，壯則暴强〔五〕，老則好利。一人之身既數變矣〔六〕，又况君數易法，國數易君！人以其位通其好憎，下之徑衢不可勝理，故君失一則亂，甚於無君之時〔七〕。故詩曰：「不愆不忘，率由舊章〔八〕。」此之謂也。

君好智，則倍時而任己，棄數而用慮〔九〕。天下之物博而智淺，以淺贍博，未有能者也。獨任其智，失必多矣。故好智，窮術也。好勇，則輕敵而簡備，自負而辭助〔一〇〕。一人之力以圍强敵〔一一〕，不杖衆多而專用身才，必不堪也〔一二〕。故好勇，危術也。好與，則無定分，上之分不定，則下之望無止〔一三〕。若多賦斂，實府庫，則與民爲讎。少取多與，數未之有也。故好與，來怨之道也。仁智勇力，人之美才也，而莫足以治天下。由此觀之，賢能之不足任也，而道術之可脩，明矣〔一四〕。

校釋

〔一〕【許注】民凡所道行者同道，而法度有所共守也。

【用韻】「道、守」幽部。

〔二〕【箋釋】雙棣按：「必」，與「固」同義。吕氏春秋不二篇云：「故一則治，異則亂；一則安，異則危。」執一篇云：「王者執一，而萬物爲正。一則治，兩則亂。」此文所本。

〔三〕【版本】藏本「惠」作「患」，王溥本、王鎣本、吴本作「惠」，今據改，餘本同藏本。

【箋釋】王念孫云：劉本「患」作「惠」，是也。「不以位爲惠」，謂不假位以行其惠也。爲惠與爲暴相對，主術篇曰：「重爲惠，重爲暴而治道通矣。」義與此同。○何寧云：文子作「惠」。

〔四〕【版本】景宋本「猖」作「昌」，餘本同藏本。

【箋釋】王引之云：説文無「猖」字，古但作「昌」。漢書趙充國傳：「先零昌狂。」

〔五〕【用韻】「狂、强」陽部。

〔六〕【版本】藏本「人」作「身」，王鎣本、莊本作「人」，今據改，餘本同藏本。藏本「變」上有「既」字，王溥本、王鎣本、朱本、葉本、汪本、張本、吳本、黄本、莊本、集解本無「既」字，今據删，景宋本、茅本同藏本。

【箋釋】俞樾云：上「身」字當作「人」。氾論篇曰：「故一人之身而三變者，所以應時矣。」文義與此同。

〔七〕【用韻】「理、時」之部。

〔八〕【箋釋】雙棣按：引詩見大雅假樂。

〔九〕【用韻】「忘、章」陽部。

〔一〇〕【用韻】「已、慮」之魚合韻。

【許注】自負，自恃。辭助，不受傍人之助。

【版本】藏本「負」作「偵」，王溥本、王鎣本、朱本、吳本作「負」，（蔣刊道藏輯要本亦作「負」。）今據改，餘本同藏本。景宋本、茅本、汪本、張本、黄本、莊本、集解本注「負」作「偵」，餘本同藏本。

【箋釋】于大成云：「偩」是俗字，「負」是正字。説文：「負，恃也。从人守貝，有所恃也。」此以「恃」訓「負」，正與説文合。

【用韻】「備、助」職魚合韻。

〔一〕【版本】王溥本、王鎣本、張本、黄本、莊本、集解本「圍」作「禦」，餘本同藏本。

【箋釋】王念孫云：「圍」當爲「圉」，字之誤也。圉與禦同，劉績改「圍」爲「禦」，而莊本從之，義則是而文則非矣。

〔二〕【箋釋】雙棣按：杖猶依憑也。漢書李尋傳「近臣已不足杖矣」，顏師古注云：「杖，謂倚任也。」又：身，猶己也。

〔三〕【箋釋】雙棣按：吕氏春秋慎勢篇云：「慎子曰：『今一兔走，百人逐之。非一兔足爲百人分也。由未定。由未定，堯且屈力，而況衆人乎？積兔滿市，行者不顧，非不欲兔也，分已定矣。分已定，人雖鄙，不争。』故治國及天下，在乎定分而已矣。」

〔四〕【箋釋】王念孫云：「修」當爲「循」，文子道德篇作「道術可因」，因亦循也。○孫詒讓與王説同。

聖人勝心〔一〕，衆人勝欲〔二〕。君子行正氣，小人行邪氣。内便於性，外合於義，循理而動，不繫於物者，正氣也。推於滋味〔三〕，淫於聲色，發於喜怒，不顧後患者，邪氣也。邪與正相傷，欲與性相害，不可兩立，一值一廢〔四〕，故聖人損欲而從事於性〔五〕。目好色，耳好聲，口好味，接而説之，不知利害（嗜）〔者〕，慾也〔六〕。食之不寧於體，聽之不合於道，視之不便於性，三官交争〔七〕，以義爲制者，心也。割痤疽非不痛也，飲毒藥非不苦也〔八〕，然而爲之者，便於身也。渴而飲水，非不快也；飢而大飡，非不贍也〔九〕；然而弗爲者，害於性也〔一〇〕。此四者，耳目鼻口不知所取去，心爲之制，各得其所〔一一〕。由是觀之，欲之不可勝，明矣。

凡治身養性，節寢處，適飲食，和喜怒，便動静，内在己者得〔一二〕，而邪氣因而不生〔一三〕，豈若憂瘕疵之與痤疽之發〔一四〕，而豫備之哉〔一五〕！夫函牛之鼎沸，而蠅蚋弗敢入〔一六〕；崑山之玉瑱〔一七〕，而塵垢弗能汙也。聖人無去之心而心無醜，無取之美而美不失〔一八〕。故祭祀思親不求福，饗賓脩敬不思德，唯弗求者能有之〔一九〕。

校釋

〔一〕【許注】心者，欲之所生也。聖人止欲，故勝其心，而以百姓爲心也。

【版本】莊本注「生」作「主」，餘本同藏本。

〔二〕【許注】心欲之，而能勝止也。

【版本】莊本、集解本注「能」作「耐」，餘本同藏本（張本無注，下同）。景宋本注「止」作「之」，餘本同藏本。

【箋釋】王念孫云：勝，任也。言聖人任心，衆人任欲也。耳目之官不思，而蔽於物，心之官則思。聖人先立乎其大者，則其小者不能奪，故曰聖人任心也。若衆人則縱耳目之欲，而不以心制之，故曰衆人任欲也。下文曰：「食之不寧於體，聽之不合於道，視之不便於性。三關交争，以義爲制者，心也。」又曰：「耳目鼻口，不知所取去，心爲之制，各得其所。」皆其證矣。説苑説叢篇曰：「聖人以心導耳目，小人以耳目導心。」即此所謂聖人勝心，衆人勝欲也。説文：「勝，任也。」任與勝聲相近，任心任欲之爲勝心勝欲，猶戴任之爲戴勝。（月令「戴勝降于桑」，吕氏春秋季春篇作戴任。）高解聖人勝心曰「心者欲之所生也，聖人止欲，故勝其心」，則誤以勝爲勝敗之勝矣。如高説，則是心與耳目口無以異，下文何以言「三關交争，以義爲制者心」乎？又解衆人勝欲曰「心欲之而能勝止也」，心欲之而能勝止，則是賢人矣。安得謂之衆人乎？且下文言欲不可勝，則勝之訓任明矣。文子符言篇作「聖人不勝其心，衆人不勝其欲」，此亦未解勝字之義，而以意改之也。下文「爲能勝理而無愛名」，勝亦任也。○金其源云：説文：「勝，任也。」孟子云：「盡其心者知其性也。」故説文繫傳通論：「於文心生爲性。」是心即性也。勝心謂任性也。勝欲謂任欲，故下文云「聖人損欲而從事於性」，衆人則反是。如作止解，則上之「勝欲」，與下「欲之不可勝」矛盾矣。

〔三〕【版本】王溥本、王鎣本、朱本、汪本、張本、吴本、黄本、莊本、集解本「推」作「重」，餘本同藏本。

【箋釋】劉文典云：御覽引，「重」作「推」。〇雙棣按：劉説御覽，見方術部一。御覽所引與景宋本、道藏本同，是「重」乃劉績所改，而諸本從之。此文「推」義當爲「求」，本書高誘多有注焉。原道「因其自然而推之」，注：「推，求也。」本經「可以歷推得也」，注：「推，求也。」主術「推之而弗猷」，注：「推，求也。」

〔四〕【版本】景宋本、茅本、葉本、吴本「值」作「植」，王鎣本、汪本、張本、黄本、莊本、集解本作「置」，王溥本、朱本同藏本。

【箋釋】陳昌齊云：「值」當作「植」。〇雙棣按：陳説是，「值」與「植」通。置、植亦通。

【用韻】「害、廢」月部。

〔五〕【箋釋】王念孫云：此本作「故聖人損欲而從性」。上文曰：「欲與性相害，不可兩立。」故此言損欲而從性也，後人改「從性」爲「從事於性」，則似八股中語矣。文子符言篇正作「損欲而從性」。太平御覽方術部一引此作「損欲而存性」，雖存與從不同，而皆無「事於」二字。〇于大成云：宋本御覽引實亦作「故聖人損欲而從事於性」，與今本淮南同，非如王氏所引也。（損當爲捐，謂捐棄其欲也。劉家立集證本改作「捐」，是也。）

〔六〕【版本】藏本「者」字作「嗜」，依顧廣圻校改。各本同藏本。

【箋釋】顧廣圻云：「嗜」疑當作「者」，「不知利害者」與下文「以義爲制者」一例，「慾也」二字另爲句，承「衆人勝欲」，（慾與欲同。）與下文「心也」承「聖人勝心」一例。〇雙棣按：顧説是。主術篇「嗜欲」誤作「者欲」。「嗜」本作「耆」，孟子告子上：「口之於味也，有同耆也。」莊子齊物論：「鴟鴉耆鼠。」耆、者形近，故常互譌。

〔七〕【許注】三官，三關，謂食、視、聽。

【版本】藏本「視」下「之」字作「而」，景宋本、茅本、汪本、張本、吴本、黄本、莊本、集解本作「之」，今據改，餘本同藏本。藏本正文及注「官」作「宫」，王鎣本、汪本、張本、吴本、黄本、莊本、集解本作「官」，（蔣刊道藏輯要本亦作「官」。）今據改，餘本同藏本。

【箋釋】王念孫云：正文及注「三宫」，皆後人以意改之也。主術篇曰：「目妄視則淫，耳妄聽則惑，口妄言則亂。夫三關者，不可不慎守也。」當據以訂正。〇雙棣按：三官謂人體三種器官，吕氏春秋任數篇云：「凡耳之聞也藉於静，目之見也藉於昭，心之知也藉於理。」高誘彼注云：「三官，耳、目、心。」又貴生篇云：「耳雖欲聲，目雖欲色，鼻雖欲芬香，口雖欲滋味，害於生則止。在四官者不欲，利於生者則爲。」高誘注云：「四官，耳、目、鼻、口也。」王氏據主術篇改「三官」爲「三關」，可不必。且「官、關」古音相同，亦可通借。

〔八〕【箋釋】雙棣按：毒藥即藥，因藥多有毒，故謂之毒藥，非今之毒藥也。吕氏春秋盡數篇云：「故巫醫毒藥，逐除治之。」

〔九〕【版本】茅本、汪本、張本、黄本、莊本「飢」作「饑」，餘本同藏本。

【箋釋】楊樹達云：古書以湯與水爲對文，孟子云：「冬日則飲湯，夏日則飲水。」湯謂沸水，水謂生水也，故文云害性。「飧」字誤，當作「餐」，説文云：「餐，吞也。」景宋本同誤。

〔一〇〕【用韻】「身、性」真耕合韻。

〔一一〕【箋釋】俞樾云：「鼻」字，衍文也。上文云：「目好色，耳好聲，口好味，接而説之，不知利害嗜慾也，食之不寧於體，聽之不合於道，視之不便於性，三關交争，以義爲制者，心也。」然則此承上文而言，亦當止言耳、目、口，不當兼言鼻。今衍「鼻」字者，蓋後人據文子符言篇增入。不知彼文上言「目好色，耳好聲，鼻好香，口好味」，故下言耳、目、鼻、口，此文上言「目好色，耳好聲，口好味」，故下止言耳、目、口，兩文不同，未可據彼以增此也。○劉文典云：此疑上文「口好味」上脱「鼻好香」三字，文子符言篇及此文耳目鼻口並舉，皆其證也。俞氏不據文子以補上文之脱句，反以「鼻」爲衍文，其失也迂矣。○楊樹達云：俞説非也。此文言割痤飲毒，雖痛苦而爲之；渴飲水，飢大餐，以有害而不爲。如此類之事皆須權衡利害輕重，非耳目鼻口之所能爲，獨心能爲之也。與上「目好色」三句文不相涉，不當以彼文無「鼻」而删去此文之「鼻」字也。○何寧云：俞説非也。俞氏欲去「鼻」字以符上文「目好色，耳好聲，口好味」及「三官交争」之數，則「割痤疽非不痛也，飲毒藥非不苦也，然而爲之者，便於身也；渴而飲水，非不快也，飢而大飧，非不贍也，然而弗爲者，害於性也」，斯二者，將何以一一以耳目口承之？吕氏春秋貴生篇：「夫耳目鼻口，生之役也。耳雖欲聲，目雖欲色，鼻雖欲芬香，口雖欲滋味，害於生則止。在四官者，不欲利於生者則弗爲。由此觀之，耳目鼻口不得擅行，必有所制。」此正淮南所本。則

「口好味」上有「鼻好香」句審矣。「鼻」字非衍文也。

【用韻】「去、所」魚部。

〔二〕【版本】景宋本、王溥本、王鎣本、茅本、葉本、汪本、張本、吴本、黄本、莊本、集解本「内」作「使」，朱本同藏本。

【箋釋】何寧云：「使在己者得」，「使」當作「内」，上文云：「耳目鼻口不知所取去，心爲之制，各得其所。」所謂内，即指「心爲之制」言之。又曰：「節寢處，適飲食，和喜怒，便動静。」即「心爲之制」也。若作「使在己者得」，則其義不明，「目好色，耳好聲，口好味」，無一而非在己也。然而，耳、目、口，外也，非内也。文子符言篇作「内在己者得」。杜道堅纘義云：「真道養神，人道養形，在内者得，在外者輕。」紀案：「『内』，一本作『則』，證之纘義，『内』字是也。」道藏本「使」正作「内」。

〔三〕【箋釋】王念孫云：「邪氣因而不生」本作「邪氣自不生」，言治身養性，皆得其道，則邪氣自然不生，非常恐其生而豫備之也。今本作「邪氣因而不生」者，「自」誤爲「因」，（隸書「因」或作「囙」，與「自」字相似而誤。）後人又加「而」字耳。太平御覽引此，正作「邪氣自不生」。○于省吾云：「邪氣因而不生」，義本可通。不必據類書以改成文也。

〔四〕【箋釋】王念孫云：各本「興」誤作「與」，「興」與「發」同義，當據御覽引改。○孫詒讓云：「疵」乃「疝」字之譌。

〔一五〕【用韻】「處、怒」魚部，「静、生」耕部，「食、得、備」職部。

〔一六〕【許注】函牛，受一牛之鼎也。

【箋釋】梁玉繩云：後漢書劉陶傳注引淮南子曰：「函牛之鼎沸，則蛾不得置一足焉。」又文苑邊讓傳注引莊子逸文曰：「函牛之鼎沸，蟻不得措。」○王叔岷與梁説同。○雙棣按：注「函牛」當作「函牛之鼎」，正文「函牛之鼎沸」，注「受一牛之鼎也」正釋「函牛之鼎」，今脱「之鼎」二字，文義不完。

〔一七〕【許注】崑山，崑崙也。瑱，式也。

【版本】景宋本注「式」作「弌」。

【箋釋】吴承仕云：御覽九百四十五引此文注並同。唯「瑱」訓「鎮」，與今本異。「瑱、鎮」聲近。周禮春官典瑞：「王執鎮圭。」故書「鎮」皆作「瑱」，則御覽引注是也。「鎮、式」字形絶遠，正不審其何以致譌。○楊樹達云：説文云：「瑱，以玉充耳也。」玉瑱似可連讀，然上文云「函牛之鼎沸」，「函牛之鼎」爲逗，則此「崑山之玉」亦當爲逗，不當以玉瑱連讀也。「瑱」當讀爲「縝」。禮記聘義篇説君子比德於玉之事云：「縝密以栗，知也。」鄭注云：「縝，緻也。」蓋崑山之玉文理緻密，略無罅隙，故塵垢弗能汙，與上句「函牛之鼎沸蠅蚋弗敢入」文正相對。作瑱者，以「瑱、縝」聲類同假借耳。注文「式」，景宋本作「弌」，皆是誤文。御覽引注作「鎮」，「鎮」殆是「縝」字之誤，蓋許正讀「瑱」爲「縝」也。（余昔年曾謂注文「式」爲「飾」之誤字，説非是，今正之。）

〔一八〕【箋釋】馬宗霍云：此文兩「之」字猶「於」也。言聖人無去於心而心無醜，無取於美而美不失也。醜不内萌，故曰無去於心。美非外致，故曰無取於美。質言之，即醜者聖人所本無，美者聖人所固有也。○雙棣按：景宋本自「美，而美不失」至「無有根心者」（並注）字體細長，與前後文不同，且亦不若前後文之分段。此二頁蓋原本脱落，抄者據莊本録之，其間與莊本全合，不似前後文與莊本多有不合者。此類情況，他篇亦偶見之。

〔一九〕【許注】言不求而所求至也。

【箋釋】雙棣按：德謂感報也。左傳成公三年「然則德我乎」，即其義。

【用韻】「福、德、有」職之通韻。

處尊位者，以有公道而無私説，故稱尊焉，不稱賢也〔一〕。有大地者，以有常術而無鈐謀〔二〕，故稱平焉，不稱智也〔三〕。内無暴事以離怨於百姓，外無賢行以見忌於諸侯，上下之禮，襲而不離〔四〕，而爲論者莫然不見所觀焉〔五〕，此所謂藏無形者。非藏無形，孰能形〔六〕！

三代之所道者，因也。故禹決江河，因水也。后稷播種樹穀，因地也〔七〕。湯武平暴亂，因時也。故天下可得而不可取也〔八〕，霸王可受而不可求也〔九〕。在智則人與之訟，在力則人與之争〔一〇〕。未有使人無智者〔一一〕，有使人不能用其智於己者也〔一二〕；未有使人無力者，有使人不能施其力於己者也〔一三〕。此兩者常在久見〔一四〕。故君賢不見，則諸侯不備〔一五〕；不肖不見，則百姓不怨〔一六〕。百姓不怨，則民用可得；諸侯弗備，則天下之時可承〔一七〕。事所與衆同也，功所與時成也〔一八〕，聖人無焉。故老子曰：「虎無所措其爪，兕無所措其角〔一九〕。」蓋謂此也。

鼓不滅於聲，故能有聲；鏡不没於形，故能有形〔二〇〕。金石有聲，弗叩弗鳴；管簫有音，弗吹無聲〔二一〕。聖人內藏，不爲物先倡〔二二〕，事來而制，物至而應〔二三〕。飾其外者傷其內，失其情者害其神，見其文者蔽其質〔二四〕。無須臾忘爲質者，必困於性〔二五〕；百步之中不忘其容者，必累其形〔二六〕。故羽翼美者傷骨骸〔二七〕，枝葉美者害根莖，能兩美者，天下無之也〔二八〕。

校釋

〔一〕【用韻】「尊、賢」文真合韻。

〔二〕【箋釋】楊樹達云：鈐謀即權謀，故與常術爲對文。本書「鈐、權」通用。大抵本書覃添部字與寒部字多通作。此以「鈐」爲「權」，猶氾論篇之以「陰」爲「鄢」也。

〔三〕【用韻】「平、智」耕支通韻。

〔四〕【用韻】「禮、離」脂歌合韻。

〔五〕【箋釋】楊樹達云：襲，合也。禮襲而不離，文不可通。「禮」疑「體」字之誤。「莫」當讀爲「嗼」。

説文云：「嘆，啾嘆也。」○馬宗霍云：莫然猶漠然也。漠然者，寂無所見之貌。又：觀當取觀示之義，漢書宣帝紀「饗賜單于觀以珍寶」顔師古注、叙傳下「周穆觀兵」顔引張晏注並云：「觀，示也。」示者，説文云「天垂象見吉凶所以示人也」。凡有形象見於外者皆謂之示。不見所觀，猶言不見所示也。故下文云「此所謂藏無形者」，無形即無所示也。

〔六〕【許注】形形而言之箴見也。

【版本】王溥本注作「形，著見也」。

【箋釋】陶鴻慶云：孰能形，當作「孰能形形」。無形而形形，與「不物而物物」義同。（本篇上文云：非不物而物物者也，物物者亡乎萬物之中。）列子天瑞篇云：「有形者，有形形者。」又云：「形之所形者實也，而形形未嘗有。」是其證也。今奪「形」字，則文不成義，高注云「形形而言之箴見也」，文雖譌謬不可曉，然「形形」二字，正舉正文。

〔七〕【版本】藏本「榖」作「穀」，景宋本、葉本、張本、黄本、莊本作「穀」，今據改，王溥本、王鎣本、朱本、吳本作「糓」，茅本、汪本、集解本同藏本。（蔣刊道藏輯要本作「藝」。）

【用韻】「水、地」微歌合韻。

〔八〕【許注】不可强取。

〔九〕【用韻】「取、求」侯幽合韻。

〔一〇〕【箋釋】王念孫云：「在」皆當爲「任」，字之誤也。言當因時而動，不可任智任力也。上文曰：

「失道而任智者必危。」又曰：「獨任其智，失必多矣。故好智，窮術也。好勇，危術也。」皆其證。

【用韻】「訟、争」東耕合韻。

〔一一〕【許注】言己不能使敵國愚而無智也。

【版本】藏本注「敵」作「適」，景宋本、王溥本、朱本、莊本、集解本作「敵」，（蔣刊道藏輯要本亦作「敵」。）今據改，葉本同藏本。藏本注「愚」作「遇」，蔣刊道藏輯要本作「愚」，今據改，景宋本、王溥本、朱本、葉本、莊本、集解本同藏本。

〔一二〕【許注】使人之智不能於己。

【版本】藏本「者」下無「也」字，各本均有，今據補。王溥本、王鎣本、吴本「於」作「于」，餘本同藏本。景宋本、王溥本、莊本、集解本注「於」作「于」。

【箋釋】吴承仕云：不能于己，「于」當作「干」。干，犯也。「干、于」形近致譌。論衡死僞篇：「干上帝之尊命。」「干」誤爲「于」，本或誤爲「於」，是其比。（或謂「于」上誤奪「用」字，説亦可通。）

〔一三〕【版本】藏本「無力者」下有「也」字，各本均無，今據删。景宋本、茅本、汪本、張本、黄本、莊本、集解本此下有注云：「言己不能使人無智力，但能使人不以智力加於己。」餘本同藏本。

【用韻】「力、己」職之通韻。

〔一四〕【箋釋】蔣鴻禮云：「久」當作「不」，「常」讀作「尚」。本書貴尚字通以「常」爲之，上文「常無禍，不常有福；常無罪，不常有功」，俞樾已言之。下文「國以全爲常，身以生爲常」，「常」亦通「尚」。

「此兩者常在不見」，乃承上文而言，兩者謂使人不能用其智於己，不能用其力於己也。言欲如此，則尚在不見。不見則莫測我之所以，而不能用其智力於我矣。下文曰「故君賢不見，諸侯不備；不肖不見，則百姓不怨」，又承此而言之。又曰「聖人内藏，不爲物倡」，（依俞樾説刪倡上先字。）亦此義也。校者不知「常」當讀「尚」，謬謂「常久」對文，改「不」作「久」，而大失書旨矣。

〔一五〕【版本】藏本「諸侯」上無「則」字，王溥本、王鎣本、朱本有「則」字，今據補，餘本同藏本。

〔一六〕【用韻】「見、怨」元部。

〔一七〕【許注】若湯武承桀紂而起。

【箋釋】楊樹達云：「承」讀爲「乘」。

【用韻】「得、備、承」職蒸通韻。

〔一八〕【用韻】「同、成」東耕合韻。

〔一九〕【箋釋】雙棣按：此引老子曰見老子第五十章。

〔二〇〕【箋釋】王念孫云：「滅」當爲「臧」，「没」當爲「設」，皆字之誤也。（「臧」字俗書作「滅」，形與「滅」相似。「設」與「没」，草書亦相似。）「臧」，古「藏」字。鼓本無聲，擊之而後有聲；鏡本無形，物來而後有形。故曰：「鼓不藏於聲」，「鏡不設於形」。作「滅」，作「没」，則義不可通矣。文選演連珠注引此，作「鏡不設形，故能有形」。文子上德篇作「鼓不藏聲，故能有聲；鏡不設形，故能有形」，是其證。○于鬯云：此當云「鼓滅於聲，故能有聲，鏡没於形，故能有形」，兩「不」字疑衍。

惟文子上德篇亦云「鼓不藏聲，故能有聲；鏡不没形，故能有形」，亦有兩「不」字，則兩「不」字或是語辭。古人用「不」字有但爲語辭者，説詳王引之經傳釋詞。○馬宗霍云：文選李善注所引，本作「鏡不設形故能形也」，下句不作「有形」。王氏所稱，改就淮南此文耳。李注又引高誘曰：「鏡不豫設人形貌，清明以待人形，形見則見之。」此則王氏未轉引。其實高説即本文之注也。今本此篇爲許注，而本文無注。余疑作「設」或爲高本，而作「没」爲許本。文子上德篇亦作「鏡不没形」，文子舊注云：「鼓不藏聲，鏡不藏形，故能有聲有形也。」此正以「藏形」釋「没形」。没猶藏也，尤足爲文子本作「没形」之證。王氏所稱亦改作「設形」以就其説，非文子原語也。然則王氏所校，謂「滅」當爲「臧」，是也。謂「没」當爲「設」，祇可以證高本，未可以證許本也。王氏引書頗喜改字，是其小失，茲坿及之。

〔三二〕【箋釋】王念孫云：劉本依文子改「弗聲」爲「無聲」，而諸本從之。（莊本同。）案：劉改非也。白虎通義曰：「聲者，鳴也。」言管簫有音，弗吹弗鳴也。兵略篇曰：「彈琴瑟，聲鍾竽。」亦謂鳴鍾竽也。劉誤以聲爲聲音之聲，故依文子改之耳。金石有聲，管簫有音，音亦聲也。（此謂聲音之聲。）弗叩弗鳴，弗吹弗聲，聲亦鳴也。（與聲音之聲異義。）若云弗吹無聲，則與上文不類矣。○劉殿爵云：道藏本已作「無聲」，則非劉績所改。○于大成云：意林引文子上德篇作「不聲」，弗、不誼同。今本文子作「無聲」，迺後人所改。喻林六十六引淮南，正作「弗聲」。莊子天地篇「故金石有聲，不考不鳴」，此文所本也。○雙棣按：今各本淮南，皆作「無聲」，未有作「弗聲」者。

【用韻】「聲、聲、形、形、聲、鳴、聲」耕部。

〔二二〕【箋釋】俞樾云：「先」字衍文。先即倡也。言「倡」不必言「先」。文子上德篇正作「不爲物唱」，無「先」字。○王叔岷云：俞説非也。此本作「不爲物先」，「先」下有「倡」字者，蓋後人據文子記「倡」字於「先」字旁，寫者因誤合之耳。本篇上文「不爲福先」，精神篇「不爲禍先」，並可證此文作「先」不作「倡」。

〔二三〕【用韻】「藏、倡、應」陽蒸合韻。

〔二四〕【版本】景宋本、王溥本、王鎣本、汪本、張本、吳本、黄本、莊本、集解本「失」作「扶」，朱本、茅本、葉本同藏本。

【箋釋】雙棣按：「飾其外者傷其内」，文子符言篇「飾」作「適」。「失其情者害其神」，文子「失」作「扶」。

【用韻】「神、質」真質通韻。

〔二五〕【許注】常思爲質，不修自然，則性困也。

【箋釋】劉績云：文子作「夫須臾不忘其爲賢者，必困其性」。○王念孫雜志改注「修」爲「循」。

〔二六〕【箋釋】王念孫云：「無須臾忘爲質者，必困於性；百步之中，不忘其容者，必累其形」，當作「無須臾忘其爲賢者，必困於性；百步之中，不忘其爲容者，必累其形」。今本上二句内脱「其」字，下二句内脱「爲」字，（爲容與爲賢相對，百步之中，而必爲儀容，則形不勝勞，故曰「必累其形」，脱去「爲」字，則文義不明。）「賢」字又誤爲「質」。此即承上「欲立名於爲賢，則治不循故，事不順時」言之，故高注曰「常思爲賢，不循自然，則性困也」。（今本高注賢字亦誤爲質。）文子作「夫須臾無忘其爲賢者，必困其性；百步之中，無忘其爲容者，必累其形」，是其證。○何寧云：王校是也，然而猶有未盡。首句當依文子作「夫須臾無忘其爲賢者」。「無忘其爲賢者」與「不忘其爲容者」相對爲文。「無」字在「須臾」上則句式不一律且不對矣。蓋「夫」字誤作「无」字，又寫作「無」，後人以兩「無」字義不可通。故删下「無」字以就「夫」字之誤耳，且「須臾」以上，泛論外内、精神、文質，「須臾」以下，具論爲賢、爲容，與上文「立名於爲賢」相應，故以「夫」字冠首。無「夫」字則與上文「飾其外者傷其内，扶其情者害其神，見其文者蔽其質」三句並列，非其義也。

【用韻】「性、形」耕部。

〔二七〕【許注】鶻鷹一舉千里，則形如塵芳，以其翮美也。

【版本】藏本注「鷹」作「應」，景宋本、汪本、張本、莊本、集解本作「鷹」，今據改，王溥本、朱本、茅本、葉本同藏本。

【箋釋】馬宗霍云：注文「塵芳」二字未詳。疑當作「塵埃」。莊子逍遥遊「野馬也，塵埃也」，郭象注曰：「此皆鵬之所馮以飛者耳。」陸德明釋文引崔譔云：「天地間氣蓊鬱似塵埃揚也。」據此，則本文之注，或藉以喻鵠鷹高舉之形，言其同於塵埃之輕浮也。

〔二八〕【箋釋】孫詒讓云：莖，文子符言篇作「荄」，與「骸、之」協韻，是也。「荄、莖」形近而誤。○胡懷琛云：孫言未必然，前兩句可以不用韻，如同篇「故木之大者傷其條，水之大者害其深」是也。後一句之字，尤不用韻。文子雖作「荄」，不必據以訂正淮南也。

天有明，不憂民之晦也，百姓穿户鑿牖，自取照焉；地有財，不憂民之貧也，百姓伐木芟草，自取富焉。至德道者若丘山，塊然不動，行者以爲期也〔一〕。直己而足物〔二〕，不爲人贛〔三〕，用之者亦不受其德，故寧而能久〔四〕。天地無予也〔五〕，故無奪也；日月無德也，故無怨也〔六〕。喜得者必多怨，喜予者必善奪〔七〕。唯滅迹於無爲而隨天地自然者，唯能勝理〔八〕而爲受名，名興則道行，道行則人無位矣〔九〕。故譽生則毁隨之，善見則惡從之〔一〇〕。利則爲害始，福則爲禍先。唯不求利者爲無害，唯不求福者爲無禍〔一一〕。侯而求霸者，必失其侯；霸而求王者，必喪其霸。故國以全爲常，霸王其寄也；身以生爲常，富貴其寄也。能不以天下傷其國，而不以國害其身者，焉可以託天下也〔一二〕。不知道者，釋其所已有，而求其所未得也〔一三〕。苦心愁慮，以行曲故〔一四〕，福至則喜，禍至則怖〔一五〕。神勞於謀，智遽於事〔一六〕。禍福萌生，終身不悔〔一七〕。己之所生，乃反愁人〔一八〕。不喜則憂，中未嘗平，持無所監，謂之狂生〔一九〕。

校釋

〔一〕【許注】行道之人，指以爲期，趨至。

【版本】景宋本、王溥本、王鎣本、葉本、汪本、張本、黄本、莊本、集解本「塊」作「嵬」，朱本作「巍」，茅本同藏本。景宋本、茅本、汪本、莊本、集解本注無「趨至」二字，王溥本、朱本、葉本同藏本。

【箋釋】吕傳元云：「德」當作「得」，「得」與「德」多致誤。文子符言篇正作「得」，是其證。下文「日月無德也，故無怨也」，「喜德者必多怨」，二「德」字皆當改作「得」。日月無得，與天地無予對言，喜得者與喜予者對言，「得」誤爲「德」，義便不可通矣。○雙棣按：「德」讀作「得」。文子符言篇用正字作「得」。又：塊與嵬、巍古音同在微部，可通借。

【用韻】「富、期」職之通韻。

〔二〕【許注】己，己山也。言山特自生萬物以足百姓，不爲百姓故生之。

【版本】茅本、汪本注「己」字不重，景宋本、王溥本、朱本、葉本、莊本、集解本同藏本。藏本注「特」作「指」，景宋本、茅本、汪本、莊本、集解本作「特」，今據改，王溥本無此字，朱本、葉本同藏本。王溥本此注在下文「贛」字下。

【箋釋】雙棣按：注下「己」字當作「謂」。藏本「指」爲「特」字之誤，「特」正釋正文「直」字。注「故」當釋爲「故意」、「特意」。

〔三〕【版本】藏本「爲」下無「人」字，各本均有「人」字，今據補。

【箋釋】吴闓生云：贛，賜也。

〔四〕【版本】藏本「亦」作「爾」，各本均作「亦」，今據改。藏本「久」作「文」，除茅本同藏本外，各本均作「久」，今據改。

【箋釋】劉績云：文子作「安而能久」。○雙棣按：藏本「爾」乃「亦」字之誤，「爾」俗作「尔」，與「亦」字形近，文子作「亦」。

〔五〕【版本】王溥本、王鎣本、葉本、吴本「予」作「與」，餘本同藏本。

【用韻】「德、久」職之通韻。

〔六〕【用韻】「奪、怨」月元通韻。

〔七〕【版本】王溥本、王鎣本、汪本、張本、黄本、莊本、集解本「得」作「德」，餘本同藏本。藏本「善」作「喜」，除茅本、葉本同藏本外，餘本均作「善」，今據改。

【箋釋】雙棣按：得，讀爲「德」。淮南書「得、德」常互用。

【用韻】「怨、奪」元月通韻。

〔八〕【許注】理，事理情欲也。勝理，去之。

〔九〕【箋釋】王念孫云：此當作「唯滅迹於無爲，而隨天地自然者，爲能勝理而無愛名，名興則道不行，道行則人無位矣」。（人如人心道心之人，上文高注云：無位，無所立也。）即上文所謂「人愛名則道不用，道勝人則名息也」。今本「爲能」誤作「唯能」，「無愛名」誤作「爲受名」，「道不行」又脱「不」字，則上下文皆不可通矣。韓詩外傳云：「唯滅跡於人，能（與而同。）隨天地自然，爲能勝理而無愛名，名興則道不用，道行則人無位矣。」是其證。又勝理，勝亦任也。言任理而不愛名也。隨天地自然，即所謂任理也。吕氏春秋適音篇「勝理以治身，則生全矣」，亦謂任理爲勝理也。高注曰「理，事理情欲也。勝理去之」，以事理爲情欲，義不可通。皆由誤以勝爲勝敗之勝，故多抵牾矣。

〔一〇〕【版本】藏本「惡」作「怨」，王溥本、王鎣本作「惡」，今據改，餘本同藏本。

【箋釋】王念孫云：劉本依文子符言篇改「怨」爲「惡」。劉改是也。譽與毀對，善與惡對，道藏本作「怨」者，涉上文兩「怨」字而誤。

〔一一〕【用韻】「害、禍」月歌通韻。

〔一二〕【許注】言不貪天下之利，故可以天下託也。

【版本】王溥本、王鎣本「不以國」作「不以其國」，「國」上有「其」字，餘本同藏本。景宋本、茅本、汪本、張本、吴本、黄本、莊本「焉」作「爲」，餘本同藏本。

【箋釋】王念孫云：焉，猶則也。老子「故貴以身爲天下，則可寄天下」，道應篇引作「焉可以託天下」，是其證。（荀子禮論篇「三者偏亡，焉無安人」，史記禮書作「則無安人」，是焉與則同義。詳見老子「信不足，焉有不信焉」下。）道藏本、劉本、朱本並作「焉」，茅一桂不解「焉」字之義，而改「焉」作「爲」，莊本從之，謬矣。◎雙棣按：景宋本作「爲」，此二頁景宋本蓋補抄。王說是。

〔一三〕【用韻】「有、得」之職通韻。

〔一四〕【箋釋】馬宗霍云：本書「曲故」二字連用，又見俶真篇。高誘彼注云：「曲故，曲巧也。」則此文「以行曲故」猶言以行曲巧也。劉家立淮南集證乃增「私」字於「曲」字之上，作「以行私曲」，而以「故」字下屬爲句，謬矣。◎雙棣按：馬說是。「曲故」一詞，本書尚見脩務篇「而曲故不得容焉」，高誘彼注云：「曲故，巧詐。」「曲故」二字不得拆開而以「故」下屬爲句，己巳年中華書局標點本集解仍以「曲」字爲斷，「故」下屬，謬之甚矣。又按：吕氏春秋察微篇「智士賢者相與積心愁慮以求之」，王引之云：「愁讀爲揫。爾雅曰：『揫，聚也。』積心、揫慮，其義一也。」金其源云：「集韻：『揂，説文：聚也。或作愁。』愁慮者，積慮也。」察賢篇「天下之賢主，豈必苦形愁慮哉」，馬敘倫、許維遹並云：「愁讀若揫，苦形、揫慮相對成誼。」此「愁」字亦當讀作「揫」，訓爲積。

〔一五〕【用韻】「慮、故、怖」魚部。

〔一六〕【箋釋】俞樾云：遽，讀爲「勮」。説文力部：「勞，勮也。」然則勮亦勞也。勮於事，謂勞於事也。「遽、勮」古通用。公羊宣六年傳釋文曰：「勮，本作遽。」

〔一七〕【用韻】「喜、謀、事、悔」之部。

〔一八〕【許注】禍福皆生於己，非旁人也。

【箋釋】劉文典云：御覽七百三十九引，作「不悔己之所生，乃反怨人」。○呂傳元云：作「怨」字是，涉上文「苦心愁慮以行曲」而譌。○何寧云：御覽引「愁人」作「怨人」，「怨」字是也。荀子法行篇曰「無身不善而怨人」，又曰「身不善而怨人，不亦反乎」，又曰「怨人者窮，怨天者無識，失之己而反諸人，豈不亦迂哉」，又韓詩外傳二「身不善而怨他人」，皆義與此同，是其證。

〔一九〕【許注】時無所監，所監者非玄德，故爲狂生。

【版本】莊本、集解本注「時」作「持」，景宋本、王溥本、朱本、茅本、葉本、汪本同藏本。景宋本注「爲」作「謂」。

【箋釋】王念孫云：李善注文選任昉哭范僕射詩曰：「淮南子曰：『臺無所監，謂之狂生。』高誘曰：『臺，持也。所鑒者非玄德，故爲狂生。臺，古握字也。』」如李注所引，則今本正文及高注，皆經後人删改明矣。又案：「臺」與「握」不同字，「臺」當爲「𡑒」，字之誤也。説文：「𡑒，古文握。」故高注云「𡑒，持也」。又云「𡑒，古握字也」。後人不知「臺」爲「𡑒」之誤，而改「臺」爲「持」，又改高注「臺，持也」爲「持無所監」，並删去「臺，古握字也」五字，以滅其跡，甚矣其妄也。○雙棣按：王説是。段玉裁與王説同。

【用韻】「生、人、平、生」耕真合韻。

人主好仁，則無功者賞，有罪者釋；好刑，則有功者廢，無罪者誅〔一〕。及無好者，誅而無怨，施而不德，放準循繩〔二〕，身無與事，若天若地，何不覆載〔三〕。故合而舍之者君也〔四〕，制而誅之者法也，民已受誅，怨無所滅，謂之道〔五〕。道勝則人無事矣。

聖人無屈奇之服〔六〕，無瑰異之行，服不視〔七〕，行不觀，言不議，通而不華，窮而不慴，榮而不顯，隱而不窮，異而不見怪，容而與衆同〔八〕，無以名之，此之謂大通〔九〕。

升降揖讓，趨翔周遊〔一〇〕，不得已而爲也，非性所有於身，情無符檢〔一一〕，行所不得已之事〔一二〕，而不解構耳，豈加故焉哉〔一三〕！故不得已而歌者，不事爲悲；不得已而舞者，不矜爲麗〔一四〕。歌舞而不事爲悲麗者〔一五〕，皆無有根心者〔一六〕。善博者不欲牟〔一七〕，不恐不勝，平心定意，捉得其齊〔一八〕，行由其理〔一九〕，雖不必勝，得籌必多。何則？勝在於數，不在於欲〔二〇〕。馳者不貪最先〔二一〕，不恐獨後，緩急調乎手，御心調乎馬，雖不能必先哉，馬力必盡矣〔二二〕。何則？先在於數，而不在於欲也〔二三〕。是故滅欲則數勝，棄智則道立矣。

賈多端則貧，工多技則窮，心不一也〔二四〕。故木之大者害其條，水之大者害其深〔二五〕；有智而無術，雖鑽之不通〔二六〕；有百技而無一道，雖得之弗能守〔二七〕。故詩曰：「淑人君子，其儀一也。其儀一也，心如結也〔二八〕。」君子其結於一乎！

校釋

〔一〕【用韻】「釋、誅」鐸侯合韻。

〔二〕【箋釋】雙棣按：廣雅釋詁四云：「放，依也。」論語里仁「放於利而行，多怨」，何晏注引孔曰：「放，依也。」

〔三〕【用韻】「德、事、載」職之通韻。

〔四〕【箋釋】楊樹達云：「合而舍之」義不明，文子道德篇作「合而和之」。

〔五〕【箋釋】王念孫云：怨無所滅，文子道德篇作「無所怨憾」是也。道固當誅，故受誅者無所怨憾。今本「怨」字誤在「無所」上，「憾」字又誤作「滅」，則文不成義。

〔六〕【許注】屈，短；奇，長也。服之不中，身之災也。

【版本】景宋本、茅本、汪本、莊本、集解本注「中」作「衷」，王溥本、朱本、葉本同藏本。

【箋釋】王念孫云：屈奇，猶瑰異耳。周官閽人「奇服怪民不入宫」，鄭注曰：「奇服，衣非常。」「屈奇之服」，即奇服也。司馬相如上林賦「摧崣崛崎」，義與屈奇相近，屈奇雙聲字，似不當分爲兩義也。○陶方琦云：一切經音義十二、又十五及唐本玉篇可部引許注：「屈，短也。奇，長也。」按：二注文正同。漢書廣川惠王越傳「謀屈奇」，注：「屈奇，異也。」説苑君道篇：「則未有布衣屈奇之士。」許注以屈爲短，即説文「屈，無尾也」之訓，以奇爲長，即漢書「操其奇贏」之訓。

○于大成云：晏子内篇問上十六章「朝無奇僻之服」，即此屈奇之服也。又諫下十三章：「景公爲履，黄金之綦，飾以銀，連以珠，良玉之絇，其長尺。」可以釋此「屈奇之服」之義。

〔七〕【許注】其所服，衆不觀視也。

【箋釋】馬宗霍云：余疑此注當在「行不觀」下，當作「其所服行，衆不觀視也」。此蓋總承上文而爲之注，傳寫「服」下捝去「行」字，因又移注於「服不視」下，不悟注中「觀」字本承正文之「行」言。若無「行」字，則但云「其所服，衆不視也」已足，何爲「觀視」並出邪？

〔八〕【版本】藏本「容」下「而」字作「不」，除茅本同藏本外，各本均作「而」，今據改。

〔九〕【用韻】「窮、同、通」冬東合韻。

〔一〇〕【箋釋】楊樹達云：遊，劉家立集證本作「旋」，是也。「遊」乃形近誤字。○雙棣按：作「旋」字是。升降、揖讓、趨翔皆謂禮節，不得唯此周遊不同類。周旋則亦謂禮節，禮記樂記：「升降上下，周還裼襲，禮之文也。」釋文：「還，音旋。」孟子盡心下：「動容周旋中禮者，盛德之至也。」本書精神篇云：「心雖欲樂，節之以禮，趨翔周旋，詘節卑拜。」本經篇云：「堂大足以周旋理文。」高誘注曰：「堂，明堂，所以升降揖讓脩禮容，故曰周旋。」可證此「周遊」當作「周旋」。主術篇「進退周旋」，「旋」亦誤作「遊」。

〔一一〕【許注】情無符檢，非所樂也。

〔一二〕【許注】揖讓者，不得已而爲。

〔一三〕【許注】豈故者，遭時宜而制禮，非故爲。

【版本】景宋本、茅本、汪本、張本、吴本、黄本、莊本、集解本「焉」作「爲」，餘本同藏本。

【箋釋】于鬯云：姚廣文云：「加，衍字。」注「豈故」連文，可證無「加」字。○于省吾云：人間篇「或解搆妄言而反當」，「構、搆」字通，亦作「解垢」。莊子胠篋：「解垢同異之變多，則俗惑於辯矣。」釋文引崔注：「解垢，詭曲之辭。」此言「而不解構」，即「而不詭曲」也。○馬宗霍云：注文未釋「解構」之義，本書俶真篇「孰肯解構人間之事」，高氏彼注云：「解構猶會合也。」則「解構」與「邂逅」同。「邂逅」見詩鄭風與唐風。鄭風毛傳云：「邂逅，不期而會。」知高注「會合」之訓即本諸毛傳。説文無「邂逅」字，陸德明詩釋文謂「邂本亦作解，遘本又作逅」，是詩之「解逅」本有作「解遘」者。構猶遘也。不期而會爲偶然之事。引申之，凡事之偶然者皆得謂之邂逅。然則淮南此文之「而不解構耳」，「不」猶「非」也。猶言「而非偶然也」。「非偶然」與上句之「不得已」，下句之「豈故爲」義正相應。○向承周云：「爲」一作「焉」，是也。注「豈故」云云，複舉正文，無「爲」字甚明。下云「非故爲」，乃加「爲」字以釋之耳。今本乃後人誤讀注文而改。○何寧云：姚謂「加」字衍，向謂「爲」當爲「焉」，是也。上文云「升降揖讓，趨翔周旋，不得已而爲也」，「豈故」下乃蒙上而省「爲」字，故注補出省文以明之。

〔一四〕【箋釋】蔣禮鴻云：「矜」當作「務」，字之誤也。兵略篇：「今天下皆知事治其末，而莫知務脩其本。」泰族篇：「夫指之拘也，莫不事申也；心之塞也，莫知務通也。」又曰：「今不知事修其本，而務治其末。」皆以事、務對文，是其證也。〇何寧與蔣説同。

【用韻】「歌、悲、麗」歌微合韻。

〔一五〕【箋釋】陳昌齊云：據文「不」字當衍。〇楊樹達、蔣禮鴻與陳説同。

〔一六〕【許注】中無根心，强爲悲麗。

〔一七〕【許注】博其棊，不傷爲牟也。

【版本】藏本注「牟」作「謀」，王溥本作「牟」，今據改，景宋本、茅本、汪本作「之」，朱本、葉本、莊本、集解本同藏本。

【箋釋】劉績云：韻書「倍勝曰牟」。〇吴承仕云：御覽七百五十四引注云：「博以不傷爲牟。牟，大也，進也。」洪興祖楚辭補注引注云：「博其棊，不傷爲牟。」今本注作「謀」者，聲近而誤。〇于省吾云：楚辭招魂「成梟而牟」注：「倍勝爲牟。」楚策：「夫梟之所以能爲者，以散棊佐之也。夫一梟之不勝五散亦明矣。」史記范睢蔡澤列傳：「君獨不觀夫博者乎？或欲大投，或欲分功。」索隱：「言夫博奕，或欲大投其瓊以致勝，或欲分功者，謂觀其勢弱，則投地而分功以遠救也。」按：不欲牟，謂五散分功，不欲以一梟取勝也。下云「不恐不勝，平心定意，投得其齊，行由其理，雖不必勝，得籌必多」，前後義正相銜。〇馬宗霍謂注「謀」爲「牟」誤，與吴説同。又云：蓋注以「不傷」釋正文之「牟」，非訓牟爲謀也。然「不傷」似不如王逸訓「倍勝」之允。善博者不欲倍勝，與下句「不恐不勝」意正相銜，若依許注訓不傷，則不欲不傷，義反窒矣。〇向承周云：「其棊」當作「六棊」。古「其」字作「亓」，與「六」相似，常互誤。

〔一八〕【許注】齊，得其適。

【箋釋】王念孫云：「捉」當爲「投」。投得其齊，謂投箸也。秦策曰：「君獨不觀博者乎？或欲大投，或欲分功。」下文「行由其理」，謂行棊也。楚辭招魂注曰：「投六箸，行六棊，故爲六博。」是也。隸書「投」字或作𢪃，「捉」字或作捉，二形相似，故「投」誤爲「捉」。太平御覽工藝部十一引此，正作「投」。

〔一九〕【用韻】「勝、意、理」蒸職之通韻。

〔二〇〕【許注】欲勝也。

【用韻】「數、欲」侯屋通韻。

〔二一〕【許注】馳，競驅也。

【箋釋】劉績云：馳，除救切。○莊逵吉云：「馳」即「騁」之省文。孫編修、程文學皆説如是。○孫志祖云：玉篇馬部有馳字，除救切，廣韻在四十九宥内，注皆訓爲競驅，與高誘注正合。非「騁」之省文也。○王念孫云：劉注及孫頤谷説是也。玉篇、唐韻「競驅」之訓，既本於高注，則讀馳爲胄，亦必本於高注，今本高注有義無音，寫者脱之耳。馳之言逐也。（逐、馳古同聲，大畜九三「良馬逐」，釋文：「逐如字，鄭本作逐逐，云兩馬走也。一音胄。」海外北經「夸父與日逐走」，郭注：「逐音胄。」）晉灼注漢書五行志曰：「競走曰逐。」故高注言「競驅」。若是「騁」字，則但可訓爲「驅」，不可訓爲「競驅」矣。與人競驅，故云「不貪最先，不恐獨後」，若但曰騁，則無先後之可言矣。孫、程必以爲騁之省文者，徒以説文無馳字故耳，不知是書之字，固有説文所不收者。且馳謂之騁，競驅謂之馳，一从甹聲，一从由聲，（馳从由聲，與胄、宙同。）不得以甲代乙也。

〔二二〕【版本】王溥本、王鎣本、朱本、葉本、汪本、張本、吴本、黄本、莊本、集解本「哉」作「載」，景宋本、茅本同藏本。

【箋釋】雙棣按：當以藏本作「哉」爲是，此是語詞，劉改爲「載」，是否謂爲「載重」之義，若是則失之，若通作「哉」，則無須改作「載」矣。

〔二三〕【用韻】「後、馬」侯魚合韻，「先、盡」文真合韻。

【用韻】「數、欲」侯屋通韻。

〔二四〕【箋釋】劉文典云：御覽八百十九引注云：「賈多端非一。」〇吴承仕云：齊民要術貨殖篇引此文高誘注曰：「賈多端，非一術。工多伎，非一能。故心不一也。」今御覽引注，闕略不全，蓋傳寫失之。

〔二五〕【箋釋】楊樹達云：「條」當讀爲「修」，字之假也。修者，長也。淮南書諱「長」，故凡「長」皆云「修」。木圍大則不必長，故云「木之大者害其修」，與下句「水之大者害其深」文正相對。漢書高惠高后文功臣表：「修侯周亞夫。」師古曰：「修讀爲條。」是修條二字古通之證。劉家立集證不知「條」爲「修」之假字，改「條」爲「根」，謬矣。

〔二六〕【許注】雖有智慧，鑽之彌牢，無術不能達也。

【版本】王溥本、王鎣本、吴本「鑽之」下有「而」，王溥本注「達」下有「之」字，餘本均同藏本。

【箋釋】王念孫云：「通」本作「達」。此後人以意改之也，「術、達」爲韻，「道、守」爲韻，改「達」爲「通」，則失其韻矣。據高注云「無術不能達」，則正文作「達」甚明。○何寧云：「不」下當有「能」字，故許注云「無術不能達也」。雖鑽之不能達，雖得之弗能守，相對爲文。又「牢」字當爲「堅」，乃避隋諱也。

〔二七〕【用韻】「道、守」幽部。

〔二八〕【版本】藏本「其儀一也」不重，景宋本、茅本、汪本、張本、黄本、莊本、集解本重「其儀一也」，今據補，餘本同藏本。

【箋釋】劉文典云：荀子勸學篇引此詩「淑人君子，其儀一兮。其儀一兮，心如結兮」，楊注引毛傳：「尸鳩之養七子，旦從上而下，暮從下而上，平均如一。善人君子，其執義亦當如尸鳩之一。執義一，則用心堅固，故曰心如結也。」(「平均如一」下，今以爲箋文，非。)○雙棣按：引詩見曹風鳲鳩。今本「也」均作「兮」。

【用韻】「一、結」質部。

舜彈五絃之琴〔一〕，而歌南風之詩〔二〕，以治天下〔三〕。周公殽臑不收於前〔四〕，鍾鼓不解於縣，以輔成王而海内平。匹夫百晦一守〔五〕，不違啟處〔六〕，無所移之也。以一人兼聽天下，日有餘而治不足，使人爲之也〔七〕。處尊位者如尸，守官者如祝宰。尸雖能剥狗燒彘，弗爲也，弗能無虧〔八〕；俎豆之列次，黍稷之先後，雖知弗教也，弗能無害也〔九〕。不能祝者不可以爲祝，無害於爲尸〔一〇〕；不能御者不可以爲僕，無害於爲佐〔一一〕。故位愈尊而身愈佚，（身）〔官〕愈大而事愈少〔一二〕。譬如張琴，小絃雖急，大絃必緩〔一三〕。

無爲者，道之體也。執後者，道之容也〔一四〕。無爲制有爲，術也；執後之制先，數也〔一五〕。放於術則强，審於數則寧〔一六〕。今與人下氏之璧〔一七〕，未受者，先也；求而致之，雖怨不逆者，後也。三人同舍，二人相爭，爭者各自以爲直，不能相聽，一人雖愚，必從旁而決之，非以智也，以不爭也〔一八〕。兩人相鬭，一羸在側〔一九〕，助一人則勝，救一人則免，鬭者雖强，必制一羸，非以勇也，以不鬭也。由此觀之，後之制先，静之勝躁，數也。倍道棄數以求苟遇，變常易故以知要遮〔二〇〕，過則自非，中則以爲候〔二一〕，闇行繆改，終身不寤，此之謂狂〔二二〕。有禍則詘，有福則羸〔二三〕，有過則悔，有功則矜，遂不知反，此謂狂人〔二四〕。

員之中規，方之中矩，行成獸〔二五〕，止成文〔二六〕，可以將少而不可以將衆；蓼菜成行〔二七〕，瓶甌有堤〔二八〕，量粟而舂，數米而炊，可以治家而不可以治國；滌杯而食，洗爵而飲，浣而後饋〔二九〕，可以養家老而不可以饗三軍。非易不可以治大，非簡不可以合衆。大樂必易，大禮必簡。易故能天，簡故能地〔三〇〕。大樂無怨，大禮不責，四海之内，莫不繫統，故能帝也〔三一〕。

校釋

〔一〕【許注】古琴五絃，至周有七律，增爲七絃也。

【版本】茅本、汪本、莊本、集解本此注在下文「以治天下」下，景宋本、王溥本、朱本、葉本同藏本。

〔二〕【許注】南風，愷樂之風。

【版本】茅本、汪本、莊本、集解本此注在下文「以治天下」下，景宋本、王溥本、朱本、葉本同藏本。

【箋釋】楊樹達云：禮記樂記疏云：「聖證論引尸子及家語難鄭云：『昔者舜彈五絃之琴，其辭曰：南風之薰兮，可以解吾民之愠兮；南風之時兮，可以阜吾民之財兮。』」〇于大成云：風俗通聲音篇云「尚書：舜彈五絃之琴，歌南風之詩，而天下治」，今尚書無此文，當出尚書大傳，此文所本也。韓非子外儲説左上「有若曰：昔者舜鼓五弦，歌南風之詩，而天下治」，韓詩外傳四「傳曰：舜彈五絃之琴，以歌南風，而天下治」。

〔三〕【用韻】「詩、下」之魚合韻。

〔四〕【許注】臑，前肩之美也。

【版本】藏本「殽」作「散」，王溥本、王鎣本、朱本、汪本、張本、吴本、黄本、莊本、集解本作「殽」，今據改，餘本同藏本。

【箋釋】莊逵吉云：史記龜策傳曰：「取前足臑骨。」徐廣曰：「臑，臂。」説文解字云：「臑，臂，羊矢也。」吴人沈彤云：「解字誤豕爲矢，令人難解，蓋謂羊豕之臂耳。」〇王引之云：大雅既醉箋：「殽，牲體也。」牲體多矣，不應獨言臑，「臑」當爲「腝」。（奴低反。凡隸書從耎從需之字多相亂，故腝誤爲臑。）説文：「腝，有骨醢也。」或作臡。爾雅：「肉謂之醢，有骨者謂之臡。」周官醢人「朝事之豆，其實有麋臡、鹿臡、麇臡」是也。殽，俎實也。腝，豆實也。殽腝猶言俎豆耳。殽腝鍾鼓，各爲一物，文正相對。〇向承周云：王説是也。注文不成義，當作「腝，有骨之羹也」。今本「骨」誤爲「肩」，「羹」誤爲「美」，皆由形似致誤。後人又改「有」爲「前」，不知許注自用釋器文也，易「醢」爲「羹」耳。

〔五〕【許注】百畮之田，一夫一婦守也。

【箋釋】于鬯云：據注，似「匹夫」下原有「匹婦」二字。〇雙棣按：韓詩外傳四「守」作「室」。

〔六〕【許注】遑，暇。啟，開。

【版本】莊本、集解本此注在下文「移之也」下。

【箋釋】楊樹達云：詩四牡云：「不遑啟處。」采薇云：「不遑啟居。」傳、箋並訓「啟」爲「跪」，是也。訓「開」不合。○雙棣按：楊説是。「啟」當如毛詩傳箋訓「跪」。説文：「跪，拜也。」繫於拜之坐爲跪，實亦坐也。説文：「居，蹲也。」「處，止也，得几而止。」居、處義亦相近。啟處即坐而休息也。

〔七〕【箋釋】沈延國云：「日有餘而治不足」句必有脱譌。蓋上言「舜彈五絃之琴，而歌南風之詩，以治天下。周公殽臑不收於前，鍾鼓不解於縣，以輔成王而海内平。匹夫百晦一守，不遑啟處，無所移之也」，皆古聖先王無爲而治之義。此言「日有餘而治不足」，則與上意悖矣。疑當作「日有餘而下治是使人爲之也」，方與上下文合。韓詩外傳四引作「夫以一人而兼聽天下，其日有餘而下治，是使人爲之也」，是其明證。此「不」字係「下」字之譌，又誤乙於「治」字下，「足」爲「是」形似之譌，本屬下句，「下」既誤「不」，遂以「足」字屬上讀，致失本意。當據韓詩外傳校正。○雙棣按：沈説是。許維遹韓詩外傳集釋謂淮南是而外傳非，故據此而改彼，失之。

〔八〕【許注】尸不能治狗，事不虧也。

【版本】藏本「虧」上無「無」字，景宋本、茅本、張本、黄本、莊本、集解本有，今據補，餘本同藏本。

【箋釋】吴承仕云：注疑當作「尸不能治狗堯，事不虧也。」各本並有奪文。○雙棣按：正文云「剥狗燒堯」，注文不當單言狗，「狗」下奪「堯」字明矣。蔣刊道藏輯要本注「狗」下有「堯」字，然又奪「事」字。

〔九〕【版本】王溥本、王鎣本、汪本、張本、吴本、黄本、莊本、集解本「害」上無「無」字，餘本同藏本。

【箋釋】王念孫云：「弗能無害」，謂雖弗能亦無害於事也。故下文云「不能祝者，不可以爲祝，無害於爲尸」。莊本「害」上脱「無」字，蓋爲劉本所誤。○陶鴻慶云：王氏校正此文，「害也」當作「無害也」，其説是也。而有未盡。「弗能」當作「弗知」。上文云「尸雖能剥狗燒彘，弗爲也，弗能無虧」，語意相承。此云「雖知弗教也，弗知無害也」，語意亦相承。上指事物，故以能言；此指禮數，故以知言。若作「弗能無害」，則與上句不相值矣。今本即涉上文「弗能無虧」而誤。

【用韻】「虧、害」歌月通韻。

〔一〇〕【許注】無害者可以爲尸也。

〔一一〕【許注】佐，君位也。

【版本】藏本無「可」字，王溥本、王鎣本、朱本、汪本、張本、吴本、黄本、莊本、集解本有「可」字，今據補，餘本同藏本。

【箋釋】俞樾云：高注曰「佐，君位也」，則正文及注，「佐」字均當作「左」。禮記曲禮篇正義曰：「車行則有三人，君在左，僕人中央，勇士在右。」是左爲君位也。今加人旁作佐，則失其旨矣。○吴汝綸云：「佐」注爲君位，則「左」之借。

【用韻】「祝、僕」覺屋合韻，「尸、佐」脂歌合韻。

〔一二〕【版本】藏本「官」作「身」，據蔣禮鴻校改，景宋本作「宫」，餘本同藏本。

【箋釋】蔣禮鴻云：「身愈大而事愈少」，義不可通，「身」字誤也。宋本作「宫」，「宫」乃「官」字之誤。上文曰「處尊位者如尸，守官者如祝宰」，與此並以「官位」相對，是其證。○王叔岷與蔣説同。○雙棣按：蔣、王説是。本書「宮、官」多互譌，前文「三官」，藏本、景宋本等亦誤作「三宮」，「宮、官」形近，故易混耳。

〔一三〕【箋釋】顧廣圻云：「琴」疑作「瑟」。○何寧云：顧説是也。繆稱篇「治國譬若張瑟，大絃絚則小絃絶矣」，泰族篇「故張瑟者，小絃急而大絃緩」，字皆作「瑟」。

〔一四〕【用韻】「爲、體」歌脂合韻，「後、容」侯東通韻。

〔一五〕【箋釋】陶鴻慶云：道之容也，「容」讀爲「庸」，庸，用也。「執後者，道之用」，與「無爲者，道之體」，文義相對。「執後之制先」，當作「執後以制先」，今本作「之」者，涉下文「後之制先，静之勝躁」而誤。○向承周云：「執後以制先」，「執」字涉上而衍。無爲與有爲相對，後與先相對，不當有「執」字。下文「後之制先，静之勝躁，數也」，即其明證。○雙棣按：向説是也。原道篇亦云「夫執道理以耦變，先亦制後，後亦制先」，後先相對。

〔一六〕【用韻】「强、寧」陽耕合韻。

〔一七〕【版本】藏本「卞氏之璧」誤作「弁民之璧」，除景宋本同藏本外，各本均作「卞氏之璧」，今據改。

〔一八〕【版本】藏本「智」下無「也以」二字，王溥本、王鎣本、朱本、葉本、吴本有「也以」二字，今據補，餘本同藏本。

【箋釋】莊逵吉云：吴處士江聲云：應作「非以智也，以不争也」。參之下文，當是。考明中立四子本，本作「非以智也，以不争也」，知傳刻原有異同。〇劉文典云：御覽四百九十六引亦作「非以智也，以不争也」，與中立四子本合。道藏本作「非以智不争也」，文不成義，當依中立四子本。

〔一九〕【許注】羸，劣人也。

〔二〇〕【版本】藏本「遮」作「庶」，王溥本、王鎣本、朱本、茅本、葉本、汪本、張本、吴本、黄本、莊本、集解本作「遮」，今據改，景宋本同藏本。

【用韻】「數、遇、故、遮」侯魚合韻。

〔二一〕【版本】藏本「過」作「遇」，除景宋本同藏本外，餘本均作「過」，今據改。

〔二二〕【版本】王溥本、王鎣本、吴本「寤」作「悟」，餘本同藏本。

【用韻】「候、寤」侯魚合韻。

〔二三〕【版本】藏本「禍」作「滑」，除景宋本、葉本同藏本外，餘本均作「禍」，今據改。藏本「羸」作「贏」，汪本、張本、黄本、莊本、集解本作「羸」，今據改，餘本同藏本。

【箋釋】劉績云：「羸」同「盈」，氣滿也。〇陳昌齊云：「羸」當作「羸」。〇于大成云：御覽七百三十九引作「有禍則詘，有福則盈」。〇雙棣按：「羸」字當是「羸」字之誤，「羸」亦當爲「羸」字之借。劉績云「羸」同「盈」，「羸」亦當作「羸」。

〔二四〕【箋釋】劉文典云：「此謂狂人」，本作「此之謂狂」，與上文「此之謂狂」一律。御覽七百三十九引此文，正作「此之謂狂」，是其證。

【用韻】「羸、矜、人」耕真合韻。

〔二五〕【許注】有謂古禮執羔麑鹿，取其跪乳，羣而不黨。

【版本】王溥本、王鎣本、吳本「員」作「圓」，餘本同藏本。

【箋釋】洪頤煊云：「行成獸」，言有迹可法。○俞樾云：「成獸」之文，殊不成義。高注曲爲之說，非也。「獸」疑「獻」字之誤。隸書「獸」或作「𤡡」，見桐柏廟碑，形與「獻」似，故「獻」或誤爲「獸」。周官庖人職「賓客之禽獻」，注曰：「獻，古文爲獸。杜子春云當爲獻。」是其例也。論語八佾篇「文獻不足故也」，文、獻對文，自有所本。「行成獻，止成文」者，獻，賢也，言行則成賢善，止則成文采也。字誤用「獸」，則不可通矣。○蔣超伯云：泰族篇「員中規，方中矩，動成獸，止成文，可以愉舞，不可以陳軍」，此文「將少」亦當作「愉舞」，成文、成獸，謂習舞之容，注於「成獸」所說，非是。○吳汝綸云：員方行止，謂行軍行陳，成獸如所謂熊羆、飛翰、雁行、常山蛇之類，魚麗、觀鵝之屬耳，注非。○劉文典云：俶真篇「文章成獸」，此「成獸」二字之見於本書者。俞氏以爲文不成義，失之。○楊樹達云：許以羔麑鹿跪乳釋行成獸，固爲未諦。俞氏遂欲改字，非也。行成賢善，義豈可通！抑與「將少」、「將衆」何涉乎？今按：行成獸，乃謂勒衆時行陳之名，猶左傳云觀鵝之陳之比，故下文云「可以將少，不可以將衆也」。泰族篇文與此文大同，可以參證。彼文亦作「成獸」，「獸」非誤字明矣。○金其源云：本書說山訓「介蟲之動以固」

注：「動，行也。」周禮天官庖人「共喪紀之庶羞，賓客之禽獻」，後鄭注：「獻，古文爲獸。」又春官司尊彝「鬱齊獻酌」，先鄭注：「獻讀爲儀。」是以書大誥「民獻有十夫」，尚書大傳作「民儀有十夫」。然則「行，動也」，獸爲獻之古文，儀又爲獻之通假，「行成獸」者，動成儀也。故下句對「止成文」。其後泰族訓「行成獸，止成文」同。◯馬宗霍云：下文云「可以將少而不可以將衆」，是淮南此節本以將兵爲喻，行止二句當指軍容而言。許注固爲曲説，俞説尤不可通。洪説近之，但亦無所取證。今案：禮記曲禮上「行，前朱鳥而後玄武，左青龍而右白虎」，鄭玄注云：「以此四獸爲軍陳，象天也。」孔穎達疏云：「此明軍行象天文而作陳法也。前南後北，左東右西。朱鳥、玄武、青龍、白虎，四方宿名也。軍前宜捷，故用鳥。軍後須殿捍，故用玄武。玄武，龜也。龜有甲，能禦侮用也。左爲陽，陽能發生，象其龍變生也。右爲陰，陰沈能殺，虎沈殺也。軍之左右，生殺變應，威猛如龍虎也。何胤云：如鳥之翔，如蛇之毒，龍騰虎奮，無能敵此四物。鄭注四獸爲軍陳，則是軍陳之法也。但不知何以爲之耳。」孔疏又云：「朱雀是禽，而總言獸者，通言耳。言爲軍陳者，則四獸各有軍陳之法。故昭二十一年宋人與華亥戰，云鄭翩願爲鸛，其御願爲鵝。又兵書云：善用兵者似率然。率然者常山蛇，擊其首則尾至，擊其尾則首至，擊其中則首尾俱至。是其各有陳法也。」據此，知古軍陳之法蓋有取象於獸者。是之謂「行成獸」。泰族篇亦有此文，義同。◯何寧云：「行成獸，止成文」，蓋謂行止皆成文章，獸亦文也，故俶真篇曰「文章成獸」。又本經篇「發動而成於文」，高注：「發，作也。動，行也。」繆稱篇云「動於近，成

文於遠」，二文即行動成文之意。今止言文而行言歎者，變文成義耳。此皆繁文縟節，可行之於窔奧之間，故曰「可以將少而不可以將衆」，泰族篇曰「可以愉舞而不可以陳軍」也。

〔二六〕【許注】文謂威儀文采。

〔二七〕【許注】蓼菜小，皆有行列也。

【版本】藏本正文及注「蓼」誤作「蔾」，景宋本、王溥本、王鎣本、吴本、莊本、集解本作「蓼」，今據改，朱本、茅本同藏本。

〔二八〕【許注】堤，瓶甌下安也。

【版本】王溥本注「安」作「案」。朱本注有「堤一作瑅」四字。

【箋釋】李哲明云：「「堤」借爲「底」。説文：「底，山居也。一曰：下也。」段氏注：「下爲底，上爲蓋。今俗語如是。」玉篇、廣韻並云：「底，止也，下也。」此堤字之義，蓋下有所止則安矣，故注云「下安也」。」〇楊樹達云：「「堤」當讀爲「提」。説文云：「提，挈也。」「瓶甌有提」，提謂用手提挈之處，舊説未是。泰族篇云：「甂甌有蓵。」「蓵」亦「提」之假字。」〇雙棣按：許注是也。安即案，劉績改用本字。説文：「案，几屬。」廣雅釋器王念孫疏證云：「案之言安也，所以安置食器也。」安、案同源。安與案古可通用，史記秦始皇本紀「安土息民」司馬貞索隱：「賈誼書『安』作『案』。」爾雅釋詁下「安，止也」郝懿行義疏云：「安，通作案。」許注「下安」即今之言底座也。漢語大詞典立一義項「器物底座」甚是。參泰族篇二一七七五頁注〔一五〕馬宗霍説。

〔二九〕【許注】饋，進食也。

〔三〇〕【用韻】「簡、地」元歌通韻。

〔三一〕【用韻】「責、帝」錫部。

心有憂者，筐牀衽席弗能安也〔一〕，菰飯犓牛弗能甘也〔二〕，琴瑟鳴竽弗能樂也。患解憂除，然後食甘寢寧，居安游樂。由是觀之，性有以樂也，死有以哀也〔三〕。今務益性之所不能樂，而以害性之所以樂。故雖富有天下，貴爲天子，而不免爲哀之人。凡人之性，樂恬而憎憫〔四〕，樂佚而憎勞。心常無欲，可謂恬矣；形常無事，可謂佚矣。遊心於恬，舍形於佚〔五〕，以俟天命，自樂於内，無急於外，雖天下之大，不足以易其一槩〔六〕，日月廋而無溉於志〔七〕。故雖賤如貴，雖貧如富〔八〕。大道無形，大仁無親，大辯無聲，大廉不嗛，大勇不矜〔九〕。五者無棄，而幾鄉方矣〔一〇〕。

軍多令則亂，酒多約則辯〔一一〕。亂則降北，辯則相賊〔一二〕。故始於都者常大於鄙，始於樂者常大於悲。其作始簡者，其終本必調〔一三〕。今有美酒嘉肴以相饗，卑體婉辭以接之，欲以合歡，争盈爵之間〔一四〕，反生鬭。鬭而相傷，三族結怨，反其所憎，此酒之敗也〔一五〕。詩之失僻〔一六〕，樂之失刺〔一七〕，禮之失責〔一八〕。徵音非無羽聲也，羽音非無徵聲也，五音莫不有聲，而以徵羽定名者，以勝者也〔一九〕。故仁義智勇，聖人之所備有也，然而皆立一名者〔二〇〕，言其大者也。

陽氣起於東北，盡於西南；陰氣起於西南，盡於東北。陰陽之始，皆調適相似，日長其類，以侵相遠〔二一〕，或熱焦沙，或寒凝水〔二二〕。故聖人謹慎其所積。水出於山而入於海，稼生於野而藏於廩，見所始則知終矣〔二三〕。

校釋

〔一〕【許注】衽，柔弱也。

【箋釋】雙棣按：衽席即臥席也。禮記曲禮上：「請席何鄉，請衽何趾。」鄭注云：「衽，臥席也。」韓詩外傳二：「執巾櫛，振衽席。」本書説山篇作「荏席」。「文公棄荏席後黴黑」高注：「晉文公棄其臥席之下黴黑者。」亦以臥席釋荏席。

〔二〕【許注】菰，凋胡也。

〔三〕【版本】王溥本、王鎣本、朱本、茅本、汪本、張本、吴本、黄本、莊本、集解本「性」作「生」，景宋本、葉本同藏本。

【箋釋】蔣禮鴻云：生，宋本作「性」，是也，當據改。「死」字衍。「性有以樂也，有以哀也」作一句讀。下云「今務益性之所不能樂，而以害性之所以樂，故雖富有天下，貴爲天子，而不免爲哀之人」，正承此句而言，豈云死而後哀哉！「性」誤作「生」，校者乃輒加「死」字耳。○雙棣按：蔣説是。前文云「心有憂者」，又云「患解憂除」，「性有以樂也，有以哀也」，正「由是觀之」而得之結論，與生死無涉。性，景宋本、道藏本均不誤，蓋劉績所改。「死」字衍文無疑。

〔四〕【許注】憫，憂有所在也。

〔五〕【版本】藏本「形」下「於」字作「放」，王溥本、王鎣本、朱本、葉本、汪本、張本、吴本、黄本、莊本、集解本作「於」，今據改，景宋本、茅本同藏本。

【箋釋】馬宗霍云：「舍形」與「遊心」爲對。舍猶息也，休也。

〔六〕【箋釋】李哲明云：疑「一槩」是「一介」之誤，孟子「柳下惠不以三公易其介，伊尹禄之以天下弗顧，而一介不以取之」，正與此文意同。公羊文十二年傳「惟一介」注：「一介猶一槩。」故此文以同音寫爲「一槩」，遂易下文「概」字爲「溉」，固理之所有也。○楊樹達云：説文云：「槩，杚斗斛也。」概與槩同。○于省吾云：詩載馳傳「進取一槩之義」疏：「一槩者，一端。」文選長笛賦「老莊之槩也」注：「槩猶節也。」一節與一端義同。○馬宗霍與于説同。○王叔岷云：「天下」疑本作「天地」，「天地」與「日月」相對爲文。莊子達生篇：「雖天地之大，萬物之多，而唯蜩翼之知。」可爲旁證。

〔七〕【許注】廋，隱也。溉，灌也。己自隱藏不以他欲灌其志也。

【箋釋】于省吾云：注訓溉爲灌，至爲迂曲。莊子至樂「我獨何能無槩然」，釋文引司馬注：「槩，感也。」槩同概，通溉。史記范睢蔡澤列傳：「而不概於王心邪？」集解引徐廣：「概一作溉，音同。」文選七發「於是澡槩胷中」注：「槩與溉同。」是其證。此言「而無溉於志」，即「而無感於志」也。

〔八〕【用韻】「槩、貴」物部，「志、富」之職通韻。

〔九〕【用韻】「形、親、聲、矜」耕真合韻。

〔一〇〕【許注】方，道也。庶幾鄉於道。

【版本】莊本、集解本注「鄉」作「向」。

【箋釋】于大成云：文本莊子齊物論。

〔一一〕【用韻】「亂、辯」元部。

〔一二〕【用韻】「北、賊」職部。

〔一三〕【箋釋】王念孫云：兩「大」字，一「本」字，皆義不可通。此文當作「故始於都者常卒於鄙，始於樂者常卒於悲，其作始簡者，其終卒必調」。莊子人間世篇「且以巧鬭力者，始乎陽，常卒乎陰；以禮飲酒者，始乎治，常卒乎亂。凡事亦然。始乎諒，常卒乎鄙。其作始也簡，其將畢也必巨」。即淮南所本也。（上文曰：「故以巧鬭力者，始於陽，常卒於陰；以慧治國者，始於治，常卒於亂。」亦本莊子。）今本上兩「卒」字作「大」，下一「卒」字作「本」者，隸書「卒」或作「卆」，「本」或作「夲」，二形相似，故「卒」誤爲「本」。（墨子備高臨篇「足以勞卒，不足以害城」，漢書游俠傳

「其陰賊著於心，卒發於睚眦」，今本「卒」字，並誤作「本」。）上兩「本」字又脱其下半而爲「大」耳。○俞樾云：王説是矣。惟「調」之言和也，合也，與「簡」字之義殊不相應。「調」當作「䎽」。玉篇多部：「䎽，丁么切，多也，大也。」「其作始簡者，其終卒必䎽」，言始於少而終於多也。莊子人間世篇曰：「其作始也簡，其將畢也必巨。」巨者，大也。大與多義相近，故玉篇「䎽」訓多，亦訓大，且其字亦或從大作「奝」也。○馬宗霍云：説文：「調，龢也。」（依段注）龢從龠得義，龠者，樂之竹管三孔以和衆聲也。衆聲相和謂之調，則調由本義引申之，自有衆多之意。衆與簡義正相應。「䎽」字始見廣雅釋詁，訓曰「大也」，即玉篇所自出。然不見於説文，經傳亦未有用之者，蓋爲後起俗字。俞氏欲易調爲䎽，殊失之好異。○許建平云：今謂「調」蓋「稠」之借。莊子天下「可謂稠適而上遂矣」，釋文：「稠音調，本亦作調。」此借「調」爲「稠」，故釋文破讀爲「調」。調、稠皆從周得聲，例可通用。説文：「稠，多也。」段玉裁注：「本謂禾也，引申爲凡多之稱。」多與簡義正相對。

【用韻】「悲、調」微幽合韻。

〔一四〕【許注】爵，所以飲，争滿不滿之間。

【版本】茅本、汪本、張本、黄本、莊本、集解本此注在下文「反生鬬」下（張本、黄本且無「爵所以飲」四字）。

【箋釋】王念孫云：文選鮑照結客少年場行注引此，「以相饗」，「饗」上有「賓」字，「反生鬬」，

「反」上有「乃」字，句法較爲完整。〇于省吾云：王説非是。「反」上不必增「乃」字。「饗」上增賓字，於文尤贅。

〔一五〕【用韻】「怨、敗」元月通韻。

〔一六〕【許注】詩者，衰世之風也，故邪而以之正。小人失其正，則入於僻。

【版本】莊本、集解本注「於僻」作「于邪」，景宋本注「僻」作「邪」，朱本、茅本、葉本、汪本同藏本。

〔一七〕【許注】鄉飲酒之樂歌鹿鳴，鹿鳴之作，君有酒肴，不召其臣，臣怨而刺上者非也。

【箋釋】吴承仕云：陳喬樅曰：此説與史記十二諸侯年表及蔡邕琴操並合，是高誘用魯詩之明證。案：近人以篇題注文，分别許、高異，以詮言篇爲許慎注。然許慎所治，毛詩學也，不宜以鹿鳴爲刺詩。而陳喬樅引高誘詩説，皆爲魯學，文證甚明，則此注爲高誘注，於理爲近。或許慎隨順本文，故以魯學説之，不固守毛義也。

〔一八〕【許注】禮無往不復，有施於人則責之。

【用韻】「僻、刺、責」錫部。

〔一九〕【許注】徵音之中有羽聲，而以徵音名之者，羽音徵，以著言者也。

【箋釋】吴承仕云：注「羽音徵」，「徵」當作「微」。謂羽微而徵著，故以徵音名也。羽音微，「音」亦當作「聲」，以本文勘之，可知。各本「微」作「徵」，形近而誤。〇雙棣按：據許注「而以徵音名之者」，則正文「而以徵羽定名者」當作「而以徵音定名者」。「羽」爲「音」字之誤。

【用韻】「聲、聲、聲、名」耕部。

〔二〇〕【許注】立一名，謂仁義智勇兼以聖人之言。

【版本】藏本注「立」誤作「亡」，景宋本、王溥本、朱本、茅本、汪本、莊本、集解本作「立」，今據改，葉本同藏本。

〔二一〕【許注】言陽氣自大寒日日長温，以致大熱，與大寒相遠也。

【版本】藏本注下「日」字作「月」，王溥本作「日」，今據改，景宋本、朱本、茅本、葉本、汪本、莊本、集解本同藏本。莊本、集解本注「致」作「至」，景宋本、王溥本、朱本、茅本、葉本、汪本同藏本。

【箋釋】劉績云：長，上聲。言陽氣起東北，尚似陰，至於西南則熱而相遠，即今之春夏也。陰氣起西南，尚類陽，至於東北則寒而相遠，即今之秋冬也。〇楊樹達云：説文云：「侵，漸進也。從人又持帚，若埽之進。又，手也。」此文「以侵相遠」，正謂以漸相遠，與説文訓合。疑許即本淮南義以説字也。今通作浸字。

〔二二〕【版本】王溥本、王鏊本、葉本、吴本「水」作「冰」，餘本同藏本。

〔二三〕【箋釋】于大成云：泰族篇云「夫水出於山而入於海，稼生於田而藏於倉，聖人見其所生則知其所歸矣」，依彼文，此「終」字上當有「所」字。

席之先雚蕈〔一〕，樽之上玄樽〔二〕，俎之先生魚〔三〕，豆之先泰羹〔四〕，此皆不快於耳目，不適於口腹〔五〕，而先王貴之〔六〕，先本而後末〔七〕。聖人之接物，千變萬軫〔八〕，必有不化而應化者〔九〕。夫寒之與煖相反，大寒地坼水凝，火弗爲衰其暑；大熱鑠石流金，火弗爲益其烈〔一〇〕。寒暑之變，無損益於己，質有之也〔一一〕。聖人常後而不先，常應而不唱〔一二〕；不進而求，不退而讓〔一三〕；隨時三年，時去我走〔一四〕；去時三年，時在我後〔一五〕；無去無就，中立其所。天道無親，唯德是與〔一六〕。有道者不失時與人〔一七〕，無道者失於時而取人〔一八〕。直己而待命，時之至不可迎而反也〔一九〕；要遮而求合，時之去不可追而援也。故不曰我無以爲而天下遠〔二〇〕，不曰我不欲而天下不至〔二一〕。

古之存己者，樂德而忘賤，故名不動志〔二二〕；樂道而忘貧，故利不動心〔二三〕。名利充天下，不足以概志〔二四〕，故兼而能樂〔二五〕，靜而能澹，故其身治者，可與言道矣。自身以上至於荒芒亦遠矣〔二六〕，自死而天地無窮亦滔矣〔二七〕。以數雜之壽〔二八〕，憂天下之亂，猶憂河水之少，泣而益之也。龜三千歲〔二九〕，浮游不過三日〔三〇〕，以浮游而爲龜憂養生之具，人必笑之矣。故不憂天下之亂，而樂其身之治者，可與言道矣〔三一〕。

君子爲善，不能使福必來〔三二〕；不爲非，而不能使禍無至。福之至也，非其所求，故不伐其功；禍之來也，非其所生，故不悔其行〔三三〕。内修極〔三四〕而横禍至者，皆天也，非人也〔三五〕。故中心常恬漠，累積其德〔三六〕；狗吠而不驚，自信其情〔三七〕。故知道者不惑，知命者不憂。萬乘之主卒，葬其骸於曠野之中〔三八〕，祀其鬼神於明堂之上〔三九〕。神貴於形也〔四〇〕。故神制則形從〔四一〕，形勝則神窮〔四二〕。聰明雖用，必反諸神〔四三〕，謂之太沖〔四四〕。

校釋

〔一〕【許注】席之先所從生，出於藋與蕈葦也。

【箋釋】楊樹達云：藋字，景宋本同，劉家立集證本字作「萑」，是也。說文：「萑，薍也。」經傳通作萑。周禮司几筵云：「其柏席用萑。」儀禮公食大夫禮云：「加萑席尋。」又特牲饋食禮云：「藉用萑。」皆席簟用萑之證。「藋」字以形音並近而誤耳。○于大成云：楊說是也。藝文類聚六十九、事物紀原八、天中記四十八引此文，「藋」並作「萑」。又「蕈」當作「簟」，說文「簟，竹席也。从竹，覃聲」，方言五「簟，自關而西謂之簟，其粗者謂之籧篨」，（說文「籧，籧篨，粗竹席也」。）廣雅釋器「簟，席也」，字並从竹。藝文類聚六十九、御覽七百八、喻林四十、諸子類語二、天中記四十八引正作「簟」，王鎣本同事物紀原八引注文亦作「簟」。至若「蕈」字，說文「蕈，桑萸也。从艸，覃聲」，非其義也。楊氏云「皆席簟用萑之證」，知字當爲「簟」，而未加訂正，偶疏耳。○雙棣按：楊說是。王念孫雜志改「藋」爲「萑」，但無說。集證本蓋據雜志改之。

〔二〕【許注】樽，酒器，所尊者玄水。

【版本】王鎣本、集解本下「樽」字作「酒」，餘本同藏本。莊本注「所」誤作「以」，餘本同藏本。

【箋釋】雙棣按：玄樽即玄尊，（樽爲尊之後起字。）亦即玄酒。荀子禮論云：「大饗尚玄尊，俎生魚，先大羹，貴食飲之本也。」大戴禮禮三本同。呂氏春秋適音云：「大饗之禮，上玄尊而俎生魚。」

【用韻】「蕈、樽」侵文合韻。

〔三〕【許注】祭，俎上肴以生魚也。

〔四〕【許注】木豆謂之豆。所盈大羹，不調五味。

【版本】王溥本、葉本、莊本、集解本注「盈」作「盛」，景宋本、朱本同藏本。莊本、集解本注「大羹」作「泰羹」，王溥本、朱本、葉本同藏本。

【箋釋】王念孫云：此本作「席之上先萑蕈，樽之上先玄酒，俎之上先生魚，豆之上先泰羹」。「席之上」三字連讀，「先萑蕈」三字連讀，下三句並同。後人不曉文義而以意删之，或删「上」字，或删「先」字，斯爲謬矣。藝文類聚服飾部上、太平御覽服用部十並引此「席之上先萑蕈，樽之上先玄酒」，初學記器物部引此「豆之上先太羹」，是其證。○楊樹達云：上先同義，故文或言上，或言先，文雖異而義則一也。荀子禮論篇云：「故尊之尚玄酒也，俎之尚生魚也，俎之先大羹也（按此「俎」字當作「豆」），一也。」此即淮南所本。「尚」與「上」同。荀子兩言「尚」而一言「先」，猶此文之兩言「先」而一言「上」也。史記禮書云：「故尊之上玄酒也，俎之上腥魚也，豆之先大羹，一也。」兩言「上」而一言「先」，與荀子同。大戴禮記三本篇云：「尊之尚玄酒也，俎之生魚也（按生上脱一字），豆之先大羹也，一也。」亦或作「尚」，或作「先」，不以「上先」爲連文也。王氏云當作「上先」，而以「上」字爲逗，成何文義乎！王氏過信類書，既不徵之羣藉，又不顧文義之安，甚矣其蔽也！〇蔣禮鴻與楊説同。

〔五〕【用韻】「魚、羹」魚陽通韻。

〔六〕【許注】貴之，以祭宗廟。

〔七〕【版本】藏本注「以」作「所」，王溥本作「以」，（蔣刊道藏輯要本亦作「以」。）今據改，景宋本、朱本、茅本、葉本、汪本、莊本、集解本同藏本。

〔八〕【箋釋】吴承仕云：莊本「以」作「所」，文不成義，應改正。

〔九〕【用韻】「貴、末」物月合韻。

〔一〇〕【用韻】「物、軫」物文通韻。

〔一一〕【箋釋】馬宗霍云：文選枚乘七發「初發乎或圍之津涯，荄軫谷分」，李善注引許慎淮南子注曰：「軫，轉也。」可補此文之注。千變萬軫，猶言千變萬轉也。〇何寧云：大藏音義十八、七十三引許注：「軫，轉也。」〇雙棣按：文選王融永明十一年策秀才文「如傷之念恒軫」，李善注引許慎淮南子注曰：「軫，轉也。」

〔一〇〕【版本】莊本「鑠」作「爍」，餘本同藏本。

〔一一〕【許注】言人質不可變於火。

【版本】王溥本注「於」作「如」。

【箋釋】王引之云：「火弗爲衰其暑」，「暑」當爲「熱」。「大熱爍石流金」，「熱」當爲「暑」。二字互誤。火可言熱，不可言暑。且「熱」與「烈」爲韻，若作「暑」，則失其韻矣。下文「寒暑」二字，正承大寒、大暑言之，若云大寒、大熱，則又與下文不合矣。太平御覽火部二引此，「熱、暑」二字互誤，已與今本同。文選演連珠注引此，正作「火弗爲衰其熱」。「質有之也」，「之」當爲「定」，言火有一定之質，故不爲寒暑損益也。「定」字俗書作「㝎」，因誤而爲「之」，御覽引此已誤。○雙棣按：王氏引選注失檢，選注引淮南子作「火弗爲衰，其勢暴也」，王氏誤「勢」爲「熱」，屬上讀，且略「暴也」二字，爲就己說。

【用韻】「己、有」之部。

〔一二〕【版本】藏本「聖」下無「人」字，王鎣本、朱本、汪本、張本、黄本、莊本、集解本有「人」字，今據補，餘本同藏本。

〔一三〕【用韻】「唱、讓」陽部。

〔一四〕【版本】藏本「走」作「先」，景宋本作「走」，今據改，餘本同藏本。

【箋釋】吕傳元云：「先」當爲「走」，走與後韻，若作「先」便失其韻矣。宋本正作「走」。○雙棣按：吕説是，文子符言篇「先」亦作「走」，與景宋本同。

〔一五〕【用韻】「走、後」侯部。

〔一六〕【用韻】「所、與」魚部。

〔一七〕【許注】失時，失其時。　非失其時以與人。

〔一八〕【用韻】「人、人」真部。

〔一九〕【版本】藏本無「時」字，「至」作「去」，王溥本、王鎣本、朱本、葉本、張本、吴本、黄本、莊本、集解本有「時」字，作「至」字，今據補改，餘本同藏本。

【箋釋】雙棣按：下文「時之去不可追而援也」，與此「時之至不可迎而反也」相對爲文，藏本脱「時」字，「至」譌爲「去」可知也。

〔二〇〕【用韻】「反、援、遠」元部。

〔二一〕【版本】藏本「曰」作「日」，各本均作「曰」，今據改。

〔二二〕【許注】不以名移志也。

〔二三〕【用韻】「貧、心」文侵合韻。

〔二四〕【版本】藏本「足」上無「不」字，王溥本、王鎣本、朱本、張本、吴本、黄本、莊本、集解本有，今據補，餘本同藏本。

〔二五〕【版本】王溥本、王鎣本、朱本、葉本、張本、吴本、黄本、莊本、集解本「兼」作「廉」，餘本同藏本。

【箋釋】于大成云：「兼」讀爲「歉」。説文「歉，歉食不滿也」，段注「引申爲凡未滿之偁」，劉績不知「兼」叚爲「歉」而改爲「廉」，非也。

〔二六〕【許注】身以上，從己生以前至於荒芒。荒芒，上古時也，故遠矣。

【版本】藏本「亦」作「爾」，王溥本、王鎣本、朱本、茅本、葉本、張本、吴本、黄本作「亦」，今據改，餘本同藏本。王溥本注「故」下有「曰」字。

〔二七〕【許注】從己身死之後，至天地無窮。滔，曼長也。

【版本】莊本、集解本「地」誤作「下」，餘本同藏本。藏本「亦」作「爾」，王溥本、王鎣本、朱本、茅本、葉本、張本、吴本、黄本作「亦」，今據改，餘本同藏本。

【箋釋】王念孫云：兩「爾」字義不可通，劉本「爾」作「亦」，是也。「爾」字俗書作「尒」，與「亦」相似。「亦」誤爲「尒」，後人因改爲「爾」矣。（漢書司馬相如傳「茲亦於舜」，後漢書張衡傳「亦要思乎故居」，今本「亦」並作「爾」，皆是「亦」誤爲「尒」，又改爲「爾」也。）○陶鴻慶云：「自」蓋「身」字之誤。「天下」當爲「天地」，高注云「從己身死之後，至天地無窮」，是其證。○楊樹達云：「滔」讀爲「遥」，與上文遠字義同。○何寧云：「自死而天下無窮」，義不可通，有脱誤。疑當作「自死而下至天地無窮」，與上句「自身以上至於荒芒」對文。許注：「從己身死之後」，即釋「自死以下」，注云「天地」，知正文當作「天地」也。今本蓋脱「至」字、「地」字，文不成義，後人遂將「下天」二字倒轉耳。景宋本作「自死而天地無窮」，有「地」字，又脱「下至」二字。兩本實可互校。○雙棣按：各本「天地」皆不誤，莊本始誤「地」爲「下」，並非因脱「地」字，後人始乙「下天」爲「天下」。此句與上句句法不盡相同，不當補「下」字。依許注「至天地無窮」，「天地」上似當有「至」字。

〔二八〕【許注】雜，匝也。人生子，從子至亥爲一匝。

【版本】王鎣本「雜」作「匝」，餘本同藏本。莊本、集解本注「匝」作「帀」，餘本同藏本。張本、黄本、莊本、集解本注無「人生子」三字，餘本同藏本。

【箋釋】莊逵吉云：太平御覽引作「以數帀之壽」，有注云：「帀猶至也。或作卒，卒，盡也。言垂盡之年，不足以憂天下之亂，猶泣不能使水多也。」與此本既不同，注義又異。○于鬯云：此當以作「卒」爲是。作「雜」者固非，作「帀」者亦非。而訓卒爲盡更非。數者，促也。卒者，猝也。而音即從之，故「數卒」實雙聲連語，聲轉即爲倉猝，皆迫急之義。對上文遠字滔字而言也。上文云「自身以上至於荒芒亦遠矣，自死而天地無窮亦滔矣」，然則豈能以倉猝之年憂天下乎？故曰「以數卒之壽，憂天下之亂，猶憂河水之少，泣而益之也」。○楊樹達云：「雜」字從集聲，集古音在合部，帀古音在帖部，二部音最近，此許讀「雜」爲「帀」。一切經音義卷十一云：「咂，古文嗺。」此帀集相通之證也。

〔二九〕【許注】龜吐故内新，故壽三千歲。

【版本】王溥本、莊本、集解本注「内」作「納」，景宋本、朱本、茅本、葉本、汪本同藏本。

〔三〇〕【許注】浮游，渠略也。生三日死也。

【版本】王溥本注「死」上有「而」字，餘本同藏本。

【箋釋】馬宗霍云：爾雅釋蟲云：「蜉蝣，渠略。」此作「浮游」，蓋同音假借字，與夏小正合。夏小正戴傳云：「浮游者，渠略也。朝生而暮死。」詩曹風毛傳、郭璞爾雅注，並同其説。説文虫部蜋下云：「蟲蜋也。一曰蜉蝣。朝生暮死者。」亦與戴傳同。「蟲蜋」即「渠略」之本字，知「渠略」亦假借字也。許君此注又云「生三日死」者，蓋就淮南本文爲説。説林篇亦云「蜉蝣不食不飲，三日而死」。三日則較朝暮之僅終日者爲長。郝懿行爾雅義疏謂「蜉蝣雖短期，非必限以朝夕，説者甚其詞耳」。即本之淮南也。

〔三一〕【版本】藏本「者」作「也」，王溥本、王鎣本、朱本、張本、吴本、黄本、莊本、集解本作「者」，今據改，餘本同藏本。

〔三二〕【版本】藏本「福」作「富」，王溥本、王鎣本、朱本、張本、吴本、黄本、莊本、集解本作「福」，今據改，餘本同藏本。

〔三三〕【用韻】「功、行」東陽合韻。

〔三四〕【許注】極，中。

〔三五〕【用韻】「天、人」真部。

〔三六〕【版本】王溥本、王鎣本、吴本「德」下有「者」字，餘本同藏本。

【箋釋】劉績云：文子作「中心其恬，不累其德」。○王引之云：「累積其德」，當依文子符言篇作「不累其德」。累，讀如負累之累。言中心恬漠，外物不能累其德也。（下二句「狗吠而不驚，自信其情」。「自信其情」與「不累其德」，文正相對。呂氏春秋有度篇曰：「惡欲喜怒哀樂六者，累德者也。」）寫者脱去「不」字，校書者又誤讀「累」爲積累之累，因加「積」字耳。

〔三七〕【用韻】「漠、德」鐸職合韻。

【版本】王溥本、王鎣本、吴本「吠」下無「而」字，餘本同藏本。

【用韻】「驚、情」耕部。

〔三八〕【版本】莊本、集解本「曠」作「廣」，餘本同藏本。

〔三九〕【許注】廟之中，謂之明堂也。

【箋釋】陶鴻慶云：既言鬼，不當復言神。蓋涉下「神貴於形」而誤衍也。「祀其鬼」與「葬其骸」，文正相對。○劉家立云：「神」上「鬼」字，誤衍也。祀其神，謂祀其神主也。若作「鬼神」，則義不可通矣。下云「神貴於形也」，則無「鬼」字明矣。○楊樹達云：鬼爲人鬼，神爲天神，萬乘之主卒，乃人鬼，非天神也。「鬼神」神字若非衍文，亦因「鬼」而連言及「神」，乃古書通例。劉氏據「神貴於形」句删去「鬼」字，釋神爲神主，不通古義，妄爲訓釋删竄。神貴於形，明以神形對言，即今言精神之意，豈謂鬼神之神乎！○何寧云：劉删鬼字未必非。此言神不言鬼者，蓋所以尊之也。氾論篇「炎帝死而爲竈」，注「死託祀於竈神」。「禹死而爲社」，注「託祀於后土之神」。又覽冥篇高注「傅説死，託精於辰尾之星」。是託祀於竈神，託祀於后土之神，託精於辰尾，與此祀其神於明堂之上，其義一也。

〔四〇〕【許注】以人神在堂，而形骸在野。

【箋釋】王叔岷云：「鬼」字疑衍。「葬其骸於曠野之中，祀其神於明堂之上」相對爲文。注既言「神在堂」，則「神」上無「鬼」字明矣。

〔四一〕【許注】神制，謂情也。情欲使不作也，而形體從心以合。

【箋釋】吴承仕云：注文義不可通，疑當作「神制，謂制情欲使不作也」，然亦不能輒定。

〔四二〕【許注】形勝，謂人體躁動，勝其精神，神窮而去也。

【箋釋】俞樾云：文子符言篇作「故神制形則從，形勝神則窮」，當從之。此申明上文「神貴於形」之義，言可使神制形，不可使形勝神也。觀高注，則其所據本已誤。○楊樹達云：原文不誤。制謂宰制，非謂制人也。原道篇云：「故以神爲主者，形從而利；以形爲制者，神從而害。」此文「神制」，謂神爲宰制，即彼文之「以神爲主」也；此文「形勝」，即彼文之「以形爲制」也。文子多因不解淮南之文而誤改，不足據也。○于省吾云：此文「神」對「形」言，「形」對「神」言，神制謂神制形也，形勝謂形勝神也。文子作「故神制形則從，形勝神則窮」，不逮此文之古質矣。且但言「從」、言「窮」，不如「形從」、「神窮」之明憭矣。

〔四三〕【許注】聰明雖用於内以守，明神安而身全。

【箋釋】何寧云：注「明神安而身全」，「明」字疑當爲「則」，形近而譌。

〔四〕【許注】沖，調也。

【用韻】「從、窮、用、沖」東冬合韻。

淮南子校釋卷第十五

兵略訓〔一〕

古之用兵者，非利土壤之廣而貪金玉之略〔二〕，將以存亡繼絶，平天下之亂，而除萬民之害也〔三〕。

凡有血氣之蟲，含牙帶角〔四〕，前爪後距，有角者觸〔五〕，有齒者噬，有毒者螫〔六〕，有蹏者趹，喜而相戲，怒而相害〔七〕，天之性也。人有衣食之情，而物弗能足也，故羣居雜處，分不均，求不贍則争〔八〕。争則强脅弱而勇侵怯。人無筋骨之强，爪牙之利，故割革而爲甲〔九〕，爍鐵而爲刃〔一〇〕。貪昧饕餮之人，殘賊天下，萬人搔動，莫寧其所〔一一〕。有聖人勃然而起，乃討强暴，平亂世，夷險除穢，以濁爲清，以危爲寧〔一二〕，故不得不中絶〔一三〕。

兵之所由來者遠矣，黄帝嘗與炎帝戰矣〔一四〕，顓頊嘗與共工争矣〔一五〕，故黄帝戰於涿鹿之野〔一六〕，堯戰於丹水之浦〔一七〕，舜伐有苗〔一八〕，啟攻有扈〔一九〕，自五帝而弗能偃也，又況衰世乎〔二〇〕！

校釋

〔一〕【許注】兵，防也。防亂之萌，皆在略謀，解喻至論，用師之意也。

【版本】茅本、汪本、莊本、集解本注下尚有「故曰兵略」四字，景宋本、王溥本、朱本、葉本同藏本。

【箋釋】吴汝綸云：淮南諸篇多章節離析不貫，惟此篇首尾浩然，脈絡貫輸。○何寧云：兵無防訓，注「兵，防也。防亂之萌」，日本藏古鈔本淮南鴻烈兵略閒詁殘卷作「兵防世亂之萌」，疑今本「也」字即「世」字之形譌，下「防」字乃後人所加。

〔二〕【許注】略，獲得也。

【箋釋】劉文典云：御覽二百七十一引，「略」作「賂」。○王叔岷云：日本古鈔卷子本「土壤」作「壤土」，「略」下有「也」字。御覽二七一引「土壤」亦作「壤土」。文子上義篇「略」亦作「賂」，「賂」下有「也」字。○何寧與王説同。

〔三〕【用韻】「絶、亂、害」月元通韻。

〔四〕【箋釋】楊樹達云：「帶」字無義，字當作「戴」。音近誤也。脩務篇云：「血氣之精，含牙戴角。」字正作「戴」，是其證也。○于省吾云：唐鈔本「帶」作「戴」，當從之。○雙棣按：楊、于説是。

銀雀山漢墓竹簡孫臏兵法執備篇云：「孫子曰：夫陷（含）齒戴角，前蚤（爪）後鋸（距），喜而合，怒而斵（鬭），天之道也，不可止也。」似爲此文所本，「帶」亦作「戴」。

〔五〕【用韻】「角、觸」屋部。

〔六〕【箋釋】劉文典云：御覽九百四十四引，「蠚」作「螫」。○于省吾云：唐鈔本作「蛬」，與蠚同。説文：「蠚，螫也。」

〔七〕【用韻】「噬、趹、害」月部。

〔八〕【版本】莊本、集解本「贍」作「澹」，餘本同藏本。

〔九〕【用韻】「性、情、均、争」耕真合韻。

〔一〇〕【箋釋】劉文典云：北堂書鈔一百十三引，「而」作「以」。

〔一一〕【版本】莊本、集解本「爍」作「鑠」，餘本同藏本。

〔一二〕【用韻】「利、刃」質文合韻。

〔一三〕【箋釋】易順鼎云：一切經音義七十九、八十七引許注：「搔，手指把搔也，又曰抓也。」按：此篇乃許注本，而無此注，或有脱文。考詮言篇「厭文搔法」許注：「搔，勞也。」兩注不同。又泰族篇「外内搔動」，亦無注。姑附於此。○劉文典云：御覽二百七十一引，「人」作「民」。○楊樹達云：「昧」當讀爲「没」。説文：「没，湛也。」貪没猶今言貪溺矣。○于省吾云：唐鈔本「人」作「民」，「搔」作「騷」。○馬宗霍云：饕餮連文，見左氏文公十八年傳。賈逵、服虔、杜預注並云：

「貪財爲饕，貪食爲飻。」又「搔」當讀爲「騷」，説文：「騷，擾也。」爾雅釋詁云：「騷，動也。」是其義也。「所」猶「處」也，言天下之人莫安其處也。文子上義篇「搔」正作「騷」。

【用韻】「下、所」魚部。

〔二〕【箋釋】劉文典云：御覽引，「寧」下有「也」字。

〔三〕【許注】中絶，謂若殷王中相絶滅。

【箋釋】俞樾云：此當作「故人得不中絶」。言聖人勃然而起，夷險除穢，故人類不至於中絶也。今作「不得不中絶」，於義難通。文子上義篇亦然，則其誤久矣。◯于省吾云：唐鈔本注文作「中絶謂若夏殷中相絶滅也」。較今本爲優。◯馬宗霍云：注以「中相絶滅」釋「中絶」，則正文似不誤。此承上文「貪昧饕飻之人殘賊天下」而言，則所謂中絶者，絶彼殘賊之命也。許君舉殷王爲例，故曰「若」。殷王蓋謂紂也。◯何寧云：馬説是也。注「殷王」當作「夏殷」，古殘卷正作「夏殷」。

【用韻】「清、寧」耕部，「世、穢、絶」月部。

〔四〕【許注】炎帝，神農之末世也。與黄帝戰於阪泉，黄帝滅之。

【箋釋】王叔岷云：古鈔卷子本「神農」下有「氏」字，「滅之」下有「也」字。

【用韻】「遠、戰」元部。

〔五〕【許注】共工與顓頊争爲帝，觸不周山。

【箋釋】莊逵吉云：太平御覽引注，下有「天柱折也」四字。○于大成云：事見天文篇。

〔一六〕【許注】黄帝與蚩尤戰於涿鹿。涿鹿，在上谷。

【箋釋】于省吾云：唐鈔本「涿」作「蜀」，注同。野作墅。○于大成云：見莊子盜跖篇、史記五帝本紀。

〔一七〕【許注】堯以楚伯受命，滅不義於丹水。丹水，在南陽。

【箋釋】劉文典云：御覽二百七十一引注「水」作「浦」。○王叔岷云：古鈔卷子本「滅」作「伐」。○于大成云：見吕氏春秋召類篇，又見六韜（書鈔十三、御覽六十三引）。

〔一八〕【許注】有苗，三苗。

【箋釋】于大成云：文本荀子議兵篇。

〔一九〕【許注】禹之子啟伐有扈於甘，甘在右扶風郡。

【版本】藏本注「子」誤「丁」，景宋本、王溥本、朱本、茅本、葉本、莊本、集解本作「子」，今據改。

【箋釋】劉文典云：御覽二百七十一引注，「甘在右扶風郡」作「在右扶風鄠縣也」。○吴承仕云：今本作「右扶風郡」者，「郡」即「鄠」字之譌。左馮翊，右扶風，漢人例不言郡。○于大成云：事見書甘誓、史夏本紀。

【用韻】「野、浦、扈」魚部。

〔二〇〕【箋釋】楊樹達云：自，雖也。説具余古書疑義舉例續補及詞詮。○王叔岷云：古鈔卷子本

「弗」作「不」，御覽二七一引「弗」亦作「不」。〇于大成云：北堂書鈔一百十三引「弗」亦作「不」。

古鈔卷子本無「而」字，書鈔同。

【用韻】「偃、世」元月通韻。

夫兵者，所以禁暴討亂也。炎帝爲火災，故黄帝擒之。共工爲水害，故顓頊誅之〔一〕。教之以道，導之以德而不聽，則臨之以威武；臨之以威武而不從〔二〕，則制之以兵革〔三〕。故聖人之用兵也，若櫛髮耨苗，所去者少，而所利者多。殺無罪之民而養無義之君，害莫大焉。殫天下之財而贍一人之欲，禍莫深焉〔四〕。使夏桀、殷紂有害於民而立被其患，不至於爲炮烙；晉厲、宋康行一不義而身死國亡，不至於侵奪爲暴〔五〕。此四君者，皆有小過而莫之討也，故至於攘天下〔六〕，害百姓〔七〕，肆一人之邪，而長海内之禍，此大論之所不取也〔八〕。所爲立君者，以禁暴討亂也。今乘萬民之力而反爲殘賊〔九〕，是爲虎傅翼，曷爲弗除〔一〇〕！夫畜池魚者，必去猵獺〔一一〕；養禽獸者，必去豺狼〔一二〕，又況治人乎？

故霸王之兵，以論慮之，以策圖之，以義扶之〔一三〕，非以亡存也，將以存亡也〔一四〕。故聞敵國之君有加虐於民者，則舉兵而臨其境，責之以不義，刺之以過行〔一五〕。兵至其郊，乃令軍師曰〔一六〕：無伐樹木，毋扣墳墓〔一七〕，毋爇五穀〔一八〕，毋焚積聚，毋捕民虜〔一九〕，毋收六畜〔二〇〕。

乃發號施令曰〔二二〕：其國之君〔二三〕，傲天侮鬼，決獄不辜，殺戮無罪〔二三〕，此天之所以誅也，民之所以仇也〔二四〕。兵之來也，以廢不義而復有德也〔二五〕。有逆天之道，帥民之賊者〔二六〕，身死族滅。以家聽者禄以家，以里聽者賞以里，以鄉聽者封以鄉，以縣聽者侯以縣〔二七〕。剋其國不及其民〔二八〕，廢其君而易其政〔二九〕，尊其秀士而顯其賢良〔三〇〕，振其孤寡，恤其貧窮，出其囹圄，賞其有功〔三一〕，百姓開門而待之，淅米而儲之〔三二〕，唯恐其不來也〔三三〕。此湯、武之所以致王，而齊桓、晉文之所以成霸也〔三四〕。故君爲無道，民之思兵也，若旱而望雨，渴而求飲。夫有誰與交兵接刃乎〔三五〕！故義兵之至也，至於不戰而止〔三六〕。

晚世之兵，君雖無道，莫不設渠壍傅堞而守〔三七〕。攻者非以禁暴除害也，欲以侵地廣壤也。是故至於伏尸流血，相支以日〔三八〕，而霸王之功不世出者，自爲之故也。夫爲地戰者不能成其王，爲身戰者不能立其功〔三九〕。舉事以爲人者，衆助之；舉事以自爲者，衆去之〔四〇〕。衆之所助，雖弱必强；衆之所去，雖大必亡〔四一〕。

校釋

〔一〕【版本】莊本「擒」作「禽」，餘本同藏本。

【箋釋】楊樹達云：漢書刑法志云：「黄帝有涿鹿之戰以定火災，顓頊有共工之陳以定水害。」與此文相合。○王叔岷云：古鈔卷子本「擒」作「禽」，御覽引同。

〔二〕【版本】藏本「臨之」下無「以」字，王溥本、王鎣本、吴本有，今據補，餘本同藏本。

【箋釋】王叔岷云：古鈔卷子本「臨之」下有「以」字。○雙棣按：王説是，今據王溥本等補。

〔三〕【用韻】「聽、從」耕東合韻，「武、革」魚職合韻。

〔四〕【版本】莊本、集解本「瞻」作「澹」，餘本同藏本。

〔五〕【箋釋】于省吾云：唐鈔本「烙」作「格」，是也。○王叔岷云：古鈔卷子本「炮烙」作「炮格」，當從之。吕氏春秋過理篇「肉圃爲格」高注：「格，以銅爲之，布火其下，以人置上，人爛墮火而死，笑之以爲樂。」是其義也。後人昧於古義，乃改「格」爲「烙」，古書中此例甚多。

【用韻】「烙、暴」鐸藥合韻。

〔六〕【許注】攘，亂。

【版本】藏本「討」作「計」，景宋本、茅本、張本、黄本、莊本、集解本作「討」，今據改，餘本同藏本。茅本、汪本、張本、黄本注「亂」作「奪也」，餘本同藏本。

〔七〕【箋釋】于省吾云：唐鈔本「害」作「虐」。○何寧云：疑「虐」字是也。説文：「虐，殘也。殘，賊也。」下文「反爲殘賊」，又「故聞敵國之君，有加虐於民者」，即承此「虐」字言之。

〔八〕【版本】莊本、集解本「論」作「倫」，餘本同藏本。

【箋釋】王念孫云：「大」當爲「天」，字之誤也。「論」與「倫」同。（王制「凡制五刑，必即天論」，鄭

注：「論或爲倫。」釋文：「論音倫，理也。」「倫、論」古多通用，莊本改「論」爲「倫」，未達假借之義。）倫，道也。（見小雅正月篇毛傳、論語微子篇包咸注。）言爲天道之所不取也。文子上義篇正作「天倫」。

【用韻】「下、邪、取」魚侯合韻。

〔九〕【版本】藏本「賊」誤作「賤」，除葉本同藏本外，各本均作「賊」，（蔣刊道藏輯要本亦作「賊」。）今據改。

〔一〇〕【用韻】「力、賊、翼、除」職魚合韻。

〔一一〕【許注】猵，獺之類。

〔一二〕【版本】茅本、汪本、張本、黄本注作「食魚者也」，莊本、集解本注「類」下有「食魚者也」四字，餘本同藏本。

【箋釋】吴承仕云：政和證類本草引此文許慎注曰「猵，獺類」是也。説文：「猵，獺屬。」文例同。今本注文誤衍「之」字，當删。○于大成云：政和本草十八、爾雅翼二十一引此文作「養池魚者，不畜猵獺」，唯政和本草接引許慎注云「猵，獺類」，則仍是「猵」字。説文「猵，獺類。从犬，扁聲。獱，或从賓」，許本疑仍當作「猵」，用本字也。纘義本文子亦作「猵」，御覽九百三十五、古文苑揚雄蜀都賦注引亦作「猵」。

〔一三〕【版本】藏本「者」下有「也」字，除景宋本同藏本外，各本皆無「也」字，今據删。王鎣本、茅本、葉本、汪本、張本、吴本、黄本、莊本、集解本「犲」作「豺」，餘本同藏本。

【箋釋】俞樾云：主術篇：「夫華騮、緑耳，一日而至千里，然其使之搏兔，不如豺狼。」太平御覽獸部引作「狼契」。王氏引之曰：「狼、契，皆犬名也。廣雅曰：『狼狐狂獖，犬屬也。』玉篇：『猰，公八切，雜犬也。』猰與契通。犬能搏兔而馬不能，故曰不如狼契。」今以其説推之，此文「豺狼」亦當作「狼契」，蓋猵獺能食魚，狼契能搏獸，故猵獺不可與池魚並畜，而狼契不可與禽獸同養。若豺狼，本非人之所養，又何待言去乎？○劉文典云：主術篇「豺狼」之當爲「狼契」，有御覽可證，故王氏云然，未可以彼例此。豺狼非人所養，猵獺又豈人之所養哉？俞説未安。○于大成云：行獵以犬搏兔，至今猶然，主術篇所謂狼契搏兔勝於華騮緑耳也。今之游牧民族，畜羊千百，每以犬守之，狼契正可以與禽獸同養。俞説殊誤。唯豺狼可以食禽獸，故需驅之使遠。韓子揚搉篇曰「豺狼在牢，其羊不繁」，可以説此文之義。

〔一三〕【用韻】「慮、圖、扶」魚部。

〔一四〕【箋釋】雙棣按：上「亡」、下「存」字均用作使動，亡存，猶言使存者亡；存亡，猶言使亡者存。

〔一五〕【箋釋】朱駿聲云：誎，謂數其失以誎。經傳皆以刺爲之。○楊樹達云：「刺」假爲「誎」。説文言部云：「誎，數諫也。」誎之以過行，謂數責其過行。

【用韻】「境、行」陽部。

〔一六〕【箋釋】呂傳元云：「師」當作「帥」。太平御覽兵部二引，正作「軍帥」。文子上義篇亦作「帥」。

○王叔岷云：古鈔卷子本作「乃命軍帥曰」，命、令古通，「帥」即「帥」之誤。御覽引「帥」亦作「帥」，文子同。

〔一七〕【版本】茅本、汪本、張本、黄本、莊本、集解本「無」作「毋」，餘本同藏本。王鎣本、汪本、張本、黄本、莊本、集解本「扣」作「抉」，餘本同藏本。

【箋釋】王念孫云：扣，「掘」字之誤。本或作「抉」者，後人以意改之耳。（莊刻從或本作「抉」，非。）○陳昌齊與王説同。○王叔岷云：古鈔卷子本作「无掘墳墓」，可證王説。○雙棣按：王説「扣」當作「掘」，甚是。吕氏春秋懷寵篇云：「至於國邑之郊，不虐五穀，不掘墳墓，不伐樹木，不燒積聚，不焚室屋，不取六畜。」此蓋淮南所本。説文：「掘，搰也。」「搰，掘也。」二字爲互訓。掘與搰音同義通。荀子堯問：「深掘之，而得甘泉焉。」掘即搰掘之義。吕氏春秋作「掘」，淮南作「掘」，其義相同。

〔一八〕【許注】爇，燒。

【箋釋】于省吾云：唐鈔本「爇」作「熱」，注同。

〔一九〕【用韻】「木、墓、穀」屋鐸合韻。

【用韻】「聚、虜」侯魚合韻。

〔二〇〕【箋釋】莊逵吉云：太平御覽此下有注云：「無聚所征國民爲採取，無收其六畜以自饒利。」○于大成云：吕氏春秋懷寵篇「至於國邑之郊，不虐五穀，不掘墳墓，不伐樹木，不燒積聚，不焚室屋，不取六畜，得民虜奉而歸之」，通典百四十九引太公覆軍誡法「諸軍出行，將令百官士卒曰：某日出某門，吏士不得刈稼穡，伐樹木，殺六畜，掠取財物」，司馬法仁本篇「布令於軍中：入罪人之地，無暴神祇，無行田獵，無毀土功，無燔牆屋，無伐林木，無取六畜禾黍器械」，文義並同。又古鈔卷子本「毋」皆作「无」，與文子同，御覽二七一引亦作「無」。

〔二〕【版本】藏本「令」下無「曰」字，王溥本、王鎣本、朱本、茅本、汪本、張本、吴本、黄本、莊本、集解本有，今據補，餘本同藏本。

【箋釋】雙棣按：吕氏春秋懷寵篇、文子上義篇亦有「曰」字。此下一段本之吕氏春秋懷寵篇。

〔三〕【箋釋】王念孫云：「其」當作「某」，字之誤也。太平御覽兵部二引此，正作「某國」。司馬法仁本篇亦云：「某國爲不道，征之。」〇馬宗霍云：「其」字爲指示之詞，有專指者，有泛指者，專指者多承上文，泛指與「某」同義。此文「其國之君」本承上文「亂國之君」而言，「其國」即指敵國也。但敵國亦泛言之，初無主名，則「其國」猶「某國」矣。司馬法仁本篇上下文勢與此不同，彼「某」字不可爲「其」，此「其」字自可通「某」，未必定爲「某」字之誤。〇王叔岷云：古鈔卷子本「其」亦作「某」。

〔三〕【用韻】「鬼、罪」微部。

〔四〕【版本】王溥本、王鎣本、汪本、吴本兩「所」下無「以」字，餘本同藏本。

【箋釋】俞樾云：兩「以」字皆衍文。吕氏春秋懷寵篇作「若此者，天之所誅也，人之所讎也」，無兩「以」字。文子上義篇同。○劉文典云：俞説是也，御覽所引，無兩「以」字，是其證。○王叔岷云：古鈔卷子本亦無兩「以」字。○雙棣按：「以」字非衍，此與吕氏春秋懷寵篇不同，懷寵有「若此者」三字，則指人而言，故「所」下不得有「以」。此承上文「其國之君，傲天侮鬼，決獄不辜，殺戮無罪」言，謂天誅之原因，民讎之原因。

〔二五〕【用韻】「誅、仇」侯幽合韻。

【箋釋】王叔岷云：古鈔卷子本「復」作「授」，文子同。

〔二六〕【用韻】「來、德」之職通韻。

【箋釋】陳昌齊云：帥與衛通。説文云：「衛，衛也。」吕氏春秋懷寵篇作「衛人之讎」。○俞樾云：「帥」字義不可通，吕氏春秋作「衛」，是也。當由「衛」誤作「衛」，因改爲「帥」耳。○蔣禮鴻云：帥者，帥循，非誤字。國語魯語「幕能帥顓頊」，韋昭注：「帥，循也。」是其義也。帥民之賊猶言從民之賊，義極易曉。吕氏春秋「衛」字正當作「衛」，俞説殊謬。○雙棣按：説文大徐本：「衛，將衛也。」段注改「衛」爲「衛」云：「今本作衛，誤。」「衛、衛」形近，易於致誤。然吕氏春秋「衛」字不誤，高氏彼注云：「衛猶護助也。」若是「衛」字，高不當有此注。此「帥」字即「衛」字之轉寫而「衛」字之誤也。俞説是而蔣説非。且此段全用懷寵説，此亦當同。

〔二七〕【用韻】「家、里」魚之合韻，「鄉、縣」陽元合韻。

〔二八〕【版本】藏本「尅」下無「其」字，王溥本、王鎣本、吴本有，今據補，餘本同藏本。

【箋釋】雙棣按：吕氏春秋懷寵篇及文子上義篇並有「其」字。

〔二九〕【箋釋】楊樹達云：政謂公卿也。左傳閔公二年曰：「君與國政之所圖也。」史記晉世家集解引賈逵注云：「國政，正卿也。」又哀公十年曰：「莊公害故政，欲盡除之。」杜注云：「故政，輒之臣。」史記衛世家作「莊公欲盡誅大臣」，皆其證也。

〔三〇〕【用韻】「政、良」耕陽合韻。

〔三一〕【用韻】「窮、功」冬東合韻。

〔三二〕【許注】漸，漬。

〔三三〕【用韻】「寡、圄、儲」魚部，「待、來」之部。

〔三四〕【版本】莊本、集解本缺「晉文」二字，餘本同藏本。

【箋釋】于省吾云：唐鈔本「齊桓」下有「晉文」二字，無「所」字。以上句「此湯武之所以致王」例之，有「所」字是。○馬宗霍云：太平御覽兵部二引「齊桓」下有「晉文」二字。○雙棣按：「晉文」二字乃莊本誤脱，集解本不知據各本補，誤甚。

【用韻】「王、霸」陽鐸通韻。

〔三五〕【版本】王溥本、王鎣本、吴本「誰」作「孰」，餘本同藏本。

【用韻】「飲、刃」侵文合韻。

〔三六〕【箋釋】莊逵吉云：太平御覽作「至於不戰而心服」。○何寧云：「至於不戰而止」，文義不通。

「於」下當有「境」字，上文云：「故聞敵國之君，有加虐於民者，則舉兵而臨其境，責之以不義，刺之以過行。」則此「至於」下當有「境」字。文子上義篇作「義兵至於境，不戰而止」，是其證。又「止」字當依御覽作「心服」。

〔三七〕【許注】傅，守也。堞，城上女牆。

【版本】王溥本注「守」上有「近」字，餘本同藏本。

【箋釋】馬宗霍云：「傅」之本義不爲守，且句末已有「守」字，若「傅」訓守，則守堞而守，詞亦不馴。說文：「傅，相也。」引申爲輔，爲護。設猶開也。（漢書趙充國傳「設以子女貂裘」，顏師古注云：「設謂開許之也。」是「設」得訓開之證。）此謂開渠塹引水以護城堞而守之也。○雙棣按：馬說非。「渠壍」當爲「渠幨」之誤。氾論篇云：「晚世之兵，隆衝以攻，渠幨以守。」渠幨與隆衝對言，隆衝爲攻城之械，渠幨爲守城之具。銀雀山簡本六韜五云：「毋衝龍（隆）而功（攻），毋渠詹（幨）而守。」宋本六韜「渠詹」作「溝壍」，羣書治要引作「渠塹」。壍與塹同。玉篇：「壍，同塹。」治要引六韜「渠詹」誤作「渠塹」，與此誤同。（幨、塹古音同爲談部，又同爲清聲送氣聲母，易致誤。）渠幨又作渠荅，墨子備城門云：「城上二步一渠，渠立程，丈三尺，冠長十尺，辟長六尺。二步一荅，廣九尺，袤十二尺。」又云：「城上之備渠譫。」畢沅云：「疑渠荅假音字，譫與幨同。」

【用韻】「道、守」幽部。

〔三八〕【箋釋】俞樾云：「相支以日」，甚爲無義。文子上義篇作「相交於前」，當從之。「交」與「支」相似而誤。「交」誤爲「支」，因改「於前」爲「以日」，使成文義耳。○于省吾云：俞説非是。上既言至於伏尸流血，下無須再言相交於前明矣。相支以日，謂其兵連禍結而不解也。下云「而霸王之功不世出者，自爲之故也」。「相支以日」，與「不世出者」相因。○馬宗霍云：支猶持也。相持以日，即曠日持久之意。俞校未必是。太平御覽兵部二引與今本同。後漢書蘇竟傳「天之所壞，人不得支」，李賢注云：「支，持也。」即「支」得訓「持」之證。

〔三九〕【用韻】「血、日」質部。

【箋釋】于大成云：晏子内篇雜上晏子曰「爲地戰者不能成其王」，此文所本也。

〔四〇〕【用韻】「王、功」陽東合韻。

〔四一〕【用韻】「助、去」魚部。

〔四二〕【用韻】「助、去」魚部，「强、亡」陽部。

兵失道而弱，得道而强；將失道而拙，得道而工；國得道而存，失道而亡〔一〕。所謂道者，體圓而法方〔二〕，背陰而抱陽，左柔而右剛，履幽而戴明〔三〕，變化無常，得一之原，以應無方，是謂神明〔四〕。夫圓者，天也；方者，地也。天圓而無端，故不可得而觀〔五〕；地方而無垠，故莫能窺其門〔六〕。天化育而無形象，地生長而無計量，渾渾沉沉〔七〕，孰知其藏〔八〕！凡物有朕，唯道無朕〔九〕。所以無朕者，以其無常形勢也。輪轉而無窮，象日月之行〔一〇〕，若春秋有代謝，若日月有晝夜〔一一〕，終而復始，明而復晦，莫能得其紀〔一二〕。制刑而無刑〔一三〕，故功可成〔一四〕；物物而不物，故勝而不屈〔一五〕。

刑，兵之極也，至於無刑，可謂極之矣〔一六〕。是故大兵無創，與鬼神通〔一七〕，五兵不厲，天下莫之敢當〔一八〕。建鼓不出庫，諸侯莫不慴㥄沮膽其處〔一九〕。故廟戰者帝，神化者王。所謂廟戰者，法天道也；神化者，法四時也。脩政於境内而遠方慕其德，制勝於未戰而諸侯服其威，内政治也〔二〇〕。

古得道者，靜而法天地，動而順日月〔二一〕，喜怒而合四時，叫呼而比雷霆〔二二〕，音氣不戾八風，詘伸不獲五度〔二三〕，下至介鱗，上及毛羽，條脩葉貫〔二四〕，萬物百族，由本至末，莫不有序。是故入小而不偪〔二五〕，處大而不窕，浸乎金石，潤乎草木，宇中六合，振毫之末〔二六〕，莫不順比。道之浸洽，滒淖纖微，無所不在，是以勝權多也〔二七〕。

夫射，儀度不得則格的不中〔二八〕；驥，一節不用而千里不至。夫戰而不勝者，非鼓之日也〔二九〕，素行無刑久矣。故得道之兵，車不發軔〔三〇〕，騎不被鞍，鼓不振塵，旗不解卷〔三一〕，甲不離矢〔三二〕，刃不嘗血，朝不易位，賈不去肆〔三三〕，農不離野，招義而責之〔三四〕，大國必朝，小城必下，因民之欲，乘民之力，而爲之去殘除賊也〔三五〕。故同利相死，同情相成，同欲相助〔三六〕。

順道而動，天下爲嚮〔三七〕；因民而慮，天下爲鬭〔三八〕。獵者逐禽，車馳人趍，各盡其力，無刑罰之威，而相爲斥闉要遮者〔三九〕，同所利也。同舟而濟於江，卒遇風波，百族之子，捷捽招杼船〔四〇〕，若左右手，不以相得〔四一〕，其憂同也。故明王之用兵也，爲天下除害，而與萬民共享其利〔四二〕，民之爲用，猶子之爲父，弟之爲兄，威之所加，若崩山決塘，敵孰敢當〔四三〕！故善用兵者，用其自爲用也；不能用兵者，用其爲己用也。用其自爲用，則天下莫不可用也；用其爲己用，所得者鮮矣〔四四〕。

校釋

〔一〕【用韻】「强、工、亡」陽東合韻。

〔二〕【箋釋】莊逵吉云：太平御覽「體」作「取」。

〔三〕【箋釋】莊逵吉云：太平御覽「明」作「暘」。

〔四〕【用韻】「方、陽、剛、明、常、方、明」陽部。

〔五〕【箋釋】王念孫云：「不可得而觀」，本作「不得觀其形」。後人以「形」與「端」韻不相協，故改爲「不可得而觀」也。不知元耕二部，古或相通。（說文瞏從袁聲，而唐風杕杜篇「獨行瞏瞏」與「青、姓」爲韻，齊風還篇「子之還兮」與「簡、肩、儇」爲韻，而漢書地理志引作「子之營兮」。淮南精神篇曰：「以道爲紃，有待而然，抱其太清之本，而無所容與，而物無能營。」齊俗篇曰：「其歌樂而無轉，其哭哀而無聲。」道應篇曰：「爲三年之喪，令類不蓄，高辭卑讓，使民不争。」又莊子大宗師篇曰：「夫道有情有信，無爲無形，可傳而不可受，可得而不可見。」逸周書時訓篇曰：「螻蟈不鳴，水潦淫漫。蚯蚓不出，嬖奪后命。王瓜不生，困於百姓。」漢書貢禹傳曰：「何以孝弟爲？財多而光榮。何以禮義爲？史書而仕宦。何以謹慎爲？勇猛而臨官。」外戚傳悼李夫人賦曰：「超乎西征，屑兮不見。」太玄進次二曰：「進以中刑，大人獨見。」聚測曰：「鬼神無靈，形不見也。燕聚嘻嘻，樂淫衍也。宗其高年，鬼待敬也。」易林姤之臨曰：「禹召諸侯，會稽南山，執玉萬國，天下康寧。」升之震曰：「當變立權，摘解患難，涣然冰釋，大國以寧。」皆以元耕二部通用。）「形」字正與「端」爲韻也。人能觀天，而不能知其形，故曰「不得觀其形」，非謂不可得而觀也。文子自然篇正作「故不得觀其形」。○楊樹達云：王校非也。下文云：「聖人藏於無原，故情不可得而觀。」與此句例正同。文言「不可得而觀」者，謂天無端可觀，非謂天不可得觀。亦猶下文言地無垠，故無門可窺，非謂地不可得窺也。上下二句文例不同者，以協韻故耳。王氏誤解文義，疑「天不可得觀」爲不可通，故欲改從文子之文，又礙於端觀爲韻，故爲元耕通韻之説。不悟文子乃以誤解文義而妄改，不足據依也。

〔六〕【用韻】「端、觀」元部。

〔七〕【用韻】「垠、門」文部。

【版本】藏本「生」作「出」，除景宋本、茅本同藏本外，各本均作「生」，今據改。

【箋釋】王念孫云：「沉」當作「沆」，渾渾沆沆，廣大貌也。爾雅：「沄，沆也。」説文：「沄，轉流也。讀若混。一曰沆。（舊本脱此三字，今據爾雅釋文補。）」沄、渾、混古同聲，渾渾沆沆，即沄沆沆。沄之轉爲沆，猶渾之轉爲沆也。且「沆」與「象、量、藏」爲韻，若作「沉沉」，則義既不合，而韻又不諧矣。（太平御覽兵部二引此已誤。）凡從亢之字，隸或作冘，故「沆」字或作「沉」，一誤而爲「沉」，再誤而爲「沈」，散見羣書，而學者莫之能辨也。○陳昌齊與王説同。○于大成云：古鈔卷子本「出」亦作「生」，御覽引同。

〔八〕【用韻】「象、量、藏」陽部。

〔九〕【許注】言萬物可朕也，而道不可朕也。

【箋釋】俞樾云：高注曰「言萬物可朕也，而道不可朕也」，則正文及注「朕」字皆「勝」字之誤，故以可不可言。若是「朕」字，則但當言有無，不當言可不可也。文子自然篇作「夫物有勝，唯道無勝」，當據以訂正。○楊樹達云：俞校非也。原道篇云：「夫道者，覆天載地，廓四方，柝八極，高不可際，深不可測，植之而塞於天地，横之而彌於四海，施之無窮而無所朝夕，舒之幎於六合，卷之不盈於一握。」皆「唯道無朕」之説也。許注云云者，疑許君所據本字作「勝」，與高本作「朕」者不同，故有可勝不可勝之説。後人取許注入高注本，見正文作「朕」，乃改許注之「勝」爲「朕」以就本文。今就注文言之，自以作可勝不可勝義爲長，然本文言有朕無朕，則以作「朕」爲是。俞氏欲依注以改正文，殊非矜慎之方也。○馬宗霍云：本書繆稱篇「道之有篇章形埒者」，許君彼注云：「形埒，兆朕也。」是朕猶形也。此之正文、注文朕字皆當訓形，下文云「所以無朕者，以其無常形勢也」。亦正以形字申朕字。許君以朕字之義文已見，故於本注仍以朕字爲説，不再加釋，而但以可不可釋正文之有無。然則凡物有朕，猶言凡物有形也。唯道無朕，猶言唯道無形也。物有形，故注曰可朕，可朕者，謂可得而形之也。道無形，故注云不可朕，不可朕者，謂不可得而形之也。文子「朕」作「勝」，蓋形近傳寫之誤。俞氏據彼誤文訂此不誤，疏矣。太平御覽兵部二引正文、注文並與今本同。

〔一〇〕【版本】王溥本、王鎣本、茅本、汪本、張本、吴本、黄本、莊本、集解本「行」上有「運」字，餘本同藏本。

【箋釋】王叔岷云：「運」字蓋據文子自然篇所加也。古鈔卷子本無「運」字，與宋本、道藏本合，御覽引亦無「運」字。

【用韻】「窮、行」冬陽合韻。

〔一一〕【箋釋】何寧云：「若日月有晝夜」，文義不通。當删去「若」字、「有」字，涉上文「若春秋有代謝」而誤衍也。日月晝夜，終而復始，明而復晦，正承上「象日月之運行，若春秋有代謝」言之。惟日月運行，春秋代謝而日月晝夜生焉，晦冥變化存焉。故曰「終而復始，明而復晦」也。文子自然篇正作「日月晝夜」，是其證。○雙棣按：何説非是。本文「輪轉而無窮，象日月之行」爲句，「窮、行」東陽合韻。劉績據文子增「運」字，使句式參差不齊矣，故被誤與下句「若春秋有代謝」

爲對文。「若春秋有代謝，若日月有晝夜」爲對文，「謝、夜」爲韻，均鐸部。下文「終而復始，明而復晦，莫能得其紀」，「始、晦、紀」爲韻，均之部。若依何説，則韻例亂矣，且文義亦不合。

【用韻】「謝、夜」鐸部。

〔一二〕【用韻】「始、晦、紀」之部。

〔一三〕【箋釋】劉績云：文子「刑」作「形」。○于大成云：「制刑」當爲「刑刑」，與「物物」相對爲文，「刑」即「形」字。文子自然篇雖亦誤作「制」，但默希子注云：「形出無形，故形形而不絶」，知所據本尚不誤矣。

〔一四〕【用韻】「刑、成」耕部。

〔一五〕【箋釋】裘錫圭云：銀雀山竹書中的奇正篇説：「故聖人以萬物之勝勝萬物，故其勝不屈。」「屈」字古訓「盡」。淮南子兵略説：「物物而不物，故勝而不屈。」這句話應該是脱胎於奇正篇那句話的。「物物而不物」，就是超出於物而駕御萬物的意思，跟聖人以「萬物之勝勝萬物」的意思是相通的。「勝不屈」是勝利無窮無盡的意思，兵略「勝」字下的「而」顯然是衍文，應據奇正删去。御覽卷二百七十一引淮南子此句，「勝」下無「而」字，所據尚爲未譌之本。○雙棣按：裘説是。此「制刑而無刑」與「物物而不物」爲對文，「功可成」與「勝不屈」爲對文，有「而」字則句式參差不齊矣，且文義亦不合。

【用韻】「物、屈」物部。

〔一六〕【箋釋】莊逵吉云：太平御覽引，無「之」字。○王念孫云：「形」並與「刑」同。「可謂極之矣」，當作「可謂極之極矣」。形者，兵之極，至於無形，故曰極之極。太平御覽引此，正作「可謂極之極矣」。（鈔本如是。刻本作可謂極矣，乃後人妄删。）

〔一七〕【箋釋】雙棣按：銀雀山簡本六韜五云：「全勝不斲，大兵無創，與鬼神通。」淮南此文蓋本之六韜。

〔一八〕【用韻】「創、通、當」陽東合韻。

〔一九〕【箋釋】劉績云：慴，之涉切，懼貌。倰，力升切，哀也。○馬宗霍云：此文「庫」與「處」爲韻。太平御覽兵部二引「沮膽」下無「其處」二字，蓋以意删之，不足據。説文：「庫，兵車藏也。」又：「慴，懼也。」文選東京賦「百禽倰遽」，薛綜注云：「倰，猶怖也。」後漢書列女傳「沮怍不能仰視」，李賢注云：「沮，喪也。」此文之意，謂建鼓不出兵車之藏，諸侯在其所居之處莫不怖懼而喪膽也。漢書周亞夫傳「將軍直入武庫擊鳴鼓，諸侯聞之，以爲將軍從天而下也」，即建鼓不出庫而諸侯驚駭之例。

【用韻】「庫、處」魚部。

〔二〇〕【箋釋】何寧云：「内政治」三字與「脩政於境内」義複，疑後人所加。御覽二百七十一引作「而諸侯服其威也」，無三字。文子自然篇襲此文作「修政于境内而遠方懷德，制勝于未戰而諸侯賓服也」，亦無三字。

【用韻】「德、治」職之通韻。

〔二一〕【用韻】「地、月」歌月通韻。

〔二二〕【箋釋】劉績云：文子作「號令比雷霆」。

〔二三〕【許注】獲，誤也。五度，五行也。

【箋釋】于大成云：鶡冠子天權篇云「下因地利，制以五行，左木，右金，前火，後水，中土。營軍陳士，不失其宜。五度既正，無事不舉」，上言五行，下言五度，是五度即五行也。故陸佃注五度云「左木，右金，前火，後水，中土是也」。鶡冠子之説，與許君義同。

〔二四〕【箋釋】王念孫云：「脩」當作「循」，循，謂順其序也。

〔二五〕【許注】偪，迫。

〔二六〕【許注】或曰：宇中，四宇也。六合，六合内。

【箋釋】于大成云：齊俗篇云「上下四方謂之宇」，高注原道篇本之，高注原道篇「六合」云「一曰：四方上下爲六合」。此注發端即曰「或曰」，其上必有奪文。説文「宇，屋邊也。宙，舟輿所極覆也」，乃言其本義，非所以注此文。疑高誘「四方上下爲六合」之訓，亦本於許君。齊俗篇「四方上下謂之宇」，則許、高並本之。則此注「或曰」上亦當有此注，而今本奪之矣。

〔二七〕【箋釋】馬宗霍云：本書原道篇云：「夫道者甚淖而滒，甚纖而微。」與此文可互參。高氏彼注云：「滒亦淖也。夫饘粥多瀋者謂之滒。」是「滒淖」連文，蓋漢時方語。説文云：「滒，多汁也。」

「瀋，汁也。」則高、許訓同。

〔二八〕【許注】格，射之椹質也。的，射准也。

【版本】王溥本、莊本、集解本注「准」作「準」，餘本同藏本。

【箋釋】陳昌齊云：「格」別本作「招」。○蔣禮鴻云：正文及注「格」字皆當作「招」，見齊俗篇。

〔二九〕【許注】鼓之日，謂陳兵擊鼓，鬬之日。

〔三〇〕【許注】軔，車下支。

【版本】藏本注「下」作「不」，莊本、集解本作「下」，今據改，景宋本、王溥本、朱本、茅本、葉本、汪本同藏本。

【箋釋】雙棣按：説文：「軔，礙車也。」玉篇：「軔，礙車輪木。」莊本改「不」爲「下」，是也。今從之。

〔三一〕【許注】卷，束也。

【用韻】「鞍、卷」元部。

〔三二〕【箋釋】雙棣按：「甲不離矢」，文不成義，疑有譌錯。宋刻武經本尉繚子兵教篇云：「國車不出於閫，組甲不出於櫜，而威服天下矣。」銀雀山漢簡本尉繚子治□篇亦云：「夫治且富之國，車不發□，甲不出睪，威□天下。」淮南此文蓋本於尉繚。裘錫圭謂簡本「睪」與「櫜」通，並云：「禮記檀弓注及少儀釋文都説：『櫜，甲衣也。』甲不出櫜，就是鎧甲不必從套子裏取出來使用的意思。」裘説是。此甲不離矢，矢亦當爲槖類之物，何由誤作「矢」字尚待考。

〔三三〕【用韻】「血、肆」質部。

〔三四〕【箋釋】楊樹達云：招，舉也。○馬宗霍云：國語周語「好盡言以招人過」，韋昭注云：「招，舉也。」漢書陳勝項籍傳贊「招八州而朝同列」，顔師古注引鄧展曰：「招，舉也。」又引蘇林曰：「招，音翹。」招義之招，亦當音翹而訓舉。招義而責之，謂舉示以義而責讓之也。

〔三五〕【用韻】「力、賊」職部。

〔三六〕【箋釋】王念孫云：「同欲相助」，當作「同欲相趨，（趨，七句反，向也。）同惡相助。」今本上句脱「相趨」二字，下句脱「同惡」二字。同欲、同惡相對爲文，且「利、死」爲韻，「情、成」爲韻，「欲、趨」爲韻，「惡、助」爲韻。「欲」與「助」，則非韻矣。（古韻欲、趨屬侯部，惡、助屬御部，故欲與助非韻。）史記吴王濞傳「同惡相助，同好相留，同情相成，同欲相趨，同利相死」，是其證。（文子自然篇作「同行者相助」，此以意改耳。吕氏春秋察微篇亦云：「同惡固相助」。）○于大成云：王校是也。六韜武韜發啟篇亦云：「同病相救，同情相成，同惡相助，同好相趨。」可證王説。○雙棣按：漢墓簡本六韜亦作「同亞（惡）相助，同好相趨」，王説是。用韻從之。

【用韻】「利、死」質脂通韻，「情、成」耕部，「欲、趨」屋侯通韻，「惡、助」鐸魚通韻。

〔三七〕【用韻】「動、嚮」東陽合韻。

〔三八〕【用韻】「慮、鬭」魚侯合韻。

〔三九〕【許注】斥，候也。闉，塞也。

【版本】藏本「捽」作「椊」，除朱本同藏本外，各本均作「捽」，今據改。

〔四〇〕【許注】捷，疾取也。

【箋釋】李哲明云：注有捝文，「取」上當捝「杼」字。「杼」假爲「抒」。倉頡篇：「抒，取也。」説文：「捽，持頭髮也。」是捽有持義。捽招如漢書金日磾傳言捽胡矣。吕覽本生篇「共射其一招」，注：「招，埻的也。」凡標的皆可云招，蓋持標的物相召呼，手口並施，謀其相救也。抒船者，引取其船而進之，使得疾出險也。履險之際，間不容髮，故云捷。○楊樹達云：李釋招爲埻的，非也。余謂「招」乃「櫂」之假字。方言卷九云：「楫謂之橈，或謂之櫂。」是其義也。「捷捽招抒船」，謂疾持楫以引船耳。李不明通假，强加訓釋，非也。○馬宗霍云：韓非子云：「孝子愛親，百數之一也。今以身處危而人尚可以戰，是以百族之子愛於上，皆若孝子之愛親也。」本文「百族之子」四字蓋出於韓非。彼言身處危，此言卒遇風波，是亦危也，故用彼成語耳。「捷」義爲「疾」，注訓「疾取」，疑連捽字爲訓，注文「捷」下蓋傳寫誤奪「捽」字。説文云：「捽，持頭髮也。」引申之義爲取。漢書貢禹傳「捽中杷土」，顔師古注云：「捽，拔取也。」是其證。故捷捽爲疾取矣。余謂本文「捽招」當連文爲義。「招」讀與「翹」同。翹猶懸也，高懸曰招，因之高懸之物亦謂之招。舟中帆檣即招也。吕氏春秋别類篇「射招者欲其中小也」，高誘注云：「招，埻藝也。」射埻曰招，故拔取帆檣而落之臥之也。杼者，説文訓「機之持緯者」，引申之義爲持，當風波卒發時，落帆臥檣即所以持船之危，故曰杼船。其事間不容髮須衆力疾爲之，故又曰捷若左右手。○于大成云：孫子九地篇「當其同舟而濟，遇風，其相救也若左右手」，淮南之文本之。

〔四一〕【版本】王溥本、王鎣本、朱本、茅本、汪本、張本、吴本、黄本、莊本、集解本「得」作「德」，餘本同藏本。

【箋釋】雙棣按：得與德通。

〔四二〕【用韻】「害、利」月質合韻。

〔四三〕【用韻】「兄、塘、當」陽部。

〔四四〕【箋釋】于大成云：慎子因循篇「故用人之自爲，不必人之爲我，則莫不可得而用矣」，與此文義同。

兵有三詆〔一〕，治國家，理境内，行仁義，布德惠，立正法，塞邪隧〔二〕，羣臣親附，百姓和輯，上下一心，君臣同力，諸侯服其威，而四方懷其德〔三〕，脩政廟堂之上而折衝千里之外，拱揖指撝而天下響應，此用兵之上也。地廣民衆，主賢將忠，國富兵强，約束信，號令明，兩軍相當，鼓錞相望〔四〕，未至兵交接刃而敵人奔亡〔五〕，此用兵之次也。知土地之宜，習險隘之利，明奇正之變，察行陳解贖之數〔六〕，維枹綰而鼓之〔七〕，白刃合，流矢接〔八〕，涉血屬腸〔九〕，輿死扶傷〔一〇〕，流血千里，暴骸盈場，乃以決勝〔一一〕，此用兵之下也。

今夫天下皆知事治其末，而莫知務脩其本〔一二〕，釋其根而樹其枝也〔一三〕。夫兵之所以佐勝者衆，而所以必勝者寡。甲堅兵利，車固馬良，畜積給足，士卒殷軫〔一四〕，此軍之大資也，而勝亡焉〔一五〕。明於星辰日月之運，刑德奇賌之數〔一六〕，背鄉左右之便，此戰之助也，而全亡焉〔一七〕。良將之所以必勝者，恒有不原之智〔一八〕，不道之道，難以衆同也〔一九〕。

夫論除謹〔二〇〕，動静時，吏卒辨，兵甲治，正行五〔二一〕，連什伯，明鼓旗〔二二〕，此尉之官也〔二三〕。前後知險易，見敵知難易，發斥不忘遺〔二四〕，此候之官也〔二五〕。隧路亟〔二六〕，行輜治〔二七〕，賦丈均〔二八〕，處軍輯，井竈通，此司空之官也〔二九〕。收藏於後，遷舍不離，無淫輿，無遺輜，此輿之官也〔三〇〕。凡此五官之於將也，猶身之有股肱手足也〔三一〕，必擇其人，技能其才〔三二〕，使官勝其任，人能其事〔三三〕。告之以政，申之以令〔三四〕，使之若虎豹之有爪牙，飛鳥之有六翮，莫不爲用，然皆佐勝之具也，非所以必勝也。

兵之勝敗，本在於政，政勝其民，下附其上，則兵强矣。民勝其政，下畔其上〔三五〕，則兵弱矣。故德義足以懷天下之民，事業足以當天下之急，選舉足以得賢士之心，謀慮足以知强弱之勢，此必勝之本也。地廣人衆，不足以爲强；堅甲利兵，不足以爲勝〔三六〕；高城深池，不足以爲固；嚴令繁刑，不足以爲威〔三七〕。爲存政者，雖小必存；爲亡政者，雖大必亡。

校釋

〔一〕【許注】爲大詆要事也。

【版本】茅本、汪本、莊本、集解本注「詆」上無「爲大」二字，景宋本、王溥本、朱本、葉本同藏本。

【箋釋】李哲明云：詆者，「柢」之借字。本作「氐」，爾雅釋言：「柢，本也。」三詆云者，猶言兵之本務有三也。事必務本而後得其要也。○劉文典云：書鈔百十三引，「詆」作「體」。○吴承仕、于省吾與李説同，于又云：書鈔不解「詆」之義而改之也。下文總束三柢曰「今夫天下皆知事治其末，而莫知務脩其本，釋其根而樹其枝也」，正與柢義相應。○馬宗霍云：玉篇言部云：「詆，法也。」與本注可相參。○王叔岷云：古鈔卷子本作「詆，謂大詆要事也」。○雙棣按：古鈔本是也。藏本脱一「詆」字，「爲」當讀爲「謂」。

〔二〕【用韻】「内、惠、隧」物質合韻。

〔三〕【用韻】「力、德」職部。

〔四〕【許注】錞，錞于，大鍾也。

【版本】藏本注「大」作「太」，景宋本、王溥本作「大」，今據改，茅本、汪本、張本、黄本注作「錞錞汙也形如鍾以和鼓」，莊本、集解本「大鍾」作「大鐘」，朱本同藏本。

【箋釋】于省吾云：師獣毁：「十五錞鍾。」周禮鼓人「以金錞和鼓」注：「錞，錞于也。圜如碓頭，大上小下，樂作鳴之，與鼓相和。」

〔五〕【箋釋】王念孫云：「兵交」當爲「交兵」。文子上義篇正作「交兵接刃」，下文亦云「不得交兵接刃」。○王叔岷云：王校是也。古鈔卷子本正作「交兵」。

【用韻】「衆、忠、强、明、當、望、亡」冬陽合韻。

〔六〕【版本】藏本「正」作「政」，王溥本、王鎣本、朱本、茅本、汪本、張本、吴本、黄本、莊本、集解本作「正」，今據改，餘本同藏本。王溥本、王鎣本、朱本、葉本、吴本「贖」作「續」，餘本同藏本。

【箋釋】俞樾云：解贖當爲解續。解之言解散也，續之言連續也，解續猶言分合，下文曰「出入解續」，是其證。○吴汝綸與俞説同。

〔七〕【許注】綃，貫。枹係於臂，以擊鼓也。

【版本】藏本正文及注「枹」作「抱」，茅本、葉本、汪本、張本、黄本、莊本、集解本作「枹」，今據改，王溥本、王鎣本、吴本作「炮」，餘本同藏本。

【箋釋】王念孫云：「維枹綃而鼓之」，殊爲不詞。一切經音義二十引此，作「綃枹而鼓之」，無「維」字，是也。「枹」字本在「綃」字下，故高注先釋綃，後釋枹，因「枹」字誤在「綃」字上，後人又以高注言「枹係於臂」，因加「維」字耳。不知「綃」字已兼維係之義，無庸更言「維」也。○陶方琦云：一切經音義十八引許注：「綃，貫也。」按：説文：「綃，惡也。」桂氏説文義證云：「惡即貫之譌文。」玉篇亦云：「綃，貫也。」唐本玉篇所引同。又大藏音義七十六、九十、九十七引許注：

「縎，貫也。」大藏音義九十引許注：「縎，猶攝也。」當是别一義。○易順鼎云：許注訓攝者，説文云：「攝，引持也。」義並相近。○王叔岷云：王校是也。古鈔卷子本正作「縎枹而鼓之」。○于大成云：唐本玉篇糸部「縎」字下引亦無「維」字，而「維」字下不引此文。尉繚子兵令篇「將提枹而鼓之」，句法與此同，亦其比。○雙棣按：于引尉繚子，宋本及簡本無，見羣書治要引。

〔八〕【用韻】「數、鼓」侯魚合韻。

〔九〕【用韻】「合、接」緝盍合韻。

〔一〇〕【箋釋】王念孫云：「屬腸」二字，義不可通，「屬」當爲「蹷」，謂涉血履腸也。吕氏春秋期賢篇曰：「塵氣充天，流矢如雨，扶傷輿死，履腸涉血。」是其證也。「蹷」字本作「蹷」，其上半與「屬」相似，因誤爲「屬」矣。○王叔岷云：「屬」字無義，古鈔卷子本作「屨」，是也。屨謂踐履也。吕氏春秋期賢篇、新序雜事五並有「履腸涉血」之文。

〔一一〕【箋釋】雙棣按：吕氏春秋期賢篇「扶傷輿死」，畢沅云：「死與尸同。」此「死」字亦當同「尸」。

〔一二〕【用韻】「腸、傷、場」陽部，「里、勝」之蒸通韻。

〔一三〕【箋釋】馬宗霍云：此文「事治」與「務脩」皆駢列字。事猶治也，非謂治其末事也。務猶脩也，非謂脩其本務也。吕氏春秋先己篇「所事者末也」，高誘注云：「事，治也。」與此文可互參。公羊定公二年傳「不務於公室也」，何休注云：「務，勉也。」本書脩務篇高注「脩」亦訓勉，即務與脩同義之證。廣雅釋詁三「脩」又訓「治」，同義異字，行文取相變爲對耳。

〔一三〕【箋釋】于省吾云：唐鈔本「釋」上有「是」字，語氣完足。

〔一四〕【許注】殷，衆。軫，乘輪多盛貌。

【箋釋】梁玉繩云：「殷軫」即「隱賑」也。蜀都賦劉淵林注：「隱，盛也。賑，富也。」羽獵賦「殷殷軫軫」，注：「盛貌。」○陶方琦云：大藏音義八十引許注：「軫，重也。」按：大藏音義引是約文，軫訓重，即駗字，說文：「駗，馬重難行也。」○楊樹達云：許注以軫字從車，故釋爲乘輪多盛貌，此望文爲說，非勝義也。今謂「軫」當讀爲「賑」。爾雅釋言云：「賑，富也。」說文云：「賑，富也，從貝，辰聲。」張衡西京賦云：「鄉邑殷賑。」淮南之殷軫，即張衡賦之殷賑也。古音辰聲、㐱聲同，故多通作。說文云：「袗，襌衣也。或從辰作裖。」禮記玉藻云：「振絺綌不入公門。」鄭注云：「振讀爲袗。」並其證也。○王叔岷云：古鈔卷子本作「殷軫，委輪多盛貌」是也。今本「軫」上脱「殷」字，「委輪」誤爲「乘輪」，則文不成義矣。○雙棣按：殷軫爲文部疊韻聯緜字。呂氏春秋慎人篇云：「丈夫女子，振振殷殷，無不戴說。」高誘注：「振振殷殷，衆友之盛。」聯緜字以聲取義，不拘字形。史記蘇秦傳云：「輷輷殷殷，若有三軍之衆。」殷殷，謂衆盛之貌。詩周南螽斯云：「宜爾子孫振振兮。」振振亦謂衆盛也。史記平準書云：「太倉之粟，陳陳相因。」陳陳，亦衆盛之義。殷殷振振單言則爲殷振，或作殷軫，或作殷賑，或作殷陳，或作隱軫，或作隱賑，其義一也。

〔一五〕【箋釋】曾國藩云：「勝亡焉」，猶云勝不係乎此也，全不係乎此也。○楊樹達云：曾說是也。

亡，不在也。

〔一六〕【許注】奇賌，陰陽奇秘之要，非常之術。

【版本】王溥本、王鎣本、吴本「星辰日月」作「日月星辰」，餘本同藏本。張本、黄本、莊本、集解本注無「非常之術」四字，餘本同藏本（景宋本無「之」字）。

【箋釋】莊逵吉云：説文解字云：「該，軍中約也。」又漢書有「五音奇胲」，史記倉公傳作「奇咳」，古字「賌、胲、咳」皆應作「該」。五音奇胲，兵家書也。故許慎以爲軍中約。○吴承仕云：朱本注末，有「非常之術」四字。（景宋本略同。）説文：「奇侅，非常也。」此注與説文應，莊本誤奪。○于省吾云：唐鈔本注文「要」下有「非常行也」四字。○于大成云：景宋本作「非常術」，則鈔本「行」是「術」之誤。藏本作「非常之術」，當從鈔本、景宋本删「之」字，從鈔本補「也」字。王應麟漢書藝文志考證，引作「非常數」，「數」亦古通「術」。彼無「之」字，知此注「之」字衍文無疑。又「刑德」許君此處無注，後文「雖順招摇，挾刑德」，注云「刑，十二辰也；德，十日也」，自是此文之義。唯尉繚子天官篇云「黄帝所謂刑德者，以刑伐之，以德守之，非世之所謂刑德也；世之所謂刑德者，天官時日陰陽向背者也」。

〔一七〕【版本】王溥本、王鎣本、葉本、吴本「鄉」作「向」，餘本同藏本。

【箋釋】于鬯云：全即下文「故全兵先勝而後戰」之全。

〔一八〕【箋釋】于鬯云：「原」當讀爲「傆」。説文人部云：「傆，黠也。」傆之言儇也。説文又云：「儇，慧也。」然則與智義相近，不原之智猶言不智之智，故與下文不道之道爲對。○于省吾云：原，猶源也。廣雅釋詁云：「源，度也。」周禮大司徒「測土深」注：「測，猶度也。」是度、測同訓。下文「是故聖人藏於無原」，猶言藏於不測也。○雙棣按：于省吾説是，淮南書多用「原」爲度，爲測。

〔一九〕【箋釋】馬宗霍云：「難以衆同」，以猶與也，言難與衆同也。○王叔岷云：古鈔卷子本「以」作「與」，以猶與也。

〔二〇〕【許注】論除，爲賢除吏。謹，慎也。

【版本】茅本、汪本、張本、黄本、莊本、集解本注「爲」作「論」，餘本同藏本。

【箋釋】楊樹達云：「論」假爲「掄」。説文云：「掄，擇也。」○于省吾云：「論、掄」字通。説文：「掄，擇也。」吕氏春秋當染篇「勞於論人而佚於官事」注：「論，猶擇也。」是其證。○雙棣按：除，任命也。説文：「除，殿陛也。」段玉裁注：「殿陛謂之除，因之凡去舊更新皆曰除，取拾級更易之義也。」漢書田蚡傳：「上乃曰：『君除吏盡未？吾亦欲除吏。』」顔師古注：「凡言除者，除去故官就新官。」

〔二一〕【版本】王溥本、王鎣本、朱本、汪本、張本、吴本、黄本、莊本、集解本「五」作「伍」，餘本同藏本。

〔二二〕【用韻】「時、治、旗」之部。

〔二三〕【許注】軍尉，所以尉鎮衆也。

【版本】藏本「官」下無「也」字，除景宋本同藏本外，各本均有「也」字，今據補。

【箋釋】于省吾云：唐鈔本「尉」上有「大」字。「此大尉之官也」下，有「營軍辨，賦地極，錯軍處，此司馬之官也」十五字，又有注文：「軍司馬，司主兵馬者也。」王引之云「兵甲治」下當有「此司馬之官也」一句。按：此當據唐鈔本訂補。且五官分職，既言太尉，其權亦必甚重。此文司馬，係就軍司馬言之，非大司馬也，不當增於「兵甲治」下明矣。◎雙棣按：于説是。當據唐鈔本補「此司馬之官也」等十五字及注文。又：下文云「凡此五官之於將也，猶身之有股肱手足也」，可知此「尉」當爲軍尉，非謂「太尉」也，唐鈔本有「大」字，恐爲衍文。

〔二四〕【許注】發，有所見。斥，斥度，候視也。

【版本】王溥本注「斥」字不重，餘本同藏本。

【箋釋】王叔岷云：古鈔卷子本「忘」作「亡」，注文「見」上有「發」字。

〔二五〕【許注】軍候，候望者也。

【箋釋】陶方琦云：史記索隱二十四引許注：「斥，度，候視也。候，望也。」按：索隱引敓「軍候」二字。漢書李廣傳「遠斥候，未嘗遇害」是也。説文人部：「候，伺望也。」與注淮南同。

〔二六〕【許注】隧，道也。亟，言治軍隧道疾。

【箋釋】馬宗霍云：下文云「行輜治，賦丈均，處軍輯，井竈通」，本文「亟」字與治、均、輯、通諸字義當比近。注訓亟爲疾，似失其類。余謂「亟」通作「茍」。説文云：「茍，自急敕也。」敕猶整也。此謂隧路整齊也。爾雅釋詁「寁、駿、肅、亟、遄，速也」，陸德明釋文：「亟字又作茍。」是「亟」與

「苟」通之證。訓敕爲整，見漢書顏師古注。

〔二七〕【許注】行輜，道路輜重。

【箋釋】雙棣按：上文云「隧路亟」，此不當更言「道路」，注「行輜」爲「道路輜重」，恐與上文爲複，疑此「行」當釋爲「行裝」。漢書曹參傳云：「告舍人趣治行。」顏師古注：「治行，謂脩治行裝也。」可爲證。

〔二八〕【許注】賦治軍壘，尺丈均平。

【箋釋】何寧云：古殘卷「尺丈」作「丈尺」。

〔二九〕【許注】軍司空，補空修繕者。

〔三〇〕【許注】輿，衆也。候領輿衆在軍之後者。

【版本】藏本注兩「輿」字作「與」，各本皆作「輿」，今據改。

〔三一〕【箋釋】王引之云：下言「五官」，而上祇有四官，寫者脱其一也，「兵甲治」下，當有「此司馬之官也」一句。「自論除謹」至「兵甲治」，皆司馬之事，非尉之事，且句法亦與下不同，自「正行五」以下，乃是尉之事耳。司馬也，尉也，候也，司空也，輿也，所謂五官也。左傳成二年晉軍有司馬、司空、輿帥、候正、亞旅，襄十九年晉軍有軍尉、司馬、司空、輿尉、候奄，官名與此略同，而其數皆五，足以相證矣。（漢書百官公卿表：「衛尉，秦官，諸屯衛、候、司馬皆屬焉。」續漢書百官志：「大將軍營五部，部校尉一人，軍司馬一人，部下有曲，曲有軍候一人。」通典兵類引一説曰：「凡立軍，一百人立候，四百人立司馬，八百人立尉。」）

〔三二〕【版本】藏本「技」作「枝」，各本均作「技」，今據改。

【箋釋】王念孫云：「能」字涉下文「能其事」而衍。技其才亦謂度其才也。擇其人，技其才，官勝其任，人能其事，皆相對爲文，則「技」下不當有「能」字，且「能」即是「才」，若云技能其才，則是技能其能矣。○于鬯謂「能」爲衍文，與王説同，又云：技其才者，才各有技，静字而動用之也。

〔三三〕【用韻】「才、事」之部。

〔三四〕【用韻】「政、令」耕部。

〔三五〕【箋釋】王叔岷云：古鈔卷子本「畔」作「叛」，文子同。畔、叛古通。

〔三六〕【用韻】「强、兵」陽部，「衆、勝」冬蒸合韻。

〔三七〕【箋釋】于大成云：荀子議兵篇：「堅甲利兵，不足以爲勝；高城深池，不足以爲固；嚴令繁刑，不足以爲威」，爲淮南此文所本。

昔者，楚人地南卷沅湘〔一〕，北繞潁泗〔二〕，西包巴蜀，東裹郯邳〔三〕，潁汝以爲洫〔四〕，江漢以爲池，垣之以鄧林〔五〕，緜之以方城〔六〕，山高尋雲，谿肆無景〔七〕，地利形便，卒民勇敢，蛟革犀兕〔八〕，以爲甲冑，脩鎩短鏦〔九〕，齊爲前行，積弩陪後〔一〇〕，錯車衛旁，疾如錐矢〔一一〕，合如雷電，解如風雨〔一二〕，然而兵殆於垂沙〔一三〕，衆破於柏舉〔一四〕。楚國之强，大地計衆，中分天下〔一五〕，然懷王北畏孟嘗君〔一六〕，背社稷之守而委身强秦〔一七〕，兵挫地削，身死不還〔一八〕。二世皇帝〔一九〕，勢爲天子，富有天下〔二〇〕，人迹所至，舟檝所通，莫不爲郡縣。然縱耳目之欲，窮侈靡之變，不顧百姓之飢寒窮匱也，興萬乘之駕，而作阿房之宫〔二一〕，發閭左之戍〔二二〕，收太半之賦〔二三〕，百姓之隨逮肆刑，挽輅首路死者〔二四〕，一旦不知千萬之數，天下敖然若焦熱〔二五〕，傾然若苦烈〔二六〕，上下不相寧，吏民不相憀〔二七〕。戍卒陳勝興於大澤，攘臂袒右〔二八〕，稱爲大楚，而天下響應〔二九〕。當此之時，非有牢甲利兵〔三〇〕、勁弩强衝也，伐棘棗以爲矜〔三一〕，周錐鑿而爲刃〔三二〕，剡摲筡，奮儋钁〔三三〕，以當脩戟强弩，攻城略地，莫不降下〔三四〕。天下爲之麋沸螘動，雲徹席卷〔三五〕，方數千里。勢位至賤，而器械甚不利，然一人唱而天下應之者，積怨在於民也。

武王伐紂，東面而迎歲〔三六〕，至汜而水〔三七〕，至共頭而墜〔三八〕，彗星出而授殷人其柄〔三九〕。當戰之時，十日亂於上，風雨擊於中，然而前無蹈難之賞〔四〇〕，而後無遁北之刑，白刃不畢拔而天下傳矣〔四一〕。是故善守者無與御，而善戰者無與鬭〔四二〕，明於禁舍開塞之道，乘時勢，因民欲而取天下。

故善爲政者積其德，善用兵者畜其怒。德積而民可用，怒畜而威可立也。故文之所以加者淺，則勢之所勝者小；德之所施者博，則威之所制者廣〔四三〕。威之所制者廣，則我强而敵弱矣。故善用兵者，先弱敵而後戰者也，故費不半而功自倍也〔四四〕。湯之地方七十里而王者，脩德也；智伯有千里之地而亡者，窮武也。故千乘之國行文德者王，萬乘之國好用兵者亡〔四五〕。故全兵先勝而後戰〔四六〕，敗兵先戰而後求勝。德均則衆者勝寡〔四七〕，力敵則智者勝愚〔四八〕，智侔則有數者禽無數〔四九〕。凡用兵者，必先自廟戰，主孰賢〔五〇〕，將孰能，民孰附，國孰治，蓄積孰多，士卒孰精，甲兵孰利，器備孰便，故運籌於廟堂之上〔五一〕，而決勝乎千里之外矣。

校釋

〔一〕【許注】卷，屈取也。沅、湘，二水名。

【箋釋】劉文典云：「昔者楚人地」，初學記地部中引，作「昔荊楚之地」。○于省吾云：唐鈔本作「昔楚之地」，雖無荊字，而「之」譌作「人」，固無疑也。

〔二〕【許注】潁、泗，二水名也。

〔三〕【許注】巴、蜀、郯、邳，地名。

【版本】藏本正文及注「邳」作「淮」，浙局莊本作「邳」，今據改，餘本同藏本。

【箋釋】王念孫云：「郯、淮」本作「郯、邳」，（注同。）此後人妄改之也。淮乃水名，非地名。與高注不合。太平御覽州郡部十三引此，正作「郯、邳」。沅湘潁泗，皆水名；巴蜀郯邳，皆地名。

漢郯縣故城，今在邳州東北。下邳故城，在今邳州東。二縣相連，故並言之。史記楚世家亦云鄒費郯邳。○王叔岷云：王校是也。古鈔卷子本亦作「郯、邳」，注同。

〔四〕【許注】洫，溝。

〔五〕【許注】鄧林，沔水上險。

〔六〕【許注】緜，落也。方城，楚北塞也，在南陽葉也。

【版本】藏本注「緜」作「綿」，莊本、集解本作「緜」，今據改，餘本同藏本。王溥本注末「也」字作「緜」，莊本無此「也」字，餘本同藏本。

【箋釋】陶方琦云：大藏音義九十、唐本玉篇引許注：「緜，絡也。」按：漢書楊雄傳「緜絡天地」，許君即本此爲訓。○易順鼎云：說文：「緜，聯微也。」大藏音義引作絡也，聯絡同義，「落、絡」古字通。○于大成云：荀子議兵篇云：「汝潁以爲險，江漢以爲池，限之以鄧林，緣之以方城。」淮南所本也。

〔七〕【許注】肆，極也。極溪之深，不見景。

【版本】王溥本注「溪」作「谿」。茅本、張本、汪本、莊本、集解本注末有「也」字。

【箋釋】王念孫云：太平御覽引作「山高尋雲霓，谿深肆無景」，是也。「谿深」二字連讀，今本脱「深」字，則與上句不對。「肆無景」三字連讀，故高注云「肆，極也。極谿之深，不見景也」，若以「谿肆」連讀，則文不成義矣。晉書羊祜傳「高山尋雲霓，深谷肆無景」，即用淮南語。○王叔岷云：古鈔卷子本作「山高尋景雲，深谿肆无景」，「景雲」疑本作「雲霓」，涉下「景」字而誤也。

〔八〕【箋釋】于省吾云：唐鈔本「蛟」作「鮫」，文選吴都賦「扈帶鮫函」，劉注：「鮫函，鮫魚甲可爲鎧。」按：蛟、鮫有别，蛟，龍屬；鮫，魚屬，然古書多互錯。

〔九〕【許注】鏦，小矛也。

【箋釋】陶方琦云：華嚴經音義上引許注：「鏦，小矛也。」按：説文：「鏦，矛也。」訓同。方言：「矛，吴、揚、江、淮、南楚、五湖之間或謂之鏦。」字通「穳」。倉頡篇：「穳，短矛也。」短矛即小矛。

〔一〇〕【許注】積弩，連弩。

〔一一〕【許注】錐，金蔟箭羽之矢也。

【版本】王溥本（並注）、王鎣本、吴本「錐」作「鏃」，餘本同藏本。浙局莊本注「箭」作「翦」，餘本同藏本。

【箋釋】王引之云：「錐」當爲「鍭」，注内「箭羽」當爲「翦羽」，皆字之誤也。爾雅：「金鏃翦羽謂之鍭。」（説文同。方言曰：「箭，江淮之間謂之鍭。」大雅行葦篇曰：「四鍭既鈞。」周官司弓矢曰：「殺矢、鍭矢，用諸近射田獵。」考工記矢人曰：「鍭矢參分，一在前，二在後。」隱元年穀梁傳曰：「聘弓鍭矢，不出竟場。」鍭字亦作猴，士喪禮記曰：「猴矢一乘，骨鏃短衛。」）是其明證矣。下文云「疾如鏃矢」，「鏃」亦「鍭」之誤。（侯字隸書作矦，隹字隸書作隹，二形相似。族字隸書或作族，形與侯亦相似，故鍭矢之字，非誤爲「錐」，即誤爲「鏃」。齊策「疾如錐矢，戰如雷霆，解如風雨」，文與此同，則「錐矢」亦是「鍭矢」之誤，高注以錐矢爲小矢，非也。史記蘇秦傳又誤作「鋒矢」，索隱引吕氏春秋貴卒篇「所爲貴錐矢者，爲其應聲而至」，今本吕氏春秋誤作「鏃矢」。莊子天下篇「鏃矢之疾」，「鏃」亦「鍭」字之誤，郭象音族，非也。鶡冠子世兵篇「發如鏃矢」，「鏃」本或作「鍭」，亦當以作「鍭」者爲是。○陳昌齊、郭慶藩、馬敘倫與王説同。○于省吾云：唐鈔本「錯」作「銷」。氾論篇「銷車以鬭」，注：「銷，讀組綃之綃也。」○王叔岷云：王校是也。古鈔卷子本「錐」正作「鍭」，注「箭羽」正作「翦羽」，下文「鏃矢」正作「鍭矢」。○陳奇猷云：諸書「鏃」字未必爲「鍭」之誤。鏃字從金從族，族字説文訓矢鏠，（即今鋒字。）則族矢係以金屬爲鋒之矢。鏃矢既係小巧，進行自較疾捷，然則作「鏃矢」正是吕覽及莊子、淮南等書之義。鏃與鋒義同，故史記别名爲鋒矢。周官、爾雅所謂之「鍭矢」，疑别是一名。王氏必改諸書「鏃矢」爲「鍭矢」，何以見得「鍭矢」則是，「鏃矢」則非？○雙棣按：王校未必是。莊子、吕覽及淮南下文並作「鏃」，莊子郭象音族，成疏「鏃，矢耑也」；吕覽高誘注：「鏃矢，輕利也。小曰鏃矢。」齊策一、蘇秦傳索隱引吕覽及淮南此文作「錐」，齊策高誘注：「錐矢，小矢，喻勁疾也。」高誘吕覽注與國策注義同，然則鏃矢與錐矢同義。説文：「錐，鋭也。」釋名：「錐，利也。」説文：「鏃，利也。」錐矢或鏃矢，蓋即箭頭小而鋒利之矢，故行疾也，因以喻。非必作鍭矢也。許注之文與説文及爾雅「鍭」字説同，或許本作「鍭」，高本作「錐」，而後人混而爲一矣。

〔三〕【箋釋】雙棣按：高誘齊策注：「雷電，喻威大也。風雨，喻解散速疾。」可補此注。

〔一三〕【許注】垂沙，地名。

【箋釋】陶方琦云：史記集解引許注：「垂涉，地名。」按：「垂沙」不誤，荀子議兵篇及韓詩外傳四並作垂沙。楚策三「垂沙之事，死者以千數」，史記作垂涉，涉或作沙，與沙相似。○于大成云：「垂沙」是也。商君書弱民篇云「唐蔑死於垂沙」，荀子云「然而兵殆於垂沙，唐蔑死」，即此事也。

〔一四〕【用韻】「便、敢」元談合韻，「兕、冑」脂幽合韻，「行、旁」陽部，「矢、電」脂真通韻，「雨、舉」魚部。

〔一五〕【箋釋】王念孫云：「大」當爲「支」，字之誤也。氾論篇云「度地計衆」，度與支，皆計也。大戴禮保傅篇「燕支地計衆，不與齊均」，盧辯曰：「支，猶計也。」賈子胎教篇作「度地計衆」。○陳昌齊云：大地，據文當爲「丈地」之譌，大與丈形近也。

〔一六〕【許注】脅於齊也。

【版本】王溥本、莊本、集解本注「於」作「于」。

〔一七〕【許注】懷王入秦，秦留之藍田也。

〔一八〕【用韻】「君、秦、還」文真元合韻。

〔一九〕【許注】二世，秦始皇少子胡亥也。

〔二〇〕【用韻】「子、下」之魚合韻。

〔二一〕【許注】阿房，地名，秦所築也。

【箋釋】王叔岷云：古鈔卷子本注「築」下有「宮」字，是也。○何寧云：疑注「地名」乃「宮名」之誤。

〔二二〕【許注】秦皆發閭左民，未及發而秦亡也。

〔二三〕【許注】貲民之三而税二。

【箋釋】王叔岷云：古鈔卷子本「太」作「大」，注作「訾民三而税二也」，訾、貲古通。人間篇「財貨無貲」，列子説符篇作「訾」，漢書景帝紀「今訾算十以上乃得官」，注：「訾，讀與貲同。」並其證。

【用韻】「戍、賦」侯魚合韻。

〔二四〕【許注】隨逮，應召也。肆刑，極刑。輅，輓輦横木也。

【箋釋】于省吾云：唐鈔本作「枕輅首路而死者」，於義爲長，當據訂。○馬宗霍云：隶是隶捕本字，逮從隶聲，故逮之義亦爲捕。漢書常山憲王舜傳「逮諸證者」，顔師古注云：「逮，捕也。」又王莽傳下「逮治黨與」，顔注云：「逮，追捕之也。」皆其證。本文之隨逮，猶言相從被捕也。注釋隨逮爲應召，似未當。又案：説文：「肆，極陳也。」段玉裁曰：「陳當作敶，敶，列也。」今案列謂行列。本文之「肆刑」，蓋言被捕者多，次弟入于刑網，如就行列者然，故謂之肆刑。凡役作戍守之人皆是，非必盡誅戮之也，注以極刑釋之，亦失之偏重。

〔二五〕【箋釋】馬宗霍云：荀子富國篇「天下敖然若燒若焦」，爲此文所本。楊倞注云：「敖讀爲熬。」是也。○王叔岷云：古鈔卷子本「敖」作「熬」，古字通用。○于大成云：史淮南王安傳「天下熬然若焦」，字作「𤎚」，與鈔本同。

〔二六〕【箋釋】馬宗霍云：此文「傾然」與上文「𢻱然」相對，彼假「𢻱」爲「𤎚」，則「傾」猶「傷」也。國語吴語「體有所傾」，韋昭注云：「傾，傷也。」是其證。○何寧云：古殘卷「𢻱」作「𤎚」，「烈」作「列」。

〔二七〕【用韻】「𤍠、烈」月部。

〔二八〕【許注】憀，賴。

〔二九〕【許注】陳勝，字涉，汝陰人也。大澤，沛蘄縣。袒右，脱右臂衣也。

【箋釋】何寧云：古殘卷「汝陰」作「汝南」。陳涉世家：「陳勝者，陽城人也。」索隱：「蓋陽城舊屬汝南，今屬汝陰。」

〔二九〕【用韻】「澤、楚」鐸魚通韻，「右、應」之蒸通韻。

〔三〇〕【箋釋】于省吾云：唐鈔本「牢」作「堅」。

〔三一〕【許注】棘棗，酸棗也。矜，矛柄。

【版本】除景宋本同藏本外，各本正文及注「矜」作「矜」。藏本注「柄」下有「同」字，王溥本、張本、黄本、莊本、集解本無，今據删，餘本同藏本。

【箋釋】王念孫云：「棘棗」本作「樲棗」，（注同。）此亦後人妄改之也。魏風園有桃傳云：「棘，棗也。」説文：「棘，小棗叢生者。」皆不訓爲酸棗。改「樲」爲「棘」，則與高注不合矣。史記司馬相如傳「枇杷樲柹」，索隱：「徐廣曰：『樲，棗也。而善反。』説文曰：『樲，酸小棗也。』淮南子云：

『伐樕棗以爲矜。』」索隱引作「樕棗」而「酸小棗」之訓又與高注合，則正文、注文皆作「樕棗」明矣。下句注云「撚矜以内鑽鑿」，「撚」即「樕」字之誤。○楊樹達云：賈誼過秦論云：「鉏耰棘矜，非銛於句戟長鎩也。」漢書徐樂傳云：「陳涉起窮巷，奮棘矜。」又嚴安傳云：「起閭巷，杖棘矜。」此皆陳涉以棘爲矜之證，不得以「棘」爲誤字而删之也。竊疑本文當作「伐棘樕以爲矜」。注當云：「棘，棗；樕，酸棗也。」注文脱去一「樕」字耳。索隱引作「伐樕棗以爲矜」者，棘二束相並，棗二束相重，傳寫易誤，又誤倒耳。下句云：「周錐鑿而爲刃。」錐鑿二事，棘樕二事，文正相對，若作「樕棗」，則與下文不類矣。且樕爲酸棗而稱曰樕棗，古人無此語例，故知王校之非矣。○王叔岷云：王校是也。古鈔卷子本正作「樕棗」，注同。

〔三二〕【許注】周，内也。撚矜以内鑽鑿也。

【版本】除景宋本同藏本外，各本注「矝」作「矜」。

【箋釋】于省吾云：唐鈔本「錐」作「鑽」，是也。如本作「錐」，注不應曰「内鑽鑿」。漢書刑法志「其次用鑽鑿」，是「鑽鑿」古人連稱之證。

【用韻】「矜、刃」真文合韻。

〔三三〕【許注】撕。剡，鋭也。钁，斫也。

【版本】王溥本、王鎣本、朱本、吴本「儋」作「擔」，餘本同藏本。王溥本、張本、黄本注無「撕」字，餘本同藏本。

【箋釋】劉績云：撕，初鑑切，芟也。笨，竹中空也。○李哲明云：「笨」借爲「梌」，玉篇：「梌，之加切，刺木也。」廣韻：「梌，他胡切，鋭也。」廣雅釋詁作「梌，鋭也」。刺木必鋭，故均以鋭爲梌。禮器「有撕而播也」，鄭云：「撕之言芟也。」文選長楊賦注：「撕，舉手擬也。」依文義，當作「撕剡笨」。爾雅釋詁：「剡，利也。」儀禮聘禮釋文：「剡，鋭也。」撕與奮對文，撕剡笨者，舉鋭利之刺木也，於義至明。説文：「钁，大鉏也。」廣韻云：「方言名爲鹵斫。」故注云「斫也」。六韜軍用篇：「棨钁刃，廣六寸，柄長六尺以上。」爾雅「斫謂之櫡」，注云：「钁也。」皆可以疏明注義。齊俗篇注钁屬，微異其義。

〔三四〕【用韻】「笨、弩、下」魚部。

〔三五〕【版本】景宋本「麋」作「糜」，餘本同藏本。王溥本「卷」作「捲」，餘本同藏本。

【箋釋】楊樹達云：「麋」字誤，當作「糜」。景宋本作「糜」，不誤。○馬宗霍云：楚辭招魂王逸注云：「麋，碎也。」素問氣厥論王冰注云：「麋謂爛也。」本文「麋沸」亦有碎爛之義。論其本字，碎義當作「䊳」，爛義當作「爢」，説文：「䊳，碎也。」「爢，爛也。」是也。古蓋假「麋」爲之。景宋本作「糜」，蓋傳寫者不知古字假借，以意擅改，不足據。

【箋釋】雙棣按：此段本之荀子儒效篇。

〔三六〕【許注】太歲在寅。

〔三七〕【許注】汜，地名也。水，有大雨水也。

【箋釋】盧文弨云：「汜」當作「氾」，左傳「鄙在鄭地氾」，釋文「音凡」，字從㔾不從巳，其地在成皋之間，又漢高即位於氾水之陽，在定陶。漢書注音敷劍反，非周師所經也。○王念孫云：汪氏中曰「汜當爲氾，音汎，字從㔾不從巳」是也。然荀子所謂至汜者，究不知爲今何縣地。盧用汪說而引左傳爲證。案：「杜注云：鄭南氾也，在襄城縣南。」則非周師所至，不得引爲至汜之證矣。○雙棣按：呂氏春秋貴因篇云：「武王至鮪水，天雨，日夜不休。」梁玉繩云：「水經河水五注：『鞏縣北有山臨河，謂之崟㟎山，其下有穴，謂之鞏穴，直穴有渚，謂之鮪渚。河自鮪渚已上又兼鮪稱，呂氏春秋稱武王伐紂至鮪水，紂使膠鬲候周師，即是處也。』」楊倞荀子儒效注亦引呂氏春秋此文爲證。蓋荀子、淮南之汜水，即呂氏之鮪水也，亦即酈氏所謂河自鮪渚以上又兼鮪稱也，非鄭地之氾或洧也。鄭之氾或洧，非武王伐紂所經之地。又按：貴因篇「天雨，日夜不休」，蓋爲許注「水，有大雨水也」所本。

〔三八〕【許注】共頭，山名，在河曲共山。墜，隕也。

【箋釋】于省吾云：唐鈔本「墜」作「山隊」二字。荀子儒效作「至共頭而山隧」，隧同隊，古墜字。又注文「在河曲」，唐鈔本作「在河内也」，當從之。荀子注：「共，河内縣名。共頭蓋共縣之山名。」按古謂大河以北爲河内，至河曲在今山西永濟縣，與此無涉。

〔三九〕【許注】時有彗星，柄在東方，可以埽西人也。

〔四〇〕【箋釋】王叔岷云：古鈔卷子本「中」作「下」。

【用韻】「上、賞」陽部。

〔四一〕【版本】王溥本、王鎣本、朱本、汪本、張本、吴本、黄本、莊本、集解本「傅」作「得」，餘本同藏本。

【箋釋】王叔岷云：「傅」字無義，古鈔卷子本作「傅」是也。「傅」猶「附」也，謂天下親附也。「傅」即「傅」之形誤。

〔四二〕【用韻】「御、鬬」魚侯合韻。

〔四三〕【版本】汪本、張本、吴本、黄本、莊本、集解本「威」上「則」字作「而」，餘本同藏本。

【箋釋】王念孫云：上二句當作「故文之所加者淺，則勢之所服者小」。今本「加」上衍「以」字，「服」字又誤作「勝」。（「服、勝」左畔相似，又因上下文多「勝」字而誤。）下言「威之所制者廣」，「威之所制」，猶言勢之所服耳。服與制義相近。若作「勝」，則非其指矣。漢書刑法志作「文之所加者深，則武之所服者大」，文子下德篇作「文之所加者深，則權之所服者大」，皆其證。○王叔岷云：古鈔卷子本作「故文之所加者淺，則權之所服者小」。王説唯「勢」字異也。

〔四四〕【箋釋】于大成云：六韜龍韜軍勢篇「夫先勝者，先見弱於敵而後戰者也，故事半而功倍焉」，與此文義同。

〔四五〕【用韻】「王、亡」陽部。

〔四六〕【許注】德先勝之，而後乃戰，湯武是也。

〔四七〕【版本】藏本「寡」上脱「勝」字，王溥本、王鎣本、朱本（挖補）、茅本、汪本、張本、吴本、黄本、莊本、集解本有「勝」字，今據補，餘本同藏本。茅本、汪本脱「勝」下「寡」字。

〔四八〕【箋釋】于省吾云：唐鈔本「勝愚」作「制遇」，是也。上言「德均則衆者勝寡」，下言「智侔則有數者禽無數」，（智舊作勢。）三句平列，今本「制」作「勝」，則與「勝寡」之義複。「愚、遇」古籍多通用。○于大成云：于説是也。文子上禮篇正作「制愚」。

〔四九〕【許注】侔，等。

【版本】藏本「智」作「者」，浙局莊本作「智」，今據改，王溥本、王鎣本、朱本、葉本、汪本、張本、黄本、集解本作「勢」，景宋本、茅本同藏本。

【箋釋】王念孫云：劉本改「者侔」爲「勢侔」，案：劉改非也。「者」當爲「智」，字之誤也。（「者、智」下半相似，又因上下文「者」字而誤。）「力敵」二字，承「衆者勝寡」而言，言衆寡相等，則智者勝愚也。「智侔」二字，又承智者勝愚而言。言智相等則有數者禽無數也。劉改爲「勢侔」，則義與上句不相承，且與「力敵」相複矣。數謂兵法也。詮言篇曰：「慮不勝數，事不勝道。」故曰「智侔則有數者禽無數」也。文子上禮篇正作「智同則有數者禽無數」。○王叔岷云：古鈔卷子本「者侔」正作「智侔」，王校是也。

【用韻】「寡、愚、數」魚侯合韻。

〔五〇〕【箋釋】雙棣按：此數句當本之孫子計篇「主孰有道，將孰有能」等語，銀雀山簡本孫子無「有」字，淮南與之同。

〔五一〕【箋釋】陶方琦云：大藏音義三十七引許注：「籌，策也。」按：今注佚，本書脩務訓「籌策得失」。

夫有形埒者，天下訟見之〔一〕；有篇籍者，世人傳學之；此皆以形相勝者也，善形者弗法也〔二〕。所貴道者，貴其無形也。無形，則不可制迫也，不可度量也，不可巧詐也，不可規慮也〔三〕。智見者人爲之謀，形見者人爲之功，衆見者人爲之伏，器見者人爲之備〔四〕。動作周還，倨句詘伸，可巧詐者，皆非善者也〔五〕。善者之動也，神出而鬼行，星燿而玄逐，進退詘伸，不見朕埊〔六〕；鸞舉麟振，鳳飛龍騰，發如秋風〔七〕，疾如駭龍〔八〕；當以生擊死〔九〕，以盛乘衰，以疾掩遲，以飽制飢〔一〇〕；若以水滅火，若以湯沃雪，何往而不遂，何之而不達〔一一〕？在中虚神，在外漠志，運於無形，出於不意〔一二〕。與飄飄往，與忽忽來，莫知其所之；與條出，與間入，莫知其所集〔一三〕。卒如雷霆，疾如風雨，若從地出，若從天下，獨出獨入，莫能應圉〔一四〕。疾如鏃矢，何可勝偶？一晦一明，孰知其端緒〔一五〕？未見其發，固已至矣。故善用兵者，見敵之虚，乘而勿假也〔一六〕，追而勿舍也，迫而勿去也〔一七〕。擊其猶猶，陵其與與〔一八〕，疾雷不及塞耳〔一九〕，疾霆不暇掩目〔二〇〕。善用兵〔二一〕，若聲之與響，若鏜之與鞈〔二二〕，眯不給撫，呼不給吸〔二三〕。當此之時，仰不見天，俯不見地，手不麾戈，兵不盡拔〔二四〕，擊之若雷，薄之若風，炎之若火〔二五〕，陵之若波〔二六〕。敵之静不知其所守，動不知其所爲。故鼓鳴旗麾，當者莫不廢滯崩阤，天下孰敢厲威抗節而當其前者〔二七〕！故淩人者勝，待人者敗，爲人杓者死〔二八〕。

校 釋

〔一〕【版本】王溥本、王鎣本、朱本、葉本、吴本「訟」作「公」，餘本同藏本。茅本、汪本、張本、黄本、莊本、集解本「訟」下有注「公也」二字，餘本同藏本。

〔二〕【版本】藏本「此」上有「世」字，除景宋本同藏本外，餘本均無「世」字，今據刪。

【箋釋】于省吾云：唐鈔本「善」下無「形」字是也。乃涉上下文「形」字而誤衍。上云「此皆以形相勝者也」，此不應曰「善形者弗法也」。下云「皆非善者也，善者之動也」，是善下不應有形字，明矣。○楊樹達與于説同。

〔三〕【版本】藏本「迫」下無「也」字，王鎣本、朱本、汪本、張本、黄本、莊本、集解本有，今據補，餘本同藏本。

【箋釋】王念孫云：「度量」當爲「量度」，讀如不可度思之度。「度、迫」爲韻，（迫古讀若博，楚辭招魂「遒相迫些」，與簿白爲韻。白古讀若薄，釋名曰：「薄，迫也。單薄，相逼迫也。」）「詐、慮」爲韻。（詐古音則故反，主術篇曰「上多故則下多詐，上多事則下多態」。晉語「輿人誦惠公，詐之見詐」，與賂爲韻。荀子修身篇「體倨固而心執詐」，與汙爲韻。吕氏春秋情欲篇「胸中欺詐」，與固爲韻。韓子安危篇七曰有「信而無詐」，與惡度惡譽度爲韻。）若作「度量」，則失其韻矣。○陳昌齊與王説同。○楊樹達云：「制迫」文義不貫，「制」疑「劫」字形近之誤。○王叔岷云：古鈔卷子本正作「量度」。○雙棣按：王、陳説是，當據改。

〔四〕【用韻】「迫、度、詐、慮」鐸魚通韻。

〔五〕【用韻】「謀、伏、備」之職通韻。

【箋釋】雙棣按：倨句猶直曲也。繆稱篇云「容貌顔色，詘伸倨佝」，王念孫云：「倨佝猶曲直也。」新書容經云：「故身之倨佝，手之高下，顔色聲氣，各有宜稱。」注：「佝與句同。」銀雀山竹簡守法篇云：「衆少裾袧而應。」注釋者云：「裾袧猶言方圓，當指進攻時之隊形而言。」

〔六〕【用韻】「還、伸、善」元真合韻。

【版本】藏本「埶」作「整」，汪本、張本、黄本、莊本、集解本作「埶」，今據改，王溥本、王鎣本、朱本、吴本作「整」，餘本同藏本。

【箋釋】劉績云：整，古「圻」字。○王念孫云：玉篇「埶，古文垠字」。又案：「逐」當爲「運」。玄運，天運也。（後漢書張衡傳注引桓譚新論曰：「玄者，天也。」釋名曰：「天謂之玄。」）言如星之燿，如天之運也。覽冥篇云：「日行而月動，星燿而玄運，電奔而鬼騰，進退屈伸，不見朕垠。」是其明證也。運字古讀若云，（吕氏春秋諭大篇引夏書「天子之德廣運」，與「文」爲韻。管子形勢篇「受辭者，名之運也」，與「尊」爲韻。越語「廣運百里」，韋注曰：「東西爲廣，南北爲運。」西山經「廣員百里」，廣員即廣運。墨子非命上篇「譬猶運鈞之上而立朝夕者也」，中篇運作員。莊子天運篇釋文曰：「天運，司馬作天員。」管子戒篇「四時云下而萬物化」，云即運字。説文：「鳩，一名運日。」劉逵吴都賦注作雲日。）與埶爲韻，若作「逐」，則失其韻矣。○陳昌齊與王説同。

【用韻】「運、伸、埶」文真合韻。

〔七〕【箋釋】王念孫云：「秋風」當作「猋風」，字之誤也。（俗書「猋」字作「飈」，形與「秋」相近。）舊本北堂書鈔武功部六引此作「炎風」，「炎」亦「猋」之誤。（陳禹謨依俗本改爲「秋風」。）「發如猋風」，言其疾也。漢書韓長孺傳「匈奴，輕疾悍亟之兵也，至如猋風，去如收電」，顔師古曰：「猋，疾風也。」故月令「猋風暴雨總至」，吕氏春秋孟春篇作疾風。若作「秋風」，則非其指矣。○于大成云：檢孔氏刻本書鈔，正作「猋風」，王校甚確。

〔八〕【許注】龍魚也，飛之疾者也。

【箋釋】王念孫云：「駭龍」當作「駭電」，「龍」字涉上文「龍騰」而衍，「龍」下「當」字即「電」字之誤。後人誤以「當」字下屬爲句，（「以生擊死」四字之上加一「當」字，則義不可通。）故於「駭龍」之下妄加注釋耳。（今本注云：「龍魚也，飛之疾者也。」案海外西經之「龍魚」，不得謂之「駭龍」，且與上句「猋風」不類，明是後人妄加此注，以附會「駭龍」二字之義。非高氏原文也。）楚辭九歎「淩驚靁以軼駭電兮」，駭電與猋風，事正相類，故以比用兵之神速。管子兵法篇云：

「追亡逐遁若飄風，（飄與猋同，月令「猋風」，淮南時則篇作「飄風」。爾雅「回風爲飄」，月令注作「回風爲猋」。漢書蒯通傳「飄至風起」，顔注「飄讀曰猋」。）擊刺若雷電。」吕氏春秋決勝篇云：「若雷電飄風暴雨。」漢書云：「至如猋風，去如收電。」義並與此同。舊本北堂書鈔引此，正作「疾如駭電」，無「龍」、「當」二字。（陳禹謨依俗本改爲「駭龍」，又加「當」字。）

【用韻】「騰、龍」蒸東合韻。

〔九〕【版本】藏本「擊」作「繫」，除景宋本、茅本同藏本外，餘本均作「擊」，今據改。

〔一〇〕【用韻】「死、衰、遲、飢」脂微合韻。

〔一一〕【版本】藏本「達」上有「用」字，王鎣本無，今據删，餘本同藏本。

【箋釋】劉績云：疑衍「用」字。○陳昌齊云：「用」字據文當衍。○王叔岷云：古鈔卷子本正無「用」字。○雙棣按：劉、陳説是，吕氏春秋博志篇「何事而不達，何爲而不成」，句例與此同。今據王鎣本删「用」字。

【用韻】「火、遂」微物通韻，「雪、達」月部。

〔一二〕【箋釋】楊樹達云：「在中虚神」四字爲句，「在外漠志」四字爲句。此文上下皆有韻，此以「雪、達」爲韻，「志、意」爲韻也。

【用韻】「神、形」真耕合韻，「志、意」之職通韻。

〔一三〕【箋釋】顧廣圻云：飄飄忽忽，疑皆不當重，「條」疑當作「倏」，「閒」疑當作「闇」。飄忽倏闇，皆同義。荀子議兵篇「善用兵者，感忽悠闇，莫知其所從出」，新序作「奄忽」，倏即忽也，闇即奄也。（楊倞注「感忽悠闇，皆謂倏忽之間也」是矣。又云：「悠闇，遠視不分辨之貌。」則非。）飄往忽來，與倏出闇入對文。○王叔岷云：古鈔卷子本「飄、忽」並不疊，是也。「與飄往，與忽來」與下文「與條出，與間入」文正相對。○于大成云：六韜龍韜王翼篇「闇忽往來，出入若神」，又軍勢篇「倏而往，忽而來」，並可證此文之義。彼作「闇忽」、「倏忽」，即此文之「飄忽」、「倏闇」。顧校綦是。

【用韻】「來、之」之部，「入、集」緝部。

〔一四〕【箋釋】于省吾云：唐鈔本「應」作「壅」。○王叔岷云：「應」即「壅」之形誤。下文「莫之應圉」「應」亦當爲「壅」。脩務篇：「破敵陷陳，莫能壅御。」亦可證「應」字之誤。續補云：惟作「應」義亦可通。本篇下文「莫之應圉」，亦以「應圉」連文。管子幼官篇：「經不知，故莫之能圉；發不意，故莫之能應。」兵法篇：「徑乎不知，故莫之能禦也；發乎不意，故莫之能應也。」兩「應」字並與此文及下文同義。（前言「應」字無義，未審。）○雙棣按：此語亦見於銀雀山竹簡王兵篇，彼云：「動如雷神，起如飛鳥，往如風雨，莫當其前，莫害其後，獨出獨入，莫能禁止。」又見於管子七法篇、幼官篇及輕重甲篇。「卒如雷霆」，除輕重甲篇作「霆」外，餘皆作「電」，簡本之「神」，亦當讀作「電」。「莫能應圉」，管子作「莫之禁圉」、「莫之能圉」。

〔一五〕【用韻】「雨、下、圉、偶、緒」魚侯合韻。

〔一六〕【箋釋】雙棣按：假，猶寬縱也。易家人「王假家人」，王引之云：「王假有家者，王者寬假其家人也。」史記春申君傳：「敵不可假，時不可失。」假亦寬縱也。

〔一七〕【用韻】「虚、假、舍、去」魚部。

〔一八〕【箋釋】雙棣按：猶猶、與與義同猶與，猶上文殷軫同殷殷、振振也。古聯緜字可拆開重言，亦可單言連用，義皆同。

〔一九〕【許注】聞疾雷之聲，不暇復塞耳。

【版本】藏本注「聞」作「用」，蔣刊道藏輯要本作「聞」，今據改，各本同藏本。

【箋釋】吴承仕云：「用」疑當爲「聞」，各本作「用」者，草書形近之誤。○于省吾云：唐鈔本「用」作「聞」是也。

〔二〇〕【箋釋】蔣超伯云：古謂電爲霆。管子七臣七主篇：「天冬雷，地冬霆，草木夏落而秋榮。」兵略訓：「疾雷不及塞耳，疾霆不暇掩目。」以上兩「霆」字，並謂電也。○陶鴻慶云：「疾霆」當爲「疾電」。襄十四年左傳「畏之如雷霆」，釋文云：「霆本亦作電。」是其例也。上文「疾如駭龍」，王氏依舊本北堂書鈔引，作「疾如駭電」。吕氏春秋貴生篇云：「雷則掩耳，電則掩目。」○王叔岷云：古鈔卷子本「不及」、「不暇」並作「不給」。又「疾霆」不得言「掩目」，「霆」當爲「電」，字之誤也。六韜軍勢篇「疾雷不及掩耳，迅電不及瞑目」，吕氏春秋貴生篇「雷則揜耳，電則揜目」，劉子新論言苑篇「雷霆必塞耳，掣電必掩目」，孫子作戰篇陳皥注「所謂疾雷不及掩耳，卒電不及瞬目」，皆其證。○雙棣按：杜佑孫子軍争篇注引太公曰：「疾雷不及掩耳，疾電不及瞑目。」淮南似亦本之太公，然則「霆」當作「電」。

【用韻】「與、耳」魚之合韻，「猶、目」幽覺通韻。

〔二一〕【箋釋】于省吾云：唐鈔本「兵」下有「者」字。○雙棣按：依文有「者」字是。

〔二二〕【許注】軨，鼓鞞聲。

【箋釋】陶方琦云：大藏音義八十四引許注「闉閣，鼓鼙聲也。」按：注文同。大藏音義引「闉閣」，即上林賦「鏗鎗闉軨也」，「軨」又因「闉」字從門作「閣」，誤字。説文：「鼛，鼓聲也。」「鼛，鼓聲也。」説文「鼛」下引詩「擊鼓其鼛」，此三家詩，毛詩作「擊鼓其鏜」。「鼛」爲正字，「鏜」與「闉」，古通假字。説文鼛篆下又作「軨」，今注作「鏜軨」，不誤也。○易順鼎與陶説同，又云：今注「軨」上疑奪「鏜」字。

〔二三〕【用韻】「軨、吸」緝部。

〔二四〕【用韻】「地、戈、拔」歌月通韻。

〔二五〕【用韻】「雷、火」微部。

〔二六〕【版本】王溥本、王鎣本、汪本、張本、吴本、黄本、莊本、集解本「陵」作「淩」，餘本同藏本。

〔二七〕【用韻】「波、爲、靡、阤、前」歌元通韻。

〔二八〕【許注】杓，所擊也。

【箋釋】朱駿聲云：「杓」假爲「扚」，淮南兵略「爲人杓者死。」史記天官書：「杓雲如繩。」○于鬯云：「杓」當讀爲「的」，故高注云「杓，所擊也」。莊子庚桑楚篇云「我其杓之人邪」，郭注云：「不欲爲物標杓。」陸釋云：「杓，郭音的。」是亦讀「杓」爲「的」矣。標杓即標的也。朱駿聲説文通訓以此「杓」字假借爲「扚」，殆誤讀高注。説文手部云：「扚，疾擊也。」是扚爲擊者，非所擊。高不以擊訓杓，以所擊訓杓，明是的也，非扚也。○楊樹達云：「杓」當讀爲「的」。詩賓之初筵云：「發彼有的。」毛傳云：「的，質也。」的爲射質，故注云所擊。○王叔岷云：古鈔卷子本「杓」作「的」，「杓、的」古通。

兵静則固，專一則威，分決則勇，心疑則北，力分則弱〔一〕。故能分人之兵，疑人之心，則錙銖有餘；不能分人之兵，疑人之心，則數倍不足〔二〕。故紂之卒，百萬之心，武王之卒，三千人皆專而一〔三〕。故千人同心，則得千人力〔四〕；萬人異心，則無一人之用。將卒吏民，動静如身〔五〕，乃可以應敵合戰。故計定而發，分決而動，將無疑謀，卒無二心，動無墮容〔六〕，口無虚言，事無嘗試，應敵必敏，發動必亟〔七〕。故將以民爲體，而民以將爲心。心誠則支體親刃，心疑則支體撓北〔八〕。心不專一，則體不節動；將不誠必，則卒不勇敢〔九〕。故良將之卒，若虎之牙，若兕之角，若鳥之羽，若蚈之足〔一〇〕，可以行，可以舉，可以噬，可以觸〔一一〕，强而不相敗，衆而不相害〔一二〕，一心以使之也。故民誠從其令，雖少無畏；民不從令，雖衆爲寡〔一三〕。故下不親上，其心不用〔一四〕；卒不畏將，其刑不戰〔一五〕。守有必固，而攻有必勝，不待交兵接刃，而存亡之機固以形矣。

校　釋

〔一一〕【箋釋】雙棣按：銀雀山漢墓竹簡尉繚子兵勸（權）云：「□□□固，以槫（專）勝，力分者弱，心疑者北。」蓋淮南此段多本尉繚，宋本尉繚子攻權篇與此稍有出入。「北」當讀如「背」。

〔一二〕【箋釋】雙棣按：銀雀山漢墓竹簡佚書客主人分篇云：「能分人之兵，能按人之兵，則錙□而有餘，不能分人之兵，不能按人之兵，則數倍而不足。」

【用韻】「餘、足」魚屋合韻。

〔一三〕【版本】藏本「千」作「阡」，除葉本同藏本外，餘本均作「千」，今據改。

【用韻】「卒、卒、一」物質合韻。

〔一四〕【箋釋】于省吾云：唐鈔本作「故紂之卒百萬，而有百萬之心；武王卒三千，皆專而爲一。故千人同心，則得千人之力」。較今本完善。惟「武王」下仍應有「之」字。

〔一五〕【箋釋】雙棣按：漢墓竹簡本尉繚子作「將吏士卒，童（動）静如身」，宋本尉繚子作「將吏士卒，動静一身」，兩本均作「將吏士卒」，似較今本淮南作「將卒吏民」爲優。

〔一六〕【箋釋】于省吾云：唐鈔本「墮」作「惰」，「容」誤作「客」。

〔七〕【箋釋】雙棣按：漢墓竹簡本尉繚子作「是故□……無嘗試，發童（動）必蚤」。簡文雖有殘脱，然淮南此文本之尉繚子可見矣。

【用韻】「試、敏、亟」職之通韻。

〔八〕【版本】王溥本、王鎣本、汪本、吴本「刃」作「力」，餘本同藏本。

【箋釋】王念孫云：「親刃」二字，義不可通。劉本作「親力」，義亦不可通。「刃」當爲「刱」，寫者脱其半耳。説文：「刱，黏也。」引隱元年左傳不義不刱，或作「䵒」。今左傳作「暱」。親刱，即親暱也。支體親暱，謂從心也。支體撓北，謂不從心也。親暱之暱古音在職部，故與「北」爲韻，小雅菀柳篇「無自暱焉」，與「息、極」爲韻，是其證。○馬宗霍云：説文：「刃，刀堅也。」引申爲堅固之義。支體親刃，猶言支體親固也。「刃」未必是誤字。又案「刃」通作「仞」，見左傳昭三十二年與論語子張篇釋文。「仞」通作「韌」，見孟子盡心篇上趙岐注與孫奭孟子音義引丁公著音。管子制分篇「攻堅則韌」，尹知章注云：「韌，牢固之名也。」亦刃有固義之旁證。王氏又以韻求之，淮南此節上下皆不韻。○雙棣按：此文上下均本之尉繚子。簡本作「□□□，心也；羣下，支節也。其心童（動）……心童（動）疑，支節……下不節童（動），唯（雖）勝爲幸」。宋本作「將帥者，心也，羣下者，支節也。其心動以誠，則支節必力，其心動以疑，則支節必背。夫將不心制，卒不節動，雖勝，幸勝也」。尉繚之「其心動以誠，則支節必力；其心動以疑，則支節必背」，與此「心誠則支體親刃，心疑則支體撓北」相應，似劉績改刃爲力，亦不爲無理，力北正協職部。王謂爲刴之壞殘，亦可備一説。

【用韻】「力、北」職部。

〔九〕【版本】王溥本、王鎣本、朱本、茅本、葉本、汪本、張本、吴本、黄本、莊本、集解本「必」作「心」，景宋本同藏本。

【箋釋】王念孫云：「誠必」與「專一」相對爲文，「勇敢」與「誠必」相因爲義。管子九守篇曰：「用賞者貴誠，用刑者貴必。」荀子致士篇曰：「人主之患，不在乎不言用賢，而在乎不誠必用賢。」吕氏春秋論威篇曰：「又況乎萬乘之國而有所誠必乎，則何敵之有矣！」賈子道術篇曰：「伏義誠必謂之節。」枚乘七發曰：「誠必不悔，決絶以諾。」是古書多以「誠必」連文。劉本「誠必」作「誠心」，因上文「心誠」而誤。諸本與劉本同，唯道藏本作「誠必」。莊不從藏本，而從諸本，謬矣。○王叔岷云：古鈔卷子本作「誠必」。

【用韻】「一、必」質部。

〔一〇〕【許注】蚈，馬蠸也。

〔一一〕【版本】藏本注「蚈」誤「研」，除葉本同藏本外，餘本均作「蚈」，今據改。

〔一二〕【用韻】「牙、角、羽、足、舉、觸」魚屋合韻。

〔一三〕【用韻】「敗、害」月部。

〔一三〕【箋釋】于省吾云：唐鈔本「從」下無「其」字，「寡」作「累」，是也。下言「民不從令」，與「民誠從令」反正爲義，有「其」字於文爲贅。後人以寡與衆反正爲義，而改「累」爲「寡」，反與「雖少無畏」，不相對，且「累」與「畏」韻，作「寡」則失其韻矣。

【用韻】「畏、累」微部。（此據唐鈔本。）

〔一四〕【用韻】「上、用」陽東合韻。

〔一五〕【版本】王溥本、王鎣本、朱本、葉本、汪本、張本、吴本、黄本、莊本、集解本「刑」作「形」，景宋本、茅本同藏本。

【箋釋】雙棣按：「刑」與「形」通。

【用韻】「將、戰」陽元合韻。

兵有三勢，有二權〔一〕。有氣勢，有地勢，有因勢。將充勇而輕敵，卒果敢而樂戰，三軍之衆，百萬之師，志厲青雲，氣如飄風，聲如雷霆〔二〕，誠積踰而威加敵人〔三〕，此謂氣勢。硤路津關，大山名塞，龍蛇蟠〔四〕，却笠居〔五〕，羊腸道〔六〕，發笱門〔七〕，一人守隘，而千人弗敢過也〔八〕，此謂地勢。因其勞倦怠亂，飢渴凍暍，推其搶搶，擠其揭揭〔九〕，此謂因勢。善用間諜〔一〇〕，審錯規慮，設蔚施伏〔一一〕，隱匿其形〔一二〕，出於不意〔一三〕，敵人之兵無所適備〔一四〕，此謂知權。陳卒正，前行選，進退俱，什伍搏，前後不相撚〔一五〕，左右不相干，受刃者少，傷敵者衆，此謂事權〔一六〕。

權勢必形，吏卒專精，選良用才，官得其人，計定謀決，明於死生，舉錯得失，莫不振驚〔一七〕。故攻不待衝隆雲梯而城拔〔一八〕，戰不至交兵接刃而敵破〔一九〕，明於必勝之攻也〔二〇〕。故兵不必勝，不苟接刃；攻不必取，不爲苟發〔二一〕。故勝定而後戰，鈐縣而後動〔二二〕，故衆聚而不虚散〔二三〕，兵出而不徒歸〔二四〕。唯無一動，動則凌天振地〔二五〕，抗泰山〔二六〕，蕩四海，鬼神移徙，鳥獸驚駭〔二七〕，如此則野無校兵〔二八〕，國無守城矣〔二九〕。

校釋

〔一〕【箋釋】莊逵吉云：太平御覽引「權」作「鈐」。下「知權」、「事權」同。程文學云：「鈐，當作鈐爲是。」○馬宗霍云：鮑刻本御覽兵部二引此正作「鈐」，不誤。○吕傳元云：程氏謂「鈐」爲「鈐」，蓋據下文「鈐勢」而言。此文之「權」自應作「權」，與下文「鈐勢」不相涉。漢書藝文志兵家有形勢，有權謀，足證此「權」不當作「鈐」矣。御覽所據蓋别本。

〔二〕【箋釋】馬宗霍云：太平御覽兵部二引「雷霆」作「雷電」。説文：「霆，雷餘聲也。」「電，陰陽激燿也。」本文言聲，則以作「霆」爲是。

〔三〕【箋釋】于省吾云：唐鈔本「積」下有「精」字，「誠積」與「精踰」相對，當據補。

〔四〕【許注】蟠，屈也。

【版本】藏本注「屈」上有「冕」字，王溥本、張本、黄本無，今據删，景宋本、朱本、茅本、葉本、汪本同藏本，莊本、集解本作「兔」。

【箋釋】雙棣按：廣雅釋詁一：「蟠，曲也。」屈與曲同。古無訓蟠爲冤屈者，莊本改冤爲兔，亦無訓兔屈者。王溥本無此字，是也，今據删。

〔五〕【許注】却，偃覆也。笠，登。

【版本】張本、黄本、莊本、集解本無此注，餘本同藏本。

【箋釋】莊逵吉云：太平御覽此下有注云：「却，偃覆也。笠，簦也。」○王念孫云：「却笠居」，後漢書杜篤傳注引，作「簦笠居」是也。「簦笠」與「龍蛇」相對爲文，謂山形偃覆如簦笠，故高注有「偃覆」之語。今本作「却笠居」，注云：「却，偃覆也。笠，登。」（太平御覽引同。）案：「却笠」二字文不成義，訓却爲偃覆亦義不可通，疑傳寫錯誤也。（注内「登」字即「簦」字之誤，疑當作「偃覆如簦笠」。）○吴承仕云：朱本、景宋本有注，與御覽引同，唯莊所據本誤奪耳。○雙棣按：王説是。「簦笠」連文，古籍常見。國語吴語：「遵汶伐博，簦笠相望於艾陵。」又按：道藏本亦有注，莊謂所據爲道藏本，豈不可疑乎！

〔六〕【許注】羊腸，一屈一伸。

【版本】張本、黄本、莊本、集解本無此注，餘本同藏本。

【箋釋】莊逵吉云：太平御覽此下有注云：「羊腸，一屈一伸。」此二注，别本亦或有之。

〔七〕【許注】發笱，竹笱，所以捕魚，其門可入而不得出。

【箋釋】王念孫云：「發笱」二字於義無取，「發笱」當作「魚笱」，羊腸、魚笱相對爲文。高注「發笱，竹笱，所以捕魚，其門可入而不得出」，「發笱」二字亦因正文而衍。太平御覽兵部二及後漢書注引此，並作「魚笱門」，御覽引注文亦無「發笱」二字。○于省吾云：唐鈔本「發」作「菆」。

〔八〕【箋釋】于省吾云：唐鈔本「隘」作「險」。○于大成云：後漢杜篤傳注引「隘」作「險」。唯文選左太沖蜀都賦善注、杜甫潼關吏詩蔡箋引此文並作「隘」，與今本同。蜀都賦云「一人守隘，萬夫莫向」，當亦用淮南文也。又選注、杜詩箋引「而千人弗敢過也」作「千夫莫向」，與今本異。疑此文許本作「一人守險，而千人弗敢過也」，高本作「一人守隘，千夫莫向」，後人以高本「隘」字改許本「險」字，唐、宋初人所見本猶未改。蘇頌校定淮南，兵略篇取許本，而崇賢所見猶是高本之舊也。

〔九〕【許注】擠，排也。搶搶，欲臥也。揭揭，欲拔也。

【版本】莊本正文及注「搶」作「牄」，注「臥」作「仆」，餘本同藏本。

【箋釋】王念孫云：說文、玉篇、廣韻、集韻皆無「搶」字，「搶」當爲「搖」，字之誤也。（注同。）搖，古搖字也。（考工記矢人「夾而搖之」，釋文：「搖，本又作搖。」漢書天文志：「元光中，天星盡搖。」）注內「欲臥」，當爲「欲仆」，亦字之誤也。搖搖者，動而欲仆也。因其欲仆而推之，故曰「推其搖搖」。武王戶銘曰：「若風將至，必先搖搖。」意與此相近也。太平御覽兵部二引此正作「推其搖搖」。隸書「搖」字或作「搖」，（漢書司馬相如傳「消搖乎襄羊」。）因誤而爲「搶」。管子白心篇「夫不能自摇者，夫或搯之」，「搯」亦「揞」字之誤。蓋世人少見「揞、搯」二字，故傳寫多差，而楊慎古音餘，乃於侵韻收入「揞」字，引淮南子「推其揞揞，擠其揭揭」，不知其字，而以意爲之，斯爲謬矣。○王叔岷云：古鈔卷子本亦作「推其摇摇」，王校是也。

【用韻】「喝、揭」月部。

〔一〇〕【許注】諜，軍之反間也。

【版本】藏本注「諜」作「人」，今據于省吾校改，茅本、汪本、莊本、集解本作「言」，景宋本、王溥本、朱本、葉本同藏本。

【箋釋】于省吾云：唐鈔本注文「言」作「諜」，應據訂。○雙棣按：注作「諜」字是。

〔一一〕【許注】草木盛曰蔚。

【版本】茅本、汪本、張本、黄本、莊本、集解本注「草木」下有「蕃」字，餘本同藏本。

【箋釋】王念孫云：「設蔚施伏」，當作「設施蔚伏」，高注：「草木盛曰蔚。」伏兵於其中，故曰蔚伏。可言「設蔚伏」，不可言「設蔚」也。且「審錯規慮」，「設施蔚伏」，相對爲文，若作「設蔚施伏」，則與上句不對。（太平御覽引此已誤。）下文云「設規慮，施蔚伏」，是其明證矣。

〔一二〕【箋釋】莊逵吉云：太平御覽作「隱遁其形」。

〔一三〕【箋釋】莊逵吉云：太平御覽引，「意」作「慮」。○馬宗霍云：鮑刻本御覽兵部二引，亦作「意」。

〔一四〕【箋釋】王念孫云：「敵人之兵無所適備」，太平御覽引此，「敵人」上有「使」字，於義爲長。○王叔岷云：古鈔卷子本「敵人」上正有「使」字。

【用韻】「伏、意、備」職部。

〔一五〕【許注】撚，揉蹈也。

【版本】葉本、汪本、張本、黄本、莊本、集解本「摶」作「搏」，餘本同藏本。

【箋釋】莊逵吉云：太平御覽「撚」作「蹍」，注云：「蹍，蹀踏也。」○劉家立云：「摶」字今誤作「搏」。按：摶，結聚也。管子内業篇注云：「摶氣如神，萬物備存。」○楊樹達云：劉校「搏」當爲「摶」，是也。此文以「選、摶、撚、干」爲韻，作「搏」則失其韻矣。下文云「摶則能禽缺」，今本「摶」亦誤作「搏」，俞氏樾校訂之，與此正可證。又按：選者，齊也。説見王氏經義述聞。撚，説文云：「執也。一曰，厶也。」一曰之訓與此訓合，許氏本之淮南也。○雙棣按：道藏本等「摶」字不誤。

〔一六〕【用韻】「選、摶、撚、干、權」元部。

〔一七〕【箋釋】王念孫云：「失」當爲「時」，聲之誤也。太平御覽引此正作「舉錯得時」。○王叔岷云：王校是也，古鈔卷子本亦作「舉錯得時」。

【用韻】「形、精、人、生、驚」耕真合韻。

〔一八〕【許注】雲梯，可依雲而立，所以瞰敵之城中。

【箋釋】吕傳元云：「衝隆」當作「隆衝」，毛詩「以爾臨衝」，釋文云：韓詩作「隆衝」。氾論訓「隆衝以攻」。此作「衝隆」者，寫者誤倒也。太平御覽兵部二引此文已誤，當據韓詩及氾論訓訂正之。

〔一九〕【用韻】「拔、破」月歌通韻。

〔二〇〕【箋釋】王念孫云：「攻」當爲「數」，此涉上下文「攻」字而誤也。數，術也。太平御覽引此，正作「必勝之數」。○王叔岷云：王校是也，古鈔卷子本亦作「必勝之數」。

〔二一〕【箋釋】雙棣按：「兵不必勝」，「兵」疑當作「戰」。上文云：「故攻不待衝隆雲梯而城拔，戰不至交兵接刃而敵破。」攻、戰對言，此文「戰不必勝，不苟接刃；攻不必取，不爲苟發」，正承上文而言，「兵」字當作「戰」字明矣。

〔二二〕【版本】藏本「鈴」作「鈐」，景宋本作「鈴」，今據改，餘本同藏本。

【箋釋】陶鴻慶云：「鈴」當爲「鈐」字之誤。下文云：「所以决勝者，鈐勢也。」又云：「雖未必能萬全，勝鈐必多矣。」並其證。○楊樹達云：「鈐」字誤，景宋本作「鈴」是也。○于省吾云：唐鈔本「鈐」作「權」。○馬宗霍云：淮南書中權、鈴二字多通用，疑「鈐縣」當作「鈴縣」，形近而誤。漢書刑法志「日縣石之一」，顔師古注引服虔云：「縣，稱也。」權然後知輕重，故曰「權縣」，權其輕重而後動，即孟子「量敵而後動」之意。○雙棣按：「鈴」字是，今據景宋本改正。孫子軍争篇云「懸權而動」，即淮南之所出。曹操注云：「量敵而動也。」是其義。

〔二三〕【用韻】「戰、散」元部。

〔二四〕【箋釋】雙棣按：尉繚子攻權篇云：「衆已聚不虛散，兵已出不徒歸。」

〔二五〕【版本】藏本「一動」下有注文「無且」二字，茅本、汪本、張本、黄本、莊本、集解本無注文，今據刪，餘本同藏本。藏本「則」上無「動」字，景宋本、茅本、汪本、張本、黄本、莊本、集解本有，今據補，餘本同藏本。

〔二六〕【版本】藏本「抏」作「抗」，景宋本作「抏」，今據改，餘本同藏本。【箋釋】王引之云：小雅正月篇毛傳曰：「抏，動也。」言泰山爲之摇動也。抏與抗相似，世人多見「抗」，少見「抏」，故「抏」誤爲「抗」矣。

〔二七〕【用韻】「海、徙、駭」之支合韻。

〔二八〕【許注】敵家之兵，不來相交復也。【箋釋】王叔岷云：古鈔卷子本「交」作「校」。○何寧云：注交當作校，字之誤也。論語泰伯篇「犯而不校」，包曰：「言見侵犯而不報。」即此「校」字之義。故注以「復」字足成其義。

〔二九〕【用韻】「兵、城」陽耕合韻。

静以合躁，治以持亂〔一〕，無形而制有形，無爲而應變〔二〕，雖未能得勝於敵，敵不可得勝之道也。敵先我動，則是見其形也；彼躁我静，則是罷其力也。形見則勝可制也，力罷則威可立也。視其所爲，因與之化；觀其邪正，以制其命；餌之以所欲，以罷其足〔三〕。彼若有間，急填其隙，極其變而束之，盡其節而仆之〔四〕。敵若反靜，爲之出奇。彼不吾應，獨盡其調〔五〕；若動而應，有見所爲。彼持後節〔六〕，與之推移。彼有所積，必有所虧。精若轉左，陷其右陂〔七〕。敵潰而走，後必可移〔八〕。敵迫而不動，名之曰奄遲。擊之如雷霆，斬之若草木，燿之若火電，欲疾以遫，人不及步鋗，車不及轉轂〔九〕，兵如植木，弩如羊角〔一〇〕，人雖衆多，勢莫敢格〔一一〕。諸有象者，莫不可勝也；諸有形者，莫不可應也〔一二〕。是以聖人藏形於無，而遊心於虛〔一三〕。風雨可障蔽而寒暑不可開閉〔一四〕，以其無形故也。夫能滑淖精微，貫金石，窮至遠，放乎九天之上〔一五〕，蟠乎黃盧之下〔一六〕，唯無形者也〔一七〕。

善用兵者，當擊其亂，不攻其治，是不襲堂堂之寇，不擊填填之旗〔一八〕。容未可見，以數相持。彼有死形，因而制之〔一九〕。敵人執數，動則就陰。以虛應實，必爲之禽〔二〇〕。虎豹不動，不入陷阱〔二一〕；麋鹿不動，不離罝罘；飛鳥不動，不絓網羅；魚鼈不動，不擐脣喙〔二二〕。物未有不以動而制者也。是故聖人貴靜，靜則能應躁，後則能應先，數則能勝疏，博則能禽缺〔二三〕。

故良將之用卒也，同其心，一其力，勇者不得獨進，怯者不得獨退〔二四〕，止如丘山，發如風雨，所淩必破，靡不毀沮，動如一體，莫之應圉。是故傷敵者衆，而手戰者寡矣〔二五〕。夫五指之更彈，不若捲手之一挃〔二六〕；萬人之更進〔二七〕，不如百人之俱至也〔二八〕。今夫虎豹便捷，熊羆多力，然而人食其肉而席其革者，不能通其知而壹其力也〔二九〕。夫水勢勝火，章華之臺燒〔三〇〕，以升勺沃而救之〔三一〕，雖涸井而竭池，無柰之何也〔三二〕；舉壺榼盆盎而以灌之〔三三〕，其滅可立而待也。今人之與人，非有水火之勝也，而欲以少耦衆〔三四〕，不能成其功，亦明矣。兵家或言曰：「少可以耦衆。」此言所將，非言所戰也〔三五〕。或將衆而用寡者，勢不齊也〔三六〕；將寡而用衆者，用力諧也〔三七〕。若乃人盡其才，悉用其力〔三八〕，以少勝衆者，自古及今，未嘗聞也。

校釋

〔一〕【箋釋】王念孫云：「持」當爲「待」，字之誤也。（隸書「待、持」二字相似，公食大夫禮「左人待載」，古文「待」爲「持」。大戴禮禮三本篇「待年而食」，荀子禮論篇作「持手而食」。）待，猶禦也，言以治禦亂也。（待與禦同義，説見經義述聞左傳「待諸乎」下。）作「持」則非其指矣。孫子軍争篇「以治待亂，以静待譁」，即淮南所本。文選五等論「以治待亂」，李善注引此文云：「静以合譟，治以待亂。」尤其明證矣。○雙棣按：王説是也。此文「待」與「合」同義，待義爲禦，合義亦爲禦。孫子地形篇云：「將不能料敵，以少合衆，以弱擊强，兵無選鋒，曰北。」此「合」字亦禦也。

〔二〕【箋釋】陶鴻慶云：「有」字衍文。無形而制形，無爲而應變，相對爲文。上文云「制形而無形，故功可成」，是其證。

〔三〕【用韻】「亂、變」元部。「爲、化」歌部，「正、命」耕部，「欲、足」屋部。

〔四〕【版本】莊本「問」誤作「問」，餘本同藏本。藏本「仆」作「朴」，除景宋本、葉本同藏本外，餘本皆作「仆」，今據改。

【用韻】「束、仆」屋部。

〔五〕【許注】言我盡之調以待敵也。

【版本】葉本注「之」作「其」，茅本、汪本、張本、黄本、莊本、集解本注「盡之」作「之盡」，餘本同藏本。

【箋釋】王念孫云：「調」當爲「和」，（注同。）「和」與「奇、爲、移、虧、陂」爲韻，（奇、爲、移、虧、陂，古音皆在歌部，説見唐韻正。）若作「調」，則失其韻矣。

〔六〕【許注】彼謂敵。持後節，敵在後，使先己。

【版本】藏本注「持」字重，除葉本同藏本外，餘本均不重，今據删其一。

【箋釋】陶鴻慶云：「彼持後節」當作「持彼後節」。蓋我動而應敵，則敵在我之後矣。我既見其所爲，又持敵之後而善應之，故曰持彼後節，與之推移也。高注云：「彼謂敵。持後節，敵在後，使先己。」正得其旨。要略云：「兵略者，所以明戰勝攻取之數，形機之勢，詐譎之變，體因循之道，操持後之論者也。」是其明證。（兵法之善者，源出於道家。繆稱訓云：「列子學壺子，觀景柱而知持後矣。」而道德經六十九章云：「吾不敢爲主而爲客，不敢進寸而退尺。」亦持後之義。）今本作「彼持後節」，大非其旨。蓋校者見注有「持後節」之文，不求其義，輒據以改正文耳。○于大成云：「彼持」二字誤到。注當作「彼謂敵。持後節，在敵後，使先己」，謂使敵在我前，我在敵後，即下文所謂「後則能應先」也，如此乃可與之推移。若彼持後節，則我動而爲敵見，即不能與之推移矣。「持彼」二字誤到，義不可通。「敵在」亦「在敵」之誤到。

〔七〕【許注】右陂，西也。

〔八〕【用韻】「奇、調、爲、移、虧、陂、移」歌幽合韻。

〔九〕【箋釋】王引之云：「銷」字義不可通。「銷」當作「趨」。隸書「趨」字作「趍」，（見漢武都太守李翕西狹頌。）與「銷」相似而誤。淮南書中「趨」字多有作「趍」者，（諸本多改作趨，唯藏本未改。）故知「銷」爲「趍」之誤。「人不及步趨」者，用兵神速，敵人不及走避也。「趨」字入韻則音促，正與上下文之「木、遬、轂、木、角、格」爲韻。○于鬯云：銷諧肙聲，肙諧囗聲。囗，非口舌字也，當作○，實古文環字，故睘聲與肙聲同也。環之言還也，步銷者，猶言步還也。人不及步銷，與下句車不及轉轂，文既相偶，義亦相同。○于省吾云：王説非是。「銷、趍」形不相近，無由致誤。「銷」乃「錯」字之譌。易小過初六「飛鳥以凶」，王注：「無所錯足。」步之錯，猶足之言錯也。「錯」字正與上下文爲韻。○馬宗霍云：集韻「銷，車轅也，隨戀切」，與旋同音。然則步銷者，小步之意，猶步旋也。人不及小作周旋，與上句「欲疾以遬」正相應。鋗有車鋗一義，故「步鋗」與「轉轂」相對爲文。余疑步鋗爲漢時成語，鋗與趍形不甚相似，王氏謂「鋗字義不可通，爲趍之誤」，説未必允，即以韻論，上文「木、遬」之間「雹」字不入韻，下文「角、格」之間「多」字不入韻，是知「遬、轂」之間「鋗」字亦可不入韻矣。

〔一〇〕【箋釋】雙棣按：尉繚子兵談篇云：「兵如總木，弩如羊角。」蓋爲淮南所本。

〔一一〕【用韻】「木、遬、轂、角、格」屋鐸合韻。

〔一二〕【用韻】「勝、應」蒸部。

〔一三〕【用韻】「無、虚」魚部。

〔一四〕【箋釋】王念孫云：「閈」當爲「關」。寒暑無所不入，故不可關閉，作「閈」則義不可通矣。俗書「關」字作「閞」，「閈」字作「開」，二形相似而誤。（詳見道應篇「東開鴻濛之光」下。）○王叔岷云：劉子兵術篇：「寒暑無形，不可以關鑰遏也。」即本乎淮南。

【用韻】「蔽、閉」月質合韻。

〔一五〕【許注】放，寄。

【箋釋】楊樹達云：「放」訓「寄」，他無所見，孟子離婁下篇：「放乎四海。」趙岐注云：「放，至也。」此「放」字亦當訓「至」。○雙棣按：楊説是。放無寄義，當訓爲至。趙岐孟子注外，鄭玄禮記祭義「推而放諸東海而準」注：「放，猶至也。」洪興祖天問「安放安屬」補注：「放，至也。」亦皆訓放爲至。

〔一六〕【箋釋】楊樹達云：「盧」讀爲「壚」。説文土部云：「壚，黑剛土也。」○于大成云：孫子形篇云「善守者藏於九地之下，善攻者動乎九天之上」，淮南之文，略本於此。○雙棣按：莊子刻意篇云：「上際於天，下蟠於地。」「蟠」與「際」同義，皆訓爲「至」。此「蟠」與「放」亦同意，亦當訓爲「至」。又唐本玉篇殘卷广部引淮南子：「皷乎九天之頂，蟠乎黄廬之下。」顧野王案：「黄廬，地也。」

〔一七〕【用韻】「上、下、者」陽魚通韻。

〔一八〕【許注】填填，旗立牢端貌。

【版本】景宋本無「是」字，餘本同藏本。藏本「擊」上「不」字誤作「下」，除景宋本同藏本外，各本均作「不」，今據改。藏本注無「貌」字，茅本、汪本、張本、黄本、莊本、集解本有，今據補，餘本同藏本。

【箋釋】楊樹達云：「是」字衍文，景宋本無之。「填填」疑當作「正正」。淮南文恒以真耕二部字爲韻，此以填爲正，亦以真部字爲青部字也。○雙棣按：十一家注本孫子軍爭篇云：「無要正正之旗，勿擊堂堂之陳。」銀雀山簡本作「毋要𤸷𤸷之旗，毋擊堂堂之陳。」蓋爲淮南此二句所本。

〔一九〕【用韻】「治、旗、持、之」之部。

〔二〇〕【用韻】「陰、禽」侵部。

〔二一〕【版本】藏本「動」上「不」字作「之」，除景宋本同藏本外，各本均作「不」，今據改。

〔二二〕【版本】張本、黄本、莊本、集解本「脣」作「蜃」，餘本同藏本。景宋本、朱本「喙」作「啄」，餘本同藏本。

【箋釋】楊樹達云：説文云：「擐，貫也。」蜃，景宋本作「脣」，是，「蜃」字誤。喙，口也。景宋本作「啄」，乃「喙」形近之誤。

【用韻】「羅、喙」歌月通韻。

〔二三〕【箋釋】俞樾云：博與缺義不相應，與上文「静則能應躁，後則能應先，數則能勝疏」不一律矣。「博」當作「摶」，字之誤也。説文：「摶，圜也。」故與缺相對爲文。太玄中次六曰：「月闕其摶。」月之有闕有摶，即此文「摶、缺」對文之證。○何寧云：俞説是也。吕氏春秋決勝篇：「勝失之兵，必積必摶，摶則勝離矣。」離與缺義近。

〔二四〕【箋釋】于大成云：此孫子軍争篇文。

【用韻】「卒、力、退」物職合韻。

〔二五〕【箋釋】陶鴻慶云：「手」乃「守」字之誤。下文云：「先勝者，守不可攻，戰不可勝，攻不可守。」又云：「故善戰者不在少，善守者不在小。」皆以守戰對言。

【用韻】「雨、沮、圉、寡」魚部。

〔二六〕【許注】挃，擣也。

【箋釋】陶方琦云：大藏音義七十八引許注：「挃，搏也。」按：大藏音義引「搏」字義長，廣雅釋詁：「搏，擊也。」説文：「搏，一曰至也。」「至」即通「挃」，史記淮陰侯傳「孟賁之狐疑不如庸夫之必至」。至亦同挃，以挃訓搏，即以搏訓至，一義之互通也。（蒼頡篇亦曰「搏，至也」。）○易順鼎云：「擣」乃「搏」字之譌。「挃」與「摕」同一字，廣雅釋詁三：「摕，搏也。」與此注正合。説文手部：「摕，刺也。一曰刺之財至也。」刺與搏義亦相通。○楊樹達云：「捲」與「拳」同。○雙棣按：説文云：「一曰捲，收也。」段玉裁注：「即今人所用舒卷字。」捲手即收攏五指而爲拳。

〔二七〕【許注】更，代也。

【箋釋】雙棣按：漢書萬石君傳「九卿更進用事」，顔師古注：「更，互也。」此更進亦交替而進也。

〔二八〕【用韻】「挃、至」質部。

〔二九〕【用韻】「力、革、力」職部。

〔三〇〕【許注】章華，楚之高臺。

〔三一〕【箋釋】王念孫云：「升」當爲「斗」，鄭注少牢饋食禮曰：「枓，㪺水器也。」枓與斗同。

〔三二〕【用韻】「燒、救」宵幽合韻。

〔三三〕【用韻】「池、何」歌部。

〔三四〕【版本】藏本「榼」作「榼」，除景宋本同藏本外，餘本均作「榼」，今據改。

〔三四〕【箋釋】雙棣按：耦，匹也，敵也。方言卷二注：「耦亦匹，互見其義耳。」以少耦衆即以少與衆匹敵也。

〔三五〕【版本】藏本上「言」下有「之」字，除景宋本、葉本同藏本外，餘本均無「之」字，今據删。

【用韻】「將、戰」陽元合韻。

〔三六〕【許注】勢不齊，士不同力也。

〔三七〕【用韻】「齊、諧」脂部。

〔三八〕【箋釋】于鬯云：此似當作「若乃人不盡其才，悉其力」，「用」字涉上文而衍，衍「用」字，因脱「不」字。下文云「以少勝衆者，自古及今，未嘗聞也」，則其義可見矣。〇雙棣按：本文不誤，于説非是。「人盡其才，悉用其力」係承上「或將衆而用寡者，勢不齊也；將寡而用衆者，用力諧也」而言，意謂若敵我雙方皆人盡其才，悉用其力，則以少勝衆之事不會發生矣。若依于説加「不」字，則於文義反不順。

【用韻】「才、力」之職通韻。

神莫貴於天，勢莫便於地，動莫急於時，用莫利於人。凡此四者，兵之幹植也。然必待道而後行，可一用也。夫地利勝天時，巧舉勝地利，勢勝人。故任天者可迷也，任地者可束也，任時者可迫也，任人者可惑也〔一〕。夫仁勇信廉，人之美才也，然勇者可誘也，仁者可奪也，信者易欺也，廉者易謀也〔二〕。將衆者，有一見焉，則爲人禽矣。由此觀之，則兵以道理制勝，而不以人才之賢，亦自明矣。

是故爲麋鹿者則可以罝罘設也〔三〕，爲魚鼈者則可以網罟取也〔四〕，爲鴻鵠者則可以矰繳加也〔五〕，唯無形者無可柰也〔六〕。是故聖人藏於無原，故其情不可得而觀〔七〕；運於無形，故其陳不可得而經〔八〕。無法無儀，來而爲之宜〔九〕；無名無狀，變而爲之象〔一〇〕。深哉睭睭，遠哉悠悠，且冬且夏，且春且秋〔一一〕，上窮至高之末，下測至深之底，變化消息，無所凝滯〔一二〕，建心乎窈冥之野，而藏志乎九旋之淵〔一三〕，雖有明目，孰能窺其情〔一四〕！

兵之所隱議者天道也〔一五〕，所圖畫者地形也，所明言者人事也，所以決勝者鈐勢也。故上將之用兵也，上得天道，下得地利，中得人心，乃行之以機，發之以勢，是以無破軍敗兵。及至中將，上不知天道，下不知地利，專用人與勢，雖未必能萬全，勝鈐必多矣。下將之用兵也，博聞而自亂，多知而自疑，居則恐懼，發則猶豫，是以動爲人禽矣。

今使兩人接刃，巧拙不異，而勇士必勝者，何也〔一六〕？其行之誠也。夫以巨斧擊桐薪，不待利時良日而後破之〔一七〕。加巨斧於桐薪之上，而無人力之奉〔一八〕，雖順招搖，挾刑德〔一九〕，而弗能破者，以其無勢也〔二〇〕。故水激則悍，矢激則遠〔二一〕。夫栝淇衛箘簵〔二二〕，載以銀錫〔二三〕，雖有薄縞之幨〔二四〕，腐荷之矰〔二五〕，然猶不能獨射也〔二六〕。假之筋角之力，弓弩之勢，則貫兕甲而徑於革盾矣〔二七〕。夫風之疾，至於飛屋折木，虚舉之下大遲，自上高丘〔二八〕，人之有所推也〔二九〕。是故善用兵者，勢如決積水於千仞之隄，若轉員石於萬丈之谿〔三〇〕，天下見吾兵之必用也，則孰敢與我戰者。故百人之必死也，賢於萬人之必北也，況以三軍之衆，赴水火而不還踵乎〔三一〕！雖誂合刃於天下，誰敢在於上者〔三二〕！

校釋

〔一〕【用韻】「束、迫、惑」屋鐸職合韻。

〔二〕【用韻】「欺、謀」之部。

〔三〕【許注】麇鹿有兵而不能以鬬，無術之軍也。

【箋釋】馬宗霍云：以下文注「魚鼈之兵」、「鴻鵠之兵」例之，則此注文「麇鹿有兵」似亦當作「麇鹿之兵」。〇吕傳元、何寧與馬説同。

〔四〕【許注】魚鼈之兵，散而不集。

〔五〕【許注】鴻鵠之兵，高而無被。

〔六〕【版本】王鎣本、朱本「柰」作「禁」，餘本同藏本。（景宋本殘作「佘」。）

【用韻】「設、加、柰」月歌通韻。

〔七〕【版本】藏本無「得」字，景宋本、王鎣本（挖補）、朱本、茅本、汪本、張本、黄本、莊本、集解本有

「得」字，今據補，餘本同藏本。

〔八〕【用韻】「原、觀」元部。

【箋釋】馬宗霍云：詩大雅靈臺篇「經始靈臺，經之營之」，毛傳云：「經度之也。」逸周書周祝篇「人出謀聖人是經」，孔晁注云：「經，經度之也。」本文「不可得而經」，義亦爲度，言聖人設陳，運於無形，不可得而測度也。

〔九〕【用韻】「形、經」耕部。

〔一〇〕【用韻】「儀、宜」歌部。

〔一一〕【用韻】「狀、象」陽部。

【箋釋】馬宗霍云：劉淇助字辨略且字條引後漢書文苑傳「且公且侯子子孫孫」，謂「且公且侯猶云乃公乃侯」。本文「且」字亦與「乃」同，且冬且夏猶言乃冬乃夏，且春且秋猶言乃春乃秋也。○蔣禮鴻云：「睭」字自説文、玉篇、廣韻諸字書所不載，惟康熙字典引字彙補曰：「知丑切，音帚，深也。」引淮南子云云。字彙補爲書最多謬誤，其音知丑切，則因字從周作；其云深，則望文而生，皆杜撰不足據。上文「與條出，與間入」，顧廣圻引荀子議兵「善用兵者，感忽悠闇，莫知其所出」，校「條」爲「倏」，「間」爲「闇」。按，校「闇」是也，校「倏」則未諦。荀子之「悠闇」與淮南「條出間入」之「條間」相當，「條」即「悠」字之誤，「間」即「闇」字之誤。此以兵之玄遠不可測度言之也。睭睭悠悠，即承悠出闇入言之，「睭」乃「闇」字誤析而成，本無此字也。悠故言遠，闇故言深，豈不然乎？

【用韻】「睭、悠、秋」幽部。

〔一二〕【用韻】「末、滯」月部。

〔一三〕【許注】九旋，九回之淵，至深者也。

【版本】藏本「回」作「迴」，莊本、集解本作「回」，今據改，景宋本、王溥本、朱本、葉本同藏本。

【箋釋】陶方琦云：文選江賦注引許注「九旋之淵至深」，有敓文；莊子釋文引許注「至深也」，敓文又甚。說文：「淵，回水也。」又淀下云：「回泉也。」○何寧云：注「九回」二字當重。文選江賦注、莊子釋文引許注蓋約文引，非敓文也。

〔一四〕【用韻】「淵、情」真耕合韻。

〔一五〕【箋釋】于省吾云：廣雅釋詁：「隱，度也。」度議平列。下言「所圖畫者地形也」，「隱議」與「圖畫」對文。又下文云「故善用兵者，上隱之天，下隱之地，中隱之人」，隱亦度也。○馬宗霍云：爾雅釋言：「隱，占也。」郭璞注云：「隱，度。」邢昺疏云：「占者視兆以知吉凶也。」事關大事，必先占度而後議，故曰隱議。○何寧云：于說是也。「隱議」即「隱儀」。俶真篇「不可隱儀揆度而通光耀者」，爾雅郭注「隱，度」，說文「儀，度」，是隱、儀同訓並列，即揆度也。

〔一六〕【版本】藏本「士」作「澄」，各本均作「士」，今據改。

【用韻】「異、勝」職蒸通韻。

〔一七〕【箋釋】楊樹達云：爾雅釋木云：「榮，桐木。」王氏經義述聞釋桐木爲小木，引淮南此文爲證，最爲精諦。法言學行篇云：「師乎！師乎！桐子之命也。」以桐子爲小子，亦其證也。

〔一八〕【版本】藏本「力」作「刃」，除景宋本同藏本外，各本均作「力」，今據改。王溥本、王鎣本、茅本、葉本、汪本、張本、吳本、黄本「奉」作「捧」，餘本同藏本。

【用韻】「上、奉」陽東合韻。

〔一九〕【許注】招摇，斗杓也。刑，十二辰也。德，十日也。

【版本】藏本注上「十」誤「干」，景宋本、王溥本、茅本、汪本、莊本、集解本作「十」，今據改，朱本、葉本同藏本。

〔二〇〕【用韻】「破、勢」歌月通韻。

〔二一〕【箋釋】于大成云：吕氏春秋去宥篇云「激矢則遠，激水則旱」，此文所本。

【用韻】「悍、遠」元部。

〔二二〕【許注】栝，箭栝也。淇衛，箘簵箭之所出也。

【版本】藏本注上「箭」字作「前」，王溥本、汪本、張本、黄本、莊本、集解本作「箭」，今據改，朱本、茅本、葉本同藏本，景宋本作「翦」。

【箋釋】莊逵吉云：太平御覽引「簵」作「簬」，御覽凡兩引此注，一引與此同，又一處引注云：「箘簵，箭竹也。出於淇地。衛，箭羽也。」程文學云：「釋名：箭羽，齊人曰衛，所以導衛矢也。」疑是許慎注。○王引之有説，見原道篇五六頁注〔一四〕。○劉文典云：藝文類聚六十引注，與莊氏所舉又一處引注同。今注内「箘簬」二字，疑涉正文而衍。

〔二三〕【許注】載，飾也。飾箭以銀錫。

【版本】王溥本、王鎣本、葉本「銀」作「金」，餘本同藏本。藏本注無「錫」字，張本、黄本、莊本、集解本有，今據補，餘本同藏本。

【箋釋】劉文典云：北堂書鈔百二十五、藝文類聚六十、太平御覽三百十七引，「載」並作「飾」。○于大成云：御覽八百十二、萬卷精華十二引「載」作「飾」。今許注「載，飾也」，是許本作「載」字不誤。類書所引，或有據注改易正文，然亦可高本作「飾」，未敢肊定。

〔二四〕【許注】縞，細繒也。

〔二五〕【許注】荷，蓮華也。矰，猶矢也。

【箋釋】洪頤煊云：詩澤陂「有蒲與荷」，鄭箋：「芙蕖之莖曰荷。」證類本草引陸璣疏亦作「其莖曰荷」。蓮華不可以爲矢，高注非。○雙棣按：王念孫校「矰」當爲「櫓」，（見下注。）是也。然則「荷」不當爲「莖」，莖可爲矢，而不可爲櫓。「荷」當爲「葉」，説文：「荷，芙蕖葉也。」

〔二六〕【箋釋】王念孫云：腐荷之矰，「矰」本作「櫓」，不能獨射，「射」本作「穿」。高注本作「櫓，大楯也。」（説文及儒行注、襄十年左傳注並同。楯本作盾。）此言栝淇衛箘簬，而載之以銀錫，則雖薄縞之幨，腐荷之盾，亦不能穿。下文曰：「若假之筋角之力，（各本脱若字，今據舊本北堂書鈔及藝文類聚、太平御覽引補。）弓弩之勢，則貫兕甲而徑於革盾矣。」正與此相反也。氾論篇曰：「隆衝以攻，渠幨以守。」高彼注曰：「幨，幰也。所以禦矢也。」韋昭注吴語曰：「渠，楯也。」幨與盾皆所以禦五兵，故彼言「渠幨以守」，此言「薄縞之幨，腐荷之櫓，猶不能穿」。（齊策云：「攻城之費，百姓理襜蔽，舉衝櫓。」襜與幨同。）若矰則非其類矣。且腐荷之櫓不能穿，謂矢不能穿櫓也。今本作腐荷之矰，矰即是矢，則其義不可通矣。後人不知「矰」爲「櫓」之誤，乃改「不能獨穿」爲「不能獨射」，以牽合「矰」字。又改高注之「櫓，大楯也」爲「矰，猶矢也」，以牽合正文，甚矣其謬矣。舊本北堂書鈔武功部十三引此，正作「腐荷之櫓」，（陳禹謨依俗本改「櫓」爲「矰」，下「不能獨穿」同。）太平御覽兵部八十八「楯」下引此同，又引高注云：「櫓，大楯也。」又今本「不能獨射」，舊本北堂書鈔及藝文類聚軍器部，太平御覽兵部七十八、八十八、珍寶部十一並引作「不能獨穿」。

〔二七〕【箋釋】陳昌齊云：類聚及御覽「假」上並有「若」字。○向承周云：「徑」本作「經」，經與徑古字通用。書鈔一百二十五，御覽三百四十七、三百五十七引皆作「經」。三百五十七有注云：「經猶達也。」

〔二八〕【許注】虚舉，不駕也。風疾飛之，下大遲，復上高丘也。

【版本】景宋本「遲」作「達」，餘本同藏本。

【箋釋】劉績云：此有缺誤。又：孫卿子曰：「三尺之岸，虚車不能登。百仞之山，任負車登焉。」

何則？陵遲故也。」○孫詒讓云：注以「不駕」釋「虚舉」，則「舉」疑當作「轝」，即「輿」之俗。「大遲」宋本作「大達」，疑當作「大逵」，注同。此似言疾風能飛屋折木，而虚轝不能自下大逵而上高丘，必藉人力推之，以喻兵勢之得失。注釋「虚轝」亦云「風疾飛之」，則與「人之有所推」之文不合，殆非也。○雙棣按：孫説是。疑「自」字衍，「下大逵，上高丘」相對爲文，中間不宜有「自」字。

〔二九〕【用韻】「遲、推」脂微合韻。

〔三〇〕【箋釋】于大成云：孫子形篇云：「勝者之戰，若決積水於千仞之谿者，形也。」勢篇云：「故善戰人之勢，如轉員石於千仞之山者，勢也。」此淮南之所本也。

【用韻】「隄、谿」支部。

〔三一〕【用韻】「衆、踵」冬東合韻。

〔三二〕【許注】誂，卒也。雖卒然合，與天下争，人誰敢在其上者。

【箋釋】洪頤煊云：説文：「誂，相呼誘也。從言，兆聲。」廣雅釋詁：「誂，誘也。」

【用韻】「下、上」魚陽通韻。

所謂天數者，左青龍，右白虎，前朱鳥，後玄武〔一〕。所謂地利者，後生而前死，左牡而右牝〔二〕。所謂人事者，慶賞信而刑罰必，動静時，舉錯疾〔三〕。此世傳之所以爲儀表者，固也〔四〕，然而非所以生儀表者，因時而變化者也〔五〕。是故處於堂上之陰，而知日月之次序〔六〕；見瓶中之冰，而知天下之寒暑〔七〕。夫物之所以相形者微，唯聖人達其至。故鼓不與於五音而爲五音主，水不與於五味而爲五味調，將軍不與於五官之事而爲五官督〔八〕。故能調五音者，不與五音者也；能調五味者，不與五味者也；能治五官之事者，不可揆度者也。是故將軍之心，滔滔如春，曠曠如夏，湫漻如秋，典凝如冬〔九〕，因形而與之化，隨時而與之移〔一〇〕。

夫景不爲曲物直，響不爲清音濁，觀彼之所以來，各以其勝應之〔一一〕。是故扶義而動，推理而行，掩節而斷割〔一二〕，因資而成功〔一三〕，使彼知吾所出而不知吾所入，知吾所舉而不知吾所集〔一四〕。始如狐狸，彼故輕來〔一五〕；合如兕虎，敵故奔走〔一六〕。夫飛鳥之摯也俛其首〔一七〕，猛獸之攫也匿其爪〔一八〕，虎豹不外其爪而噬不見齒〔一九〕。故用兵之道，示之以柔而迎之以剛〔二〇〕，示之以弱而乘之以强，爲之以歙而應之以張，將欲西而示之以東，先忤而後合，前冥而後明，若鬼之無迹，若水之無創〔二一〕。故所鄉非所之也，所見非所謀也〔二二〕；舉措動静，莫能識也，若雷之擊，不可爲備〔二三〕。所用不復，故勝可百全。與玄明通，莫知其門，是謂至神〔二四〕。

校釋

〔一〕【許注】角亢爲青龍，參井爲白虎，星張爲朱鳥，斗牛爲玄武。用兵者，右參井，左角亢，背斗牛，鄉星張，此順北斗之銓衡也。

【版本】藏本「鳥」作「雀」，景宋本作「鳥」，今據改，餘本同藏本。王溥本、朱本、茅本、葉本、汪本、張本、黄本、莊本、集解本注「鳥」作「雀」，景宋本同藏本。莊本、集解本注「兵」下有「軍」字，「鄉」作「向」，景宋本、王溥本、朱本、茅本、葉本、汪本同藏本。

【箋釋】于大成云：天文篇皆作「朱鳥」，楚辭賈誼惜誓補注、集注引淮南及注文並作「朱鳥」。

【用韻】「數、虎、武」侯魚合韻。

〔二〕【許注】高者爲生，下者爲死，丘陵爲牡，谿谷爲牝。

【用韻】「利、死、牝」質脂通韻。

〔三〕【用韻】「必、疾」質部。

〔四〕【版本】藏本「固」作「因」，朱本、茅本、葉本、汪本、張本、吴本、黄本、莊本、集解本作「固」，今據改，餘本同藏本。

〔五〕【箋釋】雙棣按：「此世傳之所以爲儀表者，固也，然而非所以生儀表者，因時而變化者也」，「因時而變化者也」上似脱「所以生儀表者」六字，因與上句重文，寫者誤脱耳。然無此六字，語勢不暢，語義亦不完。

〔六〕【箋釋】俞樾云：「於」字，衍文也。「處堂上之陰」者，謂察堂上之陰也。本篇「相地形，處次舍」，是「處」與「相」同義。主術篇曰：「援白黑而示之，則不處焉。」不處猶不察也。蓋物居其所謂之處，使物各得其所亦謂之處。國語魯語曰「夫仁者講功，而知者處物」是也。故處即有辨別之義。後人不達，而妄加「於」字，處於堂上之陰，於義殊不可通。且「處堂上之陰」本與「見瓶中之冰」相對，今增「於」字，則句法亦參差不齊矣。○沈延國云：俞説「於」字衍文，甚塙。呂氏春秋察今篇亦云：「故審堂下之陰，而知日月之行，陰陽之變；見瓶水之冰，而知天下之寒，魚鼈之藏也。」正無於字，是其證也。且俞以「處」有辨別之義，與呂覽作「審」義合。惟淮南作「堂上之陰」，疑有譌字。呂覽高誘彼注云：「陰，日夕昃也。」（明姜璧本「夕」作「月」。）「昃」字畢氏沅疑「晷」之誤，（選注引高誘注曰：「陰，晷影之候也。」）則察日月之晷，不當在堂上，呂覽作「堂下之陰」，義似較勝。○王叔岷與俞、沈説同。

〔七〕【用韻】「序、暑」魚部。

〔八〕【用韻】「調、督」幽覺通韻。

〔九〕【許注】典，常。凝，正也。常正於冬也。

【箋釋】俞樾云：高注未得「典」字之義。典讀爲腆典之典。考工記輈人「是故輈欲頎典」，鄭注曰：「頎典，堅刃貌。」然則典凝猶堅凝也。與上句「湫漻如秋」一律。若訓典爲常，則失其義矣。

○劉文典云：北堂書鈔百十五引，「⿸广⿱日黄⿸广⿱日黄」作「闊闊」，「湫」作「淋」，「典凝」作「慘惻」。又有注云：「滔滔寬伏，如春日之倡也。」○吳承仕云：注文「正」字並當作「止」，形近而譌也。文選別賦注引廣雅：「凝，止也。」荀子王制：「好假道人而無所凝止。」（御覽二百七十三引注亦作「正」，誤與各本同。）○胡懷琛云：「⿸广⿱日黄」即今「曠」字。曠，明也，大也，引申之有虛空之義。闊，疏也，遠也。引申之亦有虛空之義。故曠曠可作闊闊，然以作曠曠於義爲長。

〔一〇〕【用韻】「化、移」歌部。

〔一一〕【用韻】「直、來、之」職之通韻。

〔一二〕【許注】掩，覆也。覆其節制斷割也。

【箋釋】劉文典云：御覽二百七十三引注「割」下有「之」字。○于省吾云：注訓掩爲覆，非是。「掩、按」古字通，詳道應篇「不掩以繩」下，掩節而斷割，即按節而斷割也。

〔一三〕【用韻】「動、行、功」東陽合韻。

〔一四〕【箋釋】雙棣按：集，止也。詩唐風鴇羽「集于鴇栩」毛傳：「集，止也。」

【用韻】「入、集」緝部。

〔一五〕【用韻】「狸、來」之部。

〔一六〕【用韻】「虎、走」魚侯合韻。

〔一七〕【版本】王溥本、王鎣本、吳本「摯」作「擊」，餘本同藏本。

【箋釋】雙棣按：文選西京賦李善注引薛綜曰：「摯，擊也。」此處摯亦訓爲擊。劉績不知「摯」有擊義而改爲「擊」，義是而文非。

〔一八〕【用韻】「首、爪」幽部。

〔一九〕【箋釋】王念孫云：「虎豹不外其爪」，與上句「匿其爪」相複，「爪」當作「牙」，此即涉上句「爪」字而誤。「噬不見齒」，若仍指虎豹言之，則又與「不外其牙」相複，當作「噬犬不見其齒」，與上句相對爲文，今本脱去「犬」字，「其」字。舊本北堂書鈔武功部四引此，正作「虎豹不外其牙，噬犬不見其齒」。（陳禹謨依俗本改爲「虎豹不外其爪而噬不見其齒」。）太平御覽兵部二同。

〔二〇〕【箋釋】莊逵吉云：太平御覽此下有注云：「迎，逆敵家。」○雙棣按：此本孫子計篇。

〔二一〕【箋釋】劉文典云：北堂書鈔百十七引，「明」作「朗」。○于大成云：「朗」字當是故書，宋以後人避始祖諱，改「朗」爲「明」。永興之書，成於隋季，故其字尚作「朗」。今孔氏本書鈔「朗」字歟筆，猶存其舊也。

〔二二〕【用韻】「剛、强、張、東、明、創」陽東合韻。

〔二三〕【用韻】「之、謀」之部。

〔二三〕【用韻】「識、備」職部。

〔二四〕【用韻】「門、神」文真合韻。

兵之所以强者，民也〔一〕；民之所以必死者，義也；義之所以能行者，威也。是故合之以文，齊之以武，是謂必取〔二〕；威儀並行，是謂至强〔三〕。夫人之所樂者生也，而所憎者死也，然而高城深池，矢石若雨，平原廣澤，白刃交接，而卒争先合者〔四〕，彼非輕死而樂傷也，爲其賞信而罰明也〔五〕。是故上視下如子，則下視上如父〔六〕；上視下如弟，則下視上如兄〔七〕。上視下如子，則必王四海；下視上如父，則必正天下；上視下如弟〔八〕，則不難爲之死；下視上如兄〔九〕，則不難爲之亡〔一〇〕。是故父子兄弟之寇，不可與鬭者〔一一〕，積恩先施也。故四馬不調，造父不能以致遠；弓矢不調，羿不能以必中；君臣乖心，則孫子不能以應敵〔一二〕。是故内脩其政，以積其德；外塞其醜，以服其威；察其勞佚，以知其飽飢。故戰日有期，視死若歸〔一三〕。故將必與卒同甘苦，俟飢寒〔一四〕，故其死可得而盡也。故古之善將者，必以其身先之，暑不張蓋，寒不被裘，所以程寒暑也〔一五〕；險隘不乘，上陵必下，所以齊勞佚也〔一六〕；軍食熟然後敢食〔一七〕，軍井通而後敢飲〔一八〕，所以同飢渴也；合戰必立矢射之所及，[所]以共安危也〔一九〕。故良將之用兵也，常以積德擊積怨，以積愛擊積憎，何故而不勝〔二〇〕！

主之所求於民者二，求民爲之勞也，欲民爲之死也。民之所望於主者三，飢者能食之，勞者能息之，有功者能德之〔二一〕。民以償其二積，而上失其三望〔二二〕，國雖大，人雖衆〔二三〕，兵猶且弱也。若苦者必得其樂，勞者必得其利，斬首之功必全，死事之後必賞〔二四〕，四者既信於民矣，主雖射雲中之鳥，而釣深淵之魚，彈琴瑟，聲鍾竽，敦六博〔二五〕，投高壺，兵猶且强，令猶且行也〔二六〕。是故上足仰，則下可用也〔二七〕；德足慕，則威可立也。

校釋

〔一〕【箋釋】王念孫云：文子上義篇作「兵之所以强者，必死也」，於義爲長。下句「民之所以必死者，義也」，即承此句言之。上文曰「百人之必死賢於萬人之必北」，是兵之所以强者必死也。今本作「兵之所以强者民也」，「民」字疑涉下句而誤。○劉文典云：「兵之所以强者，民也」，實兵家之精義。上文「因民之欲，乘民之力，政勝其民，下附其上，則兵强矣」，即此文「兵之所以强者，民也」之説。文子上義篇「國之所以强者，必死也；所以死者，必義也」，文義本不可通，未可據彼改此。且此文「兵之所以强者，民也；民之所以必死者，義也；義之所以能行者，威也」，三句正相連貫，第一句以民字終，第二句以民字起，第二句以義字終，第三句以義字始，文義句法皆相銜接。若依文子改之，則文義句法俱不合矣。王説未諦，不可從也。○何寧云：劉説是也。荀子議兵篇「凡用兵攻戰之本，在乎壹民，士民不親附則湯武不能以必勝也。故善附民者，是乃善用兵者也」。故兵要在乎善附民而已」，故曰「兵之所以强者，民也」。呂氏春秋蕩兵篇「凡兵也者，威也；威也者，力也；民之有威力，性也」，義與此文尤近。

〔二〕【箋釋】馬宗霍云：淮南此文出孫子行軍篇。曹操孫子注曰：「文，仁也；武，法也。」李筌注曰：「文，仁恩；武，威罰。」此文無注，可借彼注釋之。又「合之以文」，今本孫子作「令之以文」，曹、李不釋令字。合與令形近，傳寫易掍。疑淮南所據爲孫子古本。仁主於愛，故曰合之。法主於刑，故曰齊之。就文義而言，亦以作「合」爲長。此又可據淮南以訂孫子者也。○雙棣按：銀雀山簡本孫子「令」亦作「合」，北堂書鈔卷一一三、太平御覽卷二九六引孫子亦作「合」，當以作「合」爲是。

【用韻】「武、取」魚侯合韻。

〔三〕【箋釋】陶鴻慶云：儀，當從文子上義篇作「義」。上文云：「民之所以必死者義也，義之所以能行者威也。」○劉文典、馬宗霍與陶説同。

【用韻】「行、强」陽部。

〔四〕【用韻】「雨、澤」魚鐸通韻，「接、合」緝盍合韻。

〔五〕【箋釋】于大成云：六韜龍韜勵軍篇「高城深池，矢石繁下，士争先登，白刃始合，士争先赴，士非好死而樂傷也，爲其將知寒暑飢飽之審而見勞苦之明也」。○雙棣按：尉繚子制談篇云：「民非樂死而惡生也，號令明，法制審，故能使之前。」

【用韻】「傷、明」陽部。

〔六〕【箋釋】莊逵吉云：太平御覽引此「視」作「事」。下「視上如兄」、「視上如父」兩句同。

〔七〕【用韻】「子、弟」之脂合韻，「父、兄」魚陽通韻。

〔八〕【版本】藏本「視」作「親」，王鎣本、吴本作「視」，今據改，餘本同藏本。

【箋釋】莊逵吉云：太平御覽「親」作「視」。○王念孫云：「上親下如弟」，「親」亦當作「視」，字之誤也。上文正作「上視下如弟」。○劉文典云：王謂「親」當爲「視」，是也。御覽二百八十一引此文，正作「上視下如弟」；文子上義篇作「上視下如弟，即必難爲之死」，「不」雖誤爲「必」，「視」字尚不誤，皆其證也。

〔九〕【版本】藏本「視」作「事」，王溥本、王鎣本、朱本、葉本、張本、吴本、黄本、莊本、集解本作「視」，今據改，餘本同藏本。

〔一〇〕【用韻】「子、海」之部，「父、下」魚部，「弟、死」脂部，「兄、亡」陽部。

〔一一〕【用韻】「寇、鬬」侯部。

〔一二〕【許注】孫子，名武，吴王闔閭之將軍也。

〔一三〕【版本】莊本、集解本注無「軍」字，景宋本、王溥本、朱本、茅本、葉本、汪本同藏本。

〔一三〕【用韻】「威、飢、歸」微脂合韻。

〔一四〕【箋釋】俞樾云：「俟」字義不可通，乃「併」字之誤。「併」與「並」通。廣雅釋詁：「並，同也。」「併飢寒」與「同甘苦」一律。○劉文典云：此疑當作「將必與卒同甘苦勞佚飢寒」。御覽二百八十一引作「故將必與卒同甘苦佚飢寒」，雖敚「勞」字，「俟」作「佚」尚不誤。此承上「察其勞佚，以知其飽飢」而言。今本既敓「勞」字，「佚」又譌爲「俟」，義遂不可通矣。下文「險隘不乘，上陵必下，所以齊勞佚也」，「佚」上亦有「勞」字。○劉家立云：譚復堂云：俟飢寒，俟即時，所謂時其飢寒也。俞曲園校「俟」爲「倂」之誤，非是。○馬宗霍云：俟猶候也，「俟飢寒」猶言候其飢寒也。文選班孟堅幽通賦「俟草木之區別兮」，曹大家注曰：「俟，候也。」即其證。俞説未必是。御覽引「佚」，即「俟」之傳寫筆誤，劉説更非。○王叔岷云：「俟」當作「供」，字之誤也。供與共同。（道應篇「臣有所與供儋纆采薪者九方堙」，供亦與共同。）影宋本御覽二八一引此正作「共飢寒」。「同甘苦，供飢寒」，文義一律。俞氏以「俟」爲「倂」字之誤，固爲臆説，劉氏謂此本作「將必與卒同甘苦勞佚飢寒」乃承上文「察其勞佚，以知其飢飽」而言，亦牽强無據。此如承上文而言，則「甘苦」二字無著，且「飢寒」亦不足以承「飢飽」。鮑刻本御覽引「俟」作「佚」，本不足據，劉氏乃於「佚」上臆加「勞」字以强通之，愈失此文之舊矣。○雙棣按：俞謂「俟飢寒」與「同甘苦」一律，是也。然謂「俟」爲「倂」之誤則非。「倂」與「俟」形不相近，無由致誤。疑「俟」當作「侔」。上文注曰：「侔，等也。」「等飢寒」亦即同飢寒也。

〔一五〕【箋釋】雙棣按：尉繚子戰威云：「夫勤勞之師，將必先己。暑不張蓋，寒不重衣，險必下步，軍井成而後飲，軍食熟而後飯，軍壘成而後舍，勞佚必以身同之。」此蓋淮南所本。又此句「程寒暑」，與下文「齊勞佚」、「同飢渴」、「共安危」相對，「齊、同、共」義近，「程」亦當與之同。

〔一六〕【版本】景宋本「上」作「士」，餘本同藏本。

【箋釋】楊樹達云：「上」字無義，字當作「丘」。劉子新論兵術篇云：「隘險不乘，丘陵必下，所以齊勞逸也。」用淮南此文，字正作「丘」，是其證也。景宋本作「士」字，亦誤。

〔一七〕【版本】莊本、集解本「熟」作「孰」，餘本同藏本。

〔一八〕【版本】王溥本、王鎣本、茅本、汪本、張本、吴本、黄本、莊本、集解本「而」作「然」，餘本同藏本。

〔一九〕【版本】藏本「以」上無「所」字，據王念孫、劉文典校補，各本同藏本。

【箋釋】王念孫云：「矢射」當作「矢石」，聲之誤也。（太平御覽兵部十三引此已誤。）意林引此，正作「矢石」。劉晝新論兵術篇同。上文云「所以程寒暑」，「所以齊勞佚」，「所以同飢渴」，則此「以共安危」上，亦當有「所」字。○劉文典云：王説是也。意林引作「所以同安危也」，「共」雖作「同」，「以」上尚未敚「所」字，可證王説。○雙棣按：王、劉説是。吕氏春秋貴直篇云：「簡子乃去犀蔽屏櫓而立於矢石之所及，一鼓而士乘之。」高誘注云：「矢，箭；石，砮也。」

【用韻】「渴、危」月歌通韻。

〔二〇〕【箋釋】雙棣按：「故」字無義，疑爲「敵」字之誤，「何敵」爲古之常語。

〔二一〕【用韻】「憎、勝」蒸部。

〔二二〕【用韻】「食、息、德」職部。

〔二三〕【箋釋】王念孫云：「二積」當作「二責」，此因上文諸「積」字而誤。二責，謂爲主勞，爲主死，故曰「主之所求於民者二」，求猶責也。太平御覽兵部十二引此，正作「責」。

〔二三〕【版本】藏本「雖」字下無「大人雖」三字，景宋本、茅本、汪本、張本、黄本、莊本、集解本有此三字，今據補，餘本同藏本。

〔二四〕【許注】死事，以軍事死，賞其後子孫。

【箋釋】蔣禮鴻云：「全」字無義，當作「㞷」，古文「封」字也。○雙棣按：吕氏春秋孟冬云「乃賞死事」，高誘注云：「先人有死王事以安社稷者，賞其子孫。」似較此注爲明瞭。

〔二五〕【許注】敦者，致也。

【箋釋】王念孫云：古無訓敦爲致者。六博言致，亦於義無取。今案：「敦六博，投高壺」，敦亦投也。敦，音都回反。邶風北門篇「王事敦我」，鄭箋曰：「敦，猶投擲也。」是敦與投同義。投謂投箸也。楚辭招魂注曰：「投六箸，行六棊，故爲六博。」是也。○吴承仕云：王説是也。注致也，「致」當爲「豉」。吕氏春秋去尤篇字亦作「投」，並與「投」字聲義同。注自不誤。傳寫譌「豉」爲「致」，遂不可通。

〔二六〕【用韻】「魚、竽、壺」魚部，「强、行」陽部。

〔二七〕【箋釋】雙棣按：荀子議兵篇云：「上足卬則下可用也。」此爲淮南所本。

【用韻】「仰、用」陽東合韻。

將者必有三隧、四義、五行、十守。所謂三隧者，上知天道，下習地形，中察人情〔一〕。

所謂四義者，便國不負兵〔二〕，爲主不顧身，見難不畏死，決疑不辟罪〔三〕。所謂五行者，柔而不可卷也，剛而不可折也，仁而不可犯也〔四〕，信而不可欺也，勇而不可淩也〔五〕。所謂十守者，神清而不可濁也，謀遠而不可慕也〔六〕，操固而不可遷也，知明而不可蔽也〔七〕，不貪於貨，不淫於物，不嚂於辯〔八〕，不推於方，不可喜也，不可怒也〔九〕。是謂至於，窈窈冥冥，孰知其情〔一〇〕！發必中詮〔一一〕，言必合數，動必順時，解必中揍〔一二〕。通動静之機，明開塞之節〔一三〕，審舉措之利害，若合符節〔一四〕。疾如彍弩，勢如發矢，一龍一蛇，動無常體〔一五〕，莫見其所中，莫知其所窮，攻則不可守，守則不可攻〔一六〕。

蓋聞善用兵者，必先脩諸己，而後求諸人；先爲不可勝，而後求勝。脩己於人，求勝於敵〔一七〕，己未能治也，而攻人之亂，是猶以火救火，以水應水也〔一八〕，何所能制〔一九〕！今使陶人化而爲埴，則不能成盆盎〔二〇〕；工女化而爲絲，則不能織文錦。同莫足以相治也，故以異爲奇。兩爵相與鬬，未有死者也〔二一〕，鸇鷹至，則爲之解，以其異類也。故静爲躁奇〔二二〕，治爲亂奇，飽爲飢奇，佚爲勞奇，奇正之相應，若水火金木之代爲雌雄也〔二三〕。

善用兵者，持五殺以應〔二四〕，故能全其勝〔二五〕。拙者處五死以貪，故動而爲人擒〔二六〕。兵貴謀之不測也，形之隱匿也，出於不意，不可以設備也〔二七〕。謀見則窮，形見則制。故善用兵者，上隱之天，下隱之地，中隱之人〔二八〕。隱之天者，無不制也〔二九〕。何謂隱之天？大寒甚暑，疾風暴雨，大霧冥晦〔二〇〕，因此而爲變者也。何謂隱之地？山陵丘阜，林叢險阻，可以伏匿而不見形者也。何謂隱之人？蔽之於前，望之於後，出奇行陳之間〔二一〕，發如雷霆，疾如風雨，擪巨旗〔二二〕，止鳴鼓，而出入無形，莫知其端緒者也〔二三〕。

校釋

〔一〕【許注】凡此三事者，人所從蹊隧。

【箋釋】雙棣按：隧，道也，路也。本篇「隧路亟」許注：「隧，道也。」詩大雅桑柔毛傳：「隧，道也。」莊子馬蹄「山無蹊隧」釋文引崔云：「隧，道也。」許注之「蹊隧」即本乎馬蹄。

【用韻】「形、情」耕部。

〔二〕【許注】負，程。

【箋釋】王念孫云：「負」與「程」義不相近，「負」當爲「員」，草書之誤也。（太平御覽兵部四引此已誤。）說山篇云：「春至旦，不中員程。」漢書尹翁歸傳云：「責以員程。」是「員」與「程」同義，員爲程式之程，又爲程量之程。儒行曰：「鷙蟲攫搏不程勇者，引重鼎不程其力。」鄭注云：「程，猶量也，搏猛引重，不量勇力堪之與否也。」此言便國不員兵，亦謂不程量其兵之衆寡，故高注訓員爲程也。○楊樹達云：此文義不可通，注亦難解，疑有誤字。王校改「負」爲「員」，則決不可從。説文云：「員，物數也。」凡云員程者，皆謂數量之程限。尹翁歸傳注云：「員，數也。」是也。鹽鐵論水旱篇云：「有司多爲大器，務應員程。」謂務合規定之數量也。王氏不考説文，不檢羣書，而謂員程同義，疏矣。

〔三〕【用韻】「死、罪」脂微合韻。

〔四〕【用韻】「卷、犯」元談合韻。

〔五〕【用韻】「欺、淩」之蒸通韻。

〔六〕【箋釋】楊樹達云：「慕」字無義，集證本作「篡」，似近之。○馬宗霍云：説文心部云：「慕，習也。」爾雅釋詁云：「狎，習也。」慕與狎同訓，是「不可慕」猶「不可狎」也。禮記曲禮上「賢者狎而敬之」，鄭玄注云：「狎，近也。」是「不可狎」猶「不可近」也。

【用韻】「濁、慕」屋鐸合韻。

〔七〕【用韻】「遷、蔽」元月通韻。

〔八〕【箋釋】莊逵吉云：太平御覽引「嚂」作「濫」。○李哲明云：玉篇引此文云：「嚂，貪也。」不嚂於辯，猶云不貪口辯也。○何寧云：吕氏春秋權勳篇「虞公濫於寶與馬」，高注：「濫，貪也。」嚂、濫字相通。

〔九〕【用韻】「喜、怒」之魚合韻。

〔一〇〕【箋釋】王念孫云：「於」當爲「旍」，古書「旌」字或作「旍」，形與「於」相近，因誤爲「於」。（續漢書天文志「會稽海賊曾旍等千餘人」，今本「旍」誤作「於」。）「旌、冥、情」三字爲韻，「旌」與「精」同，主術篇曰：「故至精之像，窈窈冥冥，不知爲之者誰，而功自成。」老子曰：「窈兮冥兮，其中有精。」莊子在宥篇曰：「至精之道，窈窈冥冥。」皆其證也。列子説符篇「東方有人焉，曰爰旌目」，後漢書張衡傳注引作「爰精目」。漢濟陰太守孟郁脩堯廟碑「師工旌密」，即精密。是「旌」與「精」古字通。○金其源與王説大同。○王叔岷云：王校「於」爲「旍」之誤，其説至塙。○于大成云：吕氏春秋論威篇「窅窅乎冥冥，莫知其情，此之謂至威之誠」，淮南用此文也。○雙棣按：御覽二七三引淮南子作「是謂至平」，「平」亦與「冥、情」爲韻。

【用韻】「冥、情」耕部。

〔二〕【版本】張本、黄本、莊本、集解本「詮」作「銓」，餘本同藏本。

【箋釋】楊樹達云：「銓」字無義，字當作鈐，形近之誤也。本書「鈐」字恒作「權」字用。「發必中鈐」，猶論語言「慮中權」矣。○雙棣按：藏本詮字不誤，玉篇云：「詮，治亂之體也。」

〔三〕【許注】揍，理。

【箋釋】馬宗霍云：説文無「揍」字。史記扁鵲傳「君有疾在腠理」，文選左思魏都賦「腠理則治」，李善注云：「吕氏春秋：『伊尹曰：用新去陳，腠理遂通。』高誘曰：『腠理，肌脈也。』」據此，則本文「揍」當作「腠」，故許君以「理」訓之。今正文注文皆因「揍、腠」形近，傳寫致誤。「腠」又通作「奏」。儀禮公食大夫禮「載體進奏」，鄭玄注云：「奏謂皮膚之理也。」是其證。説文亦無「腠」字，古蓋假「奏」爲之耳。

【用韻】「數、揍」侯部。

〔一三〕【箋釋】劉文典云：文選永明九年策秀才文注引，通字、明字下並有「乎」字。

〔一四〕【用韻】「節、節」質部。

〔一五〕【用韻】「矢、體」脂部。

〔一六〕【用韻】「中、窮、攻」冬東合韻。

〔一七〕【箋釋】雙棣按：孫子形篇云「昔之善戰者，先爲不可勝，以待敵之可勝」，此淮南所本。又「脩己於人」，於義不通，疑有譌誤。依上下文，似當作「脩治於己」，如此，則與下文「求勝於敵」相對。

〔一八〕【用韻】「火、水」微部。

〔一九〕【箋釋】馬宗霍云：何所能制，「所」猶「以」也。言何以能制也，意謂不得制之之道。則此「所」字雖借爲語詞，要自有指目，與「而」、「以」之屬空爲助句者微别。

〔二〇〕【許注】陶人化爲埴，陶人復變爲埴土，不能化埴土也。

【版本】藏本「令」作「令」，各本均作「令」，今據改。

〔二一〕【箋釋】雙棣按：「爵」，與「雀」通。

〔二二〕【許注】有出於人。

【箋釋】陶方琦云：唐本玉篇可部引許注：「奇，有出於人也。」○吴承仕云：「奇」訓不偶，亦爲有餘，不偶者勝人，有餘者過人，故以奇爲有出於人。詮言篇「屈奇之服」，注云：「奇，長也。」義亦與此相近。各本注首誤奪「奇」字，義不可通。

〔二三〕【用韻】「應、雄」蒸部。

〔二四〕【許注】五殺，五行。

〔二五〕【用韻】「應、勝」蒸部。

〔二六〕【用韻】「貪、擒」侵部。

〔二七〕【用韻】「測、匿、意、備」職部。

〔二八〕【用韻】「天、人」真部。

〔二九〕【箋釋】劉家立云：此亦天地人並舉，羼入「隱之天者，無不制也」二句，殊爲不倫。疑是「上隱之天」注文，寫者誤衍於此。

〔三〇〕【用韻】「暑、雨、晦」魚之合韻。

〔三一〕【用韻】「前、間」元部。

〔三二〕【許注】摶，卷取也。

〔三三〕【用韻】「雨、鼓、緒」魚部。

故前後正齊，四方如繩，出入解贖，不相越淩〔一〕，翼輕邊利〔二〕，或前或後，離合散聚，不失行伍〔三〕，此善脩行陳者也。明於奇（正）賌、陰陽、刑德、五行、望氣、候星、龜策、機祥〔四〕，此善爲天道者也。設規慮，施蔚伏，見用水火，出珍怪，鼓譟軍，所以營其耳也〔五〕；曳梢肆柴，揚塵起堨〔六〕，所以營其目者〔七〕；此善爲詐佯者也〔八〕。錞鉞牢重，固植而難恐〔九〕，勢利不能誘，死亡不能動〔一〇〕，此善爲充榦者也〔一一〕。剽疾輕悍，勇敢輕敵，疾若滅没〔一二〕，此善用輕出奇者也。相地形，處次舍，治壁壘，審煙斥〔一三〕，居高陵，舍出處〔一四〕，此善爲地形者也。因其飢渴凍暍，勞倦怠亂〔一五〕，恐懼窘步，乘之以選卒〔一六〕，擊之以宵夜〔一七〕，此善因時應變者也。易則用車〔一八〕，險則用騎，涉水多弓〔一九〕，隘則用弩〔二〇〕，晝則多旌，夜則多火，晦冥多鼓〔二一〕，此善爲設施者也〔二二〕。凡此八者，不可一無也，然而非兵之貴者也。

夫將者，必獨見獨知。獨見者，見人所不見也；獨知者，知人所不知也。見人所不見謂之明，知人所不知謂之神。神明者，先勝者也〔二三〕。先勝者，守不可攻，戰不可勝，攻不可守，虛實是也〔二四〕。上下有隙，將吏不相得，所持不直，卒心積不服〔二五〕，所謂虛也。主明將良，上下同心，氣意俱起，所謂實也。若以水投火，所當者陷，所薄者移，牢柔不相通而勝相奇者，虛實之謂也〔二六〕。故善戰者不在少，善守者不在小，勝在得威，敗在失氣〔二七〕。夫實則鬭，虛則走〔二八〕，盛則强，衰則北。吴王夫差地方二千里，帶甲七十萬〔二九〕，南與越戰，棲之會稽；北與齊戰，破之艾陵；西遇晉公，擒之黄池〔三〇〕；此用民氣之實也。其後驕溢縱欲，拒諫喜諛，憢悍遂過〔三一〕，不可正喻，大臣怨懟，百姓不附，越王選卒三千人，擒之干隧〔三二〕，因制其虚也〔三三〕。夫氣之有虚實也〔三四〕，若明之必晦也，故勝兵者非常實也，敗兵者非常虚也。善者能實其民氣，以待人之虚也；不能者虚其民氣，以待人之實也〔三五〕。故虚實之氣，兵之貴者也〔三六〕。

校釋

〔一〕【版本】王溥本、王鎣本、朱本、茅本、汪本、張本、吴本、黄本、莊本、集解本「贖」作「續」，餘本同藏本。

【箋釋】孫詒讓云：續，宋本作「贖」。上文亦云「察行陳解贖之數」。然不知「解贖」何義，注亦並無説。考釋名釋衣服云：「齊人謂如衫而小袖曰侯頭。侯頭，猶解瀆，臂直通之言也。」疑「解續、解贖、解瀆」義同，解贖亦往來通達之語，猶解瀆爲直通之言也。

【用韻】「繩、淩」蒸部。

〔二〕【許注】翼，軍之翼，在邊而利。

【版本】藏本注「在」作「之」，景宋本作「在」，今據改，茅本、葉本、汪本、張本、黄本同藏本。王溥本、朱本、莊本、集解本注「翼軍」上有「邊利」二字，下無「之翼」二字，餘本同藏本。

【箋釋】馬宗霍云：本文翼與邊對，輕與利對。凡行陳之法，以輕軍爲左右翼，故曰翼輕。翼在兩邊，軍輕故行動便利，故曰邊利。下文云「或前或後，離合散聚，不失行伍。」即承「輕利」二字而申之也。注以「翼軍之邊而利」釋之，不釋「輕」字，其意似尚未融。○雙棣按：莊本依劉績改道藏本注爲「邊利，翼軍之邊而利」，義不可通。道藏本「在」誤作「之」，景宋本不誤，今據更正。許注以「軍之翼」釋「翼」字，「在邊而利」即申言翼軍在兩邊而利也。若作「翼軍之邊」不詞。

〔三〕【用韻】「後、聚、伍」侯魚合韻。

〔四〕【版本】藏本「賌」上衍「正」字，今據陳昌齊校刪，各本同藏本。王溥本、王鎣本、汪本、張本、黄本、莊本、集解本「機」作「機」，餘本同藏本。

【箋釋】陳昌齊云：「正」字後人所加。「奇賌」以下皆二字連讀。上文云「明於刑德奇賌之數」，高注：「奇賌，陰陽奇秘之要。」是其證。説文作奇侅，史記倉公傳作「奇咳」，漢書藝文志作「奇胲」，並字異而義同。○雙棣按：「機、機」字通。

〔五〕【箋釋】吕傳元云：「見」字當衍。○于大成云：「營其耳」下「也」字當作「者」，與下文「營其目者」並列。○雙棣按：吕説是。上下文皆三字爲句，此不得獨爲四字。且有「見」字義亦不通。蓋後人常見「伏見」連文，涉上文「伏」字而衍。

【用韻】「伏、怪、耳」職之通韻。

〔六〕【許注】梢，小柴也。㙀，埃。

【版本】藏本「揚」作「楊」，景宋本、王鎣本、張本、黄本、莊本、集解本作「揚」，（蔣刊道藏輯要本亦作「揚」。）今據改，餘本同藏本。

【箋釋】陶方琦云：文選班固西都賦注引許注：「堨，埃也。」按：今注敚「也」字。説文：「堨，壁間隙。」「埃，塵也。」西都賦：「軼堨埃之混濁。」○楊樹達云：襄公十八年左傳記晉圍齊，「使乘車者左實右僞，以旆先，輿曳材而從之」，即此曳梢之謂也。

〔七〕【箋釋】馬宗霍云：「者」猶「也」也，然非「也」字之誤，古人行文自有此例。論語陽貨篇：「惡紫之奪朱也，惡鄭聲之亂雅樂也，惡利口之覆邦家者。」彼「者」字與「也」亦同義，即其證。又案：吕氏春秋尊師篇「心則無營」，高誘注云：「營，惑也。」大戴禮記文王官人篇「煩亂之而志不營」，盧辯注云：「營猶亂也。」本書精神篇「而物無能營」，彼注云：「營，惑也，一曰亂。」本文之營，正取惑亂之義。孫子軍争篇「故夜戰多火鼓，晝戰多旌旗，所以變人之耳目也」，可與淮南本文相參。「變」謂變亂，與營惑意同。

〔八〕【版本】藏本「佯」作「祥」，王溥本、王鎣本、朱本、茅本、汪本、張本、吴本、黄本、莊本、集解本作「佯」，今據改，餘本同藏本。

〔九〕【箋釋】雙棣按：管子法法篇云：「上無固植，下有疑心。」楚辭招魂云：「弱顔固植。」王逸注：「固，堅也。植，志也。」固植即意志堅定。

〔一〇〕【用韻】「重、恐、動」東部。

〔一一〕【許注】充，盈。榦，强。

【箋釋】陶方琦云：文選陸機辨亡論注引許注：「榦，强也。」按：説文：「彊，弓有力也。」釋名釋兵：「矢，其體曰榦，言挺榦也。」義正相近。

〔一二〕【用韻】「悍、没」元月通韻。

〔一三〕【箋釋】孫詒讓云：「煙、闉」同聲假借字。上文云：「無刑罰之威而相爲斥闉要遮者，同所利也。」是其證。○雙棣按：「相地形，處次舍」相對爲文，處亦相也。俞樾羣經平議左傳一引淮南兵略篇「相地形，處次舍」曰：「處，猶相也。」王引之經義述聞通説上云：「吕氏春秋有始覽：『察其情，處其形。』謂審其形也。」又墨子雜守篇「凡待煙、衝、雲梯、臨之法」，備城門篇作「堙」，煙即堙之借。孫子謀攻篇「距堙」，張預注：「土山曰堙。」斥即斥候，闚探之義。「堙斥」乃闚探敵情之土山。審堙斥與治壁壘，事正相類。

〔一四〕【用韻】「舍、斥、處」魚鐸通韻。

〔一五〕【用韻】「渴、暍」月部，「倦、亂」元部。

〔一六〕【箋釋】雙棣按：銀雀山簡本孫臏兵法八陣篇云：「先其選卒以乘之。」張守節史記正義云：「乘，進也。」

〔一七〕【用韻】「步、夜」鐸部。

〔一八〕【許注】易，平地也。

〔一九〕【許注】水中不可引弩，故以弓便。

【箋釋】劉家立云：涉水多弓，疑當作「涉水用弓」。○楊樹達與劉説同。○于省吾云：涉水多弓,不詞。本應作「涉則用弓。」此言水中不便於用弩鐖以發矢,故曰用弓。注「故以弓便」,「以」字正釋「用」字。且「易則用車」,與「險則用騎」對文;「涉則用弓」,與「隘則用弩」對文。今作「涉水多弓」,因注文「水」字及下文「晝則多旌、夜則多火、晦冥多鼓」而誤。晝則多旌、夜則多火二句平列,晦冥多鼓爲單句,此古人文字奇偶之變,極整齊亦極錯落,中間不應作「涉水多弓」以紊其詞例也。

〔二〇〕【許注】隘可以手弩以爲距。

【版本】藏本注「距」作「躁」,景宋本、王溥本、茅本、汪本、張本、黄本、莊本、集解本作「距」,今據改,餘本同藏本。 王溥本注「手」作「引」,餘本同藏本。

【箋釋】劉家立云:「隘則用弩」,疑當作「距隘用弩」,注云「隘可以手弩以爲距」,則正文有「距」字明矣。◎雙棣按:銀雀山簡本孫臏兵法云:「易則多其車,險則多其騎,厄則多其弩。」蓋爲淮南文所本。

〔二一〕【用韻】「車、弩、鼓」魚部。

〔二二〕【箋釋】雙棣按:孫子軍争篇云:「夜戰多火鼓,晝戰多旌旗。」簡本作「晝戰多旌旗,夜戰多鼓金」。簡本孫臏兵法陳忌問壘云:「夜則舉鼓,晝則舉旗。」執備篇云:「權者,晝多旗,夜多鼓,所以送戰也。」此蓋淮南所本。

〔二三〕【版本】藏本「明」上無「神」字,王溥本、王鎣本、朱本、茅本、張本、葉本、黄本、莊本、集解本有

「神」字，今據補，餘本同藏本。

〔二四〕【版本】藏本「不可勝」下有「者」字，王鎣本、朱本、茅本、汪本、張本、黄本、莊本、集解本無「者」字，今據删，餘本同藏本。

〔二五〕【許注】積怨不服之也。

【版本】茅本、汪本、莊本、集解本注「積」上有「言」字，景宋本、王溥本、朱本、葉本同藏本。

【箋釋】于鬯云：「所持不直」，「所」上疑脱「主」字，與下句「卒」字對。○何寧云：此與上文「上下有隙，將吏不相得」，相麗爲文，「所」上不當有「主」字。

【用韻】「得、直、服」職部。

〔二六〕【箋釋】楊樹達云：「勝」下當有「敗」字，此脱。奇者，説文云「異也」。勝敗相奇，與「牢柔不相通」文正相對，又與下文「虚實」相應，否則不可通。

〔二七〕【用韻】「少、小」宵部，「威、氣」微物通韻。

〔二八〕【用韻】「鬬、走」侯部。

〔二九〕【版本】景宋本「七」作「士」，餘本同藏本。

【箋釋】吕傳元云：「七」當是「士」形近之訛。

〔三〇〕【許注】晉公，謂平侯也。擒之，服晉。

【版本】藏本注「之」作「晉」，茅本、汪本、張本、黄本、莊本、集解本作「之」，今據改，餘本同藏本。

【箋釋】吴承仕云：左傳哀公十三年「公會單平公、晉定公、吴夫差於黄池。吴晉争先，乃先晉人」。正義曰：「吴語説此事云：『吴公先歃，晉侯亞之。』與此異。」此注以禽之爲服晉者，用國語吴先晉後之文，故不與内傳同也。又案：平侯當云定侯，晉平公前卒已五十年矣。注云平侯，疑是傳寫失之。○于省吾云：邗王壺「黄池」作「黄沱」。○雙棣按：許注以服釋禽，謂禽義爲制服，秦策三「以禽勁吴」，亦謂制服强吴也。又孫臏兵法「龐涓被禽于桂陵」，禽亦服也。

〔三一〕【許注】憢，勇急也。

【箋釋】陶方琦云：大藏音義十三、七十二、九十引許注：「驍，勇急也。」按：今注「憢」當作「驍」。説文無「憢」字。漢書霍去病傳「誅獟悍」，今注「憢」或是「獟」之誤。（史記韓長孺傳「驍騎將軍」，張晏曰：「驍，勇也。」）○易順鼎云：「憢」當作「驍」。又云：又訓「急」者，説文走部：「趬，行疾皃。」聲類：「䰫，疾也。」疾即急。

〔三二〕【用韻】「欲、諛、喻、附」屋侯通韻；「懟、隧」物部。

〔三三〕【版本】藏本「干」作「于」。莊本、集解本作「干」，今據改，餘本同藏本。

〔三四〕【版本】藏本「夫」誤作「天」，各本均作「夫」，今據改。

〔三五〕【箋釋】雙棣按：銀雀山簡本孫臏兵法威王問云：「此六者皆善者所用，而子大夫曰非其急者也。」釋者注云：「古兵書多稱善戰者爲善者。六韜豹韜敵武：『善者以勝，不善者以亡。』今本孫子中之『善戰者』，銀雀山竹簡本多作『善者』。」

【用韻】「氣、實」物質合韻。

〔三六〕【用韻】「氣、貴」物部。

凡國有難，君自宮召將，詔之曰：「社稷之命在將軍耳，今國有難，願請子將而應之〔一〕。」將軍受命，乃令祝史太卜齋宿三日，之太廟，鑽靈龜，卜吉日，以受鼓旗〔二〕。君入廟門，西面而立；將入廟門，趨至堂下，北面而立。主親操鉞，持頭，授將軍其柄，曰：「從此上至天者，將軍制之。」復操斧，持頭，授將軍其柄，曰：「從此下至淵者，將軍制之〔三〕。」將已受斧鉞，答曰：「國不可從外治也，軍不可從中御也〔四〕，二心不可以事君，疑志不可以應敵。臣既以受制於前矣，鼓旗斧鉞之威，臣無還請，願君亦以垂一言之命於臣也〔五〕。君若不許，臣不敢將。君若許之，臣辭而行〔六〕。」乃爪鬋〔七〕，設明衣也〔八〕，鑿凶門而出〔九〕。乘將軍車，載旌旗斧鉞，累若不勝。其臨敵決戰，不顧必死〔一〇〕，無有二心。是故無天於上，無地於下，無敵於前，無主於後，進不求名，退不避罪，唯民是保，利合於主，國之實也，上將之道也〔一一〕。如此，則智者爲之慮，勇者爲之鬭，氣厲青雲，疾如馳騖，是故兵未交接而敵人恐懼〔一二〕。若戰勝敵奔，畢受功賞，吏遷官，益爵禄，割地而爲調，決於封外，卒論斷於軍中〔一三〕。顧反於國，放旗以入斧鉞〔一四〕，報畢於君曰：「軍無後治。」乃縞素辟舍，請罪於君。

君曰：「赦之。」退，齊服〔一五〕。大勝三年反舍〔一六〕，中勝二年，下勝期年。兵之所加者，必無道之國也〔一七〕，故能戰勝而不報，取地而不反，民不疾疫，將不夭死，五穀豐昌，風雨時節〔一八〕，戰勝於外，福生於内，是故名必成而後無餘害矣〔一九〕。

校釋

〔一〕【版本】藏本「耳」作「卽」，景宋本作「耳」，今據改，餘本同藏本。

【箋釋】王念孫云：「卽」當爲「身」，「在將軍身」爲句，「今國有難」爲句，隸書「身」字或作「身」，與「卽」字左半相似，因誤而爲「卽」。「願請子將而應之」，「請」字涉下文「還請」而衍。藝文類聚武部、太平御覽兵部五、七十一、儀式部一引此，並作「社稷之命在將軍身，今國有難，願子將而應之」，是其證。○吕傳元云：景宋本「卽」作「耳」，太平御覽兵部五引亦作「耳」，知作「身」者蓋别本也。○雙棣按：景宋本作「耳」，屬上爲句，甚是。

〔二〕【箋釋】于大成云：北堂書鈔百二十八、御覽三百四十、六百八十引「齋宿三日」無「宿」字。此文自「凡國有難」至篇末，皆見六韜。

【用韻】「龜、旗」之部。

〔三〕【用韻】「天、淵」真部，「制、制」月部。

〔四〕【用韻】「治、御」之魚合韻。

〔五〕【箋釋】王念孫云：「亦以垂一言之命」，「以」當爲「無」，今作「以」者，涉上文「既以」而誤。軍不可從中御，故曰「臣無還請，君亦無垂一言之命於臣」。兩「無」字相因爲義。今本下「無」字作「以」，則義不可通。太平御覽兵部五引此，正作「無」。○于大成云：此非淮南誤，乃校者誤也。臣既已受命於前，故鼓旗斧鉞之威由臣專之，不復還請。此不復還請之事，事非得已非敢專擅，故曰願君垂一言之命以允之也。「君垂一言之命」，指「鼓旗斧鉞之威，臣無還請」而言。六韜作「臣既受命專斧鉞之威，不敢還請，（治要引如此。）願君亦垂一言之命於臣」，可證也。王氏不繹文義，欲據御覽誤文以改此不誤之義，謬。

〔六〕【用韻】「將、行」陽部。

〔七〕【許注】鬋爪，送終之禮，去手足爪。

【箋釋】劉家立云：御覽三百三十五引此作「古將之出，鑿凶門，設明衣，鬋指爪」，此節三字爲文，今本「鬋指爪」作「爪鬋」，則義不可通，此寫者之脱誤也。○于大成云：「爪鬋」聯文，舊籍習見，儀禮士喪禮「蚤揃如他日」，（鄭注：蚤讀爲爪。）士虞禮「沐浴櫛搔鬋」，記曲禮「不蚤鬋」，莊子德充符「不爪鬋，不穿耳」，安見其不可通！御覽所引，文有改竄，不可從也。藝文類聚五十九、杜甫秋日荊南述懷詩黄鶴注、廣博物志三十一引並作「乃爪鬋」，知不誤矣。御覽二百七十四引作「乃剪爪」，「剪爪」與「爪鬋」義同。又劉氏所引御覽，乃三百七十，非三百三十五也。蓋陶氏方琦引書，篇卷每多不合，後人不察，恒爲所誤。葉德輝、劉家立皆是也。此文亦劉氏襲陶氏之誤耳。

〔八〕【許注】明衣，喪衣也。在於闇冥，故言明。

【箋釋】于大成云：「設明衣」下「也」字不當有，藝文類聚、御覽三百四十、三百七十，黄鶴注杜詩，萬卷精華七引皆無「也」字。○何寧云：「爪鬋」二字誤倒，注可證。御覽二百七十四引正作「鬋爪」。

〔九〕【許注】凶門，北出門也。將軍之出，以喪禮處之，以其必死也。

【箋釋】陶方琦云：御覽三百三十五引許注：「明衣，送終衣也。翦手足指爪者，示必死也。」按：「送終衣」，即今注「送終禮」，禮與衣字相似。今注「以其必死也」，「其」字乃「示」字。「其」古作「亓」，與「示」相似。

〔一〇〕【箋釋】劉文典云：北堂書鈔百十五、藝文類聚五十九引，「決」並作「攻」，於義爲長。○于大成云：六韜作「臨敵決戰，無有二心」，可證淮南此文。知書鈔、類聚引作「攻」者皆誤也。御覽二百七十四引作「決」，不誤，劉校非也。

〔一一〕【箋釋】王念孫云：「實」當爲「寶」，字之誤也。孫子地形篇「故進不求名，退不避罪，唯民是保，而利合於主，國之寶也」，此即淮南所本。今作「國之實」，則義不可通矣。且「寶」與「保、道」爲韻，若作「實」，則失其韻矣。（上下文皆用韻。）○陳昌齊云：國之實，北堂書鈔引，「實」作「寶」。○雙棣按：王、陳説是。實、寶形近，常易致誤。吕氏春秋知度篇「以不知爲道，以奈何爲實」，舊校云：「實一作寶。」寶字是，亦誤作實，淮南主術篇字即作「寶」。

〔一二〕【用韻】「下、後、主」魚侯合韻，「保、寶、道」幽部。

〔一三〕【用韻】「慮、鬭、鶩、懼」魚侯合韻。

〔一四〕【許注】言有罪而誅。

〔一五〕【版本】葉本、莊本、集解本「斷」下「於」字作「于」，朱本、茅本、汪本、張本、黄本無「於」字，餘本同藏本。

〔一六〕【箋釋】吕傳元云：「放」當爲「㫃」，字之譌也。説文：「㫃，讀若偃。」此猶言偃其旌旗也。後人不識「㫃」爲古文「偃」，故改爲「放」字耳。

〔一七〕【版本】張本、黄本、莊本、集解本「齊」作「齋」，餘本同藏本。

【箋釋】雙棣按：「齊」，「齋」之古字。

〔一八〕【許注】大勝敵者，還三年，乃反故舍也。

〔一九〕【版本】張本、黄本、莊本、集解本「道」下無「之」字，餘本同藏本。

〔二〇〕【用韻】「死、節」脂質通韻。

〔二一〕【用韻】「外、内、害」月物合韻。

淮南子校釋卷第十六

説山訓〔一〕

魄問於魂曰：「道何以爲體〔二〕？」曰：「以無有爲體〔三〕。」魄曰：「無有有形乎？」魂曰：「無有。」魄曰：「無有，何得而聞也〔四〕？」魂曰：「吾直有所遇之耳〔五〕。視之無形，聽之無聲，謂之幽冥〔六〕。幽冥者，所以喻道，而非道也〔七〕。」魄曰：「吾聞得之矣〔八〕！乃内視而自反也。」魂曰：「凡得道者，形不可得而見，名不可得而揚〔九〕。今汝已有形名矣，何道之所能乎〔一〇〕？」魄曰：「言者，獨何爲者〔一一〕？」「吾將反吾宗矣〔一二〕。」魄反顧，魂忽然不見〔一三〕，反而自存，亦以淪於無形矣〔一四〕。

校釋

〔一〕【高注】山爲道本，仁者所處；説道之旨，委積若山；故曰説山。因以題篇。

〔二〕【高注】魄，人陰神也。魂，人陽神也。陰道祖於陽，故魄問魂，道以何等形體也。

【箋釋】莊逵吉云：太平御覽引，作「魂問於魄」，下魂、魄並互異。○何寧云：鮑本太平御覽八百八十六引作「魂問於魄」，下文魂、魄同今本。宋本太平御覽仍作「魄問於魂」，與高注合，莊失檢。

〔三〕【高注】道無形，以無有爲體也。

〔四〕【高注】言無有形狀，何以可得而知也。

【版本】藏本「何得而聞」上無「魄曰無有」四字，王溥本、王鎣本、吴本有此四字，今據補，餘本同藏本。

【箋釋】王念孫云：「何得而聞也」上，本有「魄曰無有」四字。魄問魂曰：「無有，何得而聞也？」故魂答曰：「吾直有所遇之耳！」今本脱此四字，則義不可通。（此因兩「魄曰無有」相亂而脱其一。）藝文類聚靈異部下、太平御覽妖異部一所引，並有此四字。○王叔岷云：天中記二三引「何得而聞也」上，亦有「魄曰無有」四字。

〔五〕【高注】言適遭遇知之耳。

【版本】藏本注「適」作「遇」，王溥本作「適」，今據改，朱本作「以」，餘本同藏本。茅本、汪本、莊本、集解本注「耳」作「也」，景宋本、王溥本、朱本、葉本同藏本。

【箋釋】吴承仕云：注當云「吾適遭遇知之也」，「適」譌作「遇」，文不成義。注蓋以適訓直，適直聲近義通，皆爲語詞。朱本作「言以遭遇知之耳」，語雖易憭，恐是後人所改。○何寧云：鮑本御覽引，「何得而聞也」上有「無形也魄曰無有」七字。宋本御覽有敚文，然七字不敚。疑此文當作「魂曰：『無有有形也。』魄曰：『無有何得而聞也。』」類聚引敚「無形也」三字。

〔六〕【用韻】「形、聲、冥」耕部。

〔七〕【高注】似道而非道也。

〔八〕【高注】得，猶知也。

【箋釋】王念孫云：「聞」字涉上文而衍。

〔九〕【高注】揚，猶稱也。揚，或作象也。

〔一〇〕【箋釋】馬宗霍云：上文云「凡得道者，形不可得而見，名不可得而揚」，則本文「何道之所能乎」，「所」猶「可」也。言今汝既有形名，何道之可能得也。王引之經傳釋詞可字條有云：「鹽鐵論未通篇曰：『民不足於糟糠，何橘柚之所厭。』言何橘柚之可厭也。」與本文句法正相似。

〔一一〕【高注】魄謂魂曰：子尚無形，何故有言？

【版本】張本、黄本、莊本、集解本注「謂」作「誥」，餘本同藏本。

〔一二〕【高注】宗，本也。魄言將反於無有。

【版本】莊本、集解本注「魄」作「魂」，景宋本、王溥本、朱本、茅本、葉本、汪本同藏本。莊本、集解本注無「言」字，「有」作「形」，景宋本、王溥本、朱本、茅本、葉本、汪本同藏本。

【箋釋】俞樾云：「吾將反吾宗矣」上當有「魂曰」二字，此乃魂之言也。「吾將反吾宗者」，魂欲反其宗也，故下文曰：「魄反顧，魂忽然不見。」惟反其宗，所以不見也。高解「反吾宗」曰：「魂將反於無形。」則其所據本正有「魂曰」二字。不然，何以知是魂而非魄乎？○王叔岷云：俞説非也。「吾將反吾宗矣」，與上文言魄之「内視而自反」，下文言魄之「反而自存，亦以淪於無形」，義並相應。此乃魄之言，決無可疑。莊本注文「魄」誤爲「魂」，俞氏不察，因謂「吾將反吾宗矣」爲魂之言，而臆補「魂曰」二字於其上，徒費辭耳。○何寧與俞説同。

〔一三〕【高注】不見魂也。

〔一四〕【高注】魄反而自存，亦以入於無形之中矣。形或作有也。

【版本】莊本、集解本注「反」作「返」，餘本同藏本。

【箋釋】馬宗霍云：爾雅釋詁云：「存，察也。」禮記禮運篇「處其所存」，又大傳篇「五曰存愛」，鄭玄注並云：「存，察也。」本文「反而自存」，「存」亦爲「察」，言反而自察也。

人不小學，不大迷〔一〕；不小慧，不大愚〔二〕。

人莫鑑於沫雨而鑑於澄水者，以其休止不蕩也〔三〕。

詹公之釣，千歲之鯉不能避〔四〕；曾子攀柩車，引輴者爲之止也〔五〕；老母行歌，而動申喜；精之至也〔六〕。瓠巴鼓瑟，而淫魚出聽〔七〕；百牙鼓琴，而駟馬仰秣〔八〕；介子歌龍蛇，而文君垂泣〔九〕。故玉在山而草木潤〔一〇〕，淵生珠而岸不枯〔一一〕。蚈無筋骨之强，爪牙之利〔一二〕，上食晞堁，下飲黄泉，用心一也〔一三〕。清之爲明，杯水見眸子〔一四〕；濁之爲闇，河水不見太山。視日者眩，聽雷者聾〔一五〕。人無爲則治，有爲則傷〔一六〕。無爲而治者，載無也〔一七〕。爲者，不能有也〔一八〕；不能無爲者，不能有爲也〔一九〕。人無言而神〔二〇〕，有言者則傷〔二一〕。無言而神者載無〔二二〕，有言則傷其神。之神者〔二三〕，鼻之所以息，耳之所以聽，終以其無用者爲用矣〔二四〕。物莫不因其所有而用其所無〔二五〕，以爲不信，視籟與竽〔二六〕。念慮者不得臥〔二七〕，止念慮，則有爲其所止矣〔二八〕。兩者俱亡，則至德純矣〔二九〕。

校　釋

〔一〕【高注】小學不博，不能通道，故大迷也。

【箋釋】王念孫云：「學」當爲「覺」，字之誤也。「小覺」與「大迷」相對，下文「小慧」與「大愚」相對。今作「小學」，則非其指矣。文子上德篇正作「不小覺，不大迷」。又案：高注本作「小覺不能通道，故大迷也」，今本作「小學不博，不能通道」者，「覺」誤爲「學」，後人因加「不博」二字也。下注云「小慧不能通物，故大愚也」，與此相對爲文，則此注原無「不博」二字明矣。○何寧云：王删「不博」二字是也，然「學」即「覺」也。説文：「斅，覺悟也。學，篆文斅省。」廣雅釋詁：「學，覺也。」此無庸改字。

〔二〕【高注】小慧不能通物，故大愚也。

〔三〕【高注】沫雨，雨潦上覆瓮也。澄，止水也。蕩，動也。沫雨或作流潦。

【箋釋】陶方琦云：大藏音義三十七引許注：「沫，濛雨也。」「濛」乃「瀑」字之誤。説文：「瀑，疾雨也。一曰沫也。」（蒼頡解詁：「水濆起曰瀑也。」）王氏懷祖校「沫雨」作「流雨」，似非。○易順鼎云：許注作「濛雨」，「沫、濛」古音相近。○雙棣按：陶所云王校見俶真篇二二二頁注〔七〕。

〔四〕【高注】詹公，詹何也，古得道善釣者。有精之術，故得千歲之鯉也。

【版本】茅本、汪本、莊本、集解本注「精」下無「之」字，「故」下有「能」字，景宋本、王溥本、朱本、葉本同藏本。

【箋釋】王念孫云：「千歲之鯉不能避」，本作「得千歲之鯉」，高注「故得千歲之鯉也」，是其證。今本作「千歲之鯉不能避」者，句首脱去「得」字，則文不成義，後人不解其故，遂於句末加「不能避」三字耳。（初學記鱗介部、太平御覽資産部十四、鱗介部八引此，並作「詹公之釣，千歲之鯉」，則所見本已脱「得」字，但尚無「不能避」三字。埤雅云：「詹何之釣，千歲之鯉不能避。」則所見本已有此三字矣。）下文「引輴者爲之止」下，又衍「也」字。（因下文「精之至也」而衍。）此文以「鯉、止、喜」三字爲韻。如今本，則失其韻矣。○于大成云：廣韻去聲三十四嘯釣字注、事類賦注二十九引同初學記、御覽。「不能避」三字是後加無疑，王校是也。

〔五〕【高注】曾子至孝，送親喪悲哀，攀援柩車，而輓者感之，爲之止。輴，棺下輪者。輴，讀若牛行輴輴之輴也。

【版本】張本、黄本、莊本、集解本注「輓」作「挽」，餘本同藏本。茅本、汪本、莊本、集解本注「輪」下「者」字作「也」，景宋本、王溥本、朱本、葉本同藏本。

【箋釋】何寧云：注「輴，棺下輪也」，當作「輴，下棺車也」。玉篇輴同輴，「下棺車」。説文：「下棺車曰輴。」據以訂正。

〔六〕【高注】申喜，楚人也，少亡其母，聞乞人行歌聲，感而出視之，則其母，故曰精之至。

【版本】莊本注「亡」下「其」字誤作「二」，餘本同藏本。茅本、汪本、張本、黄本、莊本、集解本注「則其母」下有「也」字，餘本同藏本。

【箋釋】雙棣按：吕氏春秋精通篇云：「周有申喜者，亡其母，聞乞人歌於門下而悲之。」此蓋淮南所本，此作「周人」，高注爲「楚人」，恐非。

【用韻】「鯉、止、喜」之部。

〔七〕【高注】瓠巴，楚人也，善鼓瑟。淫魚喜音，出頭於水而聽之。淫魚長頭身相半，長丈餘，鼻正白，身正黑，口在頷下，似鬲獄魚，而魚無鱗，出江中也。

【版本】茅本、汪本、張本、黄本、莊本、集解本注下「魚」字作「身」，餘本同藏本。

【箋釋】陶方琦云：説文魚部「鱏」字下引傳曰：「伯牙鼓琴，鱏魚出聽。」定是淮南。攷蜀志郤正傳注及文選魏都賦注並引淮南作「鱏魚」，即許本也。論衡亦作「鱏魚」，左思魏都賦亦作「感鱏魚」，皆用淮南許本。高本作「淫魚」，與韓詩外傳同。（文選洞簫賦注引淮南作「淫魚」，高本也。）其外荀子作「流魚」，大戴禮作「沈魚」，皆由聲近得通。（馬融長笛賦「鱏魚喁於水次」，馬曾注淮南，本與許同。）○蔣超伯云：詩「既有淫威」，毛傳：「淫，大也。」文選七發「血脈淫濯」，李善注：「淫濯，謂過度而大也。」善蓋本爾雅以爲訓，爾雅釋詁濯與淫並列「大也」，此淫魚即謂大魚也。高注非是。○王叔岷云：陶氏所稱魏都賦及注，乃蜀都賦及注之誤。白帖九八引此亦作「鱏魚」。○于大成云：陶氏所稱洞簫賦，實長笛賦之誤。○雙棣按：荀子勸學篇云：「瓠巴鼓瑟而流魚出聽，伯牙鼓琴而六馬仰秣，玉在山而草木潤，淵生珠而崖不枯。」蓋爲淮南所本。荀子之「流魚」，恐誤。陶氏謂「流魚」與「沈魚」由聲近得通，非是，流與沈聲韻皆不近。又韓詩外傳六作「潛魚」，不作「淫魚」，陶氏失檢。淮南之「淫」（或「鱏」），外傳之「潛」，大戴禮之「沈」，古音皆在侵部，故得相通。

〔八〕【高注】仰秣，仰頭欠吐，謂馬笑也。

【版本】王溥本、王鎣本、張本、吴本、黄本、莊本、集解本「百」作「伯」，餘本同藏本。藏本「駟」上無「而」字，景宋本有「而」字，今據補，餘本同藏本。茅本、葉本、汪本、張本、黄本、莊本、集解本注「欠」作「吹」，餘本同藏本。

【箋釋】楊樹達云：荀子勸學篇云「伯牙鼓琴而六馬仰秣」，楊倞釋「仰秣」爲「仰首而秣」。秣字與鈇字同。説文鈇訓食馬穀，引申之，馬食穀亦爲鈇。高云「仰頭吹吐，謂馬笑」，非其義，當從楊説。○馬宗霍云：尋文選馬融長笛賦李善注引韓詩外傳曰：「瓠巴鼓琴而六馬仰沫。」韓傳亦本荀子，而秣作沫，從水不從禾。沫者，莊子至樂篇「乾餘骨之沫爲斯彌」，陸德明釋文引李頤注云：「沫，口中汁也。」與「秣」義異。余疑高本淮南蓋作「仰沫」，故以「仰頭吹吐」釋之。吹爲吹氣，吐謂吐涎，與李頤「口中汁」之解正合。其狀似笑，故又云「謂馬笑也」。今本淮南正文作「秣」，蓋校者依荀子改，故與注文不相應。而荀子古本當作「沫」，又由淮南高注與李注所引韓詩外傳可以互證而得。再就情事論，馬因聞樂仰首而笑，因笑而張口流沫，亦以作「仰沫」爲長。後人習熟「秣馬」之語，乃改荀子之「沫」爲「秣」。於是諸書之襲用荀子此文者皆作「仰秣」矣。（明沈氏野竹齋刊本韓詩外傳亦作「仰秣」。李善所據者爲唐以前本，獨作「沫」字，得以證成高注，真一字千金也。校淮南與荀子者皆未及此，故特表而出之。）○王叔岷云：文選馬季長長笛賦注引此亦有「而」字。荀子勸學篇、大戴禮記勸學篇、韓詩外傳六並同。○雙棣按：馬説近是。仰首而食穀，且聽其音，於事理亦難通。

〔九〕【高注】介子，介推也。從晉文公重耳出奔翟，遭難絶糧，介子推割肌啗之。公子復國，賞從亡者，子推獨不伍，故歌曰：「有龍矯矯，而失其所，有蛇從之，而啖其口。龍既升雲，蛇獨泥處。」龍以喻文公也，蛇以自喻也。於是文公覺悟，求介子推，不得，而號泣之。

【版本】景宋本注「伍」作「位」，王溥本、朱本作「與」，茅本、汪本、張本、黃本、莊本、集解本作

「及」，葉本同藏本。

【箋釋】向承周云：注「肌」當作「股」。莊子盜跖云：「介子推自割其股，以食文公」。韓詩外傳十：「子推割股，天下莫不聞。」説苑復恩：「二蛇割股。」皆作「股」字。○雙棣按：吕氏春秋介立篇云：「晉文公反國，介子推不肯受賞，自爲賦詩曰：『有龍于飛，周徧天下。五蛇從之，爲之丞輔。龍反其鄉，得其處所。四蛇從之，得其露雨。一蛇羞之，橋死於中野。縣書公門，而伏於山下。』」高注引介子推詩與吕覽不同。與韓詩外傳卷二引介子推詩亦小異。

〔一〇〕【高注】玉，陽中之陰也，故能潤澤草木。

【用韻】「山、潤」元真合韻。

〔一一〕【高注】珠，陰中之陽也，有光明，故岸不枯也。

【箋釋】陶方琦云：史記集解一百二十八引許注：「滋潤鍾于明珠，致令岸枯也。」史記龜策傳「玉處于山而木潤，淵生珠而岸不枯」，徐廣曰「一本無『不』字」，引許君説淮南云云，是淮南許本作淵生珠而岸枯也。徐爲漢後人，當親見淮南最初本，所引許注塙而可徵。（陸機薦戴淵表「枯岸之民，果于輸珠」，亦用許注淮南本。）○劉文典云：荀子勸學篇、大戴記勸學篇並作「淵生珠」，與今本淮南文合，惟「玉在山」與「淵生珠」文不相對。文子上德篇作「珠生淵」，疑當從之。○雙棣按：今本荀子勸學亦作「草木潤」，王念孫云：「元刻無『草』字是也。『木』與『崖』對文，故上句少一字。宋本『木』上有『草』字者依淮南説山篇加之也。文選李善注引作『玉在山而木潤』，類聚木部、御覽木部引同，而草部不引，則本無『草』字明矣。大戴記、史記亦作『木潤』而無草字。」按：淮南本之荀子，蓋淮南此句亦當作「玉在山而木潤，淵生珠而岸枯」，或許本當如此。

【用韻】「珠、枯」侯魚合韻。

〔二〕【高注】蠙，一名蜷蠕也。

【版本】王溥本（及注）、王鎣本、吴本「蠙」作「蚓」，餘本同藏本。

【箋釋】雙棣按：高注謂蠙一名蜷蠕，蜷蠕蓋即曲蟮，崔豹古今注魚蟲云：「蚯蚓，一名曲蟮。」字又作曲蟺、曲善。今我國北方廣大農村仍稱蚯蚓爲曲蟮。蓋蠙爲通語，蜷蠕爲高誘涿郡方言。

〔三〕【高注】晞，乾也。堁，土塵也。楚人謂之堁也。一，精專也。

【版本】藏本注「精」作「情」，景宋本、朱本、莊本、集解本作「精」，今據改，王溥本、茅本、葉本、汪本同藏本。朱本「精專」作「專精」。

【箋釋】劉文典云：主術篇許注「堁，塵塺也，楚人謂之堁」，與此注合。蓋高承用許注。説文土部：「塺，塵也。」注「土」字疑塺之壞字也。○于大成云：此文見荀子勸學，亦見大戴記勸學。孟子滕文公下亦云「夫蚓，上食槁壤，下飲黄泉」。○何寧云：説林篇高注：「堁，土塵也。楚人謂之堁。」與此注同，土非誤字。

〔四〕【版本】王溥本、王鎣本、葉本、茅本、張本、吴本、黄本、莊本、集解本「牟」作「眸」，景宋本、朱本、汪本同藏本。

【箋釋】雙棣按：朱珔説文叚借義證云：「眸字在新附，蓋古只借牟字爲之。」朱駿聲云：「牟假借爲瞀，今字作眸。」荀子非相云：「堯舜參牟子。」楊倞注：「牟與眸同。參眸子謂有二瞳相參也。」按：朱珔説是。

〔一五〕【箋釋】王念孫云：人視日則眩，聽雷則未必聾也。玉篇：「⿰耳農，女江切。淮南子曰：『聽雷者⿰耳農。』注云：『耳中⿰耳農⿰耳農然。』」埤蒼曰：「耳中聲也。」（廣韻與埤蒼同。）據此，則古本作「聽雷者⿰耳農」。今本「⿰耳農」作「聾」，而無「耳中⿰耳農⿰耳農」之注，則後人以意删改耳。○胡懷琛云：王説失之拘泥。所謂聽雷而聾者，謂聞雷時耳爲之震，同時不聞他物，是暫若聾也。非謂永聾也，非謂真聾也。○何寧云：玉篇引注，疑是許注。蓋許作⿰耳農而高作聾也。説林篇「聽有音之音者聾」，義與此同。

〔一六〕【高注】道貴無爲，故治也。有爲則傷，道不貴有爲也。傷，猶病也。

【版本】藏本注「有爲也」下有「故治有爲者」五字，茅本、汪本、莊本、集解本無此五字，今據删。景宋本、葉本同藏本，王溥本、朱本此注作「道貴無爲，故無爲者治；不貴有爲，故有爲者傷。傷，猶病也」。

【用韻】「聾、傷」東陽合韻。

〔一七〕【高注】言無爲而能致治者，常載行其無爲。

〔一八〕【高注】爲者，有爲也。有謂好憎情欲不能恬澹静漠，故曰不能無爲。

【箋釋】王念孫云：「不能有也」，本作「不能無爲也」。下文「不能無爲者」即承此句而申言之。高注云「好憎情欲，不能恬淡静漠，故曰不能無爲也」，是其明證矣。今本作「不能有」者，涉下文「不能有爲」而誤。文子精誠篇正作「爲者，不能無爲也」。○雙棣按：王説是，當據文子及高注改。

〔一九〕【高注】不能行清静無爲者，不能大有所致其治，立其功也，故曰不能有爲也。

【版本】莊本、集解本注「致」字重，景宋本、王溥本、朱本、茅本、葉本、汪本同藏本。

〔二〇〕【高注】無言者，道不言也。道能化，故神也。

〔二一〕【高注】道不貴言，故言有傷。

【版本】葉本、莊本、集解本注「不貴」作「貴不」，景宋本、王溥本、朱本、茅本、汪本同藏本。

【箋釋】王念孫云：無言而神，有言則傷，相對爲文。「有言」下不當有「者」字，此因上下文「者」字而誤衍也。下文「有言則傷其神」，「有言」下亦無「者」字。

〔二二〕【高注】道貴無言，能致於神。載，行也。常行其無言也。

【箋釋】王念孫云：「載無」下當有「也」字。上文云「人無爲則治，有爲則傷，無爲而治者，載無也」，皆與此文同一例。

〔二三〕【高注】道賤有言，而多反有言，故曰傷其神。

【版本】藏本注「曰」作「自」，莊本、集解本作「曰」，今據改，景宋本、王溥本、朱本、茅本、葉本、汪本同藏本。

【箋釋】陳昌齊云：「有言則傷其神」絶句，（高注「故曰傷其神」，是以神字絶句。）「之神者」三字，乃起下之詞，不連上句讀。之，此也。言此神者，鼻之所以息，耳之所以聽也。高注「道賤有言」云云，本在「有言則傷其神」之下，後人誤以「則傷其神之神者」作一句讀，而移高注於「之神者」之下，則上下文皆不可讀矣。○王念孫云：文子作「有言則傷其神之神者」，（今本「有」字誤在「傷」字下，又脱「其」字。）已誤讀淮南之文。後人移高注於「之神者」之下，即爲文子所惑也。

〔二四〕【高注】無用者，謂鼻耳中空處也。

〔二五〕【高注】以其所無用爲用也。

〔二六〕【高注】籟，三孔籥也，以其管孔空處以成音也，故曰視籟與竽也。

【用韻】「無、竽」魚部。

〔二七〕【高注】詩曰：「耿耿不寐，如有殷憂。」又曰：「輾轉伏枕，寤寐永歎。」

【箋釋】雙棣按：注引詩，前引見邶風柏舟，今本「殷憂」作「隱憂」。後引則陳風澤陂作「寤寐無爲，輾轉伏枕」，與高所見不同。

〔二八〕【高注】止，猶去也。强自抑去念慮，非真無念慮，則與物所止矣。

【版本】藏本注「真」字重，王溥本、茅本、汪本、莊本、集解本不重，今據删其一，景宋本同藏本，朱本作「真能」。

【箋釋】馬宗霍云：上文云「物莫不因其所有，而用其所無」，此文「有」字如加引號則意明。「其」字指「止念慮」一事而言。凡「有」皆起於念慮，則念慮既去，則「有」亦自止。高注似不甚了。

〔二九〕【高注】兩者，念慮與強不念慮也。忘二者則神内守，故至德純一也。

【版本】張本、黄本、莊本、集解本「亡」作「忘」，餘本同藏本。莊本、集解本注無「强」字，餘本同藏本。

【箋釋】吴承仕云：上文「止念慮」，注云「强自抑去念慮，非真無念慮」，則此注云「强不念慮」，正承上文言之。莊本奪「强」字，非其義矣。

聖人終身言治，所用者非其言也，用所以言也〔一〕。歌者有詩，然使人善之者，非其詩也〔二〕。鸚鵡能言，而不可使長〔三〕。是何則？得其所言而不得其所以言〔四〕。故循迹者，非能生迹者也〔五〕。神蛇能斷而復續，而不能使人勿斷也〔六〕。神龜能見夢元王，而不能自出漁者之籠〔七〕。四方皆道之門户牖嚮也，在所從闚之〔八〕。故釣可以教騎，騎可以教御，御可以教刺舟〔九〕。越人學遠射，參天而發，適在五步之内〔一〇〕，不易儀也〔一一〕。世已變矣，而守其故，譬猶越人之射也〔一二〕。

月望，日奪其光，陰不可以乘陽也〔一三〕。日出星不見，不能與之争光也〔一四〕。故末不可以强於本，指不可以大於臂，下輕上重，其覆必易〔一五〕。一淵不兩鮫〔一六〕。

水定則清正，動則失平〔一七〕，故惟不動，則所以無不動也〔一八〕。江河所以能長百谷者，能下之也。夫惟能下之，是以能上之〔一九〕。

校釋

〔一〕【高注】非其言，非其所常言也。用所以言者，用當所治之言。

【版本】王溥本注「當」作「常」，餘本同藏本。

【箋釋】劉績云：所以言，謂立治法之意也。

〔二〕【高注】善之者，善其音之清和也，不善其詩。故曰「非其詩」也。

〔三〕【高注】鸎鴟，鳥名，出於蜀郡，赤喙者是，其色縹緑，能效人言。長，主也。

【版本】景宋本、茅本、葉本、汪本、張本、黄本、莊本、集解本正文及注「鸎」作「鸚」，餘本同藏本。

景宋本、茅本、葉本、汪本、張本、黄本、莊本、集解本正文及注「鴟」作「鵡」，餘本同藏本。

【箋釋】王念孫云：「不可使長」，「長」下當有「言」字。下高注曰「不知所以長言」，下注又曰「不能自爲長主之言」，則有「言」字明矣。脱去「言」字，則文不成義。藝文類聚鳥部中、太平御覽羽族部十一引此，皆有「言」字。○俞樾同王説，又云：高注曰「長，主也」，又曰「不知所以長言」，又曰「不能自爲長主之言」，則未得「長」字之義。長，主也。則長猶典也，不可使長言，猶曰不可使典言，謂不可使典主教令也。○馬宗霍云：高注以主訓長，則「長言」猶「主言」也。鸚鵡能效人言，衹可傳言，未必能達人之意。故下文云「得其所言，而不得其所以言」。所以言者，即人言之本意也。本書氾論篇「得其所以言」，彼注云「得其未言時本意」，與此可相參。人之本意且不能得，自不能代人爲主而有言矣，故曰「不可使長言」也。高氏於下文又以「教令之言也」釋之。「教令之」三字爲一讀，即謂鸚鵡受人之教令而後能言也。則不能主言之意尤顯。俞氏誤解注文「教令」二字，乃謂「不可使典主教令」，失之遠矣。○雙棣按：説文：「鸚，鸚䳇，能言鳥也。」「䳇，鸚䳇也。」山海經西山經云：「黄山有鳥焉，其狀如鴞，青羽赤喙，人舌能言，名曰鸚䳇。」此蓋高注所本。又王、俞「長」下補「言」字是。然俞「典主教令」之説則大謬。此正文及高注皆極明白，即鸚䳇能效法人言，而不能主動説話，因其無説話之本領或功能，亦即「不得所以言」之意。馬謂「教令之」三字爲一讀，非是，若此三字爲一讀，則下「言也」二字當何屬？「教令之言也」當作一句讀，意謂人教之使之言也。令，使也。

【用韻】「言、長」元陽合韻。

〔四〕【高注】得其言者，知效人言也。不知所以長言，教令之言。故曰「不得其所以言」也。

〔五〕【高注】循，隨也。隨人故迹，不能創基造制，自爲新迹，如鸚䳇知效人言，不能自爲長主之言也。

〔六〕【箋釋】劉文典云：御覽九百三十三引，「續」作「屬」。

〔七〕【高注】宋元王夜夢見得神龜而未獲也，漁者豫且捕魚得龜，以獻元王，元王剥以卜。故曰「能見夢元王，而不能自出漁者之籠」也。

【用韻】「王、籠」陽東合韻。

〔八〕【箋釋】雙棣按：嚮，本作「向」。説文：「向，北出牖也。」「嚮」爲「鄉」之後起字，音同而與「向」通。廣韻漾韻：「向，窻也。嚮，與向通用。」

〔九〕【高注】此四術者，皆謹敬，加順其道，故可以相教。

〔一〇〕【高注】越人習水便舟，而不知射。射遠反直仰向天而發，矢勢盡而還，故近在五步之内。參，猶望也。

【版本】茅本、汪本、莊本、集解本此注在「不易儀也」下，景宋本、王溥本、朱本、葉本同藏本。

【箋釋】王引之云：參猶值也，言正值人上也。墨子經篇曰「直，參也」，直與值同。參天而發，謂值天而發也。高訓參爲望，失之。○雙棣按：類聚巧藝部引淮南作「參天而發，鏑在五步内」，文選卷四二應璩與從弟君苗君胄書李善注引作「適」，與今本同。蓋許、高之别也。許本作「鏑」，高本作「適」。又高注「參，猶望也」，望天而發，即向天而發也。高注又云「射遠反直仰向天而發」，正是其義，高注不誤。

〔一一〕【高注】儀，射法也。言不曉射，故不知易去參天之法也。

【版本】藏本「儀」下無「也」字，除景宋本同藏本外，各本皆有「也」字，今據補。

【用韻】「發、儀」月歌通韻。

〔一二〕【高注】言其守故，不知變也。

【用韻】「故、射」魚鐸通韻。

〔一三〕【高注】月十五日與日相望，東西中繩，則月食，故奪月光也。差則虧，至晦則盡，故曰陰不可以乘陽也。

〔一四〕【高注】星，陰也，不能奪日之光也。

【用韻】「望、光、陽、光」陽部。

〔一五〕【用韻】「臂、易」錫部。

〔一六〕【高注】鮫，魚之長，其皮有珠，今世以爲刀劍之口是也。一說：魚二千斤爲鮫。

【箋釋】王念孫云：「一淵不兩鮫」，即承上文言之，以明物不兩大之意，而語勢未了，其下必有脱文。太平御覽鱗介部二引此，「一淵不兩鮫」下有「一棲不兩雄，（韓子楊榷篇曰「毋馳而弓，一棲兩雄」。）一則定，兩則争」，凡十一字。又引高注云：「以日月不得並明，一國不可兩君也。」（上文「一淵不兩鮫」下引「鮫，魚之長，其皮有珠」云云，與今本高注同，則此所引亦是高注。）今本皆脱，當據補。文子上德篇亦云：「一淵不兩鮫，一雌不二雄，一即定，兩即争。」○陶方琦云：大藏音義四十一引許注：「蛟，龍屬也。池魚滿三千六百，則蛟來爲之長。」按：二注文異，許本作「蛟」，與高作「鮫」亦異。說文：「蛟，龍之屬也。池魚滿三千六百，蛟來爲之長，能率魚而飛，置笱水中，即蛟去。」大藏音義引許君淮南注正同說文。高注中一説即許注也，道應訓（許注本）「兩蛟挾繞其船」，許注曰「蛟，龍屬也，魚滿二千五百斤，蛟來爲之主也」，與此説亦同。高注作「鮫」，訓爲「皮可飾刀劍」，即説文「鮫，海魚也，皮可飾刀」，與「蛟」不同。○雙棣按：王説似是。記纂淵海論議部亦有「一棲不兩雄，一則定，兩則争」十一字。又陶説高注中一説即許注，未必是。吕氏春秋知分篇高誘注「魚滿二千斤爲蛟」，與此一説正同，唯「鮫」作「蛟」。道應篇許注作「魚滿二千五百斤，蛟來爲之主」，説文作「魚滿三千六百斤，蛟來爲之長。」許君二處亦不盡相同。然高注淮南、吕覽一致，不當疑爲許注。

〔一七〕【用韻】「正、平」耕部。

〔一八〕【用韻】「動、動」東部。

〔一九〕【高注】上，大也。【用韻】「下、上」魚陽通韻。

天下莫相憎於膠漆〔一〕，而莫相愛於冰炭〔二〕，膠漆相賊，冰炭相息也〔三〕。牆之壞，愈其立也〔四〕；冰之泮，愈其凝也；以其反宗〔五〕。

泰山之容，巍巍然高〔六〕，去之千里，不見埵堁，遠之故也〔七〕。秋毫之末，淪於不測〔八〕，是故小不可以爲内者，大不可以爲外矣〔九〕。

蘭生幽宫，不爲莫服而不芳〔一〇〕；舟在江海，不爲莫乘而不浮〔一一〕；君子行義，不爲莫知而止休〔一二〕。

夫玉潤澤而有光，其聲舒揚〔一三〕，涣乎其有似也〔一四〕。無内無外，不匿瑕穢〔一五〕，近之而濡，望之而隧。夫照鏡見眸子，微察秋毫，明照晦冥〔一六〕。故和氏之璧，隨侯之珠，出於山淵之精，君子服之，順祥以安寧〔一七〕，侯王寶之，爲天下正〔一八〕。

校釋

〔一〕【高注】膠漆相持不解，故曰相憎。一説：膠入漆中則敗，漆入膠亦敗，以多少推之，故曰相憎也。

【箋釋】陶方琦云：意林引許注：「膠桼相抱，不得還其本也。」按：高注上一説與許同，當即許注也。○于大成云：御覽八百七十一引此注文「漆入膠」下亦有「中」字，與上一例。

〔二〕【高注】冰得炭則解歸水，復其性，炭得冰則保其炭，故曰相愛。

【箋釋】陶方琦云：意林引許注：「仌得炭則解，故得還其本也。」按：今高注亦即是許注。

〔三〕【箋釋】劉績云：膠漆本指得者，而反相憎；冰炭本不相合者，而反相愛。蓋以膠漆合則人用之，冰炭不合則不用。是合者相害，而不合者相生也。

【用韻】「賊、息」職部。

〔四〕【高注】壞，反本還爲土。故曰愈其立也。

【版本】茅本、汪本、莊本注無「故曰愈其立也」六字，景宋本、王溥本、朱本、葉本、集解本同藏本。

〔五〕【高注】泮，釋，反水也。宗，本也。

【用韻】「凝、宗」蒸冬合韻。

〔六〕【高注】容，形。

【版本】景宋本注「形」作「刑」，王溥本、朱本同藏本。葉本、張本、黄本、莊本、集解本無此注。

〔七〕【高注】埵堁，猶席翳也。埵，讀似望，作江淮間人言能得耳。

【版本】王溥本、朱本注「席」作「塵」，景宋本、茅本、葉本、汪本、莊本、集解本同藏本。茅本、汪本、莊本、集解本注「耳」作「之也」，景宋本、王溥本、朱本、葉本同藏本。

【箋釋】邵瑞彭云：「席」當爲「墆」。六朝俗書「席、帶」形多相亂。顔氏家訓書證篇云：「席中加帶，惡上安西。」故「墆」字轉寫爲「席」矣。○吴承仕云：邵説是也。楚辭九歎「舉霓旌之墆翳兮」，是「墆翳」連文之證。又：「埵，讀似望」，聲韻絶殊，疑「望」爲「垂」之形譌，垂正書作「埀」，故形與「望」近。○黄侃云：埵本垂之複出字，垂從土，埵又從土，説文「讀若朵」，蓋與垂聲小殊，故此注云「作江淮間人言能得之也」。○何寧云：據注文「埵讀似望」，則「埵堁」乃「壤堁」

之誤，朱本「席」作「塵」，是也。廣雅釋詁：「壤堁，翳塵也。」即本此爲訓。壤讀似望，作江淮間人言能得耳。

【用韻】「里、故」之魚合韻。

〔八〕【箋釋】劉家立云：「秋豪之末，淪於不測」，語勢未了，疑當有「小之故也」四字。上文云「泰山之容，巍巍然高，去之千里，不見埵堁，遠之故也」，無此四字，與上文不一律。下文云「故小不可以爲内者，大不可以爲外矣」，高注云：「小不可爲内，復小於秋豪之末，謂無有也。」正承接「秋豪之末」而言。無此四字，文氣亦不接。此寫者之脱誤也。

〔九〕【高注】小不可爲内，復小於秋毫之末，謂無有也，無有無形者至大，不可爲外也。

【用韻】「内、外」物月合韻。

〔一〇〕【高注】性香。

【版本】王溥本、王鎣本、汪本、張本、黄本、吴本、莊本、集解本「宫」作「谷」，餘本同藏本。

【箋釋】梁玉繩云：「幽宫」非幽室之謂，如「大山之宫小山」之「宫」。莊氏改爲「幽谷」，誤。○劉文典云：御覽九百八十三引，「谷」作「宫」，宋本同。

〔一一〕【高注】性浮。

【箋釋】劉文典云：意林引，「海」作「河」。

〔一二〕【高注】性仁義也。

【箋釋】劉文典云：北堂書鈔百三十七引作「止也」，書鈔引文子「君子行義，不爲莫己知而止也」，今本文子上德篇「君子行道，不爲莫知而止」，亦無「休」字。「休」疑衍文也。○雙棣按：于鬯謂浮休爲韻。不當爲衍文。

【用韻】「浮、休」幽部。

〔一三〕【高注】舒，緩也。揚，和也。

【版本】藏本注「和」作「抑」，景宋本、茅本、汪本、張本、莊本、集解本作「和」，今據改，黄本無注，餘本同藏本。

【用韻】「光、揚」陽部。

〔一四〕【高注】似君子也。澳，讀人謂貴家爲腰主之腰也。

【版本】藏本正文及注「澳」作「渙」，王鎣本、朱本作「澳」，今據改，餘本同藏本。景宋本注「貴」上有「富」字。莊本、集解本注「腰」作「腝」，景宋本、王溥本、朱本、葉本同藏本。

【箋釋】李哲明云：貴家爲腝主，義不可通。「腝」是「餪」字之誤。玉篇：「餪，饋女。」廣韻：「女嫁三日送食曰餪。」意貴家餪饋特豐腆，故當有此言。○吴承仕云：朱東光本「渙」並作「澳」，「腝」作「腰」。按：文當作「澳」，作「渙」者形近而譌。此文以「澳」爲「燠」，由幽旁轉之也。温燠亦作温郁，薁棣亦作郁棣，王褒聖主得賢臣頌「卑辱奥渫」，李善引如淳曰：「奥音郁。」此皆澳、郁聲轉通假之明證也。「澳乎有似」猶云郁郁乎其有文章矣。高讀澳爲「奥主」之「奥」，左氏昭十三年傳「國有奧主」，記禮運「故人以爲奧也」，此注家比況作音之義也。至注中「貴家」之文，（寫宋本作「富貴家」。）或爲漢末諺言，或後人傳寫有誤，今難質言矣。各本譌「澳」爲「涣」，注文又譌爲「腴」，爲「腰」，文義遂不可説。不有朱本，將何由尋其蹤跡哉！○黄侃云：禮運「女有歸」注：「皆得良奧之家。」是漢人以貴家爲奧主之切證。澳即作深奧解。依曲禮注義，凡主奧者非尊即貴，故以貴家爲奧主。

〔一五〕【高注】無内無外，表裏通也。匿，藏也。

【用韻】「外、穢」月部。

〔一六〕【箋釋】陶鴻慶云：「照鏡」二字，當乙轉，「夫鏡（句），照見眸子」云云，與上「夫玉潤澤而有光」云云，文同一例，上以玉喻道之堅澤，此以鏡喻道之清明。○向承周云：「照鏡」，「照」字衍。鏡，猶照也。「鏡見牟子」，與下二句文義一律，皆狀玉之美。若如今本多一「照」字，則似言鏡也者，與上下文皆不貫矣。○于大成云：此一章自「夫玉潤澤而有光」，迄下文「侯王寶之以爲天下正」，全説玉，此數語亘其中，不可解。疑「隧夫」作「夫遂」，「照鏡」衍「照」字，「晦冥」二字當到。此文本云「近之而濡，望之而夫遂，鏡見眸子，微察秋毫，明照冥晦」。兩「而」字並讀爲「如」，「夫遂」即周禮司烜氏「掌以夫遂取明火於日」之「夫遂」，鄭注周禮所謂「陽遂」也。見本書天文、覽冥二篇。謂玉不匿瑕穢，表裏若一，故近之似濡，望之似夫遂，可以鏡見眸子，微察秋毫，明照冥晦云云。

〔一七〕【高注】服，佩也。君子佩而象之，無有情欲，能順善以安其身也。

〔一八〕【高注】寶，重也。侯王重其天性，若凡民之重珠玉，故以爲天下正，無所阿私也。

【用韻】「冥、精、寧、正」耕部。

陳成子恒之劫子淵捷也〔一〕，子罕之辭其所不欲〔二〕，而得其所欲〔三〕，孔子之見黏蟬者〔四〕，白公勝之倒杖策也〔五〕，衛姬之請罪於桓公〔六〕，子見子夏曰何肥也〔七〕，魏文侯見之反披裘而負芻也〔八〕，兒説之爲宋王解閉結也〔九〕，此皆微眇可以觀論者〔一〇〕。

人有嫁其子而教之曰：「爾行矣，慎無爲善！」曰：「不爲善，將爲不善邪？」應之曰：「善且由弗爲，況不善乎〔一一〕！」此全其天器者〔一二〕。

拘囹圄者以日爲脩，當死市者以日爲短〔一三〕，日之脩短有度也，有所在而短，有所在而脩也，則中不平也〔一四〕。故以不平爲平者，其平不平也。

嫁女於病消者，夫死則後難復處也〔一五〕。故沮舍之下不可以坐〔一六〕，倚牆之傍不可以立〔一七〕。

執獄牢者無病〔一八〕，罪當死者肥澤〔一九〕，刑者多壽，心無累也〔二〇〕。

良醫者，常治無病之病，故無病〔二一〕；聖人者，常治無患之患，故無患也〔二二〕。夫至巧不用劍〔二三〕，善閉者不用關楗〔二四〕，淳于髡之告失火者，此其類〔二五〕。

校釋

〔一〕【高注】陳成子將殺齊簡公，使勇士十六人脅其大夫子淵捷，欲與分國，捷不從，故曰劫之也。

【版本】張本、黄本、莊本、集解本注「殺」作「弑」，餘本同藏本。

【箋釋】王引之云：陳成子恒，「子」字後人所加。

〔二〕【高注】不欲玉之寶也。

【版本】藏本注「玉」作「王」，景宋本、莊本、集解本作「玉」，今據改，王溥本、朱本同藏本。

〔三〕【高注】所欲，不貪爲寶。

【箋釋】于大成云：事見韓子喻老篇，亦見本書精神篇。

〔四〕【箋釋】雙棣按：前後各事均有注，此不當獨無注，恐傳寫誤脱。孔子見黏蟬者，蓋謂莊子達生篇所載仲尼見痀僂承蜩之事。

〔五〕【高注】倒杖策，傷其頤，血流及屨而不覺，言精有所在也。

【箋釋】雙棣按：白公勝倒杖策傷其頤事見道應篇。

〔六〕【高注】衛姬，衛女，齊桓公夫人也。桓公有伐衛之志，衛姬望見桓公色而知之，故請公殺，贖衛之罪也。

【箋釋】雙棣按：事詳吕氏春秋精諭篇。

〔七〕【高注】道勝，無情欲，故肥也。

【箋釋】王念孫云：「子見子夏」，當作「曾子見子夏」，事見韓子喻老篇。○雙棣按：王說是，本書精神篇亦作曾子、子夏事。

〔八〕【高注】知其皮盡，則毛無所傅也。

【版本】茅本、汪本、張本、黄本、莊本、集解本「披」作「被」，餘本同藏本。

【箋釋】王念孫云：「魏文侯見之反被裘而負芻也」，當作「魏文侯之見反被裘而負芻也」。自「陳成子恒之劫子淵捷也」以下，皆與此文同一例。魏文侯事見新序雜事篇。

〔九〕【高注】結不可解者而能解之，解之以不解。

【版本】張本、黄本、莊本無此注，餘本同藏本。

【箋釋】雙棣按：吕氏春秋君守篇謂兒説之弟子爲宋元王解閉結。

〔一〇〕【高注】微眇，爲見始知終也。

【版本】景宋本、王溥本注「爲」作「謂」，朱本、茅本、葉本、汪本、莊本、集解本同藏本。

【箋釋】雙棣按：「爲」與「謂」通。

〔一一〕【箋釋】劉文典云：文選馬汧督誄注引，「由」作「猶」。○于大成云：海録碎事十一、韻府羣玉銑韻「善」字注引「由」亦作「猶」，「由」古通「猶」。

〔一二〕【高注】器，猶性也。孟子曰「人性善」，故曰全其天性。

【箋釋】劉文典云：文選注引，「者」下有「也」字。○何寧云：世説新語賢媛篇劉孝標注引作「人有嫁其女而教之者，曰：『爾爲善，善人疾之。』對曰：『然則當爲不善乎？』曰：『善尚不可爲，而況不善乎？』」與今本異，當是梁時所見淮南如是。意林引作「人有嫁其女者，教之曰：『慎無爲善。』女問其故，曰：『善尚不爲，況不善乎？』」文義不順，當有删節。

〔一三〕【箋釋】王念孫云：「死市」，本作「市死」。初學記政理部、太平御覽刑法部八引此，並作「市死」。釋名亦云「市死曰棄市」。○劉文典云：意林引，作「拘囹圄者患日長，當死市者患日短」。○雙棣按：「死市」未必作「市死」，氾論篇「司寇之徒，繼踵於門，而死市之人，血流於路」，亦作「死市」，意林引亦作「死市」。

〔一四〕【高注】中，心。

【箋釋】馬宗霍云：此文兩「有所在」之「有」猶「或」也。言或所在而短，或所在而脩也。

〔一五〕【高注】以女爲妨夫，後人不敢娶，故難復嫁處也。一説：女以天下人皆消，不肯復嫁之也。

【箋釋】陶方琦云：意林引淮南云「嫁女於消渴者」。引許注：「夫死則言女妨夫。」按：意林引注誤爲正文，今別白之。與高注上一説合，正許注也。○于鬯云：處，謂處女也。處女者，女未嫁之稱。今嫁於病消者，則不能有人道之接，是雖嫁而實仍處女也。然既嫁矣，夫死將曰寡婦，不可復曰處女，故曰難復處也。高注列兩説，並非。○劉文典云：意林及御覽七百四十三引，「消」下並有「渴」字，是今本脱之也。○金其源云：釋名釋疾病「消，弱也，如見割削筋力弱也」。素問痿論「五臟使人痿」注：「痿謂痿弱無力以運動。」是消與痿，俱爲力弱之義。史記五宗世家「又陰痿」，正義曰：「不能御婦女。」就嫁女言夫病消，當是男女之事，屬於陰痿，則病消謂不能御婦人。嫁於不能御婦人者，雖嫁猶處女也。然而夫死後，如嫁不得復稱處女，故曰後難復處也。

〔一六〕【高注】沮舍，壞也。

【箋釋】劉台拱云：廣韻引淮南「⿸广虘屋之下不可坐也」，「⿸广虘，鉏加切，壞也」。與今本異。○吴承仕云：注「舍」字，涉本文而衍，廣韻引淮南，注作「⿸广虘，壞也」，文異而音義同。

〔一七〕【高注】爲踣斃也。

〔一八〕【高注】執，主也。厲鬼畏之，故不病。

【箋釋】楊樹達云：「執」當讀爲「縶」。成公九年左傳云：「南冠而縶者誰也？」杜注：「縶，拘執。」「執獄牢」，謂拘執於獄牢也。下文「心無累也」，統此三句言之，高注似失其義。

〔一九〕【高注】計決，心之無外思。一説：治當死者，罪已定，無憂，故肥澤也。

【版本】莊本注「心之」作「之心」，景宋本、王溥本、朱本、茅本、葉本、汪本、集解本同藏本。

【箋釋】梁玉繩云：「罪當死者肥澤」，今俗所謂生囚肉也。

〔二〇〕【高注】刑者，宫人也。心無情欲之累，精神不耗，故多壽也。

〔二一〕【高注】治正性，神内守，故無病也。

〔二二〕【版本】藏本此有注「治也」二字，除景宋本同藏本外，各本均無此二字，今據删。

〔二三〕【高注】巧在心手，故不用劍。

【箋釋】王引之云：「至巧不用劍」，本作「至巧不用鉤繩」。（高注同。原道篇曰：「規矩不能方員，鉤繩不能曲直。」莊子駢拇篇曰：「待鉤繩規矩而正者，是削其性也。」又見下。）齊俗篇曰：「規矩鉤繩者，此巧之具也，非所以爲巧也。」即此所云「至巧不用鉤繩」也。太平御覽工藝部九引齊俗篇注云：「巧存於心也。」（今齊俗篇脱此注。）即此注所云「巧居心手，故不用鉤繩也」。然則今本正文及注内兩「劍」字，皆「鉤」字之誤，而「鉤」下又脱「繩」字明矣。又案：御覽引此，亦作「至巧不用劍」，而引高注則云：「巧在心手，故不用劍繩。」然則御覽所引，本作「鉤繩」，而今本作「劍」者，又後人據誤本淮南改之也。

〔二四〕【高注】善閉其心。閉其心，故不關楗也。

【版本】王溥本、茅本、汪本、張本、黄本、莊本、集解本注「閉其心」三字不重，餘本同藏本。

【箋釋】雙棣按：正文「不用關楗」，注文「故不關楗也」，「不」下亦當有「用」字。

【用韻】「劍、楗」談元合韻。

〔二五〕【高注】淳于髡，齊人也，告其鄰突將失火，使曲突徙薪。鄰人不從，後竟失火。言者不爲功，救火者焦頭爛額爲上客。刺不備豫。喻凡人不知豫閉其情欲，而思得人救其禍。

【箋釋】楊樹達云：此事見漢書霍光傳及桓譚新論。新論以爲淳于髡事，與此同。〇于大成云：注「突將失火」，疑「突」當爲「竈」。

【用韻】「火、類」微物通韻。

以清入濁必困辱〔一〕，以濁入清必覆傾〔二〕。君子之於善也，猶采薪者，見一介掇之，見青葱則拔之〔三〕。

天二氣則成虹，地二氣則泄藏〔四〕，人二氣則成病〔五〕。陰陽不能且冬且夏〔六〕，月不知晝，日不知夜〔七〕。

善射者發不失的，善於射矣，而不善所射〔八〕。善釣者無所失，善於釣矣，而不善所釣〔九〕。故有所善則不善矣〔一〇〕。鍾之與磬也，近之則鍾音充〔一一〕，遠之則磬音章〔一二〕。物固有近不若遠，遠不如近者〔一三〕。今曰稻生於水，而不能生於湍瀨之流〔一四〕；紫芝生於山，而不能生於盤石之上〔一五〕。慈石能引鐵，及其於銅，則不行也〔一六〕。

校釋

〔一〕【用韻】「濁、辱」屋部。

〔二〕【用韻】「清、傾」耕部。

〔三〕【高注】言無所舍也。君子行善亦如之。

【版本】王溥本、王鎣本、汪本、張本、黄本、莊本、集解本「介」作「芥」，餘本同藏本。

【箋釋】于大成云：「一介」下疑當有「則」字，集證本補「則」字，是也。

【用韻】「掇、拔」月部。

〔四〕【高注】陰陽相干，二氣也。

〔五〕【高注】邪氣干正氣，故成病。

【版本】藏本注「正氣」作「正義」，王溥本、朱本、茅本、汪本、莊本、集解本作「正氣」，今據改，景宋本、葉本同藏本。

【用韻】「藏、病」陽部。

〔六〕【高注】陰不能陽，陽不能陰，冬自爲冬，夏自爲夏也。

【箋釋】馬宗霍云：陰盛於冬，陽極於夏。管子形勢解篇曰：「夏者陽氣畢上，故萬物長。冬者陰氣畢下，故萬物藏。」董子曰：「陽常居大夏，以生育長養爲事。陰常居大冬，而積於空虚不用之地。」是陰主冬而陽主夏也。「且」者兼詞，兼有兩務之意，與又同義。然則「陰陽不能且冬且夏」者，蓋謂陰陽二氣各有專主，陽不能主冬又主夏，陰不能主夏又主冬也。春秋文公五年經「王使榮叔歸含且賵」，穀梁傳曰：「含一事也，賵一事也。其曰且，志兼也。」是「且」爲兼詞之證。高注陰陽冬夏分言之，似於正文未能串通。

〔七〕【高注】言不能相兼也。

〔八〕【用韻】「夏、晝、夜」魚侯鐸合韻。

【高注】所射者死，故曰不善。

〔九〕【高注】所釣者魚也，於魚不善也。

〔一〇〕【版本】景宋本「則」下有「有」字，餘本同藏本。

【箋釋】何寧云：「則不善矣」，疑「則」下脱「有所」二字。上文云：「善射者，發不失的，善於射矣，而不善所射；善釣者，無所失，善於釣矣，而不善所釣。」「有所善」，謂善於射，善於釣；「有所不善」，謂不善所射，不善所釣。此以兩「有所」相因爲義。奪「有所」二字，則義不通矣。鈔宋本作「故有善，則有不善矣」。有「有」字，無「所」字，足見脱誤之跡。

〔一一〕【高注】充，大。

【箋釋】莊逵吉云：太平御覽引，「充」作「亮」。○于鬯云：御覽「充」作「亮」，蓋取與下文「章」字叶韻耳。然「充」與「章」實亦轉韻相叶，即如上文云「天二氣則成虹，地二氣則泄藏，人二氣則成病」，「充」與「章」字叶，猶「虹」與「藏」字、「病」字叶，此其近例矣。高注云：「充，大也。」明「充」字不誤。○吴承仕云：吕氏春秋必己篇「禍充於地」，注云：「充，猶大。」與此訓同，則高本自作「充」也。御覽引作「亮」，與下句「磬音章」爲韻，於義亦通。唯與注義不相應，當是異本。○鄭良樹云：天中記四三引此「充」亦作「亮」。○于大成云：莊引御覽，見五百七十五，其引下注「磬，石也」云云，與今本全同。知所引即是高本。「充」之作「亮」乃形近而誤。御覽所引，並非異本。天中記誤與御覽同，書鈔一百八亦與御覽同誤。○雙棣按：吴説是。蓋高本作「充」。作「亮」者，蓋爲許本。「充」與「章」東陽合韻，乃戰國後期以至秦漢時期所常用。

〔一二〕【高注】磬，石也，音清明，遠聞而章著。

【用韻】「充、章」東陽合韻。

〔一三〕【版本】吴本、莊本、集解本「如」作「若」，餘本同藏本。○于大成云：御覽、天中記、喻林百十八引「不如」亦作「不若」。

〔一四〕【高注】湍，急水也。

【用韻】「遠、近」元文合韻。

〔一五〕【高注】根無所植。

【箋釋】劉文典云：御覽九百九十六「紫草」條下引此文，「芝」作「草」。○吕傳元云：「紫」字當衍。此與上文「稻生於水而不能生於湍瀨之流」相對爲文，多一「紫」字，便不一例。御覽藥部二引此無「紫」字。

【用韻】「山、上」元陽合韻。

〔一六〕【高注】行，猶使也。不能使隨也。

【版本】王溥本、王鎣本、吴本「慈」作「磁」，餘本同藏本。

【用韻】「銅、行」東陽合韻。

水廣者魚大，山高者木脩〔一〕，廣其地而薄其德，譬猶陶人爲器也，揲挻其土而不益厚，破乃愈疾〔二〕。聖人不先風吹，不先雷毀，不得已而動，故無累〔三〕。

月盛衰於上，則蠃蛖應於下，同氣相動〔四〕，不可以爲遠〔五〕。執彈而招鳥，揮棁而呼狗，欲致之，顧反走〔六〕。故魚不可以無餌釣也，獸不可以虚器召也〔七〕。

剥牛皮鞹以爲鼓，正三軍之衆，然爲牛計者，不若服於軛也。狐白之裘，天子被之而坐廟堂，然爲狐計者，不若走於澤〔八〕。亡羊而得牛，則莫不利失也〔九〕；斷指而免頭，則莫不利爲也。故人之情於利之中，則争取大焉；於害之中，則争取小焉。

將軍不敢騎白馬〔一〇〕，亡者不敢夜揭炬〔一一〕，保者不敢畜噬狗〔一二〕。雞知將旦〔一三〕，鶴知夜半，而不免於鼎俎〔一四〕。山有猛獸，林木爲之不斬；園有螫蟲，藜藿爲之不采〔一五〕。

爲儒而踞里閭〔一六〕，爲墨而朝吹竽〔一七〕，欲滅迹而走雪中，拯溺者而欲無濡〔一八〕，是非所行而行所非。

今夫闇飲者，非嘗不遺飲也，使之自以平，則雖愚無失矣〔一九〕。是故不同于和而可以成事者，天下無之矣〔二〇〕。

校釋

〔一〕【箋釋】于鬯云：文子上德篇此下有「地廣者德厚」一句，此似亦當有。故下文反承其義云「廣其義而薄其德」，於文爲足。

〔二〕【高注】愈，益也。疾，速也。揲，讀揲脉之揲。

【版本】莊本、集解本注「脉」作「脈」，景宋本、王溥本、朱本同藏本。

【箋釋】吴承仕云：史記扁鵲列傳「揲荒爪幕」，徐廣曰：「揲音舌。」揲脈與揲荒同意，蓋醫術也。○黄侃云：揲脈猶言𧥝摘，釋名釋姿容「𧥝摘言𧥝摘，如醫别人𧥝知疾之意，見事者之稱也」。扁鵲倉公傳有「訣脈」、「診脈」、「切脈」之文，「揲荒」，索隱作「膏荒」解，似不得牽合兩文以爲同意。

【用韻】「器、疾」質部。

〔三〕【用韻】「毁、累」微部。

〔四〕【高注】動，感。

【版本】藏本「蜼」作「蠬」，景宋本、葉本、莊本、集解本作「蜼」，今據改，餘本同藏本。

【箋釋】劉績云：「蠬」當作「蜼」，讀蚌。○雙棣按：劉説是，景宋本等正作「蜼」。天文篇「月死而蠃蜼膲」，藏本亦作「蜼」，不誤。

〔五〕【高注】月盛則蠃蠬内減，故曰蠃蠬應於下。月，陰精也。蠃蠬，亦陰也。故曰同氣也。精能相感，故曰不可爲遠。

【版本】藏本注「蠬」皆作「蠪」，景宋本、葉本、莊本、集解本作「蠬」，今據改，餘本同藏本。藏本注下「精」字作「雖」，莊本、集解本作「精」，今據改，茅本、汪本、張本、黄本作「類」，餘本同藏本。

【箋釋】吴承仕云：天文篇「月虚而魚腦減，月死而蠃蠬膲」，此注正用彼文。當云：月衰則蠃蠬内減。今本「衰」誤爲「盛」，蓋傳寫失之。○向承周云：注當作「月盛則蠃蠬内盈，月衰則蠃蠬内減」。寫者誤合爲一句，則不可通。○雙棣按：吕氏春秋精通篇云：「月也者，羣陰之本也。月望則蚌蛤實，羣陰盈；月晦則蚌蛤虚，羣陰虧。」當爲此文及注之所本。吕覽此事在精通篇，自當是「精能相感」，藏本等「雖」字當是傳寫之誤。

〔六〕【用韻】「狗、走」侯部。

〔七〕【高注】召，猶致也。

【版本】莊本、集解本「器」作「氣」，餘本同藏本。

【箋釋】俞樾云：「氣」當作「器」。莊子人間世篇「氣息茀然」，釋文曰：「向本作『謥器』」，云：『器，氣也。』」是「器、氣」聲近義通。大戴記文王官人篇「其氣寬以柔」，逸周書官人篇「氣」作「器」，此古書以「器」爲「氣」之證。「獸不可以虚器召」，猶上句云「魚不可以無餌釣」也。文子上德篇正作「獸不可以空器召」。○劉文典云：俞説是也。傳寫宋本，字正作「器」。○雙棣按：俞謂「氣」與「器」通是，然道藏本等各本均作「器」，惟莊本擅改爲「氣」，集解本因之。

〔八〕【用韻】「鈞、召」宵部。

【高注】言物貴於生也。

【版本】王溥本、莊本、集解本注「於」作「于」。

〔九〕【用韻】「軛、澤」錫鐸合韻。

【版本】藏本無「失」字，除景宋本同藏本外，各本均有「失」字，今據補。

〔一〇〕【高注】爲見識者。一說：白，凶服，故不敢騎也。傳曰：「晉襄公與姜戎，子墨衰，敗秦師於郩。」言其變凶服也，故不敢騎白馬也。

【版本】王溥本、汪本、莊本、集解本注「郩」作「殽」，景宋本、朱本、茅本、葉本同藏本。

【箋釋】雙棣按：注引傳曰見左傳僖公三十三年，今本左傳作「遽興姜戎，子墨衰絰，……四月辛巳，敗秦師于殽」，春秋經作「晉人及姜戎敗秦師于殽」，公羊、穀梁作「晉人與姜戎要而擊之殽」。「與」字左氏作「興」，公、穀作「與」。又按，「郩」或作「崤」，今通用「殽」字。

〔一一〕【高注】爲人見之。

〔一二〕【高注】保，城郭居也。保饒人也，不敢畜噬人狗也。

【箋釋】洪頤煊云：保，酒家傭也。鶡冠子世兵篇：「伊尹酒保。」韓非子外儲説右上篇：「宋人有酤酒者，升槩甚平，遇客甚謹，爲酒甚美，著然不售，酒酸。問其所知長者楊倩，倩曰：『汝狗猛邪？』曰：『狗猛，則酒何故而不售？』曰：『人畏焉。或令孺子懷錢挈壺甕而往酤，而狗迓而齕之，此酒所以酸而不售也。』」是説其事，高注非。○俞樾云：高注曰「保，城郭居也」，然以居城郭者謂之保者，義殊未安。此保字乃阿保之保。禮記内則篇「其次爲保母」是也。保者不敢畜噬狗，恐其驚孺子也。上句云「亡者不敢夜揭炬」，亡者，保者，皆以事名，非以地名。○何寧云：洪説近之。説文：「噬，啗也。」玉篇：「噬，齧噬也。」此謂狗之齧人者。若謂驚孺子，則謂狗吠，與噬義不合。

〔一三〕【版本】藏本「知」作「之」，各本均作「知」，今據改。

〔一四〕【高注】鶴夜半而鳴也。以無知謀，不能免於鼎俎。以諭將軍當兼五材，不可以無權譎。

【版本】莊本、集解本注「知」作「智」，餘本同藏本（張本、黄本無注）。

【用韻】「旦、半」元部，「馬、炬、狗、俎」魚侯合韻。

〔一五〕【高注】言人畏也。

【箋釋】莊逵吉云：太平御覽一引作「螫毒」，一引作「螫蟲」，兩異。○于大成云：此「螫蟲」與上句「猛獸」，下句「賢臣」爲對文，作「螫毒」者當誤。又御覽百九十七引「藜藿」作「葵藿」，鹽鐵論崇禮篇同；藝文類聚、御覽八二四、九四四、萬卷精華引仍作「藜藿」，漢書蓋寬傳、後漢書鄭太孔融傳論，晉書劉琨傳同。疑高本作「藜藿」，而許本作「葵藿」。文子用許本。

〔一六〕【高注】儒尚禮義，踞里閭非也。

〔一七〕【高注】墨道尚儉，不好樂，縣名朝歌，墨子不入，吹竽非也。

【版本】藏本注「儉」誤作「險」，景宋本、朱本、張本、黄本、莊本、集解本作「儉」，今據改，餘本同藏本。

〔一八〕【用韻】「闇、竽、濡」魚侯合韻。

〔一九〕【箋釋】馬宗霍云：本文無注，義亦不甚可憭。以意推之，説文「闇，閉門也」，引申之義爲幽暗。非猶未也，遺猶散溢也。使者，大戴禮記衛將軍文子篇「有衆使也」，盧辯注云：「使，舉也。」此蓋謂飲酒於暗室者，酒未嘗不散溢也。若舉酒者能自持其平，即在暗室中亦可無失。此人人能爲之事，不待於智者，故曰雖愚無失矣。文意重在「平」字。

〔二〇〕【高注】和，猶適也。

求美則不得美，不求美則美矣〔一〕。求醜則不得醜，求不醜則有醜矣〔二〕。不求美又不求醜，則無美無醜矣。是謂玄同〔三〕。

申徒狄負石自沉於淵，而溺者不可以爲抗〔四〕；弦高誕而存鄭，誕者不可以爲常。事有一應，而不可循行〔五〕。人有多言者，猶百舌之聲〔六〕；人有少言者，猶不脂之户也〔七〕。六畜生多耳目者不詳，讖書著之〔八〕。百人抗浮，不若一人挈而趨〔九〕，物固有衆而不若少者。引車者二六而後之〔一〇〕，事固有相待而成者。兩人俱溺，不能相拯，一人處陸，則可矣，故同不可相治，必待異而後成〔一一〕。千年之松，下有茯苓，上有兔絲〔一二〕；上有叢蓍，下有伏龜〔一三〕。聖人從外知内，以見知隱也。喜武非俠也〔一四〕，喜文非儒也，好方非醫也，好馬非騶也，知音非瞽也，知味非庖也〔一五〕，此有一槩而未得主名也〔一六〕。

校　釋

〔一〕【高注】己自求美名，則不得美名也。而自損，則有美名矣。故老子曰「致數輿無輿」也。

【版本】藏本「不得」下缺「美」字，王溥本、王鎣本、茅本、汪本、張本、吴本、黄本、莊本、集解本有「美」字，今據補，餘本同藏本。藏本注「己」作「心」，景宋本作「己」，今據改，餘本同藏本。

〔二〕【箋釋】雙棣按：「求不醜」，疑當作「不求醜」，上文「求美」、「不求美」正反相對，此亦當「求醜」、「不求醜」正反相對，且與上文一例。下文云不求美又不求醜，乃承上文總而言之，足證此當爲「不求醜」而非「求不醜」也。

〔三〕【高注】玄，天也。天無所求也。人能無所求，故以之同也。

【箋釋】吴承仕云：「故以之同也」，「之」當作「天」，「以」讀爲「與」。注言人能無所求，則與天同，故謂之玄同。○于省吾云：吴讀「以」爲「與」是也。謂「之」當作「天」，非也。「之」字即指「天」

言，無由誤作「天」也。○馬宗霍與于説同，又云：老子「同謂之玄」，王弼注云：「玄者冥也。」余謂此文「玄同」，即本之老子。無美無醜，則美醜皆不可見，冥然無迹，故謂之「玄同」耳。太玄玄告云：「天以不見爲玄，地以不形爲玄。」亦取玄冥之義也。高注必以「天」擬之，似失之泥。

〔四〕【高注】申徒狄，殷末人也。不忍見紂亂，故自沉於淵。抗，高也。

〔五〕【高注】弦高矯鄭伯之命，以十二牛犒秦師而却之，故曰誕而存鄭。誕，非正也。故曰不可以爲常也。

【版本】莊本、集解本此注在上文「不可以爲常」下，景宋本、王溥本、朱本、葉本同藏本。

【箋釋】王念孫云：「誕」下不當有「者」字，此涉上文「溺者」而誤，高注曰「誕，非正也，故曰不可以爲常」，則無「者」字明矣。泰族篇「弦高誕而存鄭，誕不可以爲常」，亦無「者」字。○陶方琦云：唐本玉篇言部引許注：「誕，謾也。」○鄭良樹云：「弦高誕而存鄭，誕者不可以爲常」，與上文「申徒狄負石自沉於淵，而溺者不可以爲抗」相對爲文，若誕下無「者」字，則句法參差矣。高注「誕非正也，故曰不可以爲常」，不足據以知正文本無「者」字。泰族篇「子囊北而全楚，北不可以爲庸；弦高誕而存鄭，誕不可以爲常」，彼誕下無「者」字，亦上下文相對耳。王氏據彼以正此，失之於泥矣。○于大成云：此文之義，謂弦高以誕謾而存鄭，然誕謾之事不可以爲常，非謂誕謾之人也。與上句溺者不可以爲高行，文義相對。古人行文，不必字字相對，一如後之四六文，正足以見其錯落參差之妙。如荀子勸學篇之「玉在山而木潤，淵生珠而崖不枯」，亦但取文義相對耳。後人依淮南於「木」上增「草」字，取其字數相對，翻不能相對矣。泰族篇「子囊北而全楚」云云，亦謂敗北之事不可以爲常，非謂敗北之人爾也。高注「誕，非正也」，正見所據本無「者」字。王説是也。鄭説泥矣。○雙棣按：「誕」下「者」字非衍，「溺者不可以爲抗」，「誕者不可以爲常」，溺者、誕者，非謂溺水之人、誕謾之人，而「者」字乃語氣詞，表句中之小停頓，如左傳「午也可」、論語「丘也聞有國有家者」中之「也」字，無實義，「溺者不可以爲抗」，義爲「不可以溺事爲高行」；「誕者不可以爲常」，義爲「不可以誕事爲正理」。

【用韻】「抗、常、行」陽部。

〔六〕【高注】百舌，鳥名也。能易其舌，效百鳥之聲，故曰百舌也。以喻人雖事多言，無益於事。

【箋釋】陶方琦云：玉燭寶典五引許注：「百舌，鳥名，能變易其舌，效百鳥之聲，故曰百舌。」按：今許注羼入高注中，故同。○吴承仕云：注「以喻人雖事多言」，「事」字誤衍。○王叔岷云：玉燭寶典五引「聲」下有「也」字，與下文句法一律。○于大成云：御覽三百九十引「聲」下亦有「也」字。

〔七〕【高注】言其不鳴，故不脂之喻無聲也。一説：不脂之户難開閉，亦喻人少言語也。

〔八〕【高注】詳，善也。多耳目，人以爲妖災也。喻人有多言而少誠實，比之於不詳也。

【版本】朱本、吴本（無注）、黄本正文及注「詳」作「祥」，景宋本正文作「詳」，注文作「祥」，餘本同藏本。

【箋釋】馬宗霍云：「詳」蓋通作「祥」。左傳成公十六年「德刑詳義禮信」，孔穎達疏云：「詳者祥也，古字同耳。」釋詁云：「祥，善也。」易履卦上九爻辭「視履考祥」，陸德明釋文云：「祥，本亦作詳。」又大壯卦上六象辭「不詳也」，釋文云：「詳，鄭玄、王肅作祥，善也。」孟子公孫丑篇下「申詳」，禮記檀弓作「申祥」，荀子成相篇「慎墨季惠百家之説誠不詳」，楊倞注云：「詳或爲祥。」皆詳、祥相通之證，校淮南者或改「詳」爲「祥」，非也。

【用韻】「户、著」魚部。

〔九〕【高注】抗，舉也。浮，瓠也。百人共舉不如一人持之走便也。

【版本】藏本注「瓠」作「郛」，景宋本、茅本、汪本、張本、黄本、莊本、集解本作「瓠」，今據改，王溥本、朱本作「匏」，葉本同藏本。

【箋釋】金其源云：語與國策秦策「百人輿瓢而趨，不如一人持之而走」相似。廣雅釋器：「瓠，瓢也。」注故以「瓠」釋「浮」，然非直引策文，則浮者，國語楚語「教之樂，以疏其穢而鎮其浮」注：「浮，輕也。」策文以輿瓢爲喻，欲以器易分裂喻權之不專，此則意在衆不若少，但言多之無益於事，不必泥於策文，以瓢釋浮。

【用韻】「浮、趨」幽侯合韻。

〔一〇〕【高注】轅三人，兩轅六人，故謂二六。一説十二人。

【箋釋】楊樹達云：引車者在車前，不得云「後之」，文不可通，蓋有誤。愚疑當作「引車者二而六後之」，「六而」二字誤倒耳。○雙棣按：楊説似是。此言相待而成，「引車者二而六後之」，蓋謂引車者二人，後有六人扶轅而行，正是「相待而成」之意。

〔一一〕【高注】同，謂君所謂可，臣亦曰可，君所謂否，臣亦曰否，猶以水濟水，誰能食之，是謂同，故不可以相治。異，謂濟君之可，替君之否，引之當道，是謂異也，故可以成事也。

【版本】藏本注「不可以相治」無「可」字，茅本、汪本、莊本、集解本有，今據補，景宋本、王溥本、朱本、葉本同藏本。

〔一二〕【高注】茯苓，千歲松脂也。兔絲生其上，而無根，一名女蘿也。

【箋釋】王念孫云：「千年之松」四字，後人所加也。此言聖人從外知内，以見知隱，故上有兔絲，則知下有伏苓，（以下二句例之，則此當云「上有兔絲，下有伏苓」，今云「下有伏苓，上有兔絲」者，變文協韻耳。）上有叢蓍，則知下有伏龜。兔絲在伏苓之上，故曰上有兔絲，非謂在松之上也。伏苓在兔絲之下，故曰下有伏苓，亦非謂在松之下也。若云千年之松，下有伏苓，上有兔絲，則是以上下爲松之上下矣。然則上有叢蓍，下有伏龜，又作何解乎？高注云：「伏苓，千歲松脂也，兔絲生其上而無根。」此謂松脂入地，千年爲伏苓，（博物志引神仙傳曰「松脂入地，千年化爲伏苓」。）非謂千年之松，下有伏苓也。且注云「兔絲生其上」，其字指伏苓而言，不指松言，則正文内本無「千年之松」四字明矣。吕氏春秋精通篇注、太平御覽藥部六、嘉祐本草補注、埤雅，引此皆無「千年之松」四字，史記續龜策傳引傳曰：「下有伏靈，上有兔絲。」亦無千年松之語。又：今本「伏」作「茯」，乃後人所改，呂氏春秋精通篇注引此，正作「伏」。説林篇：「伏苓抇，兔絲死。」字亦作「伏」。〇于大成云：王校是也。政和本草十二、離騷草木疏二、杜甫嚴氏溪放歌黄鶴注、萬卷菁華十二引此文，亦皆無「千年之松」四字，政和本草六引陶隱居注：「舊言，下有茯苓，上有兔絲。」又掌禹錫引抱朴子：「菟絲之草，下有伏苓之根。」並可證也。〇何寧云：酉陽襍俎廣知篇引淮南子云：「兔絲，琥珀苗也。」疑是此處許注。

〔一三〕【用韻】「絲、龜」之部。

〔一四〕【高注】俠，輕。

【箋釋】金其源云：史記遊俠列傳云：「儒以文亂法，而俠以武犯禁。」又云：「功見言信，俠客之義。」是俠謂俠客，每與「儒」以文武相對並稱，故下句云「喜文非儒也」。

〔一五〕【用韻】「儒、騶、庖」侯幽合韻。

〔一六〕【高注】此六術者，皆善之而未純，無所適名。故曰一槩而未得主名。

【箋釋】馬宗霍云：一槩猶一端也，蓋謂通其大槩。故高注以「皆善之而未純」釋之。大槩即大略之意。史記伯夷列傳司馬貞索隱曰：「概是梗概，謂略也。」概與槩同。

被甲者，非爲十步之内也，百步之外則争深淺，深則達五藏〔一〕，淺則至膚而止矣。死生相去，不可爲道里〔二〕。楚王亡其猨，而林木爲之殘〔三〕；宋君亡其珠，池中魚爲之殫〔四〕。

故澤失火而林憂〔五〕。上求材，臣殘木；上求魚，臣乾谷〔六〕。上求楫，而下致船；上言若絲，下言若綸〔七〕。上有一善，下有二譽；上有三衰，下有九殺〔八〕。

大夫種知所以强越，而不知所以存身〔九〕。萇弘知周之所存，而不知身所以亡〔一〇〕。知遠而不知近〔一一〕。畏馬之辟也不敢騎〔一二〕，懼車之覆也不敢乘，是以虛禍距公利也〔一三〕。不孝弟者，或詈父母，生子者所不能任其必孝也，然猶養而長之〔一四〕。范氏之敗，有竊其鍾負而走者〔一五〕，鎗然有聲〔一六〕，懼人聞之，遽掩其耳。憎人聞之可也，自揜其耳悖矣〔一七〕。

校釋

〔一〕【箋釋】何寧云：大藏音義八十四引淮南子云：「深則汏五藏。」又九十三引許注云：「汏，達也。」〇雙棣按：唐本玉篇水部「汏」字引淮南云：「深則汏五藏。」引許注云：「汏，達也。」許、高本不同。

〔二〕【高注】言相遠也。

【用韻】「止、里」之部。

〔三〕【高注】楚王，莊王旅也。猿捷躁，依木而處，故殘林以求之。

〔四〕【高注】殫，盡。

【箋釋】劉文典云：「楚王亡其猨，而林木爲之殘；宋君亡其珠，池中魚爲之殫」，句法不一律。

御覽九百十引，作「楚王亡其猨於林，木爲之殘；宋王亡其珠於池，魚爲之殫」，當從之。○鄭良樹云：記纂淵海九九引作「宋君亡其珠，池魚爲之殫」。疑此當作「宋君亡其珠，而池魚爲之殫」，與上文一律。○于大成云：此文疑許、高二家有别。許本當作「楚王亡其猨於林木爲之殘；宋王亡其珠於池中魚爲之殫」，御覽九百十引如此。「於」猶「而」也，見古書虚字集釋。高本當作「楚王亡其猨，而林木爲之殘；宋君亡其珠，而池魚爲之殫」，御覽九百三十五引如此，又四百六十九引「池」下亦無「中」字，八百三引「宋」上亦有「而」字。九三五、四六九、八百三並引高注與今本同，是知所引爲高本也。

【用韻】「猨、殘、殫」元部。

〔五〕【高注】憂見及也。

【版本】茅本、汪本、張本、黄本、莊本無此注，餘本同藏本。

【箋釋】莊逵吉云：御覽引，作「林木憂」。○于大成云：莊引見御覽四百六十九，「火」上無「失」字。「失」字不必有，後人妄增，不知「火」字可作動詞用也。

〔六〕【用韻】「木、谷」屋部。

〔七〕【高注】綸，大繳也。

【用韻】「船、綸」元文合韻。

〔八〕【高注】衰、殺皆喻踰也。傳曰：「上之所好，下尤甚焉。」故有九殺也。

【箋釋】陶方琦云：羣書治要四十一引許注：「衰、殺皆喻儉也。傳曰：『上之所好，下尤甚焉。』故有九殺也。」按：今注乃許注羼入高注者，治要所引皆許注本，故可憑也。○吴承仕云：等衰隆殺，禮家之常言，過制爲奢，降省爲儉。故注以衰殺喻儉也。治要引近之，誤「儉」爲「踰」，翩其反矣。

〔九〕【高注】自爲越所殺也。

【箋釋】何寧云：自乃身字殘形。

〔一〇〕【高注】亡，爲周所殺也。

【版本】藏本注「亡」作「士」，景宋本、王溥本、朱本、莊本、集解本作「亡」，今據改。

【箋釋】王念孫云：「存」上脱「以」字，「身」下脱「之」字。○王叔岷云：王校是也。莊子徐无鬼篇：「唯種也能知亡之所以存，唯種也不知其身之所以愁。」可爲旁證。

〔一一〕【高注】遠，謂强越、存周也。近，謂其身也。

〔一二〕【高注】辟，旁。

【箋釋】梁玉繩云：辟，音義如偏僻之僻，言馬行不正，易臨危險，故訓爲旁。○吴承仕云：馬之辟，疑當讀如禮「主人辟賓辟」之辟，鄭彼注云：「辟，逡遁。」此言馬辟，謂馬逡遁不中道行也。以義審之，則注當云：「辟，旁出也。」今本奪「出」字，文義難憭。○馬宗霍云：高氏以「旁」訓「辟」，蓋讀「辟」爲「僻」。荀子議兵篇「旁辟曲私之屬」，楊倞注云：「旁，偏頗也。辟讀爲僻。」

此旁辟連文而讀爲僻之證也。又成相篇「邪枉辟回失道途」，楊注亦同。旁辟即偏邪枉回之意。言畏馬之行不由正，恐失道途，故不敢騎也。推高意或當如此。其説亦通。然余謂本文「辟」字似當讀如「辟易」之「辟」。國語吴語「員不忍稱疾辟易」，韋昭注曰：「辟易，狂疾。」漢書項籍傳「喜人馬俱驚，辟易數里」，顔師古注曰：「辟易謂開張而易其本處，辟音頻亦反。」然則「畏馬之辟」者，蓋言畏馬之馳驟狂奔，不受控勒耳。○于大成云：此「辟」字當讀如「躄」，吕氏春秋盡數篇「重水所多尰與躄人」，高彼注云「躄，不能行也」。史記平原君虞卿列傳「民家有躄者」，正義云「跛也」。高此注「旁」字疑亦當爲「跛」。

〔一三〕【高注】虚，空。

〔一四〕【高注】任，保。

〔一五〕【高注】范氏，范吉射，范會之玄孫，范鞅獻子之子昭子也。敗者，趙簡子伐之，故人竊其鍾也。一曰知伯滅范氏也。

〔一六〕【箋釋】雙棣按：此事本吕氏春秋自知篇。吕氏春秋「敗」作「亡」。

【箋釋】楊樹達云：説文金部云：「鎗，鐘聲也。」許立訓蓋本自淮南也。○雙棣按：吕氏春秋「鎗然」作「況然」。況、鎗字通。

〔一七〕【高注】悖，惑。

升之不能大於石也，升在石之中；夜之不能脩於歲也，夜在歲之中〔一〕；仁義之不能大於道德也，仁義在道德之包〔二〕。先針而後縷，可以成帷；先縷而後針，不可以成衣〔三〕。針成幕，虆成城，事之成敗，必由小生，言有漸也〔四〕。染者先青而後黑則可，先黑而後青則不可。工人下漆而上丹則可，下丹而上漆則不可。萬事猶此〔五〕，所先後上下不可不審〔六〕。水濁而魚噞〔七〕，形勞則神亂〔八〕。故國有賢君，折衝萬里〔九〕。因媒而嫁，而不因媒而成〔一〇〕；因人而交，不因人而親〔一一〕。行合趨同，千里相從〔一二〕；行不合趨不同〔一三〕，對門不通〔一四〕。海水雖大，不受胔芥〔一五〕。日月不應非其氣〔一六〕，君子不容非其類也〔一七〕。

人不愛倕之手而愛己之指〔一八〕，不愛江漢之珠而愛己之鉤〔一九〕。

校釋

〔一〕【版本】藏本「脩」下「於」字作「其」，景宋本作「於」，今據改，餘本同藏本。

【箋釋】王念孫云：「『脩其歲』亦當作『脩於歲』。」○王紹蘭云：其，猶於也。管子大匡篇：「君子聞之，曰：『召忽之死也，賢其生也；管仲之生也，賢其死也。』」謂召忽死賢於生，管仲生賢於死。是其例矣。此文前後自作「於」，中句自作「其」，正見古人行文之法，不拘一律也。○劉文典云：王念孫説是也。宋本「其」正作「於」。○雙棣按：王紹蘭説非是。管子「賢其生」、「賢其死」，謂賢於其生，賢於其死也，補語前可用「於」字爲介，亦可不用「於」字爲介，此不用「於」字者，「其」仍爲代詞，代召忽、管仲，非「其」即「於」也。此文與管子不同，「脩其歲」非謂「脩於其歲」，「其」無所代，以文義及上下文例之，「其」不當有，而當作「於」，無疑矣，今據景宋本改正。

〔二〕【高注】仁義小，道德大也。在道德包裹，猶升在斛之中，夜在歲之内也。

〔三〕【用韻】「帷、衣」微部。

〔四〕【高注】幕，帷也。上曰幕，旁曰帷。縷非針，無以通，故宜先也。蔂，土籠也，始一蕢，以上於城，故曰事之成敗，必由小生。

【版本】藏本注上「帷」字作「有」，景宋本、朱本、茅本、葉本、汪本、張本、黄本、莊本、集解本作「帷」，今據改，王溥本作「布」。王溥本、茅本、汪本、張本、黄本、莊本、集解本注「蕢」作「匱」，朱本、葉本作「籄」，景宋本同藏本。

【箋釋】于大成云：御覽八百三十引此文及注，「蔂」作「蕢」。「蕢」字亦作「簣」，論語子罕「譬如爲山，未成一簣」，鄭玄注：「盛土籠也。」蔂字亦作「虆」，孟子滕文公上：「蓋歸反虆梩而掩之」，劉熙注：「盛土籠也。」音義云：「虆，或作蔂。」則此文作「蔂」、作「蕢」皆是。○雙棣按：説文：「蕢，艸器也。」顔師古漢書注云：「蕢，編草爲器，所以盛土也。」籄乃蕢之後起異體字，集韻云：「蕢，説文：『艸器也。』或作籄。」籄則爲竹器，玉篇云：「簣，土籠也。」論語子罕篇云：「譬如爲山，未成一簣。」「匱」爲借字，漢書禮樂志引孔子曰「未成一簣」作「未成一匱」。

【用韻】「城、生」耕部。

〔五〕【版本】汪本、張本、黄本、莊本、集解本「猶」作「由」，餘本同藏本。

〔六〕【高注】審，知。

〔七〕【高注】魚短氣喁噞，出口於水上。

【版本】藏本注「喁」作「黄」，王溥本作「喁」，今據改，餘本同藏本。

【箋釋】雙棣按：說文：「喁，魚口上見也。」噞與喁同義，故高注以喁噞注之，文選吴都賦「噞喁沈浮」，劉逵注：「噞喁，魚在水中羣出動口貌。」「黄」字顯爲誤文，今據劉績校改。

〔八〕【高注】形亂，神不治也。

【用韻】「噞、亂」談元合韻。

〔九〕【高注】衝，兵車，所以衝突敵城也。言賢君德不可伐，故能折遠敵之衝車於千里之外，使敵不敢至也。魏文侯禮下段干木，而秦兵不敢至，此之謂也。

【版本】藏本注「折」下衍「於」字，莊本、集解本無「於」字，今據删，景宋本、王溥本、朱本、茅本、葉本、汪本同藏本。

【箋釋】王念孫云：「故國有賢君」二句，與上意絶不相屬，蓋錯簡也。案：上文云「山有猛獸，林木爲之不斬；園有螫蟲，藜藿爲之不采」，此云「故國有賢君，折衝萬里」，故字正承彼文而言。

「賢君」當作「賢臣」，謂國有賢臣，則敵國不敢加兵，亦猶山之有猛獸，園之有螫蟲也。鹽鐵論崇禮篇：「故春秋傳曰：『山有虎豹，葵藿爲之不採；國有賢士，邊境爲之不割。』」漢書蓋寬饒傳：「臣聞山有猛獸，藜藿爲之不採，國有忠臣，姦邪爲之不起。」義並與此同。且「采」與「里」爲韻。今本下二句誤在此處，則既失其義，又失其韻矣。且「賢臣」作「賢君」，亦與上文取譬之義不合。高注有「賢君德不可伐」之語，恐是後人依已誤之正文改之也。觀注内引魏文侯禮下段干木而秦不敢伐之事，則本作賢臣明矣。晏子春秋雜篇曰：「夫不出於尊俎之間，而知衝千里之外，其晏子之謂也。」（知與折同，後人不曉「知」字之義，而删去「衝」字，又於「晏子之謂也」下增「可謂折衝矣」五字，大謬。辯見晏子。）吕氏春秋召類篇「夫修之於廟堂之上，而折衝乎千里之外者，其司城子罕之謂乎！」是凡曰折衝千里者，多指賢臣言之。且「國有賢臣」，與「山有猛獸」云云同意，故鹽鐵論以虎豹喻賢士，而漢書亦以猛獸喻忠臣也。文子上德篇「山有猛獸，林木爲之不斬；園有螫蟲，葵藿爲之不采；國有賢臣，折衝千里」，皆用淮南之文，則此二句本在上文「山有猛獸」云云之下而「賢君」本作「賢臣」明矣。又案「萬里」亦當依文子作「千里」，敵國之遠，可言千里，不可言萬里也。據高注云「折衝車於千里之外」，則正文作「千里」明矣。

〔一〇〕【高注】媒人以禮成爲室家矣。

【箋釋】王叔岷云：「不」上不當有「而」字，此涉上下文「而」字而衍也。「因媒而嫁，不因媒而成」，與下「因人而交，不因人而親」，相對爲文。意林、御覽五四一引此並無「而」字。○鄭良樹云：記纂淵海六一、類説引此，「不」上並無「而」字。○于大成云：讀子隨識、喻林四引「不」上亦無「而」字。

〔一一〕【高注】以德親也。

【版本】藏本「不因」下脱「人」字，各本均有「人」字，今據補。

【用韻】「成、親」耕真合韻。

〔一二〕【高注】雖遠必至。

〔一三〕【版本】藏本「行」作「趣」，「趨」作「行」，汪本、張本、黄本、莊本、集解本上作「行」，下作「趨」，今據改，餘本同藏本。

〔一四〕【高注】詩所謂「室邇人遠」，故曰對門不通也。

【箋釋】雙棣按：詩鄭風東門之墠云：「其室則邇，其人則遠。」注引詩合此二句而成。

【用韻】「同、從、同、通」東部。

〔一五〕【用韻】「大、芥」月部。

〔一六〕【高注】陽燧取火，方諸取水，氣相應也。非此不得，故曰不應非其氣也。

〔一七〕【用韻】「氣、類」物部。

〔一八〕【高注】倕，讀詩「惴惴其栗」之惴也。倕，堯之巧工也，雖倕巧人，不能以倕巧故愛其手也。謂倕手無益於己，故自愛其指也。

【箋釋】雙棣按：注引詩見秦風黄鳥。

【用韻】「手、指」幽脂合韻。

【高注】江漢雖有美珠，不爲己用，故不愛也。鉤，鈎也。可以得魚，故愛之也。

〔一九〕【版本】王溥本、莊本、集解本注「鈎」上有「釣」字，景宋本「鈎」作「釣」，朱本、茅本、葉本、汪本同藏本。

【箋釋】王念孫云：正文「鉤」字本作「釣」，注本作「釣，鉤也」，釣爲釣魚之釣，又爲鉤之别名，故必須訓釋，若「鉤」字則不須訓釋矣。古多謂鉤爲釣，故廣雅亦云：「釣，鉤也。」下文云「操釣上山，揭斧入淵」，説林篇云「一目之羅，不可以得鳥；無餌之釣，不可以得魚」。（以上兩釣字，高氏皆無注者，注已見於此也。然則此注本作「釣，鉤也」，明矣。）鬼谷子摩篇云「如操釣而臨深淵」，東方朔七諫云「以直鍼而爲釣兮，又何魚之能得」，皆其明證矣。道藏本作「愛己之鉤」，注作「鉤，釣也」，此因正文釣誤爲鉤，後人遂顛倒注文以就之耳。劉績不得其解，又改高注爲「鉤，釣鉤也」，以曲爲附會，而舊本之縱跡遂不可尋矣。（諸本及莊本同。）淺學人但知釣爲釣魚之釣，而不知其又爲鉤之别名，故書傳中「釣」字多改爲「鉤」，詳見莊子「鉤餌」下。○劉台拱云：鉤，帶鉤也。説林訓：「滿堂之坐，視鉤各異，於環帶一也。」可見當時之俗，以此相矜。○劉文典云：「鉤」古音拘，故與「珠」爲韻。（禮記樂記「倨中矩，句中鉤，累累乎端如貫珠」，太玄經迎次四「裳有衣襦，男子目珠，婦人啑鉤」，皆「鉤」字與「珠」爲韻。）吕氏春秋重己篇「人不愛倕之指，而愛己之指，有之利故也。人不愛崑山之玉，江漢之珠，而愛己之一蒼璧小璣，有之利故也。」即此所本。呂氏春秋以「倕之指」與「己之指」相對，「崑山之玉」、「江漢之珠」與「己之一蒼璧小璣」相對。淮南以「倕之手」與「己之指」相對，「江漢之珠」與「己之鉤」相對。蓋皆其價雖相懸，而質則相類耳。帶鉤以玉爲之，故以之與江漢之珠爲比，釣魚之鉤非其類也。高氏以釣鉤釋之，已非其指，王氏至欲改正文之「鉤」爲「釣」，既乖淮南子之意，又失其韻矣。〇楊樹達云：高訓鉤爲釣，本是誤訓，王因此糾纏，謂正文「鉤」當作「釣」，殊爲無理。劉云賤物不類，亦失其指，文意固謂物雖賤在己則必愛也。蓋古衣有帶，帶有鉤，此文鉤字指帶鉤言之。國語晉語四云：「申孫之矢集於桓鉤。」呂氏春秋貴卒篇云：「管子扜弓射公子小白，中鉤。」韋、高注皆釋鉤爲帶鉤，是也。説林篇云：「滿堂之坐，視鉤各異，於環帶一也。」又本書鉤爲帶鉤之明證也。〇于省吾云：二劉説是也。近世發現之周秦帶鉤，或以銅爲之，或以玉爲之，此就玉鉤而言也。注及王説並非。〇雙棣按：王説非，餘説皆是。鉤謂帶鉤，藏本高注云「鉤，鉤也」，下「鉤」字上脱「帶」字，景宋本又誤作「釣」，劉績則於上增「釣」字，脱誤痕跡蕩然不見矣。高注「可以得魚，故愛之也」，恐亦後人所加。

【用韻】「珠、鉤」侯部。

以束薪爲鬼，以火煙爲氣〔一〕。以束薪爲鬼，揭而走〔二〕；以火煙爲氣，殺豚烹狗〔三〕。

先事如此，不如其後〔四〕。巧者善度，知者善豫〔五〕。羿死桃部，不給射；慶忌死劍鋒，不給搏〔六〕。

滅非者户告之曰：「我實不與。」我諛亂，謗乃愈起〔七〕。止言以言，止事以事，譬猶揚堁而弭塵，抱薪而救火〔八〕。流言雪汙，譬猶以涅拭素也〔九〕。

矢之於十步貫兕甲，於三百步不能入魯縞。騏驥一日千里，其出致釋駕而僵〔一〇〕。大家攻小家則爲暴，大國并小國則爲賢〔一一〕。小馬非大馬之類也，小知非大知之類也〔一二〕。

被羊裘而賃，固其事也；貂裘而負籠，甚可怪也〔一三〕。以潔白爲汙辱，譬猶沐浴而抒溷，薰燧而負彘〔一四〕。治疽不擇善惡醜肉而并割之，農夫不察苗莠而并耘之〔一五〕，豈不虛哉！壞塘以取龜，發屋而求狸〔一六〕，掘室而求鼠，割脣而治齲，桀跖之徒，君子不與〔一七〕。殺戎馬而求狐狸，援兩鼈而失靈龜〔一八〕，斷右臂而爭一毛，折鏌邪而爭錐刀，用智如此，豈足高乎〔一九〕！

校釋

〔一〕【箋釋】陶鴻慶云：此二句疑即下文之誤複而失於删落者。

【用韻】「鬼、氣」微物通韻。

〔二〕【高注】夜行見束薪，以爲鬼，故去而走。

〔三〕【高注】以火煙爲吉凶之氣，殺牲以攘之，惑也。

【版本】朱本、張本、黄本、莊本、集解本注「攘」作「禳」。

【箋釋】蔣禮鴻云：「氣」當作「氛」。左傳昭公三十五年「喪氛也」，杜注：「氛，惡氣也。」惡氣故須禳之，若「氣」則無分於善惡，非其義矣。此涉注「吉凶之氣」而誤。○雙棣按：「攘」與「禳」通。朱駿聲云：「攘，假借爲禳。」禮記月令季春之月云：「九門磔攘。」鄭注：「磔牲以攘於四方之神。」吕氏春秋作「禳」。

〔四〕【高注】此先事之人也，如此，不如徐徐出其後者也。

【用韻】「走、狗、後」侯部。

〔五〕【高注】豫，備也。

【用韻】「度、豫」鐸魚通韻。

〔六〕【高注】桃部，地名。羿，夏之諸侯，有窮君也。爲弟子逢蒙所殺，不及攝己而射也。搏，捷也。慶忌，吴王僚之子也。要離爲闔閭刺之，故死劍，不及設其捷疾之力。

【版本】藏本注「閭」作「門」，各本均作「閭」，今據改。

【箋釋】劉績云：詮言訓作「羿死桃棓，杖也」。二説必一誤。○顧炎武云：詮言訓「羿死於桃棓」。「部」即「棓」字。○梁玉繩云：注「桃部，地名」。與左傳死窮門異。但詮言訓注「棓，大杖，桃木爲之，以擊殺羿」。兩注不同，當是高、許二家之别，後人合併無從分對，似依桃杖之説爲是。○于省吾云：注以「不給」爲「不及」，是也。晉語「豫而後給」，注：「給，及也。」兵略篇「疾雷不及塞耳」，唐鈔本「及」作「給」，是其證。惟注訓搏爲捷，義猶未符。荀子富國「是猶烏獲與焦僥搏也」，注：「搏，鬬也。」此言慶忌死於劍鋒，不及與要離搏鬬也。○于大成云：注文「攝己」無理，集證本改作「攝弓」，是也。○雙棣按：吕氏春秋忠廉篇記要離刺慶忌事云：「王子慶忌乃與要離俱涉於江。中江，拔劍以刺王子慶忌。王子慶忌捽之，投之於江，浮則又取而投之，如此者三。其卒曰：『汝天下之國士也，幸汝以成而名。』要離得不死，歸於吴。吴王大説，請與分國。」由此可見王子慶忌確爲要離刺傷而死，然慶忌並非未及與要離搏鬬。

【用韻】「射、搏」鐸部。

〔七〕【箋釋】劉績云：「户告」謂家至而告之，以解□己非也。據文義當作「我欲辭其謗，謗乃愈起」。○馬宗霍云：「謏亂」連文，義不可通。疑「謏」爲「俞」之借字。荀子修身篇「以不善和人者謂之謏」，楊倞注云：「謏與俞義同。」尋莊子駢拇篇「雖通如俞兒」，陸德明釋文云：「俞兒，淮南子一本作申兒，疑申當爲臾。」據陸氏此説，是「臾」與「俞」通。故從臾得聲之「謏」義與「俞」同矣。俞者，廣雅釋詁一云：「俞，益也。」國語越語下「辭俞卑，禮俞尊」，韋昭注云：「俞，益也。」（此從宋公序補音本，一本俞作愈。）謏義既同俞，俞義又爲益，然則謏亂猶益亂也。亂有紛煩之義，大戴禮記曾子立事篇云：「好道煩言，亂也。」以煩言釋本文「亂」字，最爲切當。「我謏亂」者，猶謂我益煩言也。止謗莫如勿辯。我益煩言，謗乃愈起耳。

【用韻】「與、起」魚之合韻。

〔八〕【高注】止言當以嘿，止事當以卜。今以言止言，以事止事，猶揚堁止塵，塵愈起，抱薪救火，火愈熾也。

【版本】莊本、集解本注「嘿」作「默」，景宋本、王溥本、朱本、茅本、汪本同藏本。

【箋釋】雙棣按：玉篇云：「嘿，與默同。」

【用韻】「塵、火」真微合韻。

〔九〕【高注】流，放也。雪，除也。涅，黑也。素，白也。

【箋釋】劉文典云：文選長笛賦注引淮南子高誘注：「雪，拭也。」○何寧云：呂氏春秋不苟篇「故雪殺之恥」，高注：「雪，除也。」與此同。

【用韻】「汙、素」魚部。

〔一〇〕【高注】釋，稅。僵，仆也。猶矢於三百步不能穿魯縞，言力竭勢盡也。

【箋釋】陶方琦云：史記集解一百八引許注：「魯之縞至薄。」按：高無注。小爾雅廣服：「繒之精者曰縞。」史記韓長孺傳注引漢書音義曰：「縞，曲阜之地，俗善作之，尤爲輕細，故以喻之。」新論慎隟篇：「魯縞質薄，疊之折軸。」與淮南許注義亦同。○于大成云：「出致」之「出」字誤，字當作「勢」。「勢」本作「埶」，「埶」奪其右旁「丸」而壞爲「坴」，與「出」相似，遂誤爲「出」耳。高注「埶盡」二字，正釋正文「埶致」。作「出」則義不可通。

〔一一〕【高注】衰世不能尚德，苟任勞力，而以辟土拓境，并兼人國爲賢也。

【版本】藏本注「衰」作「夏」，蔣刊道藏輯要本作「衰」，今據改，莊本、集解本作「憂」，景宋本、王溥本、朱本、茅本、葉本、汪本同藏本。莊本、集解本注「尚」作「上」，各本同藏本（張、黄本無注）。藏本注「拓」作「折」，王溥本、蔣刊道藏輯要本作「拓」，今據改，莊本、集解本作「斥」，景宋本、朱本、茅本、葉本、汪本同藏本。

【箋釋】吴承仕云：此注作「衰世」是也。又「苟任勞力」，「勞」當作「勢」，形近而誤。「拓、斥」並通。〇于大成云：注文「折」字誤。原道篇「柝八極」，高注云「柝，開也」。此「折」字亦當爲「柝」。彼文許本作「斥八極」，注云「斥，拓也」。

〔一二〕【高注】小馬不可以進道致千里，故得與大馬同類。小知不可以治世長民，故不得與大知同類也。

【版本】王溥本、王鎣本、葉本、吴本「知」作「智」，餘本同藏本。王溥本、莊本、集解本注「故得與大馬同類」之「故」字下有「不」字，景宋本、茅本、葉本同藏本。

【箋釋】顧廣圻云：上「非」字疑衍文。注「小馬不可以進道致千里」，「不」字疑當作「亦」。此言小馬爲大馬之類，而小知則非大知之類也。呂氏春秋别類篇：「小方，大方之類也；小馬，大馬之類也；小智，非大智之類也。」是其證。〇雙棣按：俞樾訓與顧氏同。然據莊本誤注謂高誘所見本已誤則恐非，高注「故得與大馬同類」，正可見高氏所見本正文無「非」字，因上「亦」字誤「不」，（顧氏已校。）劉績因改「故得」爲「故不得」，似高誘所見本已誤矣。

〔一三〕【高注】籠，土籠也。

【箋釋】劉文典云：意林引，作「被羊裘而賃顧，其事過也。衣貂裘而負籠，甚可怪也」。○楊樹達云：羊裘賤而貂裘貴，被羊裘而見賃，爲事之當然。被貂裘而負籠則可怪異，文義甚明。且文以「事、怪」爲韻，如意林所引，不惟文理難通，又失其韻矣。

【用韻】「事、怪」之部。

〔一四〕【高注】燒薰自香，楚人謂之薰燧也。

【用韻】「溷、𦎧」文質合韻。

〔一五〕【箋釋】陶鴻慶云：不擇惡善，與不察苗莠對文，「醜肉」二字，當是高爲「惡」字作注，而亂入正文者。○向承周與陶説同。○楊樹達云：「善惡醜肉」文冗贅不可通，疑「醜」字乃「惡」字之注文，傳寫者誤入正文也。「不擇善恶肉」與「不察苗莠」文正相對。○何寧與楊説同。

〔一六〕【用韻】「貙、狸」之部。

〔一七〕【高注】舉事所施如是者，則桀、跖之徒也，君子不與也。

【版本】藏本「脣」作「唇」，景宋本、莊本作「脣」，今據改，餘本同藏本。藏本正文「跖」作「蹠」，各本均作「跖」，今據改。

【箋釋】劉文典云：御覽七十四引，「不與」作「不爲」。○于大成云：御覽三百六十八、七百四十引皆作「與」，萬卷精華七、喻林四十九、諸子類語一引同。○雙棣按：御覽「爲」字蓋類書誤改，本文「黿、狸」韻之部，「鼠、鱅、徒、與」韻魚部，若改作「爲」，則失其韻矣。

〔一八〕【用韻】「鼠、鱅、徒、與」魚部。

【用韻】「狸、黿」之部。

〔一九〕【高注】高猶貴也。

【用韻】「毛、刀、高」宵部。

寧百刺以針，無一刺以刀；寧一引重，無久持輕；寧一月飢，無一旬餓〔一〕。萬人之蹪，愈於一人之隧〔二〕。

有譽人之力儉者，舂至旦，不中員呈，猶謫之。察之，乃其母也〔三〕。故小人之譽，人反爲損〔四〕。

東家母死，其子哭之不哀，西家子見之，歸謂其母曰：「社何愛速死，吾必悲哭社〔五〕。」夫欲其母之死者，雖死亦不能悲哭矣。謂學不暇者，雖暇亦不能學矣〔六〕。

見窾木浮而知爲舟，見飛蓬轉而知爲車，見鳥迹而知著書，以類取之〔七〕。以非義爲義，以非禮爲禮，譬猶倮走而追狂人，盜財而予乞者，竊簡而寫法律，蹲踞而誦詩書〔八〕。割而舍之，鏌邪不斷肉；執而不釋，馬氂截玉〔九〕。聖人無止，無以歲賢昔，日愈昨也〔一〇〕。

校釋

〔一〕【高注】飢，食不足。餓，困乏也。

【版本】茅本、汪本、張本、黄本、莊本、集解本正文及注「飢」作「饑」（茅本注作「飢」），餘本同藏本。

【用韻】「重、輕」東耕合韻，「飢、餓」脂歌合韻。

〔二〕【高注】楚人謂躓爲蹪。愈，勝也。隧，陷也。

【版本】藏本正文及注「蹪」作「蹟」，景宋本、王溥本、王鎣本、朱本、汪本、張本、吴本、黄本、莊本、集解本作「蹪」（汪、張、黄本亦無注），今據改，餘本同藏本。

【箋釋】李哲明云：「隧」借爲「墜」，列子仲尼篇「天隧而塵不揚」，荀子儒效篇「至共頭山隧」，皆讀爲「墜」。○楊樹達云：「隧」與「隊」同。説文云：「隊，從高隊也。」今作「墜」。

【用韻】「蹪、隧」物部。

〔三〕【高注】謫，責怒也。稱譽人力儉，呈作不中科員而責怒也。君子視之，乃自呈作其母，以爲力儉。以此譽人，孰如毁之？故諺曰：「問誰毁之，小人譽之。」此之謂也。

【版本】藏本注下「儉」字作「挾」，王溥本、朱本作「儉」，今據改，景宋本作「快」，餘本同藏本。

【箋釋】楊樹達云：「呈」假爲「程」，員程爲數量之程課。説詳兵略篇二一六四頁注〔二〕。

〔四〕【高注】損，毁。

〔五〕【高注】江淮謂母爲社，社讀雒家謂公爲阿社之社也。

【版本】藏本注「雒」作「雖」，據吴承仕校改，各本皆同藏本。

【箋釋】吴承仕云：脩務訓「弔死問疾以養孤孀」，注云：「雒家謂寡婦曰孀婦。」雒者，方土之名。此注「雖家」即「雒家」，形近之誤也。説文：「蜀人謂母曰姐，淮南謂之社。」父母之稱，每相施易，故雒家謂公爲阿社。廣雅：「爹、奢，父也。」方言：「妻之父謂之父姼，妻之母謂之母姼。」「姐、社、爹、奢、姼」皆一聲之轉。〇黄侃云：説林：「以瓦鉒者全。」注云：「鉒者，提馬，雒家謂之投翩。」「雒家」蓋即指雒中人家，高時首都語也。社若讀近杜，則與今通語呼母者音近；社若讀近杜，則與今通語呼父者音近。〇馬宗霍亦謂「雖家」爲「雒家」之誤。〇雙棣按：「愛」猶「惜」也。吝惜，舍不得也。吕氏春秋長利：「我，國士也，爲天下惜死；子，不肖人也，不足愛也。」「惜」、「愛」對言，正與此同義。

〔六〕【高注】言有事務，不暇學，如此曹之人，雖閑暇無務，亦不能學也。

【版本】莊本、集解本注「閑」作「閒」，餘本同藏本。

【用韻】「哭、學」屋覺合韻。

〔七〕【高注】窾，穴，讀曰科也。

【箋釋】陶方琦云：宋蘇頌校淮南題序引許注「舟」作「周」。按：蘇氏校正淮南子序云：「許於篇内多用叚借，以周爲舟是也。」初學記二十五引此，作「見窾木浮而知爲周」，正作「周」，知初學記引乃許本也。考工記曰「作舟以行水」，故書「舟」作「周」，鄭司農云：「周當爲舟」。許注淮南多用古本也。○劉文典云：北堂書鈔百三十七引注云「空也」。○于大成云：書鈔引是也。齊俗篇「不若窾木便者」，許注云「窾，空也」，窾、空一聲之轉。此注「空」字下半奪壞致誤爲「穴」。○何寧與于説同，云：原道篇「員者常轉，窾者主浮」，高注：「窾，空也。讀科條之科也。」廣雅釋詁三云：「科，空也。」是其證。

〔八〕【用韻】「車、書」魚部。

【箋釋】陶方琦云：大藏音義八十九引許注：「蹲即踞也。」按：説文：「蹲，踞也。」與淮南訓正同。

〔九〕【用韻】「者、書」魚部。

【高注】髦，馬尾也。

〔一〇〕【用韻】「肉、釋、玉」覺鐸屋合韻。

【高注】賢，俞，猶勝，互文。言今歲勝於昔歲，今日勝於昨日，喻聖人自脩進也。

【版本】王溥本、王鎣本、葉本、汪本、張本、吴本、黄本、莊本、集解本正文及注「俞」作「愈」，景宋本正文作「愈」，注作「俞」，朱本、茅本同藏本。藏本注「互」作「玄」，景宋本、王溥本、朱本作

「互」，今據改，茅本、汪本、張本、黄本、莊本、集解本無「互文」二字，「猶勝」下有「也」字，餘本同藏本。

【箋釋】劉台拱云：「無」當作「是」。○陶鴻慶云：「無以」當作「是以」，涉上「無止」而誤。○馬宗霍與劉、陶説同。○呂傳元云：高謂「聖、愈猶勝」者，言「聖、愈」二字互文同訓耳。下文「象解其牙，不憎人之利之也；死而棄其招簣，不怨人取之」，高注「怨亦憎，互文爾。」説林訓「鏌邪斷割砥礪之力」，高注：「力、功互文也。」「蹠越者或以舟，或以車，異路所極一也」，高注：「蹠，至也，極亦至也，互文耳。」與此注正同。此高氏注淮南之例也。○雙棣按：劉、陶説是。又「俞」與「愈」通。墨子耕柱篇云「我母俞於人乎」，孫詒讓墨子閒詁引荀子榮辱篇楊注云：「俞讀爲愈。」廣雅釋詁：「俞，益也。」王念孫疏證云：「愈、俞通。」

【用韻】「昔、昨」鐸部。

馬之似鹿者千金，天下無千金之鹿〔一〕。玉待礛諸而成器〔二〕，有千金之璧，而無錙錘之礛諸〔三〕。

受光於隙照一隅，受光於牖照北壁，受光於户照室中無遺物，況受光於宇宙乎？天下莫不藉明於其前矣。由此觀之，所受者小則所見者淺，所受者大則所照者博〔四〕。

江出岷山，河出崑崙，濟出王屋，潁出少室，漢出嶓冢〔五〕，分流舛馳〔六〕，注於東海，所行則異，所歸者一〔七〕。通於學者若車軸，轉轂之中，不運於己，與之致千里，終而復始〔八〕，轉無窮之源。不通於學者若迷惑，告之以東西南北，所居聆聆〔九〕，背而不得，不知凡要〔一〇〕。

寒不能生寒，熱不能生熱，不寒不熱能生寒熱。故有形出於無形，未有天地能生天地者也，至深微廣大矣〔一一〕。

雨之集無能霑，待其止而能有濡〔一二〕。矢之發無能貫，待其止而能有穿〔一三〕。唯止能止衆止〔一四〕。

因高而爲臺，就下而爲池，各就其勢，不敢更爲〔一五〕。聖人用物，若用朱絲約芻狗，若爲土龍以求雨〔一六〕。芻狗，待之而求福〔一七〕；土龍，待之而得食〔一八〕。

魯人身善制冠，妻善織履，往徙於越而大困窮〔一九〕，以其所脩而遊不用之鄉，譬若樹荷山上〔二〇〕，而畜火井中，操釣上山，揭斧入淵，欲得所求難也〔二一〕。方車而蹠越，乘桴而入胡〔二二〕，欲無窮，不可得也〔二三〕。

校釋

〔一〕【箋釋】楊樹達云：韓非子外儲説右上篇云：「夫馬似鹿者而題之千金，然而有千金之馬，而無千金之鹿者，何也？馬爲人用，鹿不爲人用也。」此淮南文所本。

〔二〕【高注】礛諸，攻玉之石。言物有待賤而貴者也。礛，讀廉，或直言藍也。

【版本】藏本注無「讀」字，王溥本有，今據補，景宋本、朱本、茅本、葉本、汪本、莊本、集解本同藏本。

【箋釋】吴承仕云：說文字作「厱」，讀若藍；字又作「磏」，讀若鐮；此作「礛」。「厱、磏、礛」同屬談部，實一字耳。注就作礛讀廉，今本奪一「讀」字；說林訓注「礛讀」，奪一「藍」字；脩務訓注「礛讀廉氏之廉，一曰濫也」，可證。○于省吾云：「礛諸」亦作「厱諸」，說文：「厱諸，治玉石也。」亦作「礛礷」，廣雅釋器：「礛礷，礪也。」○于大成云：「礛諸」連文，見於淮南者，凡有三處，自此文外，說林篇云「璧瑗成器，礛諸之功」，脩務篇云「玉堅無敵，鏤以爲獸，首尾成形，礛諸之功」，彼二文高注亦並云「礛諸，治玉之石」。字亦作「礛礷」。玉篇石部「礛，力甘切，治玉之石也。青礪也。或作厱」，廣雅釋器「礛礷，礪也」。

〔三〕【高注】六銖曰錙，八銖曰錘，言其賤也。

【箋釋】雙棣按：說文云：「錙，六銖也。」「錘，八銖也。」段玉裁云：「疑說山此注乃許注之僅存者。」此注與說文正合，詮言篇注「六兩爲錙，倍錙曰錘」，則與說文不合，抑高注歟？吕氏春秋應言篇高注「錙錘，銖兩也」，乃概言之。錙錘之重，古衆訓紛紜，無有定量。

〔四〕【高注】四方上下曰宇，往古來今曰宙。謂四極之内，天地之間，故天下莫不借明於日月之前。

【版本】莊本、集解本此注在上文「於其前矣」下，景宋本、王溥本、葉本同藏本。

〔五〕【高注】已説在地形也。

【箋釋】于大成云：「潁出少室」，今地形篇無之。

〔六〕【箋釋】陶方琦云：大藏音義六十四、八十四、八十九、九十六引許注：「舛，相背也。」按：大藏音義九十六云「淮南子作僢」，與玉篇引淮南子「分流僢馳」「僢，相背也」正合。然諸引許君淮南子注皆作「舛，相背也」，説文「舛，對卧也，從夊㐄相背」。淮南注文即與之同。（氾論訓高注「舛，乖也」，與許注亦異。）

〔七〕【高注】一，同也。

【版本】王溥本、王鎣本、朱本、葉本、吴本、莊本、集解本「者」作「則」，餘本同藏本。

〔八〕【用韻】「已、里、始」之部。

〔九〕【高注】聆聆，猶了了，言迷解也。

【版本】藏本注「解」作「之」，景宋本、茅本、汪本、莊本、集解本作「解」，今據改，王溥本、朱本作「知」，葉本同藏本。

【箋釋】于大成云：注「迷之」景宋本作「迷解」，是。齊俗篇有此文，許注云「聆聆，意曉解也」，亦可證當作「迷解」。

〔一〇〕【高注】背而不得，更復或，故曰不知凡要也。

【版本】王溥本、朱本、莊本、集解本注「或」作「惑」，景宋本、葉本同藏本。

【箋釋】雙棣按：「惑」爲「或」之後起區別字。

【用韻】「惑、北、得」職部。

〔一一〕【高注】初未有天地生天地，故無形生有形也。

【版本】茅本、汪本、莊本、集解本注無「初」字，景宋本、王溥本、朱本、葉本同藏本。

【用韻】「地、大」歌月通韻。

〔一二〕【高注】集，下。比其至，未能有所霑，止者所至，故能有濡也。

【版本】藏本注「比」作「此」，景宋本作「比」，今據改，餘本同藏本。莊本、集解本注下「至」字作「止」，景宋本、王溥本、朱本、茅本、葉本、汪本同藏本。景宋本注末「也」字作「時」。

〔一三〕【用韻】「貫、穿」元部。

〔一四〕【高注】止，喻矢止乃能穿物。一曰：止己情欲，乃能止歸衆物，令不得已乎。

〔一五〕【用韻】「池、爲」歌部。

〔一六〕【用韻】「狗、雨」侯魚合韻。

〔一七〕【高注】求，猶得。待芻狗之靈而得福也。

【版本】藏本注「得福」作「待福」，王溥本、朱本、茅本、汪本、張本、黄本、莊本、集解本作「得福」，今據改，景宋本、葉本同藏本。

者也。

〔一八〕【高注】土龍致雨，雨而成穀，故得待土龍之神而得穀食。一説：土龍待請雨之祈得食酒肉

【版本】景宋本、朱本、茅本、汪本注「祈」作「所」，王溥本、葉本、莊本、集解本同藏本。

【箋釋】劉文典云：高注「故得待土龍之神而得穀食」，上「得」字衍文。文選應休璉與廣川長岑文瑜書注引此，無得字，是其證。○楊樹達云：高前説是也。二句文義一律。

【用韻】「福、食」職部。

〔一九〕【箋釋】雙棣按：韓非子説林上云：「魯人身善織屨，妻善織縞，而欲徙於越，或謂之曰：『子必窮矣。』魯人曰：『何也？』曰：『屨爲履之也，而越人跣行；縞爲冠之也，而越人被髮。以子之所長，游於不用之國，欲使無窮，其可得乎？』」蓋爲淮南此文所本。

〔二〇〕【高注】荷，水華，芙渠。其莖曰茄，其本曰密，其根曰耦，其華曰芙蓉，其秀曰菡萏，其實曰蓮。蓮之茂者花，花之中心曰薏，幽州總謂之光。荷，讀如燕人强秦言胡同也。

【版本】藏本注「水華」作「水菜」，蔣刊道藏輯要本作「水華」，今據改，各本皆同藏本。景宋本注「芙渠」作「芙蕖」，莊本、集解本作「夫渠」，王溥本、朱本、茅本、葉本、汪本同藏本。王溥本、朱本、茅本、葉本、汪本注「耦」作「藕」，莊本、集解本作「蕅」，景宋本同藏本。王溥本、汪本、莊本、集解本注「華」作「花」，景宋本、朱本、茅本、葉本同藏本。莊本、集解本「芙蓉」作「夫容」，景宋本、王溥本、朱本、茅本、葉本、汪本同藏本。

【箋釋】何寧云：高注「荷，水菜」，荷無稱水菜者。「菜」當作「華」，形近而誤也，爾雅釋草：「荷，芙渠，其莖茄，其葉蕸，其本密，其華菡萏，其實蓮，其根藕，其中的，的中薏。」郭注：「的，蓮中子也。」是不得言花之中心曰薏，更不得曰蓮之茂者。蓋「茂」字乃「藏」字之誤，「藏」書作「蔵」，與「茂」形近。「花」字乃「菂」字之誤，「菂」通「的」。説文荷字，段注引淮南高注作「蓮之藏者菂，菂之中心曰薏」，是其證。○雙棣按：説文作扶渠，段玉裁云：「扶渠，一作夫渠，今爾雅作芙蕖，俗字也。」又云：「夫容，今本作芙蓉，俗字也。」

〔二〕【版本】景宋本「釣」作「鉤」，餘本同藏本。

【用韻】「窮、鄉、上、中」冬陽合韻，「山、淵、難」元真合韻。

〔三〕【高注】方，並。蹠，至。桴，筏，一曰瓠。言非其所宜也。

【版本】藏本注「並」作「出」，王溥本作「並」，今據改，景宋本、朱本、茅本、葉本、汪本、莊本、集解本同藏本。

【箋釋】陶方琦云：御覽七百七十引許注：「桴，木筏。」按：桴筏之訓乃舊義，高注一曰乃別解也，文亦與許注異。説文作泭，編木以渡也，與木筏義同。筏應作栰。論語「乘桴浮於海」，馬注：「桴，編竹木，大曰栰，小曰桴。」爾雅「庶人乘泭」，孫注：「方木置水中爲泭，栰也。」泭字又作⿰氵符。廣雅：「⿰氵符，筏也。」○吴承仕云：「方」無「出」義，疑注當作「方，出旁也」，或當作「方，旁出也」。大射禮「左右曰方」，鄭注云：「方，出旁也。」此言方車，蓋與方射同義，謂平原宜車，左右旁出，無所不可，若適越則非所宜矣。晉語：「不如捷而行。」韋解曰：「旁出爲捷。」名異而事同。各本奪旁字，義不可説。○楊樹達云：吴説非是。車可左右旁出，不得云方車也。愚疑「出」者「並」字之誤。説文云：「方，併船也。」引申之義爲併，「併」又通作「並」。「出」俗寫作「㞢」，因誤「並」而爲「出」矣。氾論篇：「乃爲窬木方版以爲舟航。」高注：「方，並也。」是其證矣。○馬宗霍云：高注釋「方」爲「出」，「方」無「出」義。余謂「方車」之「方」，當讀如爾雅釋水「大夫方舟」之「方」。孔穎達詩疏引李巡爾雅注云：「併兩船曰方舟。」説文云：「方，併船也，象兩舟總頭形。」是方之本義爲併船。引申之，凡併謂之方。儀禮鄉射禮「不方足」，鄭玄注云：「方猶併也。」漢書楊雄傳上「雖方征僑與偓佺兮」，顏師古注云：「方謂並行也。」又敘傳下「文武方作」，顏注引晉灼曰：「方，並也。」皆其證。併與並同。然則本文「方車而蹠越」，猶言並車而至越也。並字隸書與出字形近。余疑注文之「出」，蓋「並」字傳寫筆誤耳。○雙棣按：楊、馬説是。漢書楊雄傳上「方玉車之千乘」，顏注：「方，並也。」史記蘇秦傳「車不得方軌」，正義云：「言不得兩車並行。」吕氏春秋權勳篇云：「方車二軌以遺之。」高彼無注，然此方車即彼之方車也。劉績改「出」爲「並」，今從之。

〔一三〕【高注】無求之處也。

【箋釋】吴承仕云：此文謂「方車蹠越，乘桴入胡」，用違其宜，雖欲不窮而不可得。注言無求之處也，文注絶不相應。蓋此注五字，當在上文「欲得所求難也」句下，各本誤置於此，遂不可通。

上文云「操釣上山，揭斧入淵，欲得所求，難也。」故注云「無求之處」，謂山非求魚之處，淵非求薪之處耳。

楚王有白蝯，王自射之，則搏矢而熙〔一〕；使養由其射之，始調弓矯矢，未發而蝯擁柱號矣〔二〕。有先中中者也〔三〕。

咼氏之璧，夏后之璜，揖讓而進之以合歡，夜以投人則爲怨〔四〕。時與不時〔五〕。畫西施之面，美而不可說；規孟賁之目，大而不可畏；君形者亡焉〔六〕。

人有昆弟相分者，無量〔七〕，而衆稱義焉。夫唯無量，故不可得而量也。

登高使人欲望，臨深使人欲闚，處使然也〔八〕。射者使人端，釣者使人恭，事使然也〔九〕。

曰殺罷牛可以贖良馬之死，莫之爲也。殺牛必亡之數〔一〇〕，以必亡贖不必死，未能行之者矣。

校釋

〔一〕【高注】熙，戲。

【箋釋】蔣超伯云：熙，説文作嬰，謂悦樂也。○楊樹達云：熙無戲義，字假爲「娭」。説文云：「娭，戲也。」

〔二〕【高注】由其，楚王之臣，養姓。調，張。矯，直。擁，抱。號，呼。幽通賦曰：「養流睇而蝯號。」是也。

【版本】茅本、葉本、汪本、張本、黄本、莊本、集解本正文及注「其」作「基」，餘本同藏本。王溥本注「流」上有「由」字。

【箋釋】王念孫云：「擁柱」當爲「擁樹」，聲之誤也。文選幽通賦注引此，作「抱樹」。太平御覽兵部八十一引，作「擁樹」。○劉文典云：御覽七百四十一引，作「擁柱」，與今本合。○向承周云：吕覽博志篇載此事云「荊廷嘗有神白猨」云云。彼云「荊廷」則正宜有柱。柱、樹不同，乃高、許之異，非必樹是而柱非也。（擁、抱亦然。疑高作「擁柱」，許作「抱樹」。）○王叔岷云：王説是也。類林殘卷九引此作「抱樹」，（白帖九七亦作「抱樹」，唯未言引何書。）與文選注引同。事文類聚後集三七引作「擁樹」，與御覽引同。○鄭良樹云：類説、韻府羣玉四引此，「擁柱」亦並作「擁樹」。事文類聚前集四二引作「擁木」，木，亦猶樹也。○于大成云：紺珠集引作「抱樹」，徐狀元蒙求集注引亦作「擁樹」，後漢班固傳注引作「擁木」。

〔三〕【高注】有先未中必中之徵，精相動也。

【箋釋】雙棣按：吕氏春秋博志篇云：「荊廷嘗有神白猨，荊之善射者莫之能中，荊王請養由基射之，養由基矯弓操矢而往，未之射而括中之矣，發之則猨應矢而下，則養由基有先中中之者矣。」與淮南此文小異，或爲淮南所本。

〔四〕【用韻】「歡、怨」元部。

〔五〕【高注】不時，謂夜。咼，古和字。

【箋釋】劉文典云：藝文類聚三十引，「時與不時」下有「也」字。○楊樹達云：咼，説文訓「口戾不正」，與「和」異字，非古和字也，音近借用耳。高説非是。○于大成云：御覽四百八十三引「時與不時」下亦有「也」字，「夜以投人」上有「暮」字，當是異本。○何寧云：文選盧子諒覽古詩注引蔡邕琴操作「瑀氏璧」，李云：「瑀，古和字。」此「瑀」省作「咼」耳。

〔六〕【高注】生氣者，人形之君，規畫人形，無有生氣，故曰君形亡。

【版本】藏本注「亡」誤作「士」，景宋本、王溥本、朱本、茅本、汪本、莊本、集解本作「亡」，今據改，葉本同藏本。

〔七〕【高注】多不可計。

〔八〕【箋釋】陶鴻慶云：兩「欲」字當衍。「登高使人望，臨深使人闚」，與下「射者使人端，釣者使人恭」，文同一例。

〔九〕【高注】端然後中，恭然後得，故曰事使然也。

【版本】藏本「端」上脱「人」字，除朱本同藏本外，餘本均有「人」字，今據補。藏本注「端」作

「立」，朱本、茅本、汪本、莊本、集解本作「端」，（蔣刊道藏輯要本亦作「端」。）今據改，景宋本、王溥本、葉本同藏本。朱本注「中」上、「得」上均有「可」字。

〔一〇〕【高注】牛者，所以植穀者，民之命，是以王法禁殺牛，民犯禁殺之者誅。故曰必亡之數。

【版本】景宋本注「植」作「殖」。

【箋釋】于鬯云：此但謂殺牛，牛必亡耳，高注牽王法禁殺牛言，似屬支論。（又案：下文云「以必亡贖不必死」，是謂牛必亡而馬不必果死也。然則上文言殺罷牛可以贖良馬之死，彼「死」字疑有誤，或是「病」字。）〇吳闓生云：殺牛者必亡牛，而馬固未必死也，注誤甚。〇吳承仕云：注文當云：「牛者，所以植穀。穀者，民之命。」爾雅翼引此注，正有兩「穀」字，是也。今本誤奪其一，文不成義。〇楊樹達云：高説無理。此言殺牛則牛必死，而馬之死尚未可必。必亡之數謂牛，不謂人也，犯禁殺牛，何至誅乎！〇蔣禮鴻云：「不必死」當作「不必生」。言殺牛以贖馬死，馬之生不可必，而牛之死則必矣，故曰殺牛必亡之數。〇雙棣按：于、吳、楊説是，必亡之數謂牛，而非謂人。又：此文亡字，義當訓死。余嘗著文謂亡之死義産生於論衡時代，今觀此文，當修正前説矣。

季孫氏劫公家〔一〕，孔子説之，先順其所爲，而後與之入政，曰：「與枉與直，如何而不得！與直與枉，勿與遂往〔二〕！」此所謂同汙而異塗者〔三〕。

衆曲不容直，衆枉不容正，故人衆則食狼，狼衆則食人〔一四〕。欲爲邪者，必相明正；欲爲曲者，必達直〔一五〕。公道不立，私欲得容者，自古及今，未嘗聞也。此以善託其醜〔一六〕。衆議成林，無翼而飛〔一七〕，三人成市虎〔一八〕，一里能撓椎〔一九〕。夫游没者，不求沐浴，已自足其中矣。故食草之獸，不疾易藪〔二〇〕；水居之蟲，不疾易水〔二一〕；行小變而不失常〔二二〕。信有非禮而失禮〔二三〕，尾生死其梁柱之下，此信之非也〔二四〕。孔氏不喪出母，此禮之失者〔二五〕。曾子立孝，不過勝母之閭〔二六〕；墨子非樂，不入朝歌之邑；曾子立廉，不飲盜泉〔二七〕；所謂養志者也。

校釋

〔一〕【高注】魯大夫季桓子斯，一曰康子肥，脅定公而專其政。傳曰：「禄之去公室。」【箋釋】雙棣按：注引傳曰見論語季氏篇。

〔二〕【高注】直順其謀而從，勿遂大與同小。【版本】王溥本、王鎣本、朱本、茅本、葉本、汪本、張本、吴本、黄本、莊本、集解本「與枉與直」、「與直與枉」，上「與」字皆作「舉」，景宋本同藏本。王溥本、王鎣本、朱本、茅本、汪本、張本、黄本「如何」下無「而」字，餘本同藏本。【箋釋】雙棣按：「與」與「舉」通，禮記禮運：「選賢與能，講信脩睦。」與亦通舉。

【用韻】「直、得」職部，「枉、往」陽部。

〔三〕【用韻】「汙、塗」魚部。

〔四〕【用韻】「正、人」耕真合韻。

〔五〕【版本】王溥本、王鎣本、朱本、葉本「明正」上無「相」字，餘本同藏本。茅本、汪本、張本、吴本、黄本、莊本、集解本「達直」上有「相」字，餘本同藏本。

【箋釋】顧廣圻云：「相」疑衍，下句「相」，宋本無。

〔六〕【高注】託，寄。若麗姬欲殺太子申生，先稱之於獻公，然後得行其害，此其類也。

【版本】藏本注「生」字作「竺」，景宋本、王溥本、茅本、汪本、莊本、集解本作「生」，今據改，朱本、葉本同藏本。

〔七〕【高注】衆人皆議平地生林，無翼之禽能飛，凡人信之，以爲實然也。

【版本】王溥本注「禽」作「鳥」。茅本、汪本、莊本、集解本注末無「也」字。

〔八〕【高注】三人從市中來，皆言市中有虎。市非虎處，而人信以爲有虎。故曰三人成市虎。

【箋釋】于大成云：國策秦策三、鄧析子轉辭篇皆云「三人成虎」，淮南此文，當本於國策。國策魏策二「麗葱與太子質於邯鄲，謂魏王曰：『今一人言市有虎，王信之乎？』王曰：『否。』『二人言市有虎，王信之乎？』王曰：『寡人疑之矣。』『三人言市有虎，王信之乎？』王曰：『寡人信之矣。』麗葱曰：『夫市之無虎明矣，然而三人言而成虎。』」云云，則高注所本也。此事亦見韓子内儲説上、新序雜事上。

〔九〕【高注】撓，弱。一里之人皆言能屈榷者，人則信之也。

【版本】藏本無「能」字，王溥本、朱本、莊本、集解本有，今據補，餘本同藏本。藏本注「里」作「人」，王溥本、朱本、黄本、莊本、集解本作「里」，今據改，餘本同藏本。藏本注「言」作「有」，莊本、集解本作「言」，今據改，餘本同藏本。

【箋釋】于大成云：「撓」即屈撓義，高注「屈榷」即訓正文「撓榷」，不言訓爲「弱」。

【用韻】「飛、榷」微部。

〔一〇〕【高注】疾，患。

〔一一〕【箋釋】王念孫云：「食草」本作「草食」，「草食」與「水居」相對爲文，寫者誤倒耳。太平御覽蟲豸部一引此，正作「草食」。莊子田子方篇同。○雙棣按：王説是。高下注云「草食故食草」，可證此當作「草食」。

【用韻】「獸、藪」幽侯合韻。

〔一二〕【高注】小變，易水易草。草食故食草，水居故水中，故曰不疾失其常也。

【箋釋】王叔岷云：莊子田子方篇「常」上有「大」字，「小變」與「大常」對言，於義爲長。○雙棣按：注「故曰不疾失其常也」，疑「疾」爲衍文。注以「易水易草」釋「小變」，以「草食故食草，水居故水中」釋「不失常」，然則「不失常」爲不失食草、居水中之本性，故注總括之曰「故曰不失其常也」，衍「疾」字則文義正相反矣。

〔一三〕【箋釋】王念孫云：當作「信有非而禮有失」，下文「此信之非」，「此禮之失」，皆承此句言之。今本「而禮」二字誤倒，又脱一「有」字，衍一「禮」字，遂致文不成義。

〔一四〕【高注】尾生，魯人，與婦人私期橋梁之下，故尊其誓，水至不去，没溺而死。故曰信之非也。

【版本】莊本、集解本注「魯」作「㫚」，「溺」作「休」，景宋本、王溥本、朱本、葉本同藏本。

【箋釋】陶鴻慶云：「死其」下當有「誓」字。言尾生「死其誓之梁柱之下」，故曰此信之非也。高注云「與婦人私期梁柱之下，故尊其誓。水至不去，没休而死。故曰信之非也」，注中「其誓」二字，即舉正文。○于省吾云：㫚，古旅字。説文「旅之古文」。古文四聲韻引石經文，「旅」並作「㫚」。「旅、魯」音近字通。史記周本紀「魯天子之命」，書序嘉禾篇作「旅天子之命」，是其證。宋本注文作「尾生，魯人」，是改「旅」爲「魯」，仍應作㫚，以存古文也。○雙棣按：于謂㫚爲旅之古文，「旅」與「魯」通，是。然道藏本、景宋本等均作「魯」，作「㫚」者乃莊氏所改，下「㫚」字亦然。

〔一五〕【高注】禮，庶子喪出母朞。孔氏，子上，名白，仲尼曾孫，孔伋之子。後出子白之母，卒於外。記曰：「子上之母死，不喪。門人問諸子思曰：『子先君其喪出母乎？』曰：『然。』『子不使白，何也？』曰：『昔吾先君無所失，道隆從而隆，道汙從而汙，伋則安能及乎？是不爲伋也妻，是不爲白也母。』孔氏之不喪出母，自子思始。」故曰孔氏之失也。

【版本】莊本、集解本注「仲尼」下有「之」字，「孔伋之子」下有「也」字，「後出子白之母」作「子上之母被出」，景宋本、王溥本、朱本同藏本。藏本注「然」上「曰」字誤作「只」，景宋本、王溥本、朱本、茅本、汪本、莊本、集解本作「曰」，今據改。藏本注「昔」下「吾」字作「者」，景宋本、茅本、汪本作「吾」，今據改，莊本、集解本作「我」，王溥本同藏本。莊本、集解本注「所失」下重「道」字，景宋本、王溥本、朱本、茅本、汪本同藏本。藏本注「妻」上無「也」字，莊本、集解本有「也」字，今據補，景宋本、朱本、茅本、汪本同藏本。

【箋釋】何寧云：注「後出子白之母」，「後出」當作「伋出」，故稱子白之母。又「孔氏之失也」，「孔」字乃「禮」字之誤，衍「氏」字。「禮」字俗作「礼」，與「孔」形似。○雙棣按：高注引記曰，見禮記檀弓上，與今本文字略有出入。

【用韻】「非、失」微質合韻。

〔一六〕【箋釋】劉文典云：文選吴季重答東阿王書注引「立孝」作「至孝」。○王叔岷云：事文類聚續集四、合璧事類別集十一引此亦並作「至孝」。文選答東阿王書注引「閭」作「里」。○于大成云：漢書鄒陽傳「故里名勝母，曾子不入」，顔氏家訓文章篇「里名勝母，曾子斂襟」，並作「里」。論衡問孔篇「曾子不入勝母之閭」，亦見鹽鐵論晁錯篇、後漢書鍾離意傳「曾子回車於勝母之閭」，並作「閭」。疑此文當作「閭」，論衡、鹽鐵論、後漢書皆用淮南文也。

【用韻】「孝、閭」宵魚合韻。

〔一七〕【箋釋】劉文典云：「曾」當爲「孔」，涉上「曾子立孝」而誤也。水經注二十五引尸子：「孔子至於暮矣，而不宿於盜泉，渴矣而不飲，惡其名也。」文選陸士衡猛虎行注引尸子：「孔子至於勝母，暮矣而不宿；過於盜泉，渴矣而不飲；惡其名也。」後漢書鍾離意傳：「臣聞孔子忍渴於盜泉之水。」列女傳：「樂羊子妻曰：『妾聞志士不飲盜泉之水。』」注：「水經注引論語撰考讖並云：『水名盜泉，仲尼不漱。』」論衡問孔篇、説苑説叢篇皆言孔子不飲盜泉，不聞爲曾子事也。御覽四百二十六引此已誤。惟四百十三引「曾子立孝」「曾」誤爲「孔」，可考「曾」、「孔」互譌之跡。○于大成云：新序節士篇「故孔子席不正不坐，割不正不食，不飲盜泉之水」，亦可證今本作「曾子」之誤。

【用韻】「廉、泉」談元合韻。

紂爲象箸而箕子唏〔一〕，魯以偶人葬而孔子嘆〔二〕，故聖人見霜而知冰〔三〕。有鳥將來，張羅而待之〔四〕。得鳥者，羅之一目也〔五〕。今爲一目之羅，則無時得鳥矣。今被甲者，以備矢之至〔六〕，若使人必知所集，則懸一札而已矣〔七〕。事或不可前規，物或不可慮〔八〕，卒然不戒而至，故聖人畜道以待時〔九〕。

髡屯犂牛，既𢧵以㸰，决鼻而羈〔一〇〕，生子而犧，尸祝齊戒，以沉諸河〔一一〕，河伯豈羞其所從出，辭而不享哉〔一二〕！

得萬人之兵，不如聞一言之當〔一三〕；得隋侯之珠，不若得事之所由〔一四〕；得和氏之璧，不若得事之所適〔一五〕。撰良馬者，非以逐狐狢，將以射麋鹿〔一六〕；砥利劍者，非以斬縞衣，將以斷兕犀〔一七〕。故高山仰止，景行行止，鄉者其人〔一八〕。

見彈而求鴞炙〔一九〕，見卵而求晨夜〔二〇〕，見黂而求成布，雖其理哉，亦不病暮〔二一〕！象解其牙，不憎人之利之也〔二二〕，死而弃其招簣，不怨人取之〔二三〕。人能以所不利利人，則可〔二四〕。

狂者東走，逐者亦東走，東走則同，所以東走則異〔二五〕。溺者入水，拯之者亦入水，入水則同，所以入水者則異〔二六〕。故聖人同死生，愚人亦同死生，聖人之同死生，通於分理；愚人之同死生，不知利害所在〔二七〕。徐偃王以仁義亡國，國亡者非必仁義〔二八〕；比干以忠靡其體，被誅者非必忠也〔二九〕。故寒者顫，懼者亦顫〔三〇〕，此同名而異實〔三一〕。

校釋

〔一〕【高注】見象箸知當復作玉杯，有玉杯必有熊蹯豹胎，以極庶侈，故箕子爲之驚號啼也。

【版本】王鎣本、葉本、吴本「唏」作「啼」，餘本同藏本。莊本、集解本注「庶」作「廣」，景宋本、王溥本、朱本、葉本同藏本。

【箋釋】雙棣按：韓非子喻老、説林上均載此事，高注蓋本之韓子。惟韓子「唏」作「怖」，顧廣圻謂「怖」當作「悕」，與「唏」同。顧説是。史記十二諸侯年表序亦作「唏」，淮南繆稱篇作「嘰」，嘰與唏義同，集韻：「嘰，唏也。」論衡龍虚篇作「泣」，泣與唏、嘰義亦相近。鹽鐵論散不足論、論衡實知篇作「譏」，黄暉云：「譏當作嘰。」

〔二〕【高注】惡其象人而用之，知後世必用殉，故孔子爲之長嘆也。

【箋釋】何寧云：孟子梁惠王上篇「仲尼曰：『始作俑者，其無後乎！』爲其象人而用之也」。

〔三〕【高注】見微霜降，大寒至，必堅冰。

【箋釋】于大成云：注文「大寒」上疑當有「知」字，方與正文相應。

〔四〕【用韻】「來、待」之部。

〔五〕【用韻】「鳥、目」幽覺通韻。

〔六〕【箋釋】劉台拱云：「今」字衍。

〔七〕【用韻】「至、札」質月合韻。

〔八〕【箋釋】王念孫云：「物或不可慮」，文義未明，且與上句不對。文子上德篇「事或不可前規，物或不可豫慮」，即用淮南之文。今本蓋脱「豫」字。

〔九〕【高注】道能均化，無不稟受，故聖人畜養以待時，時至而應，若武王伐紂也。

【版本】藏本注「也」字作「矣」，茅本、汪本、莊本、集解本作「也」，今據改，景宋本、王溥本、朱本、葉本同藏本。

〔一〇〕【高注】肌屯，醜牛貌。犂牛，不純色。⿰扌科，無角。⿰牜脩，無尾。決鼻羈頭而牽。

【版本】莊本、集解本正文及注「肌」作「髡」，餘本同藏本。景宋本正文及注「⿰扌科」作「⿰牜科」，餘本同藏本。

【箋釋】王念孫云：説文、玉篇、廣韻、集韻皆無「⿰扌科、⿰牜脩」二字，「⿰扌科、⿰牜脩」當爲「科、橢」，（橢，他果反。）後人從牛作「⿰牜科⿰牜隋」，傳寫者又誤爲「⿰扌科⿰牜脩」耳。（隸書「隋」字形與「脩」相似，故「橢」從隋聲而誤爲「⿰牜脩」。漢司隸校尉楊渙石門頌「更隨圍谷」，「隨」字作「⿺辶陏」。武都太守李翕析里橋郙閣頌「人物俱隋」，「隋」字作「陏」。李斯傳「隨俗雅化」，徐廣曰：「隨俗一作脩使。」皆以隸書「隋、脩」相亂，遂致傳寫異文。）科與橢，皆禿貌也。（禿橢一聲之轉，脩務篇云：「甕瓴盆盂，其方員鋭橢不同。」橢與鋭相對，是橢爲禿也。墨子脩身篇：「華髮墮顛，而猶弗舍。」墮與橢同，墮顛爲禿頂也。）故高注云「科無角，橢無尾」，其實無角亦可謂之橢。吕氏春秋至忠篇「荊莊哀王獵於雲夢，射隨兕」，隨與橢同。（齊俗篇「窺面於盤水則員，於杯則隨」，隨即橢字。）説苑立節篇作「射科雉」，（雉與兕同。集韻兕或作雉。史記齊世家「蒼兕蒼兕」，徐廣曰：「本或作蒼雉。」管蔡世家「曹惠伯兕」，十二諸侯年表兕作雉。）隨兕、科雉，皆謂兕之無角者也。太玄窮次四「土不和，木科橢」，范望曰：「科橢，枝葉不布。」集韻引宋惟幹説云：「科橢，木首杌也。」義與此科橢相近。「橢」字集韻又音徒禾切，故太玄與「和」爲韻。此與「羈、犧、河」爲韻。今誤作「⿰牜脩」，則失其韻矣。◯于鬯云：曾釗周禮注疏小箋「牧人」下引此，謂「屯」當作「毛」。未知然否。○楊樹達云：王説是也。科之言空也。廣雅釋詁三云：「科，空也。」説文穴部云：「窠，空也。」今語尚云科頭，謂空頭也。楕正字當作鬌。説文髟部云：「鬌，髮墮也。」髮墮故爲禿也。方言十二云：「鬌，尾梢盡也。」亦與高無尾之義合。○雙棣按：䑋屯，文部疊韻聯緜字，醜惡貌。高注犂牛爲不純色，是也。山海經東山經：「其中多鱅鱅之魚，其狀如犂牛。」郭璞注：「牛似虎文者。」法言脩身篇云：「犂牛之鞹與玄騂之鞹有以異乎？」亦以犂牛與玄騂對言。下高注引論語「犂牛之子」，即此「犂牛」，楊伯峻論語譯注注作「耕牛」，且以此論當時已有牛耕，誤矣。

〔二〕【高注】犧者，牲。尸，祭神之主。祝，祈福祥之辭。祀河曰沉。

【版本】茅本、張本、莊本、集解本注「牲」下有「也」字。

【用韻】「羈、犧、河」歌部。

〔三〕【高注】詩云：「采葑采菲，無以下體。」是。論語曰：「犂牛之子，騂且角，雖欲勿用，山川其舍諸？」

【版本】景宋本、莊本、集解本注「詩云」作「詩曰」，王溥本、朱本同藏本。莊本、集解本注無「是」字，景宋本、朱本同藏本。莊本、集解本注「騂」作「觪」，景宋本、王溥本、朱本同藏本。

【箋釋】雙棣按：注引詩，見詩經邶風谷風篇。引論語，見雍也篇。義爲父之不善，無害於子之美。淮南此意，正出自論語。

〔一三〕【高注】當，謂明天時地利，知人之言，可以不戰屈人之兵。

【版本】藏本「言」下無「之」字，景宋本、王溥本、王鎣本、朱本（挖補）、葉本、吴本、莊本、集解本有「之」字，今據補，餘本同藏本。

【箋釋】劉文典云：藝文類聚十九引，「如」作「若」，與下文一律。○吴承仕云：注「知人」，疑當作「人和」，語本孟子。謂一言之當，不外此天時地利人和三事也。各本「和」誤爲「知」，文又譌倒耳。○于大成云：御覽三百九十引「如」亦作「若」，喻林四十一引同。

【用韻】「兵、當」陽部。

〔一四〕【用韻】「珠、由」侯幽合韻。

〔一五〕【高注】由，用。適，宜適也。

【版本】景宋本、莊本、集解本「和」字作「咼」，餘本同藏本。

【用韻】「璧、適」錫部。

〔一六〕【版本】王溥本、王鎣本、朱本、葉本、吴本「狢」作「貉」，景宋本、茅本、汪本、張本、黄本、莊本、集解本作「貍」。

【箋釋】于鬯云：「撰」之言「選」。○陶鴻慶云：「麇鹿」當爲「鹿麇」。「麇」與「犀」爲韻。○楊樹達與于説同。○馬宗霍云：「撰良」之「撰」，當讀如周官大司馬「羣吏撰車徒」之「撰」，鄭玄注云：「撰讀曰算。算車徒謂數擇之也。」賈公彦疏申注云：「數擇之也者，以解撰爲數擇，取其善者。」本文亦謂擇取馬之良者也。○雙棣按：玉篇云：「狢，狐狢。」廣雅云：「狢，同貉。」

【用韻】「狢、鹿」鐸屋合韻。

〔一七〕【用韻】「衣、犀」微脂合韻。

〔一八〕【高注】言有高山，我仰而止之；人有大行，我則而行之。故曰鄉者其人也。

【版本】藏本注上「有」字作「者」，朱本、茅本、汪本、莊本、集解本作「有」，今據改，景宋本、王溥本同藏本。

【箋釋】王叔岷云：詩小雅車舝：「高山仰止，景行行止。」「止」本作「之」，王念孫史記孔子世家雜志有說。此文「止」亦本作「之」，高注「我仰而止之」，文不成義。蓋本作「我止而仰止」，淺人因正文「之」誤「止」，遂妄乙之耳。「我止而仰之」、「我則而行之」，正以釋「仰之」、「行之」之義。○蔣禮鴻云：「者」讀作「諸」。

〔一九〕【高注】彈可以彈鴟鳥，而我因其求炙也。

【版本】景宋本、王溥本注「因」下有「望」字，朱本、茅本、汪本、莊本、集解本同藏本。

〔二〇〕【高注】雞知將旦，鶴知夜半，見其卵，因望其夜鳴，故曰求晨夜。

【箋釋】俞樾云：「晨」當作「辰」。淺人誤謂與「夜」對文，故加日作「晨」，不知非其義也。辰者，時也。詩東方未明篇「不能辰夜」，毛傳曰：「辰，時也。」正義曰：「不能時節此夜之漏刻。」然則辰夜即時夜也。莊子齊物論篇正作「見卵而求時夜」。蓋皆本於毛詩，淮南用其文，莊子用其義耳。

〔二一〕【高注】黂，麻之有實者，可以爲布，因求其成。故曰「雖其理哉，亦不病暮」，言其早也。黂，讀傳曰「有蜚不爲災」之蜚。

【用韻】「炙、夜、布、暮」鐸魚通韻。

〔二二〕【高注】利，猶取也。

〔二三〕【高注】招簀，死者浴牀上稱柶。怨，亦憎，互文耳。簀，讀功績之績也。

【版本】藏本正文及注「簀」作「蕢」，景宋本、張本、黄本、莊本、集解本作「簀」，今據改，餘本同藏本。茅本、汪本、莊本、集解本注「死」上有「稱」字。茅本、汪本、張本、黄本、莊本、集解本注「柶」上「稱」字作「之」，景宋本、王溥本、朱本、葉本同藏本。藏本注「互」作「玄」，景宋本、王溥本、朱本作「互」，今據改，莊本、集解本作「變」，葉本同藏本。莊本、集解本注「耳」作「爾」。

【箋釋】劉家立云：集韻：「簀，測革切，音責。」説文：「牀棧也。」柩車亦謂之棧。儀禮既夕禮「賓奠幣于棧」。此注亦應作「浴牀上之棧」也。今本「棧」誤作「柶」，按爾雅釋宫注柶即櫨也，謂斗栱也，與簀義無涉。○于省吾云：「招」本應作「柖」，廣雅釋器：「沐牀謂之柖。」○雙棣按：方言五云：「牀，齊魯之間謂之簀，陳楚之間謂之笫。」錢繹箋疏云：「笫之言齊也，編竹爲之，均齊平正，故謂之笫。聲轉而爲簀，簀之言嫧也。凡言嫧者，皆齊平之意。説文：『嫧，齊也。』史記范雎傳索隱云：『簀謂葦荻之薄也。』蓋編葦爲薄，嫧然齊平，故謂之簀。聲又轉而爲棧，棧亦齊平之意。編木爲馬牀謂之馬棧，編竹爲簀謂之牀棧，其義一也。」然則劉氏謂「栭」字爲「棧」字之誤是也。

〔二四〕【高注】所不利，若子罕不利玉人之寶。利，若玉人自得玉以爲寶。故曰可也。

【版本】茅本、汪本注「玉人」上「若」字作「於」，莊本、集解本作「于」，景宋本、王溥本、朱本、葉本同藏本。

〔二五〕【箋釋】于大成云：韓子說林上引慧子曰「狂者東走，逐者亦東走，其東走則同，其所以東走之爲則異」，淮南此文所本。

〔二六〕【高注】異以不溺。

【版本】景宋本、王溥本注「以」作「其」，莊本、集解本同藏本。莊本、集解本注「溺」作「休」，景宋本、王溥本同藏本。

〔二七〕【用韻】「理、在」之部。

〔二八〕【高注】徐國，今下邳、徐、僮是。偃，諡。居衰亂之世，脩行仁義，爲楚文王所滅。滅者多以不義，故曰亡國不必仁義。

【箋釋】何寧云：注當作「故曰國亡者非必仁義」。○雙棣按：何說是。注「故曰」皆引用正文，下注「故曰被誅非必忠」，正引用正文，此當與彼一例。

〔二九〕【高注】比干以忠，諫紂而誅。世之見誅者多以不忠，故曰被誅者非必忠。

【版本】藏本注「世之」作「之世」，「見誅」作「見諫」，莊本、集解本作「世之」，作「見誅」，今據改，景宋本、王溥本、朱本同藏本。

〔三〇〕【版本】藏本「寒」下脱「者」字，景宋本有「者」字，今據補，王溥本、朱本、莊本、集解本同藏本。

【箋釋】王念孫云：「寒」下亦當有「者」字。上文「狂者東走，逐者亦東走」，與此文同一例。

〔三一〕【高注】同名於顫。異者，寒與懼。顫，讀天寒凍顫之顫，字亦自如此。

【版本】莊本、集解本注無「自」字，景宋本、朱本、葉本同藏本。

明月之珠出於蛖蜄，周之簡圭生於垢石〔一〕，大蔡神龜出於溝壑〔二〕。萬乘之主冠錙錘之冠，履百金之車〔三〕。牛皮爲鼓，正三軍之衆〔四〕。欲學歌謳者，必先徵羽樂風〔五〕；欲美和者，必先始於陽阿、采菱〔六〕；此皆學其所不學，而欲至其所欲學者。

燿蟬者務在明其火，釣魚者務在芳其餌。明其火者，所以燿而致之也；芳其餌者，所以誘而利之也〔七〕。欲致魚者，先通水；欲致鳥者，先樹木。水積而魚聚，木茂而鳥集。好弋者，先具繳與矰〔八〕；好魚者，先具罟與罛〔九〕；未有無其具而得其利〔一〇〕。

遺人馬而解其羈，遺人車而稅其轙〔一一〕，所愛者少而所亡者多〔一二〕。故里人諺曰：「烹牛而不鹽，敗所爲也〔一三〕。」

校釋

〔一〕【高注】珠有夜光明月，生於蛖中。簡圭，大圭，美玉，出於石中，故曰生於垢石。

【版本】藏本正文及注「蛖」作「蠬」，景宋本、莊本、集解本作「蛖」，今據改，餘本同藏本。藏本注「垢石」上無「於」字，王溥本有，今據補，餘本同藏本。

【箋釋】劉績云：「蠬」，當作「蚌」。○劉文典云：文選西都賦注引許注：「夜光之珠有似明月，故曰明月也。」○于大成云：藝文類聚八十三、御覽八百二、埤雅二引墨子「周之靈珪，出於土石」；（御覽奪「石」字。）楚之明月，出於蚌蜃」，此文所本也。選注、初學記、御覽引「生」並作「産」，或是異本。

〔二〕【高注】大蔡，元龜之所出地名，因名其龜爲大蔡。臧文仲所居蔡是也。

【版本】藏本注末無「也」字，王溥本、朱本、茅本、汪本、張本、黄本、莊本、集解本有「也」字，今據補，餘本同藏本。

【箋釋】何寧云：注首不當有「大」字，涉正文「大蔡」而衍也。

【用韻】「石、蛩」鐸部。

〔三〕【高注】六銖曰錙，八銖爲錘。言賈直少。物有賤而在上，有貴而在下。車或作履也。

【版本】藏本注「八銖」作「八兩」，莊本、集解本作「八銖」，今據改，景宋本、王溥本、朱本、葉本同藏本。莊本、集解本注「直」作「値」，景宋本、王溥本、朱本、葉本同藏本。

【箋釋】雙棣按：錙錘之重，各説紛異。然高注前言八銖爲錘，此不當又言八兩爲錘，「兩」當爲「銖」之譌。

〔四〕【高注】鼓聲氣，故可以齊三軍之衆也。

【版本】藏本「鼓」作「賤」，景宋本作「鼓」，今據改，餘本同藏本。

【箋釋】雙棣按：藏本及各本「鼓」誤作「賤」，惟景宋本不誤。注言「鼓聲氣」，故可知正文當有「鼓」字。「牛皮爲鼓，正三軍之衆」，自是物有賤而在上者，賤義隱含其中，不必明言。牛皮爲鼓，始可正三軍之衆。若只牛皮，豈可正三軍之衆邪？

〔五〕【高注】徵，南方火。羽，北方水。五音正樂。正得失，理情性，動天地，感鬼神，莫近於詩。樂風者，上以風化下，下以風刺上，故謂之風也。

【版本】藏本注脱「得」字，景宋本不脱，今據補，朱本、茅本、汪本、莊本、集解本「得失」二字作「夫」，葉本同藏本。藏本注「謂」作「與」，景宋本、王溥本、朱本作「謂」，今據改，葉本同藏本，茅本、汪本、莊本、集解本「謂之」二字作「曰」。

【箋釋】于省吾云：注訓樂風之風爲風化，非是。風者，歌曲之謂也。山海經大荒西經「祝融生太子長琴，是處榣山，始作樂風」，注：「創制樂風曲也。」然則樂風即樂之歌曲也。○蔣禮鴻云：注「夫」字宋本作「得失」二字是也。詩序曰：「故正得失，動天地，感鬼神，莫近於詩。」與此注正同。○雙棣按：「歌」字疑爲「謳」之旁注混入正文者。「欲學謳者」，與下文「欲美和者」相對爲文，若有「歌」字則不對矣。

〔六〕【高注】陽阿、采菱，樂曲之和聲。有陽阿，古之名俳，善和也。

【版本】景宋本注「有」作「百」，餘本同藏本。藏本注「俳」作「非」，王溥本、朱本、茅本、葉本、汪本、莊本、集解本作「俳」，今據改，景宋本作「徘」。

【箋釋】王念孫云：下「必先」二字，因上「必先」而衍。「始於」與「必先」相對爲文，不當更有「必先」二字。北堂書鈔樂部一、藝文類聚樂部一、太平御覽樂部三引此，並作「始於陽阿、采菱」，無「必先」二字。○陶方琦云：御覽五百六十五引許注：「楚樂之名也。」按：楚辭「涉江、采菱，發陽阿些」，王注：「楚人謌曲也。」與許說同。○劉文典云：書鈔、類聚、御覽引此文，「欲美和者」並作「奏雅樂者」。○于大成云：天中記四二引，亦無「必先」二字。四部備要本路史前紀八有眉批，引同。○蔣禮鴻云：「奏雅樂者」與「學歌謳者」文相對，則書鈔諸書所引爲長。「奏雅、美和」字形相近，因誤作「美和」，又脱去「樂」字耳。然高注一則曰和聲，再則曰善和，則其所據本蓋已誤矣。○何寧云：宋本注「百」蓋「一曰」之誤也。「一曰」誤合爲「百」，又以形近誤爲「有」耳。○雙棣按：何説當是。高注「陽阿」爲「樂曲之和聲」，又云「古之名俳」，不合。「古之名俳」當是另一説，宋本「百」尚存「一曰」之誤痕迹。

【用韻】「風、菱」侵蒸合韻。

〔七〕【高注】燿，明。芳，香。明火香餌，則蟫魚至。以言治國明其德，美其政，天下之人如蟫魚歸明火香餌也。

【版本】茅本、汪本、莊本、集解本注「歸」上有「之」字，景宋本、王溥本、朱本、葉本同藏本。

【箋釋】馬宗霍云：「明其火」文中已見「明」字，則上文「燿」字不當訓「明」。左氏昭公三年傳「焜燿寡人之望」，陸德明釋文引服虔注云：「燿，照也。」此亦謂照蟫者務在明其火也。○雙棣按：馬説是。説文云：「燿，照也。」荀子致士篇云：「夫燿蟫者務在明其火。」楊注云：「南方人照蟫取而食之。」亦用「照」釋「燿」字。

【用韻】「致、利」質部。

〔八〕【高注】繳，大綸。矰，短矢。繳所以繫矰者。繳射，射注飛鳥。詩云「弋鳧與鴈」也。

【版本】藏本注「繫」下無「矰」字，王溥本、朱本有，今據補，景宋本、葉本、莊本、集解本同藏本。莊本、集解本注下「射」字作「之」，景宋本、王溥本、朱本、葉本同藏本。

【箋釋】雙棣按：注引詩，見詩經鄭風女曰雞鳴。

【用韻】「弋、矰」職蒸通韻。

〔九〕【高注】罟，細網。傳曰：「數罟不入於汙池。」罛，大網。詩云：「施罛濊濊，鱣鮪潑潑。」是也。

【版本】藏本「罛」作「罘」，莊本、集解本作「罛」，今據改，餘本同藏本。藏本注上「罟」字作「罘」，莊本、集解本作「罟」，今據改，景宋本、王溥本、朱本同藏本。莊本、集解本注無「於」字。藏本注上「罛」字作「罘」，莊本、集解本作「罛」，今據改，景宋本、王溥本、朱本同藏本。藏本注下「罛」字作「罟」，莊本、集解本作「罛」，今據改，景宋本、朱本同藏本。

【箋釋】雙棣按：注引傳曰，見孟子梁惠王上。引詩見詩經衛風碩人。

【用韻】「魚、罛」魚部。

〔一〇〕【高注】言未見君無道而能得民心也。

〔一一〕【高注】轙，所以納衡也。

【版本】茅本、汪本、張本、黄本、莊本、集解本正文及注「轙」作「轙」，餘本同藏本。景宋本、汪本、張本、黄本、莊本、集解本注「納」作「縛」，王溥本、朱本、茅本、葉本同藏本。

【箋釋】劉績云：轙，魚倚切，車衡轡也。○楊樹達云：「税」假爲「挩」。説文云：「挩，解挩也。」○于省吾云：景宋本「轙」作「轙」，注同。説文：「轙，車衡載轡者。」爾雅釋器：「載轡謂之轙。」郭注：「車軛上環，轡所貫也。」急就篇「軹軾軫軨轙軜衡」，顔注：「轙，車衡上貫轡環也。衡者，横也，横木在馬頸上者。」轙爲貫轡之環，注稱縛衡之説，當未允也。

〔一二〕【用韻】「羈、轙、多」歌部。

〔一三〕【高注】烹羹不與鹽，不成羹，故曰敗所爲。禮記曰：「客絮羹，主人辭不能烹。」知烹爲羹也。

桀有得事〔一〕，堯有遺道〔二〕，嫫母有所美〔三〕，西施有所醜〔四〕。故亡國之法有可隨者，治國之俗有可非者〔五〕。琬琰之玉在洿泥之中，雖廉者弗釋〔六〕；弊箄甑瓾在袇茵之上，雖貪者不搏〔七〕。美之所在，雖污辱，世不能賤；惡之所在，雖高隆，世不能貴〔八〕。

春貸秋賦民皆欣〔九〕，春賦秋貸衆皆怨，得失同，喜怒爲別，其時異也。爲魚德者，非挈而入淵；爲蝯賜者，非負而緣木，縱之其所而已〔一〇〕。貂裘而雜，不若狐裘而粹〔一一〕，故人莫惡於無常行〔一二〕。有相馬而失馬者〔一三〕，然良馬猶在相之中〔一四〕。今人放燒〔一五〕，或操火往益之，或接水往救之，兩者皆未有功，而怨德相去亦遠矣〔一六〕。

郢人有買屋棟者，求大三圍之木〔一七〕，而人予車轂〔一八〕，跪而度之，巨雖可，而長不足〔一九〕。

校釋

〔一〕【高注】謂知作瓦以蓋屋，遺後世也。

【版本】茅本、汪本、莊本、集解本注「知」作「若」，景宋本、王溥本、葉本同藏本。

【箋釋】洪亮吉云：有虞氏已有瓦棺，則瓦非自夏始。周書云神農作瓦器，倉頡篇陶作瓦，舜始爲陶，衆經音義陶又通作姚。余以爲神農作瓦近之。故孟子云「舜陶於河濱」，明舜時已有瓦矣。古史考云夏昆吾作瓦，世本夏臣昆吾更增加瓦器。昆吾係夏桀時人，故又以爲桀作瓦也。

○雙棣按：呂氏春秋用衆篇「雖桀紂猶有可畏可取者」，高注：「桀作瓦，紂作胡粉，今人業之，尚可取之一隅。」亦云「桀作瓦」，此蓋當時之一説。

〔二〕【高注】遺，失。謂不能放四凶，用十六相是也。一説：不傳丹朱而禪舜天下，有不慈之名，故曰有遺道也。

【版本】藏本注「是」下「也」字作「其」，王溥本、朱本、茅本、莊本、集解本作「也」，今據改，景宋本、葉本、汪本同藏本。

〔三〕【高注】嫫母，古之醜女，而行貞正，故曰有所美。嫫，讀模範之模。

【箋釋】雙棣按：呂氏春秋遇合篇云：「嫫母執乎黄帝，黄帝曰：『厲女德而弗忘，與女正而弗衰，雖惡奚傷？』」正可爲本文之注。

〔四〕【高注】西施，古之好女也。雖容儀光艷，未必貞正，故曰有所醜也。

【版本】藏本注「貞」作「真」，景宋本、王溥本、茅本、汪本、莊本、集解本作「貞」，今據改，朱本、葉本同藏本。

【用韻】「道、醜」幽部。

〔五〕【高注】有可隨，猶嫫母有所美。有可非，猶西施有所醜。

【用韻】「隨、非」歌微合韻。

〔六〕【高注】琬琰，美玉。釋，舍。

〔七〕【高注】瓾，甑帶。搏，取。瓾，讀鼃黽之黽也。

【版本】浙局莊本注下「黽」作「鼃」，景宋本、王溥本、朱本、葉本、集解本同藏本。

【箋釋】王念孫云：今本「箅」作「箄」，非也。說文：「箅，蔽也，所以蔽甑底。從竹，畀聲。」玉篇博計切。急就篇「笹篅篗筥籅箅篝」是也。說文又云：「箄，簁箄也。從竹，卑聲。」玉篇必匙、必是二切。急就篇云「簁箄箕帚筐篋簍」是也。此言蔽箅甑瓾，則是甑箅之箅，非簁箄之箄，字不當從「卑」。說文、玉篇、廣韻、集韻、類篇皆無「瓾」字，「瓾」當作「𤭛」，字之誤也。說文：「窐，甑空也。」（空與孔通。）玉篇「𤮐」，或作「𤭛」，亦作「窐」，「胡圭、古畦二切，甑下空也」。楚辭哀時命「璋珪雜於甑窐兮」，璋珪與甑窐，美惡相縣，故以爲喻。此云「弊箅甑窐，在旃茵之上，雖貪者不搏」，亦爲其惡也。（見下文。）𤭛字不得音黽，注當作「𤭛讀鼃黽之鼃」。𤭛、鼃皆從圭聲，故讀𤭛如鼃。太平御覽器物部二引此已誤作「瓾」，洪興祖楚辭補注所引與御覽同，唯注内音鼃尚不誤。楊慎古音餘於梗韻收入「瓾」字，引高注瓾讀鼃黽之黽，則爲俗本所惑也。又：各本「旃」誤作「袇」，太平御覽引作「旃」。旃與氈同。茵，褥也。原道篇曰「席旃茵，傅旄象」是也。○何寧云：注「甑帶」，「帶」即「蔕」。老子五十九章「深根固柢」，宋本作「深根固蔕」，「蔕」即「柢」之借字。爾雅釋器「邸謂之柢」，郭注：「根柢，皆物之邸。邸，即底。通語也。」是甑蔕即甑底也。說文：「箅，蔽也，所以蔽甑底也。」「蔕，瓜當也。」當即底也。（說林篇「三寸之管而無當」，高注：「當猶底也。」）甑蔕即甑底，與說文義合。

【用韻】「釋、搏」鐸部。

〔八〕【高注】世不能賤者，喻賢者在下位卑污之處；世不能貴者，喻小人在上位高顯之處。

〔九〕【高注】春飢而予，秋豐而收，故民欣也。

【箋釋】雙棣按：「飢」與「饑」通。

〔一〇〕【高注】喻爲政，官方定物，能文者居文官，能武者居武官，故曰縱之其利而已也。

【版本】莊本、集解本注「利」作「所」，景宋本、王溥本、朱本、茅本、葉本、汪本同藏本。

【箋釋】莊逵吉云：太平御覽作「縱其所之而已」。○王念孫云：「縱之其所而已」，「所」下當有「利」字。淵者魚之所利，木者蝯之所利，故曰「縱之其所利而已」。高注「縱之其利而已」，「利」上當有「所」字。各本正文脱「利」字，（困學紀聞引此已誤。）而注文「利」字尚存，莊本又改「利」字爲「所」字，則並注文亦無「利」字矣。文子上德篇作「縱之所利而已」，與高注「利」字合，則正文原有「利」字明矣。○劉文典云：王説是也，御覽四百七十七引，作「縱其所之，利之而已矣」，有「利」字。○楊樹達云：淵木雖爲魚蝯之所樂，然由人挈而入之，負而緣之，皆失其所以爲樂矣。淵爲魚之所，木爲蝯之所，「縱之其所」者，謂縱之於其所，即縱魚使之入淵，縱蝯使之緣木也。原文明白，不必加「利」字，王説非是。○馬宗霍云：「縱之其所」之「所」，當讀如詩魏風碩人篇「爰得其所」之「所」。孔穎達疏以「得其所宜」釋之。商頌殷武篇「有截其所」，鄭箋云：「所猶處也。」玄應一切經音義二大般涅槃經第三卷「無所」條引三蒼：「所，處也。」淮南本文

「所」字義亦爲處。處即尻處。廣雅釋詁二又云「所，尻也」。尻通作居。魚以淵爲其居處，蝯以木爲其居處，性也。「之」猶「於」也，「縱之其所」，言縱於其處也。縱於其處則其性得矣，故曰爲魚德，爲蝯賜也。王應麟困學紀聞十引此文與今本同。文子上德篇作「縱之所利而已」，王念孫不信紀聞，過信文子，謂「所」下當有「利」字，殆未必是。劉文典據御覽有利字，而以王説爲是。余謂文子、御覽皆有增易，往往失淮南原書之舊。且御覽分爲兩句，「利」字不在「所」字下，亦不能證成王説也。◯雙棣按：楊、馬説「所」字是，所即處所，吕氏春秋達鬱篇：「厥之諫我也，必於無人之所。」高注：「所，處也。」然馬謂「之」猶「於」也，非是。此「之」仍爲代詞，代魚、蝯。

〔一〕【高注】雜，猶駁。粹，純也。

【版本】藏本注「駁」作「駭」，王溥本、莊本、集解本作「駁」，（蔣刊道藏輯要本亦作「駁」。）今據改，景宋本、葉本同藏本。

〔二〕【高注】無常行，猶論語「人而無恒，不可作爲巫醫」，故曰惡矣。

【版本】莊本、集解本注末「矣」作「也」，王溥本無「矣」字，景宋本同藏本。

【箋釋】雙棣按：注引論語，見子路篇，今「作」字作「以」。

〔三〕【高注】失，猶不知。

〔四〕【高注】良馬有夭壽、骨法，非能相不知，故曰在相之中。

【箋釋】雙棣按：此謂良馬之夭壽、骨相，非相不能知曉，故曰良馬在相之中。注「能」字當在「不」字下，誤倒在上，則文不成義。

【用韻】「行、中」陽冬合韻。

〔一五〕【箋釋】劉文典云：「放燒」義不可通，「放」當爲「於」，字之誤也。御覽八百六十九引，正作「今人於燒」，是其證。○王叔岷云：「放燒」猶「方燒」，「方、放」古通。（書堯典「方命圮族」，漢書傅喜傳作「放」，莊子田子方篇「方矢復寓」，御覽七四五引作「放」，並其證。）宋本御覽引此仍作「放燒」，鮑刻本作「於燒」，「於」即「放」字之誤。

〔一六〕【箋釋】楊樹達云：「接」字無義，疑假作「唼」。漢書王陵傳云：「始與高帝唼血而盟。」顏注云：「唼，小歠也。字或作啑。」一切經音義卷八引字書云：「啑，喋也，所洽反，謂以口微吸之也。」水固可救火，然一唼之水，不足以止燒，故云未有功也。

〔一七〕【高注】郢，楚都，在今江陵北，郢是也。棟，穩木材。

【版本】莊本、集解本注「穩」作「檃」，王溥本作「梁」，葉本作「隱」，景宋本、朱本同藏本。

【箋釋】吴承仕云：注文當云：在今江陵北，故郢是也。說文：「郢，故楚都，在南郡江陵北十里。」太平寰宇記：「荆州江陵縣，故郢城在縣東北十二里。」說略同。此文誤奪「故」字，文不成義。（徐松曰：古文苑孫叔敖傳碑：「楚都南郢，南郢即南郡江陵縣也。」夢溪筆談云：「今郢州本謂之北郢，非古之楚都。」據此，則注文「北郢」二字，不爲連語可知。）○何寧云：脩務篇高注

「郢，楚都也，今南郡江陵北里郢是也」，「北」下當據説文沾「十」字，蓋高承許説。此「北」下當補「十里」二字。○雙棣按：藏本注「穩」字，當爲「㯳」，形近之誤。説文：「㯳，棼也。」「棼，複屋棟也。」李誡營造法式：「棟，其名有九，三曰㯳。」

〔一八〕【箋釋】王念孫云：意林及太平御覽居處部十五引此，「予」下並有「之」字，於義爲長。

〔一九〕【高注】巨，大也。長不足，言其短。

【版本】莊本、集解本正文及注「長」作「脩」，餘本同藏本。（茅本、汪本、張本、黄本注無「長不足言其短」六字。）

【箋釋】莊逵吉云：脩，各本作「長」，依太平御覽改。○雙棣按：此「長」字依例當作「脩」，然此書亦有不盡然者，主術篇「魚不長尺不得取」，「長」亦未作「脩」，與此同，姑依舊本。

【用韻】「木、轂、足」屋部。

蘧伯玉以德化〔一〕，公孫鞅以刑罪，所極一也〔二〕。病者寢席〔三〕，醫之用針石，巫之用糈藉，所救鈞也〔四〕。

貍頭愈鼠，雞頭已瘻〔五〕，蝱散積血〔六〕，斲木愈齲〔七〕，此類之推者也〔八〕。膏之殺鼈，鵲矢中蝟〔九〕，爛灰生蠅〔一〇〕，漆見蟹而不乾，此類之不推者也〔一一〕。推與不推，若非而是，若是而非，孰能通其微〔一二〕！

天下無粹白狐，而有粹白之裘，掇之衆白也〔一三〕。善學者，若齊王之食雞，必食其蹠數十而後足〔一四〕。

刀便剃毛，至伐大木，非斧不尅〔一五〕，物固有以蒄適成不逮者〔一六〕。視方寸於牛，不知其大於羊，總視其體，乃知其大，相去之遠〔一七〕。孕婦見兔而子缺脣，見麋而子四目〔一八〕。小馬大目，不可謂大馬；大馬之目眇，可謂之眇馬，物固有似然而似不然者〔一九〕。故決指而身死〔二〇〕，或斷臂而顧活〔二一〕，類不可必推。

厲利劍者必以柔砥〔二二〕，擊鍾磬者必以濡木，轂强必以弱輻，兩堅不能相和，兩强不能相服〔二三〕，故梧桐斷角，馬氂截玉〔二四〕。媒但者，非學謾他，但成而生不信〔二五〕。立慬者，非學鬭争，慬立而生不讓〔二六〕。故君子不入獄，爲其傷恩也；不入市，爲其俳廉也〔二七〕；積不可不慎者也。

校釋

〔一〕【高注】伯玉，衛大夫蘧瑗。趙簡子將伐衛，使史默往視之，曰：蘧伯玉爲政，未可以加兵。故曰「以德化」。

【版本】藏本注「以德化」作「德化也」，茅本、汪本、莊本、集解本作「以德化」，今據改，景宋本、王溥本、朱本、葉本同藏本。

〔二〕【高注】公孫鞅，衛公子叔痤之子，自魏奔秦，相孝公，制相坐法，故曰以刑罪。秦封爲商君，因曰商鞅。商在京兆東南。瑗以德化，鞅以刑罪，故曰所極一也。

【版本】藏本注「痤」作「座」，景宋本、莊本、集解本作「痤」，（蔣刊道藏輯要本亦作「痤」。）今據改，王溥本、朱本、葉本同藏本。王溥本、朱本注「魏」作「衛」，餘本同藏本。藏本注「鞅以刑罪」無「罪」字，莊本、集解本有，今據補，景宋本、王溥本、朱本、葉本同藏本。

【箋釋】于大成云：依國策魏策一、吕氏春秋長見篇、史記商君傳，當云「公叔座」，「公」下不當有「子」字。史記索隱曰「公叔，氏」是也。史記謂鞅事公叔座爲中庶子，索隱曰：「官名也。周禮夏官謂之諸子，禮記文王世子謂之庶子。」國策及吕氏春秋作御庶子，高注吕氏春秋曰「御庶子，爵也」，則高氏以鞅爲公叔座之子者非。

【用韻】「化、罪」歌微合韻。

〔三〕【高注】寢，臥。席，蓐。

【版本】葉本、張本、黄本、莊本無此注，餘本同藏本。

〔四〕【高注】醫，師。在男曰覡，在女曰巫。石針所砥，彈人雍痤，出其惡血。糈，米，所以享神。藉，菅茅。皆所以療病求福祚。故曰救鈞。

【版本】莊本、集解本注「砥」作「抵」，景宋本、王溥本、朱本、茅本、葉本、汪本同藏本。藏本注

「彈」作「殫」，景宋本、集解本作「彈」，今據改，王溥本、朱本、茅本、葉本、汪本、莊本同藏本。王溥本「雍」作「癰」，餘本同藏本（張本、黃本無注）。藏本注「米」作「采」，景宋本、王溥本、朱本、茅本、汪本、莊本、集解本作「米」，今據改。藏本注「藉」作「籍」，王溥本、朱本、茅本、汪本、莊本、集解本作「藉」，今據改，景宋本、葉本同藏本。

【箋釋】于大成云：山海經東山經之首，高氏之山，其下多箴石，即此「針石」也。郭彼注云「可以爲砭針，治癰腫者」，（今本「砭」誤「砥」。）説文「砭，以石刺病也」。疑此注「砥殫」當爲「砭彈」，景宋本「殫」正作「彈」。韓子外儲説右上「夫痤疽之痛也，非刺骨髓，則煩心不可支也，非如是不能使人以半寸砥石彈之」，又六反云「彈痤者痛」，字亦作「彈」。「所」下當奪「以」字。○何寧謂「砥」爲「砭」誤，與于説同。○雙棣按：雍與癰同，惡瘡。素問大奇論「肺之雍」，字亦作「雍」。

【用韻】「席、石、藉」鐸部。

〔五〕【高注】鼠齧人創，狸愈之。瘻，頸腫疾。雞頭，水中芡，幽州謂之鴈頭，亦愈之也。

【版本】汪本、張本、黃本、莊本、集解本注「創」作「瘡」，餘本同藏本。

【箋釋】陶方琦云：御覽九百十三引淮南文「愈」作「已」，引許注：「貍食鼠。」按：「鼠」即「癙」字。爾雅釋詁：「癙，病也。」孫注：「畏之病也。」許、高並以貍制鼠之説相釋，以癙有從鼠之義也。山海經「脱扈之山，植楮可以已癙」，郭注：「癙，病也。淮南子曰：『貍頭已癙。』」又御覽九百十二「貍頭止瘋」，注：「瘋，寒熱病也。」或亦是許注，此引必係敚文。（物類相感志引許君注曰：「貍能執鼠，故愈也。」是全文。然「食」作「執」，「已」作「愈」。）○蔣超伯云：噎膈病有一種曰鼠膈者，酒食置無人處，尚可下咽，有似鼠之畏人，旋又吐也。治法以新生貍奴胞衣，焙製入藥，或可冀愈。見吴儀洛醫藥學述。（吴氏云：「貓胞，甘酸温，治反胃吐食，甚效。」）今之貓，古謂之貍，與淮南「貍頭愈鼠」正合。高誘注謂「鼠齧人創」，非。○馬宗霍云：已猶止也，謂雞頭可止瘺疾也。「已」與「愈」對文，故高注以「亦愈之」釋之。○何寧云：山海經中山經郭注：「瘻，瘺屬也，中多有蟲。淮南子曰：『雞頭已瘻。』」又高注「亦愈之也」，疑當作「已，亦愈也」，蓋釋「已」字。

〔六〕【箋釋】陶方琦云：御覽九百四十三引，作「蝱戢積血」，又引許注：「蝱食血。」按：高無注，説文：「蝱，齧牛尾蟲也。」○何寧云：玉篇「戢，聚也」，疑御覽九百四十五引「戢」字當爲「散」之誤。御覽九百六十一引仍作「散」。

〔七〕【箋釋】劉文典云：御覽七百四十引注云：「啄木，食齲蟲也。」○劉家立云：後漢書梁冀傳「冀妻能爲齲齒笑」，注引風俗通曰：「齲齒笑者，若齒痛不忻忻也。」説文：「齲，蠹也。」廣雅：「齲，病也。」釋名：「齲，朽也，蟲齧之齒缺朽也。」

【用韻】「鼠、瘻、齲」魚侯合韻。

〔八〕【高注】推，行也。

〔九〕【高注】中，亦殺也。

【版本】藏本注「也」作「矣」，王溥本、茅本、莊本、集解本作「也」，今據改，景宋本、朱本同藏本。

【箋釋】何寧云：「膏之殺鼈」，「膏之」與下句「鵲矢」不類，「膏之」當作「青堊」。膏、青形近而譌，後人又改「堊」爲「之」耳。類聚九十六、御覽九百三十二引淮南萬畢術云：「青泥殺鼈，得莧復生。」説文：「藍，染青草也。」「堊，澱也。」青堊即藍澱。爾雅釋器「澱謂之堊」，郭注：「滓澱也，今江東呼堊。」釋名釋采帛云：「緇，滓也。泥之黑者曰滓。」是青泥即青堊，與「鵲矢」文正相對。萬畢術即本此爲説，應從之訂正。

〔一〇〕【高注】爛，腐。

【版本】藏本「蠅」作「繩」，王溥本、葉本、汪本、集解本作「蠅」，（蔣刊道藏輯要本亦作「蠅」。）今據改，景宋本、張本、黄本同藏本。

【箋釋】劉績云：蠅生於灰，舊本作「繩」，非也。○鄭良樹云：天中記五七引此「繩」作「蠅」。○于大成云：御覽九百六十一、埤雅八、十、喻林引「繩」並作「蠅」。

〔一一〕【高注】乾，燥。

【版本】莊本、集解本此注在上文「乾」字下，景宋本、王溥本、朱本、葉本同藏本。

〔一二〕【用韻】「推、非、微」微部。

〔一三〕【用韻】「狐、白」魚鐸通韻。

〔一四〕【高注】蹠，雞足踵，喻學取道衆多，然後優。

【箋釋】楊樹達云：食蹠數十，不足爲多，「十」當作「千」，形近誤也。呂氏春秋用衆篇云：「善學者若齊王之食雞也，必食其蹠數千而後足。」此淮南所本，字正作「千」。

〔一五〕【高注】尅，截。

【箋釋】于大成云：詩齊風南山「析薪如之何，匪斧不克」，毛傳「克，能也」。又豳風伐柯「伐柯如何，匪斧不克」，鄭箋「克，能也」。此「尅」字亦當讀爲「克」。

〔一六〕【版本】王鎣本、汪本「寇」作「冦」，張本、黄本、莊本、集解本作「尅」，景宋本、王溥本、葉本、吴本同藏本。

【箋釋】蕭旭云：方言一：「凡物盛多謂之寇，齊宋之郊楚魏之際曰夥。」郭璞注：「今江東有小凫，其多無數，俗謂之寇凫。」（棣按：凫當是「也」之誤。）慧琳音義卷十引韻詮：「寇，盛多也。」字或作「够」。廣雅「够，多也」。王念孫云：「寇與够聲近義同。」「不逮」猶言「不足」。「寇」與「不逮」正相對舉。

〔一七〕【高注】遠，猶多也。

【箋釋】王念孫云：「乃知其大」，「大」字因上文而衍。乃知其相去之遠，文義甚明，句中不當有「大」字。○于省吾云：有「大」字於文可通，乃知其大（逗），相去之遠（句）。「乃知」貫「大」與「相去之遠」爲言。乃知其大，系申述上文「視方寸於牛，不知其大於羊」，總視其體之義。

【用韻】「大、遠」月元通韻。

〔一八〕【版本】藏本「四」上「子」字作「不」，各本均作「子」，今據改。

〔一九〕【版本】藏本下「可」作「所」，王溥本、王鎣本、朱本、葉本、吴本、莊本、集解本作「可」，今據改，餘本同藏本。

【箋釋】徐時棟云：此等語似乎奇怪，實則堅白之餘流耳。目無見可謂瞽人，目有見可謂明人邪？耳無聞可謂聾人，耳能聞可謂聰人耶？王安石眼多白，不能謂之白人，阮籍好作青白眼，不能謂之青白人。○于大成云：下「似」字疑衍，吕氏春秋别類篇云「物多類然而不然」，與此文同義。「不然」上不當有「似」字。

〔二〇〕【高注】決，傷。

【箋釋】何寧云：疑「故」下當有「或」字，與下「或」字相因爲義。

〔二一〕【高注】顧，反。

【箋釋】陶方琦云：史記索隱十六引許注：「顧，反也。」此乃舊訓，故同。説林訓「偷肥其體而顧近於死」，高注：「顧，反也。」

〔二二〕【高注】柔，濡。

【箋釋】馬宗霍云：柔、濡二字皆見正文，高即訓柔爲濡，是謂二字義同也。説文厂部云：「厎，柔石也。」砥爲厎之或體。則柔砥即柔石也。管子版法篇「藏温濡」，尹知章注云：「濡，古軟字。」集韻二十八獮「濡」與「輭」、「軟」同訓柔也。廣韻二十八獮以「軟」爲「輭」之俗，則濡木即輭木，亦即柔木也。

〔二三〕【用韻】「輻、服」職部。

〔二四〕【高注】言柔勝剛。

【版本】藏本「毳」作「毳」，除景宋本、茅本同藏本外，各本皆作「毳」，（蔣刊道藏輯要本亦作「毳」。）今據改。

【用韻】「角、玉」屋部。

〔二五〕【高注】但，猶詐也。

【版本】王鎣本、朱本「但」作「怛」，餘本同藏本。王溥本、王鎣本、朱本、茅本、葉本、張本、吴本、黄本、莊本、集解本「他」作「也」，景宋本同藏本。

【箋釋】王念孫云：但與誕同，故高注曰：「但，猶詐也。」他與詑同，謾詑，詐欺也。説文：「謾，欺也。」又曰：「沇州謂欺曰詑。」（玉篇湯何、達可二切。）急就篇「謾訑首匿愁勿聊」，顔師古曰：「謾訑，巧黠不實也。」或謂之訑謾。楚辭九章：「或訑謾而不疑。」「詑、訑、他」字異而義同。燕策：「燕王謂蘇代曰：『寡人甚不喜訑者言也。』蘇代對曰：『周地賤媒，爲其兩譽也。之男家曰女美，之女家曰男富。』」故曰「媒但者，非學謾他，但成而生不信」也。「謾他」與「鬭争」相對爲文，各本「謾他」並誤作「謾也」，或又於「鬭争」下加「也」字，以與「謾也」相對，其謬滋甚。惟道藏本不誤。莊刻仍依各本作「謾也」，又於「鬬争」下加「也」字，故特辯之。

〔二六〕【版本】王鎣本、茅本、汪本、張本、吴本、黄本、莊本、集解本「争」下有「也」字，景宋本、王溥本、朱本、葉本同藏本。

【箋釋】劉績云：慬，渠斤、居近二切，愨也。○劉台拱云：列子説符篇「此而不報，無以立慬於天下」，張湛注：「慬，勇也。」人間訓云「如此不報，無以立務於天下」，注：「務，勢也。」「務」並「慬」誤，「勢」當作「勇」。

【用韻】「争、讓」耕陽合韻。

〔二七〕【高注】侳，辱。

【版本】藏本「廉」下無「也」字，除景宋本同藏本外，餘本均有「也」字，今據補。

【箋釋】雙棣按：御覽人事部清廉引作「君子不入市，爲其侳廉」，「侳」當爲「挫」字之借。「侳、挫」同從「坐」聲，音相同。脩務篇「頓兵挫鋭」，高誘注：「挫，辱折。」與此注合。

走不以手，縳手走不能疾；飛不以尾，屈尾飛不能遠。物之用者必待不用者。故使止見者，乃不見者也〔一〕；使鼓鳴者，乃不鳴者也〔二〕。

嘗一臠肉，而知一鑊之味〔三〕；懸羽與炭，而知燥溼之氣〔四〕，以小明大。見一葉落而知歲之將暮〔五〕，睹瓶中之冰而知天下之寒〔六〕，以近論遠〔七〕。三人比肩，不能外出户〔八〕；一人相隨，可以通天下〔一九〕。足蹷地而爲迹，暴行而爲影，此易而難〔二〇〕。莊王誅里史，孫叔敖制冠浣衣〔二一〕；文公棄荏席後黴黑，咎犯辭歸〔二二〕。故桑葉落而長年悲也〔二三〕。鼎錯日用而不足貴〔二四〕，周鼎不爨而不可賤〔二五〕。物固有以不用而爲有用者〔二六〕。地平則水不流，重鈞則衡不傾〔二七〕，物之尤，必有所感〔二八〕。物固有以不用爲大用者〔二九〕。先倮而浴則可，以浴而倮則不可〔三〇〕。先祭而後饗則可〔三一〕，先饗而後祭則不可〔三二〕。物之先後各有所宜也。祭之日而言狗生〔三三〕，取婦夕而言衰麻，置酒之日而言上冢〔三四〕，渡江河而言陽侯之波〔三五〕。或曰知其且赦也而多殺人〔三六〕，或曰知其且赦也而多活人〔三七〕，其望赦同，所利害異〔三八〕。故或吹火而然，或吹火而滅〔三九〕，所以吹者異也。烹牛以饗其里，而罵其東家母，德不報而身見殆〔四〇〕。

校釋

〔一〕【版本】茅本、汪本、張本、黄本「使」作「所」，餘本同藏本。莊本、集解本「止」作「之」，張本、黄本作「以」，餘本同藏本。

【箋釋】陶方琦云：「之」當爲「目」字之誤。「使目見者乃不見者也」，與下文「使鼓鳴者乃不鳴者也」，文同一例。莊子天下篇「目不見」，釋文引司馬云：「目不夜見非暗，晝見非明，有假也。

所以見者明也。」即此義。

〔二〕【高注】不鳴，乃無聲也。

【版本】藏本「不」上無「乃」字，除景宋本同藏本外，各本均有「乃」字，今據補。藏本下「鳴」下無「者」字，除景宋本、王溥本同藏本外，各本均有「者」字，今據補。

〔三〕【高注】有足曰鼎，無足曰鑊。

【版本】藏本「知」上無「而」字，朱本有，今據補，餘本同藏本。

【箋釋】王叔岷云：「知」上當有「而」字，乃與下文句法一律。説林篇正有「而」字。○于大成云：此用吕氏春秋察今篇文，彼文「知」上亦有「而」字。喻林三十八引此文「知」上正有「而」字。

〔四〕【高注】燥，故炭輕；溼，故炭重。

【版本】集解本注「溼」作「濕」，餘本同藏本。

【箋釋】于省吾云：景宋本「溼」作「濕」。泰族篇：「夫濕之至也，莫見其形，而炭已重矣。」與注説可互證。○雙棣按：景宋本不作「濕」，作「溼」，與藏本及各本同，于氏失檢。

【用韻】「味、氣」物部。

〔五〕【箋釋】于大成云：藝文類聚九，歲華紀麗四，御覽十七、六十八，事類賦八引「一葉」下並有「之」字，與下句一例。

【用韻】「落、暮」鐸部。

〔六〕【箋釋】俞樾云：「寒」下當有「暑」字。兵略篇曰：「是故處堂上之陰而知日月之次序，見瓶中之冰而知天下之寒暑。」彼以「暑」與「序」爲韻，此以「暑」與「暮」爲韻。今删「暑」字，則失其韻矣。上文曰「嘗一臠肉知一鑊之味，縣羽與炭而知燥溼之氣」，「味、氣」爲韻，則此文亦必有韻可知。當據兵略篇補。

〔七〕【高注】論，知也。

【箋釋】劉文典云：藝文類聚九、御覽六十八引，「論」並作「諭」。○何寧云：類聚、御覽引「諭」當是「論」字之誤。

【用韻】「寒、遠」元部。

〔八〕【高注】户不容故也。

【版本】藏本注無「也」字，王溥本、朱本、茅本、汪本、莊本、集解本有，今據補，景宋本、葉本同藏本。朱本注無「故」字。

〔九〕【高注】言不並也。

【箋釋】王念孫云：一人不得言「相隨」，「一人」當作「二人」。二人不並行，則可以通天下，故高注云「言不並也」。○陶鴻慶云：「可以通天下」句下，當有「此難而易」四字，與下文「此易而難」相互成義。比肩不能出户，是其難也；相隨可通天下，是其易也。如今本則意義不明矣。○雙棣按：王説「一人」當作「二人」恐非，疑「一人」當爲衍文。文當作「三人比肩不能外出户，相隨可以通天下」，「相隨」與「比肩」相對，均謂「三人」而言。

【用韻】「户、下」魚部。

〔一〇〕【高注】蹍，履。履地迹自成，行日中影自生，是其易。使迹正影直，是其難也。

【箋釋】陶鴻慶云：「足蹍地而爲迹，暴行而爲影」二句之下，亦當有脱句。蓋謂迹不能爲正，影不能必直，故曰此易而難。高注「履地迹自成，行日中影自生，是其易；使迹正影直，是其難」，是其所見本未誤。如今本但見易，不見其難矣。

〔一一〕【高注】里史，佞臣。惡人死，叔敖自知當見用，故制冠浣衣。

【箋釋】俞樾云：「制」疑「刷」字誤。爾雅釋詁：「刷，清也。」故與「浣衣」對文。○劉文典云：「制、製」古通用，制冠即製冠也。蔡邕獨斷云：「長冠，楚制也。」是其證矣。俞氏欲改字釋之，非是。且「清冠」亦不詞。○于大成云：「制」即「製」字，事類賦注逕引作「製」，御覽六百八十四引注「制冠」作「作冠」，蓋皆以意改，然亦可見「制」字非誤，俞説未確。○許建平云：俞説義長。説文：「㕞，拭也。」朱駿聲曰：「經傳皆以刷爲之。」爾雅釋詁「刷，清也」，郭注：「掃刷所以爲潔清。」刷冠謂拭去冠上之塵土，與「浣衣」對。刷冠義與彈冠同。漢書王吉傳：「吉與貢禹爲友，時稱王陽在位，貢禹彈冠。」後漢書李固傳：「巖穴幽人，智術之士，彈冠振衣，樂欲爲用。」里史被誅，孫叔敖知己將見用，故刷冠浣衣，預備做官也。

〔二二〕【高注】晉文棄其臥席之下黴黑者，咎犯感其捐舊物，因曰：「臣從君周旋，臣之罪多矣，臣猶自知之，況君乎，請從此亡。」故曰辭歸。

【版本】藏本「咎犯」二字誤爲小字注文，各本均爲正文，今據改正。王溥本正文及注「咎」作「舅」。

【箋釋】王引之云：高讀「棄荏席後黴黑」爲一句，非也。「棄荏席」爲句，「後黴黑」爲句。謂於荏席則棄之，於人之黴黑者則後之也。韓子外儲説左篇云：「文公反國，至河，令籩豆捐之，席蓐捐之，手足胼胝，面目黧黑者後之。咎犯聞之，再拜而辭。」是其證。（説苑復恩篇同。）○陶方琦云：意林引許注：「晉文公棄席之黑者，捐故舊也，故咎犯辭去。」按：二注文微異，當是高承用許注説。韓子外儲篇、説苑復恩篇皆以「棄荏席，後黴黑」作二事，論衡感類篇作「徹麋墨」。此作一義解，與諸家異。○雙棣按：棄荏席後黴黑，許、高並作一句讀，論衡感類篇「晉文反國，命徹麋墨，舅犯心感，辭位歸家」，所謂徹麋墨，亦謂麋墨之物，非謂黎黑之人，與淮南相近。此與韓子不同，蓋漢代有此説。

〔二三〕【高注】桑葉時既茹落，長年懼命盡，故感而悲也。

【版本】莊本、集解本注「既」作「將」，景宋本、王溥本、朱本、茅本、葉本、汪本同藏本。

【箋釋】王念孫云：「桑葉」當爲「木葉」，長年見木落而悲，不當專指桑葉言之。庾信枯樹賦引此正作「木葉」，文選蜀都賦注、文賦注、太平御覽人事部一百二十九所引，並與枯樹賦同。○

梁玉繩云：「長年」讀長幼之長。○吴承仕云：注言「茹落」，義不可説，「茹」疑當爲「苑」字之誤也。俶真篇「形苑而神壯」，注云：「苑，枯病也。苑讀如南陽苑。」苑落，猶言枯病而落矣。○于省吾云：文選魏都賦「神惢形茹」注：「茹，臭敗之義也。」注言茹落，猶敗落也。○馬宗霍與于説同。○于大成云：杜甫詩黄鶴注卷六、卷十，蘇軾集注分類卷二、卷十趙次公注引，「桑」亦作「木」。但木字本有桑音。列子湯問篇「越之東有輒木之國」，注音木字爲又康反。（世德堂本如此，宋本木作沐，康作休。）山海經東次三經「南望幼海，東望榑木」注：「扶桑二音。」並其證也。吕氏春秋求人篇「東至榑木之地」，亦當讀爲扶桑。孫志祖嘗言之，見讀書脞録七。

【用韻】「衣、歸、悲」微部。

〔一四〕【高注】錯，小鼎，雖日見用，不能和五味，故不足貴。

【箋釋】劉台拱云：「錯」當爲「鏏」。説林訓：「水火相憎，鏏在其間。」注：「鏏，小鼎。又曰：鼎無耳爲鏏。鏏讀曰彗。」○王引之云：古無謂小鼎爲錯者，「錯」當爲「鏏」，「鏏」字本在「鼎」字上。鏏鼎，小鼎也。言小鼎雖日用而不足貴，周鼎雖不爨而不可賤也。説文曰：「鏏，鼎也。（廣雅同。）讀若彗。」説林篇「水火相憎，鏏在其間，五味以和」，彼注云：「鏏，小鼎。」正與此注相同，則「錯」爲「鏏」之誤明矣。鏏，小貌也。小鼎謂之鏏，小棺謂之槥，小星貌謂之嘒，其義一也。○劉文典云：御覽七百六十五箕箒條下引此文作「掃箒日用而不足貴」，疑「鏏」始譌爲「篲」，後人又改爲「掃箒」也。御覽箕箒條下引此，是其譌已在宋前矣。○雙棣按：劉、王説是。

説林篇「水火相憎，鏏在其間」，高注：「鏏，小鼎。」又曰：「鼎無耳曰鏏。」正文作「鏏」，注文作「鏏」，是鏏、鏏同也。王念孫廣雅疏證云：「鏏，字亦作鏏。」「鏏」蓋「鏏」之後起字。廣韻「鏏，大鼎。鏏，小鼎」，恐爲强生分别。參説林篇。

〔一五〕【高注】周家大鼎，不日炊火以休味，而能和味，故曰不可賤。

【版本】莊本、集解本注「休」作「烋」，景宋本、王溥本、葉本同藏本。

【箋釋】劉績云：周鼎即九鼎，象物知神奸，非如他鼎，但可烹調。○于鬯云：此二句義本甚明，不煩解説，而高注支離甚矣。且既日用矣，焉有不能和五味？既不爨矣，又何有於和味？是即當謂鼎錯雖能和五味而不足貴，周鼎雖不和五味而不可賤。注義不惟支離，又適相背矣。蓋高實探下文不用而爲有用之語，而爲是説，不知彼言有用，不必泥也。

〔一六〕【高注】不用，謂鼎不爨。爲用，謂爲五味。

【版本】景宋本、茅本、汪本、莊本、集解本注下「爲」字作「調」，王溥本、葉本同藏本。

【箋釋】于大成云：注文「爲用」，當爲「有用」，正文可證。

〔一七〕【高注】流，行。傾，邪也。

〔一八〕【高注】尤，過。輕重則衡低卬，故曰必有所感。感，動也。

【版本】藏本注「衡」誤作「衝」，景宋本、王溥本、莊本、集解本作「衡」，今據改，朱本、茅本、葉本、汪本同藏本。

〔一九〕【高注】衡行物，物所不用，然用之，乃知物之輕重。故曰「以不用爲大用」也。

【版本】朱本注「行」作「稱」，景宋本、王溥本、茅本、汪本、莊本、集解本同藏本。莊本、集解本注「然」作「乃」。景宋本、葉本注「然」下有「後」字，王溥本、朱本、茅本、汪本同藏本。藏本注「以不」誤倒爲「不以」，景宋本、王溥本、朱本、茅本、汪本、莊本、集解本不倒，今據乙正，葉本同藏本。

【箋釋】吴承仕云：注「衡行物」，朱本「行」作「稱」，「乃用之」，朱本「乃」作「然」。按：朱本近之。景宋本作「然後用之」，「後」字衍。

〔二〇〕【箋釋】于鬯云：以、已通。○王叔岷、蔣禮鴻與于説同。

〔二一〕【高注】禮，食必祭，示有所先。饗，猶食也。

【版本】藏本注「必祭」倒爲「祭必」，景宋本、莊本、集解本作「必祭」，今據乙正，王溥本、朱本、葉本同藏本。

〔二二〕【高注】爲不敬，故曰不可也。

〔二三〕【箋釋】俞樾云：「生」當作「胜」。説文肉部：「胜，犬膏臭也。」狗胜猶言狗臭。○楊樹達云：祭之日言狗臭，未爲大失。俞説非也。愚謂狗生乃詈人之辭。漢書儒林傳記江翁之詈王式曰：「何狗曲也。」後漢書劉寬傳記寬罵客蒼頭曰：「畜産！」此皆漢人以狗畜詈人之證。産、生同義，狗生猶言畜産也。祭貴嚴肅，以惡語詈人，乃爲不宜耳。今街巷間時聞此語，觀此知漢初已然矣。

〔二四〕【高注】皆所不宜。

【箋釋】何寧云：注「皆所不宜」四字當是正文，在「陽侯之波」句下。上文舉「先倮而浴」，「以浴而倮」，「先祭而後饗」，「先饗而後祭」四事，結曰：「物之先後，各有所宜也。」此舉「祭之日而言狗生」四事，無結語。「皆所不宜」四字，正以總述其事，與上結語「各有所宜」相對爲文，安得於第三句下注曰「皆所不宜」乎？蓋抄書人誤以正文入注耳。以上文例之，句末猶當有「也」字。

〔二五〕【高注】陽陵國侯溺死，其神能爲大波，爲人作害，因號陽侯之波。舟人所不欲言。

【用韻】「宜、麻、波」歌部。

〔二六〕【高注】不仁。

〔二七〕【高注】乃仁人也。

【箋釋】王念孫云：兩「知其且赦也」，「其」皆當爲「天」。「天」字或作「兲」，「其」字或作「亓」，二形相似而誤。知天且赦而多殺人，若漢桓帝時河内張成善説風角，推占當赦，遂教子殺人是也。意林引此，作「或知天將赦而多殺人，或知天將赦而多活人」，太平御覽刑法部十八引，作「或曰知天且赦也而殺人，或曰知天且赦也而活人」，是其證。○楊樹達云：赦由天主，今古未聞，「其」字不誤。意林所引，「天」爲誤字，不足據依。○向承周云：兩「或」字下不當有「曰」字。下文「或吹火而然，或吹火而滅」，語意正同，沾「曰」字則文不成義。意林引此無兩「曰」字，宜據删。

〔二八〕【箋釋】王念孫云：「所」上當有「其」字。御覽引此，正作「其所利害異」。

〔二九〕【用韻】「然、滅」元月通韻。

〔三〇〕【高注】殆，危害也。

【用韻】「里、母、殆」之部。

文王汙膺，鮑申傴背，以成楚國之治〔一〕。裨諶出郭而知，以成子產之事〔二〕。朱儒問徑天高於脩人〔三〕，脩人曰：「不知〔四〕。」曰：「子雖不知，猶近之於我〔五〕。」故凡問事必於近者〔六〕。寇難至，躄者告盲者，盲者負而走，兩人皆活，得其所能也。故使盲者語，使躄者走，失其所也〔七〕。

郢人有鬻其母，爲請於買者曰：「此母老矣，幸善食之而勿苦〔八〕。」此行大不義而欲爲小義者。

介蟲之動以固〔九〕，貞蟲之動以毒螫〔一〇〕，熊羆之動以攫搏〔一一〕，兕牛之動以觝觸〔一二〕，物莫措其所脩而用其所短也〔一三〕。

治國者若鎒田，去害苗者而已。今沐者墮髮，而猶爲之不止，以所去者少，所利者多〔一四〕。砥石不利，而可以利金〔一五〕；擻不正，而可以正弓〔一六〕。物固有不正而可以正，不利而可以利〔一七〕。

力貴齊，知貴捷。得之同，遫爲上〔一八〕；勝之同，遲爲下〔一九〕。所以貴鏌邪者，以其應物而斷割也。劗靡勿釋，牛車絶轔〔二〇〕。爲孔子之窮於陳蔡而廢六藝則惑〔二一〕，爲醫之不能自治其病，病而不就藥則勃矣〔二二〕。

校釋

〔一〕【高注】文王，楚武王之子熊疵。污膺，陷胷。鮑申，楚相。傴背，僂。成治，言賢也。

【版本】張本、黄本、莊本、集解本注無「熊疵」二字，餘本同藏本。

【箋釋】陶方琦云：御覽三百七十一引許注：「洿，虚也。」按：説文：「膺，胷也。」義得通。洿，説文曰：「窊下也。」窊下即虚陷義。洿從夸得聲，夸有虚義，（吕氏春秋本生篇「非夸以爲名」，高注：「夸，虚也。」）故訓爲虚。○向承周云：高注未明。污膺，謂伏地受笞而污其膺也。傴背，謂行笞而俯其身也。事見吕氏直諫篇。○于大成云：吕氏春秋直諫篇作「葆申」，高注云「葆，太葆官也。申，名也」。説苑正諫篇、古今人表中上、抱朴子君道篇並作「保申」。依高吕氏春秋注，葆即太保之官，則作「保」、作「葆」得相通。淮南作「鮑」，失之。

〔二〕【高注】裨諶，鄭大夫，謀於野則獲，謀於國則否。鄭國有難，子産載如野，與議四國之事。故曰成子産之事。論語曰：「裨諶草創之，世叔討論之，東里子産潤色之。」

【箋釋】陶鴻慶云：「裨諶出郭而知」下有脱句，當是言子太叔美秀而文，應對賓客之事，與裨諶事皆見襄公三十一年左傳。上文云「文王污膺，鮑申傴背，以成楚國之治」，言文王、鮑申形貌不同，而成治則一也。此言太叔、裨諶才性不同，而成事則一也。高注引論語曰「裨諶草創之，世叔討論之，東里子産潤色之」，正以正文舉此三人，故節論語文爲證。今本之有脱明矣。

【用韻】「治、事」之部。

〔三〕【版本】藏本「問」作「門」，各本均作「問」，今據改。藏本「天」上有「徑」字，今據王念孫校删，各本同藏本。

【箋釋】王念孫云：「天高」上不當有「徑」字，蓋衍文也。意林及太平御覽人事部十八引此，皆無「徑」字。○鄭良樹云：王校是也。永樂大典二二九七引此「天高」上亦無「徑」字。○于大成云：萬卷菁華九引，「天高」上亦無「徑」字。

〔四〕【箋釋】劉文典云：意林、御覽三百七十七引，「脩人曰」下皆有「吾」字。○鄭良樹云：永樂大典引此「脩人曰」下亦有「吾」字。○于大成云：萬卷精華引「脩人曰」下亦有「吾」字。

〔五〕【箋釋】劉文典云：意林引，作「爾去天近於我也」。

〔六〕【高注】脩人，長人。

【版本】藏本注「長」作「美」，景宋本、王溥本、茅本、汪本、張本、黄本、莊本、集解本作「長」，今據改，朱本、葉本同藏本。

【箋釋】鄭良樹云：「近」下疑當有「之」字。○于大成云：鄭説是也。御覽、萬卷精華引「近」下正有「之」字。

〔七〕【箋釋】陶鴻慶云：「失其所也」，當作「失其所能也」。上文云「寇難至，躄者告盲者，盲者負而走，兩人皆活，得其所能也」，文義上下相應。○雙棣按：「故使盲者語，使躄者走」，「盲者」與「語」不相關涉，御覽疾病部引作「故使瘖者語，使躄者走」，「瘖者」與「語」相關，然上文乃「盲者」與「躄者」對舉，此突然冒出「瘖者」，上下不協。此當作「使盲者睹」，語義乃合，且「睹」與「走、所」不失其韻，爲魚侯合韻。

【用韻】「語、走、所」魚侯合韻。

〔八〕【高注】郢，楚都。鬻，賣也。食，養也。

【版本】莊本注「賣」作「買」，景宋本、王溥本、朱本、集解本同藏本。

【箋釋】劉文典云：吕氏春秋長利篇高注引作「楚有賣其母者」，「母」下當有「者」字。○王叔岷云：「爲」當作「而」，字之誤也。吕氏春秋長利篇注、意林引此並作「而」。○鄭良樹云：永樂大典一〇八一四引此「母」下有「者」字。○于大成云：御覽八百二十八引「母」下亦有「者」字。

〔九〕【高注】介，甲，鼅鼄之屬。動，行。

【版本】莊本、集解本注「甲」作「蟲」，「鼅」作「魚」，無「之」字，景宋本、王溥本、朱本、茅本、葉本、汪本同藏本。

【箋釋】劉文典云：御覽九百四十四引注，作「介，甲，龜鼈之屬」，宋本、藏本同。

〔一〇〕【高注】貞蟲，細腰蜂，蜾蠃之屬。無牝牡之合曰貞，而有毒，故能螫。螫，讀解釋之釋也。

【版本】藏本注「螫」字不重，莊本、集解本重「螫」字，今據補，景宋本、王溥本、朱本、葉本同藏本。

〔一一〕【高注】攫，撥。熊羆多力，故能撥攫，有所搏也。

【版本】莊本、集解本注上「撥」字作「搏」，餘本同藏本。

【用韻】「固、螫、搏」魚鐸通韻。

〔一二〕【高注】兕，獸名，有角。牛，犂牛。

〔一三〕【高注】措，置。

【版本】藏本「短」上無「所」字，景宋本有「所」字，今據補，餘本同藏本。

【箋釋】陶方琦云：史記集解梁孝王世家引許注：「措，置也。」按：此許注羼入高注中者。說文：「措，置也。」訓正同。晉灼引皆許君淮南注文。

〔一四〕【箋釋】于大成云：藝文類聚五十二、御覽六百二十四引「止」作「已」。已，亦止也。又引「所去者少」上有「其」字。又韓子六反篇「古者有諺曰：爲政猶沐也，雖有棄髮，必爲之」，淮南文義本之。

〔一五〕【高注】金，刀劍之屬也。

〔一六〕【高注】撇，弓之掩牀，讀曰檠。

〔一七〕【高注】不正者撇，正者弓也。不利者砥，利者金也。

〔一八〕【高注】齊，讀蒜齏之齏。齊、捷皆疾。

【版本】藏本注無「蒜」字，景宋本、集解本有，今據補，王溥本、朱本、葉本、莊本同藏本。

【箋釋】楊樹達云：說文云：「齌，炊餔疾也。」引申之義爲疾，「齊」殆「齌」之假字。

〔一九〕【用韻】「上、下」陽魚通韻。

〔二〇〕【高注】⿰幾刂，切。楚人謂門切爲轔，車行其上則斷之。孟子曰：「城門之軌，非兩馬之力。」轔，讀近藺，急舌言之乃得也。

【版本】藏本注「爲」作「之」，莊本、集解本作「爲」，今據改，餘本同藏本。藏本注「藺」作「蘭」，莊本、集解本作「藺」，今據改，景宋本、王溥本、朱本、葉本同藏本。

【箋釋】劉家立云：說文、玉篇、廣韻、集韻皆無「⿰幾刂」字。「⿰幾刂」疑爲「削」之誤，「靡」當作「劘」。玉篇：「劘，削也。」言鏌邪應物斷割，能削劘勿釋，如牛車之絶轔也。高注「⿰幾刂，切」，當作「轔，切」。漢書外戚傳「切皆銅沓黄金塗」，師古云：「切，門限也，音千結反。」此云楚人謂門切爲轔，則本作「轔，切」明矣。後人因正文有「⿰幾刂」字，妄改爲「⿰幾刂，切」，而不知其不可通也。說林篇「亡馬不發户轔」，彼注云：「楚人謂户限爲轔。」與此注可互證。○楊樹達云：劉説非也。「⿰幾刂」當讀爲

「剴」。說文云：「剴，摩也。」古音幾與豈同，故多通作。荀子大略篇云：「幾爲知計矣！」楊倞注：「幾讀爲豈。」史記黥布傳云：「幾是乎！」徐廣曰：「幾讀曰豈。」並其證也。「靡」當讀爲「摩」。易繫辭上傳云：「剛柔相摩。」王注云：「摩，相切摩也。」釋文引京房云：「相磑切也。」又引馬融云：「摩，切也。」靡與摩聲類同，故二字亦通作。史記齊太公世家云：「與齊侯兵合靡笄下。」徐廣云：「靡一作摩。」又蘇秦傳云：「期年，以出揣靡。」索隱云：「靡讀亦爲摩。」並其證也。剴摩同義，故說文以摩訓剴，而淮南子以「剴靡」連言之，作削則非其義矣。「所以貴鏌邪者」二句，承上文「得之同，遬爲上」言之；「剴靡勿釋」二句，承上文「勝之同，遲爲下」言之。劉云「鏌邪應物斷割，能削劘勿釋，如牛車之絶轔也」，既應物斷割矣，尚何剴靡勿釋之有乎？高注「剴，切」，「剴」字亦不誤。詩小雅雨無正疏引書大傳注云：「剴，切也。」高注剴爲切，亦讀「剴」爲「剴」也。注文已言楚人謂門切爲轔，何用複舉「轔，切」之訓乎！○于省吾云：注以剴爲切，是讀「剴」爲「鐖」，然「鐖靡」連稱，於古無徵。此「剴靡」當是「羈縻」之假字。漢書刑法志「是猶以鞿而御駻突」，集解引晉灼：「鞿，古羈字也。」是「剴」可讀「羈」之證。「靡、縻」字通，古籍習見。史記司馬相如傳「其義羈縻勿絶而已」，索隱：「羈，馬絡頭也。縻，牛紖也。」此分言之耳，合言之則牛馬均可稱羈縻也。○何寧云：楊說是也。原本玉篇殘卷石部磯字：「劉熙曰：『磯，切也。』野王案：謂摩切也，淮南『磯摩勿釋』是也。與『剴』字同義，是『剴』乃『磯』之或體。古本淮南蓋作『磯』。又通作『剴』。原本玉篇『磑』字：『野王案：摩切爲剴。』摩、靡通作，又作劘。漢書賈山傳「賈山自下劘上」，孟康曰：「劘謂剴切也。」蘇林曰：「劘音摩，厲也。」是𠟼靡、礳摩、剴劘，字異而義同。

〔二〕【高注】六藝，禮、樂、射、御、書、數。

【箋釋】馬宗霍云：史記孔子世家云：「孔以詩書禮樂教，弟子蓋三千焉，身通六藝者七十有二人。」又云：「孔子布衣，傳十餘世，學者宗之。自天子王侯中國言六藝者，折中於夫子。」禮記經解篇：「孔子曰：入其國，其教可知也。」下文即述詩、書、樂、易、禮、春秋六教。淮南本文六藝上承孔子，當指六經而言，大戴記所謂大藝也。禮、樂、射、御、書、數，乃周官保氏以教國子者，大戴記所謂小藝，似不足以當此。○于大成説同。

〔三〕【高注】不擇於事曰勃也。

【箋釋】俞樾云：「藥」當讀爲「𤻲」。説文疒部：「𤻲，治也。或作療。」古每以藥爲之。詩板篇「不可救藥」，韓詩外傳作「不可救療」，毛用叚字，韓用正字也。「病而不就藥」，謂不就其療治。中鑒俗嫌篇：「藥者，療也。」

【用韻】「惑、勃」職物合韻。

淮南子校釋卷第十七

説林訓〔一〕

以一世之度制治天下，譬猶客之乘舟，中流遺其劍，遽契其舟桅〔二〕。暮，薄而求之。其不知物類亦甚矣〔三〕。夫隨一隅之迹，而不知因天地以游，惑莫大焉〔四〕。雖時有所合，然而不足貴也。譬若旱歲之土龍，疾疫之芻狗，是時爲帝者也〔五〕。曹氏之裂布，蛷者貴之，然非夏后氏之璜〔六〕。無古無今，無始無終，未有天地而生天地，至深微廣大矣〔七〕。

校　釋

〔一〕【高注】木叢生曰林，説萬物承阜，若林之聚矣，故曰説林，因以題篇也。

【箋釋】吴承仕云：注「承皐」當作「烝皐」，形聲相近而誤。烝皐猶言衆多矣。○何寧云：承皐當作盛皐，盛猶皐，盛、承音近而誤。蜀藏本正作盛皐。

〔二〕【高注】契，刻。捥，船弦板。墮劍於中流，刻下船弦，言其於此下失劍。捥，讀如左傳襄王出居鄭地汜之汜。

【版本】王鎣本「契」作「鍥」。葉本、莊本、集解本正文及注「捥」作「桅」，餘本同藏本。（下注同。）莊本、集解本注上「下」字作「于」，餘本同藏本。

【箋釋】王念孫云：桅與汜，聲不相近。徧考書傳，亦無謂船舷板爲桅者，「桅」當爲「⿰木巳」，⿰木巳與汜同聲，故讀從之。「⿰木巳」字本作「⿰舟巳」，廣雅曰：「⿰舟巳謂之舷。」謂船兩邊也。集韻、類篇並云：「⿰舟巳或作⿰木巳。」「⿰木巳」字草書作「⿰木巳」，因譌爲「桅」矣。楊慎古音餘於陷韻收入「桅」字，引淮南子「遽契其舟桅」，音汜，則爲俗本所惑也。○雙棣按：契舟求劍事，本吕氏春秋察今篇。

〔三〕【高注】日暮，薄岸而止，求劍於其所刻捥下，故曰不知物類。

【版本】茅本、汪本、張本、黄本、莊本、集解本注無「止」字，餘本同藏本。王溥本注「類」字下有「甚矣」二字，葉本有「矣」字，茅本、汪本、莊本、集解本有「也」字，景宋本、朱本同藏本。

〔四〕【高注】隨一隅之迹，刻捥之類，或無有大於此也。

【版本】莊本注「或」作「惑」，景宋本、王溥本、朱本、葉本、集解本同藏本。

【箋釋】雙棣按：或，與「惑」通。

〔五〕【高注】土龍以求雨，芻狗以求福，時見貴也。【版本】藏本「狗」作「靈」，王鎣本、汪本、張本、黄本、莊本、集解本作「狗」，今據改，餘本同藏本。藏本「是」下無「時」字，張本、黄本、莊本、集解本有，今據補，餘本同藏本。吴本「帝」作「貴」，餘本同藏本。

〔六〕【高注】楚人名布爲曹，今俗間以始織布繫著其旁，謂之曹布，燒以傅蠸蛷瘡則愈，故蛷者貴之。半璧曰璜。璜以發衆，國家之寶，故曰然非夏后氏之璜也。【版本】藏本注上「布」作「命」，莊本、集解本作「布」，今據改，景宋本、茅本、汪本、葉本、張本、黄本同藏本。藏本注「璧」作「壁」，景宋本、王溥本、汪本、莊本、集解本作「璧」，今據改，朱本、茅本、葉本同藏本。【箋釋】洪亮吉云：説文「胡曹作衣」，曹氏或即指此。○俞樾云：高氏所據本疑無「氏」字，若有「氏」字，則「曹」是人之氏族，何得以「布」言之乎？今有「氏」字者，蓋涉下文「夏后氏之璜」而衍，非高本之舊也。惟高注義亦未安。若從前一説，則曹即布之異名，言曹不必更言布。若從後一説，則當以「曹布」連文，不當曰「曹之裂布」也。「曹」疑當讀爲「褿」。廣雅釋器曰：「褿，褯也。」玉篇巾部曰：「幒，褯也。」幒即褿之異。又衣部曰：「褯，小兒衣也。」然則褿者，疑是小兒承藉之布菌屎，故亦謂之褯。褯猶席也。漢書宣帝紀注引李奇曰：「緥，小兒大藉也。」即其類也。「褿之裂布」者，説文衣部：「裂，繒餘也。」字通作「烈」。爾雅釋詁：「烈，餘也。」裂布即餘布，言承藉小兒，其四邊所有之餘布也。是其爲物至賤，然而蛛者貴之，正上文「時有所合」之意。

〔七〕【高注】言其深微廣大，故能生天地也。【箋釋】陶鴻慶云：而讀爲能，故高注云「言其深微廣大，故能生天地也」。【用韻】「今、終」侵冬合韻，「地、大」歌月通韻。

足以蹍者淺矣，然待所不蹍而後行〔一〕；智所知者褊矣，然待所不知而後明〔二〕。游者以足蹶，以手抪〔三〕，不得其數，愈蹶愈敗〔四〕；及其能游者，非手足者矣〔五〕。鳥飛反鄉，兔走歸窟，狐死首丘，寒將翔水，各哀其所生〔六〕。毋貽盲者鏡，毋予躄者履，毋賞越人章甫，非其用也〔七〕。椎固有柄，不能自椓；目見百步之外，不能自見其眦〔八〕。狗彘不擇甂甌而食，偷肥其體，而顧近其死〔九〕。鳳凰高翔千仞之上，故莫之能致〔一〇〕。月照天下，蝕於詹諸；騰蛇游霧，而殆於蝍蛆〔一一〕。烏力勝日，而服於鵻禮，能有脩短也〔一二〕。

校釋

〔一〕【高注】蹍，履。待所履而行者則不得行，故曰待所不履而後行。

【箋釋】王念孫云：足以屨，「以」亦當爲「所」，文子上德篇作「足所踐」，是其證。

〔二〕【高注】褊，狹。知所知，所不知以成明矣。

【版本】藏本注「褊」誤作「福」，景宋本、王溥本、朱本、茅本、張本、黄本、莊本、集解本作「褊」，今據改。

【箋釋】吴承仕云：注文「所不知以成明」，「所」上合有「待」字，尋義自明，各本並奪。○于大成云：莊子徐无鬼「故足之於地也踐，雖踐，恃其所不蹍而後善博也；人之於知也少，雖少，恃其所不知而後知天之所謂也」，淮南文義本之。

【用韻】「淺、褊」元部，「行、明」陽部。

〔三〕【箋釋】于省吾云：說文：「抪，擭也。」桂氏說文義證云：「擭也者，疑推之譌。」徐鍇韻譜：「拺，推也。」玉篇：「抪，引推也。」廣韻：「抪，推抪。」按：桂說是也。○馬宗霍云：蹶當讀如蹶張之蹶，「抪」借作「拔」，當讀爲拔剌之拔。周官大司馬「中夏教茇舍」，鄭玄注云：「茇讀如萊沛之沛。」拔與茇同從犮聲，抪與沛同從巿聲。「抪」讀如「拔」，猶「茇」讀如「沛」也。「蹶張」者，漢書申屠嘉傳「材官蹶張」，顔師古注引如淳曰：「材官之多力，能腳踏彊弩張之，故曰蹶張。」「拔剌」者，文選張衡思玄賦「彎威弧之拔剌兮」，李善注：「拔，方割切。剌，力達切。」又引舊注曰：「拔剌，彎弓貌。」後漢書張衡傳「拔剌」作「撥剌」，李賢注：「撥剌，張弓貌也。」與文選舊注同。拔撥雙聲字。游者入水，屈伸其足如踏弓，以手左右分水如張弓，故曰以足蹶、以手抪矣。

〔四〕【高注】愈，益。敗，猶没也。

【箋釋】雙棣按：數，術也。

【用韻】「蹶、抪、敗」月部。

〔五〕【高注】不用手足而自游也。

〔六〕【高注】寒將，水鳥。哀，猶愛也。

【箋釋】俞樾云：文子上德篇作「各依其所生也」。「哀」與「依」古聲同，此作「哀」者，即依之叚字耳。高注曰：「哀，猶愛也。」非是。○陶方琦云：文選謝惠連擣衣詩引許注：「寒螿，蟬屬也。」按：二注文義並異。文子上德作「寒螿得木」，許本當同，與高作水鳥解者正異。文選劉鑠擬古詩注亦引淮南作「寒螿」。爾雅釋蟲：「蜺，寒蜩。」郭注：「寒螿也，似蟬而小，青色。」莊子逍遥遊釋文司馬注：「惠姑，寒蟬也，一名蝭蟧。」陸云：「即楚辭所云寒螿。」玉篇：「螿，寒蟬屬。」與許注同。○于省吾云：當從許説。水鳥翔水，與下句各哀其所生之義不符。且上文鳥兔狐並言，不應於鳥之外，再言水鳥也。○呂傳元云：俞謂高注「哀猶愛」非是，此説大誤。樂記云：「肆直而慈愛者，宜歌商。」鄭注：「愛或爲哀。」是哀愛古通用字也。○于大成云：「各哀其所生」云者，即「胡馬依北風，越鳥巢南枝」之義，「哀」字自當依文子作「依」方合。「哀、依」古通。○雙棣按：文選劉鑠擬古詩云：「寒螿翔水曲，秋兔依山基。」李善注引淮南子曰：「兔走歸窟，寒螿翔水。」又引高誘注云：「寒螿，水鳥。哀，猶愛也。」寒將作寒螿，高釋水鳥，許釋寒蟬，二説可并存。劉鑠，南朝宋人，其詩云：「寒螿翔水曲。」當時自有以「寒螿」爲水鳥者，故李善引高本淮南爲之注，不必强同高、許。又「哀，愛」之訓，合於淮南之意，釋名釋言語：「哀，愛也。愛乃思念之也。」

【用韻】「窟、水」物微通韻。

〔七〕【高注】賞，遺。章甫，冠。越人斷髮，無用冠爲。

【箋釋】蔣禮鴻云：正文及注「賞」字皆當作「資」，字之誤也。莊子逍遥遊篇曰：「宋人資章甫適諸越，越人斷髮文身，無所用之。」即淮南所本，是其證也。周禮天官外府：「共其財用之幣齎。」掌皮：「歲終則會其財齎。」鄭司農注並曰：「齎或爲資。」是「資」與「齎」通。説文：「齎，持遺也。」故高注曰：「資，遺也。」○于大成云：文選枚叔七發注引「予」作「遺」，「履」作「屨」。○雙棣按：此文作「賞」亦通。説文：「賞，賜有功也。」引申之，則有贈予、給予之義。漢語大字典、大詞典立「贈予、給予」義項，皆引淮南此例爲證，當是。

〔八〕【高注】喻人能有所爲，而不能自爲也。

【版本】藏本「有」作「百」，王溥本、王鎣本、朱本、葉本、汪本、張本、吳本、黄本、莊本、集解本作「有」，今據改，景宋本、茅本同藏本。

【箋釋】于大成云：韓子喻老篇曰「智如目也，能見百步之外，而不能自見其眥」，（今本眥誤睫。）此文之所本也。

〔九〕【高注】偷，取也。顧，反。肥則享之，故近其死也。

【版本】王溥本、張本、黄本、莊本、集解本注「享」作「烹」，餘本同藏本。

【箋釋】于省吾云：注説非是。荀子榮辱「今夫偷生淺知之屬」，注：「偷者，苟且也。」史記淮南衡山列傳：「王亦偷欲休。」集解徐廣：「偷，苟且也。」晉語：「民孰偷生。」注：「偷，苟也。」偷肥其體，言苟肥其體。上云「狗彘不擇甂甌而食」，不擇與苟且之義相符。○馬宗霍謂偷爲苟且，與于説同。又云：説文云：「顧，還視也。」還視者，返而視也，引申之義則爲反，故高注以反訓之。史記絳侯世家「彭祖顧得侯」，司馬貞索隱引許慎注淮南子云：「顧，反也。」此所引不審是何篇之注，而高氏本注正與之同。凡用顧字作語詞者，義多爲反，或爲但，本文之「顧」，亦語詞也。○雙棣按：説文：「享，獻也。象進孰物形。」段玉裁注云：「享象薦孰，因以爲飪物之稱，故又讀普庚切。」又云：「飪物作亨，亦作烹。」故文字「享、亨」同形，「烹」乃「亨」之後起字。劉績不知，改「享」而爲「烹」。

【用韻】「體、死」脂部。

〔一〇〕【高注】七尺曰仞。非聖德君不致，故曰莫之能致也。

〔一一〕【高注】詹諸，月中蝦蟇，食月，故曰食於詹諸。殆，猶畏。蝍蛆，蟋蟀，爾雅謂之蜻蛚，之大腹也。上蛇，蛇不敢動，故曰殆於蝍蛆也。

【箋釋】莊逵吉云：殆，太平御覽作「困」。○郝懿行云：廣雅云：「蝍蛆，吴公也。」玉篇云：「蝍蟓，蝍蛆，能食蛇，亦名蜈蚣。」莊子齊物論篇云「蝍蛆甘帶」，釋文引司馬彪云：「帶，小蛇也。蝍蛆好食其眼。」是皆以蝍蛆即蜈蚣也。爾雅釋蟲云：「蒺蔾，蝍蛆。」郭璞注云：「似蝗而大腹，長角，能食蛇腦。」蜈蚣似蚰蜒，而長大，尾末有歧，郭云「似蝗而大腹，長角」，則必非蜈蚣矣。唐本草注：山東人呼蜘蛛一名蝍蛆，亦能制蛇。但蜘蛛雖大腹而無長角，又不似蝗。此二物亦未聞能食蛇也。初學記十九引蔡邕短人賦云：「蟄地蝗兮蘆蝍蛆。」以蝍蛆與蝗爲類，又爲譬況短人，決非蜈蚣之比。今有一種蚝蜢蟲，大腹，長角，色紫緑，而形麤短，俚人呼之山草驢，亦名蛆蛆，與蝍蛆聲近。高氏此注所説與郭璞爾雅注正合，但未識是今何物耳。○陶方琦云：大藏音義九十九引許注：「蝍蛆，一名吴公也。」按：御覽九百四十六引舊注曰：「蝍蛆，吴公也。」此即許注。廣雅：「蝍蛆，吴公也。」衆經音義引字林：「蝍蛆，吴公也。」皆本許義。○吴承仕云：御覽九百四十九引注，正同今本。而九百十六引注則云：「蝍蛆，蓋吴公也。」尋本草蜈蚣條，陶隱居引淮南此文而説之曰：「其性能制蛇，見大蛇，便緣而噉其腦。」疑此注與郭璞説近者，爲高義；與弘景説近者，爲許義。○于大成云：御覽九百四十九引「蝕」上有「而」字，與下文一例。○雙棣按：高注「爾雅謂之蜻蛪，之大腹也」，「之大腹也」上當有脱文。

【用韻】「下、諸、蛆」魚部。

〔一三〕【高注】烏在日中而見，故曰勝日。服，猶畏。鵻禮，爾雅謂裨笠，秦人謂之祀祝。間蠶時晨鳴人舍者，鴻鳥皆畏之，故曰能有脩短也。

【版本】藏本注「秦」誤作「奏」，除葉本同藏本外，各本均作「秦」，今據改。

【箋釋】王引之云：「禮」當爲「札」，「札」譌爲「礼」，後人因改爲「禮」耳。（廣雅「札，甲也」，今本「札」譌作「禮」。莊子人間世篇「名也者，相札也」，崔譔曰：「札，或作禮。」）埤雅引此作「鵻禮」，則所見本已誤。廣雅曰：「車搹，焦札也。」鈔本太平御覽引廣雅作「鵻礼」，刻本作「鵻禮」，亦是鈔本譌「札」爲「礼」，刻本又改爲「禮」也。今本廣雅作「鵻杔」，「杔」亦「札」之譌。「鵻、鵻」二字往往相亂。説文曰：「鵻，祝鳩也。」昭十七年左傳注則云：「祝鳩，鵻鳩也。」然則淮南之「鵻札」，即廣雅之「鵻札」也。此六句以「諸、蛆」爲韻，「日、札」爲韻。（成十六年左傳七札之札，徐邈音側乙反，正與日字相協。）若作「禮」，則失其韻矣。○郝懿行云：高注禆苙，即爾雅之鵖鴔。其鵻禮即鵻札，廣雅疏證以爲「札」與「礼」形相似，因而輾轉致譌，其説是矣。荊楚歲時記云：「春分有鳥如烏，先雞而鳴，聲如加格加格，民候此鳥鳴，則入田，以爲催人駕犂格也。」郭璞爾雅注鵖鴔曰「江東名爲烏鴟」。爾雅翼云：「今烏鴟小於烏而能逐烏。」

【用韻】「日、禮」質脂通韻。

莫壽於殤子而彭祖爲夭矣〔一〕。

短綆不可以汲深，器小不可以盛大，非其任也〔二〕。

怒出於不怒，爲出於不爲〔三〕。視於無形，則得其所見矣；聽於無聲，則得其所聞矣〔四〕。

至味不慊，至言不文，至樂不笑，至音不叫，大匠不斲，大豆不具，大勇不鬬〔五〕，得道而德從之矣，譬若黄鍾之比宫，太簇之比商，無更調焉〔六〕。

以瓦鉒者全，以金鉒者跋，以玉鉒者發〔七〕。是故所重者在外，則内爲之掘〔八〕。逐獸者目不見太山〔九〕，嗜慾在外則明所蔽矣〔一〇〕。

聽有音之音者聾，聽無音之音者聰，不聾不聰，與神明通〔一一〕。

卜者操龜，筮者端策，以問於數，安所問之哉〔一二〕！

校釋

〔一〕【高注】生，寄。死，歸。殤子去所寄，歸所卜，故曰以爲壽。彭祖，蓋楚先，壽四百歲，不早歸，故曰以爲夭。論語曰：「竊比於我老彭。」蓋謂是。一説：彭祖，蓋黄帝時學仙者。言不如殤子早歸神明矣。

【版本】王溥本、朱本注「卜」作「本」，莊本、集解本作「安」，餘本同藏本。茅本、汪本、張本、黄本、莊本、集解本注「四」作「八」，餘本同藏本。張本、黄本、莊本、集解本注「以爲夭」上無「曰」字，餘本同藏本。

【箋釋】王叔岷云：兩「故」下並不當有「曰」字。○于大成云：吕氏春秋執一篇高注「彭祖，壽益七百」，依吕氏春秋注，則此注亦當作「七百歲」，八百、四百，皆非高義。

〔二〕【高注】任，讀甚任之任。

【版本】景宋本、集解本注「甚」作「勘」，王溥本作「責」，莊本同藏本。

【箋釋】吴承仕云：「甚任」即「堪任」。詩小毖「未堪家多難」，毛傳曰：「堪，任也。」高讀本此。劉文典集解本作「勘任」，亦非。○黄侃云：「甚任」當作「堪任」。○王叔岷云：「短綆」當作「綆短」，傳寫誤倒也。「綆短」與「器小」相對爲文。莊子至樂篇：「褚小者不可以懷大，綆短者不可以汲深。」即淮南所本。

【用韻】「深、任」侵部。

〔三〕【高注】不怒乃是怒，不爲乃是爲也。

【箋釋】何寧云：莊子庚桑楚篇「出怒不怒，則怒出於不怒；出爲無爲，則爲出於無爲矣」，此淮南所本。又鄧析子轉辭篇與本文同。

〔四〕【高注】言皆易恤無聲，故得有聞。

【版本】藏本「得其所見」上無「則」字，王鎣本、茅本、汪本、張本、吴本、黄本、莊本、集解本有，今據補，餘本同藏本。

【用韻】「形、聲」耕部，「見、聞」元文合韻。

〔五〕【高注】慊，快。叫，譟呼。不斲，不自斲削。豆，簠簋籩豆之器。大勇，人聞自畏之，不復鬬也。

【箋釋】俞樾云：大匠，大勇，皆以人言，而大豆獨以器言。且「大豆不具」，義亦難通，殆非也。淮南原文本作「大庖不豆」。吕氏春秋貴公篇曰：「大匠不斲，大庖不豆，大勇不鬭。」即淮南所本。高氏彼注曰：「但調和五味，使神人享之而已，不復自列簠簋籩豆也。」疑高氏此注亦與彼同。今但存「豆，簠簋籩豆之器」七字，蓋後人删改之，以合於既誤正文，非其舊也。又按：豆者，「剅」之叚字。廣雅釋詁：「剅，裂也。」「大庖不剅」謂不自割裂，與不斲、不鬭一律，説詳吕氏春秋。○陶方琦云：大藏音義九十五引許注：「嗛，銜也。」口有所銜食也。」按：二注文異。玉篇口部引淮南子「至味不嗛」，「嗛，銜也」。即許君注。説文：「嗛，口有所銜也。」正與淮南注文同。○何寧云：「大豆不具」當作「大庖不具」，注當作「不具，不復自列簠簋籩豆之器」。今「具」以形近誤作「豆」，又上脱「不」字，下脱「不復自列」四字，而文義遂不通矣。○雙棣按：吕氏春秋本生篇云：「今有聲於此，耳聽之必慊已，聽之則使人聾，必弗聽；有味於此，口食之必慊已，食之則使人瘖，必弗食。」高注：「慊，快也。」與此注正同。

〔六〕【用韻】「笑、叫」宵部，「斲、具、鬭」屋侯通韻。

【高注】更，改也。

〔七〕【用韻】「宫、商」冬陽合韻，「從、調」東幽合韻。

【高注】鉒，讀象金之銅柱餘之柱。鉒者，提馬，雒家謂之投翩。全者，全步徐。跋者，刺跋走。發者，疾迅。發，讀射百發之發。

【版本】藏本注下「柱」字作「鉒」，莊本、集解本作「柱」，今據改，景宋本、王溥本、朱本、葉本同藏本。藏本注兩「全」字作「金」，王溥本、朱本、汪本、張本、黃本作「全」，今據改，餘本同藏本。藏本注「徐」作「除」，王溥本、莊本、集解本作「徐」，今據改，餘本同藏本。

【箋釋】劉績云：跋，躄行皃，不正行也。莊子作「以瓦注者巧，以鉤注者憚，以金注者殙」，以物戲射也。○李哲明云：鉒，莊子達生篇俱作「注」，列子黃帝篇俱作「摳」，呂覽去尤篇並作「投」。而皆不云「玉」，首云「瓦」同，次皆云「鉤」，次皆云「金」。其「全、跋、發」無一同者，要其義無甚異也。鉒與注同義。廣雅釋詁：「鉒，置也。」「鉒，讀象金之銅柱餘之柱」，恐誤，疑當作「讀象郡銅柱之柱」。馬援立銅柱於交趾，交州刺史領日南等郡，日南，秦改爲象郡，故可云象郡也。提馬，投翮，大都博注謂。金者金步徐，汪一鸞本皆作「全」，自此以下分釋全、跋、發三字，作「全」爲是，金則無須注也。全步徐，不甚瞭，以意求之，對下文刺跋、迅疾言，是此步徐即徐步也。全，莊、列作「巧」，呂覽作「翔」，巧、翔、全，一聲之轉，翔亦安翔之意。○吳承仕云：此三語原出莊子達生篇，呂氏春秋去尤篇、列子黃帝篇並承用之。莊子作「注」，呂氏作「投」，此作「鉒」，聲義大同。蓋博戲勝算之名。注云提馬，即投壺爲勝者立馬之馬，今方俗謂博進之算爲注馬，其遺語也。呂氏全作翔，跋作戰，發作殆，皆以舒促緩急言之。翔者，安舒不迫之貌。此文注疑與呂氏義近，本文似亦當作「翔」，故有步徐之訓。注云雒家謂之投(句)，「翮」即「翔」字形近之譌。疑注文當云：翔者翔步徐，跋者刺跋走，發者疾迅發。如是，則文句比順，亦不與呂氏義旨相違。自本文譌作「全」，莊本注作「金者金步徐」，朱本作「全者全步徐」，並踳駁不可讀。今固不能質言爲「翔」，然高注本，字不作「全」，則可知也。「全」義與「跋、發」不相應，一矣。「全」字定無徐步之訓，二矣。且下文注云：「掘律，氣不安祥也。」景宋本作「安翔」，或亦與此注有關乎？（孫人和見余此説，因語余曰：以瓦鉒者全，「全」當爲「羊」，形近而誤，「羊」即「翔」之省。吉祥字，古亦作「羊」，是其比。）〇馬宗霍云：高氏訓「鉒」爲「提馬」者，案投壺禮有「爲勝者立馬」之文。又稱所投之矢爲籌。後世因以賭博記勝負之具曰籌馬。提與投爲雙聲。疑「提馬」蓋漢時方俗語有是名耳。高又云「雒家謂之投翩」者，雒家亦方俗語。此正欲證「提」、「投」爲一語之轉，「翩」、「馬」亦雙聲相轉也。〇陳奇猷云：全者完也。謂其博技完善也。跋蓋躡足之意，（漢書揚雄傳「跋犀犛」，顏師古注引張晏曰：「跋，躡也。」）躡者不敢放膽而行，故跋與憚義亦近。發，亦亂也。（詩邶風谷風釋文引韓詩云：「發，亂也。」）高注謂發者疾迅，非。

【用韻】「全、跋、發」元月通韻。

〔八〕【高注】所重謂金與玉，掘，律氣不安祥。

【版本】茅本、張本、汪本注無「律」字，餘本同藏本。景宋本注「祥」作「翔」，餘本同藏本。

【箋釋】陳昌齊云：「掘」即「拙」字也。莊子達生篇作「凡外重者内拙」，是其證。史記貨殖傳「田農掘業」，徐廣云：「古拙字亦作掘。」〇劉文典云：陳説是也。列子黄帝篇作「凡重外者拱內」，張注：「拱本作拙，又唯忘內外，遺輕重，則無巧拙矣。」是張湛所見本字亦作拙。呂氏春秋去尤篇作「外有所重者，泄蓋內掘」。

【用韻】「外、掘」月物合韻。

〔九〕【高注】見獸而已。

〔一〇〕【高注】蔽者，見利之物，不見其害也。

【版本】茅本、汪本注無「之物」二字，景宋本、王溥本、朱本、莊本、集解本同藏本。

【箋釋】馬宗霍云：所，猶或也，言嗜欲在外，則明或爲之蔽也。「所」有「或」義，見王氏經傳釋詞。○何寧云：注「見利之物」，當作「見物之利」。利、物二字誤倒。

〔一一〕【用韻】「山、外、蔽」元月通韻。

〔一二〕【用韻】「聾、聰、聰、通」東部。

〔一三〕【高注】策，四十九策，可以占吉凶，可以問於數。數，欲卜筮者也。

【版本】莊本、集解本注「吉凶」作「遠」，「欲」作「可」，「於」作「于」，景宋本、王溥本、朱本、茅本、汪本同藏本。

舞者舉節，坐者不期而抃皆如一〔一〕，所極同也。

日出湯谷〔二〕，入于虞淵，莫知其動，須臾之間，俛人之頸〔三〕。

人莫欲學御龍，而皆欲學御馬；莫欲學治鬼，而皆欲學治人，急所用也〔四〕。

解門以爲薪，塞井以爲臼，人之從事，或時相似〔五〕。

水火相憎，鐕在其間，五味以和〔六〕。骨肉相愛，讒賊間之，而父子相危〔七〕。夫所以養而害所養，譬猶削足而適履，殺頭而便冠〔八〕。

昌羊去蚤虱而來蛉窮〔九〕，除小害而致大賊，故小快而害大利〔一〇〕。牆之壞也，不若無也，然逾屋之覆〔一一〕。

璧瑗成器，礛諸之功〔一二〕；鏌邪斷割，砥礪之力〔一三〕。

狡兔得而獵犬烹，高鳥盡而强弩藏〔一四〕。

寅與驥致千里而不飛，無糗糧之資而不饑〔一五〕。

失火而遇雨，失火則不幸，遇雨則幸也。故禍中有福也。

校釋

〔一〕【版本】莊本、集解本「拚」作「拚」，餘本同藏本。

【箋釋】于省吾云：拚，景宋本作「拚」是也。説文：「拚，拊手也。」字亦作「抃」，吕氏春秋古樂「帝嚳乃令人抃」，注：「兩手相擊曰抃。」○馬宗霍云：説文：「拚，拊手也。」又云：「拍，拊也。」

則「拊手」猶言兩手相拍，此蓋謂舞者舉節，坐者不期而皆拍手和之也。

【用韻】「節、一」質部。

〔二〕【版本】王溥本、王鎣本、朱本、葉本、汪本、張本、吴本、黄本、莊本、集解本「湯」作「暘」，景宋本、茅本同藏本。

【箋釋】陶方琦云：史記集解一百十七、漢書司馬相如傳注引許注：「熱如湯也。」按：高無注。高本當作「暘谷」，（吕覽求人篇高注引淮南記曰「日出暘谷」，即此文。天文訓作「日出于暘谷」，多「于」字。文選思玄賦注引淮南「出于陽谷，至于昆吾，是謂正中」，高誘曰：「昆吾，南方。」又主術訓「東至暘谷」，高注：「暘谷，日所出也。」皆高本作「暘谷」之證。）許本作「湯谷」也。説文「叒」字下云：「日初出東方湯谷，所登榑桑。」「暘」字下引商書「曰暘谷」，按：乃洪範「曰暘若」之譌也。知許氏定作「湯谷」也。今淮南許、高注雜，正文用許本，遺敚其注。觀史記、漢書注引許如是，益信正文作「湯谷」無疑。又史記索隱引淮南子曰「日出湯谷」，文選蜀都賦注及繆襲挽歌詩注皆引淮南作「日出湯谷」，即此處文也。漢書、楚辭、論衡諸本並作「湯谷」，與許本同。海内東經「下有湯谷」，注：「湯谷，谷中水熱也。」亦與許説同。説文：「湯，熱水也。」○雙棣按：參見天文篇四七六頁注〔五五〕。

〔三〕【高注】俛，猶戾也。

【箋釋】陶方琦云：唐本玉篇車部引淮南正文：「須臾而軳人之頸。」引許注：「軳，戾也。」按：許本作「軳」，高本作「俛」。疑高本「俛」字乃「抱」字之誤。原道「扶摇抮抱」，高注：「抱，引戾也。」廣雅：「軫軳，轉戾也。」即本許注。許作「軳」，高作「抱」亦異。

【用韻】「淵、間」真元合韻，「動、頸」東耕合韻。

〔四〕【高注】御龍、治鬼，不益世用。故以御馬、治人爲急務矣。

〔五〕【高注】或，有也。相似，似於愚。

【版本】張本、黄本、莊本、集解本注「於」作「其」，景宋本、朱本、茅本、汪本同藏本，王溥本作「于」。

【箋釋】于大成云：御覽七百六十二引「人之從事，或時相似」作「雖用小，而所喪大矣」，事類賦注八引作「雖有小利，而所喪大矣」。今高注云云，是今本不誤，高本自如此。御覽、事類賦所引，或是許本。

【用韻】「事、似」之部。

〔六〕【高注】鐕，小鼎。一曰：鼎無耳爲鐕。鐕，讀曰彗，鐕受水而火炊之，故曰在其間。

【版本】莊本、集解本「鱛」作「鐕」，餘本同藏本。王溥本、朱本、汪本、張本、黄本注「鐕」作「鱛」，景宋本、茅本、莊本、集解本同藏本。汪本、張本、黄本、莊本、集解本注「一」作「又」，景宋本、王溥本、朱本、茅本同藏本。藏本注「彗」作「慧」，景宋本、王溥本、莊本、集解本作「彗」，今據改，朱本同藏本。

【箋釋】雙棣按：「鼒」當與「鐟」同。淮南正文用「鼒」，高注用「鐟」。廣韻：「鼒，小鼎。」説文「鐟，鼎也。」因爲鼎屬，故字從鼎；鼎爲金屬所成，故字又從金。

〔七〕【高注】楚平王、晉獻公是也。

【用韻】「和、危」歌部。

〔八〕【高注】所以養，喻讒賊。害所養，喻骨肉。殺，亦削也。頭大冠小，不相宜，削殺其頭以便冠，愚之至。頭或作頤。

【版本】藏本注下「所」字作「在」，王溥本、茅本、汪本、張本、黄本、莊本、集解本作「所」，（蔣刊道藏輯要本亦作「所」。）今據改，景宋本、葉本同藏本。藏本注「削也」作「履之」，王溥本、朱本、莊本、集解本作「削也」（王、朱本無「也」字），今據改，景宋本作「殺之」。藏本注「愚之至」作「愚之殺」，景宋本作「至」，今據改，王溥本、朱本「至」作「甚」，茅本、汪本、張本、黄本、莊本、集解本無「愚之至頭或作頤」七字。

【箋釋】雙棣按：注「害所養，喻骨肉」，疑「害」字衍。

【用韻】「養、冠」陽元合韻。

〔九〕【高注】昌羊，昌蒲。蛉窮，𧊤蜓，入耳之蟲也。

【版本】藏本正文及注「蛉」作「蚙」，景宋本、王溥本作「蛉」，今據改，餘本同藏本。（黄焯刊劉績補注本亦作「蛉」。）

【箋釋】吴承仕云：御覽九百五十一引高注云：「蛉窮，幽冀謂之蛸蚔，入耳之蟲。」按：此篇爲高誘注，文有奪誤，當據御覽校補。方言云：「蚰蜒，北燕謂之蚰蚭。」北燕即幽冀，蚰蚭、蛸蚔聲相近。注文蛸蓋作「育」。初譌爲「寍」，轉寫爲「蝱」。蚔蜒亦形近而譌，又有奪文，故與御覽所引不同，非許、高異義也。○雙棣按：方言十一云：「蚰蜒，自關而東謂之螾蜒，或謂之入耳，……北燕謂之蚰蚭。」郭璞注：「江東又呼蛩。」今注及御覽所引並有奪誤，高注似當作「蛉窮，蚰蜒，幽冀謂之蛸蚔，入耳之蟲」。

〔一〇〕【版本】莊本、集解本「故」作「欲」，餘本同藏本。

【箋釋】吕傳元云：「故」乃「欲」形近之誤。「欲小快而害大利」與上句「除小害而致大賊」相對爲文，非統上之詞也。○何寧云：吕説是也。泰族篇「故事有利於小而害於大，得於此而亡於彼者」，亦二句相對爲文。此當與同例。

〔一一〕【高注】不若其無爲牆。屋之覆爲敗屋，牆之壞，更爲土，歸於本。故曰逾屋之覆。

【箋釋】吴闓生云：言牆壞猶勝於屋覆也，注誤。○雙棣按：此言害之小大，非言反本，吴説是。

〔一二〕【高注】礛諸，治玉之石。詩云：「他山之石，可以爲錯。」，礛讀一曰廉氏之廉。

【箋釋】劉台拱云：礛諸，説文作「厱諸」，讀若籃。○何寧云：注當作「礛讀廉氏之廉，一曰濫也」。依脩務篇高注。○雙棣按：唐本玉篇殘卷石部礛字引淮南：「璧成器，礛之功。」引許注：「治玉之石也。」

〔一三〕【高注】力亦功，互文也。

【版本】藏本注「互」作「玄」，景宋本、王溥本、朱本、莊本、集解本作「互」，今據改。

〔一四〕【高注】烹猶殺，藏猶殘，喻不復用也。

【箋釋】于大成云：韓子内儲説下「太宰嚭遺大夫種曰：狡兔盡則良犬烹，敵國滅則謀臣亡」，史記越世家「范蠡自齊遺大夫種書曰：蜚鳥盡，良弓藏；狡兔死，良狗烹」，又淮陰侯列傳「狡兔死，良狗烹；高鳥盡，良弓藏；敵國破，謀臣亡」，文義並同。文子上德篇亦有此文，則又本之淮南也。「藏」即「藏戢」字，似無須訓爲「殘」。

【用韻】「烹、藏」陽部。

〔一五〕【版本】景宋本、朱本、葉本、莊本、集解本「饑」作「飢」，餘本同藏本。

【箋釋】雙棣按：饑，與「飢」通。

【用韻】「飛、饑」微部。

鬻棺者欲民之疾病也〔一〕，畜粟者欲歲之荒饑也〔二〕。水静則平，平則清，清則見物之形，弗能匿也，故可以爲正〔三〕。川竭而谷虚〔四〕，丘夷而淵塞〔五〕，脣竭而齒寒〔六〕。河水之深，其壤在山〔七〕。鈞之縞也，一端以爲冠，一端以爲絑，冠則戴致之，絑則蹍履之〔八〕。

知己者不可誘以物〔九〕，明於死生者不可劫以危〔一〇〕，故善游者不可懼以涉〔一一〕。親莫親於骨肉，節族之屬連也〔一二〕，心失其制，乃反自害〔一三〕，況疏遠乎〔一四〕？聖人之於道，猶葵之與日也，雖不能與終始哉，其鄉之誠也〔一五〕。宮池涔則溢，旱則涸〔一六〕，江水之原淵，泉不能竭〔一七〕。蓋非橑不能蔽日，輪非輻不能追疾〔一八〕，然而橑輻未足恃也〔一九〕。金勝木者，非以一刃殘林也〔二〇〕；土勝水者，非以一墣塞江也〔二一〕。

校釋

〔一〕【箋釋】劉文典云：御覽五百五十一及八百四十引，「疾病」作「疾疫」，於義爲長。○楊樹達云：劉說是也。漢書刑法志云：諺曰：「鬻棺者欲歲之疫。」正作「疫」字。

〔二〕【高注】荒，大饑，粟不熟。

【版本】景宋本注「粟」作「穀」。

【箋釋】劉文典云：御覽三十五引注云「謂將取厚利」。疑是許注。○楊樹達云：「畜」讀曰「蓄」，說文：「蓄，積也。」○于大成云：注「粟」當作「穀」，與說文之訓合。○何寧與于說同。

〔三〕【高注】匿，猶逃也。

【用韻】「平、清、形、正」耕部。

〔四〕【高注】虚,無水也。

〔五〕【高注】夷,平。塞,滿。

【箋釋】于大成云:莊子胠篋篇、鄧析子轉辭篇並有此文,「塞」並作「實」。今高注云「塞,滿也」,「滿」與「實」義相因。列子天瑞篇亦作「實」。

〔六〕【箋釋】于大成云:此文亦見莊子胠篋篇、吕氏春秋權勳篇,同。國策韓策二「竭」作「揭」,高注「揭猶反也」。此「竭」字亦借爲「揭」。左傳僖公五年「揭」作「亡」,公羊同。淮南人間篇,國策齊策二、趙策一,韓子存韓篇、十過篇、喻老篇,新序善謀篇,説苑説叢篇同。○雙棣按:畢沅吕氏春秋新校證引梁玉繩云:揭字似勝亡字,疑「竭」因「揭」而誤也。馬敘倫謂左傳「亡」蓋「竭」之壞文。陳奇猷謂梁、馬説非。三傳及墨子、韓子皆有「脣亡齒寒」之語,乃古之恒言。「揭」字乃「竭」字之譌。竭,盡也,盡與亡同義,故高訓「竭」爲「亡」,作「竭」作「亡」一也。按:左傳僖五年云「諺所謂輔車相依,脣亡齒寒者」,墨子亦云「古者有語,脣亡齒寒」,吕氏春秋云「先人有言曰:脣竭齒寒」,皆謂是語乃古人之俗諺,自可有些許之異,作「亡」,作「竭」,作「揭」,宜各隨本書,不可强求一律。

〔七〕【高注】言非一朝一夕。

【箋釋】劉績云:去其壤,故深也。

【用韻】「寒、山」元部。

〔八〕【箋釋】王念孫云：「戴致」二字義不相屬，「致」當爲「跂」，字之誤也。（「致」字俗書或作「致」，與「跂」相似而誤。時則篇注「格，跂也」，劉本誤作「致」。）廣韻：「跂，跂戴物也。」跂亦戴也，屐亦履也。跂之言跂閣也。廣雅曰：「跂、閣，載也。」又曰：「載、閣，跂也。」載與戴古字通，文子上德篇作「冠則戴枝之」，爾雅曰：「支，載也。」支、枝與跂亦聲近而義同。太平御覽布帛部六引此，無「致、屐」二字，此以意删，不可從。○楊樹達云：説文韋部云：「韤，足衣也。」此「絉」當爲「韤」之或體。説文「韤」或作「韈」，是其比也。

【用韻】「致、履」質脂通韻。

〔九〕【高注】物不能惑。

【版本】藏本注「惑」作「感」，景宋本、莊本、集解本作「惑」，今據改，王溥本、朱本同藏本。

〔一〇〕【高注】危無能懼之。

【箋釋】王念孫云：「却」當爲「劫」，繆稱篇曰「有義者不可欺以利，有勇者不可劫以懼」，是其證。

〔一一〕【高注】涉不能溺。

【箋釋】雙棣按：「故」字疑爲衍文，此與上二句爲列，不能有「故」字。

〔一二〕【高注】骨肉，謂一人之身，故曰節族之連也。

【箋釋】陶鴻慶云：「連」字當衍，屬即連也，即言「屬」，不必復言「連」。且下文「制、害」爲韻，此當以「屬、肉」爲韻。疑高注有「屬，連也」三字，而傳寫合於正文耳。高注云「骨肉謂一人之身，故曰節族之連也」。言連不言屬者，乃以義訓代正文，可知「連」字之誤衍也。○雙棣按：陶説未必是。同義連用，淮南多有。上文戴跂之，蹷履之，戴、跂同義，蹷、履同義，此屬連同義亦不足怪。以韻律之，此「連」與下文「況疏遠乎」之「遠」正可爲韻，以高注律之，凡「故曰」下，依例均爲原文，不若陶氏所云以義訓代正文，高注「故曰節族之連也」，「連」字非衍可知，且似奪「屬」字。

〔一三〕【高注】言心失制度，則自害身也。

〔一四〕【高注】疏遠，喻他人也。

【用韻】「連、制、害、遠」元月通韻。

〔一五〕【高注】鄉，仰。誠，實。

【版本】王溥本、葉本正文及注「鄉」作「向」，餘本同藏本。

【箋釋】劉文典云：文選求通親親表注引，「誠」上有「者」字。○雙棣按：此葵爲冬葵，即詩豳風七月「七月亨葵及菽」之葵，據植物學家考證，葵葉有趨光性，故隨太陽而轉動，亦即「鄉之」之義。此爲葵日之喻之首見者。（今之向日葵，原産美洲，明末始傳入我國，始稱西蕃葵，清初稱向日葵。此葵絶非今之向日葵。）

〔一六〕【高注】涔，多雨也。

【版本】莊本、集解本注「雨」作「水」，景宋本、王溥本、朱本、葉本同藏本。

【箋釋】馬宗霍云：氾論篇「牛蹏之涔」，高彼注云：「涔，雨水也。」俶真篇「夫牛蹏之涔」，高彼注云：「涔，潦水也。」本文涔與旱對，高訓涔爲多水，不如訓爲雨潦之水更切。○雙棣按：馬說是。道藏本等作「雨」字，莊氏擅改，而集解本從之，謬矣。

〔一七〕【高注】竭，盡也。

【用韻】「涸、竭」鐸月合韻。

〔一八〕【箋釋】劉文典云：御覽七百二引注云：「橑，蓋骨也。」

【用韻】「日、疾」質部。

〔一九〕【箋釋】陶鴻慶云：橑、輻二字上，皆當有「一」字，此言一橑一輻不能成用。與下文「金勝木者，非以一刃殘林也；土勝水者，非以一墣塞江也」，旨趣正同。奪去「一」字，則不可通矣。俶真訓云「若夫墨楊申商之於治道，猶蓋之一橑，輪之一輻，有之可以備數，無之未有害於用也」，即此義。○于大成云：「橑」字正作「轑」，說文「轑，車蓋弓也」。考工記輪人：「弓鑿廣四枚。」鄭注：「弓，蓋橑也。」賈疏：「漢世名蓋弓爲橑子也。」大戴禮保傅篇：「古之爲路車也，蓋圓以象天，二十八橑以象列星，軫方以象地，三十輻以象月。」盧注：「橑，蓋弓也。」並謂之「蓋弓」。釋名釋車：「轑，蓋叉也。」（叉即爪字。）御覽引注又謂之「蓋骨」，是一物而三名也。

〔二〇〕【版本】王溥本、王鎣本、朱本、汪本、張本、黃本、莊本、集解本「刃」作「刄」，餘本同藏本。藏本「林」誤作「秫」，除葉本同藏本外，各本均作「林」，今據改。

〔二〕【箋釋】陶方琦云：御覽三十六、又三百四十六引許注：「墣，塊也。」按：説文「墣，塊也。」與注淮南訓同。（御覽又引賈逵國語注曰：「墣，塊也。」）玉篇引淮南子「非以一圤塞江」，「圤，塊也」，即采許君舊説。

躄者見虎而不走，非勇，勢不便也。

傾者易覆也，倚者易軵也，幾易助也，濕易雨也〔一〕。

設鼠者機動，釣魚者泛杭，任動者車鳴也〔二〕。

芻狗能立而不能行，蛇牀似蘪蕪而不能芳〔三〕。

謂許由無德，烏獲無力，莫不醜於色〔四〕，人莫不奮于其所不足〔五〕。

以兔之走，使大如馬，則逮日歸風〔六〕，及其爲馬，則又不能走矣〔七〕。

冬有雷電，夏有霜雪，然而寒暑之勢不易，小變不足以防大節〔八〕。

黄帝生陰陽〔九〕，上駢生耳目，桑林生臂手〔一〇〕，此女媧所以七十化也〔一一〕。

終日言必有聖之事〔一二〕，百發之中必有羿、逢蒙之巧，然而世不與也，其守節非也〔一三〕。

牛蹏、彘顱亦骨也，而世弗灼，必問吉凶於龜者，以其歷歲久矣〔一四〕。

近敖倉者不爲之多飯，臨江河者不爲之多飲，其滿腹而已〔一五〕。

蘭芝以芳，未嘗見霜〔一六〕，鼓造辟兵，壽盡五月之望〔一七〕。舌之與齒，孰先礲也〔一八〕；錞之與刃，孰先弊也〔一九〕；繩之與矢，孰先直也〔二〇〕。今鱓之與蛇，蠶之與蠋，狀相類而愛憎異〔二一〕。晉以垂棘之璧得虞虢〔二二〕，驪戎以美女亡晉國〔二三〕。聾者不謌，無以自樂；盲者不觀〔二四〕，無以接物〔二五〕。觀射者遺其藝〔二六〕，觀書者忘其愛〔二七〕，意有所在則忘其所守。

校釋

〔一〕【高注】軵，讀軵濟之軵。幾，近也。

【版本】藏本注上「軵」上有「幾近」二字，「近」上無「幾」字，莊本、集解本上「軵」上無「幾近」二字，今據删，「近」上有「幾」字，今據補。景宋本、朱本、葉本同藏本。景宋本注「濟」作「擠」，餘本同藏本。

【箋釋】于省吾云：「軵」應讀作「踣」，從付從音古字通。時則「蟄蟲培户」，培户即附户。風俗通「山澤培塿無松柏」，説文「培塿」作「附婁」，是其證。爾雅釋言：「斃，踣也。」孫注：「前覆曰仆。」仆同踣。上言傾者易覆也，踣亦覆也，互文耳。○何寧云：注「濟」當爲「擠」。氾論篇「太祖軵其肘」，高注：「軵，擠也。」故曰「軵擠之軵也」。

【用韻】「軵、助、雨」侯魚合韻。

〔二〕【高注】動，發，發則得鼠。泛，釣浮；杭，動；動則得魚。任者，輦，詩云：「我任我輦。」

【箋釋】王念孫云：御覽獸部二十三引此，「杭」作「抗」，案：杭、抗二字，義與動皆不相近，字當作「扤」。「扤」誤爲「抗」，又誤爲「杭」耳。說文：「扤，動也。」小雅正月篇「天之扤我」，毛傳曰：「扤，動也。」考工記輪人「則是以大扤」，鄭注曰：「扤，搖動貌。」司馬相如上林賦曰：「揚翠葉，扤紫莖。」扤字亦作抈。晉語「故不可抈也」，韋注曰：「抈，動也。」「設鼠者機動，釣魚者泛扤」，扤亦動也。機動則得鼠，泛動則得魚，故高注云「扤，動也，動則得魚」也。○俞樾云：高說失之。黍苗篇「我任我輦，我車我牛」，毛傳曰：「任者，輦者，車者，牛者。」鄭箋曰：「有負任者，有輓輦者，有將車者，有牽牛者。」是毛、鄭皆以任、輦爲二事。若曰「任者輦也」，亦將曰「車者牛也」，其可通乎？今按：此任即所謂任木也。考工記輈人曰：「凡任木，任正者，十分其輈之長，以其一爲之圍；衡任者，五分其長，以其一爲之圍。」鄭康成說任正、衡任，未得其義。宋戴侗六書故曰：「任正者，輈也。衡任者，軸也。」近世學者程氏瑶田則謂：「必在輿下者，始足當任木之名。隧深四尺四寸，輈在四尺四寸下者，任正也。車廣六尺六寸，軸在六尺六寸下者，衡任也。」金氏榜則謂：「凡任木，縱者皆名任正，橫者皆名衡任。任正者，輈也，伏兔也。衡任者，軸也，衡也。」其說皆本戴氏而推之，可以說此文任動車鳴之義。○于鬯云：「設」字無義，疑「投」字之誤。賈誼新書階級篇云：「里諺曰：欲投鼠而忌器。」又云：「鼠近於器，尚憚弗投。」

又云：「投鼠而不忌器之習也。」（亦見漢書賈誼傳。）是漢人有投鼠之技。○于省吾云：注説之誤，已詳俞氏評議。但俞謂任爲考工記之任木，任木而衹稱之曰任，於古無徵。此任字當即任載之任，「動」本應作「重」，涉上文「動」字而譌，金文「動」字作「童」，「重、童」古同用。此言載重者車鳴也。吕氏春秋博志：「以重載則不能數里，任重也。」是任重乃古人成語。○于大成云：于（鬯）説是也。御覽九百十一引「設」正作「投」。又王説是也。兵略篇「扤泰山」，今本「扤」亦誤作「抗」，（景宋本不誤。）其比也。又御覽引文、注「泛」字皆作「浮」，高注云「鈞浮」，今猶謂之浮子。則「泛」是「浮」字之誤。○蔣禮鴻云：設，誘致之義，設鼠之機，即今猄鼠之機，固必以餌致之也。兵略篇「是故爲麋鹿者，可以罝罘設也」，設亦誘致之義。

【用韻】「動、杭、鳴」東陽耕合韻。

〔三〕【高注】蛇牀臭，麋蕪香。

【用韻】「行、芳」陽部。

〔四〕【高注】醜，猶怒。一曰：愧也。

【用韻】「德、力、色」職部。

〔五〕【高注】奮，厲也。

〔六〕【高注】言其疾也。

【版本】茅本、汪本、張本、吴本、黄本、集解本「大」作「犬」，餘本同藏本。景宋本注「疾」作「妄」。

【箋釋】孫詒讓云：「以兔之走，使大（莊本作犬，今從宋本正。）如馬，則逮日歸風。」歸當爲遺，聲之誤也。呂氏春秋本味篇云：「馬之美者，遺風之乘。」高注云：「行迅謂之遺風。」○劉文典云：使犬如馬，「犬」當爲「大」，字之誤也。御覽九百七、事類賦獸部二十三引，「犬」並作「大」，是其證。又案：逮，御覽引作「逐」；歸，御覽、事類賦引並作「追」，於義爲長。○楊樹達云：歸風與追風同，淮南作「歸」，用假字，御覽改爲本字耳，二字皆從𠂤聲，故得通假也。○蔣禮鴻云：犬字，宋本及王氏雜志覽冥篇「追猋歸忽」條所引並作「大」，然兔大如馬，何以必其逮日歸風？及兔爲長，走不速則或然，何遽不能走，皆不可解。今謂此字仍當作「犬」，「如馬」二字乃「加鶩」之誤。商君書定分篇云：「一兔走，百人逐之，非以兔爲可分以爲百，由名分之未定也。賣兔者滿市，而盜不敢取，由名分已定也。故名分未定，堯舜禹湯且皆如騖而逐之。」「如騖」，治要及長短經並作「加務」，務即騖之省文，騖乃鶩之別體，「如」則「加」字之誤也。加鶩者，讀加力馳逐也。此言兔逸而犬追，則犬必加力而能疾速矣。若犬爲馬，則馬無情於逐兔，故不走也。使犬加鶩，「使」乃俾使之使，非假使之使。主術篇曰：「華騮緑耳，一日而至千里，然其使之搏兔，不如狼契，（今本作豺狼，依王引之説改，狼契皆犬也。）伎能殊也。」正與此文同義。○何寧云：「犬」當依宋本作「大」是也。高注「言其疾也」，鈔宋本作「言其妄也」，亦以「妄」字爲是。「疾」字乃後人以意改之耳。物或有似然而不然者，「以兔之走，使大如馬，則逮日歸風」，蓋似然而不然者也。不通於論者，以爲兔速，馬亦速，以兔之小，尚速也如此，重之以如馬之大，其可量乎？此蓋以大小論者也。上文云「人莫不奮於其所不足」，夫兔之小，兔所不足也。其速也如此，蓋奮於其所不足使然耳。以爲大如馬則逮日歸風，謬矣。故高注云「言其妄也」。下文云「及其爲馬，則又不能走矣」，正以爲兔之速，在其小而奮於其所不足，及其爲馬，則何所畏於逐兔者？則無所奮於不足矣。故曰「不能走矣」。蔣先生謂「大」當作「犬」，又改「如馬」爲「加鶩」，以馬無情於逐兔爲解，其説迂矣。且何與於「人莫不奮於其所不足」乎？

〔七〕【用韻】「走、馬，馬、走」侯魚合韻。

〔八〕【用韻】「雪、節」月質合韻。

〔九〕【高注】黄帝，古天神也。始造人之時，化生陰陽。

〔一〇〕【高注】上駢、桑林，皆神名。

〔一一〕【高注】女媧，王天下者也。七十變造化。此言造化治世，非一人之功也。

〔一二〕【版本】王鎣本、朱本（挖補）、汪本、張本、黄本、吴本、莊本、集解本「日」下有「之」字，餘本同藏本。

〔一三〕【高注】非者，非其真也。

〔一四〕【用韻】「龜、久」之部。

〔一五〕【高注】敖倉，古常滿倉，在滎陽北。

〔一六〕【版本】茅本、汪本、張本、吴本、黄本、莊本、集解本「其」作「期」，餘本同藏本。

【箋釋】雙棣按：精神篇云：「今贛人敖倉，予人河水，飢而餐之，渴而飲之。其入腹者，不過簞食瓢漿，則身飽而敖倉不爲之減也，腹滿而河水不爲之竭也，有之不加飽，無之不爲之飢。」即此文之義。故「其」字爲語助詞，不當作「期」。

【用韻】「飯、飲」元侵合韻。

〔一六〕【高注】芳，香。

【箋釋】王念孫云：「芝」當爲「芷」，字本作「茝」，即今之白芷也。隸書「止」與「之」相亂，因誤而爲「芝」。古人言香草者，必稱蘭芷，芝非香草，不當與蘭並稱。（古人所謂芝者，祇是木上所生。内則人君燕食而芝栭，盧植曰：「芝，木芝也。」庾蔚曰：「無華葉而生者曰芝栭。」與神農經所稱五色神芝者不同。然神農經亦但稱五色神芝爲聖王休祥，而不以爲香草也。）凡諸書中言「蘭芝」，言「芝蘭」者，皆是「芷」字之誤。（廣雅釋天：「天子祭以鬯，諸侯以薰，大夫以茝蘭。」周官鬱人疏引王度記作「芝蘭」。荀子宥坐篇「芷蘭生於深林，非以無人而不芳」，説苑雜言篇作「芝蘭」。説苑雜言篇「如入蘭芷之室，久而不聞其香」，家語六本篇作「芝蘭」。皆字形相近而誤，其他可以類推。）太平御覽天部十四引此，已誤作「蘭芝」。文子上德篇正作「蘭芷」。又下文「蘭芝欲脩」，脩務篇「雜芝若」，「芝」皆「芷」之誤。○劉文典云：御覽十四引注云：「先霜刈之。」疑是許注。

〔一七〕【高注】鼓造，蓋謂梟。一曰蝦蟇。今世人五月望作梟羹，亦作蝦蟇羹，言物不當爲用。

【箋釋】劉績云：文子作「蟾蜍辟兵」。○莊逵吉云：「造」即「戚」字。故戚然改容亦作「造然」。毛詩「戚施」，説文解字作「䵶鼀」，云：「詹諸也。」詹諸即蝦蟇矣。○雙棣按：説文云：「梟，不孝鳥也，故日至捕梟磔之。」漢書郊祀志上集解引如淳曰：「漢使東郡送梟，五月五日作梟羹以賜百官。以其惡鳥，故食之也。」此云「壽盡五月之望」，高注「今世人五月望作梟羹」，説文「日至」蓋指「夏至」，夏至爲五月中氣，此云五月望，如淳云五月五日，蓋因時因地不同而稍異。高注云：「鼓造，一曰蝦蟇。今世人五月望亦作蝦蟇羹。」文子上德篇作「蟾蜍辟兵」，此蓋漢時之又一説。關於「辟兵」之説，文子舊注云：「蟾蜍，五月中殺，塗五兵，入軍陣而不傷。」

【用韻】「芳、霜、兵、望」陽部。

〔一八〕【高注】礲，摩盡也。

【版本】藏本正文及注「礲」作「隴」，王溥本、王鎣本、朱本、汪本、張本、吴本、黄本、莊本、集解本作「礲」，今據改，餘本同藏本。莊本、集解本注「摩」作「磨」，景宋本、茅本、汪本同藏本。

【箋釋】雙棣按：「礲」爲「礱」之或體。説文：「礱，礳也。」段玉裁云：「礳也者，謂引申之義，謂以石礳物曰礱。」作「隴」則非其義。又字當作「摩」，説文：「摩，研也。」易繫辭上「是故剛柔相摩」，韓康伯注：「摩，相切摩也。」

〔一九〕【高注】錞，矜下銅鐏也。錞不朽而刃先弊。錞，讀頓首之頓。

【版本】藏本注「矜」上無「錞」字，王溥本、朱本、莊本、集解本有「錞」字，今據補，景宋本、葉本同藏本。莊本、集解本注「朽」作「休」，景宋本、王溥本、朱本、葉本同藏本。

【箋釋】吴承仕云：作「朽」是也。與上文舌齒孰先礲同義。作「休」者，形近而誤。○蔣禮鴻說同。

〔二〇〕【高注】矢，箭。

【箋釋】何寧云：「直」當爲「折」，聲近而誤。三句皆言柔勝剛，曰礲、曰弊、曰折，其義一也。道藏本文子纘義正作「折」，道藏七卷本文子朱弁注「齒剛先弊，矢直先折」，是其證。

〔二一〕【高注】人愛鱓與蠶，畏蛇與蠋，故曰異也。

【版本】張本、黄本、莊本注無「故曰異也」四字，餘本同藏本。

【箋釋】劉文典云：廣韻燭韻蜀字下引此文，「蠋」作「蜀」。說文虫部：「蜀，葵中蠶也。」今本作「蠋」者，疑後人依韓非子說林下篇、内儲說上篇改之也。

〔二二〕【高注】說在齊俗篇也。

〔二三〕【高注】美女，驪姬也。亡，猶亂。

【用韻】「直、異、國」職部。

〔二四〕【用韻】「諯、觀」歌元通韻。

〔二五〕【高注】接，猶見也。

〔二六〕【高注】蓺，事。

【版本】莊本、集解本正文及注「藝」作「埶」，餘本同藏本（王鎣本、茅本、汪本、張本、吴本、黄本無注）。

〔二七〕【用韻】「物、藝、愛」物月合韻。

古之所爲不可更，則推車至今無蟬匷〔一〕。使但吹竽，使工厭竅，雖中節而不可聽〔二〕，無其君形者也〔三〕。與死者同病，難爲良醫；與亡國同道，難與爲謀〔四〕。爲客治飯，而自藜藿，名尊於實〔五〕。乳狗之噬虎也，伏雞之搏狸也，恩之所加，不量其力〔六〕。使景曲者形也〔七〕，使響濁者聲也〔八〕，情泄者中易測〔九〕，華不時者不可食也〔一〇〕。蹠越者，或以舟，或以車，雖異路，所極一也〔一一〕。佳人不同體，美人不同面，而皆説於目〔一二〕；梨橘棗栗不同味，而皆調於口〔一三〕。

人有盜而富者，富者未必盜；有廉而貧者，貧者未必廉。蔐苗類絮而不可爲絮〔一四〕，黂不類布而可以爲布〔一五〕。

校釋

〔一〕【高注】蟬匷，車類。匷，讀如「孔子射於矍相氏」之矍。

【版本】藏本注「讀」上無「匷」字，莊本、集解本有，今據補，景宋本、王溥本、朱本同藏本。莊本、集解本注無「氏」字，王溥本、朱本同藏本，景宋本作「民」。

【箋釋】莊逵吉云：說文解字竹部有「篗」字，云「收絲（莊誤作餘。）者也」。方言：「篗，榬也。」郭璞注：「所以絡絲也。」然則蟬匷即篗字矣。依義，推車之「推」字亦當爲「維」。○王念孫云：廣雅釋器：「轒轋，輞也。」釋名曰：「輞，罔也，罔羅周輪之外也。」鹽鐵論非鞅篇云：「椎車之蟬攫，負子之教也。」「蟬」與「轒」通，「匷、攫」並與「轋」通。○蔣超伯云：管子霸形篇「縣鍾磬之榬，陳歌舞竽瑟之樂」。愚謂榬猶架也。以縣鍾磬則曰榬，以運繅車則曰篗，「篗」通作「匷」也。○于大成云：高注「蟬匷，車類」，「類」當作「輞」，正與廣雅之訓合。「推車」當作「椎車」，鹽鐵論遵道篇「而必隨古不革，襲故不改，是文質不變而椎車尚在也」，與此文義同。「椎車」即椎輪也。此文之義，謂守古不變，則至今猶當止用椎輪，不知外用車輞也。

〔二〕【高注】但，古不知吹人。但讀燕言鉏同也。

【版本】藏本「工」作「氐」，莊本作「工」，今據改，餘本同藏本。

【箋釋】劉績云：文子作「使倡吹竽，使工捻竅」。○王念孫云：高讀與燕言鉏同，則其字當從且，不當從旦。說文：「伹，拙也。從人，且聲。」玉篇七間、祥間二切，引廣雅云：「伹，鈍也。」（今本廣雅伹誤作但，辯見廣雅疏證。）廣韻：「伹，拙人也。」意與高注「不知吹人」相近。又高注讀燕言鉏同，與說文從人且聲及玉篇七間、祥間二音並相近，若然，則「但」爲「伹」之誤也。「使氏厭竅」，「氏」當爲「工」，隸書「工」字或作「𠄞」，「氏」字或作「互」，二形相近，故「工」誤爲「氏」。大戴禮帝繫篇「青陽降居江水」，今本「江」誤作「泜」，是其例也。厭與擪同，說文：「擪，一指按也。」玉篇烏協切。（泰族篇：「所以貴扁鵲者，貴其擪息脈血，知病之所從生也。」韓子外儲說右篇曰：「田連、成竅，天下善鼓瑟者也。然而田連鼓上，成竅擫下，而不能成曲，共故也。」楚辭九辯：「自壓按而學誦。」壓一作厭。擪、壓、擫、厭並字異而義同。）言使不善吹者吹竽，而使樂工爲之按竅，音雖中節，而不可聽也。文子上德篇作「使工捻竅」，（捻與厭同義，文選笙賦「厭焉乃揚」，李善注「厭猶捻也」。）則「氏」爲「工」之誤明矣。○俞樾云：高注曰「伹，古不知吹人」，「伹」、「氏」二字乃「倡」、「工」之誤。倡也、工也，特爲異名以別之，明非一人，實則同義。蓋倡與工雖善吹竽，然必自吹之而自厭之。若一人吹竽，一人厭竅，則雖中節而不可聽矣。韓子外儲說右篇即淮南所本。倡也，工也，猶曰田連也，成竅也。彼舉其人以實之，此則不舉其人耳。「倡」字闕壞而成「但」字，隸書「工」與「氏」形似而誤。高據誤本作注，曲爲之說，失之矣。

〔三〕【高注】君，官主也。

【箋釋】雙棣按：覽冥篇「使俗人不得其君形者而效其容，必爲人笑」，高注：「君形者，言至精爲形也。」説山篇「規孟賁之目，大而不可畏，君形者亡焉」，高注：「生氣者，人形之君，規畫人形無有生氣，故曰君形亡。」此「君形」與彼相近。

〔四〕【高注】謀，或作豫也。

【用韻】「聽、形」耕部。

【箋釋】楊樹達云：作「豫」者非也。文以「醫、謀」爲韻，作「豫」則失其韻矣。○于大成云：韓子孤憤「與死人同病者，不可生也；與亡國同事者，不可存也」，與此文義同。文子上德篇則又本於淮南也。御覽七百三十八引尸子曰「與死者同病，難爲良醫；與亡國同道，不可爲謀」，當即引文子而誤爲尸子也。

〔五〕【用韻】「醫、謀」之部。

【高注】尊，重。享仁義之名，重於治飯之實也。

【版本】茅本、汪本、張本、黄本、莊本、集解本「實」下有「也」字，餘本同藏本。

【箋釋】王念孫云：「自藜藿」本作「自食藜藿」，今本脱「食」字，則文義不明。舊本北堂書鈔酒食部三，出「爲客治飯，自食藜藿」八字，注云：「淮南子云：爲客治飯，而自食藜藿，名尊於實也。」（陳禹謨本「食」字誤在「藜藿」下。）太平御覽飲食部八引同。

〔六〕【版本】藏本「狸」下無「也」字，除景宋本同藏本外，各本均有「也」字，今據補。

【箋釋】楊樹達云：荀子榮辱篇云：「乳彘觸虎，不忘其親也。」語意略同。○劉殿爵云：荀子文原作「乳彘不觸虎，乳狗不遠遊，不忘其親也」。淮南文「乳狗」與「伏雞」對文，是乳狗爲乳子之母狗也；荀子文謂乳狗不忘其親，則乳狗乃被乳之小狗也。兩文「乳狗」一詞形同而實異也。楊氏謂兩書語意略同，乃據誤本立説。淮南文謂母狗噬虎，不自量力，出於愛子心；而荀子則爲乳彘不觸虎，乳狗不遠遊，出於不忘親；動機則同，行爲異也。○于大成云：吴子圖國篇「伏雞之搏狸，乳犬之犯虎」，與此文義同。公羊十二年何休注亦云「猶乳犬攫虎，伏雞搏貍，精誠之至也」。文子上德篇文又本於淮南也。

【用韻】「狸、力」之職通韻。

〔七〕【高注】形曲則影曲也。

〔八〕【高注】聲濁則響濁也。

【箋釋】于鬯云：「濁」當讀爲「觸」，使響觸者聲也，義自明，「濁」則失義矣。高注云「聲濁則響濁也」，然則聲清則響清，何以偏言濁？史記律書云：「濁者，觸也。」亦聲訓也，明二字可通矣。○雙棣按：此句與上句相對爲文，正曲只言其曲，清濁亦只言其濁，高注甚明，于氏「濁」讀「觸」，義反迂曲。

【用韻】「形、聲」耕部。

〔九〕【高注】不閉其情欲，發泄于外，故其中心易測度知也。

本同藏本。

【版本】藏本注無「易」字，茅本、汪本、莊本、集解本有「易」字，今據補，景宋本、王溥本、朱本、葉本同藏本。

【箋釋】雙棣按：文子上德篇作「精泄者，中易殘」。

〔一〇〕【高注】華，實。若今八九月食晚瓜，令人病瘧，此之類。故曰不食。喻人多言，不時適，不可聽用也。

【版本】茅本、汪本、張本、黄本、莊本、集解本注無「曰」字，景宋本、王溥本同藏本。莊本、集解本注「不食」作「不可食」，景宋本、王溥本、朱本、茅本、汪本、張本、黄本同藏本。

【箋釋】陶鴻慶云：正文「華」下當有「實」字，注文「華實」下當有「不時」二字。

【用韻】「測、食」職部。

〔一一〕【高注】蹠，至。極亦至，互文耳。一，同也。

【版本】藏本注「互」誤作「玄」，王溥本、朱本、茅本、汪本、莊本、集解本作「互」，今據改，景宋本、葉本同藏本。

〔一二〕【高注】佳，美。

〔一三〕【高注】調，適。

〔一四〕【高注】藡苗，荻秀，楚人謂之藡苗也。藡，讀敵戰之敵。幽冀謂之荻苕也。

【版本】藏本正文及注「藡」誤作「藡」，景宋本、王鎣本、汪本、張本、黄本、莊本、集解本作「藡」，今據改，餘本同藏本。藏本注「楚人謂之蔏苗也」無「苗也」二字，今據葉本補，景宋本、王溥本、朱本、莊本、集解本同藏本。茅本、汪本、張本、黄本此注作「蔏荻也楚人謂之蔏即所謂蘆花絮也」。（茅本「蔏」作「蔏」。）

【箋釋】王念孫云：「蔏」本作「藡」，（注同。）故注讀敵戰之敵。注内「荻秀」本作「萑秀」，楚人謂之蔏，本作「楚人謂之藡苗」。「藡」與「狄」同。（玉篇：「藡，徒歷切，萑也。或作荻。」）藡苗者，藡之穗也。荻華如絮而不温，故曰「類絮而不可以爲絮」。荻成謂之萑，廣雅曰：「藡，萑也。」齊民要術引陸璣毛詩疏曰：「薍或謂之荻，至秋堅成即謂之萑。」是萑、藡一物也。其穗則謂之藡苗。故注云：「藡苗，萑秀，楚人謂之藡苗。」玉篇「苗」音他六、徒歷二切。苗與苕一聲之轉，故幽冀謂之荻苕也。豳風鴟鴞傳曰：「荼，萑苕也。」正義曰：「謂薍之秀穗也。」萑苕即荻苕，荻苕猶藡苗耳。太平御覽布帛部六、百卉部七引此，並作「藡苗類絮而不可以爲絮」，又引高注：「藡苗，萑秀也。」今本「藡」字皆誤作「蔏」，（説文：「蔏，艸也，從艸，商聲。」玉篇舒羊切，引字書「蔏陸，蓫募也」，音義與此迥異。）注内「楚人謂之藡」下又脱「苗」字，（注言楚人謂萑秀爲藡苗，脱去「苗」字，則義不可通。太平御覽引此已誤。）「萑秀」又改爲「荻秀」，而不知荻即藡字也。莊本改「蔏」爲「蔏」，而又不知説文、玉篇、廣韻、集韻之皆無「蔏」字也。〇陶方琦云：大藏音義卷八、卷三十一引許注：「荻，藋也。」按：二注文異。陸氏詩疏（齊民要術引）：「薍，或謂之荻，至秋堅成即刈，謂之萑。」大藏音義引許注荻藋之「藋」，乃「萑」字之譌。廣雅釋艸：「藡，萑也。」即本許注。而高注之「蕳」應作「薖」，大藏音義三十一云「薖，古荻字」。○于省吾云：景宋本亦作「蕳」，金文「適」字通作「商」，則「薖」作「蕳」，正古文之僅存者，王説非也。

〔一五〕【高注】黂，麻之有實者。黂，讀左傳有蜚不爲災之蜚也。

【用韻】「絮、布」魚部。

出林者不得直道，行險者不得履繩〔一〕。羿之所以射遠中微者，非弓矢也〔二〕；造父之所以追速致遠者，非轡銜也〔三〕。海内其所出，故能大〔四〕；輪復其所過，故能遠〔五〕。羊肉不慕螘，螘慕於羊肉，羊肉羶也〔六〕。醯酸不慕蚋，蚋慕於醯酸〔七〕。嘗一臠肉，而知一鑊之味；懸羽與炭，而知燥濕之氣〔八〕，以小見大，以近喻遠〔九〕。十頃之陂可以灌四十頃〔一〇〕，而一頃之陂可以灌四頃，大小之衰然〔一一〕。明月之光可以遠望，而不可以細書〔一二〕；甚霧之朝可以細書，而不可以遠望尋常之外〔一三〕。畫者謹毛而失貌〔一四〕，射者儀小而遺大〔一五〕。治鼠穴而壞里閭，潰小皰而發痤疽〔一六〕，若珠之有纇，玉之有瑕，置之而全，去之而虧〔一七〕。

校釋

〔一〕【高注】繩道亦直。

【版本】茅本、汪本、張本、黄本、莊本、集解本注無「道」字，景宋本、王溥本、朱本同藏本。

【箋釋】吕傳元云：「出」當作「步」，字之誤也。俗書「步」作「歩」，與「出」形近而譌。步林不得直道，行險不得履繩，語正相因，若作「出」，則非其指矣。文子上德篇正作「步林者不得直道」，泰族篇「猶出林之中不得直道」，「出」亦當作「步」。○于大成云：吕説是也。二句亦見繆稱篇、金樓子雜記篇，彼文「步」亦並誤「出」。列子説符篇「牛缺步而去」，吕氏春秋必己篇「步」誤「出」。文子道原篇「行步無容」，今本「步」誤「出」。（朱弁本、寶歷本不誤。）莊子達生篇「仲尼適楚，出於林中」，（列子黄帝篇同。）「出」字疑亦當作「步」。俞孟期與韓康伯牋云「步其林則寥朗」，即此「步林」也。○雙棣按：吕、于説恐未必然。「出林中」即「出行於林中」之意，義自可通；且淮南書皆作「出林」，莊子、吕覽等各書亦皆作「出」，何必皆以之爲非而獨是文子乎？

〔二〕【用韻】「微、矢」微脂合韻。

〔三〕【用韻】「遠、銜」元談合韻。

〔四〕【高注】雷雨出於海，復隨溝瀆還入，故曰内其所出。

【版本】藏本注「瀆」作「溝」，王溥本作「瀆」，今據改，景宋本、朱本同藏本。茅本、汪本、莊本、集解本無此字。

【箋釋】雙棣按：內，納入，容納。

〔五〕【高注】其所過，轉不止。

【箋釋】吴承仕云：注「其所過」上，當有「復」字，各本並奪。

【用韻】「大、過、遠」月歌元通韻。

〔六〕【箋釋】于鬯云：「羊肉羶也」四字，蓋注文溷入正文。

〔七〕【箋釋】王念孫云：下三句當作「醯不慕蚋，蚋慕於醯，醯酸也」，與上三句相對爲文，今本「醯不慕蚋」句內，衍一「酸」字，「醯酸也」句內，又脱「醯」字、「也」字，則文不成義。太平御覽蟲豸部二引此已誤，唯「也」字未脱。○于大成云：御覽引此文作「羊肉不慕蟻，蟻慕於羊肉，羶也。醯酸不慕蚋，蚋慕於醯，酸也」也，疑所引唯「醯酸不慕蚋」句內與今本同衍「酸」字耳。後人據莊子徐無鬼篇誤重「羊肉」二字，王氏遂據以訂下文「酸也」上别有「醯」字，其實非也。鶡冠子道端篇陸佃注云「羊肉不慕蟻，蟻慕羶也」，即用淮南文而有節略，然文義亦自明。此文「羊肉」、「醯」皆無須重，文義亦明。此文當從御覽引删「羊肉」二字，末句「酸」下補「也」字，「不慕蚋」上從王説删「酸」字。家香草以「羊肉羶也」四字爲注文溷入正文，非，莊子有，淮南用莊子，删「羊肉」二字。○雙棣按：王、于謂「醯酸不慕蚋」之「酸」字爲衍文，是。荀子勸學篇「醯酸而蜹聚焉」，呂氏春秋功名篇「缶醯黃，蜹聚之，有酸」，均以醯爲名詞，而非以醯酸爲一詞。呂覽「有酸」謂蜹聚於醯，乃因其有酸故也，此正淮南「蜹慕於醯，酸」所本。（酸下當有「也」字。）上文「羊肉」二字亦當爲衍文。于鬯説不可取。

【用韻】「羶、酸」元部。

〔八〕【版本】藏本「炭」下無「而」字，茅本、汪本、張本、吴本、黄本、莊本、集解本有「而」字，今據補，餘本同藏本。

【箋釋】雙棣按：藏本説山篇「嘗一臠肉知一鑊之味，懸羽與炭而知燥濕之氣」，「肉」下脱一「而」字，然「炭」下有「而」字；此則「肉」下有「而」字，「炭」下則脱一「而」字，可互爲依據而補之。

【用韻】「味、氣」物部。

〔九〕【用韻】「大、遠」月元通韻。

〔一〇〕【高注】畜水爲陂。

〔一一〕【高注】衰，差也。

【箋釋】王念孫云：「可以灌四頃」，當作「不可以灌四頃」。此言以十頃之陂可以灌四十頃例之，則一頃之陂，亦可以灌四頃。然而不可以灌四頃者，十頃大而一頃小，大則所灌者多，小則所灌者少，故曰「大小之衰然」也。下文云百梅足以爲百人酸，一梅不足以爲一人和，意與此同。今本脱去「不」字，則失其義也。

〔一二〕【用韻】「望、書」陽魚通韻。

〔一三〕【箋釋】莊逵吉云：御覽作「不可以望尋常之外」，無「遠」字，爲是。○王念孫云：莊説是也。「遠」字即因上文「遠望」而衍。舊本北堂書鈔天部二引此，亦無「遠」字。

〔一四〕【高注】謹悉微毛，留意於小，則失其大貌。

〔一五〕【高注】儀望小處而射之，故能中。事各有宜。

【版本】莊本、集解本注「能」作「耐」，景宋本、王溥本、朱本、葉本、汪本同藏本。

【箋釋】雙棣按：吕氏春秋處方篇云：「今夫射者儀毫而失牆，畫者儀髮而易貌。」蓋爲淮南此文所本。高氏吕覽注云：「睎望毫毛之微而不視堵牆之大，故能中也。畫者睎毫髮，寫人貌，儀之於象，不失其形，故曰易貌也。」與此二注同。然淮南此文意在云謹於小而忽於大。吕覽二句下尚有「本審也」三字，意在能察於本微。二書文近而用意異，高氏二書注同，則各有所失。

【用韻】「外、大」月部。

〔一六〕【高注】皰，面氣也。痤疽，癰也。

【箋釋】陶方琦云：大藏音義三十七、三十九、七十二引許注：「皰，面氣之瘡也。」按：此乃高注承用許注。説文：「皰，面生氣也。」與注淮南同。玉篇：「皰，面皮生氣也。」○劉文典云：北堂書鈔百五十八引「皰」作「靤」。○于大成云：玄應音義引淮南子亦作「靤」。虞世南、釋玄應引作「靤」者，當是高本。今本是高注，後人依許本改「靤」爲「皰」。

【用韻】「閭、疽」魚部。

〔一七〕【高注】置其纇瑕。

【用韻】「瑕、虧」魚歌合韻。

榛巢者處林茂，安也〔一〕；窟穴者託埵防，便也〔二〕。王子慶忌足躡麋鹿，手搏兕虎，置之冥室之中，不能搏龜鼈，勢不便也〔三〕。

湯放其主而有榮名〔四〕，崔杼弒其君而被大謗〔五〕，所爲之則同，其所以爲之則異〔六〕。呂望使老者奮〔七〕，項託使嬰兒矜，以類相慕〔八〕。使葉落者風搖之，使水濁者魚撓之〔九〕，虎豹之文來射〔一〇〕，蝯狖之捷來乍〔一一〕。

行一棊不足以見智，彈一弦不足以見悲。

三寸之管而無當〔一二〕，天下弗能滿〔一三〕；十石而有塞，百斗而足矣〔一四〕。以篙測江，篙終而以水爲測，惑矣〔一五〕。

漁者走淵〔一六〕，木者走山〔一七〕，所急者存也〔一八〕；朝之市則走，夕過市則步，所求者亡也〔一九〕。

豹裘而雜，不若狐裘之粹〔二〇〕；白璧有考，不得爲寶〔二一〕；言至純之難也。

校釋

〔一〕【箋釋】王引之云：「榛巢」連文，則榛即是巢。「榛」當讀爲「橧」。言榛巢者處茂林，則榛巢非茂林也。參見原道篇七八頁注〔一九〕。○孫詒讓云：茂，疑讀爲「莽」，形近而誤。漢書楊雄傳長楊賦云：「羅千乘於林莽。」○馬宗霍謂「榛」爲「橧」之借字，與王説同。又云：孫説非也。茂者，説文訓「艸豐盛」，引申之，木豐盛亦謂之茂，詩小雅天保篇「如松柏之茂」，爾雅釋木「如松柏曰茂」，是其證。欲巢之安，必於林木茂盛之處，故曰「處林茂」。林茂猶言茂林。古人行文此例甚多，若改云「林莽」，失其恉矣。

〔二〕【高注】埵防，高處防隄也。

【版本】藏本「防」下有「者」字，王溥本、王鎣本、朱本、茅本、汪本、吳本、黄本、莊本、集解本無「者」字，今據删，景宋本、葉本同藏本。藏本注上「防」字作「坊」，景宋本、王溥本、朱本、葉本、黄本、莊本、集解本作「防」，今據改，餘本同藏本。莊本、集解本注「防隄」作「隄防」，餘本同藏本。

【箋釋】何寧云：埵當爲埵，形近而誤。玉篇「䧢，視陵切，隄也，埒也，畔也。説文云：『稻田畦也。』亦作塍，同埵」，故高注云「高處隄防也」。説文：「埵，堅土也。」作「埵」則失其恉也。

【用韻】「安、便」元部。

〔三〕【高注】慶忌，吴王僚之子也。

〔四〕【高注】湯，契後十三世王癸之子履。放其主，謂伐桀，爲民除害，故有榮名也。

【版本】集解本注「契」作「偰」，景宋本、王溥本、朱本、莊本同藏本。景宋本注「三」作「二」，餘本同藏本。莊本、集解本注「王」作「主」，景宋本、王溥本、朱本同藏本。藏本注「桀」誤「紂」，景宋本、王溥本、朱本、莊本、集解本作「桀」，（蔣刊道藏輯要本亦作「桀」。）今據改。

〔五〕【高注】崔杼，齊大夫崔野之子。弑君齊莊公也。

【箋釋】雙棣按：注「齊莊公」上，依文義似當有「殺」字。

【用韻】「名、謗」耕陽合韻。

〔六〕【高注】所以爲之則異，湯殺君以利與民，杼以利與身，故曰異。

【版本】藏本上「所」字下有「以」字，王溥本、王鎣本、朱本、葉本、汪本、吴本、莊本、集解本無「以」字，今據删，餘本同藏本。藏本注「爲」下無「之」字，王溥本有，今據補，景宋本、朱本、莊本、集解本同藏本。藏本注上「異」字誤作「同」，朱本、莊本、集解本作「異」，今據改，景宋本同藏本。景宋本注「殺」作「弑」。

〔七〕【高注】呂望鼓刀釣魚，年七十始學讀書，九十爲文王作師，佐武王伐紂，成王封之於齊。故老者慕之而自奮厲。

【版本】葉本、張本、黄本、莊本、集解本注「厲」作「勵」，餘本同藏本。

〔八〕【高注】項託年七歲，窮難孔子而爲之作師，故使小兒之嚋自矜大也。【版本】莊本注「故」誤作「放」，各本均同藏本。藏本注「兒」作「人」，景宋本、朱本、莊本、集解本作「兒」，今據改。

〔九〕【用韻】「奮、矜」文真合韻。

〔一〇〕【用韻】「摇、撓」宵部。

〔一一〕【高注】虎豹以有文章，來使人射取之。【版本】王溥本注「以」下有「皮」字，餘本同藏本。莊本注「章」誤作「轉」，餘本同藏本。

〔一二〕【高注】蝯，狖屬，仰鼻而長尾。乍，暫疾。以其操捷來使疾擊而取之。【箋釋】王念孫云：繆稱篇作「猨狖之捷來措」，高注：「措，刺也。」措與乍古同聲而通用，當以彼注爲是。○洪頤煊云：「乍」當作「笮」。繆稱訓：「猨狖之捷來措。」漢書梁平王傳，晉灼曰：「許慎云：『措，置。』字藉以爲笮耳。」莊子應帝王篇：「猨狙之便，執斄之狗來藉。」釋文：「司馬云：藉，繩也。由捷見結縛也。崔云：藉，繫也。」措、藉亦聲相近。○俞樾云：高注訓乍爲暫疾，而以「疾擊取之」申明其義，此曲説也。乍與作通，當讀爲「斮」，爾雅釋器「魚曰斮之」，禮記內則篇作「魚曰作之」，即其例也。成二年公羊疏引樊光曰：「斮，砍也。」「砍」乃「斫」之俗字。斫者，擊也。猨狖之捷來斮，謂見斫擊也，方與上句「虎豹之文來射」文義一律。繆稱篇曰「猨狖之捷來措」，高注曰：「措，刺也。」刺、擊義亦相近。○吴承仕云：注當云「狖，蝯屬」，傳寫誤倒耳。狖字亦作「蜼」。爾雅：「蜼，卬鼻而長尾。」郭注：「蜼，似獮猴而大。」覽冥篇注云：「狖，猨屬也，長尾而卬鼻。」説義並與此同。蓋猨爲大名，狖爲别種，不得以狖釋猨，事證甚顯白也。各本並誤，失之遠矣。○楊樹達云：二語又見詮言篇，字作「措」，與繆稱篇同。高注曲説，俞氏駁之，是已。洪氏讀乍爲笮，笮爲壓笮、迫笮字，與本文不相會。俞讀「乍」爲「斮」，義固可通，然非此文本字也。諸家之説，王氏爲通，然亦未盡。按：説文「簎」訓刺，爲繆稱、詮言二篇「措」之本字，繆稱篇已言之。莊子應帝王篇之「籍」，亦「簎」之假字。司馬訓爲繩，崔訓爲擊者，皆非也。其「乍」字亦假爲「簎」。乍、昔古音同，故乍聲、昔聲字古多通用。洪氏引漢書注云「措借爲笮」，俞氏引爾雅「魚曰斮之」，禮記内則篇作「作」，皆其例也。今更廣證之。説文云：「齰，齧也。從齒，昔聲。」或從乍作「齚」，一也。易繫辭云「可與酬酢」，釋文云：「酢，京本醋。」二也。儀禮特牲饋食禮云：「尸以醋主人。」鄭注云：「古文醋作酢。」三也。又有司徹云「尸以醋主婦」，鄭注云：「今文醋曰酢。」四也。周禮春官典同云「修聲筰」，杜子春云：「筰讀爲行扈唶唶之唶。」五也。又秋官序官柞氏鄭司農云：「柞讀爲音聲唶唶之唶。」又考工記輪人云「轂小而長則柞」，鄭司農云：「柞讀爲迫唶之唶。」六也。墨子非樂篇云「厚措斂乎萬民」，辭過篇云「厚作斂於百姓」，七也。史記商君傳集解引新序云「周室歸籍」，索隱云：「籍音胙，字合作胙。」本紀「周歸文武胙於孝公」是也。八也。説文云：「諎，大聲也。從言，昔聲。讀若笮。」九也。又云：「矠，矛屬。從矛，昔聲。讀若笮。」十也。○蔣禮鴻云：乍即柞格之柞。魯語：「鳥獸成，水蟲孕，水虞於是乎禁罝罜麗，設穽鄂。」韋注：「穽，陷也。鄂，柞格，所以捕獸也。」此與繆稱、詮言二篇作「來措」者義自不同，諸家率牽而一之，蓋非也。

〔一一〕【用韻】「射、乍」鐸部。

〔一二〕【高注】當，猶底也。

【箋釋】于大成云：韓子飭命篇「三寸之管毋當，不可滿也」，此文所本也。晏子春秋諫下一章：「寸之管無當，天下不能足之以粟。」文義同。「而」猶「若」也。

〔一三〕【用韻】「當、滿」陽元合韻。

〔一四〕【用韻】「塞、足」職屋合韻。

〔一五〕【高注】篙，擿船橈。以篙度江，篙没，因以江水爲盡，故曰惑也。

【版本】藏本注無「橈」字，景宋本有，今據補，餘本同藏本。藏本注「度」作「渡」，集解本作「度」，今據改，景宋本、王溥本、朱本、茅本、葉本、張本、莊本同藏本。

【箋釋】陶方琦云：一切經音義十三引許注：「刺船竹，長二丈，以鐵爲鏃者也。」大藏音義六十三引許注：「篙，刺船竹也。長二丈。」按：二注文異。方言：「所以刺船謂之檣。」説文新附亦有「篙」字，曰：「所以刺船也。」○易順鼎云：一切經音義六十一引許注：「篙，刺船竹也。長二丈，或用木作。」玄應音義引許注「以鐵爲鏃」之文，而少「或用木作」之文。方言之「檣」與許注義正相合。主術篇「七尺之橈」注云：「橈，刺船棹也。」○于鬯云：此但言以篙測江，是欲測江水之淺深，非謂船以篙渡江。此高注可商者，而其言篙没因以江水爲盡，一盡字義顯，疑正文下「測」字本作「盡」，涉上「測」字而誤也。宜依注訂正。○吴承仕云：景宋本是也。主術篇注棹即篙也。橈、篙互訓，此奪「橈」字，文不成義。○馬宗霍云：説文云：「測，深所至也。」深所至猶言深度所至，測之本義爲深度之名。引申之，度之亦曰測，則又以爲動詞。本文「以篙測江」之「測」作動詞用，故高注釋「測」爲「度」。下句「篙終而以水爲測」，此「測」字當如本義，作名詞用。猶言水之深度所至如篙之長也。故高注又釋此「測」字爲「盡」。盡猶至矣。江水之深，自非一篙之長所能盡。○雙棣按：馬釋「測」字是也，于説則非。原道篇高注云：「度深曰測，一曰盡也。」段玉裁云：「深所至謂之測，度其深所至亦謂之測。吕覽『昏乎其深而不測』，高云：『測，盡也。』此本義也。」

【用韻】「測、惑」職部。

〔一六〕【高注】漁，讀論語之語也。

〔一七〕【箋釋】俞樾云：木當爲采。參齊俗篇一五二四頁注〔三〕。

〔一八〕【用韻】「淵、山、存」真元文合韻。

〔一九〕【高注】走，讀奏記之奏。

【版本】藏本無「夕」字，汪本、張本、吴本、黄本、莊本、集解本有，今據補，餘本同藏本。

【用韻】「步、亡」鐸陽通韻。

〔二〇〕【高注】粹，純。

【箋釋】劉文典云：「豹」疑「貂」誤。説山篇正作「貂裘而雜，不若狐裘而粹」。○向承周、何寧亦謂「豹」當爲「貂」。何寧云：脩務篇「若使之銜腐鼠，蒙蝟皮，衣豹裘，帶死蛇，則布衣韋帶之人過者，莫不左右睥睨而掩鼻」，以豹裘與腐鼠、蝟皮、死蛇爲類，若此作豹裘，則非其指矣。

【用韻】「雜、粹」緝物合韻。

〔二一〕【高注】考，釁污也。

【版本】汪本、張本、黄本、莊本、集解本此注在「有考」下，餘本同藏本。

【用韻】「考、寶」幽部。

戰兵死之鬼憎神巫〔一〕，盜賊之輩醜吠狗〔二〕。無鄉之社易爲黍肉，無國之稷易爲求福〔三〕。鼈無耳，而目不可以瞥，精於明也〔四〕；瞽無目〔五〕，而耳不可以察，精於聽也〔六〕。遺腹子不思其父，無貌於心也〔七〕；不夢見像，無形於目也〔八〕。蝮蛇不可爲足，虎豹不可使緣木〔九〕。馬不食脂，桑扈不啄粟，非廉也〔一〇〕。秦通崤塞而魏築城也〔一一〕。饑馬在廐，寂然無聲，投芻其傍，争心乃生〔一二〕。

引弓而射，非弦不能發矢〔一三〕，弦之爲射，百分之一也〔一四〕。道德可常，權不可常，故遁關不可復，亡犴不可再〔一五〕。環可以喻員，不必以輪〔一六〕；條可以爲繶，不必以紃〔一七〕。日月不並出，狐不二雄，神龍不匹，猛獸不羣，鷙鳥不雙〔一八〕。循繩而斲則不過，懸衡而量則不差〔一九〕，植表而望則不惑。損年則嫌於弟，益年則疑於兄〔二〇〕，不如循其理，若其當〔二一〕。

校釋

〔一〕【高注】兵死之鬼，善行病人，巫能祝劾殺之。憎神巫，憎，畏也。

【版本】茅本、汪本、張本、黄本、莊本、集解本注無「憎神巫」三字，餘本同藏本。

【箋釋】王念孫云：「戰」字後人所加。古人所謂兵者，多指五兵而言，兵死謂死於兵也。曲禮曰：「死寇曰兵。」釋名曰：「戰死曰兵。言死爲兵所傷也。」周官冢人曰：「凡死於兵者不入兆域。」皆是也。後人謂戰士爲兵，故妄加戰字耳。「兵死之鬼憎神巫，盜賊之輩醜吠狗」，二句相對爲文，加一「戰」字，則文不成義，且與下句不對。據高注云「兵死之鬼，善行病人」，則無「戰」字明矣。（説文：「兵死及牛馬之血爲粦。」論衡偶會篇：「軍功之侯，必斬兵死之頭。」）

〔二〕【高注】醜，猶惡也。

【版本】藏本無「輩」字，王溥本、王鎣本、朱本(挖補)、葉本、汪本、張本、吴本、黄本、莊本、集解本有，今據補，景宋本、茅本同藏本。王溥本、王鎣本、葉本、吴本「狗」作「犬」，餘本同藏本。

【用韻】「巫、狗」魚侯合韻。

〔三〕【高注】無祀不禋於神，而卒祝之，故易爲黍肉，易爲求福。

【版本】王溥本、茅本、汪本、莊本、集解本注「祝」作「祀」，景宋本、葉本同藏本。

【箋釋】于大成云：藝文類聚三十九引二「無」字皆作「蕪」，北堂書鈔八十七引下「無」字亦作「蕪」。(上「蕪」字作「荒」，荒、蕪同義。)書鈔引注「無祀」作「荒，亂」，「卒祝」作「享祀」，皆是也。當據正。

【用韻】「稷、福」職部。

〔四〕【高注】不可以瞥，瞥之則見也。

【版本】茅本、汪本、張本、黄本、莊本、集解本「於」作「于」，餘本同藏本。

〔五〕【高注】目無所見。

〔六〕【高注】不可以察，察之則聞。

【版本】茅本、葉本、汪本、張本、黄本、莊本、集解本「於」作「于」，餘本同藏本。

【箋釋】王引之云：正文、注文，皆義不可通。正文當作「聾無耳，而目不可以蔽，精於明也；瞽無目，而耳不可以塞，精於聰也」，注當作「不可以蔽，視之則見也」，「不可以塞，聽之則聞也」。

「獘」與「蔽」通，（主術篇「聰明光而不獘，耳目達而不闇」，秦策「南陽之獘幽」，高注：「獘，隱也。」齊語「使海於有蔽」，管子小匡篇作「獘」，是「蔽、獘」古字通。）今作「瞥」者，涉上文「目」字而誤。（太平御覽鱗介部三引此已誤。）塞，猶蔽也。（鄭注郊特牲曰：「管氏樹塞門，塞，猶蔽也。」）作「察」者，亦字之誤。後人不知其誤，故妄改注文以從之耳。文子上德篇正作「聾無耳，而目不可以蔽，精於明也；瞽無目，而耳不可以蔽，精於聰也」。◯馬宗霍云：正文注文皆不誤，王校非也。説文目部云：「瞥，過目也。從目，敝聲。」察與詧同，顔氏家訓書證篇「詧，古察字也」。説文言部云：「詧，言微親詧也。從言，察省聲。」此蓋謂聾因無耳，視覺特鋭。過目則見也，故曰精於明。瞽因無目，聽覺特敏，微言則聞也，故曰精於聰。王氏乃謂義不可通，疏矣。◯何寧云：馬説是也。劉晝新論專學篇「瞽無目而耳不可以察，專於聽也；聾無耳而目不可以聞，專於視也」，語本淮南。「聞」字乃「瞥」字之誤。説文聞，古文作「䎽」，與瞥形近，瞥誤作䎽，又寫作聞耳。使如王説，則高注下瞥字無由誤作「視」，下察字無由誤作「聽」也。

【用韻】「明、聽」陽耕合韻。

〔七〕【高注】不知父貌。

【版本】茅本、葉本、汪本、張本、黄本、莊本、集解本「於」作「于」，餘本同藏本。

〔八〕【高注】目初不見像，故曰無形於目也。

【版本】茅本、葉本、汪本、張本、黄本、莊本、集解本「於」作「于」，餘本同藏本。茅本、汪本、張本、黄本、莊本、集解本注「見」下有「父」字，餘本同藏本。

〔九〕【高注】蝮蛇皆有毒，螫人，不爲足，爲足益甚。虎，猛獸，不可使能緣木也。

【版本】茅本、汪本、張本、黄本、莊本、集解本注無「皆」字，無「也」字，餘本同藏本。王溥本注「虎」下有「豹」字，餘本同藏本。

【箋釋】劉文典云：御覽九百三十三引，作「虎豹不可使緣木，蝮蛇不可以安足」。藝文類聚九十六引，作「豹獸不可使緣木，蝮蛇不可使安足」。○王叔岷云：「虎」下不當有「豹」字，豹善緣木，有「豹」字則不可通。蓋後人妄加，以與「蝮蛇」相對耳。注無「豹」字，是正文本無「豹」字明矣。文子上德篇作「虎不可爲翼」，亦無「豹」字。○于大成云：御覽八百九十一、事類賦注二十引此文，「虎」下皆無「豹」字。

〔一〇〕【高注】桑扈，青雀。一名竊脂。

【版本】藏本注「一名」作「馬不」，王溥本、莊本、集解本作「一名」，今據改，餘本同藏本。

【箋釋】雙棣按：藏本「馬不」二字涉正文「馬不食脂」而誤。劉績改爲「一名」是。詩小雅桑扈「交交桑扈」，鄭箋：「桑扈，竊脂也。」爾雅釋鳥云：「桑鳸，竊脂。」郭璞注：「俗謂之青雀。觜曲食肉，好盜脂膏，因名云。」

【用韻】「足、木、粟」屋部。

〔一一〕【高注】魏徙都於大梁，聞秦通治崤關，知欲來東兼之，故築城設守備也。

〔一二〕【版本】藏本注「關」作「開」，除葉本同藏本外，各本均作「關」，今據改。

〔一三〕【版本】景宋本、葉本、莊本、集解本「饑」作「飢」，餘本同藏本。葉本、莊本、集解本「傍」作「旁」，餘本同藏本。

【箋釋】于大成云：吕氏春秋首時篇「飢馬盈厩，嘆然，未見芻也；飢狗盈窖，嘆然，未見骨也。見骨與芻，動不可禁」，此文所本也。吕氏春秋爲欲篇「羣狗相與居，皆静無争，投以炙雞，則相與争矣」，晏子春秋内篇諫下一章「今夫胡狢戎狄之蓄狗也，多者十有餘，寡者五六，然不相害傷，今束雞豚妄投之，其折骨決皮可立見也」，秦策三「王見大王之狗，卧則卧，起則起，行則行，止則止，毋相與鬥者；投之一骨，輕起相牙者，何則？有争意也」，文義並同。○雙棣按：「饑」借爲「飢」。

【用韻】「聲、生」耕部。

〔一三〕【高注】引，張弓也。發，遣也。

【版本】藏本注「弓」作「引」，汪本、張本、莊本、集解本作「弓」，今據改，景宋本、王溥本、茅本同藏本。

〔一四〕【用韻】「矢、一」脂質通韻。

〔一五〕【高注】遁，逃也。犴，獄。常以權變越關塞，獄犴亡逃，不可復由其入，故曰權不可常也。

【版本】藏本注「遁」作「道」，景宋本、王溥本、朱本、茅本、汪本、莊本、集解本作「遁」，今據改，葉本同藏本。藏本注上「獄」字上無「犴」字，王溥本、朱本、莊本、集解本有「犴」字，今據補，景宋本、茅本、葉本、汪本同藏本。藏本注「越」作「於」，王溥本、朱本作「越」，今據改，景宋本作「故」，茅本、汪本、莊本、集解本作「出」，葉本同藏本。藏本注下「獄」字作「野」，王溥本、朱本、莊本、集解本作「獄」，今據改，景宋本、茅本、葉本、汪本同藏本。王溥本、朱本注「由」作「用」、「入」作「術」，景宋本、茅本、葉本、汪本、莊本、集解本同藏本。藏本注「不可常」無「可」字，除景宋本同藏本外，各本均有「可」字，今據補。

【箋釋】楊樹達云：此言權變之事不可以爲常，猶逃關亡獄爲偶然儌幸之事，不可再有也。注意未明。逃關避稽察，亡犴謂自獄逃亡。○雙棣按：詩小雅小宛「宜岸宜獄」，釋文云：「岸，韋昭注漢書同韓詩作『犴』，音同，云：『鄉亭之繫曰犴，朝廷曰獄。』」又「不可復由其入」，王溥本作「不可復用其術」，於義爲長。

〔一六〕【版本】藏本「必」作「可」，景宋本、集解本作「必」，今據改，餘本同藏本。

〔一七〕【高注】紃亦繶，婉轉數也。

【版本】王溥本、王鎣本、葉本、吴本「必」作「可」，餘本同藏本。

【用韻】「員、輪、紃」文部。

〔一八〕【用韻】「雄、雙」蒸東合韻。

〔一九〕【高注】衡，秤。

【版本】藏本「量」下脱「則」字，各本均有，今據補。景宋本、莊本、集解本注「秤」作「稱」，王溥本、朱本、茅本、汪本、張本、黄本同藏本。

〔二〇〕【版本】茅本、葉本、汪本、張本、黄本、莊本、集解本兩「於」字作「于」，餘本同藏本。

【用韻】「過、差」歌部。

〔二一〕【高注】理，道。當，猶實也。

【版本】藏本注「當」在「實」下，景宋本、茅本、汪本、張本、黄本、莊本、集解本「當」在「猶」上，今據改，王溥本、朱本同藏本。

【箋釋】馬宗霍云：「若」與「循」爲對文，「若」猶「順」也，言不如循其道順其實也。詩魯頌閟宮篇「魯侯是若」，毛傳云：「若，順也。」是其證。

【用韻】「兄、當」陽部。

人不見龍之飛舉而能高者，風雨奉之〔一〕。

蠹衆則木折，隙大則牆壞。懸垂之類，有時而隧〔二〕；枝格之屬，有時而弛〔三〕。

當凍而不死者，不失其適〔四〕；當暑而不暍者，不亡其適〔五〕；未嘗適亡適〔六〕。

湯沐具而蟣虱相吊，大廈成而燕雀相賀〔七〕，憂樂別也〔八〕。柳下惠見飴，曰可以養老；盜跖見飴，曰可以黏牡；見物同而用之異〔九〕。

蠶食而不飲，二十二日而化〔一〇〕；蟬飲而不食，三十日而蜕〔一一〕；蜉蝣不食不飲，三日而死。人食礜石而死，蠶食之而不饑〔一二〕；魚食巴菽而死，鼠食之而肥〔一三〕；類不可必推〔一四〕。

校釋

〔一〕【高注】奉，助。

〔二〕【高注】隧，墮。

【箋釋】楊樹達云：「隧」假爲「隊」。説文云：「隊，從高隊也。」今通作「墜」。

【用韻】「類、隧」物部。

〔三〕【高注】㢮，落。

【箋釋】莊逵吉云：説文解字有「挌」字，云：「枝挌也。從丰，各聲。」釋名：「胑，枝也。似木之枝格也。」此言人之四胑如枝格。又：「戟，格也。旁有格。」解字言「戟，有枝兵也」。此言戈戟如枝格。史記始皇本紀：「或走或格，之者輒死。」魯連傳：「曹子以一劍之任，枝桓公之心。」枝、格，殆假義歟！漢書梁孝王傳「義格」，如淳注：「格者，枝閣不得下。」枝閣亦即枝格。二字高無注義，因爲推廣之。○雙棣按：説文云：「格，木長貌。」王筠云：「蓋謂枝條長也。」司馬相如上林賦：「夭蟜枝格，偃蹇杪顛。」庾信小園賦：「草樹混淆，枝格相交。」枝格蓋謂樹之枝。

〔四〕【高注】死乃爲失適，不死，故曰不失其適也。

【版本】莊本注上「失」字作「適」，各本均同藏本。藏本注上「不」字作「又」，景宋本、王溥本、朱本、集解本作「不」，今據改，餘本同藏本。

〔五〕【高注】亡，亦失之。

【版本】藏本無「其」字，王溥本、王鎣本、茅本、葉本、汪本、張本、黃本、莊本、集解本有，今據補，景宋本、朱本同藏本。王溥本、朱本、張本、黃本注「之」作「也」，餘本同藏本。

〔六〕【高注】亡，無。言不凍不暍，何適之有也。

【版本】茅本、汪本、張本、吳本、黃本、莊本、集解本「亡」下有「其」字，餘本同藏本。藏本注下「不」字作「亦」，景宋本、王溥本、朱本、集解本作「不」，今據改，餘本同藏本。

【箋釋】王引之云：「未嘗適，亡適」，當作「未嘗不適，亡適」，上言「不亡其適」，乃亡失之亡，此言「亡適」，乃遺忘之忘。（「忘」字古通作「亡」，要略曰：「齊景公獵射亡歸。」韓子難二曰：「晉文公慕於齊女而亡歸。」齊策曰：「老婦已亡矣。」趙策曰：「秦之欲伐韓梁，東闚於周室，甚，惟寐亡之。」並與忘同。荀子勸學篇「怠慢忘身，禍災乃作」，大戴禮「忘」作「亡」。呂氏春秋權勳篇「是忘荊國之社稷，而不恤吾衆也」，淮南人間篇「忘」作「亡」。）言人心有所謂適，則有所謂不適。當凍而不死，當暑而不暍者，能不失其適矣，而猶未忘乎其爲適也。若隨所往而未嘗不適者，則忘乎其爲適矣。莊子達生篇曰：「忘足，屨之適也。忘要，帶之適也。知忘是非，心之適也。不內變，不外從，事會之適也。始乎適而未嘗不適者，忘適之適也。」（郭象注：「識適者，猶未適也。」）此即淮南所本。高解「未嘗不適亡適」云：「亡，無。言不凍不暍，何適之有。」未達正文之意，然據此則正文本作「未嘗不適」，而今本脱「不」字明矣。○陶鴻慶云：凍而不死，不可爲適，與當暑不暍並舉，殊爲不倫。高注云：「死乃爲適，適又死，故曰不失其適也。」（注意謂雖去生時之適，又就死時之適，故不失其適也。）是正文本作「當凍而死者，不失其適」，言凍爲不適，凍而死，而不失其適矣。即道家齊死生之義，莊、列諸書屢發明此旨，今本誤作「不死」，則注文不可通矣。又案：王氏云：「未嘗適，亡適」當作「未嘗不適，忘適」，其説是已。惟謂「亡適」乃遺忘之「亡」，「不亡其適」乃亡失之「亡」，則非也。不亡其適亦即不忘其適。當暑而不暍者不忘其適，當凍而死者不失其適，義正相反，言當凍而死者，始於不適而不失其適。當暑而不暍者自以爲適而實未忘其適，皆不足爲忘適之適，惟未嘗不適者，乃爲忘適之適也。莊子達生篇「始乎適而未嘗不適者，忘適之適也」，即此義。高於「不忘其適」注云「亡亦失也」，未得其旨。○于大成云：王氏所校此條，精確難迻。陶氏誤據繆本，致生糾纏，且於文義未憭。注文藏本亦有誤字。「死乃爲失適，又死，故曰不失其適也」，景宋本「又」作「不」。「言不凍亦暍」，景宋本「亦」作「不」，皆是也。莊氏伯鴻以「死乃爲失適，又死」不可通，乃妄改爲「死乃爲適，適又死」，陶氏遂據之疑「當凍而不死者」衍「不」字，又謂「當暑而不暍者，不亡適」，（劉本「適」上補「其」字，與上一例，莊本從之，是。）與上句文義相反，亡字當訓爲忘云云，皆非也。此文之意，謂人有當凍而不死，當暑而不暍者，其故何也？蓋能得其内，而忘其外，故能不失其適也。

能不失其適者，猶未忘乎其爲適也；若隨所往而未嘗不適者，則忘乎其爲適矣。當凍而不死者，不失其適，非齊死生，乃同内外之義。在内省得則忘其肝膽，遺其耳目，大澤焚而不能熱，河漢沍而不能寒，疾雷破山、飄風振海而不能驚矣。故「當凍不死」，與「當暑不暍」句義同。不失其適即不亡其適，高注「亡亦失之」，（劉本改「之」作「也」。）正得其義。陶氏説皆謬。

〔七〕【高注】廈，屋。

〔八〕【用韻】「賀、别」歌月通韻。

〔九〕【高注】柳下惠，魯大夫展無駭之子，名獲，字禽。家有大柳樹，惠德，因號柳下惠。一曰：柳下，邑。牡，門户籥牡也。

【版本】藏本注「牡」作「壯」，除葉本外，各本均作「牡」，今據改。

【箋釋】莊逵吉云：柳下惠義，藝文類聚以爲許慎注。○陶方琦云：藝文類聚八十九、御覽九百五十七、事類賦柳部引許注：「展禽之家有柳樹，身行德惠，因號柳下惠。一曰：邑名。」按：二注文略異，然乃許注羼入高注中者。藝文類聚引許注亦與今高注詳略不同。又：唐本玉篇食部引淮南下文作「曾子見餳可以養老，盜跖見餳可以黏牡」，引許注：「各有所須也。」按：許作「曾子」，高作「柳下惠」，正文亦異。○于大成云：依類書所引許注，今注「惠德」上奪「身行」二字，「邑」下奪「名」字。○雙棣按：吕氏春秋異用篇云：「仁人之得飴，以養疾侍老也，跖與企足得飴，以開閉取楗也。」蓋爲淮南此文所本。又按：陶氏引唐本玉篇引淮南作「曾子」，不作「柳下惠」，陶謂許、高正文亦異。然則類聚等引許注「柳下惠」云云當非此處之注明矣。

【用韻】「老、牡」幽部，「飴、飴、異」之職通韻。

〔一〇〕【箋釋】王念孫云：「二十二」當爲「三十二」，爾雅翼引此已誤。盧辯注大戴禮易本命篇及太平御覽資産部五、蟲豸部一，並引作「三十二」日。○于大成云：秦觀蠶書謂自生至食全葉，凡三十六日，至繭凡三十九日。故爾雅翼二十四云：「食而不飲，三十六日而化。」本草綱目云：「食而不飲，二十七日而老。」則亦不定是三十二日。盧注大戴引作三十日，或淮南古本如此。王氏援以爲證可矣，御覽資産部五引作「三十日」，（爾雅翼二十七、萬卷菁華引同。）蟲豸部一引作「二十二日」，與今本同，並不作「三十二日」。

〔一一〕【版本】莊本、集解本「蜕」作「脱」，餘本同藏本。

【箋釋】于大成云：初學記蟬部引作「蟬無口而鳴，三十日而死」，其上句見本篇後文，而校宋本初學記虫部作「蟬飲而不食，三十日而死」，與今本同。文選左太沖吴都賦善注、班孟堅幽通賦注、孫子荊爲石仲容與孫皓書注、陸士衡漢高祖功臣頌注、范蔚宗逸民傳注，御覽九百四十四，楚辭王褒九懷陶雍補注，爾雅翼二十五、二十七，廣博物志五十引並作「蜕」，「蜕」字不可易。莊本改「蜕」爲「脱」，殊不必。

【用韻】「化、蜕」歌月合韻。

〔一二〕【版本】王溥本、王鎣本、葉本、吴本無「之」字，餘本同藏本。景宋本、莊本、集解本「饑」作「飢」，餘本同藏本。茅本、汪本、張本、黄本、莊本、集解本此下有注云：「礜石出陰山。一曰：能殺鼠。」餘本同藏本。

【箋釋】劉家立云：集韻「礜，羊茹切」，音預。説文云：「毒石，出漢中。」山海經西山經云：「皋塗之山有白石焉，其名曰礜，可以毒鼠。」郭璞注云：「今礜石殺鼠，蠶食之而肥。」按：本草經：「礜，一名青分石，一名立志石，一名固羊石，又名鼠鄉，以其能毒鼠也。」

〔一三〕【版本】茅本、汪本、莊本、集解本此下有注云：「菽，豆總名。」餘本同藏本。

〔一四〕【高注】推，猶知也。

【用韻】「死、饑、肥、推」脂微合韻。

瓦以火成，不可以得火；竹以水生，不可以得水〔一〕。

揚堁而欲弭塵，被裘而以翣翼，豈若適衣而已哉〔二〕！

槁竹有火，弗鑽不爇；土中有水，弗掘無泉〔三〕。

蚺象之病，人之寶也〔四〕；人之病，將有誰寶之者乎〔五〕？

爲酒人之利而不酤，則竭；爲車人之利而不僦，則不達。握火提人，反先之熱〔六〕。

鄰之母死，往哭之，妻死而不泣，有所劫以然也〔七〕。

西方之倮國，鳥獸弗辟，與爲一也〔八〕。

一膊炭熯〔九〕，掇之則爛指；萬石俱熯，去之十步而不死〔一〇〕；同氣異積也〔一一〕。大勇小勇，有似於此〔一二〕。

今有六尺之席〔一三〕，卧而越之，下材弗難〔一四〕；植而踰之，上材弗易；勢施異也〔一五〕。百梅足以爲百人酸，一梅不足以爲一人和〔一六〕。

有以飦死者而禁天下之食，有以車爲敗者而禁天下之乘，則悖矣〔一七〕。

校釋

〔一〕【高注】瓦得火則破，竹得水浸則死矣。

【版本】茅本、汪本、莊本、集解本注無「矣」字。

【用韻】「成、生」耕部，「火、水」微部。

〔二〕【高注】堁，土塵。楚人謂之堁。翣，扇。楚人謂之翣也。

【版本】藏本「揚」作「楊」，除景宋本同藏本外，各本均作「揚」，今據改。

【箋釋】蔣禮鴻云：「翼」字無義，蓋即「翣」字之誤而衍也。上句「欲」字亦衍文。揚堁而弭塵，被裘而以翣，二句相對，以者用也。揚堁而弭塵，主術、説山二篇皆有是語，可證「欲」字之衍。蓋既衍「翼」字，轉寫又加「欲」字令二句字數齊等耳。

〔三〕【高注】掘，猶窮也。

【箋釋】王念孫云：「弗掘無泉」，本作「弗掘不出」，謂不掘則泉不出，非謂無泉也。後人改「不出」爲「無泉」者，取其與「熯」字爲韻耳。不知此四字以「火」與「水」隔句爲韻，（火古讀若毁，説見唐韻正。）而「鑽」與「熯」，「掘」與「出」，則於句中各自爲韻。若云弗掘無泉，則反失其韻矣。（太平御覽火部二引此已誤。）且泉即水也，既云土中有水，則不得又言「無泉」矣。文子上德篇正作「土中有水，不掘不出」。

【用韻】「火、水」微部，「熯、泉」元部。

〔四〕【高注】蛖，大蛤，中有珠。象牙，還以目疾，故人得以爲寶也。

【版本】藏本正文及注「蛖」作「蠬」，景宋本、莊本、集解本作「蛖」，今據改，餘本同藏本。朱本注上「以」作「治」，景宋本、王溥本、茅本、汪本、莊本、集解本同藏本。景宋本、王溥本、茅本、汪本、莊本、集解本注「目」作「自」，朱本、葉本同藏本。

【箋釋】劉績云：「蠬」當作「蛖」，同蚌。後作「明月之珠，蛖之病而我之利；虎爪象牙，禽獸之利而我之害」，則「象」字疑誤。○雙棣按：注「以」與「已」同，已，止也。以目疾，即治眼病。朱本改「以」爲「治」，義不變而字非也。

〔五〕【高注】人以利欲爲病，無人寶之，故曰將有誰寶也。

【版本】藏本注「以」作「之」，景宋本作「以」，今據改，餘本同藏本。

〔六〕【高注】皆一介之人物，思自守者，不欲使酒人、車人得利，不酤、僦，而先自竭，先不達，猶以火投人，先自熱爛也。

【版本】莊本「提」作「投」，餘本同藏本。藏本注「投」作「援」，王溥本、朱本、汪本、張本、黃本、莊本、集解本作「投」，今據改，景宋本、茅本、葉本同藏本。藏本注「爛」作「自」，景宋本、茅本、汪本、張本、黃本、莊本、集解本作「爛」，今據改，王溥本作「身」，朱本作「手」，葉本同藏本。

【箋釋】陶鴻慶云：據注，正文「則竭」當作「則自竭」，文義始明。○楊樹達云：「竭」字無義，字假爲「㵣」。説文欠部云：「㵣，欲飲歠。從欠，渴聲。」今字作「渴」。此謂恐賣酒人獲利而不酤酒，則渴而欲飲也。又按：高釋提爲投，乃讀「提」爲「擿」。説文手部云：「擿，投也。」「提、擿」古音同，故得相通假。史記刺客傳記秦始皇醫夏無且以藥囊提荊軻，假「提」爲「擿」，與此同。

【用韻】「竭、達、熱」月部。

〔七〕【高注】嫌猶哀，嫌於情色，故曰有所劫迫之。然，如是也。

【版本】茅本、汪本、張本、黃本、莊本、集解本注無「嫌猶哀」三字，景宋本、王溥本、朱本同藏本。王溥本注無下「嫌」字，景宋本、朱本同藏本。

【箋釋】吳承仕云：注文當作「嫌獨哀於情色，故曰有所劫迫之」。各本並譌亂不可讀。○于大成云：注文當作「嫌獨哀於情色，故曰有所劫迫以然。然，如是也」，今本「以」誤「之」，二「然」字奪其一。「故曰有所劫迫以然」，乃復舉正文之詞也。

〔八〕【高注】一，同也。倮國，在西南方。

〔九〕【高注】一膊，一挺也。

〔一〇〕【高注】百二十斤爲石。

【版本】藏本「死」上無「不」字，除景宋本同藏本外，各本均有，今據補。莊本、集解本注「斤」作「觔」，景宋本、王溥本、葉本同藏本。

【用韻】「指、死」脂部。

〔一一〕【版本】藏本「積」下無「也」字，王溥本、王鎣本、朱本（挖補）、葉本、吴本、莊本、集解本有，今據補，餘本同藏本。

〔一二〕【用韻】「積、此」錫支通韻。

〔一三〕【版本】藏本「席」作「廣」，王溥本、王鎣本、朱本、葉本、吴本、莊本、集解本作「席」，今據改，餘本同藏本。

〔一四〕【用韻】「越、難」月元通韻。

〔一五〕【箋釋】劉績云：臥越六尺，庸人皆能；植越六尺，豪傑亦難也。

〔一六〕【高注】喻衆能濟少，少不能有所成也。

【箋釋】于大成云：此與前文「十頃之陂可以灌四十頃，而一頃之陂不可以灌四頃」義同，言以百梅足以爲百人酸例之，一梅當可以爲一人酸，然而不足者，百梅多而一梅少，多則其用大，少則其用小也。金樓子立言上曰「百梅能使百人酸，一梅不足成味也」，用此文而改其下句，不失其義而其義益顯。高注疑當作「喻衆能濟衆，少不能有所成也」，今本下「衆」字涉下而譌「少」，義遂若有不合矣。

【用韻】「酸、和」元歌通韻。

〔一七〕【高注】申生雉經，晉不絶繩；子胥自沉，吴不斷水也。

【版本】葉本、莊本、集解本「飰」作「飯」，餘本同藏本。藏本無下「而」字，除景宋本同藏本外，各本均有，今據補。

【箋釋】王念孫云：御覽疾病部四「噎」下引此，「飯」作「噎」，是也。「噎」通作「饐」，因誤而爲「飯」。吕氏春秋蕩兵篇：「夫有以饐死者，欲禁天下之食，悖。」即淮南所本也。今俗語猶之「因噎廢食」。若云「以飯死」，則文不成義。○雙棣按：「飰」爲「飯」之異體。玉篇：「飰，同飯。」

【用韻】「食、乘」職蒸通韻。

釣者静之，罛者扣舟，罩者抑之，罾者舉之，爲之異，得魚一也〔一〕。見象牙乃知其大於牛，見虎尾而知其大於狸〔二〕，一節見而百節知也〔三〕。小國不鬬於大國之間〔四〕，兩鹿不鬬於伏兕之旁〔五〕。佐祭者得嘗，救鬬者得傷，蔭不祥之木，爲雷電所撲〔六〕。

或謂冢，或謂隴〔七〕；或謂笠，或謂簦。頭蝨與空木之瑟，名同實異也〔八〕。

日月欲明，而浮雲蓋之〔九〕；蘭芝欲脩，而秋風敗之〔一〇〕。

虎有子，不能搏攫者，輒殺之，爲墮武也〔一一〕。

龜紐之璽，賢者以爲佩〔一二〕；土壤布在田，能者以爲富〔一三〕。

予拯溺者金玉，不若尋常之纆索〔一四〕。

視書，上有酒者，下必有肉〔一五〕；上有年者，下必有月，以類而取之〔一六〕。

蒙塵而眯，固其理也〔一七〕；爲其不出户而堁之也〔一八〕。

屠者羹藿，爲車者步行，陶者用缺盆，匠人處狹廬〔一九〕，爲者不得用，用者弗肯爲〔二〇〕。

校釋

〔一〕【高注】罧者，以柴積水中，以取魚。扣，擊。魚聞擊舟聲，藏柴下，壅而取之。罧，讀沙糝。今兖州人積柴水中搏魚爲罧。幽州名之爲涔也。

【版本】王鎣本「罧者扣舟」作「網者動之」，餘本同藏本。藏本「罾」作「罜」，景宋本、王鎣本作「罾」，今據改，餘本同藏本。王鎣本「爲之異」，「之」作「道」，餘本同藏本。藏本注下「水」下無「中」字，王溥本、朱本、莊本、集解本有「中」字，今據補，景宋本、葉本同藏本。集解本注「搏」作「捕」，王溥本、朱本、葉本同藏本。藏本注「幽州」作「幽之」，景宋本、朱本、莊本、集解本作

「州」，今據改，葉本同藏本，王溥本作「人」。

【箋釋】莊逵吉云：罛，據爾雅、説文解字，當作「罧」，今爾雅作「槮」，謂之涔槮，亦即糝字。○王念孫云：説文、玉篇、廣韻、集韻皆無「罛」字，「罛」當爲「罧」，字之誤也。（注同。）説文：「罧，積柴水中以養魚。從网，林聲。」字林山沁反。（見毛詩、爾雅釋文。）故高注云：「罧，讀沙糝也。」（太平御覽飲食部八引通俗文曰：「沙入飯曰糝。」）周頌潛篇「潛有多魚」，毛傳曰：「潛，糝也。」爾雅「槮謂之涔」，孫炎曰：「積柴養魚曰槮。」槮與罧同。兖州謂之罧，幽州謂之涔，方俗語有輕重耳。罣非取魚之具，意林、埤雅及初學記武部、太平御覽資産部十四引此，並作「罾者舉之」，是也。罩者下罩而得魚，故言抑；罾者舉罾而得魚，故言舉。○劉台拱云：「罣」乃罣絓之義，與取魚無涉，疑是「罜」字之譌。説文：「罜麗，魚罟也。」或疑「罜麗」疊韻字，不得單稱「罜」。今考廣韻「麗」止一音而「罜」凡再見，入聲一屋：「罜麗，魚罟。」上音獨，下音鹿，二字連文。去聲十遇：「罜，小罟。」之戍切，不與「麗」連文，則「罜」亦可單稱明矣。罜爲罟，故可舉。○劉文典云：意林引此文，「罛者扣舟」作「網者動之」，「爲之異」作「爲道異」。○王叔岷云：王校是也。宋本「罣」正作「罾」。○鄭良樹云：韻府羣玉十五引此，亦作「罾者舉之」。○于大成云：諸子類語四引，「罣」亦作「罾」。

【用韻】「抑、異、一」質職合韻。

〔二〕【用韻】「牛、狸」之部。

〔三〕【高注】吴伐越，隨會稽，獨獲骨節專車，見一節大，餘節不得小，故曰百節知。

【版本】王鎣本、汪本、張本、黄本、莊本、集解本「而」作「乃」，餘本同藏本。王溥本注「隨」作「墮」，茅本、汪本、莊本、集解本作「至」，景宋本、朱本、葉本同藏本。王溥本注無「獨」字。

【箋釋】吴承仕云：注「隨」當作「隳」。魯語、説苑、家語述此事，並云「吴伐越，隳會稽」，此高注所本也。作「隨」者，形近之譌，淺人以「隨」字不可通，乃妄改爲「至」，其疏漏有如此者。又案「獨獲骨節」，「獨」字無義，不審其致誤所由。○雙棣按：魯語字作「墮」，不作「隳」，吴氏失檢。王溥本蓋即據魯語改之。魯語「獲骨焉，節專車」，亦無「獨」字。

〔四〕【高注】畏見嫌也。

【箋釋】吴承仕云：「嫌」當作「兼」，言並兼於大國也。形近誤爲「嫌」。

〔五〕【高注】畏見食也。

〔六〕【高注】蔭，木影也。撲，擊也。

【版本】莊本、集解本注「影」作「景」，無「影」下「也」字。

【箋釋】劉文典云：御覽十三引「雹」作「霆」。九百五十二引，「蔭」作「陰」，又引注作「陰，休也」。○王叔岷云：文子「雹」作「霆」。○于大成云：事類賦注三、喻林二十七引亦作「霆」。「霆」可訓「雹」，見天文篇，「雹」亦自可訓「霆」。○雙棣按：吕氏春秋先己篇云：「松柏成而塗之人已蔭矣。」此文「蔭」字與吕覽同，謂以樹影遮蔽。

【用韻】「旁、嘗、傷」陽部，「木、撲」屋部。

〔七〕【用韻】「冢、隴」東部。

〔八〕【高注】頭中蝨，空木瑟，其音同，其實則異也。

【版本】藏本正文及注「蝨」作「風」，景宋本作「蝨」，今據改，朱本、茅本、汪本、張本、吴本、黄本作「虱」，莊本、集解本作「蝨」，王溥本、王鎣本、葉本同藏本。

【箋釋】王念孫云：「或謂簦」下當有「名異實同也」五字，言冢與隴，笠與簦，名異而實同。（隴本作壠，方言：「冢，秦晉之間或謂之壠。」廣雅：「簦謂之笠。」）若頭蝨與空木之瑟，則名同而實異也。

【用韻】「簦、異」蒸職通韻。

〔九〕【高注】蓋，猶蔽也。

〔一〇〕【高注】脩，長。

【箋釋】何寧云：「脩」疑本作「長」，讀長養之長，淮南不諱長養字。高序已明淮南避父諱，故書中「脩」字不更作訓釋。校者不知，改正文「長」字爲「脩」，又注「脩長」二字，誤矣。

【用韻】「蓋、敗」月部。

〔一一〕【高注】墮，廢也。武，威之也。

【箋釋】吴承仕云：洪焱祖注爾雅翼引此作「武威乏也」，疑「武威乏也」四字爲句。○雙棣按：

疑「之」字爲衍文，爾雅翼注引「乏」亦「之」字之誤。

【用韻】「攫、武」鐸魚通韻。

〔一二〕【高注】龜紐之璽，衣印也。紐，係。佩，服也。

〔一三〕【高注】能勤者播植嘉穀以爲饒富也。

【版本】藏本「壤」作「壞」，王溥本、王鎣本、朱本、汪本、吴本、莊本、集解本作「壤」，今據改，景宋本、葉本同藏本。藏本注「勤」作「動」，王溥本、朱本、莊本、集解本作「勤」，今據改，餘本同藏本。

【箋釋】何寧云：「土壤」疑當作「壤土」。

【用韻】「佩、富」之職通韻。

〔一四〕【高注】金玉雖寶，非拯溺之具，故曰不如尋常之纆索。

【版本】藏本正文及注「纆」作「纏」，景宋本、王溥本、朱本、莊本作「纆」，今據改，餘本同藏本。

【箋釋】王念孫云：今本「溺」上有「拯」字，乃涉注文而衍。此謂與溺者金玉，不如與之繩索，使得援之以出水，非謂與拯溺者也。高注自謂金玉非拯溺之具，亦非謂與拯溺者金玉也。太平御覽珍寶部九引此，有「拯」字，亦後人依誤本加之。其人事部三十七引此無「拯」字，文子上德篇亦無。又：「尋常之纏索」，本作「尋常之纆」，其「索」字則後人所加也。（高注同。）此文以「佩、富、纆」爲韻，若作「纏索」，則失其韻矣。（文子作「不如與之尺索」，亦改淮南而失其韻。）

太平御覽人事部三十七、珍寶部九引此並作「尋常之纏」，雖「纏」誤爲「纏」，而「纏」下俱無「索」字。○王叔岷云：長短經卑政篇引此作「濟溺人以金玉，不若尋常之纏」。文雖小異，與王校合。○何寧説同。

〔一五〕【用韻】「玉、索」屋鐸合韻。

〔一六〕【用韻】「酒、肉」幽覺通韻。

〔一七〕【高注】類，猶事也。

〔一八〕【用韻】「眯、理」脂之合韻。

〔一九〕【高注】爲不出户而塵堁眯之，非其道。

【箋釋】王引之云：如高注，則正文「爲其不出户而堁之」下，當有「非其道」三字，而寫者脱之。道亦理也。「固其理也」，「非其道也」，相對爲文。爲猶謂也。蓋出户而後蒙塵，蒙塵而後眯，若謂不出户而堁之，則無是事也。今本無「非其道」三字，則文不成義，且與上文不對矣。又「道」與「理」爲韻，（恒象傳「久於其道也」，與「已、始」爲韻，月令「毋變天之道」，與「紀、理」爲韻，管子心術篇「心處其道」，與「理」爲韻，正篇「臣德咸道」，與「紀、理、止、子」爲韻。）若無此三字，則失其韻矣。下文「雖欲養之非其道」，亦與「酒」爲韻。

〔一九〕【版本】王溥本、王鎣本「行」作「出」。藏本「缺」作「鈠」，除茅本作「鈌」外，各本皆作「缺」，今據改。景宋本、王鎣本、朱本、茅本、汪本、張本、黄本、莊本、集解本「盧」作「廬」，餘本同藏本。

【箋釋】王念孫云：「羹藿」本作「藿羹」，「藿羹」與「步行」相對爲文。諸書多言藿羹，無言羹藿者，此寫者誤倒也。「爲車者步行」，本作「車者步行」，古者百工各以其事爲名，故考工記云：「攻木之工，輪、輿、弓、廬、匠、車、梓。」此言車者，猶考工記言車人也。後人誤以車爲車馬之車，故又加「爲」字耳。「陶者」本作「陶人」，與「匠人」相對爲文。今本「人」作「者」，因上二句而誤。盧與廬同，（荀子富國篇「若盧屋妾」，即廬屋。孟子屋廬子，廣韻作屋盧子。）道藏本、劉本並作「盧」，莊改「盧」爲「廬」，未達假借之義。太平御覽器物部三引此，正作「屠者藿羹，車者步行，陶人用缺盆，匠人處狹盧」。意林引作「屠者食藿羹，爲車者多步行，陶人用缺盆，匠人處狹盧」，食字、爲字、多字，皆馬總以意加之，餘與御覽同。

【用韻】「行、盧」陽魚通韻。

〔二〇〕【高注】爲者不得用，以利動。用者不肯爲，以富寵也。

【版本】莊本、集解本「得」作「必」，餘本同藏本。

【箋釋】雙棣按：高注云「爲者不得用」，正文以作「得」爲是，莊本「必」蓋誤字。

轂立，三十輻各盡其力，不得相害。使一輻獨入，衆輻皆棄，豈能致千里哉〔一〕！夜行者掩目而前其手，涉水者解其馬，載之舟，事有所宜，而有所不施〔二〕。橘柚有鄉，藿葦有叢〔三〕。獸同足者相從遊，鳥同翼者相從翔〔四〕。

田中之潦，流入於海；附耳之言，聞於千里也〔五〕。蘇秦步〔六〕，曰何故〔七〕；趍，曰何趍馳〔八〕。有爲則議，多事固苛〔九〕。皮將弗覩，毛將何顧〔一〇〕！畏首畏尾，身凡有幾〔一一〕。欲觀九州之土，足無千里之行；心無政教之原，而欲爲萬民之上，則難〔一二〕。的的者獲，提提者射〔一三〕。故大白若辱，大德若不足〔一四〕。未嘗稼穡粟滿倉，未嘗桑蠶絲滿囊，得之不以道，用之必横〔一五〕。

校釋

〔一〕【箋釋】俞樾云：文子上德篇作「轂虚而中立」，是此文轂下脱「虚而中」三字。一輻，文子作「一軸」，亦當從之。蓋一軸在轂中，三十輻在轂外，若一軸獨入，而三十輻皆棄，即不成爲輪矣，故不可以致千里也。○楊樹達云：俞校「一輻」當作「一軸」，非也。果如俞説，則文當云：如有軸而無輻，不能致千里矣。惟三十輻各盡力，故以一輻獨入衆輻皆棄對勘言之，言不能止有一輻也。上文既未及軸，何至忽言軸乎！文子誤字不可從。「虚而中」三字亦不必補。○于大成云：楊説是也。文子朱弁本、纘義本、聚珍纘義本、默希子注宋本、守山閣本、墨海本亦皆作「輻」，與淮南同。○蔣禮鴻云：俞氏補「虚而中」三字，是也，改「輻」爲「軸」則非。此言事有用衆而成、偏任而廢者，「三十輻各盡其力」與「一輻獨入」兩「輻」字與「各」「獨」二字語意緊接，豈有誤字。俞氏改「輻」爲「軸」，蓋由「入」字推斷之，以爲軸可以入轂，輻不可以言入耳。不知下文云「輻之入轂，各值其鑿」，輻自可云入，彼文之「輻」，豈亦可改作「軸」乎！○于大成云：楊説是也。文子朱弁本、纘義本、聚珍纘義本、默希子注宋本、守山閣本、墨海本亦作「輻」，與淮南同。○何寧云：本文不誤，楊説是也。景宋本文子、文子纘義亦皆作「一輻」，不作「一軸」，俞氏蓋據誤本。尋繹文義，重在「相害」二字。謂三十輻不相害，各盡其力，則能致千里。若一輻獨入，衆輻不與同力，是相害也。故「皆棄」云者，蓋謂二十九輻棄一輻。蔣氏謂「此言事有用衆而成，偏任而廢者」，文子纘義舊注亦云：「爲車者必假衆輻，求致遠之用；治國者亦借羣才，保久安之業。」以爲在上位者任人之喻，似皆未得「相害」之義，致文義不相貫注。

〔二〕【用韻】「手、舟」幽部，「宜、施」歌部。

〔三〕【箋釋】楊樹達云：「橘柚有鄉，雚葦有叢」二句當倒，「鄉」與下文「翔」爲韻，本文上下皆有韻。又按：雚字，景宋本同，劉家立集證作「萑」是也。○馬宗霍云：説文艸部云：「萑，薍也。从艸，萑聲。」「葦，大葭也。」二篆相蒙，則此文「雚」字乃「萑」字之誤。説文雚在隹部，訓「小爵也」，與萑音義皆別。○雙棣按：玉篇艸部云：「萑，細葦。」段玉裁説文注引夏小正傳云：「未秀則不爲萑葦，秀然後爲萑葦。」阮元云：「説文有萑，有萑。萑者，葦之類也。从艸，萑聲。萑者，鳥名。从丫，从隹。今人萑葦字，蓋用萑雀字爲假借，非用萑艸字也。萑艸字从艸隹聲，音追。」段玉裁云：「今人多作萑者，蓋其始假鵻屬之萑爲之，後又誤爲艸多皃之萑。」徐灝云：

「萑，隸省作萑，與艸多皃之萑，鴟屬之萑相亂，故别作藿。」然則作「藿」亦可。

〔四〕【高注】以類聚也。

【版本】張本、黄本、莊本、集解本「遊」作「游」，餘本同藏本。

【用韻】「鄉、叢、翔」陽東合韻。

〔五〕【高注】附，近。近耳之言謂竊語。聞於千里，千里知之。語曰：欲人不知，莫如不爲。

【版本】景宋本、王溥本、茅本、汪本、張本、莊本、集解本注上「近」字下有「也」字，朱本、葉本同藏本。涵芬樓影印道藏本注下「不」作「一」，白雲觀本作「不」，王溥本作「已不」。

【用韻】「海、里」之部。

〔六〕【高注】步，徐行也。

【版本】藏本注「徐」作「餘」，王溥本、莊本、集解本作「徐」，今據改，景宋本、朱本、葉本同藏本。莊本、集解本此注在下文「何故」下，景宋本、王溥本、朱本、葉本同藏本。

〔七〕【高注】人問何故。

【用韻】「步、故」鐸魚通韻。

〔八〕【箋釋】王引之云：「馳」字非原文所有，蓋後人見字書、韻書「趍趙」之「趍」音馳，故旁記「馳」字，而寫者遂誤入正文也。不知此「趍」字，（七俱反。）乃「趨」之變體，與音馳之「趍」相似而實非也。步爲徐行，趨爲疾行，故先言步，後言趨。高注「步，徐行也」，正以别於下句之趨也。「步曰何故」，「步」與「故」爲韻。「趨曰何趨」，「趨」與「趨」爲韻。或曰當作「趍曰何馳」，今知不然者，馳乃馬疾行之名，人行不得言馳也。○俞樾云：此當作「蘇秦步，曰何步；趨，曰何趨；馳，曰何馳」。因首句高注有「何故」二字，遂誤正文「何步」爲「何故」，而「馳」下又脱「曰何馳」三字，則文不成義矣。○李哲明云：文句不甚憭然，疑下「趨」字衍。或作「蘇秦曰：步何故趍，趍何故馳」，蓋趍疾於步，馳疾於趍，以起下「有爲」二句，言進必以漸，毋爲急疾，欲有爲則謀議之，自得其序。急疾則反多事，多事必煩苛矣。譬之安步可至，何故求速而趍且馳也。下注謂蘇秦爲多事之人，匪唯無意義，且此篇文例但雜徵叢説，無議及一人之得失者，人問何故之説亦失之。○于大成云：景宋本二「趍」字並作「趨」，王説「趍」乃「趨」之變體，其説是也。上二句當作「蘇秦步，曰：何故。趨，曰：何趣」，「馳」字衍。王説是也。下「趍」字本作「趣」，趣，促也。趣、趨古每通用，故傳寫遂爲「趨」，又易爲「趍」。「步、故」爲韻，「趨、趣」爲韻。「步，曰：何故」者，怪其徐也。「趨，曰：何趣」者，怪其疾也。蓋蘇秦之爲人也，有爲多事，故凡舉動則爲人所議所苛也。下文「固苛」之「固」，字或作故，固猶則也，見釋詞。馳爲馬疾行之名，人行不得言馳也，王氏已言之矣，而俞氏猶欲「馳」字下補「曰何馳」，非。李氏説尤無理。注文「餘行」當爲「徐行」，劉本、莊本不誤。雜志逕引作「徐」矣。○何寧云：俞説近是也。莊子田子方篇「夫子步，亦步也；夫子趨，亦趨也；夫子馳，亦馳也」，其義雖異，其句法實淮南所本。以蘇秦爲多事之人，故其一步一趨一馳，人皆苛察而論議之也。

〔九〕【高注】蘇秦爲多事之人，故見議見苛也。

【箋釋】于大成云：注「爲」上奪「有」字，有爲多事，故見議見苛，注蓋合正文兩句而統釋之。

【用韻】「議、苛」歌部。

〔一〇〕【箋釋】于大成云：左傳僖公十四年「皮之不存，毛將安傅」，此用其義。

【用韻】「覩、顧」魚部。

〔一一〕【高注】畏始畏終，中身不畏，凡有幾何。言常畏也。

【箋釋】于大成云：左傳文公十七年「古人有言，畏首畏尾，身其餘幾」，此文本之。

【用韻】「尾、幾」微部。

〔一二〕【高注】無其術，故曰難也。

【版本】景宋本「州」作「用」，缺「難」字，餘本同藏本。景宋本注作「土足無其術故所子曰難也」。莊本、集解本注末無「也」字。

【箋釋】陶鴻慶云：上二句當乙轉，下二句「上」字，乃「主」之誤。元文當云：「足無千里之行，而欲觀九州之土；心無政教之原，而欲爲萬民之主。」本以四句爲對文，而「土」與「主」爲韻也，因「主」字闕壞爲「上」，後人輒將上二句乙轉，以求協韻，而不知其文義之不順也。○雙棣按：陶說似是。文子上德篇已誤。

【用韻】「行、上」陽部，「原、難」元部。

〔一三〕【高注】的的，明。爲衆所見，故獲。提提，安。言譬若鳥不飛，獸不走，提提安時，故爲人所射。

【版本】莊本、集解本正文及注「的的」作「的旳」，餘本同藏本。藏本注「明」作「名」，景宋本、茅本、汪本、張本、黄本、莊本、集解本作「明」，今據改，王溥本、朱本、葉本同藏本。茅本、汪本、張本、黄本、莊本、集解本注「明」下有「也」字。茅本、汪本、張本、黄本、莊本、集解本注「安」下有「也」字，王溥本有「皃」字，景宋本、朱本、葉本同藏本。汪本、張本、黄本、莊本、集解本注無「言譬」二字，王溥本無「言」字，景宋本、朱本、葉本同藏本。

【箋釋】王念孫云：注訓提提爲安，雖本爾雅，然非此所謂提提也。旳旳，提提，皆明也，語之轉耳。提與騠同。説文：「騠，(音提。)顯也。」顯亦明也。莊子養生主篇曰：「爲善無近名，爲惡無近刑。」管子白心篇曰：「爲善乎毋提提，爲不善乎將陷於刑。」是提提爲明也。「旳旳者獲，提提者射」，即莊子所謂「飾知以驚愚，脩身以明汙，昭昭乎如揭日月而行」，故不免者也。故下文即云「大白若辱，大德若不足」。若訓提提爲安，則既與上句不類，又與下文不屬矣。○俞樾云：王氏念孫謂旳旳、提提皆明也，引管子白心篇「爲善乎無提提」爲證，其説得之矣。惟未説「獲」字之義。今按：旳旳猶提提，獲猶射也，兩句實止一意。儀禮鄉射禮篇「獲者坐而獲」，鄭注曰：「射者中，則大言獲。」是古謂射中爲獲。上句言獲，下句言射，變文以成辭耳。○雙棣按：説文：「旳，明也。」無「的」字。今經典多以「的」爲「旳」。説文引易「爲旳顙」，今説卦作「的」。淮南「旳」字爲莊逵吉所改。吉氏多以古字改經典常用字。

【用韻】「獲、射」鐸部。

〔一四〕【高注】若辱，自同於衆人。若不足者，實若虚也。

【版本】藏本注末「也」字作「之」，景宋本、王溥本作「也」，（蔣刊道藏輯要本亦作「也」。）今據改，朱本、葉本同藏本，茅本、汪本、張本、黄本、莊本、集解本作「之貌」。

【箋釋】莊逵吉云：鄭康成儀禮注曰：「以白造緇曰辱。」辱者，汙辱也。故與白對。注家皆未得其義。○雙棣按：老子第四十一章云：「上德若谷，大白若辱，廣德若不足。」（辱，一本作「黷」。馬王堆帛書老子乙本「谷」作「浴」，三「若」字皆作「如」。莊子寓言篇引老子曰「大白若辱，盛德若不足」。）此爲淮南所本。莊氏釋「辱」字，是也。廣雅釋詁三：「辱，污也。」素問氣交變大論：「黑氣迺辱。」辱似以黑爲義，故與白對文。黷，説文無，蓋「辱」之後起分别字，玉篇：「黷，垢黑也。」

【用韻】「辱、足」屋部。

〔一五〕【高注】横，放。

【版本】茅本、張本、汪本、莊本無此注，集解本注「放」下有「也」字，餘本同藏本。

【箋釋】楊樹達云：此即禮記大學篇「貨悖而入者，亦悖而出」之意。

【用韻】「倉、囊、横」陽部。

海不受流胔，太山不上小人〔一〕，旁光不升俎〔二〕，騶駮不入牲〔三〕。

中夏用箑，快之，至冬而不知去；褰衣涉水，至陵而不知下；未可以應變〔四〕。

有山無林，有谷無風，有石無金〔五〕。

滿堂之坐，視鉤各異〔六〕，於環帶一也〔七〕。

獻公之賢，欺於驪姬〔八〕；叔孫之知，欺於豎牛〔九〕。故鄭詹入魯，春秋曰：「佞人來，佞人來〔一〇〕。」

君子有酒，鄙人鼓缶，雖不見好，亦不見醜〔一一〕。

人性便衣絲帛，或射之則被鎧甲，爲其所不便，以得所便〔一二〕。

輻之入轂，各值其鑿，不得相通，猶人臣各守其職，不得相干〔一三〕。

嘗被甲而免射者，被而入水；嘗抱壺而度水者，抱而蒙火；可謂不知類矣〔一四〕。

校釋

〔一〕【高注】骨有肉曰胔，有不義之祥流入海，海神蕩而出之，故曰不受。太山，東嶽也，王者所封禪處，不令殈亂小人得上其上也。

【版本】莊本、集解本注「祥」作「骸」，景宋本、王溥本、茅本、葉本、汪本同藏本。景宋本、莊本、集解本注「嶽」作「岳」，王溥本、茅本、葉本、汪本同藏本。朱本、汪本注「禪」作「神」，餘本同藏本。莊本、集解本注「殈」作「凶」，景宋本、王溥本、朱本、葉本同藏本。

〔二〕【高注】旁光，胞也。俎豆之實，唯肩髀而脅肋不得升。

【箋釋】吴承仕云：洪焱祖注爾雅翼引此文注云：「旁光（讀），胞也（句）。俎豆之實（讀），唯肩髀兩脅（讀），胞不得升也（句）。」與禮經豚解、體解之名物略相應。今本「兩」誤爲「而」，「胞」誤爲「肋」，似謂俎豆之實，唯用肩髀，而脅肋不得升。文義絶不可通，可謂差之豪釐，謬以千里矣。應據洪引注文正之。○雙棣按：吴説是。正文云「旁光不升俎」，而今本高注「脅肋不得升」，與正文無涉，自當有誤，吴引洪爾雅翼注可正今本之誤。

〔三〕【高注】犧牲以純色也。

【版本】汪本、張本、黄本、莊本、集解本「駁」作「駮」，餘本同藏本。

【箋釋】王瀣云：「駠」不成字，蓋「駵」字之譌，「駵」亦俗，當用「騮」。○于大成云：王説「駠」是「駵」之譌，是也。爾雅翼二十二引正作「駵」。又説「駵」俗，當用「騮」，非也。説文有「駵」無「騮」，馬部云「駵，赤馬黑毛尾也。从馬，丣聲」，段注曰「丣各本作畱，篆體作騮，大誤」。○雙棣按：駮、駁音同，古可通假，漢書梅福傳云：「一色成體謂之醇，白黑雜合謂之駁。」文選西京賦李善注引薛綜曰：「駮，白馬而黑畫，爲文如虎者。」俗本不通假借而改用本字。

【用韻】「人、牲」真耕合韻。

〔四〕【箋釋】王念孫云：「陵」當爲「陸」，字之誤也。「陸」與「水」相對，作「陵」則非其指矣。意林引此正作「陸」。

〔五〕【高注】林生於山，山未必皆有林。風出於谷，谷未必皆有風。金生於石，石未必皆有金。喻聖人出于衆人，衆人未必皆聖賢也。

【用韻】「去、下」魚部。

【版本】藏本注下「谷」字下有「王」字，景宋本、朱本、茅本、汪本、張本、黄本、莊本、集解本無「王」字，（蔣刊道藏輯要本作「中」。）今據删。藏本注「衆人」上無「于」字，王溥本有，今據補，餘本同藏本。

〔六〕【高注】滿堂坐人，視其鉤，各異形。

【用韻】「林、風、金」侵部。

〔七〕【高注】鉤與環帶一法也。類雖異，所用者同。

【箋釋】陶鴻慶云：「環」當爲「擐」，廣雅釋詁：「擐，著也。」本書要略篇：「躬擐弓冑。」高注云：「擐，貫著也。」言鉤形雖異，而其貫著於帶則一也。○馬宗霍云：帶所以繫腰，鉤所以綴帶使之合。本文環帶之環猶合也。蓋言滿堂坐人，鉤雖各異其形，其於綴帶使合之，用則一也。高注乃謂「鉤與環帶一法也」，似連「環帶」二字爲一物之名，殆失其誼矣。○雙棣按：馬氏謂高注釋「環帶」爲一物之名，非。與猶於也，非和也、同也。「鉤與環帶」猶「鉤於環帶」，環或釋爲合，或釋爲著，其義一也。

〔八〕【高注】殺申生也。

【版本】王溥本、王鎣本、葉本、吴本「於」作「于」，餘本同藏本。汪本、張本、黄本、莊本、集解本「孋」作「驪」，餘本同藏本。

【箋釋】雙棣按：孋與驪同。玉篇女部云：「孋，孋姬，本亦作驪。」左傳昭公二十八年釋文「晉獻公伐孋戎所得而以爲夫人」，字亦作「孋」。

〔九〕【高注】三日不食而餓死也。

【版本】張本、黄本、莊本、集解本「知」作「智」。王溥本、王鎣本、吴本「於」作「于」。

【箋釋】雙棣按：豎牛餓叔孫事見左傳昭公四年。

〔一〇〕【高注】鄭詹，鄭文公大夫，以齊桓公卒，不使鄭伯朝齊，朝於楚，齊人執之，自齊逃至魯，魯謂之佞人。以方孋姬、豎牛，故曰「佞人來，佞人來」。

【版本】景宋本、茅本、汪本、張本、黄本、莊本、集解本注「朝於楚」上有「而使」二字，餘本同藏本。藏本注「魯」不重，景宋本、茅本、汪本、張本、黄本、莊本、集解本重「魯」字，今據補，餘本同藏本。

【箋釋】于鬯云：此注殊誤。此見公羊莊十七年傳，云：「佞人來矣，佞人來矣。」此時鄭尚厲公，非文公也。齊桓方霸，更何得言卒乎？不朝齊之説，取左傳以説此，亦恐不合。因一「故」字以爲承上驪姬、豎牛而言，然亦不可云「以方驪姬、豎牛，故曰佞人來，佞人來」也。且驪姬、豎牛之事皆在叔詹之後。○楊樹達與于説同。

【用韻】「姬、牛、來、來」之部。

〔一一〕【高注】醜，惡。

【箋釋】景宋本「見」作「可」，餘本同藏本。

【用韻】「酒、缶、好、醜」幽部。

〔一二〕【高注】便，利。

【版本】藏本「便衣絲帛」作「便絲衣帛」，今據陳昌齊説乙，各本同藏本。莊本「不便」上無「所」字，餘本同藏本。

【箋釋】陳昌齊云：「便絲衣帛」，當作「便衣絲帛」。「衣絲帛」與「被鎧甲」相對。文子上德篇作「衣縣帛」。○于大成云：文子亦當作「衣絲帛」，朱弁本、寶曆本並作「衣絲帛」。

〔一三〕【高注】干，亂也。

〔一四〕【箋釋】楊樹達云：瓠可以度水，壺則瓠字之假也。易林云：「枯瓠不朽，利以濟舟，渡踰江海，無有溺憂。」是其事也。詩七月云：「八月斷壺。」毛傳云：「壺，瓠也。」鶡冠子云：「中流失船，一壺千金。」與此文皆假壺爲瓠。

【用韻】「水、火、類」微物通韻。

君子之居民上，若以腐索御奔馬〔一〕，若蹍薄冰蛟在其下〔二〕，若入林而遇乳虎〔三〕。善用人者，若蚈之足，衆而不相害〔四〕；若脣之與齒，堅柔相摩而不相敗〔五〕。清醠之美，始於耒耜〔六〕；黼黻之美，在於杼柚〔七〕。布之新不如紵，紵之弊不如布，或善爲新，或善爲故〔八〕。靨酺在頰則好，在顙則醜〔九〕；繡以爲裳則宜，以爲冠則譏〔一〇〕。馬齒非牛蹏，檀根非椅枝，故見其一本而萬物知〔一一〕。石生而堅，蘭生而芳，少有其質，長而愈明〔一二〕。扶之與提，謝之與讓，故之與先，諾之與已，也之與矣，相去千里〔一三〕。汙準而粉其顙〔一四〕，腐鼠在壇〔一五〕，燒薰於宫；入水而憎濡，懷臭而求芳；雖善者弗能爲工〔一六〕。

校釋

〔一〕【高注】雍容恐失民之意。

【箋釋】于大成云：大戴禮子張問入官篇盧辯注、御覽四百三十引「民上」下皆有「也」字。御覽四百三十、九百三十引注「民」下無「之」字。又鄧析子轉辭篇云「明君之御民，若御奔而無轡，履冰而負重」，與此文義同。御覽七百四十六引書曰「若朽索之御六馬」，新序雜事四孔子對哀公問曰「夫執國之柄，履民之上，懔乎如以腐索御奔馬」，説苑政理篇孔子答子貢問治民曰「懔懔焉如以腐索御奔馬」，並與上句義同。

〔二〕【高注】蛟，魚屬，皮有珠，能害人，故曰蛟在其下。

〔三〕【高注】言常驚懼恐也。化不洽於民，民不附。

【版本】藏本注「洽」作「治」，王溥本、朱本、汪本、張本、黄本、莊本、集解本作「洽」，今據改，茅本、葉本同藏本。張本、黄本注無「恐」字。

【箋釋】吴承仕云：注文當作「言常驚懼（句）。恐化不洽於民，民不附（句）」。今本「恐」下誤衍「也」字，文不成義。

【用韻】「馬、下、虎」魚部。

〔四〕【高注】蚈，馬蚈，幽州謂之秦渠。蚈，讀蹊徑之蹊也。

【箋釋】王叔岷云：御覽九四八引「蚈」作「蚿」，（文子上德篇亦作「蚿」，今本作「蚈」。）蚿、蚈一聲之轉。吕氏春秋季夏紀「腐草化爲蚈」高注：「蚈，馬蚿也。」與此注作「馬蚈」同。

〔五〕【高注】摩，近。敗，毁。

【箋釋】雙棣按：「脣」當爲「舌」字之誤。堅柔之諭多以舌齒言。上文「舌之與齒，孰先礲也」，原道篇「齒堅於舌而先之弊」，繆稱篇「老子學商容，見舌而知守柔矣」，許注：「商容吐舌示老子，老子知舌柔齒剛。」皆舌與齒堅柔對言。文子上德篇亦作「若舌之與齒，堅柔相磨而不相敗」，作「舌」而不作「脣」。

【用韻】「害、敗」月部。

〔六〕【高注】醙，清酒。周禮醙齊是。醙，讀瓮甆之甆也。

【版本】莊本、集解本正文及注「醙」作「醠」，餘本同藏本。

【箋釋】雙棣按：「醙」與「醠」同。説文云：「醠，濁酒也。」桂馥義證云：「醠，或作醙。淮南説林：『清醙之美，始於耒耜。』高注：『醙，清酒也。』案：清醙，醙之清者，故云清酒。」又按：注引周禮「醙齊」，見春官司尊彝。「醙」作「盎」。

〔七〕【高注】白與黑爲黼，青與赤爲黻，皆文衣也。

【版本】張本、黄本、莊本、集解本「柚」作「軸」，餘本同藏本。

【箋釋】雙棣按：柚，軸於機具義同。廣韻：「柚，杼柚，機具。」詩小雅大東云：「小東大東，杼柚其空。」釋文云：「柚，本又作軸。」説文云：「軸，持輪也。」段玉裁注云：「軸，引申爲凡機樞之偁，若織機之持經者亦謂之軸。」法言先知：「田畝荒，杼軸空。」用軸字。注「赤」當作「黑」，參主術篇一二八三頁注〔五〕。

〔八〕【高注】善，猶宜也。

【版本】藏本下「善」字作「惡」，景宋本作「善」，今據改，餘本同藏本。

【箋釋】王念孫云：「或惡爲故」本作「或善爲故」。言紵善爲新，布善爲故也。今本作「或惡爲故」者，後人不曉文義而妄改之耳。太平御覽布帛部七引此，正作「或善爲故」。○顧廣圻云：宋本「善」未誤「惡」。○于大成云：萬卷菁華五引，「惡」亦作「善」。

【用韻】「紵、布、故」魚部。

〔九〕【高注】甗甋者，煩上窒。窒者在甗，以盤，故醜。

【版本】藏本注上「者」字作「箸」，朱本、張本、黄本作「者」，今據改，餘本同藏本。莊本、集解本注「以」作「似」，餘本同藏本。景宋本、茅本、汪本、張本、黄本、莊本、集解本「盤」作「槃」，餘本同藏本。

【箋釋】雙棣按：「以」與「似」通。漢書高帝紀上「鄉者夫人兒子皆以君」，顔師古注引如淳曰：「以或作似。」史記作「似」。

【用韻】「好、醜」幽部。

〔一〇〕【高注】詩云「衮衣繡裳」，故曰宜。譏，人譏非之也。

【版本】莊本、集解本注「云」作「曰」，景宋本、王溥本、朱本、葉本同藏本。

【箋釋】王念孫云：「譏」本作「議」，高注本作「議，人議非之也」。今本「議」皆作「譏」者，後人以「議」與「宜」韻不相協而改之，因並改高注耳。不知「宜」字古讀若俄，（説見唐韻正。）與「議」字不相協，而「議」字古讀亦若俄，（小雅北山篇「或出入風議」，與「爲」爲韻，「爲」古讀若譌。淮南俶真篇「立而不議」，與「和」爲韻；詮言篇「行有迹則議」，與「訶」爲韻。史記太史公自序「王人是議」，與「禾」爲韻。）與宜字正相協也。太平御覽布帛部二引此，正作「以爲冠則議」。詮言篇云「行有迹則議」，又其一證也。○劉文典云：御覽八百十五引「裳」作「被」，意林同。○于大成云：高注既引詩「繡裳」，則高本必作「裳」字無疑。意林是用許本，則許本作「被」也。○雙棣按：注引詩，見豳風九罭。

【用韻】「宜、議」歌微合韻。

〔一一〕【高注】知，猶別也。

【用韻】「蹏、枝、知」支部。

〔一二〕【高注】質，性也。明，猶盛也。

【版本】藏本「有」作「自」，王溥本、王鎣本、朱本、葉本、吴本、黄本作「有」，今據改，餘本同藏本。

【箋釋】王念孫云：「少自其質」，「自」當依劉本作「有」，字之誤也。文子上德篇作「少而有之，長而逾明」。○于大成云：喻林一百十引，亦作「少有其質」。

【用韻】「堅、質」真質通韻，「芳、明」陽部。

〔一三〕【版本】茅本、汪本、張本、黄本無「之與矣」三字，餘本同藏本。

【箋釋】俞樾云：「故之與先」本作「得之與失」。草書「得」字作「□」，「故」字作「□」，兩形相似，隸書「失」字或作「□」，「先」字或作「先」，兩形亦相似，因誤「得」爲「故」，誤「失」爲「先」耳。「之與矣」三字，衍文也。蓋校者見淮南舊本有「得之與失」句，因補注於「諸之與已也」下，而傳寫又誤脱「得」字，且誤「失」爲「矣」耳。文子上德篇正作「扶之與提，謝之與讓，得之與失，諸之與已，相去千里」，可據以訂正。○于鬯云：也、邪同用，故「也」者，辭之反也；「矣」者，辭之正也。○金其源云：殹、也古本同音，石鼓、秦權以及古鼎彝識文皆作「殹」，無作「也」者。玉篇：「⿱殹言，是也。」又發語詞。是即殹義。發語即今詞賦所用緊字。「殹」爲發語，而「矣」爲已詞，故淮南舉以入字義相反之列。○楊樹達云：謝謂辭謝，讓謂誚讓。諸謂許諾，已謂拒其請。禮記表記篇云：「是故君子與其有諸責也，寧有已怨。」鄭注云：「已謂不許也。」言諾而不與，其怨大於不許。荀子王制篇云：「刑賞已諾信乎天下矣。」楊倞注云：「諾，許也。已，不許也。」逸周書官人篇云：「已諾無決。」史記游俠傳云：「已諾必誠。」枚乘七發云：「決絶以諾。」以與已同。此皆以已諾爲對文。扶提未詳，提疑與上文「握火提人」之提同，謂投擲也。○于大成云：鄧析子轉辭篇云「世間悲哀、喜樂、嗔怒、憂愁、久惑於此，今轉之，在己爲哀，在他爲悲；在己爲樂，在他爲喜；在己爲嗔，在他爲怒；在己爲愁，在他爲憂。在己在彼，若扶之與攜，（「在彼」二字從錢熙祚、孫詒讓校補。）謝之與儀，故之與古，（古，今本作「右」，从洪頤煊説改。）諸之與已，相去千里也」，淮南此文，必得鄧析子之書而始明。「故之與先」，彼「先」作「古」，古、先義同。俞氏謂當從文子作「得之與失」，非是。文子乃不得其義而肊改，不可從。「也之與矣」，鄧析子、文子並無，其爲衍文可知。「扶之與提」，鄧析子「提」作「攜」，提、攜義同，楊氏於文義有未憭，故疑訓爲擿投字，蓋由未見鄧析子之書使然。

【用韻】「已、矣、里」之部。

〔一四〕【版本】藏本「汙」作「汗」，除景宋本同藏本外，各本均作「汙」，今據改。

〔一五〕【箋釋】劉績云：文子作「汙其準」，謂鼻也。

【高注】楚人謂中庭爲壇。

〔一六〕【高注】善，或作巧。

【箋釋】于大成云：呂氏春秋勸學篇「是懷臭而欲香也，是入水而惡濡也」，淮南用其文也。

【用韻】「穎、宮、芳、工」陽冬東合韻。

再生者不穫，華大早者不胥時落〔一〕。

毋曰不幸，甑終不墮井；抽簪招燐，有何爲驚〔二〕。

使人無度河，可；中河使無度，不可〔三〕。

見虎一文，不知其武〔四〕；見驥一毛，不知善走〔五〕。

水蠆爲蟌，孑孑爲蟁〔六〕，兔齧爲蟹〔七〕，物之所爲，出於不意，弗知者驚，知者不怪〔八〕。

銅英青，金英黄，玉英白，黂燭捔，膏燭澤也〔九〕，以微知明，以外知內。

象肉之味，不知於口；鬼神之貌，不著於目；捕景之説，不形於心〔一〇〕。

冬冰可折，夏木可結，時難得而易失〔一一〕。木方茂盛，終日采而不知，秋風下霜，一夕而殫〔一二〕。

病熱而强之餐，救暍而飲之寒〔一三〕，救經而引其索，拯溺而授之石，欲救之，反爲惡〔一四〕。

雖欲謹亡馬，不發户轔〔一五〕；雖欲豫就酒，不懷蓐〔一六〕。孟賁探鼠穴，鼠無時死，必噬其指，失其勢也〔一七〕。

校釋

〔一一〕【高注】不胥時落，不待秋時而零落也。

【版本】藏本「早」作「旱」，浙局莊本作「早」，今據改，餘本同藏本。藏本注「胥時」上無「不」字，下無「落」字，茅本、汪本、張本、黄本、莊本、集解本有「不」字、「落」字，今據補，餘本同藏本。

【箋釋】陳昌齊云：「大」與「太」同。「旱」當爲「早」，字之誤也。再生者不穫，以其不及時也。華太早者先落，以其先時也。文子上德篇作「華太早者，不須霜而落」。○于大成云：陳説是也。意林百十六引，「旱」正作「早」。

【用韻】「穫、落」鐸部。

〔一二〕【高注】燐，血精，似野火，招之應聲而至。血灑汙人，以簪招則不至，故曰何驚也。

【版本】王鎣本、吴本「隨」作「墜」，餘本同藏本。藏本注「汙」作「汗」，景宋本、汪本、張本、莊本、集解本作「汙」，今據改，餘本同藏本。

【用韻】「幸、井、驚」耕部。

〔三〕【高注】不可，言不能也。

【箋釋】陶鴻慶云：此二句文不成義。文子上德篇作「使人無渡河可，使河無波不可」，當從之。蓋淮南元文本作「使人無度河可，使河中無波不可」，因「波」誤爲「渡」，則不可通。後人輒以意顛倒「河中」二字，使成文耳。此與上文「毋曰不幸，甑終不墮井；抽簪招燐，有何爲驚」，用意相類，皆言人當持慎以免禍，毋徼幸禍之不至也。「河」與「波」亦爲韻，高注「不可，言不能也」，蓋其所見本未誤。如今本，則中河使無度，豈得謂爲不能之事乎？

【用韻】「河、可、可」歌部。

〔四〕【版本】茅本、汪本、張本、黄本此下有注云：「一文，一班也。」餘本同藏本。

〔五〕【用韻】「武、走」魚侯合韻。

〔六〕【高注】水蠆化爲蟌，蟌，青蜓。孑孑，結蠆，水上到跂蟲，讀廉絜。

【版本】莊本、集解本注「上」作「中」，景宋本、王溥本、朱本、葉本、茅本、汪本同藏本。藏本注「廉」下無「絜」字，莊本、集解本有「絜」字，今據補，景宋本、王溥本、朱本、葉本同藏本。

【箋釋】劉台拱云：齊俗訓云：「夫蝦蟇爲鶉，水蠆爲蟌。」廣韻引此，文亦作「蝦蟇爲鶉，水蠆爲蟌」。今本皆無上一句。又：孑，紀列切；孓，九月切。或謂之結蟨，此注是也。郭璞謂之結蟨，字異音義同。「蟁」當作「𧕮」，俗作「蚊」。○吴承仕云：注「讀廉絜」三字上奪一「孑」字，蓋讀孑爲廉絜之絜也。「絜、孑」字聲韻並同。

〔七〕【高注】兔所齧草，靈在其心中，化爲蠪。蠪，讀能而心之惡。一説：兔齧，蟲名。

【版本】藏本注下「蠪」字作「人」，莊本、集解本作「蠪」，今據改，景宋本、王溥本、朱本、葉本同藏本。

【箋釋】劉台拱云：蠪，玉篇、廣韻作「𧍙」，似宝而小，青斑色，齧人，奴德切，又奴代切。○陶方琦云：物類相感志引許注：「兔所齧，沫著者爲蠪，如蝱而斑色，能齧人。」按：高注中一説，即許義。玉篇亦作𧍙，（廣韻同。）曰：「似蝱而小，青斑色，能齧人。」即引許君注也。○吴承仕云：注各本並同。洪亮吉以「惡」爲「慝」字之誤。按：洪説爲慝，聲形俱不相近，且義亦難憭。今謂高注蓋讀蠪爲恧之恧，「而心」者，誤離「恧」形爲二。惡，俗書或作「悪」，即恧字形近之譌，並傳寫失之也。能恧猶云能耐。能耐同訓同字，因一聲之轉而分爲二文，是能耐之耐本無正體，經典相承借「耐」字爲之。（説文：「耏，罪不至髡也。從而，從彡。或從寸，諸法度字從寸。」按：耏、耐並從而得聲。）訓慙之恧亦從而聲，古音與耐同，故能耐亦得作「能恧」。高讀爲能耐之耐，又寫「耐」作「恧」耳。廣韻去聲代韻耐、蠪並奴代切。○黄侃云：未識漢人有「能耐」之語否，洪以爲「慝」字之誤，是也。廣雅釋蟲：「𧎘（女陟）、蠪（乃德），宝也。」𧎘、蠪一語之變，明蠪可以讀慝。惟「能而心」三字不可解。

〔八〕【高注】怪，惑也。

【用韻】「蠥、意、怪」職之通韻。

〔九〕【高注】燭光掩澤，喻光明有明昧也。

【用韻】「白、澤」鐸部。

〔一〇〕【高注】皆所不嘗見之。

〔一一〕【箋釋】劉家立云：「冬冰可折，夏木可結」，折、結二字乃寫者互誤也。○于大成云：藝文類聚八十八引六韜佚文「冬冰可折，夏條可結」，意林引太公金匱「夏條可結，冬冰可釋，時難得而易失也」。○何寧云：御覽九百五十二引仍作「冬冰可折，夏木可結」，文子上德篇同。折、結二字，未可輕乙。

【用韻】「折、結、失」月質合韻。

〔一二〕【高注】殫，盡。

【箋釋】雙棣按：吕氏春秋首時篇云：「方葉之茂美，終日采之而不知，秋霜既下，衆林皆羸。」乃淮南此文所本。「知」字此無注，吕覽高注云：「不知其葉之盡也。」亦未得「知」字之義。吕氏春秋自知篇「文侯不説，知於顔色」，高注云：「知，猶見也。」即顯現之義。「終日采而不知」，即終日采亦不顯其少也。文子上德篇作「終日采之而復生」，蓋不解「知」之義而妄改之也。

〔一三〕【箋釋】于鬯云：「熱」當作「濕」，蓋「濕」誤爲「温」，後人因改爲「熱」耳。人間訓云：「病濕而强之食。」此其明證。而彼道藏本「濕」字正誤作「溫」。王雜志轉以作溫爲是，且引文子微明篇亦作「溫」。然今文子却作「病濕而强餐之熱」，亦「濕」字，非「溫」字。蓋病濕則不能食，故欲强之餐，而不知適所以甚其病也。故下文云「欲救之反爲惡也」。人間訓云：「此衆人之所以爲養也，而良醫之所以爲病也。」若作病熱，則儘有病熱而能食者，又何必强之餐？强之餐，又何至反惡？爲良醫之所病？此理淺顯，王氏特惑於道藏本耳。且下文云「救暍而飲之寒」，若「病熱」，與「暍」不更意複乎？○許建平云：于説大誤。病熱指患熱病，即傷寒也。素問熱論篇：「帝曰：『熱病已愈，時有所遺者何也？』岐伯曰：『諸遺者，熱甚而强食之，故有所遺也。若此者，皆病已衰而病有所藏，因其穀氣相薄，兩熱相合，故有所遺也。』帝曰：『病熱當何禁之？』岐伯曰：『病熱少愈，食肉則復，多食則遺，此其禁也。』」是病熱不可多食餐，多餐則熱病不愈。「暍」即指熱病，治當發汗，以使寒毒與汗俱出。若飲以寒冷之物，則曰「兩感於寒」，「必不免於死」。故後云「欲救之，反爲惡」。此救之不得法也。人間篇：「夫病溫而强之食，病暍而飲之寒，此衆人之所以爲養也，而良醫之所以爲病也。」王念孫謂「溫」即「熱」，是也。于氏反以爲誤，謬矣。

【用韻】「餐、寒」元部。

〔一四〕【高注】惡，猶害也。

【用韻】「索、石、惡」鐸部。

〔一五〕【高注】言馬亡，不可發户限而求。𨷲，户限。楚人謂之𨷲。𨷲，讀似隣，急氣言乃得之也。

【版本】藏本注「𨷲户限」至「得之也」在下文「不懷蓐」下，王溥本、茅本、汪本、張本、黄本、莊本、集解本在「户𨷲」下，（茅、汪、張、黄本無「𨷲讀」等十一字。）今據移，景宋本同藏本。

【箋釋】何寧云：「户」字涉注文而衍。注云：「𨷲，户限也。」則正文不得更言户也。且「亡馬不發𨷲」與「就酒不懷蓐」相對爲文，作「户𨷲」則不對矣。

〔一六〕【箋釋】金其源云：荀子王制「謹畜藏」，注：「謹，嚴也。」廣雅釋詁：「發，舉也。」本書説山訓「知者善豫」，注：「豫，備也。」爾雅釋詁：「就，成也。」周禮酒正注疏云：「酒熟曰成。」白虎通五行：「蓐，縮也。」禮郊特牲「縮酌用茅」注：「縮，泲也。」夫牧馬之寬嚴在閑，户𨷲所以閑馬。造酒之清濁在泲，蓐所以泲酒。欲謹亡馬者，欲嚴馬之亡也，不發户𨷲以閑之，而欲嚴其馬之亡也。欲豫就酒者，欲備酒之成也。不懷蓐者，不挾縮具以泲之而欲其酒之成也。故皆謂之失其勢也。

〔一七〕【高注】孟賁，勇士，探鼠於穴，故曰失其勢。

【版本】藏本「勢」下無「也」字，王溥本、王鎣本、葉本、汪本、張本、吴本、黄本、莊本、集解本有「也」字，今據補，餘本同藏本。藏本注「探」上有「爲」字，汪本、張本、黄本、莊本、集解本無「爲」字，今據删，餘本同藏本。

【用韻】「穴、死、指」質脂通韻。

山雲蒸，柱礎潤〔一〕；伏苓掘，兔絲死〔二〕。一家失熛，百家皆燒；讒夫陰謀，百姓暴骸〔三〕。

粟得水濕而熱，甑得火而液〔四〕；水中有火，火中有水〔五〕。疾雷破石，陰陽相薄〔六〕。

湯沐之於河，有益不多〔七〕。流潦注海，雖不能益，猶愈於已〔八〕。

一目之羅，不可以得鳥；無餌之釣，不可以得魚〔九〕；遇士無禮，不可以得賢〔一〇〕。

兔絲無根而生，蛇無足而行，魚無耳而聽，蟬無口而鳴〔一一〕，有然之者也〔一二〕。

鶴壽千歲，以極其游；蜉蝣朝生而暮死，而盡其樂〔一三〕。

紂醢梅伯，文王與諸侯構之〔一四〕；桀辜諫者，湯使人哭之〔一五〕。

狂馬不觸木，猘狗不自投於河，雖聾蟲而不自陷，又況人乎〔一六〕！

愛熊而食之鹽，愛獺而飲之酒，雖欲養之，非其道〔一七〕。

心所説，毁舟爲杕；心所欲，毁鍾爲鐸〔一八〕。

校釋

〔一〕【高注】礎，柱下石礩也。

【箋釋】陶方琦云：一切經音義十八，大藏音義七十七、九十二、九十八引許注：「楚人謂柱碣曰礎。」按：二注文異。墨子備城門篇「柱下傅舄」，舄即碣字。玉篇石部：「礎，柱碣也。」即本許義。○劉文典云：文選江賦注、江文通雜體詩注、廣絶交論注引，並作「山雲蒸而柱礎潤」。○劉盼遂云：「碣礎」二字皆不見説文。文選東京賦「雕楹玉碣」，李善注：「碣與舄古字通。」碣爲柱下石，（廣韻二十二昔。）猶人足之著舄，故名舄矣。從石傍者，後人分别文飾字也。楚人作礎，以舄與楚爲魚部疊韻，得以互轉也。○于大成云：唐本玉篇殘卷石部礎字注引淮南亦有「而」字。然初學記一，意林，玄應音義十八，慧琳音義七十三、七十七、九十二、九十八，歲華紀麗二，御覽八、百八十八，事類賦注二等引皆與今本同，無「而」字。此文與下句「伏苓掘，兔絲死」相對爲文，有「而」字則不相對。「而」字是引書者以意加。

〔二〕【高注】所生者亡，故死。

【用韻】「潤、死」真脂通韻。

〔三〕【高注】論語曰「惡利口之覆邦家」，故曰百姓暴骸。

【箋釋】雙棣按：注引論語見陽貨篇。

【用韻】「熛、燒」宵部，「謀、骸」之部。

〔四〕【版本】王鎣本、朱本「火」下有「蒸」字，餘本同藏本。

【箋釋】劉文典云：御覽七百五十七引上句無「水」字，八百四十引無「濕」字。疑許、高本異，而寫者誤合之。○吕傳元云：「濕」字當衍。「粟得水而熱」與下「甑得火而液」對文，多一「濕」字便不一例。○于大成云：御覽八百四十引無「濕」字，連引下文及注並與今本同，則所引者高本也。朱本「蒸」字乃妄增。○雙棣按：吕、于説是，「水」下不當有「濕」字。王鎣本、朱本「火」下有「蒸」字，蓋因「濕」字而補也。

〔五〕【用韻】「熱、液」月鐸合韻。

〔六〕【用韻】「火、水」微部。

【高注】自然之勢。

【箋釋】王念孫云：「自然之勢」四字乃是正文，非注文。言疾雷破石，此陰陽相薄，自然之勢也。太平御覽火部二引此，四字在正文内，是其證。

〔七〕【用韻】「石、薄」鐸部。

〔八〕【用韻】「河、多」歌部。

〔九〕【高注】已，止。

【版本】景宋本此注缺。

【用韻】「海、已」之部。

【箋釋】劉台拱云：廣韻「鐖」字注云：「鉤逆鋩。」引淮南子「無鐖之鉤，不可以得魚」。今各本俱作「無餌之釣」，係後人妄改。○馬宗霍云：集韻、禮部韻略、類篇引淮南與廣韻引同，蓋即承之廣韻。「鐖」字金旁與「餌」字食旁相近，後人多見「餌」，少見「鐖」，或傳寫改「鐖」爲「餌」，亦未可知。「釣」當作「鉤」。○雙棣按：劉、馬説是。御覽人事部一百一十五、羽族部一引作「無餌之鉤」，「鉤」字不誤，「鐖」已誤作「餌」字。資産部十四則誤與今本同。

〔一〇〕【用韻】「羅、鳥」歌幽合韻，「鉤、魚」侯魚合韻，「禮、賢」脂真通韻。

〔一一〕【用韻】「生、行、聽、鳴」耕陽合韻。

〔一二〕【高注】然，如是也。

【箋釋】劉文典云：御覽九百四十四引此文「無足」作「不足」，「有然之者也」作「自然之音也」。○馬宗霍云：然，當如莊子齊物論「物固有所然」之「然」。郭象莊子注云：「各然其所然。」亦可藉以解本文「然」字。言兔絲無根而生，蛇無足而行，魚無耳而聽，蟬無口而鳴，皆各然其所然。而其所然者皆固有之，亦即自然有之之義。高注以「如是」釋之，亦當作「自然如是」，而後意乃顯白。○王叔岷云：「有然之者也」乃總結上文四句，鮑刻本御覽引作「自然之音也」，僅與「蟬無口而鳴」一句相應，而「兔絲無根而生，蛇無足而行，魚無耳而聽」三句皆無著矣。「自、音」二字蓋「有、者」二字之形誤，或淺人妄改。宋本御覽引此仍作「有然之者也」可證。

〔一三〕【高注】脩短各得其志。

【版本】藏本「蝣」作「蝱」，王溥本、王鎣本、朱本、葉本、汪本、張本、吴本、黄本、莊本、集解本作「蝣」，今據改，餘本同藏本。景宋本「盡其樂」上無「而」字。藏本注「各」作「名」，各本皆作「各」，今據改。

【箋釋】劉文典云：意林引作「鶴壽千歲，極其樂；蜉蝣朝生暮死，亦極其樂」。○雙棣按：「朝生而暮死」，「而」字疑衍。景宋本「盡其樂」上無「而」字，蓋傳寫將「而」移至「暮死」上，各本以爲「盡其樂」上當有「而」，以與上句「以極其游」之「以」字相對，故又加「而」字，然而「暮死」上「而」字則爲贅矣。

〔一四〕【高注】構，謀。

【版本】藏本「醢」作「醯」，景宋本、茅本、汪本、張本、黄本、莊本、集解本作「醢」，今據改，餘本同藏本。

〔一五〕【高注】哭，猶弔也。

【用韻】「構、哭」侯屋通韻。

〔一六〕【高注】聾，無知也。

〔一七〕【高注】熊食鹽而死，獺飲酒而敗，故曰非其道也。

【箋釋】劉文典云：御覽九百八引，「道」下有「也」字。○于大成云：宋本御覽九百八引與今本同，無「也」字。九百十二引亦無「也」字。

【用韻】「酒、道」幽部。

〔一八〕【高注】鐸，大鈴。金口木舌爲木鐸，金舌爲金鐸。杕，舟尾，讀詩「有杕之杜」也。

【版本】藏本正文及注「杕」作「杖」，浙局莊本作「杕」，今據改，景宋本、王溥本、王鎣本、茅本、汪本、張本、黄本、集解本作「枤」，朱本、葉本、吴本作「杖」。藏本注「杜」作「社」，景宋本、朱本、莊本、集解本作「杜」，今據改。

【箋釋】楊樹達云：「枤」字景宋本同，集證作「枤」是也。「枤」今俗字作「柁」。○雙棣按：玉篇：「枤，船尾小梢也。」集韻：「柁，正船木，或作枤。」則「枤」字是。高注引詩，見唐風及小雅杕杜篇，詩亦作杕。

【用韻】「説、枤」月部，「欲、鐸」屋鐸合韻。

管子以小辱成大榮〔一〕，蘇秦以百誕成一誠〔二〕。質的張而弓矢集，林木茂而斧斤入〔三〕，非或召之，形勢所致者也。待利而後拯溺人，亦必以利溺人矣〔四〕。舟能沉能浮，愚者不加足〔五〕。騏驥驅之不進，引之不止，人君不以取道里〔六〕。刺我行者，欲與我交；訾我貨者，欲與我市〔七〕。以水和水不可食，一絃之瑟不可聽〔八〕。駿馬以抑死〔九〕，直士以正窮。賢者擯於朝，美女擯於宫〔一〇〕。行者思於道，而居者夢於牀。慈母吟於巷，適子懷於荆〔一一〕。赤肉縣則烏鵲集〔一二〕，鷹隼鷙則衆鳥散，物之散聚，交感以然〔一三〕。

食其食者不毁其器，食其實者不折其枝，塞其源者竭，背其本者枯〔一四〕。

校釋

〔一〕【高注】管仲相子糾，不能死，爲魯所囚，是其辱。卒相桓公，以至霸，是其大榮也。

〔二〕【高注】誠，信。

【箋釋】陶方琦云：大藏音義及唐本玉篇引淮南作「蘇秦以百詭成一信」。大藏音義六十二、六十六、六十七、八十九、希麟續一切經音義卷十、唐本玉篇言部引許注：「詭，謾也。」按：許、高正文亦異。○易順鼎云：漢書灌夫傳注：「謾，猶詭也。」與許義同。○劉文典云：白帖二十六引，作「蘇秦以百詐成一信」。御覽四百三十引，「誠」亦作「信」。

【用韻】「榮、誠」耕部。

〔三〕【箋釋】于大成云：荀子勸學篇曰「質的張而弓矢至焉，林木茂而斧斤至焉」，此文所本也。大戴禮勸學篇亦曰「正鵠張而弓矢至焉，林木茂而斧斤至焉」。

【用韻】「集、入」緝部。

〔四〕【高注】利溺人者，利人之溺，得其利也。

【箋釋】俞樾云：「以」字衍文。據高注則其所見本無「以」字。○吕傳元云：俞説非也。「以」字非衍。文子上德篇正作「夫待利而登溺者，必將以利溺人矣」，是其證也。○何寧云：高注疑非。「待利而後拯溺人」，謂拯溺者得金帛之利而後拯，不得則見死而不救，是溺人者非水也，利也。故曰「亦必以利溺人也」。高以爲利人之溺，俞氏又删「以」字以就高説，則二句文義不順。

〔五〕【高注】舟船能載浮物，愚者不敢加足，畏其沉。詩云「汎汎揚舟，載沉載浮」是也。

【版本】藏本「加足」誤倒，各本均不倒，今據乙正。

【箋釋】孫志祖云：舟但能浮，故人乘之，使亦能沈，雖愚者亦不登矣。○陶鴻慶云：「能浮」上當有「不」字，言舟能沈不能浮，雖愚者不敢加足。吕氏春秋壹行篇云：「人之所以乘船者，爲其能浮而不能沈也。」與此文異而義同。高注云：「舟，船，能載浮物，愚者不敢加足，畏其沈。」案：舟字不煩作注，「船」蓋「始」字之誤，「浮」字當在「舟」字下，其文云：舟浮始能載物，愚者不敢加足，畏其沈。此與下文騏驥云云，同一旨趣。言舟取其載物，馬取其馴良，若失其用，則爲人所廢棄也。如今本，則正文、注文皆不可通矣。又案：「人君不以取道里」，「人君」當爲「君子」誤，與「愚者」對文。○楊樹達云：此謂舟不堅者，雖愚者亦不敢乘之也。高注未了。○蔣禮鴻云：陶説未确。能沈能浮者，言浮沈之不定也。使舟十載人，浮者五而沈者五，即愚者不敢託足矣。吕氏春秋言人之所以乘船，爲其能浮而不能沈，取其十全；此言舟能沈能浮愚者不加足，恐其或有失。意雖近而自有别。高注引詩載沈載浮，足明今本正文非誤。○何寧云：孫説是也。舟能沈能浮，雖愚者不加足，猶世人所以貴騏驥者，以其一日千里也，使驅之不進，引之不止，則人君不以取道里。此乃設詞，楊以爲謂舟不堅者，亦非。彼能識舟之堅與不堅，斯亦不愚矣。◯雙棣按：注引詩，見小雅菁菁者莪。

〔六〕【用韻】「止、里」之部。

〔七〕【高注】刺，猶非。訾，毁也。

〔八〕【高注】以其失和，故不可聽。刺專用也。

〔九〕【版本】藏本「抑」誤作「柳」，各本皆作「抑」，今據改。

〔一〇〕【高注】擯，棄也。

【用韻】「窮、宫」冬部。

〔一一〕【高注】精相往來。

【箋釋】王念孫云：「巷」當爲「燕」，字之誤也。道與牀相對，燕與荊相對。今本「燕」作「巷」，則非其指矣。「精相往來也」五字，乃是正文，非注文。吕氏春秋精通篇「身在乎秦，所親愛在乎齊，死而志氣不安，精或往來也」，高彼注曰：「淮南記曰：『慈母在於燕，適子念於荊。』言精相往來也。」太平御覽人事部十九：「淮南子曰：『適子懷於燕，慈母吟於荊。情相往來也。』」詞雖小異，而字皆作「燕」，且「精相往來」句，皆與上二句連引。

【用韻】「牀、巷、荊」陽耕合韻。

〔一二〕【版本】汪本、張本、黄本、莊本、集解本「縣」作「懸」，餘本同藏本。

〔一三〕【用韻】「散、然」元部。

〔一四〕【用韻】「器、竭」質月合韻。

交畫不暢，連環不解，其解之不以解〔一〕。

臨河而羨魚，不如歸家織網〔二〕。

明月之珠，蚌之病而我之利〔三〕；虎爪象牙，禽獸之利而我之害〔四〕。

易道良馬〔五〕，使人欲馳；飲酒而樂，使人欲謌〔六〕。

是而行之，故謂之斷；非而行之，必謂之亂〔七〕。

矢疾不過二里也，步之遲，百舍不休，千里可致〔八〕。

聖人處於陰，衆人處於陽；聖人行於水，衆人行於霜〔九〕。

異音者不可聽以一律，異形者不可合於一體〔一〇〕。

農夫勞而君子養焉〔一一〕，愚者言而智者擇焉〔一二〕。

捨茂林而集于枯，不弋鵠而弋烏，難與有圖〔一三〕。

寅丘無壑，泉源不溥〔一四〕；尋常之谿，灌千頃之澤〔一五〕。

見之明白，處之如玉石；見之闇晦，必留其謀〔一六〕。

校釋

〔一〕【高注】暢，達。不得達至。交，止。解連環，言此不可解，則説德解法也。

【版本】汪本、莊本、集解本注無「此」、「説」、「法」三字，景宋本、王溥本、朱本、茅本、葉本同藏本。王溥本、茅本、葉本、汪本、莊本、集解本注「德」作「得」，景宋本、朱本同藏本。

【箋釋】陶鴻慶云：此以「交畫不暢，連環不解」二句相對。連環不解，即指兒説善解閉結之事，不必復云其解之不以解也。人間訓云：「故交畫不暢，連環不解，物之不通者，聖人不爭也。」是其證。「其解之不以解」，當作「其解之以不解」，本人間篇文，蓋高注之亂入正文者。今本注云「解連環，言不可解則得解也」，語意不明，疑出後人增益，非高氏原文矣。○吴承仕云：注「交，止也」，「止」當爲「五」。交畫者，兩畫相構，其形如「五」之古文「㐅」，故訓爲五。交五亦爲交午。「五」形近譌作「止」，義不可通。又案：朱本作「言此不可解，則説德解法也」，事本吕氏春秋君守篇。本書人間篇亦用其説，謂知其本不可解，則已得解法矣。「得、德」古字通。○楊樹達云：「止」字義不可通。吴説訂爲「五」，亦恐未是。愚疑「止」當爲「互」之誤字。素問六元正紀大論云：「上下交互。」後漢書左雄傳云：「選代交互。」史記樂書云：「四暢交於中。」正義云：「交，互也。」正文「不以解」疑當作「以不解」，注「不可解」，「可」字疑衍。○何寧云：楊謂正文「不以解」當作「以不解」，高注當刪「可」字，是也。説山篇「兒説爲宋王解閉結」，高注：「解之以不解。」又人間篇「至乎以不解解之者，可與及言論也」可證。

〔二〕【高注】羡，願。

【版本】景宋本「如」作「若」，餘本同藏本。

【箋釋】劉文典云：白帖九十八引「歸家織網」作「退而結網」。〇王叔岷云：漢書董仲舒傳亦作「退而結網」。〇于大成云：御覽九百三十五引「不如」亦作「不若」，然文選張平子歸田賦注、事類賦注二十九引並作「不如」，若猶如也。「歸家織網」，漢書禮樂志、揚雄傳並作「歸而結網」，事類賦注引淮南「織」亦作「結」，織、結義同。然疑此文自作「織」，選注、御覽引作「織」，連引高注，是高本作「織」也。文子亦作「織」，是許本亦作「織」也。白帖、事類賦注「結」字恐是據漢書改。又「臨河而羡魚」，「而」字衍，選注、御覽、事類賦注引並無，文子亦無，漢書三見亦並無，當據删。

【用韻】「魚、網」魚陽通韻。

〔三〕【版本】藏本「蛖」作「蠬」，景宋本、集解本作「蛖」，今據改，莊本作「蚘」，餘本同藏本。

【箋釋】劉績云：「蠬」當作「蛖」，同蚌。〇劉文典云：藝文類聚九十七引，「蛖之病」作「螺蚌之病」。〇何寧云：御覽九百四十一引作「蜃蛖之病」，是也。「蜃蛖之病」與「禽獸之利」對文，今本奪「蜃」字則不對矣。説山篇「明月之珠，出於蛖蜃」，是其證。

〔四〕【高注】我，猶人也。

〔五〕【用韻】「珠、牙」侯魚合韻，「利、害」質月合韻。

〔六〕【箋釋】馬宗霍云：易，平也。易道猶平路也。

【用韻】「馳、謌」歌部。

〔七〕【高注】斷，猶治也。

【版本】景宋本「故」作「固」，餘本同藏本。

【箋釋】于大成云：御覽八百九十六引「故」亦作「固」，「故、固」聲同通用。「固」與下「必」字同義。

【用韻】「斷、亂」元部。

〔八〕【版本】景宋本此下有注云：「步，行。」餘本同藏本。

【箋釋】鄭良樹云：「矢疾」疑當作「矢之疾」，乃與下文「步之遲」相對爲文。文子上德篇正作「矢之疾，不過二里」，可證。○于大成云：此文本之吕氏春秋博志篇「矢之速也，而不過二里止也；步之遲也，而百舍不止也」，「矢」下亦有「之」字。

【用韻】「遲、致」脂質通韻。

〔九〕【高注】水有形而不可毁，故聖人行之無迹；霜雪履有迹，故衆人行之也。

【版本】景宋本注「無迹」上「行之」重，餘本同藏本。

【箋釋】王念孫云：此本作「聖人行於水，無迹也；衆人行於霜，有迹也」。今本脱「無迹也」、「有迹也」六字，則文義不明。文選洛神賦注引此，作「聖足行於水，無跡也；衆生行於霜，有跡也」。太平御覽天部十四引此，作「聖人行於水，無跡；衆人行於霜，有跡」，是其證。據高注云「水有形而不可毁，故聖人行之無迹」，則正文本有「無迹也」三字明矣。下注當云：「霜雪有形而可毁，故衆人行之有迹。」今本云「霜雪履有迹，故衆人行之也」，則後人依已誤之正文改之耳。○俞樾云：四語相對成文，且「陽、霜」爲韻，非有脱誤。文選洛神賦注引作「聖足行於水，無迹也；衆生行於霜，有迹也」，太平御覽天部引作「聖人行於水，無迹；衆人行於霜，不迹」，疑「無迹也」、「有迹也」是許叔重注，引者並注文舉之，使其意明顯耳。王氏念孫欲據以增入正文，然則「處於陰」、「處於陽」下又將增入何語乎？足知其非也。

【用韻】「陽、霜」陽部。

〔一〇〕【高注】合，同。

〔一一〕【高注】君子，國君。養焉，以化澤懊休之。

【箋釋】楊樹達云：二語本趙策趙文諫武靈王胡服語。「農夫勞而君子養焉」，言農夫勞而君子見養於是也。孟子云：「君子勞心，小人勞力，勞力者食人，勞心者食於人。」又云：「無君子莫治野人，無野人莫養君子。」此云「農夫勞」，即孟子所謂「小人勞力也」。「君子養焉」，即孟子所謂「勞心者食於人」、「無野人莫養君子」也。高注失其義。又按：漢書嚴助傳載淮南王諫救南越書亦有此二語。顔注曰：「言農夫勤力於耕稼，所得五穀，以養君子也。」其説得之。

〔一二〕【高注】擇可用者而用之也。

【用韻】「養、擇」陽鐸通韻。

〔一三〕【版本】莊本、集解本「捨」作「舍」，餘本同藏本。景宋本「茂林」作「茂木」，餘本同藏本。景宋本、茅本、張本、汪本、莊本、集解本注「言其愚」下有「也」字，餘本同藏本。

【高注】圖，謀也。言其愚。

【用韻】「枯、烏、圖」魚部。

〔一四〕【高注】言汙小潦水名寅。寅之丘無大壑，故泉流不得溥。

【版本】景宋本正文及注「寅」均作「夤」，餘本同藏本。

【箋釋】俞樾云：寅丘謂大丘也。方言：「夤，大也。」廣雅釋詁同。寅即夤之叚字。言丘雖大而無壑，則泉源不溥也。下文曰「尋常之壑，灌千頃之澤」，尋常言其小，則寅丘必言其大矣。高注以爲汙潦水名，非是。

〔一五〕【高注】言有源也。

【版本】莊本、集解本「谿」作「壑」，餘本同藏本。景宋本「千」作「十」，餘本同藏本。葉本、莊本、集解本注「源」作「原」，餘本同藏本。

【用韻】「壑、溥、澤」鐸部。

〔一六〕【高注】玉之與石，言可別也。闇晦，不明。留猶思謀也。

【箋釋】雙棣按：注「留猶思謀也」，恐有誤。留無思謀義。疑「猶」當作「其」，「留其思謀」蓋句釋「留其謀」。然「留」字之義未釋。留蓋猶盡也。逸周書大匡「哭不留日」孔注：「留，盡也。」必留其謀，蓋必盡其謀也。

【用韻】「白、石」鐸部，「晦、謀」之部。

以天下之大託於一人之才，譬若懸千鈞之重於木之一枝〔一〕。負子而登牆，謂之不祥，爲其一人隕而兩人殤〔二〕。善舉事者，若乘舟而悲謌，一人唱而千人和〔三〕。不能耕而欲黍粱〔四〕，不能織而喜采裳，無事而求其功〔五〕，難矣。有榮華者必有憔悴，有羅紈者必有麻蒯〔六〕。鳥有沸波者，河伯爲之不潮，畏其誠也〔七〕。故一夫出死，千乘不輕〔八〕。蝮蛇螫人，傅以和堇則愈〔九〕。物故有重而害反爲利者〔一〇〕。聖人之處亂世，若夏暴而待暮〔一一〕，桑榆之間，逾易忍也〔一二〕。水雖平，必有波；衡雖正，必有差；尺寸雖齊，必有詭〔一三〕。非規矩不能定方圓，非準繩不能正曲直，用規矩準繩者亦有規矩準繩焉〔一四〕。

校釋

〔一〕【高注】言不能任。

【用韻】「才、枝」之支合韻。

〔二〕【高注】負，抱也。隕，墜也。

【版本】茅本、汪本、張本、黄本、莊本、集解本「殤」作「傷」，餘本同藏本。

【用韻】「牆、祥、殤」陽部。

〔三〕【高注】言能得衆人之心也。

【用韻】「譌、和」歌部。

〔四〕【版本】藏本「粱」作「梁」，王溥本、王鎣本、葉本、汪本、張本、黄本、莊本、集解本作「粱」，今據改，餘本同藏本。

〔五〕【箋釋】劉文典云：御覽八百四十二引「喜采裳」作「意衣裳」。○于大成云：御覽引作「憙衣裳」，説文「憙，説也」，段注引顔師古曰「喜下施心，是好憙之意」，御覽引正用本字。今喜行而憙廢，淮南亦改作「喜」字矣。作「意」即「憙」字之誤。劉所據御覽，乃誤本也。齊民要術耕田篇引作「喜」，與今本同。

【用韻】「粱、裳、功」陽東合韻。

〔六〕【高注】言有成必有衰。

【版本】景宋本、莊本、集解本注「成」作「盛」，餘本同藏本。

【箋釋】陶方琦云：文選潘岳藉田賦注、大藏音義八十七引許注：「紈，素也。」按：説文：「紈，素也。」與注淮南同説。○雙棣按：成、盛字通。

【用韻】「悴、蒯」物微通韻。

〔七〕【高注】鳥，大鵰也。翱翔水上，扇魚令出沸波，攫而食之，故河伯深藏於淵，畏其精誠，爲不見。

【版本】藏本注「大鵰」作「文鵰」，景宋本、茅本、汪本作「大鵰」，今據改，張本、黄本、莊本、集解本作「大鵰」，王溥本、葉本同藏本。

【箋釋】吴承仕云：邵瑞彭曰：「埤雅大雕翱翔水上云云，即據此注。爾雅：『䳨鳩，王䳨。』郭注云：『雕類，好在江渚山邊食魚。』郝懿行義疏即以沸波當之，是也。注「鵰」字爲「雕」字形近之誤。」邵説是也，景宋本正作「鵰」。

〔八〕【高注】主術篇曰：「兵莫憯於志，莫邪爲下。」言匹夫志意出死必戰，故雖大國，兵車千乘，不輕之也。

【版本】藏本注「兵」作「丘」，景宋本、王溥本、茅本、汪本、莊本、集解本作「兵」，今據改，葉本同藏本。藏本注上「莫」字作「筴」，王溥本、汪本、莊本、集解本作「莫」，今據改，景宋本、茅本、葉本同藏本。莊本、集解本注無「故」字，景宋本、王溥本、茅本、葉本、汪本同藏本。藏本注「之」

字重，景宋本、王溥本、茅本、葉本、汪本、張本、黄本、莊本、集解本不重，今據删其一。

【用韻】「誠、輕」耕部。

〔九〕【高注】和堇，野葛，毒藥。

〔一〇〕【箋釋】陶鴻慶云：「重」上奪「輕反爲」三字，「輕反爲重」，承上文「一夫出死，千乘不輕」而言，「害反爲利」，承上文「蝮蛇螫人，傅以和堇則愈」而言。◯于大成云：陶説誤也。「重而害反爲利」，「而」猶「爲」也。和堇有毒，所謂「重爲害」也，傅於蝮蛇螫瘡則愈，所謂「反爲利」也。「物故有重而害反爲利者」，上承「蝮蛇螫人，傅以和堇則愈」二句。「故一夫出死，千乘不輕」，承上「鳥有沸波者，河伯爲之不潮，畏其誠也」而言。謂千乘之國，不敢輕一夫之出死必戰，亦猶河伯畏沸波之精誠而不見耳。陶氏於文義殊未憭。◯何寧云：吕氏春秋勸學篇「救病而飲之以堇」注：「堇，毒藥。」可證此衍「和」字。

〔一一〕【高注】夏，日中甚熱。暮，涼時。言聖人居亂世，忍以待涼。

【箋釋】于大成云：注文「涼時」二字疑當到。◯何寧與于説同。

【用韻】「世、暮」月鐸合韻。

〔一二〕【高注】言亂世將盡，如日在西方桑榆間，將夕，故曰易忍。

【版本】王溥本、王鎣本、吴本「逾」作「愈」，餘本同藏本。

〔一三〕【高注】詭，不同。

【箋釋】王叔岷云：劉子新論從化篇「衡」上有「權」字，「權横雖正」與「尺寸雖齊」對言。

【用韻】「波、差、詭」歌部。

〔一四〕【高注】準平繩直之人能平直耳。故曰亦有規矩準繩。

【版本】莊本、集解本注「耳」作「爾」，景宋本、王溥本同藏本。景宋本注末有「焉」字，王溥本、莊本、集解本同藏本。

【用韻】「直、繩」職蒸通韻。

舟覆乃見善游，馬奔乃見良御〔一〕。嚼而無味者弗能内於喉〔二〕，視而無形者不能思於心〔三〕。兕虎在於後，隨侯之珠在於前，弗及掇者，先避患而後就利〔四〕。逐鹿者不顧兔，決千金之貨者不争銖兩之價〔五〕。弓先調而後求勁，馬先馴而後求良〔六〕，人先信而後求能〔七〕。陶人棄索，車人掇之；屠者棄銷，而鍛者拾之〔八〕；所緩急異也〔九〕。百星之明不如一月之光，十牖畢開不若一户之明〔一〇〕。矢之於十步貫兕甲，及其極不能入魯縞〔一一〕。太山之高，背而弗見；秋毫之末，視之可察〔一二〕。山生金，反自刻〔一三〕；木生蠹，反自食；人生事，反自賊〔一四〕。

巧冶不能鑄木，工匠不能斲金者，形性然也〔一五〕。白玉不琢，美珠不文，質有餘也〔一六〕。故跬步不休，跛鼈千里〔一七〕；累積不輟，可成丘阜〔一八〕。城成於土，木直於下，非有事焉，所緣使然〔一九〕。

校釋

〔一〕【高注】善游，故覆舟不溺；良御，馬奔車不敗。故見之。

【箋釋】于大成云：御覽引注「馬奔」上有「故」字，與上文同一例。

【用韻】「游、御」幽魚合韻。

〔二〕【箋釋】易順鼎云：一切經音義卷九十二引許注：「嚼，咀也。」説文口部：「噍，齧也。從口，焦聲。或從爵聲。」爾雅釋獸注「復出嚼之」，釋文：「嚼，咀也。」正本許注。

〔三〕【高注】形，象。無形於目，不能思之於心。

〔四〕【高注】隨國在漢東，姬姓之侯。出遊於野，見大蛇斷在地，隨侯令醫以續傅斷蛇，蛇得愈。去後銜大珠報之，蓋明月之珠，因號隨侯之珠，世以爲寶也。

【版本】藏本注上「侯」字作「後」，景宋本、莊本、集解本作「侯」，今據改。莊本、集解本注「蛇」字不重，景宋本、王溥本、茅本、葉本、汪本同藏本。藏本注「報」下無「之」字，王溥本、莊本、集解本有，今據補，景宋本、茅本、葉本、汪本同藏本。

【箋釋】于大成云：覽冥篇注云「隋侯見大蛇傷斷，以藥傅之」，則此注「續」是「藥」字之誤。

〔五〕【高注】言在大不顧小。

【箋釋】楊樹達云：漢書外戚傳記上官安等謀廢昭帝立上官桀。「或曰：當如皇后何？安曰：逐麋之狗當顧兔耶！」與此語意同。

【用韻】「兔、價」魚部。

〔六〕【高注】勁，强。馴，擾。

〔七〕【高注】人非信不立也。

【版本】藏本注「人」作「又」，王溥本、茅本、汪本、莊本、集解本作「人」，今據改，景宋本、葉本同藏本。

〔八〕【版本】藏本「鍛」作「鍜」，莊本、集解本作「鍛」，今據改，餘本同藏本。

【箋釋】楊樹達云：語本荀子哀公篇。

【箋釋】楊樹達云：脩務篇云：「苗山之鋌，羊頭之銷。」文選七命注引許注云：「銷，生鐵也。」○馬宗霍與楊説同，云：生鐵屠者所無用，正鍛者之所需，故曰屠者棄而鍛者拾。

〔九〕【用韻】「索、掇、拾、異」鐸月緝職合韻。

〔一〇〕【版本】莊本、集解本「畢」作「之」，餘本均同藏本。汪本、張本、黄本、莊本、集解本「若」作「如」，餘本同藏本。

【用韻】「光、明」陽部。

〔一一〕【高注】言勢有極。

〔一二〕【高注】察，别。言用明矣。

【用韻】「見、察」元月通韻。

〔一三〕【版本】王鎣本、朱本、汪本、張本、黄本「刻」作「剥」，餘本同藏本。

【箋釋】劉績云：文子「刻」作「剥」。

〔一四〕【高注】賊，敗也，害也。物自然也。

【用韻】「刻、食、賊」職部。

〔一五〕【版本】莊本「工匠」作「巧工」，集解本作「工巧」，餘本均同藏本。

【箋釋】劉績云：文子作「良匠不能斵冰」。○孫詒讓云：「工巧」當作「巧匠」。今本「匠」譌爲「工」，而文又到，遂不可通。泰族訓云：「故良匠不能斵金，巧冶不能鑠木。」是其證。○劉文典云：文子作「良匠」，良匠猶工匠也，孫説近確。○楊樹達云：北堂書鈔九十九引公孫尼子云：「良匠不能斵冰，良冶不能鑄木。」此淮南文所本。彼文云良匠，孫云「工」當作「匠」，是也。彼文「斵冰」無義，當依此及泰族篇作「斵金」。○雙棣按：景宋本、道藏本等各本均作「工匠」，「工匠」與「巧冶」正相對爲文，工猶巧也，不必如孫説作「巧匠」。作「工巧」、「巧工」者乃莊本、集解本之誤，非淮南如此也。

〔一六〕【高注】性自然，不復飾。

【版本】景宋本、茅本、汪本、張本、黄本「琢」作「雕」，餘本同藏本。

〔一七〕【高注】跬，猶咫尺。

【箋釋】楊樹達云：跬，説文作「趌」，半步也。高注意近而非碻詁。○雙棣按：荀子勸學作「蹞步」，楊倞注：「半步曰蹞，蹞與跬同。」

〔一八〕【高注】輟，止。

【箋釋】于大成云：荀子修身篇曰「蹞步而不休，跛鼈千里；累土而不輟，丘山崇成」，淮南文本之。「累積」文子上德篇作「累甴」，「甴」即土塊之本字，（見説文。）荀子作「累土」，土、甴同義。丘阜之成，繇于累甴，作「甴」義勝。

【用韻】「里、阜」之幽合韻。

〔一九〕【用韻】「土、下」魚部，「事、使」之部，「焉、然」元部。

凡用人之道，若以燧取火，疏之則弗得〔一〕，數之則弗中〔二〕，正在疏數之間〔三〕。從朝視夕者移，從枉準直者虧〔四〕，聖人之偶物也，若以鏡視形，曲得其情〔五〕。楊子見逵路而哭之，爲其可以南，可以北〔六〕；墨子見練絲而泣之，爲其可以黄，可以黑〔七〕。

趁舍之相合，猶金石之一調，相去千歲，合一音也〔八〕。鳥不干防者，雖近弗射〔九〕，其當道，雖遠弗釋〔一〇〕。酤酒而酸，買肉而臭，然酤酒買肉不離屠沽之家，故求物必於近之者。以詐應詐，以譎應譎〔一一〕，若被蓑而救火，毀瀆而止水〔一二〕，乃愈益多。

校釋

〔一〕【高注】疏，猶遲也。【版本】王溥本、王鎣本、吴本「弗」作「不」，餘本同藏本。

〔二〕【高注】數，猶疾也。

〔三〕【高注】得其節，火乃生。【箋釋】金其源云：孔子家語賢君「故夫不比於數而比於疏，不亦遠乎」注：「數，近；疏，遠也。」以陽燧取火，當是遠近之度，非疾徐之節。

〔四〕【高注】枉，邪。【用韻】「移、虧」歌部。

〔五〕【高注】偶，猶周也。【箋釋】金其源云：文選文賦「徒悅目而耦俗」注：「耦與偶古字通。」莊子齊物論「荅焉似喪其耦」，釋文：「耦，對也。」偶物謂對物也。故下云「若以鏡視形，曲得其情」。○雙棣按：此「偶」字高注不誤，爾雅釋詁上：「偶，合也。」周亦合也。又按，曲猶盡也。

【用韻】「形、情」耕部。

〔六〕【高注】道九達曰逵。憪其別也。

【版本】莊本、集解本注「憪」作「閔」，景宋本、王溥本、葉本同藏本。

【箋釋】莊逵吉云：太平御覽作「楊朱見岐路而哭之」。○王叔岷云：文選孔德璋北山移文注、事文類聚續集三、合璧事類別集六引「逵」亦並作「岐」，吕氏春秋疑似篇同。○于大成云：文選謝玄暉拜中軍記室辭隋王牋注引亦作「岐」。然文選盧子諒與劉琨書注、陸士衡樂府長安有狹邪行注、曹顏遠感舊詩注、謝玄暉觀朝雨詩注、後漢書馮衍傳注等引仍倣「逵」，與今本同。文選盧子諒書注、曹顏遠詩注並引高誘注與今本同，則高本作「逵」不誤。北山移文注引作「岐」，下亦連引高誘注如今注，疑此文一本作「岐」，一本作「逵」，但何者爲高，何者爲許，則一時莫能定。

〔七〕【高注】練，白。憪其化也。

【版本】莊本、集解本注「憪」作「閔」，景宋本、王溥本、葉本同藏本，朱本、茅本無「憪其化也」之注。

【用韻】「北、黑」職部。

〔八〕【高注】金曰鍾，石曰磬，雖久不變，故曰相去千歲，合一音也。

【版本】藏本注「久」作「文」，茅本、汪本、張本、莊本、集解本作「久」，今據改，餘本同藏本。

〔九〕【高注】鳥，燕之屬是也。

〔一〇〕【高注】當道，爲作防害者，故曰不釋也。

【版本】王溥本注「爲」作「謂」，景宋本、朱本、茅本、汪本、莊本、集解本同藏本。

【箋釋】于大成云：御覽九百十四引「道」下有「者」字，與上「不干防者」一例，各本並奪，當據補。又引注「爲」作「謂」，爲、謂古通。

【用韻】「射、釋」鐸部。

〔一一〕【用韻】「詐、譎」鐸質合韻。

〔一二〕【箋釋】王念孫云：「毀」當爲「鑿」，（太平御覽火部一引此已誤。）俗書「鑿」字或作「鑿」，因誤而爲「毀」。（顏氏家訓書證篇説俗字云：鼓外設皮，鑿頭生毀。）瀆與竇同。意林引此，正作「被蓑救火，鑿瀆止水」。覽冥篇亦作「鑿竇」。

【用韻】「火、水」微部。

西施、毛嬙，狀貌不可同〔一〕，世稱其好，美鈞也。堯舜禹湯，法籍殊類，得民心一也〔二〕。

聖人者隨時而舉事，因資而立功，潦則具擢對，旱則脩土龍〔三〕。臨菑之女，織紈而思行者，爲之悖戾〔四〕。室有美容，繒爲之纂繹〔五〕。徵羽之操，不入鄙人之耳〔六〕，抮和切適，舉坐而善〔七〕。過府而負手者，希不有盜心〔八〕；故侮人之鬼者，過社而摇其枝〔九〕。晉陽處父伐楚以救江，故解捽者，不在於捌格，在於批伉〔一〇〕。木大者根擢〔一一〕，山高者基扶〔一二〕，蹠巨者志遠，體大者節疏〔一三〕。狂者傷人，莫之怨也；嬰兒詈老，莫之疾也，賊心亡止〔一四〕。尾生之信，不如隨牛之誕〔一五〕；而又況一不信者乎〔一六〕！憂父之疾者子，治之者醫〔一七〕，進獻者祝，治祭者庖〔一八〕。

校釋

〔一〕【箋釋】雙棣按：狀貌不可同，「可」字疑衍，狀貌不同，與下文「法籍殊類」相對爲文，有「可」字則不可通。

〔二〕【高注】俱一於人。

【箋釋】雙棣按：淮南文義極明憭，謂堯舜禹湯所定法籍不同，然得民心之旨則相同。「一」與上文「釣」義同，高注非。

【用韻】「類、一」物質合韻。

〔三〕【高注】擢對，貯水器。土龍，致雨物。

【箋釋】于省吾云：「擢對」乃「銚鋭」之假字。集韻三十四嘯：「銚，燒器。或作鑃。」從翟從兆古字通。周禮「守祧，掌守先王先公之廟祧」。故書「祧」作「濯」，鄭司農「濯」讀爲「祧」。爾雅釋魚「蜃小者珧」，釋文：「珧，衆家本作濯。」釋訓「佻佻契契」，文選魏都賦注作「嬥嬥契契」，是其證也。鋭從兑聲，兑對聲韻並同。朱駿聲以「對」爲「丵」字之誤，失之。方言五：「盌謂之盂，或謂之銚鋭。」方言十三：「盂謂之銚鋭。」○蔣禮鴻云：注以擢對爲貯水器，他無可徵，殆非也。「擢對」當作「擢泭」。「泭、對」形近而誤。説文：「泭，編木以渡也。」詩漢廣傳：「方，泭也。」釋文曰：「泭，本亦作潲。」潲與對字形尤相近。擢者，漢書元后傳「楫濯越歌」，師古曰：「楫與楫同，濯與櫂同，皆所以行船也。」釋名釋船曰：「在旁撥水曰櫂，櫂，濯也。濯于水中也，且言使舟櫂進也。」是「濯、擢」皆與「櫂」同。具櫂潲者，即具舟楫耳。

【用韻】「功、龍」東部。

〔四〕【高注】臨菑，齊都。悖，麤惡。

【版本】王鎣本、吴本、張本、黄本、莊本、集解本正文及注「菑」作「淄」，餘本同藏本。

【箋釋】陶鴻慶云：「紈」字當在「爲之悖戾」上，與下文「室有美貌，繒爲之纂繹」文義一律。

〔五〕【高注】不密緻，志有感故。纂，讀曰淩繹纂之纂。

【版本】莊本、集解本「容」作「貌」，餘本同藏本。莊本、集解本注「淩」作「綾」，景宋本、朱本同藏本。

【箋釋】何寧云：注有脱誤。「感」疑當爲「惑」。「故」下疑脱「纂繹」二字，蓋兩「纂」字相亂而誤。

【用韻】「戾、繹」質鐸合韻。

〔六〕【高注】徵羽正音，小人不知，不入其耳。

〔七〕【高注】抮，轉。轉其和，更作急詷，激楚之音，非正樂，故舉坐而善之。

【版本】茅本、汪本、張本、吴本、黄本正文及注「抮」作「軫」，景宋本作「於」，餘本同藏本。茅本、汪本、張本、黄本、莊本、集解本注「詷」作「調」，餘本同藏本。（景宋本「詷」作「歌」。）

【箋釋】俞樾云：高注曰：「抮，轉也。轉其和，更作急調。」然則正文當作「抮和適切」，切者，急切也。適，猶之也，往也。言轉其和平之音，而適於急切之調也。

〔八〕【高注】府，藏貨所生也。

【版本】張本、黄本、莊本、集解本注「生」作「主」，餘本同藏本。

【箋釋】雙棣按：「生」字疑當作「在」，形近而誤。

〔九〕【高注】侮，猶病也。

〔一〇〕【高注】批，擊。伉，推。擊其要矣。

【版本】藏本「捽」作「椊」，朱本、茅本、汪本、張本、黄本、莊本、集解本作「捽」，（蔣刊道藏輯要本亦作「捽」。）今據改，王溥本、王鎣本作「椊」，餘本同藏本。浙局莊本正文及注「伉」作「抗」，餘本同藏本。（蔣刊道藏輯要本作「伉」。）茅本、汪本、張本、黄本、莊本、集解本注末「矣」字作「也」，餘本同藏本。

【箋釋】王引之云：「伉」與「伔」，皆「抌」字之誤也。（隸書冘字或作冗，亢字或作冘，二形相似，故抌字右邊或誤爲冗，或誤爲亢，其左邊手旁又誤爲人旁，故藏本作伉，劉本作伔也。列子「攩拯挨抌」，釋文：「抌，一本作抗。」此「冘」誤爲「亢」之證也。俗書沈字作沉，此冘誤爲冗之證也。）注内「推」字當爲「椎」，方言曰：「拯、抌，椎也。（郭璞曰：「抌，都感反，亦音甚。」今本方言，「椎」字亦誤作「推」，一切經音義卷四、卷八所引，並作椎，今據改。）南楚凡相椎搏曰拯，或曰攩。」列子黄帝篇曰：「攩拯挨抌。」説文：「椎，擊也。」「捲，反手擊也。」「抌，深擊也。」捲與批同，故高注云「批，擊。抌，椎」矣。或謂史記孫子傳「夫解雜亂紛糾者不控捲，救鬭者不搏撠，批亢擣虚，形格勢禁，則自爲解耳」語意略與此同，此言「批伉」，即史記之「批亢」。今知不然者，史記「批亢擣虚」是謂批其亢，擣其虚，（日知録曰：亢與劉敬傳「搤其肮」之肮同，謂喉嚨也。）此文「捌格」、「批抌」皆兩字平列，則與史記異義。且高注訓抌爲椎，則非「伉」字明矣。○于省吾云：王説滯於注義，而改「伉」爲「抌」，訓批抌爲擊椎，擊椎安能解捽？且王謂捌格平列，擊椎與捌格有何别乎？説文新附考謂捌即别之俗字。按：别之通詁爲分，字亦作扒。廣雅釋言：「扒，擘也。」擘與分義相因。「格挌」字通，説文：「挌，擊也。」「伉」作「伉」是也。批伉猶言搤亢。此言解人之捽而相争者，不在於與之分別格擊，在於批其亢，使不得盡其力，而争自息。別格、批伉相對爲文，王説皆兩字平列，疏矣。此與孫子傳言搏撠、言批亢文義略同，不應釋此而別爲之説也。注訓伉爲推，伉抗古字通。抗拒與推義相因也。〇蔣禮鴻云：或引史記爲説者是也。王氏謂捌格批抌皆兩字平列，實非。淮南之捌格批伉與史記之控捲、搏撠、批亢、擣虚凡六詞，詞例悉同，謂捌其格，批其伉，控其捲，搏其撠，批其亢，擣其虚也。捌，從手從別，乃以手分解耳。格者，人相鬬，以手枝格之處。言欲解鬬者，不在於格處解之，當批其伉，則自解耳。（史記控捲之捲即淮南要略篇「使之無凝竭底滯捲握而不可散」之捲，搏撠之撠，玉篇曰：「撠，挶，持之也。」皆謂糾結不可解之處，解史記者多誤。）且「伉」與「江」合韻，改「抌」則失其韻矣。高注云云，玩「擊其要也」一語，明係總上「批擊伉推」而言，以「要」字代「伉」字，明「伉」不得爲動字而解如方言之「椎」矣。疑注本作「伉，𦡆」，類篇「𦡆，胡溝切，咽也」，即喉之異文，與日知録所舉搤其骯之骯字同義。俗書「侯」字或作「矦」，與「隹」相似，月旁又爛脱左邊一筆，故「𦡆」誤作「推」耳。又案：廣雅釋言「扒，擘也」，王氏疏證引淮南此文云：「此言解捽者不在分別架格，但擊其要則捽自解也。捌與扒同。」則亦不以捌格兩字平列。父子一家之説而不同，當從疏證爲是。

〔一一〕【箋釋】楊樹達云：根擢謂其根四布也。説文行部云：「衢，四達謂之衢。」釋名釋道云：「齊魯間謂四齒杷爲欋。」山海經中山經云：「宣山，其上有桑焉，其枝四衢。」又中次七經云：「少室之山，其山有木焉，其名曰帝休，葉狀如楊，其枝五衢。」衢欋攫義並同。説詳余釋衢篇。

〔一二〕【高注】其，下趾也。

【版本】藏本注「趾」作「跐」，景宋本作「趾」，今據改，王溥本、朱本、葉本、莊本、集解本同藏本。

【箋釋】吴承仕云：注當作「基，下趾也」。今本「其、跐」字，皆形近而誤。説文：「止，下基也。」基止互訓，是其證。（景宋本「跐」作「趾」，唯此一字不誤。）○蔣禮鴻與吴説同。

〔一三〕【箋釋】王念孫云：蹠者，足也。足大與志遠，義不相通。「志」當爲「走」，言足大者舉步必遠也。氾論篇曰：「體大者節疏，蹠距者舉遠。」是其證。隸書走、志相似，故「走」誤爲「志」。

【用韻】「攫、扶、疏」魚部。

〔一四〕【高注】賊，害。

【版本】藏本「亡止」二字作「㠩」，景宋本作「亡止」，今據改，餘本同藏本。

【箋釋】陳昌齊云：「㠩」字當爲「亡也」二字之譌。亡，無也。言狂者與嬰兒皆無賊害之心，故人莫之怨也。意林引此，作「無以也」，蓋脱「賊」字。○雙棣按：景宋本「亡止」，「止」蓋「也」字之誤。

〔一五〕【高注】尾生效信於婦人，信之失。隨牛、弦高矯君命爲誕，雖然，以存國，故不如隨牛之誕。

【版本】茅本、汪本、張本、黄本、莊本、集解本注無「雖然」二字，「之誕」作「誕也」，餘本同藏本。

【箋釋】俞樾云：高注「隨牛、弦高矯君命爲誕以存國」，然隨牛未知何人。據人間篇注曰：「蹇他，弦高之黨。」未聞其有隨牛也。「隨牛」疑當作「隨生」，即謂漢初之隨何也。生，猶先生也。史記儒林傳索隱曰：「自漢已來，儒者皆號生，亦先生省字呼之耳。」然則稱隨何爲隨生，乃漢時常語也。隨何爲漢初辯士，故曰「尾生之信，不如隨生之誕」。陸士衡漢高祖功臣頌曰：「隨何辯達，因資於敵。紓漢披楚，唯生之績。」此即隨何稱生之證。○于省吾云：俞說未允。人間：「鄭伯乃以存國之功賞弦高，弦高辭之曰：誕而得賞，則鄭國之信廢矣。爲國而無信，是敗俗也。」氾論：「乃矯鄭伯之命，犒以十二牛，賓秦師而却之，以存鄭國。故事有所至，信反爲過，誕反爲功。」説山：「弦高誕而存鄭，誕者不可以爲常。」隨牛雖待考，然注説當有所本，未可廢也。○楊樹達云：隨何以辯稱於漢，不聞以誕稱也。辯士豈皆誕者乎？俞説非其實也。高説隨牛，容有所本，今文籍無徵，所當闕疑，不當肊論也。○于大成云：左傳僖公三十三年「以乘韋先牛十二犒師」，本書氾論篇「犒以十二牛」，疑此文正文及注「隨牛」並當作「犒牛」，字之誤也。蓋「犒」字右半「高」，俗書作「高」，「隨」字俗亦作「隨」，二字右半上方相似，「犒」左半及右下缺壞，後人因故改爲「隨」字耳。高注既言「弦高」，即與「隨何」無涉，亦非文籍無徵，「隨牛」無須待考。

【用韻】「信、誕」真元合韻。

〔一六〕【高注】一，猶常。況常不爲信，不爲誕乎！一或作一，一猶待也。

【箋釋】吴承仕云：注文「一或作一」以下，語不可通。此注當云：「壹，或作臺。臺，猶持也。」俶真篇：「臺簡以遊太清。」注云：「臺，猶持也。」莊子庚桑楚：「靈臺有持。」「臺、持」疊韻爲訓，蓋舊義也。古書「壹」字轉寫多改從「一」，「臺」形近「壹」，又轉譌作「一」，「持」又誤爲「待」，蹤迹幾不可尋矣。（邵説略同。）

〔一七〕【高注】論語曰：「父母，唯其疾之憂。」故曰憂之者子。

【箋釋】馬宗霍云：高引論語見爲政篇。何晏集解引馬融注曰：「言孝子不妄爲非，唯疾病然後使父母憂。」是馬意謂父母憂子之疾也。淮南本文子憂父疾，而高氏引論語證之，是高解論語與馬氏異。如高説，則論語正文「父母」二字當自爲一讀。王充論衡問孔篇云：「武伯善憂父母，故曰惟其疾之憂。」高注正與之合。孝經孝行章：「子曰：孝子之事親也，病則致其憂。」禮記曲禮云：「父母有疾，冠者不櫛，行不翔，言不惰，琴瑟不御，食肉不至變味，飲酒不至變貌，笑不至矧，怒不至詈，疾止復故。」皆以人子憂父母疾爲孝，知高注自有據。或謂馬融注用古論義。疑高注蓋用魯論義也。

【用韻】「子、醫」之部。

〔一八〕【高注】庖，宰也。

【用韻】「祝、庖」覺幽通韻。